현대인의 생활심리학

PSYCHOLOGY FOR LIVING:
Adjustment, Growth, and Behavior Today

Steven J. Kirsh · Karen Grover Duffy · Eastwood Atwater 지음
정봉교 · 추선희 · 이용주 · 장정주 · 김지연 · 박지영 옮김

PEARSON 박학사

Psychology for Living: Adjustment, Growth and Behavior Today, 11/e
Steven J. Kirsh, Karen Grover Duffy, Eastwood Atwater

Authorized translation from the English language edition, entitled PSYCHOLOGY FOR LIVING: ADJUSTMENT, GROWTH AND BEHAVIOR TODAY 11th Edition, ISBN: 020590927 by KIRSH, STEVEN J.; DUFFY KAREN GROVER; ATWATER, EASTWOOD, published by Pearson Education, Inc, Copyright © 2014

KOREAN language edition published by PAK HAK SA, Copyright © 2014
KOREAN translation rights arranged with PEARSON EDUCATION, INC., through AGENCY ONE, SEOUL KOREA

Printed in Korea

ISBN 978-89-98521-20-2

역자 서문

요즈음 동료 학자들뿐만 아니라 일반적인 사람들로부터 '심리학이 대세'라는 말을 흔히 듣는다. 이런 상황은 사람들이 자신의 감정, 동기 및 목표의 이해, 정신건강 증진, 심리적 문제의 해결, 친밀한 관계와 대인관계의 심화 그리고 일과 여가의 균형 등과 같은 개인적이거나 사회적인 측면에서 일상적인 삶의 문제에 대한 대처나 웰빙의 증진과 관련된 문제에 대한 해답을 심리학 지식에서 찾으려고 노력한다는 시대적 흐름을 반영한다.

심리학은 인간의 이해에 도움을 주고 또한 삶을 향상시키는 데 기여할 목적을 갖고 출발한 과학적 학문이다. 우리는 심리학에 대한 전반적인 이해를 얻기 위해서 일차적으로 심리학 개론서를 공부하게 된다. 그러나 현재 출간되고 있는 심리학 개론서는 심리학을 전공하는 학생들을 위해 기초적인 학문적 토대를 닦아 주기 위한 것을 주요 목적으로 저술되고 있다. 심리학자로서 심리학 전공생뿐만 아니라 심리학을 전공으로 하고 있지 않은 학생들이나 일반인으로부터 자신의 삶에 대한 이해를 높이고 문제에 직면했을 때 해결책을 얻기 위해 어떤 심리학 서적을 읽으면 좋겠느냐는 물음을 종종 받는다. 그러나 대다수의 심리학 서적은 주제를 아주 좁게 잡고 전문적인 지식을 주로 소개하고 있기 때문에 선뜻 추천할 책이 떠오르지 않는 것도 현실이다. 또한 시중의 심리학 관련 자기계발서 중 다수는 경험적으로 검증되지 않은 지식을 주로 담고 있어서 특별히 유익하다는 것을 보장할 수 없기 때문에 권장하기도 어렵다.

역자들은 Kirsh, Duffy 및 Atwater(2014)가 공동 저술한 『Psychology for Living: Adjustment, Growth, and Behavior Today』를 접하고 나서 위와 같은 요청에 응답해 줄 수 있다는 가능성을 확신하게 되어 번역 작업에 착수하였다. 이 저서는 자신에 대한 양호한 이해를 얻고 좀 더 효과적으로 살기 위해서 자신의 삶에 대한 심리학적 통찰과 원리를 적용해 보려는 동기를 가진 독자들을 초점으로 하여 내용을 구성하였다. 따라서 정신역동적, 인지주의적, 행동주의적 및 인본주의적 관점과 같은 다양한 심리학의 조망으로부터 발견된 학습재료들이 포함되었고, 생물심리학, 인지심리학, 성격심리학, 사회심리학, 발달심리학, 임상심리학, 건강심리학과 같은 심리학의 주요 분야에서 필요한 이론과 연구 결과들이 소개되었다. 무엇보다도 현재 11판이 출간될 정도로 미국의 학생들에게 꾸준히 인기가 있는 점이 이 저서의 가치에 대한 평가의 기준이 될 수 있다.

이 저서는 심리학적 지식을 일상생활에 적용시키려는 목표를 성취하기 위한 이론, 연구 및 응용을 포괄하여 다루고 있는데, 삶의 적응과 관련된 심리학적 주제를 전체적으로 크게 여섯 부분으로 나누어서 첫 번째 시작하기 부분에서는 변화하는 사회에서 자기주도라는 주제를 바탕으로 사회적 변화와 개인적 성장을 다루고 있다. 두 번째 부분인 발달 영역에서는 아동기의 발달에 관한 조망과 기본적 개념을 다루고 그리고 성인기 발달, 노인기의 주요 문제와 성공적 나이 들기를 다루었다. 세 번째 부분은 더 나은 성숙을 다루는 부분으로 자기개념의 구성요소, 특징 및 개인적 성장과의 관련성, 건강과 심신관계, 질병에 대한 대처와 복지의 향상, 개인적 통제, 의사결정 및 개인적 성장을 통한 자신의 삶을 책임지기 그리고 동기와 정서의 이해를 포함한다. 네 번째 부분은 사회적 존재로서 인간의 문제를 주제로 하고 있는데, 사람들과 교제하고, 친구를 형성하고 유지하기, 집단의 유형과 집단을 형성하고 가입하기 리더십 그리고 일과 여가를 다루고 있다. 다섯 번째 부분은 친밀한 관계를 주제로 하여 성생활과 관련된 주요개념과 실용적 문제 그리고 사랑, 결혼 및 이혼을 포괄하고 있다. 마지막 부분은 정신건강을 다루고 있는데, 스트레스의 이해와 관리, 심리장애, 불안장애, 기분장애와 정신질환을 분류하고 부적응 또는 장애를 개선하기 위한 심리치료의 유형 그리고 전문적 도움을 얻는데 필요한 정보를 제공하고 있다. 마지막 장에서는 삶에서 가장 중요한 문제 중 하나이지만 심리학이 다소 외면해 온 주제인 죽음, 사별과 애도를 다룸으로써 삶의 주제에 관한 범위를 넓히고 있다. 이 저서를 전반적으로 살펴보면 독자들이 삶의 문제에 심리학을 적용하는 방법에 대해 유용한 정보를 담고 있을 뿐만 아니라 저자가 학생들에게 효과적인 공부법을 친절하게 설명하고 있는데, PQ4R 방법은 시험 준비를 열심히 했지만 시험을 잘못 치른 경험을 해 보았던 학생들에게 상당히 유익함을 제공할 것으로 생각된다.

이 책은, 1장과 2장은 정봉교, 서문 및 3장과 4장은 추선희, 6장과 7장 및 10장은 이용주, 14장과, 15장 및 16장은 장정주, 5장과 12장 및 13장은 김지연, 그리고 8장과 9장 및 11장은 박지영이 맡아 공동으로 번역하였다. 여러 번의 번역 경험에도 불구하고 영어로 된 책을 한국어로 옮길 때마다 항상 어려움을 겪게 되는데, 특히 원문이 가진 내용을 충분히 전달하면서도 독자들에게 이해가 쉽도록 표현하는 데 있어서 적절한 균형을 유지하는 것이 가장 중요한 도전이었다. 그리고 본 역서와 같이 여러 명의 역자들이 함께 번역을 하는 경우에 발생하는 번역 용어와 문장 표현의 차이를 감소시키는 것도 또한 중요한 과제였다. 이 문제는 장시간 동안 역자들이 꾸준히 의논을 나눔으로써 많이 개선이 되었다고 생각하지만 그래도 번역서를 출간하고 나서 항상 느끼는 점은 오류와 어색한 표현으로부터 자유롭지 못하다는 것이다. 이것은 전적으로 역자들의 책임으로 생각하면서, 책을 읽는 과정에서 발견한 오류에 대한 충고를 항상 기꺼이 경청할 것을 약속드린다. 여러 명의 역자들이 공동번역을 하면서 많은 애로가 발생했는데, 특히 10판의 번역을 거의 완료한 시점에 11판이 출간되어서 새롭게 번역을 시작하여 작업을 끝마칠 수 있도록 묵묵히 협조해 주고 서로를 격려한 모든 역자들의 팀워크가 빛을 보았다.

끝으로 번역서의 출판이 점점 더 순조롭지 않게 진행되는 국내의 현실에서도 이 책의 번역을 적극적으로 구상하고 추진하여 번역판이 나오는 것을 가능하게 해 준 박학사의 구본하 사장, 신속한 편집과 교정을 통해서 빠른 기간에 출판되는 것을 가능하게 해 준 박학사 모든 관계자들에게 감사를 드린다.

2014년 4월
역자 일동

저자 서문

이 책은 자신과 삶을 보다 더 잘 이해하기 위하여 자기 자신의 삶에다 심리학적 통찰과 원칙을 적용시키고자 하는 독자들을 위한 것이다. 이러한 목적을 위하여 정신역동적, 인지행동적, 인본주의적 관점 등 심리학의 여러 주요 관점에서 발췌된 내용이 포함되어 있다. 균형 잡힌 교재란 심리학의 여러 분야를 골고루 다루므로 우리는 인지, 생물, 건강 심리학의 주요 분야뿐 아니라 임상, 성격, 사회, 발달 심리학의 주요 내용을 포함시켰다. 이 책은 독자들의 비판적 사고를 자극하기 위한 질문을 비롯하여 동일한 주제에 관한 서로 다른 관점들을 제시하고 있으며 자신에 관해 계속 탐색할 수 있도록 개인적 적응에 관한 지식과 이해를 높이는 것이 그 목적이다.

이 11판의 주요 특징은 다음과 같다

추가된 내용

우리는 세계의 다양한 사건들과 심리학의 변화를 반영하기 위하여 내용에 약간 변화를 주었다. 첫째, 새로운 용어뿐 아니라 거의 320개의 새로운 참고문헌이 실려 있다. 두 번째로 다음의 주제에 대한 새롭고 부가적인 정보를 담고 있다.

- 기술 및 기술이 우리의 삶을 이롭게 하면서 혼란스럽게 하는 방식
- 긍정심리학 분야에서 나온 응용법
- 인간발달에 관한 생태학적인 관점
- 부모의 감독 및 서로 다른 양육형태가 청소년에게 미치는 영향
- PDA와 휴대전화 등 휴대용 기구의 영향과 확산
- 성격의 유연성 대 불변성
- 방어적 비관주의의 정의와 응용
- 따돌림 및 사이버 따돌림
- 죽음에 대한 어린이들의 이해
- 그릇된 행동에 대하여 변명을 하는 이유
- 비만, 비만 낙인, 신체상
- 무죄 항변
- 학업 부정행위
- 자살하고 싶다는 사람에게 해야 하는 일

- 공항장애 및 기분부전장애
- 음악과 자살과의 연관성
- 불임, 불임치료, 입양
- 이 책 전반에 걸친 최신 미국 인구조사 자료(그리고 세계 인구 성장률)
- 신체상과 미디어의 영향에 관한 최신 연구
- 사후해석 편향을 포함한 결정 후 후회에 관한 새로운 연구
- 적 같은 친구
- 무엇이 매력적인 얼굴로 보이게 하는가?
- 리더 위치에 있는 여성과 유리절벽의 경험
- 직장 장면에서의 전자식 의사소통의 영향에 관한 최근 연구
- 유사한, 혹은 상이한 인종의 치료자에 관한 논쟁
- 리더십에 대한 특질 접근에의 관심 부활
- 외상 후 스트레스 증후군에 관한 새로운 정보
- 일상생활과 스트레스 대처에 있어서의 탄력성 효과
- 섭식장애를 유발하는 미디어의 영향
- 성격장애의 출현율에 관한 자료
- 웰빙이 장애와 스트레스가 없는 상태와는 다르다는 개념
- 사별의 단계 이론으로부터 사별의 성장 이론으로의 관심 변화
- 계속되는 테러리즘의 위협과 그것이 우리의 삶과 대처 양식에 일으킨 변화
- 개인주의와 집합주의 사회의 개념에 대한 확장된 정보
- 미국 가족의 변화와 그 변화가 개별 구성원에게 미치는 방식
- 성인 후기에 접어든 베이비붐 세대가 사회에 미치는 영향
- 민족과 인종이 건강관리, 심리치료 및 다른 영역에 미치는 역할에 관한 상세한 분석
- 비언어적 의사소통의 문화적 효과에 관한 포괄적 개관
- 아동 포르노그래피와 성학대에 관한 추가 정보

구성

이 책의 장은 개별적이다. 즉, 독자는 이전 장을 읽지 않더라도 순서에 상관없이 읽고 내용을 이해할 수 있다. 도입부는 자기주도와 사회적 변화에 관한 단원이다. 두 번째 큰 단원은 '변화하는' 상태, 혹은 발달에 관한 것이다. 아동기와 성인기에 관한 장이 여기에 포함된다. 세 번째 큰 단원은 개인의 현재 상태, 혹은 '존재' 상태에 해당된다. 정서

와 동기를 비롯하여 자기개념, 건강, 개인적 통제, 의사결정이 해당된다.

다음 단원은 적응과 성장의 사회적 측면에 관한 것이다. 여기에는 친구, 집단(지도자와 추종자), 일과 여가에 관한 장이 들어 있다. 이 뒤에는 보다 친밀한 인간관계에 관한 단원이 나온다. 이 단원 중 한 장은 성에 관한 것이고 다른 한 장은 몰입된 혹은 친밀한 관계에 관한 것이다. 개인의 성장과 적응에 관한 책에서 우리 모두가 직면하는 도전에 관한 내용이 없다면 충분치 못할 것이다. 마지막 단원은 스트레스, 심리장애, 치료, 죽음과 노화에 관한 장들로 구성되어 있다. 이 책의 구성에 대한 의견을 기다리며, 모든 장은 독자가 원하는 순서대로 편하게 읽을 수 있도록 개별적임을 기억하기 바란다. 연락은 kirsh@geneseo.edu 및 duffy@geneseo.edu로 하면 된다.

학습 도움말

이 책에는 여러분이 최대한 잘 활용하도록 하기 위한 몇 가지 특징이 있다.

- 책 시작 부분에 있는 학습하는 법 부분은 학습과 시험을 위한 참고사항을 제공한다.
- 각 장 앞의 장의 요점은 다루게 될 내용의 개관을 제공한다.
- 학습 목표는 지식, 이해, 응용에 있어 습득해야 하는 내용을 알려 준다.
- 학습자들에게 생소한 용어는 굵게 표시되어 있으며 뒤에 돋움체로 정의가 언급되는데 이는 참고사항에 다시 나온다. 어떤 장부터 읽더라도 그 용어가 익숙해지도록 언급될 때마다 눈에 띄게 되어 있다.
- 특별히 흥미 있는 글상자, 숫자, 표는 내용을 보충해 주는 재미있고 중요한 자료를 포함하고 있다.
- 책 뒷부분의 참고사항은 교재에 나왔던 핵심 용어를 정의하고 있다.
- 매 장 끝 부분의 요약은 주요 제목별로 정리되어 그 장의 요점을 정리하도록 해 준다.
- 10개의 선다형 문항으로 구성된 스스로 해 보기는 본문 내용을 이해했는지 평가하는 데 도움이 될 것이다.

응용

- 각 장의 자가진단검사는 책에서 다룬 개념과 원칙을 응용하도록 해 준다. 이 검사는 우리가 고안한 것으로 과학적 타당도나 신뢰도가 없음을 알아두기 바란다. 이것은

단지 자기탐색과 자기이해를 위한 도구이며 그 정도로 해석되어야 한다.

- 각 장 끝 부분의 연습은 학생과 내용과의 관련성을 강조하는 것이다.
- 복습을 위한 물음은 학생이 교재 내용을 자신과 연관 짓도록 도와준다.

도움을 주신 분들

이렇게 좋은 책을 인수받을 기회를 준 것에 대해 Eastwood Atwater 박사에게 감사를 표한다. 그는 더 이상 우리와 함께하지 못하지만 그가 집필했던 것과 같은 수준 높은 책을 만들기 위한 우리의 노력을 인정해 주기를 기대한다. 이전 판을 채택하고 피드백을 준 여러 교수들께도 감사한다. 우리는 진정으로 여러분의 비평을 감사하게 생각하고 진심으로 수용한다. 특히 Pearson Education의 Amber Chow와 Diane Szulecki의 인내심과 멋진 조언에 고마움을 전한다. 특히 일상생활의 변화, 그리고 해, 달, 별, 배우자, 아이들, 애완동물에 대한 소홀함에도 불구하고 이 책과 다른 책들을 완성하는 와중에 낙담하고 있을 때, 계속할 수 있도록 힘을 준 친구들과 가족들에게 큰 고마움을 전한다.

또한 통찰이 담긴 비평과 조언을 아끼지 않은 다음의 검토자들에게도 감사한 마음을 전한다.

Norma Caltagirone
Hillsborough Community College

Christopher Dywzelski
Madison Area Technical College

Rebeca Francis
West Virginia State University

Paul Herrle
The College of Southern Nevada

Rod Hoevet
Maryville University

Gloria Howell
Blue Ridge Community College

Andrew Ornberg
Central Oregon Community College

Courtney Ryan
Ball State University

Victoria Schultz
Wharton County Junior College

학습하는 법

학생들은 시험을 잘 보지 못한 데 대하여 여러 가지 변명을 한다. 가끔은 "공부를 하지 않았습니다."라며 솔직하게 인정한다. 하지만 이보다 더 자주 "시험 준비를 열심히 했는데 왜 못 쳤는지 알 수가 없어요."라고 말한다. 한 가지 흔한 문제는 공부를 미루는 것이다. 하지만 많은 경우 학생들은 공부하는 법을 모르고 있다. 다음의 전통적 학습법을 적용한다면 당신의 공부습관을 보다 향상시킬 수 있다.

PQ4R법

PQ4R법은 학습서의 6개의 반복되는 단계—미리보기, 질문하기, 읽기, 생각해 보기, 암송하기, 복습하기(preview, question, read, reflect, recite, review)—에서 이름을 따온 것이다. 광범위한 경험으로 보아 이 방법이 이해와 암기를 도와 시험성적을 올려줄 수 있다.

미리보기

공부를 시작하기 전에 그 장을 전반적으로 훑어보는 것이 좋다. 일반적으로 소설을 읽을 때는 결말을 미리 알고 싶지 않으므로 처음 부분에서 뒤로 읽어 나가게 된다. 하지만 개념과 사실적 자료에 있어서는 그 반대로 해야 한다. 자료의 주제를 전체적으로 이해하는 것이 중요하며 그렇게 함으로써 읽어 나가는 동안 맥락 속에서 세부사항을 파악할 수 있다.

- 먼저 내용 목차를 훑어보라.
- 그 다음으로는 큰 제목과 소제목을 보면서 각 장을 대충 살펴보라.
- 다음으로는 각 장의 요약부분을 읽어 보라.
- 마지막으로 한 번에 얼마만큼 읽을지를 결정하라.

질문하기

그 장을 개괄하였으면 내용이 궁금해질 것이다. 이때 자기 자신에게 내용에 관한 질문을 해 보는 것이 도움이 된다. 그런 다음 당신의 질문에 대한 답을 알아내겠다는 목표를 갖고 공부하라. 한 가지 방법은 굵은 글씨체의 제목이나 소제목을 질문으로 변화시켜

보는 것이다. 예를 들어 자기주도에 관한 1장의 첫 주요 제목과 소제목은 다음과 같다.

- 사회적 변화
- 과학기술 세계에서의 삶
- 다른 사회적 변화에 따른 삶
- 우리의 미래는 얼마나 확실한가?

이제 이러한 제목과 소제목을 사용하여 질문을 만들어라. 몇 가지 예가 있다. 사회적 변화란 무엇인가? 나는 과학기술의 세계에 살고 있음을 알지만 이것과 사회적 변화와 자기주도는 어떤 관계가 있는가? 내가 목격한 다른 사회적 변화는 어떤 것들이 있는가? 테러 경보 및 다른 극단적인 변화 속에서 나의 미래는 얼마나 확실한가? 이러한 질문을 적은 후 읽으면서 답을 써 본다면 매우 효과적일 것이다.

읽기

다음 부분으로 넘어가기 전에 읽고 있는 내용을 제대로 소화하여 이해해야 한다. 제대로 파악하지 않고 대충 넘어가면 피상적으로 이해하여 결국 혼란스러워진다. 이와 반대로, 이해할 수 있을 만큼 충분한 시간을 갖고 읽으면 더 오래 기억하게 될 것이다. 만약 한 용어의 의미가 분명치 않으면 책 뒤의 용어집을 찾아보라. 용어집에도 없으면 Webster's New World Dictionary와 같은 나른 사선에서 잦아보라. 또한 책의 가장자리에 직접 설명을 써 놓는 것도 좋다.

생각해 보기

잘 이해하기 위한 좋은 방법은 규칙적으로 멈추고 그것에 대해 생각해 보는 것이다. 자신에게 질문하라. 나는 이 내용을 제대로 이해하고 있는가? 이것을 다른 사람에게 설명해 줄 수 있는가? 만약 대답이 부정적이라면 다시 읽어 보라. 그 장의 핵심 구절에 표시를 하거나 밑줄을 긋는 것도 도움이 된다. 이렇게 하면 적극적으로 읽기에 참여하게 되며 시험 준비 시 필요한 핵심내용을 갖게 된다. 읽으면서 표시를 하거나 밑줄을 긋는 학생들도 있고 내용을 다 읽고 다시 돌아와서 요점을 강조해 두는 학생들도 있다. 전문가들은 내용을 파악해야 핵심 구절을 더 잘 알 수 있다고 하며 후자를 추천한다. 표시를 하고 밑줄을 긋는 좋은 방법이 있다.

- 표시를 하거나 밑줄을 긋기 전에 각 부분을 읽어 본다.

- 핵심 구절이나 주제만 표시한다.
- 마커나 펜을 사용한다. 연필은 쉽게 지워지기 때문이다.

암송하기

아마 누군가의 전화번호를 찾고는 전화번호부를 덮자마자 잊어버린 경험이 있을 것이다. 다시 번호부를 펼치고 찾아본다. 이번에는 책을 덮으면서 속으로 혹은 소리 내어 그 번호를 반복한다. 큰 소리로 반복하거나 말하는 행동, 즉 암송을 통해 기억력을 향상시키는 것이다. 암송은 여러 면에서 기억력을 증가시킨다. 먼저, 해당 페이지에 좀 더 오래 집중함으로써 내용을 더 잘 부호화하여 자료를 정확하게 저장하도록 한다. 반복은 필요한 내용을 더 잘 인출하도록 해 준다.

암송을 활용하는 몇 가지 방법이 있다. 첫째, 곰곰이 생각하거나 그 자료에 대하여 질문하는 것도 그 자체로 일종의 암송이다. 둘째, 책을 덮고 방금 읽은 내용을 속으로 회상함으로써 암송할 수 있다. 셋째, 수업시간에 친구들과 내용에 관해 토론하고 소감을 나누거나 질문을 함으로써 소리 내어 암송하는 것이다. 넷째, 읽은 내용의 요점을 적어 보는 것이다. 우리는 이 방법을 추천하는데 왜냐하면 이렇게 하면 당신은 자료의 주요 내용을 선택하지 않을 수 없기 때문이다. 어떤 학생들은 때때로 내용이 없이 제목과 소제목 등을 그냥 베끼면서 사고과정을 피하려고 하고, 또 어떤 학생들은 산만하게 너무 상세히 적으므로 방해가 된다. 그렇게 하지 말고 선택을 하라. 글씨 크기에 달려 있겠지만 몇 페이지 내로 책 전체를 요약할 수 있어야 한다. 중요한 내용을 선택한 후 그것을 적어 보는 과정은 아주 좋은 암송법이다. 그것은 시험 준비용 정리 지침서가 될 것이다.

암송에 걸리는 시간은 내용의 양에 달려 있다. 이름이나 숫자와 같은 단편적 정보를 암기할 때는 시간의 80%를 암송에 써야 한다. 하지만 의미가 깊고 조직화가 잘된 주제나 개념을 공부할 때는 20% 정도면 될 것이다. 어떤 암송방식이 효과적인지는 각자의 경험에 따라 다르다.

복습하기

복습할 준비가 되었다면 전반적인 내용을 파악하기 위해 맨 뒤의 요약부분을 다시 읽어 보라. 그런 후 앞으로 돌아와서 제목과 소제목 아래 표시해 둔 핵심 내용에 집중하라. 그 장의 요점을 적어 놓았다면 그것도 다시 보라. 학습한 것이 빠르게 망각되는 것을 상쇄시키려면 내용을 규칙적으로 다시 보는 것이 이상적이다. 처음 읽은 후 24시간 안에 복습하고 다시 72시간 후에 복습하기를 권한다. 이후에는 시험 때까지 일주일에 한 번씩 복습하는 것이 좋다.

준비가 되었으면 각 장 끝의 스스로 해 보기를 하고 책 뒤에 달려 있는 정답으로 채점해 보라. 틀렸을 경우 다시 돌아가서 정답을 찾아보는 것이 중요하다. 그렇지 않으면 같은 실수를 되풀이할 것이다. 검사문항의 순서는 장의 내용 순서와 동일하므로 학습에 잘 활용할 수 있을 것이다.

언제 어디서 학습할 것인가?

학기가 시작되면 나름의 학습계획을 세울 것이다. 강의시간표와 각 과목의 부담, 아르바이트나 가족으로서의 의무와 같은 다른 요소를 고려하라. 한 번에 너무 많은 내용을 학습하려고 하지 마라.

먼저 집중할 수 있는 장소를 찾는 것이 중요하다. 그런 다음 그 장소는 학습을 위해서만 사용하라. 이렇게 하면 학습습관을 강화시키는 일종의 연합을 발달시키게 된다. 가장 나쁜 장소 중 하나는 침대이다. 침대는 피로감을 연상시키므로 그곳에서는 학습을 하기보다는 잠들기가 쉽다. 딴 생각을 하거나 근심에 싸인 자신을 알아차린다면 잠깐 쉬고 나서 학습할 준비가 되었을 때 다시 시작하라. 학습을 마치면 그 장소에서 나가라. 계속 이런 식으로 한다면 그 장소와 학습을 연합시키게 되어 그곳에서 학습하고 싶은 마음이 생길 것이다.

학습을 위한 특정 시간을 준비해 두는 것도 중요하다. 학습량에 상관없이 일정한 시간이 지나면 학습을 마칠 수도 있고, 일정한 양의 학습을 끝낼 때까지 계속할 수도 있다. 두 가지 경우 모두 한 시간 내지 세 시간 정도가 가장 합당하다. 너무 오래 계속하면 집중하기가 힘들어진다. 한 시간에 적어도 한 번, 혹 아주 어려운 내용이라면 삼십 분마다 한 번씩 잠깐 쉬는 것이 좋다. 또한 정한 시간 동안 학습하는 것에 대한 선물로 자신이 좋아하는 일을 사용해도 된다. 예를 들어, 친구에게 전화를 걸거나 TV를 보고 싶다면 먼저 학습을 한 다음 스스로에 대한 보상으로 전화를 하거나 TV를 보는 것이다.

무엇보다 미루지 마라. 시간을 현실적으로 분배하여 한 번에 너무 많은 내용을 학습하려고 하지 마라. 예를 들어, 이 책의 네 장을 학습해야 한다면 한 번에 한 장 이상을 넘지 않도록 하라. 학습시간을 여유 있게 잡으면 지루함과 피로감이 줄어 내용을 더 잘 기억하게 된다. 당신은 학습시간 사이에도 그 내용을 계속 생각하게 될 것이다. 복잡하거나 어려운 내용을 학습할 때 특히 이것을 더 명심하라.

시험 준비

시험을 치를 때는 차분하게 이완하라. 약한 정도에서 중간 정도의 불안을 유지하면서 사고과정을 방해하지 마라. 특별히 불안하게 하는 문제가 나오면 시험지에 적어 두고 다음 문제로 넘어가고 나중에 그 문제로 돌아가라. 시험을 거의 다 해결했다는 생각이 들면 어려운 문제에 더 잘 집중할 수 있다.

시험 유형에 관계없이 모든 문제를 주의 깊게 천천히 읽어 보라. 출제자가 요구하는 것을 이해했는지를 점검하라. 지나치게 파고들어 실제보다 복잡하게 만들지 마라. 만약 어떤 문제가 특히 이해되지 않는다면 손을 들고 그 문제의 의미를 물어보라. 선다형 문제는 정답을 고르기 전에 반드시 모든 문항을 읽어 보라.

논술형 문제는 답을 쓰기 전에 문제지 뒤에 요점을 간단하게 적어 놓아라. 이렇게 하면 쓰는 동안 그 주제에 대한 생각을 계속 유지할 수 있다. 만약 선다형과 논술형이 섞여 있다면 먼저 논술형 문제의 요점을 정리해 놓고 논술문제에 답하기 전에 선다형 문제를 끝내라.

선다형 문제를 읽고 정답을 골랐다면 문제를 다시 읽고 그 답이 문제와 일치하는지 확인하라. 우리의 단기 기억은 30초밖에 되지 않으므로 이렇게 하여 단순한 '망각' 실수를 피할 수 있다. 정답을 결정할 즈음 질문의 정확한 내용을 잊어버리기 쉬우므로 답을 표시하기 전에 문제를 다시 읽는 것이 좋다. 이때는 답 문항들을 역순으로 읽어 보라.

정답을 결정하기 전에 오답을 제외시키는 법을 배워라. 예를 들어, 만약 4개의 답이 있다면 가장 어울리지 않는 2개를 제외시켜라. 선택 가능한 2개의 답이 있으면 확률은 50 대 50이 된다. 항상, 절대로, 단지, 반드시, 완전히 같은 말은 흔히 성급한 주장의 의미이므로 먼저 제외시켜라.

정답을 바꾸어도 될까? 경우에 따라 다르다. 만약 열심히 공부했고 답에 대해 느낌이 좋다면 바꾸지 마라. 하지만 만약 답에 강한 의심이 든다면, 특히 잘 모르는 내용이라면 다시 고려해 볼 수 있다. 또한 이것은 개인에 따라 많이 다르다. 불안이 높고 충동적인 학생들은 처음에 틀린 답을 고르지만 답을 다시 살펴보고 정답을 찾아내는 경향이 있다. 반면에 자신감이 부족한 학생들은 자신의 능력을 믿지 못하므로 흔히 정답을 다시 오답으로 바꾼다. 당신이 바꾸는 답의 결과에 주목하고 각 시험에서 정답에서 오답 혹은 오답에서 정답으로 바꾼 답의 숫자를 기록하고 이 정보를 다음 시험에 고려하라.

마지막으로 시험 결과에서 배울 수 있는 몇 가지 다른 방법들이 있다. 출제자가 시험에 대해 말하는 강의시간에는 반드시 출석하라. 당신이 놓친 것이 무엇이고, 왜 놓쳤는지를 파악하라. 예를 들어 사실적 정보보다는 개념의 이해를 요하는 시험처럼, 당신이 예상했던 문제와 달랐는가? 만약 논술형 시험 성적이 좋지 않았다면 출제자에게 어떻게 하면 잘 칠 수 있는지 물어보라. 변명을 하거나 출제자나 자신을 비난하는 데 시간을 낭비하지 마라. 다음 시험에 보다 좋은 결과를 얻기 위하여 무엇이 필요한지를 알아내고 자신의 공부방식과 시험방식을 수정하라. 행운을 빈다!

저자 소개

Steven J. Kirsh는 Geneseo의 뉴욕 주립대학교의 심리학과 교수이다. 그는 펜실베이니아 주립대학교에서 발달심리학 박사 학위를 취득하였다. Kirsh 박사의 주요 연구 주제는 정서 인식과 사회적 정보과정에 미치는 폭력적 매체의 영향이다. 그는 많은 과학적 논문을 기고하였고 책의 부분 저자로 활동했을 뿐 아니라 『Children, Adolescents, and Media Violence: A Critical Look at Research, 2nd Ed.』(2012) 및 『Media and Youth: A Developmental Perspective』(2010)를 출간하였다.

Karen Duffy는 Geneseo의 뉴욕 주립대학교에 있는 저명한 명예교수이다. 그녀는 미시간 주립대학에서 사회 및 성격 심리학 박사 학위를 받았다. Duffy 박사는 뉴욕 법정 연합회(New York United Court System)에서 가족 중재자로 일했다. 그녀는 가정 폭력 보호소의 감독위원 및 가족계획 연구소의 교육위원뿐 아니라, 뉴욕 주 근로자 도움 프로그램(New York State Employee Assistance Program)의 수련 책임자 및 집행위원으로 일했다. 그녀는 스트레스 관리에 관하여 여러 직장 프로그램과 EAP, 각종 직장 내 문제에 자문을 담당했다. 그녀는 미국 심리학회의 회원이다. Duffy 박사는 『Community Mediation: A Handbook for Practitioners and Researchers and Community Psychology』를 비롯한 여러 책을 저술하였다. 또한 그녀는 성격 심리학, 사회심리학, 심리학 개론, 적응 등의 여러 주제에 관해 다른 저자들의 연간 간행물을 편집하였다. 그녀는 풀브라이트 장학금을 두 번 받아 러시아의 상트페테르부르크 대학교에서 연구했다. 러시아에서 그녀는 에이즈 국제 기구, 아동 보호소, 그리고 여러 지역 활동에 참여했다. 최근에는 몽골로 인도주의의 구호 여행을 두 차례 다녀왔다.

차 례

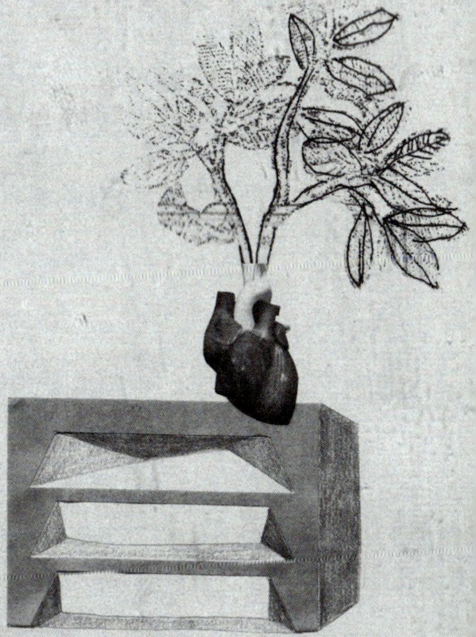

이 책의 참고 문헌은 지면상 싣지 못했습니다.
박학사 웹사이트(http://www.pakhaksa.co.kr)의 자료실에서 내려받을 수 있습니다.

제 1 장 변화하는 세계에서의 자기주도

사회적 변화

과학기술 세계의 삶

다른 사회적 변화에 따른 삶

우리의 미래는 얼마나 확실한가?

자기주도의 도전

자기주도와 사회

긍정심리학과 인본주의 조망

개인적 자유의 애매성

자신이 삶을 책임지기

오늘날의 개인주의 사회에서의 삶

개인적 성장의 주제

모순과 불확실성을 가진 삶

연속성과 변화

개인적 성장이 경험

개인주의를 넘어서

요약

스스로 해 보기

연습

복습을 위한 물음

학습목표

이 장을 모두 학습한 후 다음을 할 수 있다.

1.1 과학기술이 우리가 의사소통하고 살아가는 방식을 어떻게 변화시키는지를 설명한다.

1.2 과학기술과 무관한 최근의 사회적 변화를 논의한다.

1.3 자기주도의 개념을 설명한다.

1.4 개인주의 사회와 집단주의 사회를 비교한다.

1.5 긍정심리학을 정의한다.

1.6 인본주의적 조망을 요약한다.

1.7 자신의 삶을 책임진다는 것이 의미하는 바를 논의한다.

1.8 자기계발 서적을 이용하는 것의 몇 가지 문제를 기술한다.

1.9 시간이 경과함에 따라 변하는 특징과 동일한 채로 남아 있는 특징을 열거한다.

1.10 개인적 성장을 경험하는 3단계의 주기를 기술한다.

1.11 개인주의를 넘어서는 것이 중요한 이유를 설명한다.

Zachary는 1800년대 후반의 대학 신입생이다. 그는 대학에 입학을 할 수 있는 특권을 가진 소수에 속하는데, 그의 가정이 그를 대학에 진학시킬 수 있을 만큼 충분히 부유하기 때문이다. Zachary는 학교에 가기 위해 기차를 타고 수 마일의 농장과 숲을 지나는 여행을 한다. 그는 가족과 편지로 연락을 한다. Zachary는 의사가 되기를 희망하는데, 이 직업은 1800년대의 여성에게는 상당히 폐쇄적이었다. Zachary는 남학생을 위한 하숙집에서 산다. 그는 하숙집에서 식사를 하고, 도서관에서 공부를 할 때 가스등을 이용하여 독서를 하며, 보고서는 손으로 써야만 한다. 도서관에서 휴대전화를 사용하는 학생은 결코 없다.

Zachary의 증손녀인 Karen은 21세기의 대학 1학년생이다. 그녀는 개인 대출과 정부로부터의 재정적 지원 덕분에 대학에 진학할 수 있다. Karen은 비행기를 이용하여 학교까지 1년에 수차례 왕복 여행을 한다. 그녀는 무선전화 수화기를 들거나, 텍스트 메시지를 보내거나 혹은 페이스북이나 트위터에 상태 글 올리기를 함으로써 가족과 연락을 한다.

전기가 Karen이 독서를 하도록 방을 밝혀 주거나 학기 보고서나 편지를 쓰는 데 사용하는 컴퓨터에 동력을 공급한다. Karen은 남녀 공용 기숙사에서 생활하는데, 캠퍼스에서 다양한 민족과 인종의 학생들과 어울리는 것에 익숙하며, 그들 중 반수는 여성이다.

Karen은 일반의가 되려고 계획하였던 Zachary처럼 의사가 되기를 희망한다. Zachary는 돈을 지불할 수 없는 어떤 환자에게는 의료비 대신에 농작물, 양털 혹은 다른 생산품을 받았을 수도 있다. 반면에 Karen은 우아한 사무실, 오전 9시부터 오후 5시까지의 진료시간 그리고 개인의 사생활을 즐길 수 있게 해 주는 전화 자동응답을 원한다. 그녀는 의료비로 달걀이나 베이컨이 아니라, 신용카드를 받기 위해서 재무회계 시스템을 설치한다.

사회적 변화

학습목표

1.1 과학기술이 우리가 의사소통하고 살아가는 방식을 어떻게 변화시키는지를 설명한다.

1.2 과학기술과 무관한 최근의 사회적 변화를 논의한다.

과학기술 세계의 삶

Zachary와 Karen은 모두 사회형태와 사회제도의 변화로 정의되는 급격한 **사회적 변화(social change)**의 시기에 살고 있다. 사회적 변화는 어떤 시기에도 일어날 수 있고 미리 계획되거나 혹은 전적으로 계획되지 않았을 수도 있다(Moritsugu, Wong, & Duffy, 2010). 계획된 변화는 인간에 의해서 발생하거나 설계된 것으로 예를 들면 최신의 현대 과학기술로 설비된 새로운 주택을 건설하는 것이다. 계획되지 않은 변화는 쓰나미, 허리케인 또는 질병이나 기아로 인한 어떤 국가 인구의 예기치 못한 변동과 같은 자연과 사회적 사건에 의해 발생한다.

Zachary의 시대에 미국은 농업사회에서 도시사회로 서서히 변화하였고, 수많은 산업혁명의 발명품이 운송업, 농업 및 제조업을 보다 더 쉽게 만들었다. 미국은 곧 개척자 사회에서 산업 거대사회로 변화하였다. 따라서 Karen은 과학기술의 변화를 당연시한다. 그녀는 의학적 진보가 AIDS와 암을 포함하는 많은 치명적인 질병을 머지않아 치료해 줄 것이라고 믿는다. 그녀는 온실가스의 증가와 화석연료의 결핍이 사신이 알고 있는 세상을 변화시키고 있다고 걱정한다. 한편 그녀는 비록 앞으로 일어날 일에 대해 궁금해하지만, 급상승하는 사회적 변화가 정상이고 불가피하다는 것을 알고 있다. Karen은 사회적 변화가 항상 계획되거나 긍정적이지는 않다는 것을 알고 있다.

지금 세계적으로 급격한 속도의 과학기술적, 과학적 및 사회적 변화가 일어나고, 전 세계적인 영향을 미친다는 것을 우리는 모두 알고 있다. 예를 들면, 이집트 대통령인 호시니 무바라크 정부의 전복을 초래한 시민 불복종의 시위와 행위는 페이스북을 통해서

글상자 1-1 당신은 다음의 사실을 알고 있는가?

- 당신은 최초로 발명된 카메라로 사진을 찍기 위해서 8시간 동안 가만히 앉아 있어야만 한다.
- 게임보이(2000년)를 갖고 놀고 있는 아이들은 달에 최초로 인간을 착륙시킨 NASA보다 더 높은 연산력을 갖고 있다.
- 인터넷으로 연결된 170억 개 이상의 장치들이 있다.
- 최초의 애플 II 하드 드라이브는 5메가바이트에 상당하는 자료 용량만 저장할 수 있었다.
- 월드와이드웹(WWW)에서 5,000만 명의 사용자를 확보하는 데 단지 4년이 걸렸다. 대조적으로 동일한 숫자에 도달하는 데 TV는 13년 그리고 라디오는 38년이 걸렸다.

출처: 2012년 FunFactz.com, '과학기술적 사실'에 근거.

조직되었는데, 20세인 Khaled Kamel의 'We are all Khaled Saeed'라는 페이지가 혁명으로 이끈 통로가 되었다(Hauslohner, 2011). 사회적 변화는 우리 시대의 전반적인 조건처럼 보이고 과학기술은 사람들 간의 상호 연결성을 확장시켰고, 공통적이고 세계적인 인류애의 자각을 증가시켰다(St. Clair, 2011).

인터넷 사용은 과거 10년 동안 전 세계적으로 급증하였다. 2000년 이래 인터넷 사용자의 수는 아프리카에서 2,527%, 중동에서 1,987%, 라틴아메리카/카리브 해에서 1,037%, 아시아에서 709% 그리고 북아메리카에서 150%가 증가하였다. 더구나 전 세계 인터넷 사용자의 44%가 아시아에 있고, 단지 13%만이 북아메리카에 있다(InternetWorldStatistics.com, 2012). 표 1-1은 미국과 다른 나라들의 현재 가정용 매체와 인터넷 사용을 보여 준다.

과학기술은 사람들 사이의 관계를 유동적이고, 유연하며, 더욱 간편하게 만들어 주

표 1-1 가정용 매체: 세 국가 간의 비교

매체	미국	뉴질랜드	영국
TV	>99	>99	>99
비디오 게임 콘솔	87	66	66
인터넷 접속	84	72	79
아이팟 혹은 MP3 플레이어	76	56	69

출처: Broadcasting Standards Authority(2008), Childwise(2010). "Generation M2: Media in the Lives of 8- to 18-years-Olds", Victoria J. Rideout et al., Henry J. Kaiser Family Foundation, 2010.

고, 또한 단지 한 장소에 국한되는 제한성으로부터 우리를 자유롭게 해 준다. 과학기술은 우리에게 많은 사람과 보다 더 많은 시간을 접촉할 수 있게 하고, 가정과 직장의 일의 차이를 줄여 줌으로써, 두 일을 동시에 할 수 있게 해 준다(Amichai-Hamburger, 2009). 사실상 과학기술은 오늘날 가장 강력한 변화의 동력일 것이다(Sood & Tellis, 2005). 거의 모든 나라의 사람들이 과학기술로 인해 더 높은 상호의존성이 있는 세상에서 성장하고 있다. 특히 통신의 혁명이 세상을 '지구촌(global village)' 이미지로 재창조하고 있는데, 그곳에서는 삶의 모든 측면—모든 사고, 행위 및 제도—이 세계의 다른 지역 사람들에게서 일어나는 일에 비추어 재고되고 있다(Shah, 2007).

탐색 1.1 과학기술

www.cpsr.org 사회에서 과학기술의 책임 있는 사용에 관심을 갖는 컴퓨터 전문가들이 지원하는 사이트이다. 그들의 모토는 "과학기술이 미래를 이끌고, 방향타를 잡는 것은 우리에게 달려 있다."이다.

비록 사람들은 모두 변화한다는 사실을 인정할지라도, 종종 우리가 나아가고 있는 방향에 대해서는 동의하지 않는다(Kohut & Wike, 2008). 어떤 사람들은 우리가 알고 있는 세상이 무한하게 지속될 것이고, 주변의 모든 변화가 우리 사회를 지탱하고 있는 친숙한 사회적, 경제적 및 정치적 구조를 흔들지 않을 것으로 가정한다(Moen & Roehling, 2005). 그러나 범죄, 경제적 문제, 세계의 위기, 테러리즘의 위협, 자연재해 및 핵전쟁의 파괴 가능성과 같은 나쁜 뉴스에 의해 잠식된 많은 사람은 암울한 견해를 갖고 있다(Huddy, Khatib, & Capelos, 2002). 또 다른 사람들은 디지털화와 과학기술이 지역 문화와 경제를 변화시키거나 위협할 것이라고 걱정한다(Shah, 2007). 그러나 새로운 과학기술이 사회에 미치는 부정적 효과에 대한 걱정은 전혀 새로운 것이 아니고 수백 년 동안 우리의 주변에 존재하였다. 1800년대 후기 동안 학자들은 소설을 읽는 것이 부푼 상상, 과도하게 흥분하는 신경계 및 현실에 대한 왜곡된 견해를 초래한다고 믿었다. 신문은 부자연스럽고 신속한 주의 변경을 초래한다고 여겼는데, 그것은 궁극적으로 독자의 정신건강을 훼손시킨다는 것이다. 1900년대 초기에 영화는 타락과 부도덕을 가르친다고 생각하였고, 영화관은 범죄를 가르치는 온상이라고 낙인찍혔다. 더구나 1940년대부터 1950년대의 만화책은 폭력을 미화하고 성에 대한 불건전한 생각을 자극하고, 무법을 가르친다고 믿었다. 단순히 기술하면 역사를 통해서 새로운 과학기술의 진보, 특히 매체와 관련된 진보는 사회에 '사악한 영향'을 미치는 것이라고 비난받았다(Starker, 1989).

이 세대로부터 많은 형태의 고용이 자동화와 컴퓨터 시스템의 영향을 받고 있으며, 앞으로도 받을 것이다. 과학기술적 해결의 필요성 증대는 높은 지적, 기술적 지식을 필요로 하므로 최소한 미국에서는 교육을 받은 중산층 노동자들이 블루칼라 노동자를 대신해 노동력의 대부분을 구성할 것이다. 그러나 인간의 과학기술 지식 및 사용의 증가와 관련된 한 가지 문제는 **일부 사람들이 과학기술을 두려워한다는 점**으로, 그 현상은 **과학기술 공포증(technophobia)**이라고 불린다(Wagner, Hassanein, & Head, 2010). 예를 들면 어떤 사람들은 컴퓨터를 망가뜨리는 것, 큰 대가를 치루는 오류를 범하는 것 혹은 바보처럼 보이는 것을 두려워하기 때문에 컴퓨터 사용에 대해 우려한다. 이것은 외견상의 **디지털 분수령(digital divide)**을 초래하였다. 이미 유력하지 못한 개인들이 과학기술을 최소로 사용하고 있는데, 그들은 아마도 자신의 직업, 사회적 지위 및 경제적 조건을 향상하기 위해서 과학기술의 지식으로부터 이득을 얻을 수 있는 바로 그런 사람들이다(Mehra, Merkel, & Bishop, 2004).

그러나 흥미롭게도 전반적인 과학기술의 모습은 변화하고 있는데, '이동성(on the go, OTG)' 과학기술(휴대전화 및 다른 휴대용 무선기기)이 디지털 분수령을 감소시키기 때문이다(Horrigan, 2008). 이런 과학기술의 변화는 다른 과학적 발견과 더불어 산업혁명이 Zachary의 세대를 농업에서 제조업으로 이동시킨 것과 유사하게, 미국, 캐나다, 한국, 스웨덴 및 기타 과학기술이 발달한 사회를 제조업 및 산업으로부터 서비스 지향 및 과학기술에 기초한 고용으로 이끌어 간다. 과학기술이 우리의 세상을 변화시킨 다른 방식들의 흥미로운 개요를 보려면 표 1-2를 참조하라.

표 1-2 **정보 혁명의 사회적/문화적 차원:** 세상이 변화한 방식

- 장애가 덜 초래되는 더 많은 정보의 흐름
- 거리와 무관한 정보의 흐름
- 국가들 간의 경제적 협동 기회의 증가
- 국제적으로 이득을 얻을 더 많은 기회
- 검열의 퇴조
- 사람들이 광범위한 정보의 양을 감당하지 못함
- 정보의 민주화

- 정부에 대한 개인의 영향력 증대
- 과잉 정보에 대한 점진적 적응

출처: Alterman(1999)

다른 사회적 변화에 따른 삶

우리는 오늘날과 같은 지구촌에서 어떤 다른 변화를 기대할 수 있는가? 하나의 추가적인 변화는 계속되는 인구의 팽창 그리고 충분한 물과 경작 가능한 토지, 오염의 증가, 가난, 실업 및 여러 관련된 문제들을 포함하는 우리 환경의 건강에 대한 걱정일 것이다(Worldwatch.org, 2012). 세계의 인구는 약 70억 명이 되고, 매 분마다 150명의 신생아가 태어나고 있다. 더구나 오염과 천연자원의 고갈은 모든 국가의 문제이고 인구 증가에 기인한다. 앞에서 언급했듯이 다른 급격한 변화는 미국에서의 인구 다양성의 증가이다. 표 1-3은 이런 역사적 변화의 일부를 증명해 준다. 표에 있는 자료를 넘어서 보면 미국 인구조사국은 2042년경에는 소수민족이 더 이상 소수민족이 아니고, 2050년경에는 그들이 인구의 54%를 점할 것이라고 예측한다(U.S. Bureau of the Census, 2012). 세계의 다양한 지역에서 증가하는 수의 이민자들은 풍부한 문화적 아이디어, 언어 및 관습을 가지고 들어온다. 이민자들과 그들의 오랜 문화적 전통과 관습에서 오는 **문화 다양성(cultural diversity)**을 수용하는 것은 쉽지가 않은데, 특히

표 1-3 미국의 인구변화

이 표로부터 알 수 있듯이, 미국 인구조사국에 의하면 소수민족 인구의 백분율이 증가하고 있다.

인구	1990-백분율(%)	2010-백분율(%)
백인	75.6	72.4
흑인 혹은 아프리카계 미국인	11.7	12.6
히스패닉계 사람★	9.0	16.3
아시아인	2.8	4.8
미국 인디언 혹은 알래스카 원주민	0.7	0.9
위에 속하지 않은 인종	0.1	6.4
둘 이상의 인종자료	없음	2.9

★ 미국인구 중에서 히스패닉계 사람들이 가장 빨리 증가하고 있다.

출처: U.S. 인구조사국(2012), http://www.census.gov/

일부 사람들은 폐쇄적인 마음을 갖고 있고, 오히려 자신과 다른 문화에서 온 사람들을 무시하고, 그들에게 둔감하거나 혹은 편견에 사로잡혀 있다(Lamb, 2009).

탐색 1.2 문화 다양성

www.edchange.org/multicultural/ 문화 다양성과 관련된 노래, 인용구, 연설, 서류 및 연구를 찾아보라.

우리의 미래는 얼마나 확실한가?

오늘날 세계의 변화 추세를 이해하는 방식은 반쯤 채워진 물 잔을 반이 빈 것으로 혹은 반이 찬 것으로 지각하는가? 하는 유명한 물음과 어느 정도 유사하다. 비관주의자들은 그 잔이 반이 빈 것으로 보는 경향이 있지만, 낙관주의자들은 그것이 반쯤 찬 것으로 보는 경향이 있다. 장기적 미래를 생각하는 사회예측전문가들은 우리가—좋은 면과 나쁜 면을 모두 가진—불확실한 시대에 살고 있다는 것을 인정한다(Kohut & Wike, 2008). 그럼에도 불구하고 사회예측전문가들은 상당히 낙관적인 미래를 예상한다. 비록 그들이 우리에게 어떤 미래가 전개될 것인가에 대해 의견일치를 보이지 않는다고 할지라도, 일반적으로 미래가 유망한 것으로 보고 있다. 당신은 그런가?

사회예측전문가들은 우리 시대의 많은 문제를 종말의 조짐이라기보다는 성공의 성장통으로 본다. 인구과잉, 실업, 환경오염, 사회적 불평등 및 빈곤의 문제가 무시될 수는 없지만, 아마도 그런 문제들은 불가피한 문명의 종말에 대한 전조라기보다는 사회가 다루어야만 하는 일시적인 현상으로 보아야만 한다. 사회는 때때로 극복할 수 없는 것처럼 보이는 문제를 딛고 일어설 수 있고 또 그렇게 할 것이다(Moritsugu et al., 2010).

자기주도의 도전

학습목표

1.3 자기주도의 개념을 설명한다.

1.4 개인주의 사회와 집단주의 사회를 비교한다.

1.5 긍정심리학을 정의한다.

1.6 인본주의적 조망을 요약한다.

1.7 자신의 삶을 책임진다는 것이 의미하는 바를 논의한다.

자기주도와 사회

신속한 사회의 변화 그리고 과학기술에 대한 정보와 접근의 중요성 증가는 **자기주도(self-direction)**라는 도전을 증가시켰는데, 그것은 **우리의 삶을 더 효율적으로 주도하려는 수단으로서 자신과 세상에 대해 더 많이 학습하려는 욕구**를 말한다. 자기주도는 우리가 위협적이든 혹은 도전적이든지 간에—과학기술의 진보와 같은—많은 삶의 사건에 대해 반응하는 것을 돕는다. 예를 들면, 어떤 개인들은 온라인 데이트를 흥분되고 자극적인 것으로 여기고, 많은 새롭고 상이한 유형의 사람들을 빠르게 만날 기회를 즐긴다. 반면에 다른 사람들은 온라인 데이트를 부담스럽게 여기고 마우스를 클릭만 해도 개인적 삶이 많은 사람에게 노출될 수 있다는 것을 두려워한다.

다른 문제는 앞서 논의된 과학기술의 변화 때문에 세상이 변화하고 축소되는 것처럼 보인다는 것이다. 이런 점을 고려해 볼 때, 문화 충돌, 분쟁 그리고 때때로 노골적인 전쟁이 일어날 수 있는 것 같다. 일상적으로 한 사회 출신의 사람들은 상이한 사회 출신의 다른 사람들과 갈등을 겪거나 그들을 오해할 가능성이 높다(Moritsugu et al., 2010). 여기에 과학기술과 관련된 구체적인 문화적 예가 있다. 전자 광고(즉, 스팸)의 연구에서 한국의 스팸은 요청하지 않은 광고를 보내는 데 대한 사과를 포함하는 반면에, 미국의 스팸은 사과를 포함하지 않는다는 것을 발견했다. 따라서 한국인들은 요청하지 않은 전자 광고를 받은 것에 대해 불평하는 것이 예의가 아니라고 생각할 가능성이 미국인들보다 높은 것은 당연하다(Park, Lee, & Song, 2005).

그래서 문화연구는 서로에 대한 이해를 위해서 매우 중요하다. **문화(culture)**는 **어떤 역사의 시기 동안 일단의 사람들을 특징짓는 아이디어, 관습, 예술 및 기술**로 광범위하게 정의된다. 이런 목적을 위해 문화를 분류하는 데 사용되는 통상적인 체계는 그 문화 속의 개인들이 갖고 있는 오리엔테이션을 통하는 것이다. **개인주의 사회(individualistic societies)**는 **개인적 이익이 일반적 사회적 이득보다 더 높게 평가되는 사회**이다. 개인주의 사회는 때로는 독립적 혹은 자율적 문화로 불리는데, 이 문화에서는 자기감이 개인적으로 갖고 있는 태도, 선호 및 판단에 기초를 두고 발달하기 때문이다. 개인주의 문화에 대한 다른 용어는 개인 수준 문화이다(Matsumoto, 2003, 2007). 개인주의 사회와 대비되는 것은 **집합주의 사회(collective societies)**인데,

미국인구의 다양성, 계속 변화하는 과학기술 및 편리해진 여행 양식으로 인해 우리의 다른 문화에 대한 노출이 증가한다.

이 사회에서는 집합적 혹은 사회적 이익을 개인적 성취보다 더 소중하게 여긴다. 집합주의 사회는 **상호의존적** 사회라고 알려졌고, 이곳에서 자기감은 타인이 갖고 있는 태도, 선호 및 판단에 기초를 둔다. 집합주의 문화를 언급하는 다른 용어는 **합의 수준**(혹은 **집단 수준**) 혹은 내장형(embedded) 문화이다(Kitayama & Uchida, 2005; Matsumoto, 2007). 따라서 집합주의 사회에서 집단 혹은 문화적 압력에 동조해야 하는 압력은 개인주의 사회에서보다 훨씬 더 크다.

당신이 미국에서만 살았다면 개인주의 사회에 대해서는 친숙하나 집합주의 사회에 대해서는 친숙하지 않을 것이다. 케냐의 마사이족으로 태어난 Joseph Lemasolai Lekuton은 집합주의 사회에서의 자신의 아동기를 기술하면서, 유목민 사회에서 아동기에 대해 "우리 종족에게는 마을이 당신이고 그리고 당신이 마을인데…. 당신보다 나이가 많은 누구라도 당신에게 무엇을 하라고 시킬 수 있다. 그리고 당신은 자신보다 연장자에 대해 거부할 수 없다."라고 말했다(Court, 2003, p. 5). 대조적으로 서구문화의 사람들은 개인적 자유, 타인으로부터의 독립성을 즐기고 그리고 개인적 성취에 대해 집합주의 문화에 있는 사람들보다 높은 자부심을 갖는다. 동일한 증거로 개인주의 사회의 사람들은 불안전, 혼란 및 외로움에 취약하다. 사회와 문화에 따라 변동할 수 있는 많은 다른 차원들이 존재하는 것은 분명한데(Cohen, 2009), 그것들 중 다수가 이후의 장들에서 지적될 것이다.

북아메리카와 유럽 사회와는 대조적으로 많은 동양과 아시아 문화는 성질상 집합주의인 채로 남아 있다. 그러나 일부 현대 과학자들은 개인주의 사회와 집합주의 사회 간의 비교가 이전에 생각했던 것만큼 분명하지 않다고 주장한다(Oishi et al., 2005). 이것이 우리가 오늘날 경험하고 있는 과학기술의 혁명 때문인가를 스스로에게 물어보라. 동일한 맥락에서 어떤 문화에 부착된 명칭이 그 문화 내에서 존재하는 개인차를 포함할 수 없거나 포함하고 있지 않다는 것을 기억하는 것이 중요하다(Matsumoto, 2007). 예를 들면 서구사회에서 평등주의 가치에 관한 문화 수준의 합의가 있다고 할지라도 연령차별주의, 인종차별주의, 성차별주의 및 동성애 혐오증과 같은 편견이 아직도 만연되어 있다.

긍정심리학과 인본주의 조망

긍정심리학(positive psychology)은 개인과 제도를 번창시킬 수 있는 긍정 정서, 긍정 성격특질 및 긍정 행위의 연구에 대한 포괄적인 용어이다(Seligman, 2011). 긍정심리학 분야의 학자들은 학생들을 번영시키는 것을 돕는 기법, 노동자의 생산성을 극대화시키는 경영전략 그리고 용기, 사랑 및 자비의 역량과 같은 사람들이 소유하고 있는 미덕을 기르치는 것 등의 다양한 영역을 연구한다. 그래서 긍정심리학의 주요 목표는 많은 심리학 연구의 전통적인 초점이었던 최악의 인간행동보다는 최선의 인간행동을 탐색하는 것이다(Baumgardner & Crothers, 2009).

유사하게 인본주의 조망을 가진 심리학자들은 주관적 해석의 의미와 풍부성, 경험의 전체적 특징 및 자신을 위해 행동과 사고를 의도적으로 선택하고 결정하는 능력과 같은 인간의 경험을 독특하게 만드는 것에 초점을 둔다(Fischer, 2003; Lenderking, 2005). **인본주의 조망(humanistic perspective)은 인간 자유의 가치와 개인의 독특성을 강조하는 일난의 관련된 이론과 치료**로 구성된다. 그래서 긍정심리학과 인본주의 조망은 우리에게 심리학의 건설적 측면에 주의를 쏟도록 하였다. 개인은 취약성과 부적응에 의해서 뿐만 아니라 건강과 성취를 위한 잠재력에 비추어서 생각되고 있다. 인본주의 조망의 두 가지 주요한 관념은 현상적 자기와 자기실현이다. 이것들 각각을 잠시 살펴본다.

탐색 1.3 긍정심리학

http://www.ppp.sas.upenn.edu/ 학술문헌을 읽거나 혹은 온라인 실험에 참여함으로써 긍정심리학 분야에 대해 많은 것을 학습하라. 이 사이트는 긍정심리학 분야의 선도적인 연구자인 Martin Seligman에 의해 운영되고 있다.

현상적 자기 **현상적 자기(phenomenal self)**는 자각이 가능한 개인의 전반적인 자기개념이다. 여기에서 현상적이라는 용어는 감각에 분명하거나 혹은 감각에 의해 지각되는 것—요약하면, 개인에 의해 경험되는 현실—을 의미한다. 선도적인 인본주의 심리학자인 Carl Rogers(1980)는 행동의 기초가 되는 것이 절대적 현실이라기보다 '지각된 현실'이라는 점을 강조했다. 본질적으로 인간행동은 개인이 경험하거나 지각한 욕구를 충족하기 위한 목표 지향적 시도이다. 달리 말하면 어떤 사람이 환경에 있는 사건을 이해하고 해석하는 방식은 자신이 그것에 대해 반응하는 것을 결정한다.

Rogers는 생물학적 수준에서 실현 경향성—자기를 발달시키고 성취시키는 인간의 경향성—의 존재를 가정한다. 개인이 자신을 자각하게 되면 자동적으로 **긍정적 존중(positive regard)** 혹은 타인에 의한 수용의 욕구를 발달시킨다. 개인은 자기를 실현해 나가는 과정에서 가치화(평가) 과정에 종사한다. 고양을 시키는 것으로 지각되는 경험은 긍정적 가치를 갖게 되어서 추구되고, 성취를 차단하는 것으로 지각되는 경험은 부정적 가치를 갖게 되어서 회피된다. 개인이 이런 가치화 과정을 신뢰하는 정도는 대체로 자신의 자기개념, 특히 공식적인 아동기 동안 중요한 타인(예, 부모)과의 경험으로부터 유래된 **자기상(self-image)**에 의존한다.

자기실현 **자기실현(self-actualization)**은 우리의 선천적 잠재력을 성취하는 과정이다. 자기실현이라는 용어는 이 개념에 대한 가장 충분한 설명을 제공한 Abraham Maslow와 관련이 있다(Hanley & Abell, 2002). Maslow는 Rogers처럼 개인의 선천적인 실현 경향성을 가정하였다. 어린이나 성인은 자신의 잠재력을 실현하려는 선천적인 욕구를 가지고 있다. 그러나 Maslow의 개념화에서 성장의 핵심은 욕구의 위계에 따라 작동을 한다. 개인의 가장 기본적인 욕구가 충족되는 경우에만 더 상위의 성장 욕구들이 동기에서 강력한 힘을 갖게 된다. 개인의 배고픔, 안정 및 인간의 우정과 같은 욕구가 만족되지 않으면, 사람은 그것을 충족하려고 동기화된다. 이런 욕구가 비교적 만족되면 개인은 자기존중, 성취 및 개인적 발달과 관련된 욕구를 충족하려는 바람과 같은 성장동기를 더 자각하게 된다(Reiss & Havercamp, 2005). Maslow의 개념은 **동기와 정서를 관리하기**라는 제목의 장에서 더 상세하게 논의될 것이다.

Maslow(1971)는 어떤 사람들이 보통 사람보다 더 건강하고 적절한 수준의 기능에 도달한다고 주장하였다. 그는 그들을 **자기실현**을 한 사람들이라고 불렀고, 그들을 연구하는 것이 우리에게 성장을 위한 자신의 잠재력에 관해 많은 것을 가르쳐 줄 것이라고 주장하였다. 그런 사람들은 주요 심리적 장애로부터 상대적으로 자유롭고 자신의 재능과 강점을 가능한 한 최고로 사용해 왔다. 자기실현을 한 사람들은 보통 사람에 비해 어떤 공통적인 특징을 갖고 있는데, 일상의 현실에 대한 계속적인 새로운 이해, 자신과 타인에 대한 더 높은 수용, 높은 창의성 그리고 동조에 대한 강한 저항 등이다(Delle, Massimini, & Bassi, 2011). **자기실현을 한(self-actualized)** 개인은 자신의 삶에 대한 책임을 수용하고 그것에 대해 가용한 대안을 신중하게 조사한다. 그들은 또한 조심하면서 자신이 틀렸고 변화가 필요할 때를 인정하는 용기를 갖고 있다. 자기실현이 진정으로 긍정적인 과정이라면 우리는 자기실현을 더 많이 하게 해 주는 수단을 찾아야만 한다. 활동 1-1은 당신이 자기실현을 지향하고 있는 정도를 평가하려고 설계된 설문지를 포함한다.

우리의 성장욕구의 내적 핵심은 상대적으로 취약하고 덜 계발되었을 수가 있고, 이 경우에는 좌절시키는 환경에 의해 쉽게 억압될 것이다. 많은 사람들이 지지적 환경의

활동 1-1
당신은 자기실현을 잘하고 있는가?

다음의 설문은 당신의 자기실현 과정에서 진척 정도를 결정하는 것을 도울 수 있다. 각각의 진술문 아래에는 1(동의하지 않음)부터 7(동의함)을 나타내는 척도가 있다. 당신이 동의하는 정도를 적절히 나타내는 숫자에 표시를 하시오.

1. 나는 과거를 곱씹거나 미래를 걱정하기보다는 현재 순간의 삶을 충분히 경험한다.
   동의하지 않는다 1 2 3 4 5 6 7 동의한다
2. 나는 안전한 채로 머물기보다는 잠재력을 계발해 주는 적절한 모험을 감수함으로써 성장을 향상시키는 선택을 한다.
   동의하지 않는다 1 2 3 4 5 6 7 동의한다
3. 나는 타인의 영향을 받기보다는 내 자신의 욕구와 반응에 귀를 기울인다.
   동의하지 않는다 1 2 3 4 5 6 7 동의한다
4. 나는 내 자신과 타인에 대해 정직하다.
   동의하지 않는다 1 2 3 4 5 6 7 동의한다

5. 나는 일상생활에서 유형적인 목표를 성취하는 데 최선을 다하려고 노력한다.
동의하지 않는다 1 2 3 4 5 6 7 동의한다

6. 나는 내 자신의 욕구, 생각 및 가치를 적극적으로 표현한다.
동의하지 않는다 1 2 3 4 5 6 7 동의한다

7. 나는 내 자신의 잠재력을 거의 성취하였다고 느끼는 특별한 순간의 영감 혹은 정점 경험을 인식하는 삶을 산다.
동의하지 않는다 1 2 3 4 5 6 7 동의한다

8. 나는 새로운 경험과 지식을 즐긴다.
동의하지 않는다 1 2 3 4 5 6 7 동의한다

9. 나는 내 자신의 방어들을 확인할 수 있고 나의 기대, 생각 및 가치를 수정하기 위해서 그것들을 기꺼이 버리려고 한다.
동의하지 않는다 1 2 3 4 5 6 7 동의한다

10. 나는 자기실현이 독특한 경험의 부산물로서 발생하는 것을 인식하기 때문에, 내 자신을 넘어서는 관심과 대의에 몰입한다.
동의하지 않는다 1 2 3 4 5 6 7 동의한다

11. 나는 자기실현이 평생의 과정이고 결코 완전히 성취될 수 없다는 것을 상기한다.
동의하지 않는다 1 2 3 4 5 6 7 동의한다

12. 나는 내 자신의 경험을 삶의 지침이 될 수 있는 것으로 신뢰한다.
동의하지 않는다 1 2 3 4 5 6 7 동의한다

이제 당신의 점수를 더하라. 점수가 높을수록 당신은 적절한 존재 혹은 자기실현을 향해 진보하고 있다. 좀 더 작업이 필요할 수 있는 주제(낮은 점수를 받은 문항)를 찾는다. 또한 진정으로 자기실현을 한 사람이 거의 없다는 것을 명심한다. 실현은 과정이지 최종 상태는 아니다. 이 설문지는 이 책을 위해서 특별히 고안된 것이므로 해석에 특별히 주의가 필요하다는 것을 기억하라.

출처: The Farther Reaches of Human Nature by Abraham H. Maslow. Viking, 1971

결핍 때문에 자기를 실현하는 데 실패한다. 그러나 많은 사람들은 박탈된 환경에도 불구하고 상당히 창의적이 되었고, Maslow는 부와 번영이 어떤 사람에게는 성장을 가져오는 반면에 다른 사람에게는 방해가 되는 이유가 수수께끼라는 점을 인정하였다. 결과적으로 Maslow는 유리한 환경이 성장을 보장해 주는 것으로 충분하지 않다는 점을 시사하였다. 개인은 성장의 공포와 저항을 상쇄시켜 주는 성장을 하려는 강한 욕망을 가져야만 한다.

Maslow는 모든 것을 고려하고서 개인적 발달이란 성장 촉진적인 힘과 친숙하지 않은 것에 대한 공포와 같이 성장을 저해하는 힘 사이의 투쟁으로 보았다. 그는 사회가 안전과 신체적 안락을 지나치게 높게 평가한다면 개인의 성장을 저해한다고 느꼈는데, 예를 들면 아동을 과보호하는 부모의 경우가 그렇다. 대신에 그는 우리가 안전의 매력을 극소화하고 권태와 정체 같은 안전에 따른 위험을 극대화해야만 한다고 제안하였다. 동시에 그는 우리가 성장의 위험성을 극소화하는 반면에 성장의 매력을 강조해야만 한다고 느꼈다. Maslow(1968)는 "성장 자체는 보상적이고 흥분되는 과정이므로 이로 인해 자기실현에 대한 우리의 저항의 대부분이 극복된다는 것"을 반복적으로 강조하였다(p. 30).

자신에게 응용하기 긍정심리학과 인본주의 조망은 우리에게 긍정적 잠재력 혹은 자신이 무엇이 될 수 있느냐는 관점으로 자신을 보도록 장려한다. 그래서 그것들은 우리의 단순한 생존보다는 **개인적 성장(personal growth)**에 더 많은 관심을 가진다. 문제와 갈등은 필요하거나 불가피한 것은 아니다. 그것이 발생할 때 우리의 제한적인 자기상, 잘못된 선택 혹은 비지지적 환경의 결과일 가능성이 높다. 우리는 자신을 보는 방식을 변화시키고 자신의 삶에 대해 좀 더 많은 통제력을 성취함으로써 스스로를 향상시킬 수 있다. 그런 변화는 도전적인 직업이나 행복한 결혼과 같이 성장에 유리한 환경에서 더 쉽게 발생하는 것이지 단순히 심리치료에서만 발생하는 것은 아니다.

개인적 자유의 애매성

위의 논의는 우리에게 자기주도와 관련된 또 다른 논점—자유—을 초래한다. 유명한 정신분석가인 Erich Fromm(1963)보다 더 인간 자유의 애매성에 대해서 열렬히 글을 쓴 사람은 없다. 나치 지배하에 있던 독일에서의 성장경험과 나중에 미국으로 이민 간 것은 그에게 전체주의와 인간 자유의 문제에 대한 광범위한 통찰을 제공하였다. Fromm에 따르면 개인주의 사회에 사는 사람은 자신의 삶을—세부적인 일상생활에서부터 어떤 진로를 선택하느냐와 같은 결정적인 선택까지—주도하는 자유를 가진다. 다른 한편으로 자유라는 도전은 그들에게 걱정하고, 불안정하고, 고립된 것처럼 느끼게 만들 수도 있다. Fromm은 그런 고립을 참을 수가 없기 때문에 많은 사람이 자유의 부담으로부터 새로운 의존을 찾아서 도피하는 경향이 있다고 주장했다. 그런 의존의 예는 도움을 얻기 위해 전문가 혹은 정부를 찾거나, 현대사회에서 건강관련 정보를 얻는 것부터, 새로운 연인을 찾는 것, 옷, 책, 음식을 사는 것 그리고 가정의 안락과 안전을 벗어남이 없는 모든 것까지 삶의 모든 발자취에서 인터넷의 도움에 의존하게 되는 것을 포함한다.

인간 자유의 애매성은 삶의 중요한 선택을 할 때, 예를 들어 우리가 어떤 사람이 되기를 원하는가와 어떤 삶을 살기를 원하는가에 대한 선택을 할 때 특히 분명해진다. 우리는 중요한 결정에 직면하면 걱정을 하거나 '얼어붙음'으로써 그 상황에 대처하고 있음을 알게 될 것이다. 다른 중요한 전략은 **표류하기**(drifting)이다. 삶을 사는 방법에 대한 선택을 하는 대신에, 사람들은 현재의 상황에 따라 살거나 혹은 중도탈락을 함으로써 표류하고, 유대관계, 규칙, 전통 혹은 주요한 목적을 지침으로 하지 않는 삶을 살아가는 사람이 된다.

다른 전략은 공동체 일, 결혼 및 가족생활 그리고 친구들 간의 가정된 동의처럼 **공유된 의사결정**(shared decision making)에 기초를 두는 것이다. 사람들은 실제로 의사결정을 하는 대신에 어떤 것이 일어날 때까지 이야기만을 나눈다. 그들은 어떤 합의를 전제로 하고, 종종 그것에 의문을 제기하지 않으나 사실이 나쁘게 판명되는 경우에 어느 누구도 책임감을 느끼지 않고, 그들 각각은 단순히 결정을 따르기만 할 뿐이다. 선택을 하기 위해 빈번하게 사용되는 또 다른 전략은 **어떤 유형의 권위**—전문가, 운동, 종교, 정부 혹은 어떤 제도—**에 대한 호소**(an appeal to some type of authority)에 기초를 둔다. 진실로 자율적인 사람은 이 전략 중 어떤 것에도 의존하지 않는다. 좋은 예를 들면 소련 시대에 공산주의 법률 아래에서 집필하던 알렉산더 솔제니친과 같은 많은 러시아 작가들은 자신들의 인간적 통합성을 유지하기 위해서 잇따른 중요한 선택을 하였다. 그들은 압도적인 비판과 압제적인 정부로부터 가혹한 처벌에 직면하면서도 종종 그런 결정을 하였다.

자신의 삶을 책임지기

오늘날 전 세계의 많은 사람들은 유사하게 자유라는 오디세이를 추구하고 있는 중이다. 다른 나라들에서 발생하고 있는 많은 불만족은 사람들의 더 많은 자유에 대한 욕망과 경제적으로 더 풍요로운 사회에서 볼 수 있는 경제적 기회에 대한 욕망을 반영한다. 좋은 예를 들면, 미국으로 이민 온 많은 사람들은 표현의 자유, 종교의 자유, 거주이전의 자유를 추구한다. 더구나 오늘날 대다수의 미국인은 자신들이 모든 종류의 사회적, 교육적 및 경제적 제약으로 둘러싸여 있었던 부모세대보다는 삶에 있어서 더 많은 자유와 통제를 갖고 있다고 생각한다. 예를 들면, 오늘날의 중년 미국인들 대다수는 부모의 선택에 제약을 가했던 대공황과 제2차 세계대전을 겪지 않았다. 그들은 교육, 직업, 성, 결혼, 종교, 가족, 친구, 여행, 소유, 거주지 및 사는 방법과 같은 중요한 영역에서 더 많은 기회를 갖고 있다고 믿는다.

당신이 앞으로 이 책을 더 읽어 나가기 전에 활동 1-2에 있는 설문에 응답함으로써 자신이 삶을 얼마나 능동적으로 책임지고 있는가를 정직하게 평가해 보기 바란다.

활동 1-2
당신은 자신의 삶을 얼마나 책임지고 있는가?

지시문: 아래의 각각의 문항에 대해 그 문항이 당신에게 일반적으로 사실인 경우에는 '그렇다'에 사실인 아닌 경우에는 '아니다'에 표시를 하기 바랍니다.

1. 나는 다른 사람—친구와 가족—과 상호 연결되는 것을 즐긴다.	그렇다	아니다
2. 나는 때때로 내 삶에서 가장 의미 있는 선택을 하는 것이 어렵다.	그렇다	아니다
3. 나는 나의 교육, 경력, 사회집단 등에 있어서 선택의 여지를 많이 갖고 있다.	그렇다	아니다
4. 나의 친구는 나보다 효율적이고 건강한 결정을 하는 데 있어서 더 낫다.	그렇다	아니다
5. 나는 나보다 행운을 덜 가진 사람을 돕는 것으로 매우 큰 만족을 얻는다.	그렇다	아니다
6. 내가 선택을 한다면 위험한 것보다 안전한 것을 더 많이 선호한다.	그렇다	아니다
7. 나는 약속은 약속이므로 깨어져서는 안 된다고 강력하게 생각한다.	그렇다	아니다
8. 나는 나의 결정능력에 확신을 갖고 있지 않으므로, 어려운 결정은 나를 의기소침하게 만든다.	그렇다	아니다
9. 내가 어디에 있든 간에(예: 직장 혹은 대학), 내 책임을 수용한다.	그렇다	아니다
10. 나는 일을 하거나 공부하는 것을 원하지 않기 때문에, 때때로 건강하면서도 아프다고 전화를 한다.	그렇다	아니다
11. 나는 모험적이나 도전적인 신규사업에 돈을 투자할 것이다.	그렇다	아니다

12. 스트레스를 받는 동안 나는 내 삶이 통제 밖에 있는 것처럼 느낀다.	그렇다	아니다
13. 나는 내가 누구인가, 어디에 있는가, 어떤 일을 하는가? 뿐만 아니라 나의 개인적 목표를 완전히 자각한다.	그렇다	아니다
14. 나는 자선기관에서 기부를 요구하고 나의 사생활을 침해할 때 당황한다.	그렇다	아니다
15. 나는 돈을 빌릴 때나 빌린다면 그것을 갚을 것을 확신한다.	그렇다	아니다
16. 나는 타인이 나에게 어떤 특정 여가활동을 선택하도록 기대할 때, 좋아하지 않는다.	그렇다	아니다

채점: 짝수 문항은 부정적인 방향으로 표현된 것으로 '아니다'로 반응을 하면 당신은 책임을 지는 태도를 갖거나 혹은 자기주도를 실천하고 있을 것이다. 홀수 문항은 당신이 '그렇다'라고 응답을 하면 자기주도를 갖고 있음을 나타내는 것으로 표현된다.

짝수 문항에 '아니다'라고 응답을 한 수 ____ + **홀수 문항**에 대해 '그렇다'고 응답을 한 수 ____ = **전체 자기주도의 점수** ____________

총점이 높을수록 당신은 더 자기주도적이다. 여기에서 평가된 점수를 염두에 두고 본문으로 돌아가라. 당신이 어떻게 그리고 어떤 영역에서 자기주도를 향상시킬 수 있는가에 주의를 쏟아라.

그러나 자유는 그 자체로 도전을 제공한다. 긍정적인 자유를 연습하는 것은 삶에서 의사결정의 필요성, 특히 자신의 운명을 결정짓는 삶의 선택을 직면하는 것을 의미한다. 동시에 다른 사람들 앞에서 잘못된 결정을 내리는 것에 대한 두려움이 너무 커서 많은 젊은이들은 '자신의 의견을 미확정인 채로 놔두기' '연장된 착륙대기 상태'에서 살기 그리고 '몰입을 조심하기'를 언급한다. 많은 이런 반응은 우리 시대의 불확실성에 비춰 이해가 간다. 그러나 재정적 성공, 매력 있는 외모 혹은 사회적 인정과 같이 외재적으로 동기화된 개인은 내재적으로 혹은 내적으로 고취된 개인보다 낮은 활력과 자기실현 잠재력을 갖고 있고, 더 많은 신체적 증상을 보고한다. 내재적으로 동기화되고, 자율적이고, 자기실현을 한 개인들은 보다 더 건강하고, 자기 수용적이고 그리고 공동체적 정신을 갖고 있을 뿐만 아니라, 잘 적응을 하고, 고통을 낮게 느끼는 것처럼 보인다(Baker, 2004; Kasser & Ryan, 1996).

자신의 삶을 책임지는 것은 자신을 위해 선택할 수 있고 선택을 해야만 한다는 것, 즉 자기주도적이어야만 한다는 것을 의미한다. 결정력의 결핍은 자연스럽게 스스로에게 부담이 된다. 또한 우리는 시의적절하게 선택을 함으로써 그 선택이 자신의 선천적 잠재력의 성취와 같이 바람직한 방향으로의 변화 혹은 발달을 포함하는 개인적 성장을 가져오는 기회를 놓치지 않도록 해야 한다. 다른 한편으로 모든 결정이 절대적이 아니라는 것은 다행이다. 우리는 성장하고 성숙해 감에 따라 많은 결정을 변경할 수 있고 또 종종 그렇게 한다—예를 들면 대학의 전공 혹은 진로를 변경한다. 그동안에 우리의 결정이 기초를 두고 있는 정보만큼만 타당하다는 깨달음은 우리에게 계속적 학습과 비판적 사고의 가치를 재차 상기시켜 준다.

긍정적 자유에 기초하여 행위를 하는 것은 자신에게 발생한 것들에 대해 타인 혹은 운명을 비난하지 않고 자신의 **선택에 대한 책임을 감당한다는 것**을 의미한다. 사실상 자기실현적 혹은 내적 지향인 사람들은 대인 관계에서 고통을 적게 경험하고, 친밀성을 더 높게 경험하는데(Baker, 2004; Sheffield, Carey, Patenaude, & Lambert, 1995), 아마도 그들이 타인을 비난할 가능성이 낮기 때문일 것이다. 흥미롭게도 자기실현을 한 사람은 **이타주의(altruism)** 혹은 **자신을 희생해서라도 타인을 도우려는 바람**을 나타낼 가능성이 높다(Koltko-Rivera, 2006).

인정하건대 우리는 세상에 태어나는 것에 대해서는 선택할 수가 없으나, 사는 방식에서는 상당한 선택의 여지를 갖고 있다. 그러나 우리는 사람들이 "나는 어쩔 수가 없는데 왜냐하면 내가 그렇게 생겨 먹었기 때문이다." 혹은 "당연히 나는 성장한 방식 때문에 그릴 수밖에 없다."라고 말하는 것을 종종 듣는다. 이런 사람들은 자유선택과 책임이 함께 한다는 것을 깨닫는 데 실패를 한다. 이런 사실을 끊임없이 회상시킨 사람으로서 Viktor Frankl(1978)은 동부해안에 설립된 자유의 여신상(Statue of Liberty)은 서부해안에 책임의 조상(Statue of Responsibility)을 설립함으로써 보완되어야 한다고 제안하였다.

자기실현은 또한 모험을 하고 불확실성에도 불구하고 책임을 다하는 것을 포함한다. Thomas Edison, Mikhail Gorbachev, Dalai Lama 및 Steve Jobs와 같은 사람들이 위험을 감수하지 않았다면 세상은 어떻게 되었을 것인가? 개인적 성장은 친숙하지 않은 잠재적으로 위험한 상황에 발을 들여놓는 것을 포함함으로써 우리를 고통과 실망에 대해 더욱 취약하게 만든다. 특히 완벽주의자는 모험을 하려고 하지 않고 낮은 수준의 실현만으로 만족하는 경향이 있다. 자기실현자는 실패에 대한 내성이 더 높다(Flett, Hewitt, Blankstein, & Mosher, 1991). 이런 문제에 관해서 스스로 다음과 같은 물음을 가져보는 것이 중요하다. 자신은 얼마나 자기주도적인가? 완벽주의가 자신이 모험을 하려는 것을 얼마나 방해하는가? 자신은 얼마나 실현을 하는가?

우리의 잠재력을 성장시키거나 실현하려는 결정은 종종 모험을 불사하고 이루어져야만 하므로 용기를 필요로 한다. 이것은 '존재의 용기(courage to be)'인데, 즉 모험에도 불구하고 자신과 자신의 가능성을 긍정하는 용기이다. 다른 한편으로 우리는 성장하는 것을 회피할 때마다 위험을 겪고 있는 것이다. 우리가 새로운 기술을 발달시키는 기회를 매번 지나칠 때 혹은 도전보다는 안정을 가치 있게 여길 때, 정체되기 시작하거나, 권태에 굴복하는 위험을 겪는다. 우리가 습관적으로 인간의 선천적인 성장 경향성을 억압하거나 부정할 때, 분명하거나 미묘하게, 즉각적이거나 나중에 부적응적이 될 위험에 빠진다. 다행히도 고등교육과 평생교육과 같은 성장을 위한 제도는 개인이 자기실현을 하는 것을 돕는다(Barnes & Srinivas, 1993; Mackay & Kuh, 1994). Abraham Maslow(1968)는 '성장이 저해된 사람', '도덕관념이 없는 사람' 혹은 '무관심한 사람'과 같은 우리시대의 많은 특징적인 장애들이 성장의 근본적인 실패에서 초래된다는 것을 관찰하였다.

오늘날의 개인주의 사회에서의 삶

흥미롭게도 우리가 살고 있는 시대는 지구의 반대편에 있는 친구나 가족을 '더 가깝게' 만들어 주는 과학기술의 진보로 인해 더욱 많은 지원적 환경을 제공해 준다. 사실상 우리는 단순히 자신의 포켓용 장치의 몇 개의 버튼을 누름으로써 단번에 지지적인 사람들 모두와 대화를 나눌 수 있다. 그만큼 중요한 것은 우리의 사회적 및 물리적 환경에서 위험의 증가일 것이다. 우리는 많은 사람을 만나는데 그중 일부는 매우 비판적이고 판단적이다. 우리는 소비자로서 가용한 선택의 수가 증가함으로써 당황하게 되고, 월드와이드웹(World Wide Web)상의 아동학대 위협에서부터 신종 인플루엔자와 AIDS 같은 전염병의 대유행까지 환경에서 위험이 만연되는 것에 대해 걱정을 한다. 따라서 이것은 자기주도라는 도전을 높여 준다.

이런 사회적 변화의 누적적 영향은 기성세대에 비해서 개인이 지켜야 할 새로운 사회적 가치와 규칙을 발생시켰다. 일반적으로 이런 변화는 사회의 욕구나 목표보다는 자신의 욕구를 충족시키기 위한(즉, 개인적 통제를 증가시키는) 환경을 조성하는 데 더 많은 관심을 갖는 것을 의미한다. 자신에게 물어보라. 오늘날 사회에서 사람들은 어느 정도로 자신에게만 몰두하고 있는가?

개인적 성장의 주제

학습목표

1.8 자기계발 서적을 이용하는 것의 몇 가지 문제를 기술한다.

1.9 시간이 경과함에 따라 변하는 특징과 동일한 채로 남아 있는 특징을 열거한다.

1.10 개인적 성장을 경험하는 3단계의 주기를 기술한다.

1.11 개인주의를 넘어서는 것이 중요한 이유를 설명한다.

모순과 불확실성을 가진 삶

우리 모두는 과거의 규칙과 새로운 규칙 그리고 과거의 가치와 새로운 가치를 조화시키려는 도전에 직면한다. 우리 중 다수는 교육을 끝마치고 안정된 진로를 갖기 위해서는 힘든 일, 절약 및 절제와 같은 과거의 가치를 존중하고 그다음으로 개인적 쾌락과 자유와 관련된 새로운 가치를 즐기려는 수단을 존중해야만 한다고 생각한다(Moen & Roehling, 2005). 여러모로 이 두 가지 가치들의 집합은 서로 모순이 되므로 조화롭게 만드는 것은 어렵다. 예를 들면, 우리는 가족을 부양하기 위해 일을 해야만 한다는 것을 알지만, 동시에 값비싼 컨버터블 자동차를 운전하면서 머리 위로 부는 바람의 황홀감—독립과 자유의 상징—을 경험하기를 원한다.

대중적인 자기계발 서적, 교육보다는 오락에 초점을 두는 TV 쇼, 대중심리학과 사이비 종교적 사고를 혼합하는 운동으로부터 개인적 성장에 관한 안내를 찾는 사람들이 항상 성공하는 것은 아니다. 많은 이런 정보원들은 개인적 및 사회적 변화의 과정을 너무 단순화시킴으로써 대체로 비현실적이고 실망스런 결과를 초래하는데, 장사꾼에게 수백만 달러를 쓰면서 수백만 개의 쓸데없는 말을 얻는다(Salerno, 2005). 대조적으로 심리학 연구는 건강한 개인적 발달 및 성장의 원리와 동시에 자기주도 및 사회적 책임과 관련된 안내를 제공해 줄 수 있다. 우리는 이 책을 통해서 현대 심리학의 원리와 발견이 자신과 타인을 잘 이해하는 것을 도울 수 있는 방법을 보여 주고, 환경에 효과적으로 대처하고 잠재력을 더 많이 실현시키려고 한다.

이것은 개인적 성장이 단순히 그 주제에 대한 책을 읽음으로써 성취될 수 있다는 것을 의미하지는 않는다. 과학적 지식 혹은 흥미로운 예들에 단순히 노출되는 것이 그 정보를 사용할 수 있다는 것을 보장해 주지 않는다. 이제부터 자기주도를 추구하는 것과 관련된 몇 가지 다른 쟁점을 좀 더 살펴보자.

연속성과 변화

심리학자와 일반 대중에게 공통된 핵심적인 쟁점은 사람이 평생 변화하는 정도이다. 우리의 성격은 실제로 변화하는가, 아니면 안정된 채로 남아 있는가? 우리가 간헐적으로 혹은 점차적으로 변하는가? 무엇—작지만 많은 경험 혹은 격변하는 사건—이 우리를 변하게 만드는가? 온화함, 주장성 및 사교성의 수준과 같은 우리 성격의 많은 긍정적 측면은 평생 안정적으로 남아 있는 경향이 있는데, 우울, 불안, 적개심 및 충동성과 같은 많은 부정적인 특질도 그렇다. 그래서 10대에 표현적이고 외향적인 개인은 성인기에도 그런 경향을 보인다. 대조적으로 10대에 억제되고 수줍은 아이는 성인이 되어서도 억제되고 수줍은 채로 있는 경향이 있다.

안정성 입장을 지지하는 심리학자는 개인이 개인적 성숙 혹은 삶의 경험 때문에 변하고 있을 때에도 사람들 간의 고유한 차이가 존재한다고 말한다. 이것은 Karen 같은 충동적인 20세의 개인이 55세가 되면 조금 덜 충동적일 수는 있지만, 어떤 시기에서라도 같은 나잇대의 다른 사람들보다는 더 충동적일 수 있다는 것을 의미한다. 게다가 사람들의 나이가 들어감에 따라 성격 안정성은 더 분명해진다. 그래서 30~40세까지의 성격 안정성이 20~30세까지의 성격 안정성보다 더 높다는 것이다(Pfaffenberger, 2005). 나이가 들어감에 따라 성격 안정성이 증가하는 이유의 일부는 우리가 환경을 선택하고 그 환경에 머무르는 그리고 자신의 특질을 지지하는 사람과 결혼을 하려는 경향에 있다는 것이다(Caspi & Herbener, 1990).

그럼에도 불구하고 우리의 삶은 변화로 가득 채워져 있는데, 특히 자기존중, 개인적 숙달감 혹은 자신의 환경에 대한 통제 그리고 가치의 영역에서 그렇다. 게다가 개인적 신념(예: 개인의 단련 가능성에 관한)은 일생에 걸쳐 성격을 변화시키는 데 중요한 역할을 할 수 있다(Dweck, 2008). 자신이 변화를 할 수 있다고 믿는(예: 성격의 변화 가능 입장을 취하고 있는) 개인은 학습에 대해 더 개방적이고, 도전을 기꺼이 직면하려 하고 실패를 더 잘 딛고 일어설 수 있다. 자신의 특질이 고정되었다고 믿는 개인은 스트레스를 주는 사업과제 혹은 갈등적인 관계와 같은 도전을 직면하는 데 있어서 더 많은 어려움을 겪는다. 변화의 잠재력을 강조하는 것은 체중 감시자로부터 사회 감시자까지 변화를 촉진하기를 원하는 사람들의 환영을 받았는데, 그들은 모두 성인기 과정 동안 변화에 대한 개방을 강조한다.

연속성과 변화 사이의 긴장은 학술적 논쟁에서뿐만 아니라 우리들 각각에서도 발견된다. 개인적 성장 혹은 변화가 얼마나 원하는 방향으로 진행되는가는 안정성 혹은 변화에 얼마나 우선권을 주느냐에 달려 있는데, 즉 우리가 얼마나 변화하기를 원하는가 그리고 다른 삶을 살기를 원하는가?에 의존한다. 그래서 전통적 가치를 가진 사람들은 자신을 변화시키는 일이 발생하지 않는다면 삶에서 높은 안정성을 보인다. 그들에게 변화를 초래할 가능성이 가장 높은 사건들은 보통 원하지 않는 이혼, 자식의 죽음, 진로에서의 실패, 혹은 외상적인 사건을 목격하는 것과 같이 매우 극적이다. 대조적으로 개인적 성장에 높은 가치를 두는 사람은 자신의 삶을 통해 긍정적인 변화를 경험할 것이고, 앞으로 전진해 나가기 위해서 극적인 혹은 외상적 사건을 필요로 하지는 않을 것이다.

개인적 성장의 경험

우리가 변화할 수 있다고 믿는 것과 **개인적 변화를 추구하고 능동적으로 성취하는 것**은 별개의 문제이다. 당신이 항상 운동하겠다고 맹세를 했으나 실천하지 못하거나 혹은 금연하려고 맹세를 했으나 실패한 모든 경우를 생각해 보자. 이것은 변화를 하려는 시도의 단지 작은 예이다. 모든 형태의 발달처럼 우리의 내적 성장경험은 급등하거나 고원현상을 나타내는 것처럼 불균등한 경향이 있다. 우리는 어떤 때에는 새로운 것을 시도하고 그다음에는 친숙한 것으로 돌아간다. 우리가 내적 세계를 아이디어, 감정 및 의미의 계속적인 흐름으로 경험하기 때문에, 특정 성장주기의 한가운데 있을 때보다 회상하는 경우에 성장을 깨닫기가 더 쉬울 것이다.

탐색 1.4 개인적 성장

www.best-personal-growth-resources.com 개인적 성장을 위한 사이트로서 성장 촉진 활동에 관한 정보를 포함하여 많은 무료의 자료들을 싣고 있다.

사실상 개인적 성장경험은 다음과 같이 세 단계의 주기를 따르는 경향이 있다.

1. **변화를 인정하기.** 성장은 보통 변화의 인정에서 출발한다. 사실상 변화는 항상 일어나지만, 그것을 항상 자각하는 것은 아니다. 변화에 대한 끊임없는 자각은 일상생활에 지나치게 방해가 된다. 대신에 우리는 자신의 통제하에 있고 실제보다 더 안정적인 것으로 현실을 묘사하는 자신과 세상에 대한 이미지를 구성하려고 애를 쓴다. 결과적으로 우리는 다른 순간들보다 어떤 한순간의 변화를 더 예민하게 자각하게 된다. 때때로 우리는 갑자기 변화를 자각하게 되는데, 예를 들면 기대하지 않은 칭찬 혹은 비판을 받은 경우이다. 결혼, 부모가 되기 혹은 직장에서 승진과 같이 새로운 책임을 수용하는 것은 우리에게 변화를 인정하도록 강요한다. 모든 이런 경험들의 공통분모는 **상황이 이전**

—혹은 우리가 그럴 것이라고 믿거나 기대한 것—과는 다르다는 것을 깨닫는 것이다.

2. 부조화 혹은 불만족의 느낌. 변화의 자각이 성장을 가져오는가는 우리가 그것에 대해 어떻게 반응하느냐에 달려 있다. 때때로 우리는 변화에 대해 자신의 진정한—긍정적 혹은 부정적—감정을 자각하지 못하고 방어적으로 반응할 것이다. 대조적으로 어떤 사람은 불만을 느낄 때 실제로 추가의 변화를 찾거나, 실망이라는 도전을 직면하려고 각성되거나 동기화될 것이다. 그래서 성장주기는 성공뿐만 아니라 종종 실망과 실패에 의해 촉발될 수도 있다. 이 성장의 단계(부조화)는 불가피하게 어느 정도의 불안과 불편을 동반한다. 우리의 성장 동기가 도전감 혹은 숙달감으로부터 진행될 때, 우리는 더 많은 자극을 받고 결과에 대해 덜 염려할 것이다. 그러나 우리의 동기가 자신에 대한 심한 불만족으로부터 출현할 때, 감정은 더욱 고통스런 경향이 있다.

3. 경험을 재편하기. 전통적인 심리학 용어로서 재편하기(reorganizing)는 종종 새로운 아이디어를 얻어서 이에 대한 반응으로 자신의 태도, 행동 및 가치를 변경하는 것으로 정의된다. 예를 들면, 우리가 다른 사람에 대해 새로운 태도를 취할 수 있는데, 어떤 사람이 우리에게 상처를 주기보다는 돕기를 원한다는 것을 알게 되면 그의 비판을 더 기꺼이 경청하게 된다. 성장은 새로운 자기지각의 형태를 취할 수도 있는데, 예를 들면 학사 학위를 취득하는 등의 성취로 인한 자기수용과 확신의 증가이다. 중요한 점은 우리가 겪는 각각의 내적 적응 혹은 변화는 자신의 전체 경험에 영향을 줌으로써, 성장은 그런 경험의 계속적인 재편으로 이루어진다는 것이다.

개인주의를 넘어서

때로는 개인주의라는 언어가 어떤 사람들의 사고방식을 규정짓는 힘을 가지고 있다. 예를 들면 미국인은 오랫동안 7월 4일에 '독립'을 경축해 왔지만, 지금은 단지 서서히 타인에 대한 자신의 '상호의존성'을 공동체에 봉사하는 날(make a difference day)을 통해서 인식하고 있다. 자기에게만 책임을 갖는 것은 사람들에게 인류의 공공 목적에 대한 몰입을 적게 하도록 만듦으로써 문화적 혹은 사회적 영향을 제한한다. 이것은 자기지향이 가족 혹은 공동체에 대한 강한 결속에 의해 제한되는 집합주의 사회와는 전적으로 대비가 된다. 예를 들면 매년 수백만 명의 미국인이 자신의 시간과 돈을 들여 가며 결핍된 사람들을 돕기 위한 자원봉사를 하고 있다. 그리고 2001년 9월 11일 테러리스트의 공격을 받았을 때 전 미국인이 얼마나 일치단결하였는가를 돌이켜 보자.

탐색 1.5 상호의존성

www.change.org 사회적 변화를 창출하는 데 흥미를 가진 사람들을 위한 사이트이다.

자기성취를 위한 탐색에 대한 주요한 재평가는 삶과 개인적 성취에 대한 더욱 현실적인 견해를 발생시킨다. 수백만 명의 사람들은 성숙한 자녀나 부모의 실직을 보는 것과 같은 고통스런 경험을 통해서 자신의 개인적인 욕구에만 몰두하는 것이 성취를 위한 지름길이 아니라는 것을 발견하고 있다. 이런 새로운 관점의 핵심은 **개인적 성취가 타인과의 관계 속에서만**—고립된 개인을 초월하는 공유된 의미의 연결망을 통해서—**성취될 수 있다는** 깨달음이다. 개인적 성취는 심층적 의미에서 장기간 동안 지속하면서 아마도 자기희생을 요구하는 몰입을 요구한다. 몰입(commitment)이라는 용어는 부적절한 자기의 개인주의적 개념, 즉 자기부정 혹은 자기성취로부터 벗어나서 좀 더 포괄적인 '타인과 연결된 자기'를 향하도록 초점을 변경시킨다. 이것은 긍정적 변화인데, 우리의 모든 활동이 제도에 의해 구조화되고 문화적 의미에 의해 해석되는 인간관계, 집단 및 공동체에서 발생하기 때문이다. 우리가 보아 왔듯이 인간의 성취는 대중적인 생각보다는 더 복잡하며, 자기와 사회의 관심 사이의 더 양호한 균형을 요구한다.

활동 1-3은 당신이 우리의 상호의존적인 세상에서 자신의 개인주의 수준을 알아보는 것을 돕도록 고안되었다. 그 활동을 끝마치면 스스로에게 가족, 친구 및 공동체와 더 연결될 필요가 있는가를 물어보라.

테러리스트의 공격과 재난은 때때로 상당히 개인주의적인 미국인들에게서 집합주의를 자극한다.

활동 1-3
얼마나 개인주의적인가?

자신의 이메일 계정, 일기, 친구나 가족에게 쓴 편지 혹은 자신에 의해 만들어진 다른 저작물로 되돌아가 보자. 나(I), 나의(my), 나에게(me) 및 나의 것(mine)같이 자신과 관련된 대명사가 얼마나 나타나 있느냐? 그리고 당신(you) 혹은 우리(we) 혹은 그들(they)과 같은 대명사(혹은 다른 사람의 감정, 욕구 혹은 욕망을 고려하고 있음을 나타내는 대명사)가 얼마나 나타났느냐를 세어 보라.

자기와 관련된 대명사________________

타인과 관련된 대명사________________

어떤 유형의 대명사가 우세한가? 타인의 중요성을 나타내는 대명사가 더 현저한가 아니면 자신과 관련된 대명사가 더 현저한가? 개인주의와 사회적 연결을 놓고 보면, 당신의 결과는 자신에 대해 무엇을 시사해 주는가?

요약

사회적 변화

1.1 과학기술이 우리가 의사소통하고 살아가는 방식을 어떻게 변화시켰는가를 설명한다.

과학기술은 사람들이 다른 나라에서 일어나는 일에 의해 영향을 받는 세계관을 발생시켰다. 과학기술은 인간관계를 보다 더 유동적이고, 유연하고, 간편하게 만들었을 뿐 아니라 직장과 가정에서 일하는 것의 차이를 감소시켰다.

1.2 과학기술과 무관한 최근의 사회적 변화를 논의하라.

미국에서 인구의 다양성이 증가한다. 세계에 걸쳐서 인구팽창은 빈곤, 실업 및 환경의 건강에 대한 관심을 초래하였다.

자기주도의 도전

1.3 자기주도의 개념을 설명하라.

자기주도는 우리의 삶을 효과적으로 인도하기 위한 수단으로서 자신과 자신의 세상에 관해 더 많이 학습하려는 욕구를 의미한다.

1.4 개인주의 사회와 집합주의 사회를 비교하라.

개인주의 사회에서 개인적 이득은 일반적인 사회적 이득보다 더 중요시된다. 대조적으로 집합주의 사회에서는 사회적 이득이 개인의 발전 이상으로 소중히 여겨진다.

1.5 긍정심리학을 정의하라.

긍정심리학은 개인과 제도를 번영하게 만들어 주는 긍정 정서, 긍정 성격특질 및 긍정 행위에 대한 연구를 포괄하는 용어이다.

1.6 인본주의 조망을 요약하라.

인본주의 조망은 주관적 해석의 의미와 풍요성, 경험의 총체적 특징 및 스스로 행동과 사고를 의도적으로 선택하고 결정하는 우리의 역량과 같이 인간존재를 독특하게 만드는 것에 초점을 둔다.

1.7 자신의 삶을 책임진다는 것이 의미하는 바를 논의하라.
자신의 삶을 책임진다는 것은 자신이 중요한 의사결정, 성장을 위해 계획적인 모험을 하는 것 그리고 자신의 삶에 대해 완전한 책임을 맡는 것을 받아들인다는 것을 의미한다.

개인적 성장의 주제

1.8 자기계발 서적의 이용에 따른 문제를 설명하라.
조언을 얻기 위해 자기계발 서적을 참고하는 사람들은 자기성취에 대한 과잉 단순화된 아이디어만을 발견하는 경향이 있어서 실망으로 종결되는 비현실적인 기대를 초래하여 결국 실망하게 된다. 대조적으로 심리학의 분야는 현실적인 자기주도와 성장을 성취하는 것을 도울 수 있는 건전한 원리와 검증된 지식을 제공한다.

1.9 시간이 감에 따라 변화하는 특징과 동일한 채로 남아 있는 특징을 열거하라.
온화함, 주장성 및 사교성과 같은 많은 긍정적 측면의 성격특질은 평생 안정적인 상태로 남아 있는 경향이 있으나, 반면에 많은 부정적인 특질도 그렇다. 변화할 수 있는 성격특질은 자기존중, 개인적 숙달감 혹은 자신의 환경에 대한 통제 그리고 가치를 포함한다.

1.10 우리가 개인적 성장을 경험하는 3단계 주기를 설명하라.
성장의 주관적 경험은 3단계의 주기를 포함한다. (1) 우리 자신 혹은 환경 내에서의 변화를 인정하기, (2) 내부에서의 부조화 혹은 불만의 느낌, 이것은 다음으로 (3) 자신 혹은 다른 사람을 향해 새로운 태도를 취하는 것과 같은 여러 방식으로 경험을 재편하도록 만든다.

1.11 개인주의를 넘어서는 것이 중요한 이유를 설명하라.
오늘날 자기성취 운동의 주요한 재평가가 이루어지고 있으며, 삶과 개인적 성취에 대한 좀 더 현실적인 견해를 발생시킨다. 이런 새로운 접근의 핵심은 자기와 사회의 관심을 재정돈하는 것을 요구하는 것이므로 개인적 성취는 타인과의 관계—고립된 개인을 초월하는 공유된 의미의 연결망을 통해서—에서 실현될 수 있을 것이다.

스스로 해 보기

1. 페이스북은 사람들이 직업을 위해 네트워크를 형성하는, 다른 사람들과 상호작용하는 그리고 가족 및 친구들과 연락을 주고받는 방식에 변화시켰다. 달리 말하면 페이스북은 전 세계의 ____________를(을) 이룩하는 것을 도왔다.
   a. 중간체계 b. 사회적 변화
   c. 집합적 수정 d. 보편적 개혁

2. Eddard는 매우 유행에 뒤떨어졌다. 그는 종이로 인쇄된 책을 읽는 것, 흑백 TV를 통해서 흘러간 영화의 재방송을 보는 것 그리고 판으로 기록된 음악을 듣는 것을 즐긴다. 그는 40년 동안 성공적으로 모든 새로운 전자 장치나 장비를 이용하는 것을 성공적으로 회피하였다. 이런 프로필을 기초로 보면, Eddard는 ____________를(을) 갖고 있는 것으로 분류될

수 있다.
a. 전기 공포증 b. 미디어 도착증
c. 디지털 두려움 d. 과학기술 공포증

3. 다음의 활동 중 자기주도를 촉진할 가능성이 가장 낮은 것은 무엇인가? ______
a. 포토샵을 사용하는 방법을 학습하기
b. 문화 다양성에 관한 워크숍에 참석하기
c. 공원에서 애견을 데리고 놀기
d. 이혼으로 인한 정서적 문제를 다루기 위해서 상담가를 방문하기

4. 개인의 이득이 일반적인 사회적 이익보다 더 소중하게 여겨지는 문화를 ________ 사회라고 부른다.
a. 개인주의 b. 집합주의
c. 상호의존 d. 합의수준

5. "한 아이를 키우기 위해서는 한 마을이 필요하다."라는 말은 ____________사회에서의 행동을 인도하는 데 사용될 가능성이 가장 높다.
a. 집합주의 b. 내적 의존
c. 개인주의 d. 자율적

6. 어떤 집단이 미국에서 가장 빠르게 증가하고 있는가? _______
a. 히스패닉계 사람 b. 아시아인
c. 아프리카계 미국인 d. 백인

7. 성장경험과 관련된 3단계에 대한 올바른 순서는? _______
a. 부조화감, 경험을 재편하기, 변화를 인정하기
b. 변화를 인정하기, 부조화감, 경험을 재편하기
c. 경험을 재편하기, 변화를 인정하기. 부조화감
d. 부조화감, 변화를 인정하기, 경험을 재편하기

8. Whitney는 부상으로 인해 실직한 후 자신의 삶이 결코 예전과 동일하지 않다는 것을 깨달았다. 이 예는 성장경험의 어느 단계를 예시해 주는가?
a. 변화를 인정하기
b. 부조화감
c. 경험을 재편하기
d. 위의 어느 것도 아니다

9. 사람들은 ________이(가) 자기성취의 필요한 구성요소라는 것을 깨달을 필요가 있다.
a. 다른 사람과의 관계 b. 이기주의
c. 자기부정 d. 고립

10. 자각될 수 있는 개인의 전반적인 자기개념은 ____________라고 불린다.
a. 실현된 자기 b. 기록된 자기
c. 현상적 자기 d. 발달적 자기

연습

1. **사회적 변화.**
자신의 삶에 가장 중요한 영향을 미치고 있는 두서너 가지의 사회적 변화(예: 과학기술, 경제의 변화)는 무엇인가? 당신의 삶이 이런 변화에 의해 어떤 영향을 받았는지에 관해 한두 쪽의 글을 써 보자. 예를 들면 컴퓨터가 당신의 학업, 사업 및 개인적 삶을 어떻게 변화시켜 왔는가를 생각해 보자. 대부분의 사회적 변화가 당신의 삶에 부정적 아니면 긍정적 영향을 미쳐 왔는가? 당신은 변화에 적절하게 대처하고 있는가? 변화는 당신이 성장하는 것을 돕고 있는가?

2. **도전 혹은 위협으로서 변화.**
새로운 교수, 약혼 혹은 실직 등과 같은 자신의 환경에서 최근에 발생하고 있는 어떤

변화를 선택해 보자. 자신이 이런 변화에 대해서 어떻게 느끼고 있는가를, 특히 그 변화를 도전 혹은 위협으로 보는가 그리고 그 이유에 대해 한두 쪽의 글을 써 보자.

3. **자신의 상호의존성 수준을 확인하기.**
직업, 친구 혹은 결혼과 같은 자신의 삶에서 최소한 한 가지 중요한 측면을 찾아보자. 그 다음으로 자신이 이 관계에 대해 얼마나 줄 준비가 되어 있는가와 얼마나 대가를 기대하고 있는가에 관해 몇 문장의 글을 쓰자. 자신의 기대가 공정한가? 주는 것과 받는 것이 불균형하다면, 자신의 기대가 관계에 얼마나 영향을 줄 것이라고 생각하는가?

4. **자기성취가 자신에게 얼마나 중요한가?**
자신이 하는 것 중 성취적이라고 생각하는 것에 대해 생각해 보자. 자신의 삶의 목표는 무엇인가? 그것은 일반적으로 타인중심적인가 혹은 자기중심적인가? 그리고 적응적이고 성장 지향적인가? 자신이 이런 목표들을 능동적으로 달성하기 위해서 무엇을 하는가?

5. **자기성취와 개인적 및 사회적 관여.**
자신에게 매우 만족을 주었던 삶의 영역(성취, 관계 등)을 선택하고 자신의 성취감이 다른 사람들과의 관계에 의존하는 정도를 설명해 보자.

복습을 위한 물음

1. 사회 혹은 세상의 미래보다 자신의 개인적 미래에 대해 더 낙관적인가?

2. 자신이 결정을 내릴 수 없어서 곤란을 겪을 수 있는 경우에 자신의 선택을 보류하는 데 대해 지나치게 걱정하는가? 자신은 지나치게 완벽주의자인가?

3. 자신의 삶을 얼마나 통제하고 있다고 생각하는가? 자신의 욕구를 얼마나 통제하고 있다고 생각하는가? 자기주도적인 사람인가?

4. 우리 사회의 많은 기본 규칙들이 한 세기로부터 다음 세기로 넘어가면서 변화하였다는 데 동의하는가? 어째서 그런가?

5. 마치 규칙이 존재하지 않는—무슨 일이라고 허용 되는—듯 행동하는 사람을 만나본 적이 있는가? 그런 사람들이 어떻게 보이는가?

6. 자기성취 가치는 자신에게 얼마나 중요한가?

7. 자신의 부모보다는 삶에서 보다 더 많은 것을 기대하는가?

8. 자신의 삶에서 어려웠던 때를 기억할 수 있고, 돌이켜 생각해 보면, 그것이 성장의 시기였다는 것을 깨달을 수 있는가?

9. 개인적 성취가 대체로 다른 사람들과의 관계를 통해서 성취된다는 것에 동의를 하는가?

10. 무엇이 자신의 자기실현을 방해하고 있는가?

제 2 장 아동기의 수수께끼

아동발달의 조망

아동기의 중요성

아동발달의 생물학적 조망

아동발달의 생태학적 조망

아동발달의 정신역동적 조망

사회학습이론과 아동발달

수수께끼를 종합하기

아동기의 핵심적인 기본적 요소

기질

애착

자기개념

육아

요약

스스로 해 보기

연습

복습을 위한 물음

학습목표

이 장을 모두 학습한 후 다음을 할 수 있다.

2.1 발달의 조망적 접근이 중요한 이유를 설명한다.

2.2 생태학적 발달에 대한 Bronfenbrenner의 이론과 그것을 구성하는 환경의 네 가지 맥락을 설명한다.

2.3 Erikson의 심리사회적 발달이론을 기술한다.

2.4 Bandura의 모델링과 사회학습의 개념을 설명한다.

2.5 아동기의 네 가지 핵심적인 기본 요소를 알아본다.

2.6 기질의 세 가지 주요 유형을 구별한다.

2.7 아동에 있어서 애착의 중요성을 논의한다.

2.8 자기재인과 자기개념 사이의 연결을 설명한다.

2.9 Baumrind의 네 가지 육아양식을 비교한다.

2.10 체벌 및 빈약한 부모감독과 관련된 결과를 기술한다.

세 살배기 Sara는 난생 처음으로 재미있는 시간을 보내고 있었다. 그 아이는 처음으로 동물원을 관람하고 있고 TV에서만 보았던 동물들 가까이에 있어서 흥분하고 있다. Sara는 특히 검은 곰을 좋아했는데, 곰은 자신이 갖고 있는 배가 불룩한 동물인 Teddy처럼 보였기 때문이다. 그러나 그때 부모가 Sara에게 집에 갈 시간이라고 말했다. Sara는 이전에 이런 상황을 겪어 보아서 자신이 무엇을 할지 알았다…. 아이는 유모차로 돌아가기를 거부하면서 화를 냈다. 아이는 고함을 치고 비명을 지르며, 자기가 좋아하는 Teddy조차 바닥에 던졌다. Sara의 부모는 화를 내면서도 아이를 유모차에 태우려는 시도를 포기하였고, 아이가 지칠 때까지 동물원을 돌아다니도록 놔두었다. 다음 날 유아원에서 Sara는 친구에게 자신이 동물원에서 얼마나 즐거웠던가를 이야기하였다. 모든 아이들이 자신들이 좋아하는 동물에 대해 이야기하기 시작했고, 선생님조차도 재미있는 이야기에 동참하였다. Sara는 14세가 되었을 때, 이 사건뿐만 아니라 공공장소에서 심술을 부려서 제멋대로 했던 다른 경우들을 기억해 내고 미소를 지었다. 그녀는 비록 그것이 무엇인지 잘 생각나지 않았지만 부모가 좋아하지 않는 일을 하는 것을 허락받기 위해서 방에 틀어박혀 나오지 않는 것과 같은 종류의 일들을 생각해 내는 데 많은 시간을 썼다.

아동발달의 조망

학습목표

2.1 발달의 조망적 접근이 중요한 이유를 설명한다.

2.2 생태학적 발달에 대한 Bronfenbrenner의 이론과 그것을 구성하는 환경의 네 가지 맥락을 설명한다.

2.3 Erikson의 심리사회적 발달이론을 기술한다.

2.4 Bandura의 모델링과 사회학습의 개념을 설명한다.

유아기부터 청소년기까지 청소년들이 생각하고, 느끼고, 다른 사람과 상호작용하는 방식들은 극적으로 변화한다. 예를 들면 유아는 혼자 남겨지면 울지만, 청소년은 고독을 원하고, 4세 아이들은 괴물이 침대 밑에 산다고 믿지만 10대들은 그런 것을 믿지 않고 오히려 부모가 친구 앞에서 자신을 포옹하는 것을 두려워한다. 어린이에게 '친구'는 같이 노는 사람인 반면에, 나이가 든 청소년에게 우정은 신뢰, 친밀 그리고 페이스북에서 '친구 맺기' 등을 요구한다. 이 예들은 각각—사람이 나이가 들어감에 따라 생물학적 성숙과정과 사회 환경을 포함한 환경과의 상호작용 때문에 그들의 역량과 행동에서 나타나는 비교적 지속적인 변화로 정의되는—**발달(development)**의 개념을 예시한다. 아이를 연구할 때, 어른으로부터 얻은 결과를 청소년에게 혹은 나이가 많은 아이들에게서 얻은 결과를 어린이들에게 일반화하는 것은 부정확하고 오해의 소지가 있는 결론을 유도할 수 있다는 것을 기억하라. 발달단계가 중요하다.

아동기의 중요성

역사적으로 한때 아동은 성인의 축소판으로 여겼다. 즉, 아동은 성인과 동일한 사고, 감정 및 능력을 갖고 있지만, 단지 그들이 아주 작기만 하다는 것이다(Stearns, 2006). 아동과 성인이 모든 의미 있는 측면에서 동일하다면, 아동기는 중요하지 않게 된다. 오늘날에는 아동과 성인이 상이한 신체적 및 심리적 특성을 갖고 있는 것으로 이해될 뿐만 아니라, 아동기는 건강한 성인기를 위한 가장 중요한 공헌요인들 중 하나로 간주된다. 예를 들면 유아와 엄마 간의 관계의 질은 초등학교 동안의 우정, 청소년기 동안의 자아존중감 및 수십 년 후의 배우자와 자식 간의 상호작용에 영향을 주는 것으로 나타났다(Cassidy & Shaver, 2008). 따라서 부모가 아이들을 양육할 때 하는 선택(엉덩이를 때릴 것이냐, 애정을 보일 것인가 등)은 자신이 성장과정에서 받은 육아방식

글상자 2-1 다음의 사실을 아는가?

- 아기들은 성인보다 더 많은 뇌세포(2,000억 개에 가까운)를 갖고 있다.
- 18개월경에 걸음마를 배우는 아이들은 하루에 50개에 이르는 단어를 학습한다.
- 오늘날 사회에서 소녀는 과거 10년 전의 소녀보다 거의 2년 일찍(12세경) 월경을 시작한다.
- 아이는 3세 이전에 발생했던 사건에 대한 기억을 회상하지 못한다.
- 대부분의 아이는 3~4세 사이에 거짓말을 시작한다.

출처: *Child Development: Its Nature and Course* by Ganie DeHart, L. Alan Sroufe & Robert G, Cooper. The McGraw-Hill Companies, 2004에 근거.

에 의해 많은 영향을 받는다.

심리학자는 아동발달을 집의 건축에 비유한다. 집의 토대가 나머지 모든 것—바닥, 벽, 지붕 등—을 지탱하는 것처럼 아동기는 나머지 시기의 발달이 자리를 잡는 토대인 것이다. 토대가 약하면, 토대가 기울어질 때 발생하는 벽 혹은 접착형 창문의 균열과 같은 문제로 인해 집의 앞날이 위태롭게 된다. 그러나 집의 토대가 건강하다면 집은 홍수나 강풍 같은 위협을 잘 견뎌낼 것이다. 그렇지 않은 경우 집은 곧 재건축되어야만 한다. 발달에 관한 많은 조망은 동일한 지침을 갖고 있는데—건강한 아동기가 성인기의 문제를 극복하는 것을 돕는 탄력성을 촉진할 수 있다는 것이다.

심리학자들은 상이한 관점 혹은 조망에서 발달을 접근한다. 비록 다수의 상이한 발달이론들이 있다고 할지라도, 그것들 대부분은 일반적으로 네 가지 기본 유형으로 집단화될 수 있는데, 생물학적, 생태학적, 정신역동적 및 사회학습 조망이다. 각각의 조망은 발달의 어떤 측면을 강조하는 반면에, 다른 측면을 무시하지는 않지만 최소한의 관심만을 표한다. 각각의 견해가 우리에게 제공하는 것은 아동이 성장하고 생각하고 느끼고 다른 사람과 상호작용하는 방식에 국한된 이해이다. 그러나 전체적으로 본다면 아동기의 좀 더 완전한 모습이 나타난다. 그러므로 어떤 발달 견해가 더 정확한가를 증명하려고 시도하기보다는 각각의 조망들이 제공하고 있는 최선의 설명을 학습하는 것이 도움이 된다(Johnson, Slater, & Hocking, 2011). 각각의 조망을 아동발달이라는 수수께끼의 한 조각으로 생각해 보자.

더 진행을 하기 전에 글상자 2-2를 살펴보면 미국에서 아동기에 관한 흥미롭고 놀라운 통계치를 보여 준다.

글상자 2-2 가족에 초점을 맞춰라: 미국의 아동: 그들은 성공할 것인가?

여기에—긍정적이든 아니면 부정적이든—미국의 아동들에 관한 몇 가지 사실을 보여 주는 통계치가 있다. 당신이 오늘날의 아이들이 행복하고 생산적인 삶을 위해 좋은 출발점을 갖고 있다고 생각하는지 아니면 그렇지 않다고 생각하는지를 스스로 결정하라.

- 미국에서 아동의 수는 2030년까지 8,800만 명으로 증가할 것으로 전망된다.
- 2010년에 아동의 66%가 두 부모와 함께 살고 있다.
- 17세 아동의 약 21%가 가난하게 살고 있다.
- 미국 아동의 거의 41%가 사생아로 태어난다.
- 매년 3%에 가까운 아동이 입양을 통해서 가족과 결합한다.
- 20%에 가까운 아동이 어머니가 일을 하는 동안 아버지의 돌봄을 받는다.
- 1,000명 중 10명의 아동이 어떤 형태의 부당한 처우를 경험한다.
- 거의 60%의 아동이 사설 건강보험의 혜택을 받고, 나머지 37%는 공공정책의 혜택을 받는다.
- 임상적으로 비만으로 판정되는 18세 미만의 아동의 비율은 19%이다.
- 거의 5%의 아동과 청소년이 부모에 의해 심각한 행동 혹은 정서 문제를 갖고 있는 것으로 보고된다.
- 학령기 아동의 약 5%가 가정에서 영어 이외의 한 가지 언어를 더 사용하여 말하고 있다.
- 10대의 거의 70%가 졸업 후 즉시 2년제 혹은 4년제 대학에 진학한다.
- 고등학생의 약 46%가 성관계를 갖고 있다고 보고한다.
- 12학년 학생의 거의 24%가 최근에 불법 약물을 투여했다고 보고한다. 약 23%도 최근에 음주를 하였음을 보고한다.

출처: Childstats.gov

아동발달의 생물학적 조망

오늘날 뇌기능과 유전자 지식의 신속한 증가는 어떤 발달 측면의 생물학적 기초에 관한 과학적 증거를 제공한다. 비록 정확한 비율은 알려지지 않았지만 유전적 영향은 아마도 일반 전집에서 성격특성의 차이를 25~75%까지 설명한다(Plomin, DeFries, McClearn, & McGuffin, 2008). 예를 들면 유전적 요인들이 알코올 중독, 우울증 및 공포증을 포함하는 성인기의 광범위한 심리학적 결과를 설명하기 위해 인용되어 왔다. 아동기에 지능, 사회성, 정서성 및 활동 수준과 같은 특성에 대한 유전적 증거는 매우 강력한 것처럼 보인다(Bazzett, 2008).

탐색 2.1 아동의 웰빙

www.hfrp.org 아동과 그 가족의 웰빙을 촉진하는 정보를 제공한다.

일부 심리학자는 생물학이 우리의 개인적 성질과 발달의 대부분에 영향을 준다고 주장한다(Bouchard, 2004). 발달의 생물학적 측면은 **유전(heredity: 부모로부터 후손에 대한 특질의 전달)**, 행동과 관련된 신경계의 측면 및 호르몬의 영향을 포함한다. 예를 들면, 유아원 아동의 자극적 혹은 앉아서 하는 활동에 대한 선호는 태아발달 동안 노출된 테스토스테론의 양에 의해 영향을 받는다(Cohen-Bendahan, van de Beek, & Berenbaum, 2005). 발달에 관한 대부분의 논쟁에서 유전은 우리가 어떤 사람인가 그리고 어떻게 발달하는가에 대한 가장 중요한 생물학적 결정요인으로 부각된다.

자신에게 응용하기 **생물학적 조망(biological perspective)**에 따르면 우리의 많은 개인적 속성 및 대부분의 개인적 발달은 유전적 그리고 다른 생물학적 영향에 기인할 수 있다. 당신은 자신의 가계에서 우세한 특질을 고려해 본 적이 있는가? 다음 가족 모임에서 자신의 친척을 잠시 관찰하도록 하라. 당신은 좋아하는 삼촌 혹은 숙모가 당신과 동일하게 온화함과 사회성을 나타내는 것을 알아챌 수도 있을 것이다. 당신이 이 특질에 관해서 자신의 형제보다 더 먼 친척과 유사한 것이 어떻게 가능한가? 그 대답은 유전인데, 당신은 자신의 형제와 누이보다 그 사람과 더 많은 유전자를 공유하고 있을 수가 있다.

우리가 보아 왔듯이 지능과 사회성 같은 특성은 유전적 영향을 두드러지게 받는다. 이런 특성조차도 단일 유전자에 의해서라기보다는 잠재적인 반응범위를 발생시키는 복합적인 유전자의 조합에 의해 결정된다. 그러나 우리의 잠재성을 얼마나 많이 혹은 적게 발달시키는가는 대체로 우리와 환경의 상호작용에 의존한다. 예를 들면 첫 번째 태어난 딸은 높은 성적을 받고 의사가 되기 위해 학업을 계속한다. 그녀의 어린 여동생은 동일하게 우수하나 자신의 진로를 시작하기를 기다리는 데 인내심이 적어서 응급의료기사로서의 진로를 선택할 수가 있다. 이는 요구되는 학업이 덜 힘들고 시간을 적게 필요로 하므로 그녀의 낮은 인내심 성향에 비춰 보다 더 호소력이 있다. 두 자매는 동일한 지능검사에서 유사한 점수를 계속 받을 수 있지만, 장래와 흥미에 대해 상이한 지각을 갖고 있다. 그런 자매간의 차이가 실제로 발생하는가? 단연코 그렇다고 할 수 있지만 그런 차이가 첫째 아이 혹은 둘째 아이와 같은 출생순위와 관련된 특성인가? 이 흥미로운 주제에 대한 논의를 위해 글상자 2-3을 살펴보자.

글상자 2-3 가족에 초점을 맞춰라: 출생순위 효과가 실제로 존재하는가?

독자는 실제로 응석받이이고, 버릇이 없고, 자기중심적이고, 비협동적인가? 첫 번째로 태어난 아이들은 다른 사람들을 기쁘게 하려고 애쓰고 최고의 IQ를 갖는가? 그들은 타인을 통제하지만 부모의 바람에는 동조하는가? 두 번째로 태어난 아이들은 항상 반항을 하고 자신보다 나이가 많은 형제를 따라잡기 위해서 끊임없는 경쟁을 하고 있는 것처럼 느끼는가? 중간 아이들은 항상 삶을 불공정하게 느끼고, 사랑받지 못한다고 느끼고, 가족에 의해 문제아로 여겨지는 운명에 처해지는 것은 확실하다. 당신 자신의 가족 혹은 친구들의 가족에 대해 생각해 보면 지지하는 사례가 쉽게 마음에 떠오를 것이다. 그 묘사가 〈브래디 번치(The Brady Bunch)〉 혹은 〈말콤네 좀 말려줘(Malcolm in the Middle)〉에 출연하는 Jan과 Peter를 포함하는지 혹은 그렇지 않든지 간에 TV와 영화는 종종 위에서 언급된 출생순위 고정관념에 따라서 형제를 묘사한다. 그럼에도 불구하고 심리학자들은 성격, 사회적 관계 및 지능이 출생순위에 따라 체계적으로 변동한다는 생각에 대해 일관성 있는 지지를 발견하기는 어려웠다(Wichman, Rodgers, & MacCallum, 2007). 지금 시점에서 보면, 출생순위 효과는 현실이라기보다는 근거 없는 믿음에 더 가깝다.

아동발달의 생태학적 조망

비록 생물학이 발달에 중요한 영향을 미친다고 하지만 발달이 이루어지고 있는 환경 또한 중요하다. 예를 들면 Sara의 부모가 실생활에서 흥미로운 동물과 접촉하는 것이 Sara에게 가치 있는 경험을 제공할 것이라고 생각했기 때문에 동물원에 데리고 갔다. 매년 아동은 수천은 아니더라도 학교, 교회 및 동물원 같은 수백의 상이한 환경들을 접한다. 비록 이런 각각의 환경들이 상이하다고 할지라도 그것들은 모두 한 가지 공통점을 갖고 있는데 아동이 그 환경을 직접적으로 경험한다는 것이다. 그러나 아동은 실제적으로 경험하지 않았던 환경에 의해서도 영향을 받을 수도 있다. 예를 들면, 2001년의 낙제학생방지법(No Child Left Behind Act)은 3학년에서 8학년까지의 아동들이 매년 표준화된 검사를 받을 것을 요구한다. 비록 아동들은 이 법의 입법화에 관여하지는 않았지만 그래도 자신들에게 지시된 검사를 받을 때마다 영향을 받는다.

Urie Bronfenbrenner(1993)의 **생태학적 조망(ecological perspective)**은 아동발달에 대한 환경 맥락의 역할을 강조한다. Bronfenbrenner는 아동에게 영향을 주는 네 가지 내적으로 관련된 발달 맥락(혹은 체계)을 정리했는데, 미시체계, 중간체계, 외체계 및 거시체계이다. 이들 각각을 살펴보자.

미시체계 **미시체계(microsystem)**는 가정 혹은 탁아소와 같이 아동이 현재 속해 있는 장면을 의미한다. 전형적으로 아동이 접하는 첫 번째 미시체계는 자신들이 태어난 병원이다. 각각의 미시체계 내에서 아동은 활동을 하고(예: 놀기, 먹기), 다른 아이들과 상호작용을 한다(예: 이야기하기, 싸우기). 이런 활동/상호작용의 일부는 그 아이에 의해 주도되고, 일부는 부모와 형제와 같은 다른 사람들에 의해 시작된다. 그러므로 미시체계는 역동적인 상호작용 맥락이다. 시간이 흐르면 아동은 자신이 접촉한 상이한 미시체계와 그 안에 내재된 경험의 유형에 의해 영향을 받는다. 예를 들면, 미국, 일본 및 이스라엘에서 침실에 TV를 가진 아동과 청소년은 침실에 TV가 없는 청소년보다 TV를 더 많이 시청하고, 잠을 덜 자고 더 높은 피로감을 보고한다(Kirsh, 2010; Oka, Suzuki, & Inoue, 2008; Schochat, Flint-Bretler & Tzischinsky, 2010).

중간체계 앞에서 언급했듯이 Sara가 유아원에서 또래에게 동물원에서 즐거웠던 것에 대해서 이야기하고 그들이 긍정적으로 반응하였다. 그래서 한 미시체계(동물원)에서 Sara에게 일어났던 것이 그녀에게 영향을 주었고, 잠시 후에는 상이한 미시체계(유아원)에서 발생했던 것도 그렇다. 생태학적 환경에서 미시체계의 연결은 중간체계(mesosystem)라고 불린다. 중간체계의 영향은 그 아이가 각각의 미시체계에 직접 관여할 때, 시간이 경과함에 따라 발생한다는 것을 기억하는 것이 중요하다. 중간체계의 개념은 특정 장면에 있는 아이에게 중요한 각각의 미시체계 내에서의 경험뿐만 아니라 다른 장면에서의 경험에 관해서도 진술하기 때문에 아동발달의 이해에 매우 중요하다. 예를 들면 학교에서 아동은 가정에서 감수성이 있고 반응적인 돌봄을 경험하고 있는 또래들을 더 좋아하고(Dwyer et al., 2010), 청소년기에 가정에서 주당 많은 시간 동안 뮤직비디오를 시청하는 것은 밖에 나가서 음주할 확률을 239%까지 증가시킨다(Van den Bulck, Beullens, & Mulder, 2006).

외체계 발달의 세 번째 맥락인 **외체계(exosystem)**에서 아동과 청소년은 자신이 참가하지 않은 사회적 장면에 의해 영향을 받는다. 아동들이 자신들에게 알려지지 않은 어떤 맥락에 의해 영향을 받을 수 있다는 것이 어떻게 가능한가? 그 대답은 단순하다. 아이가 알고 있는 어떤 사람이 어떤 상황에 있었고, 거기에서 그 사람에게 발생한 사건이 다른 상황에서 아이에 대한 그 사람의 행동방식에 변화를 초래한다. 예를 들면 한부모가 일과 관련된 상황으로 인해 스트레스를 받을 때, 그녀의 어린이들의 가정환경(예: 부모가 감수성이 낮고, 더 적대적)은 고통스럽게 바뀐다(Lleras, 2008). 이런 경우에 아이에게 친숙하지 않은 맥락(엄마의 직장)이 아이의 삶에 영향을 주었다.

거시체계 Bronfenbrenner의 마지막 체계인 **거시체계(macrosystem)**는 문화적(예: 미국, 일본), 하위 문화적(예: 성별, 인종, 종교) 및 사회 계층(예: 부유층 혹은 빈곤층)의 구분을 포함하는 발달이 발생하는 더 커다란 사회문화적 맥락을 의미한다. 본질적으로 거시체계는 어떤 집단의 사람들을 특징짓는 공유된 가치, 목표, 관례 및 태도의 집합을 의미한다. 따라서 이런 가치, 목표 등은 생태학적 환경 내의 모든 다른 체계에 영향을 주고, 잇달아 그 아이의 발달에 영향을 준다. 한 예로서 실생활의 폭력에 대해 매우 허용적인 문화에서 양육된 어린이는 더 폭력적이 되는 경향이 있다(Tolan, Gorman-Smith, & Henry, 2003). 그리고 종교가 중요하다고 믿으면서 양육된 청소년은 그렇지 않은 청소년보다 음주를 시작하거나, 현재 음주자이거나 혹은 폭음을 할 가능성이 낮다(Dunn, 2005).

자신에게 응용하기 거시체계와 외체계의 영향 때문에 우리들 누구라도 아동의 발달에서 어떤 역할을 하는데, 자신이 알지 못하는 역할일 수도 있다. 문화적 이념, 태도 및 가치를 강화시킴으로써(거시체계의 영향) 그리고 직장동료, 형제 및 낯선 사람과의 상호작용에 의해서(외체계의 일부로서) 우리는 주변의 아동들에게 간접적으로 영향을 준다. 물론 우리는 아동을 직접적으로 만날 때마다, 미시체계로 진입하여서 그들의 삶에서 직접적인 영향이 되기도 한다. 이 미시체계에서 학습된 교훈은 아동에 의해서 다른 환경에 적용될 수 있어서 전적으로 새로운 집단의 아동에게 중간체계를 통해서 영향을 준다. 그래서 아동의 복지는 큰 환경과 작은 환경 모두에 의해 영향을 받는다. 성별 및 인종의 평등 같은 사회의 진보가 다음 세대의 아동들에게 긍정적으로 영향을 줄 뿐만 아니라 개인적 성장과 발달도 주변 사람들에게 이득을 가져올 수도 있다. 생태학적 환경을 통해서, 개인적 성장은 다른 사람에게 계속적으로 주는 선물이 된다.

탐색 2.2 아동을 이해하기

www.kidshealth.org 부모, 아동, 10대 및 교육자에게 다양한 발달주제에 관한 유용한 정보를 제공하는 웹사이트이다.

아동발달의 정신역동적 조망

정신역동적 조망(psychodynamic perspective)은 성격과 행동을, 특히 아동기에 기원을 둔 욕망, 불안 및 갈등과 같은, 무의식적 힘으로부터 초래되는 것으로 본다. 이런 관점에 따르면 개인은 불가피하게 충동과 억제 사이에서 초래되는 삶의 갈등적인 역동 사이의 충돌에 사로잡혀 있다. 아이에게 있어서 갈등은 아이의 욕망과 부모와 사회의 요구 사이에서 발생한다(Doerr, 2007). 비록 Sigmund Freud의 이론이 정신역동적 조망을 세상에 소개하였고 심리학 분야에 혁명을 가져왔지만, 아동발달에 관한 **현실적인** 견해를 포함하고 있지는 않다. 그래서 우리는 Erik Erikson의 심리사회적 조망에 초점을 두는데, 그것은 특별한 발달단계에서 개인이 직면하는 **핵심적인** 문제를 세부적으로 보여 준다. (Freud의 심리성적 발달단계를 알기 위해서는 글상자 2-4를 살펴보자.)

Erikson의 심리사회적 발달단계 Erik Erikson(1964)은 Freud의 심리성적 발달이론을 성격발달에 관한 보다 더 포괄적인 견해로 수정함으로써 정신역동적 이론의 잠재적 응용성을 확장하였다. Freud는 아동의 가족을 동반하는 심리성적 발달에 초점을 둔 반면에, Erikson은 더 큰 사회적 맥락에서 개인의 심리사회적 관계를 고려하였다. 그리고 Freud의 단계는 출생부터 사춘기까지만 다루는 반면에, Erikson의 단계는 성인기부터 노년기까지 연장된다. 심리사회적 발달의 8단계 각각은 성취에 따른 긍정적 능력과 이와 관련된 위협 혹은 취약성과 같이 양극성(혹은 위기)으로 나타난다. 발달단계마다 핵심적인 사회적 동인은 개인으로 하여금 다음에 만나게 되는 위기의 결과에 영향을 주는 해결(성공 혹은 실패를 하든지 간에)을 통해서 현재의 위기를 해결하는 것을 돕는다. 그래서 인간발달은 순차적이면서도 누가적인 것으로 생각되는데, 개인의 전반적인 성격은 각각의 심리사회적 단계 동안 획득되는 강점과 약점으로 구성된다. 이 장에서 아동 및 청소년의 발달과 관련이 있는 처음의 다섯 단계가 제시된다. 나머지 세 단계는 성인기를 다루는 다음 장에서 논의 될 것이다.

단계 1: 신뢰 대 불신 출생 후 첫해 동안의 삶은 첫 번째 심리사회적 단계인 **신뢰 대 불신**(Trust versus Mistrust)에 해당한다. 유아들은 완전히 무력하기 때문에 (1) 음식, 옷입기, 기저귀 갈기, 신체적 안락 등과 같은 신체적 욕구와, (2) 애정, 정서적 감수성의 심리적 욕구 그리고 돌봄을 요구하는 자신들의 신호에 대한 시기적절한 반응성을 충족시키기 위해서 다른 사람에게 의존해야만 한다. 유아의 신체적 및 정서적 욕구가 **일관성 있게** 충족될 때 세상은 안전한 장소로 보이게 되므로 유아는 자신의 주변 사람들을 신뢰하는 것을 학습한다. 그러나 유아는 자신의 욕구가 충족되지 않으면 불안해하고 불신하게 되는데, 왜냐하면 세상이 자신의 욕구에 반응하지 않으므로 그 속에 있는 것이 위험하다고 여기기 때문이다. 이 단계 동안 핵심적인 사회적 동인(그 행동이 유아에게서 신뢰감 혹은 불신감을 일으킴)은 일차적인 양육자, 즉 전형적으로 엄마이다.

글상자 2-4 Freud의 심리성적 발달단계

Freud는 **리비도(libido)** 혹은 성욕과 관련된 정신에너지를 기본적인 것으로 보았기 때문에, 발달을 순차적 과정을 나타내는 **심리성적 단계(psychosexual stages)**를 기초로 해석하였다. 각각의 단계에서 아이는 다양한 신체부위—입, 항문 및 성기—에서 쾌락을 위한 추동을 만족시키려고 한다. 아이들이 자신의 충동과 사회적 제약 사이의 갈등을 다루는 방식이 발달을 위해 결정적이다. 어떤 단계에서 지나치게 적은 혹은 많은 만족은 **고착(fixation)**을 초래하는데, 그래서 그 사람은 특정 불안으로 고통을 겪는 단계에 고착되고 상징적으로 지나치게 억제되거나 혹은 탐닉했던 소망을 행동으로 나타내기를 계속한다.

단계	연령	주요 특징
구순기	출생 ~ 1세 미만	입이 만족의 일차적 수단이다. 고착은 섭식중독, 흡연이나 음주와 관련된 수동적 성격 혹은 자신의 생각을 제시하지 않고 모든 사람의 아이디어를 비판하는 사람에서 나타나는 빈정댐을 초래한다.
항문기	1 ~ 3세	신체적 쾌락의 주요 원천은 배변을 하거나 혹은 보유하는 것이 된다. 이 단계 초기의 고착은 성인의 무질서하고 지저분한 행동 경향성을 초래한다. 대조적으로 이 단계 후기의 고착은 성인기에 완고하고, 강박적으로 정돈된 성격을 발생시킨다.
남근기	3 ~ 5세	아이들은 자신의 성기를 만짐으로써 감각적 쾌감을 경험한다. 이 단계에서 너무 적은 혹은 지나친 만족은 자신의 성욕에 대해 죄책감을 느끼거나 혹은 불안을 감소시키기 위해서 성교를 하는 개인과 같이 성숙 후에 문제를 일으킨다. 아이들은 이성의 부모에게 매력을 느끼고 동성의 부모에 대해 질투를 하는 오이디푸스 콤플렉스(Oedipus complex: 소년) 혹은 엘렉트라 콤플렉스(Electra complex: 소녀)를 발달시킨다.
잠복기	5 ~ 12세	초기의 성적 감정은 망각되고, 성적 충동은 비교적 잠잠해진다. 아이들은 스포츠, 학업 및 동성 간의 우정에 초점을 둔다.
성기기	12세 이상	성적 관심은 다시 각성되고 성기 혹은 성적 활동을 통한 만족에 초점을 둔다. 잘 적응한 성인은 성기기의 추구를 경험함으로써 진정한 사랑과 성인의 성적 만족이 가능해진다. 대부분의 성인의 성적 문제는 초기의 구순기, 항문기 혹은 남근기의 고착으로부터 초래된다.

단계 2: 자율성 대 수치와 의심 Erikson의 두 번째 심리사회적 단계는 **자율성 대 수치와 의심(Autonomy versus Shame and Doubt)**으로 1~3세 사이에 나타나고, 유아의 독립적이 되려는 욕망과 자기신뢰의 증가에 초점을 둔다. 부모(이 단계에서 핵심적

Erik Erikson의 이론은 아동이 초등학생 시기에 근면성 대 열등감의 위기를 거친다고 주장한다.

인 사회적 동인)는 아동이 걷고, 말하고, 스스로 여러 가지 일을 하도록 격려하기 때문에 아동은 연령에 적절한 자율성을 발달시킨다. 그러나 동물원에서 Sara의 행동에서 보듯이 자율성은 순식간에 반항으로 바뀔 수 있고 부모가 강요하거나 과보호를 하면 아동은 자기불신을 경험하고 스스로에 대해 수치감을 느낀다.

단계 3: 주도성 대 죄책감 3~6세까지 아이들은 **주도성 대 죄책감**(Initiative versus Guilt)의 위기에 직면한다. 이 세 번째 심리사회적 단계 동안 미취학 아동들은 돌아다니면서 새로운 활동을 계획하고, 새로운 친구를 만들고, 판단감각(예: 도로를 건널 적절한 시간을 알기)을 발달시키려고 시도한다. 아동은 유아기 동안에 흔히 했던 타인의 행동을 단순히 모방하는 것에서 이제는 그것을 주도적으로 시도한다. 그런 노력이 가족 구성원에 의해 지지를 받으면 아동은 자신의 환경을 탐색하는 것을 즐기고 새로운 것을 시도하며 결과적으로 주도성의 느낌을 발달시킬 것이다. 그러나 그런 행동이 부모나 형제의 목표와 갈등을 일으켜서 부당하게 제한되거나 처벌을 받게 되면 아동은 수동적이 되고 주도성을 발휘하는 데 있어서 죄책감을 갖게 된다. 이런 설명이 증명하듯이 이제는 모든 가족의 구성원들은 핵심적인 사회적 동인이 된다. 형제간의 빈번한 갈등, **형제간의 경쟁(sibling rivalry)**—형제 사이의 질투와 혐오—은 주도성의 성공적 발달에 위협이 된다.

단계 4: 근면성 대 열등감 근면성 대 열등감(Industry versus Inferiority)은 아동이 직면하는 네 번째 위기이다. 약 6~11세까지 발생하기 때문에 아동은 학업과 사회적 기술을 숙달하는 과제를 안고 있다. 이 위기 동안 아동에게 도움을 주는 것은 자신을 또래와 비교할 뿐만 아니라, 또래가 자신을 어떻게 보는가를 고려할 수 있게 해 주는 새롭게 발달된 인지적 기술이다. 이 위기의 해결은 이 단계의 핵심적인 사회적 동인인 교사와 또래에 의해 도움을 받는다. 근면하고 자기 확신적인 아동은 가정, 학교 및 놀이에서 다양한 능력을 발달시키는 데 성공한다. 아동이 자신의 환경을 다루는 데 보다 더 유능해질수록 자신을 더 양호한 인간으로 느낀다. 부당한 좌절과 실패는 열등감 혹은 무가치감을 유발한다.

단계 5: 정체성 대 역할 혼미 12~18세까지의 연령에 해당하는 청소년기를 통해 개인은 신체, 마음 및 성적 발달에서 발생하는 다양한 변화를 통합하는 방식으로 자신의 정체성을 분주하게 재정의한다. 그래서 정체성 대 역할혼미(Identity versus Role Confusion)라고 알려진 다섯 번째의 심리사회적 발달단계 동안에 "내가 누구인가(Who am I)?"라는 물음에 답을 하려고 노력한다. 청소년이 정체성 위기를 더욱 성공적으로 직면하면 할수록 그들의 개인적 정체감은 더 강해진다. 그러나 어려움을 많이 경험하면 할수록, 자신이 누구인가와 자신에게 어떤 미래가 다가올 것인가에 대한 혼미감을 더 많이 느낀다. 청소년기 동안 정체성은 실제 세상의 다른 사람과의 상호작용을 통해서 주로 탐색되므로 또래가 핵심적인 사회적 동인이 되는 것은 놀라운 일이 아니다.

그러나 오늘날에 있어서 인터넷은 젊은이에게 자신의 정체성을 탐색하는 추가적인 방식을 제공하기도 한다(Subrahmanyam, Smahel, & Greenfield, 2006). 청소년들은 온라인상에서 어떤 성격—영리하거나 우둔한, 날씬하거나 비만한, 젊거나 나이가 든, 부유하거나 가난한, 멋지거나 천박한 등등—을 가상적으로 시도할 수 있다. 정체성 탐색을 위한 출구는 트위터, 블로그 및 온라인 게임과 같은 소셜네트워크 사이트를 포함한다. 예를 들면 인기 있는 인터넷 게임인 Second Life에서 게임을 하는 사람은 자신이 좋아하는 어떤 성격유형을, 비록 그것이 실제의 자신과는 전혀 유사하지 않을지라도 만들 수 있다. 실제 세상에서의 정체성 탐색을 넘어서는 온라인 정체성 탐색의 한 가지 장점은 인터넷의 상대적 익명성이 젊은이들에게 실생활의 부정적인 사회적 결과를 염려하지 않고 정체성을 시도할 수 있게 해 준다는 것이다. 더 많은 정체성 탐색이 온라인에서 발생한다는 것은 놀랍지 않다(Kirsh, 2010).

자신에게 응용하기 정신역동적 조망에서 우리 각각은 자신이 충분히 자각하지 못하는 동기, 욕구 및 갈등에 의해서 움직인다. 따라서 우리는 때때로 어떤 관계 혹은 직업을 유지하는 것을 진정으로 원하느냐 혹은 그렇지 않느냐와 같은 양가성과 우유부단에 의해 시달릴 것이다. 그러나 우리가 삶에 대처하고 타인과 관계를 맺는 많은 방식은 자신이 어떻게 성장했는지, 특히 자신이 직면했던 다양한 심리사회적 위기들을 어떻게 해결하였는지에 달려 있다. 그러므로 우리의 삶에 대한 적응은 성숙 후의 경험이 초기의 경험에 의해 영향을 받는 발달과정을 통해서 진화한다.

Erikson의 심리사회적 발달단계에 대한 당신 자신의 해결을 생각해 볼 때, 각 단계가 실패만이 아닌 성공을 위한 새로운 기회를 제공한다는 것을 명심하는 것이 중요하다. 비록 어떤 사람이 이전 단계에서 성공적이지 못한 해결을 했다고 할지라도 그다음 단계 동안 긍정적 결과의 가능성은 여전히 존재한다. 그러므로 최적의 적응은 도전을 해결하기 위해 앞서 이루어졌던 것을 이해하는 것으로부터 올 수 있다. 본질적으로 이것은 자기이해와 자기숙달의 증진으로 구성되어 있어서, 우리가 한편으로는 가장 심층적인 욕구와 욕망을 그리고 다른 한편으로는 자신에게 가해지는 갈등적인 사회적 요구를 의미 있게 조절할 수 있게 된다. 우리의 목표는 죄책감을 느끼는 자기 파괴적 경향성

사회학습이론은 부모가 애국심을 보여 주면 자녀들도 애국적이 될 것이라고 제안한다.

및 타인과 사회에 해를 끼치는 것을 최소화하면서 자신의 욕구만족을 최대화하는 것이어야만 한다. Freud가 관찰했고 Erikson의 단계가 나타내듯이, 우리가 '사랑하고 일을 할 수 있다면'—만족스러운 관계를 형성하고 의미 있는 일을 찾을 수 있다면—진실로 다행이다.

사회학습이론과 아동발달

우리가 특히 아동일 때 알게 되고 학습하는 **대부분은 사회적 맥락에서 습득된다**—따라서 **사회학습(social learning)**이라는 용어가 사용된다. 사회학습이론의 중심이 되는 것은 **관찰학습(observational learning)**의 개념이다—**우리가 다른 사람 혹은 '모델'을 관찰함으로써 학습하는 과정**을 말한다. 예를 들면 초등학교의 아이들은 〈파워레인저스〉(폭력적인 무술로 채워진 모험행동 TV 쇼)의 에피소드를 시청한 후에 플라잉 킥, 펀치 및 집단전투대형을 모방한다(Boyatzis, Matillo, & Nesbitt, 1995). 관찰학습은 네 가지 구성요소, 즉 주의, 파지, 재생 및 동기에 의존한다(Bandura, 1986). 달리 말하면, 우리는 주변에서 무엇이 일어나고 있는가에 **주의를 쏟고**(pay attention), 학습한 것을 **유지하고**(retain), 학습한 것을 수행하려고 **동기화되고**(be motivated) 마지막으로 그 행동들을 미래의 어떤 시점에서 **재생할**(reproduce) 수 있어야만 한다.

사회학습이론에 의하면 관찰학습은 종종 학습을 향상시키는 직접적인 강화(혹은 '보상')와 결합된다. **강화(reinforcement)는 행동의 발생 확률을 증가시키는 어떤 것의 추가**이다. 우리는 다시 한 번 이것의 구체적인 예로서 동물원에서 Sara의 행동을 검토해 보자. Sara는 동물원에서 나쁜 품행을 보이기 이전에 원하는 것을 얻기 위해서 흐느껴 울거나 소동을 피운 역사를 갖고 있다. 결과적으로 아이의 부모가 지치거나 혹은 난처함의 공포 때문에 그녀의 성질 부리기에 항복할 때마다 실제로 아이의 나쁜 행동을 강화시키는 —즉 미래에 그녀의 울화통 터트리기가 출현할 가능성을 증가시키는—것이다. 관찰학습 동안 관찰자는 강화를 직접 경험하기보다는 모델의 행동이 강화를 받느냐 혹은 그렇지 않느냐를 보고서 이에 따라 자신의 행동을 조정한다. 예를 들면, Sara는 사촌인 Lisa가 성질을 부려서 성공적으로 디저트를 더 먹는 것을 목격한 후에, 가게 계산대의 줄에서 기다리는 동안 캔디바를 먹기 위해서 소리를 치거나 팔을 휘두르는 것을 따라 한다. Sara가 Lisa의 성질 부리기를 따라 하는 것은 관찰학습의 예인데, 가게에서 자신의 나쁜 행동으로 인해 캔디바를 얻는 것은 강화를 예시한다.

더구나 관찰학습은 우리 자신의 견해와 환경에서 관찰되는 메시지 사이에 일치가 있을 때 가장 강한 영향을 미치는 것으로 생각된다. 한 예로서 골목대장이 되기를 원하는 청소년은 자신의 수동적인 동료보다는 공격적인 행동을 목격하는 것에 더 많은 영향을 받는다. 그럼에도 불구하고 일단 어떤 특성이나 행동이 학습되더라도 모든 상황에서 반드시 동일하게 표현되지는 않는다. 그 행동이 어떤 장면에서 가치 있게 여겨지거나 보상을 받는 정도에 상당히 의존한다. 예를 들면 밀거나 혹은 밀어제치는 것은 아이들이 휴식시간 동안 소란스럽게 놀고 있을 때에는 수용 가능한 것으로 간주되지만, 동일한 행동이 식당에서 점심을 먹기 위해 줄을 서 있을 때는 분명히 허용되지 않는다. 그러므로 현재의 행동은 아이의 과거 학습과 현재 상황의 요구 사이의 상호작용에 의해서 가장 잘 이해된다.

행위에 있어서 사회학습이론 어린 아동들조차도 관찰학습을 통해서 공격적이 될 수 있다. 이해에 도움을 주는 예를 들면, 유치원 아이들은 바람에 부풀려진 '보보' 인형을 때리고, 차고, 소리치는 성인의 공격행동이 강화를 받는 내용의 짧은 영화를 관람한 후에 그 행동을 가장 많이 모방하였다. 달리 말하면 아동은 다른 사람이 공격적으로 행동하는 것을 관찰함으로써 공격적이 되는 것을 학습했다(Bandura, 1965). 이와 관련하여 주목할 점은 아동들이 대조적으로 자신의 부모의 언어적 경고보다는 공격행동을 모방하는 경향이 더 높다(Bandura, 1973). 그래서 많은 부모에 의해 일컬어지는 속담인 "내가 말한 대로 하지 내가 행동하는 대로 하지 마라."라는 말은 효과적이지 않은 것 같다.

아동과 청소년들은 미디어를 열렬히 탐하는 욕구를 갖고 있다(표 2-1). 그리고 비디오게임, TV, 만화책, 인터넷 등은 모두 아동들에게 관찰학습을 위한 충분한 기회를 제공한다. 예를 들면 미디어 폭력 노출이 청소년에게 미치는 잠재적 효과를 살펴보자. 아동과 청소년은 보고 있는 미디어의 유형과 무관하게 계속적으로 폭력적인 행동에 대해 강화를 받는 미디어 캐릭터를 목격하고 있다. 다양한 연구 결과는 영화, TV, 비디오게임 및 다른 미디어에서 표현되는 폭력은 우리에게 폭력에 대해 둔감하게 만들 뿐만 아니라(즉, 폭력을 덜 성가신 것으로 만들어 줄 뿐 아니라), 아동과 성인 모두에게서 공격적 사고, 감정 및 행동을 유발한다(Kirsh, 2012). 불행하게도 우리 사회에서 TV 및 다른 미디어에서의 공격성 수준은 매우 높은 상태이고(Rideout, Foehr, & Roberts, 2010), 공격성의 관찰학습에 대한 기회가 지나치게 많이 제공한다.

탐색 2.3 미디어와 아동

www.commonsensemedia.org 미디어가 청소년에게 미치는 효과에 관한 풍부한 정보가 있다. 이 사이트는 영화, 게임 및 앱에 대한 평가를 하고 있어서 부모들은 박식한 결정을 할 수 있다.

표 2-1 미국 청소년의 미디어 소비

1. 매일 유아의 56%와 걸음마를 배우는 아이의 81%가 TV를 시청한다. 3세경에 아동은 평균적으로 매일 약 2시간 동안 TV를 시청한다.
2. 8세와 18세 사이의 청소년에 대한 매일의 미디어 노출은 약 7시간 30분이다.
3. 청소년은 매일 약 3시간 동안 음악을 듣는다.
4. TV, VCR/DVD 플레이어, 라디오 및 CD 플레이어는 99%의 미국 가정에서 발견된다.
5. 가구당 평균 TV 보유수는 4대이다. 미디어 프로그램의 60%는 어떤 유형의 사람들 간의 폭력을 보여 준다.
6. 컴퓨터는 93%의 가정에서 발견되고, 이 중 84%가 인터넷에 연결되어 있다.
7. 초등학교 연령의 아이들의 거의 71%가 자신의 침실에 TV를 갖고 있고, 50%에 가까운 청소년들이 비디오게임 콘솔을 갖고 있고, 33%는 인터넷에 연결되어 있다.
8. 미디어 관련 활동의 약 30%는 컴퓨터를 하면서 TV를 보는 것과 같이 동시에 발생한다(멀티태스킹).

자신에게 응용하기 사회학습 조망에 의하면 아동의 성격과 행동양식의 대부분은 환경, 특히 자신의 삶에서 중요한 사람과의 상호작용 그리고 미디어에서 접촉하는 메시지를 통해서 획득되었다(Kirsh, 2010). 비록 과거 경험이 현재의 기능에 영향을 미칠 수 있지만, 그것이 전체 삶을 결정할 필요는 없다. 즉, 학습과정을 통해서 아동기에 관여하는 동일한 기제가 성인의 적응을 향상시키는 데 사용될 수 있다. 예를 들면 부모나 또래를 모방함으로써 흡연습관을 획득한 10대 청소년은 성인이 되어 직장에서 긍정적 역할 모델에 의해 충분히 동기화되거나 격려를 받을 때 이 습관을 포기할 수 있을 것이다.

유사하게 아동들은 종종 학교 혹은 가정에서 현재 직면하고 있는 환경의 영향 때문에 자신들이 하던 방식대로 행동한다. 그래서 부적응 행동은 종종 아동의 심리적 성질의 결함보다는 부적절한 환경과 잘못된 학습의 탓으로 돌리게 된다. 반대로 긍정적 변화의 가능성은 아동에게 학습을 할 수 있는 새롭고 보다 긍정적인 모델을 제공하는 것을 포함한다. 이것의 한 예로 다음의 연구를 살펴보자. 3학년 아동들에게서 인종 편견을 감소시키려는 시도를 하기 위해 그들에게 〈Different and the Same: A Prejudice Reduction Video Series〉라는 명칭이 붙은 여러 편의 비디오를 보여 주었다. 이 비디오 시리즈에서 다양한 인종을 나타내는 인형들이 인종적으로 편중되지 않은 행동(예: 또래의 압력에 저항하기, 문제해결), 사고과정(예: 편견에 도전하기) 및 태도를 보여 주는 모델이 된다. 아동들은 이 비디오 시리즈를 본 후에 인종 편견적인 태도와 신념의 두드러진 감소를 보였다. 게다가 아동들은 인종을 초월하여 우정을 형성하고, 상이한 인종의 아동에게 도움을 제공하고, 인종 간 갈등을 효과적으로 다루는 방법을 알고 있다고 말할 가능성이 높다(Graves, 1999).

수수께끼를 종합하기

위에서 언급된 네 가지 조망 각각은 아동기라는 수수께끼에서 하나의 조각을 이룬다. Erikson의 심리사회적 발달단계는 아동이 성장해 감에 따라 직면하는 핵심적인 문제를 예시해 준다. 이 이론은 개인이 살아가는 동안 상이한 도전을 직면하고 과거의 삶의 경험이 미래의 성장과 적응에 영향을 준다는 사실을 밝혀 준다. 각각의 발달단계에서 영향력 있는 환경의 요소들이 확인되었다. 유사하게 Bronfenbrenner의 생태학적 조망은 환경이 대인 상호작용에서부터 사회적 가치의 범위에 이르기까지 청소년에게 영향을 미칠 수 있는 다양한 방식을 설명해 준다. 생물학적 조망은 발달의 도전을 직면하는 데에 있어서 유전자와 호르몬 등의 역할을 밝혀 준다. 끝으로 사회학습이론은 다른 사람과의 직접 경험이나 주변 사람을 관찰하는 것을 통해서 아동이 세상과 상호작용하는 방식을 학습한다고 제안한다.

요약하면, 아동발달은 유전 혹은 생물학적 요인 그리고 환경 혹은 학습 양자의 산물이다. 우리가 유전적인 잠재력을 얼마나 많이 혹은 적게 실현하느냐는 환경과의 상호작용에 주로 달려 있는데, 특히 특정 환경에 대한 우리 자신의 선택과 반응의 경우에 그렇다. 그러나 그런 결정을 내리기는 어려운데, 왜냐하면 생물학과 환경이 아동에게 영향을 주기 위해서 서로 상호작용을 하는 방식은 한 쌍의 파트너의 댄스에 비유되어 묘사될 수 있다. 각각의 파트너는 춤을 구성하는 개별 요소들에 대해 상이한 정도를 책임지는 반면에, 각 파트너별로 분리하여 보면 드러나지 않을 수도 있는 어떤 아름다움을 합작하여 만들어 낸다.

아동기의 핵심적인 기본적 요소

학습목표

2.5 아동기의 네 가지 핵심적인 기본 요소들을 알아본다.

2.6 기질의 세 가지 주요 유형을 구별한다.

2.7 아동에 있어서 애착의 중요성을 논의한다.

2.8 자기재인과 자기개념 사이의 연결을 설명한다.

2.9 Baumrind의 네 가지 육아양식을 비교한다.

2.10 체벌 및 빈약한 부모감독과 관련된 결과를 기술한다.

심리학자들은 위에서 언급된 다양한 조망에 덧붙여 중요한 발달의 기본적 요소를 입증하였다. 말하자면 각각은 유아기 혹은 초기 아동기에 존재하고 십여 년 후의 청년에게 영향을 미칠 수 있는 잠재력을 갖고 있다. 이 목록에 포함되는 것은 기질, 애착 및 자기개념이다. 이런 아동 중심적인 특성을 넘어서 우리는 아동의 웰빙에 대한 부모의 중요성을 부정할 수가 없다. 그러므로 육아의 어떤 중심적인 측면들이 다음에 제시된다.

기질

기질(temperament)은 상황과 스트레스 요인에 대한 개인의 특징적인 정서 및 행동 반응의 패턴으로 정의된다. 우리가 어떤 개인을 '태평스러운(easy-going)', '느긋한(laid-back)' 혹은 '강렬한(intense)'으로 기술할 때, 기본적으로 기질을 기술하고 있는 것이다. 동물원에서 떠나야 될 시간이라는 말을 들은 후에 Sara의 부정적 반응은 부분적으로는 그 아이의 매우 강렬한 기질 유형에 기인한다. 세 가지 기본적인 유아의 기질양식은 '순한(easy)', '까다로운(difficult)' 그리고 '더딘(slow-to-warm)'으로 확인되었다. '순한' 기질로 분류된 유아들은 대개 행복하고 명랑했으며, 규칙적인 생체리듬을 가졌고, 새로운 상황에 잘 적응하였다. '까다로운' 유아들은 민감한 반응을 하고, 예측할 수 없는 섭식과 수면 습관을 갖고 있고, 그리고 정서표현을 강렬하게 한다. 그리고 '더딘' 기질을 가진 유아들은 새로운 환경에서 신중하고 억제된 것처럼 보이나 일단 준비가 되면 더 개방적이 되고 놀이를 즐기는 반응을 보인다.

오늘날 연구자들이 동의하는 것은 기질이 선천적인 것으로 우리의 생물학에 강력한 기초를 두고 있고, 시간이 흘러도 놀라울 정도로—성인기를 통해서도—안정적이라는 것이다(Thomas & Chess, 1984). 예를 들면, 3세경 아동의 기질이 청소년기와 초기 성년기의 성격을 잘 예측해 줄 뿐만 아니라, 그들이 가정, 친구, 직장동료 및 연인과의 관계에서 얼마나 성공적일 것인가도 잘 예측해 준다(Caspi & Silva, 1995). 유아원에서 문제를 일으켰고, 10대가 되어서도 높은 수준의 반항으로 문제를 일으키고 있는 Sara를 생각해 보자. 그러나 기질이 반드시 당신이 누구인가와 당신이 어떻게 적응하는가를 정의하는 특징은 아니다—우리가 해 온 경험과 살아오는 동안 다른 사람과 가져온 상호작용은 다양한 방식으로 성격에 가장 확실한 영향을 미친다. 그러나 기질 패턴이 유아들에서 관찰될 수 있다는 사실을 기초로 하여, 우리는 기질이 사회적 및 정서적 기능을 위한 토대 중 하나로 기여한다고 말할 수 있다(Rothbart, 2011).

애착

애착(attachment)은 종종 **다른 사람과의 친밀한 정서적 연결로 정의**된다. 우리는 자신의 삶을 통해서 부모, 조부모, 형제 및 배우자를 포함하는 다양한 개인과 애착을 발달시킨다(Dykas & Cassidy, 2011). 아동기의 발달 동안 애착은 스트레스를 겪을 때 안락과 지지를 위해서 보호자를 찾는 경향성으로 특징지어진다. 주목할 점은 그런 지지적 개인이 '애착대상(attachment figure)'이라고 불린다. 유아기 동안 아동들은 일반적으로 애착대상으로부터 안락감을 얻기 위해서 신체적 접촉을 요구한다. 그러나 나이가 들어감에 따라 아동은 보호자의 모습 혹은 목소리에 의해서 위안을 느낀다. 보호자의 사진조차도 아동에게 안전과 안정을 느끼게 만든다. **실제적 접촉 없이도 애착대상에 의해 위안을 느끼는 것**을 애착연구자들은 **'안전감(felt security)'**이라는 용어로 표현하였다(Greenberg, Cicchetti, & Cummings, 1993). 글상자 2-5에서 안전감의 개념은 많은 아동이 테디베어, 담요 등을 소지하는 이유를 설명하는 데 사용할 수 있다.

애착유형 스스로 자신을 돌볼 수 없고, 환경의 위험에 대해 특히 취약한 인간 유아에게서 애착은 생존적 가치를 갖고 있다(Bowlby, 1977). 그래서 애착을 형성하는 능력은 생물학에 기초를 두고 유전자에 각인되어 있다. 동일하게 애착의 질은 환경적 경험에 의해 대부분 결정되는데, 특히 일차 보호자와 가진 초기의 상호작용에 의해 대부분 결정된다(Ainsworth, Blehar, Waters, & Wall, 1978).

그러면 애착의 질은 어떻게 측정되는가? 1970년대로 돌아가 보면 Mary Ainsworth와 동료들은 '낯선 상황(Strange Situation)'을 개발하였는데, 신기한 장난감으로 채워진 친숙하지 않은 놀이방에서 엄마, 아이 및 낯선 사람 사이의 상호작용을 관찰하는 절차이다. 약 21분간의 과정에서 유아는 새로운 사람과 만나고 엄마가 방에서 떠나고 되돌아오는 경험을 하는데 한 번이 아니라 두 번을 한다. 그 절차의 거의 끝 부분에서 유아는 놀이방에서 3분 이상을 혼자 남겨졌다. 비록 다양한 행동과 상호작용이 측정되지만 애착의 질은 엄마가 방을 떠날 때 유아가 어떻게 반응을 하는가? 그리고 더욱 중요한 점은 엄마가 되돌아왔을 때 유아가 어떻게 반응하는가?에 의해 결정된다.

세심하고 반응적(혹은 그것이 결핍된) 양육의 역사에 기초하여 두 가지 주요 애착유형이 발달할 수 있다. 안정(secure) 및 불안정(insecure) 애착이다. 안정 애착을 가

글상자 2-5 **심리학에 초점을 맞춰라:** 테디베어의 힘을 설명하기

안전감의 개념은 아동기에 흔히 일어나는 행동, 즉 어린 아동들이 담요, 동물 봉제인형 및 다른 대상을 소지하고 있는 것을 설명하는 데 사용된다. 당신이 회상하듯이 Sara는 자신의 동물 봉제인형인 테디를 어느 곳이든지 가지고 다녔다. 또 다른 예로 담요를 항상 갖고 다닐 뿐만 아니라, 불안전을 느낄 때는 언제라도 그것을 꼭 껴안는 만화 **스누피**의 캐릭터인 리이너스를 생각해 보자. 미국 아동의 60% 이상이 그런 대상으로부터 위안을 얻고 안전을 느낀다(Hobara, 2003).

테디베어, 담요, 고무젖꼭지 등은 심리학자들에 의해 **이행 대상(transitional objects)**으로 불리는데, 그것은 **아동이 위안과 지지를 위해서 보호자에 대한 의존으로부터 좀 더 독립적인 형태의 내처로 이행하는 것을 돕기 때문**이다. 임지손가락을 빠는 것도 이런 범주에 속한다. 이행 대상이 아동에게 안정감을 주는가? 그렇다, 그것은 그렇게 한다. 이행 대상은 아동에게 자신의 욕구를 충족시켜 주는 보호자가 없는 동안 안전과 자기 위로를 느끼게 해 줄 수 있다(Green, Groves, & Tegano, 2004). 이행 대상을 이용하는 것은 아동들이 엄마나 다른 애착대상으로부터 위안을 얻을 수 없다는 것을 의미하는가? 절대로 그렇지는 않다. 사실상 아동이 만약 자신의 엄마와 먼저 강한 관계를 발달시키지 못했다면 어떤 대상과의 정서적 연결을 발달시킬 수 없다(Winnicott, 1953).

진 유아들은 자신의 정서적 욕구가 양육자에 의해 충족될 것이라는 점을 진심으로 믿는다. 그래서 낯선 상황에서 자신의 엄마로부터 잠깐 분리된 후에, 안정 애착아는 엄마가 돌아오는 것을 반기고, 불편하면 위안을 얻고 그다음으로 곧 다시 새로운 환경에서 탐색을 하고, 놀이를 한다. 단순히 말하면 안정 애착아는 자신의 엄마를 물리적 및 사회적 세상을 탐색할 수 있는 안전기지로 이용하고, 놀라거나 고통을 겪거나 다른 지지의 필요가 있을 때 안전을 위한 안식처로 이용한다. 반대로 불안정 애착을 가진 아동들은 자신의 정서적 욕구가 양육자에 의해 충족되지 않는다고 믿으므로, 그들의 정서적 욕구는 무시되거나, 배척되거나 혹은 이 두 가지의 조합을 보일 것이다.

불안정 애착의 세 가지 하위 유형이 확인되었다. **불안정-회피적**(insecure-avoidant), **불안정-양가적**(insecure-ambivalent) 그리고 **불안정-혼란된**(insecure-disorganized) 애착이다. 불안정-회피적 애착아동들은 자신의 정서적 욕구가 배척되었던 역사를 바탕으로 정서표현을 극소화하고(예: 분노의 표현을 억제), 안락과 지지를 위해서 양육자를 이용하는 것을 극소화한다. 그래서 낯선 상황의 재결합 에피소드 동안 불안정-회피적 애착아들은 자신의 엄마를 무시하거나 회피한다. 이와 비교하여 자신의 정서적 욕구가 일관성 없게 충족되었던 불안정-양가적 아동들은 자신의 정서표현을 극대화하고, 안락과 지지를 위해 엄마를 최대로 이용한다. 이 유아들은 낯선 상황의 재결합 에피소드 동안 극도로 속상해하였다. 그들은 많이 울고, 위로를 얻는 것이 어렵고, 자신의 엄마에 대해 화난 행동을 하고 짜증을 부린다. 끝으로 불안정-혼란된 아동들은 유아 그리고 걸음마 하는 유아 시절에 학대를 받았기 때문에 낯선 상황에서 엄마와 상호작용하는 분명한 전략을 발달시키는 데 실패한다. 그런 유아들은 엄마가 방으로 돌아와서 재결합을 하자마자 기이한 행동을 나타내고(원을 그리면서 빙빙 돌거나, 꼼짝하지 않은 채로 있는 것과 같이), 두려운 표정을 나타내거나 혹은 회피적 및 양가적 행동을 보여 준다(Ainsworth et al., 1978; Main & Solomon, 1990).

애착은 중요한가? 애착의 질이 청소년의 웰빙에 얼마나 중요한가? 실제로 상당히 중요한데, 다양한 긍정적인 인지적, 정서적 및 사회적 특성들이 안정 애착을 가진 결과로 발달하기 때문이다. 안정적으로 애착을 한 어린이들은 일반적으로 긍정적 정서(기쁨 같은)를 가장 많이 표현하는 반면에 불안정하게 애착을 한 어린이들은 종종 부정적 정서(분노, 공포 및 고통)를 보여 준다. 불안정하게 애착을 한 아이들은 공격적이고 반사회적이며, 다른 아이를 괴롭히는 아이가 될 가능성이 높다. 안정 애착을 보이는 아이는 불안정 애착을 보이는 아이보다 사용하는 어휘가 더 많고, 더 사교적이고, 더 양호한 문제해결자이다. 그리고 안정 애착아는 아동기와 초기 청소년기 동안 더 친밀하고 안정된 우정을 형성하는 경향이 있다. 이런 발견은 부분적으로 안정 애착아가 불안정 애착아보다 더 나은 사회적 기술을 갖고 있기 때문에 발생한다. 유아기 동안에 최초로 나타난 애착의 유형은 아동기와 청소년기에 걸쳐서 상당히 안정적으로 유지된다. 그래서 초기의 양육자와의 상호작용이 성숙 후에 다른 사람과의 상호작용을 위한 무대를 마련해 주는 것을 돕는다는 것은 놀라운 일이 아니다. 사실상 아동기에 애착의 안정성은 성인기 관계의 안정성을 예측해 준다(Cassidy & Shaver, 2008; Zayas, Mischel, Shoda, & Aber, 2011).

과거 수십 년간 아동의 일차적 양육자는 어머니이다. 대부분의 연구는 아버지를 제외하고 어머니-아이 관계를 연구하였다(Stolz, Barber, & Olsen, 2005). 그럼에도 불구하고 최근 연구에서 나타난 발견에 비추어 아버지도 중요한 애착대상이다(Veríssimo et al., 2011). 아버지가 자신의 아이들의 삶에서 하는 역할을 이해하기 위해서는 글상자 2-6을 참조하라.

글상자 2-6 가족에 초점을 맞춰라: 아버지의 중요성을 인식하기

자신의 아이들에 대한 아버지의 중요성에 관한 몇 가지 사실이 있다.

- 아버지가 학업에 관여할 때 아이들은 그렇지 않은 아이들보다 더 오래 학교를 다니고, 성인이 되었을 때 더 높은 급여를 받는다.
- 어머니와 아버지가 가족에서 모두 존재할 때 아이들은 행동문제를 덜 일으키고 학교에서 더 나은 수학과 읽기 점수를 얻는다.
- 아버지가 아들의 삶에서 존재하지 않을 때, 그 아들은 10대에 아버지가 되고, 자신의 아이들과 떨어져서 살 가능성이 높다.
- 아버지가 존재하고 자신의 딸과 따뜻한 관계를 가질 때, 딸은 어린나이에 성경험을 가질 가능성이 낮다.
- 아들과 딸이 자신의 아버지에 의해 더 많은 감정적 지지를 받는다고 할수록, 가정 밖에서 친사회적 활동을 하는 데 있어서 주도성을 더 많이 나타낼 것이다.

아버지는 실제로 중요하다. 모든 부모들이–아버지 혹은 어머니든지 간에–잘 적응을 하고 건강한 아이를 양육하기 위해서는 할 수 있는 가장 최선의 육아 임무를 할 필요가 있다.

자기개념

자기개념(self-concept)은 어떤 개인이 자신이 누구인가를 정의해 준다고 믿는 능력, 특성 및 가치의 집합을 의미한다. 그러나 자기감의 발달은 사회 환경에서 자신과 타인이 다르다는 것을 구별해 내는 아이들의 능력, 즉 **자기재인(self-recognition)**에 달려 있다. 물론 이런 구별은 신경적 및 인지적 발달의 자연적 진보에 따라 가능해진다. 그러면 유아가 자신을 재인하는 능력을 언제 발달시키는가?

한 독창적인 연구에서 연구자는 엄마에게 아기의 코에 연지를 조금 바르고 아기를 거울 앞에 놓아 달라고 요청했다. 연구자들은 18~24개월 사이의 유아들이 이상한 표식을 문지르려고 시도하는 것처럼 자신의 코를 만지는 것을 관찰하였다(Lewis & Brooks-Gunn, 1979). 18개월 미만의 유아들은 자신의 코를 만질 수는 있지만 그렇게 하지 않았다. 다른 연구자들은 '연지검사(rouge test)'를 변형하여 유아의 다리에 스티커를 붙였고, 18~24개월 사이의 유아들이 시야를 방해하는 접시가 부착되어 있는 높은 의자에 앉아 있을 때조차 거울을 통해서 자신을 볼 수 있을 때에는 다리에서 스티커를 제거하려고 노력한다는 것을 발견했는데, 이것은 이 단계에서 자기재인이 얼굴을 넘어서까지 확장됨을 나타낸다(Nielsen, Suddendorf, & Slaughter, 2006). 자기자각의 또 다른 지표는 아이들이 20~24개월경에 발생하는 한 성과인 '나(I)'와 '나에게(me)'와 같은 일인칭 대명사를 사용하기 시작할 때이다(Lewis, 1997). 흥미롭게도, 정신지체나 다른 발달장애를 가진 아이들도 실제 나이가 얼마인가와는 무관하게 **정신연령**이 18~20개월에 도달한 시기가 되었을 때만 연지검사에 의해 자기재인의 증거를 보여 준다(Hill & Tomlin, 1981).

일단 아동들이 사회적 환경에서 자기와 타인을 구별할 수 있으면, 그 단계는 자기개념을 발달시킬 준비가 된 것이다. "당신은 누구인가(who are you)?"라는 물음에 대한 대답으로 대부분의 유치원 연령의 아이들은 신체적 특징('나는 갈색머리를 갖고 있다.') 혹은 자신들이 소유한 것('나는 자전거를 갖고 있다.')에 의해 자신을 기술한다(Keller, Ford, & Meacham, 1978). 유치원 시기 동안 자기개념은 아이의 자기에 대한 인상을 정의해 주는 구체적이고, 유형적인 특성에 의해 채색된다. 아이들이 학교 재학을 통해 청소년기로 발달해 감에 따라, 행동에 기초한 특성과 신체적 속성은 점차적으로 반성적이고 추상적이고 심리적인 기반을 가진 성질의 자기기술에 의해 대체된다(Damon & Hart, 1988). 더욱 진보된 자기감을 반영하는 진술들의 예는 '나는 진실하다', '나는 좋은 친구이다', '나는 할 수 있다면, 다른 사람들을 도울 것이다'와 같다.

자기감은 우리가 삶을 살아가는 중에 사회적 세계를 다룰 때 자신에게 영향을 주는 개인적 및 사회적 기능의 매우 중요한 측면이다. 우리가 추구하는 환경의 유형, 내린 결정과 지지하는 가치는 모두 자신을 보는 방식에 의해 영향을 받는다. 예를 들면, 많은 청소년이 자신의 숙달된 능력을 가치 있게 여기고(예: 스케이트보드 타기), 자기에게 익숙하지 않은 것을 가치절하하는데(예: 학업 성취), 비록 후자가 사회에서 더 높은 가치 평가를 받는 경우에도 그렇다(Harter, 2006). 이 예가 보여 주듯이 일단 청소년이 자신과 타인을 구별할 수 있으면 자신과 타인을 비교하기 시작한다. 이런 사회비교 과정은 아이가 유치원에 입학하는 시점(약 5세 혹은 6세)에서부터 시작하는 것으로, 아이뿐만 아니라 성인에서도 자신이 누구인가에 대해 좋게 느끼는가 아니면 나쁘게 느끼는가를 결정하는 데 있어서 핵심적인 요소이다.(Dijkstra, Gibbons, & Buunk, 2010)

육아

부모는 아이의 욕구를 일상적으로 돌본다. 그들은 아이에게 학교, 과외학습 및 활동을 위해 차를 태워 주고, 옷을 입히고 먹여 주고, 책을 읽어 주고, 같이 게임을 하거나 놀아 주고, 아플 때 간호해 준다. 아동의 적응과 개인적 성장은 이런 부모의 역할에 의해 영향을 받는 것과 더불어 세 가지 요인에 의해 영향을 받는데, 육아양식, 신체적 체벌의 사용 그리고 부모의 감독이다. 이것들 각각을 살펴보자.

육아양식 육아는 두 가지 주요 차원, 즉 따뜻함/적대감 그리고 허용/통제에 의해 잘 기술될 수 있다. 따뜻함/적대감 차원은 부모가 자신의 자녀와 따뜻한 혹은 적대적인 방식으로 상호작용하는 정도를 의미한다. 따뜻함이 높은 부모는 일반적으로 자녀에 대해 배려하고, 반응적이고, 애정이 넘친다. 대조적으로 적대적인 부모는 자신의 자녀에 대해 따뜻함을 거의 보이지 않으면서, 비판하고, 경시하며, 거칠게 행동한다. 허용/통제 차원은 자신의 자녀에게 가해지는 행동통제의 수준을 의미한다. 허용이 높은 부모는 규칙을 거의 갖고 있지 않고, 갖고 있는 규칙도 일관성 없이 적용된다. 더구나 허용성은 아이에 대한 부족한 감독, 의사결정 통제를 아이에게 암묵적으로 양도하는 것과 관련이 있다. 마지막으로 통제가 높은 부모는 많은 규칙을 갖고 있고, 일관성 있게 실행한다. 게다가 통제적 부모는 자녀를 규칙적으로 감독하고 대부분이 결정을 자신이 한다.

따뜻함/적대감 차원과 허용/통제 차원을 교차시킴으로써 네 가지 독특한 육아방식이 형성되는데, **권위 있는**(authoritative), **독재적**(authoritarian), **허용적**(permissive) 및 **무관심한**(uninvolved) 양식이다(Baumrind, 1991). 권위있는 육아는 높은 수준의 따뜻함과 유연한 통제의 특징을 갖고 있다. 이런 부모들은 아이의 욕구에 반응적인 동시에 일관성 있게 규칙을 적용하고, 이런 규칙에 대한 근거를 제공하고 있다. 권위 있는 육아의 예로 다음을 고려해 보자. 고전적인 1970년대 TV 시리즈인 〈The Brady Bunch〉에서 Greg, Peter 및 Bobby는 자신의 새로 만든 클럽하우스를 Marcia, Jan 및 Cindy와 공유하기를 거절한다. 이런 차별에 대한 보복으로 소녀들은 소년들의 클럽하우스를 파괴한다. 이 갈등을 해결하고 추가의 분쟁 확대를 방지하기 위해서 그 가족의 가장인 Mike Brady는 자신의 세 아이와 세 명의 의붓자식에게 공유하기와 타인의 권리를 존중하는 것의 중요성에 관해 따뜻하고 도덕적으로 이야기를 한다.

독재적인 부모는 따뜻함, 애정 및 반응성을 거의 보이지 않는 경향이 있다. 또한 이런 부모는 부모의 명령에 대한 엄격한 복종을 강요함으로써 자신의 아이들에게 심한 통제를 가한다. 독재적인 부모에게서 규칙은 설명 없이 무조건 따라야만 하는 것이다. J. K. Rowling의 인기 있는 Harry Potter 시리즈에서 Petunia와 Vernon Dursley는 자신의 조카인 Harry Potter와 상호작용을 할 때 독재적인 육아양식을 사용한다. Dursley 부부는 Harry에 대해 긍정적인 태도를 보이지 않고, 계단 아래에 있는 작은 벽장에서 살도록 강요하고, Harry가 말하는 것도 허가를 받도록 요구한다. 더구나 Harry가 불복종하는 것처럼 보이면 그는 저녁을 먹지 못하고 자기 방으로 가야만 했다.

허용적 육아는 아이들에 대한 통제와 감독의 현저한 결핍을 보이면서 따뜻함과 애정만을 많이 보여 주는 유형이다. 자신의 아들인 Dudley와 상호작용을 할 때 허용적인 육아방식을 사용하는 Dudley 부부를 다시 한 번 고려해 보자. 예를 들면, 아들 Dudley는 단지 36개의 생일선물만(작년보다 2개 적게) 받은 것을 알고 난 후에 성질을 부리기 시작한다. Petunia는 이런 부정적인 정서표현에 대한 반응으로 곧 그에게 더 많은 선물을 주겠다고 말한다. 특히 성질 부리는 것을 멈추거나 혹은 회피하기 위해 아이들의 과도한 요구에 굴복하는 것은 허용적인 육아의 특징이다.

마지막으로 통제, 감독, 애정 및 따뜻함이 없으면서 적대감과 둔감성만이 있는 것은 무관심한 육아양식이다. 전형적으로 무관심한 부모의 아이는 음식, 난방, 옷 및 집과 같은 단순히 가장 기본적인 필수품만을 제공받는다. 부모는 그것을 넘어서는 경우에는 그들에게 무관심하다. 무관심한 부모는 부모-교사 협의회에도 참석하지 않고, 자녀를 위한 놀이모임도 구상하지 않고, 과외활동에 등록하지도 않는다. 본질적으로 아이들은 스스로 자라기를 요구받는다.

과거 35년 이상을 걸쳐서 상당한 연구가 이 네 가지 육아양식이 아동과 청소년의 발달에 미치는 영향을 알아보았다, 일반적으로 권위 있는 육아는 어린이에게서 가장 최선의 사회적, 정서적 및 인지적 결과를 산출한다(Steinberg, Lambom, Darling, Mounts, & Dombusch, 1994). 예를 들면 권위 있는 부모 밑에서 자란 아이는 독재적, 허용적 및 무관심한 부모의 아이보다 더 친절하고, 외향적이고, 정서적으로 표현적이며, 높은 수준의 자존감과 학업성취를 나타낸다. 반면에 허용적 및 무관심한 육아를 경험한 아이들은 발달과정에서 상당한 수준의 공격성을 보인다. 그러므로 어떤 다른 육아양식 아래에서 자란 아이들보다 허용적인 부모에 의해 양육된 아이들이 더 많이 폭력과 비행 행동을 한다(Maccoby & Martin, 1983).

신체적 체벌 찰싹 때리기(spanking)는 손바닥을 편 손으로 멍들게 하지 않으면서 아이의 엉덩이 혹은 사지를 때리는 훈육방식이다(Kazdin & Benjet, 2003). 94%의 부모가 자신의 아기나 학령 전 아동을 찰싹 때리기 때문에, 찰싹 때리기는 상당히 유행하는 경향이 있다. 그러므로 지속적인 물음이 발생하는데, 찰싹 때리는 것이 좋은 생각인가? 달리 말하면 찰싹 때리기는 아이들에게서 바람직하지 못한 행동을 제거하거나 감소시키느냐 아니면 실제로 바람직하지 않은 행동을 더 악화시키는가? 학습과 행동에 관한 대부분의 전문가들은 찰싹 때리기가 일반적으로 처벌된 행동을 감소시키지 못하기 때문에 사용되지 말아야 한다고 강력히 주장한다(Durrant, 2008). 사실상 새로운 연구는 찰싹 때리기가 현재의 바람직하지 않은 결과(공격성, 우울증, 품행문제 및 비행)를 증가시킬 뿐만 아니라 성숙 후에 의미 있는 타인에 대한 공격성도 증가시킨다는 것을 발견했다(Christie-Mizell, Pryor, & Grossman, 2008; Mulvaney & Mebert,

2007; Taylor, Manganello, Lee, & Rice, 2010).

연구자는 아이를 찰싹 때리는 것의 일차적인 긍정적 결과는 바람직하지 않은 행동을 멈추라는 부모의 요청에 대한 신속한 복종이라는 것을 밝혔다(Owen, 2004). 찰싹 때림이 효과적인 것만큼이나 대부분의 심리학자는 부모가 아이의 행동을 관리하는 어떤 다른 수단을 찾는 것을 훨씬 더 권장하는데, 왜냐하면 찰싹 때림의 장기적 결과는 상당히 심각하기 때문이다. 대신에 부모들은 타임아웃, 특혜의 제거, 보상 혹은 아이의 긍정적 행동을 강화하는 것(예: 아이가 학교에서 좋은 성적을 얻기 위해서 열심히 일하는 것에 대한 칭찬을 하기)과 같은 다른 방법들을 사용해야만 한다. 이 연구로부터 얻을 수 있는 메시지는 분명하다. 보다 더 좋은 그리고 덜 공격적인 아이로 키우기 위해서는 찰싹 때림을 피하라는 것이다(Durrant & Smith, 2011).

부모 감독 **부모 감독(parental monitoring)**은 부모가 자신의 아이의 소재, 일상적 활동 및 활동 상대에 대해 아는 정도를 의미한다. 연구는 적절한 부모 감독의 부족은 높은 수준의 행동문제, 비행 그리고 신체적 및 성적 공격성을 포함하는 반사회적 행동과 관련이 있다는 결과를 끊임없이 발견한다(Miller, Gorman-Smith, Sullivan, Orpinas, & Simon, 2009). 예를 들면, 컬럼바인 살인자의 하나인 Eric Harris의 부모는 아이가 살인적 광란을 준비하기 위해 총, 탄약 및 폭탄을 자신의 침실에 모아놓은 것을 알지 못했다(Bartels, 2004). 아이의 적절한 발달을 위해서 "당신은 자신의 아이가 어디에서 무엇을 하고 있는지를 아는가?"라는 물음을 받았을 때, 그 대답이 "예"이어야 한다.

탐색 2.4 긍정적 육아

www.positiveparenting.com 육아를 긍정적인 경험으로 만드는 것, 예를 들면 찰싹 때리기 이외의 아동을 훈육하는 다른 방법을 목표로 하는 웹사이트이다.

자신에게 응용하기 당신은 편한 사람인가 아니면 일반적으로 다른 사람을 잘 알게 될 때까지는 의심하는가? 당신이 거울을 들여다볼 때 무엇을 보는가? 만약 당신 자신을 기술한다고 하면 어떤 성질을 자신의 성격특징이라고 인정하는가? 당신은 자신의 모습에 행복한가 그렇지 않으면 자신이 되고자 하는 모습에 관해 다른 생각이 있는가? 당신은 친구 및 연인 관계에서 안정되어 있는가 아니면 때때로 그들의 행동이나 의도에 대해 배신감을 느끼거나 의심을 하는가? 이 모든 물음에 대한 대답은 발달심리학자들에 의해 초기 아동기에서 연구된 주요 개념들에 근원을 두고 있다. 그리고 이전의 개관이 보여 주듯이, 이 영향들 중 일부는 아동의 성격특징과 관계가 있는 반면에 다른 것은 경험한 육아방식과 연관이 있다.

요약

아동발달의 조망

2.1 발달의 조망 접근이 중요한 이유를 설명하라.

심리학자들은 발달, 적응 및 성장에 대해 다른 조망을 갖고 접근하는데, 그것들 각각은 종합적인 진리보다는 적절한 설명의 범위를 제공한다. 그래서 네 가지 주요한 조망의 독특한 기여를 검증함으로써 우리는 성격과 행동에 관한 보다 더 포괄적이고 균형적인 이해를 성취할 것이다. 네 가지 주요한 조망은 생물학적, 생태학적, 정신역동적 및 사회학습 조망이다.

2.2 Bronfenbrenner의 생태학적 발달이론과 그것이 포함하고 있는 네 가지 환경 맥락을 설명하라.

생태학적 조망은 아동발달에서 네 가지 구분되나 상호 관련된 아동발달의 장면—미시체계, 중간체계, 외체계, 거시체계—의 중요성을 밝혀 준다. 더구나 이런 조망은 한 장면에서 발생한 것이 직접적(미시체계, 중간체계) 및 간접적(외체계, 거시체계) 방식으로 다른 장면들에서 아동에게 영향을 미칠 수 있다는 사실을 강조한다.

2.3 Erikson의 심리사회적 발달이론을 기술하라.

Erikson의 심리사회적 발달이론에 의하면 어린아이들은 순차적 과정(심리사회적 단계를 통해서)으로 발달하는데, 발달의 상이한 시점에서 해결해야 할 특수한 위기들을 직면한다. 태어나서 죽을 때까지 개인이 이런 위기를 처리하는 방식은 그들의 현재와 미래의 발달에 결정적인 영향을 미친다. 환경에서 핵심적인 요소들이 각각의 심리사회적 단계의 결과에 영향을 미친다.

2.4 Bandura의 모델링과 사회학습의 개념을 설명하라.

사회학습은 우리가 어떤 직접적인 보상 혹은 강화를 받음이 없이 사건과 다른 사람, 즉 '모델'을 관찰함으로써 학습하는 과정이다.

아동기의 핵심적인 기본 요소

2.5 아동기의 네 가지 핵심적인 기본 요소를 확인하라.

아동기의 핵심적인 기본 요소들은 기질, 애착, 자기개념 그리고 육아이다.

2.6 세 가지 주요한 기질 유형을 구분하라.

세 가지 주요한 기질 유형이 있는데, 순한, 까다로운 그리고 더딘 기질이다. 순한 아이는 행복하고, 명랑하고, 새로운 환경에 잘 적응한다. 까다로운 아이는 과민하고, 불규칙적 식사와 수면습관을 가지고 있고, 강한 정서적 반응을 나타낸다. 더딘 기질은 새로운 상황에서 조심스럽고 억제되는 특징을 보이고, 개방적이거나 어울리려면 준비하는 시간이 필요하다.

2.7 아동에 있어서 애착의 중요성을 논의하라.

우리의 보호자에 대한 초기의 애착의 질(안정적, 불안정적-회피적, 불안정적-양가적 및 불안정적-혼란된)은 정서적, 인지적 및 사회적 기능과 관련된 아동기의 결과에 영향을 주는 경향이 있는 동시에 우리가 성숙 후의 삶에서 의미 있는 타인과 관계를 맺는 방식의 틀을 잡아 주는 경향이 있다.

2.8 자기재인과 자기개념 사이의 연결을 설명하라.
자기재인은 자기개념의 발달에 결정적이고, 18개월경에 출현한다. 어린 아동에서 자기개념은 자신의 구체적 개인적 특징에 기초를 두지만, 아이가 인지적으로 발달함에 따라 심리적 속성들이 자기특징화에 의미를 더하는 경향이 있다.

2.9 Baumrind의 네 가지 육아방식을 비교하라.
권위 있는 부모는 합리적인 훈육과 따뜻하고 애정적인 상호작용 양식을 갖고 있다. 독재적인 부모는 엄격하게 모든 규칙을 설명 없이 강요하면서 자신의 아이에 대해 적대적인 태도를 취한다. 허용적 부모는 믿을 수 없을 정도로 따뜻하나 훈육의 부족을 보이는데, 규칙을 요구하지 않는다. 무관심한 부모는 기본적으로 아이를 스스로 자라도록 놔두는데, 훈육은 거의 없고 적대감은 너무 많다.

2.10 신체적 처벌 및 빈약한 부모 감독과 관련된 결과를 기술하라.
부모는 중요하고, 그리고 경험한 육아양식, 신체적 체벌의 존재 혹은 부재, 행동의 감독 모두가 아동에게 중대한 영향을 미친다. 찰싹 때림과 빈약한 부모 감독은 모두 공격성, 품행문제 및 비행과 관련이 있다.

스스로 해 보기

1. **다음의 예 중에서 어느 것이 생물학적 조망을 가장 잘 예시해 주는가? ______**
   a. Nate의 활동 수준은 사춘기의 호르몬 변화를 경험한 후에 증가한다.
   b. Stuart의 수학점수는 4주 동안 가정교사의 지도를 받은 후에 향상된다.
   c. Lilly의 어휘는 Baby Einstein DVD를 시청한 후에 증가한다.
   d. Ariel은 연습하는 것을 잊어버렸기 때문에 피아노 반주에 따라 노래하는 방법을 기억할 수 없다.

2. **Robert는 아이팟터치로 영화를 보느라고 늦게까지 깨어 있었기 때문에 밤잠을 자지 못했다. 결과적으로 Robert는 학교에서 집중하기가 어렵고, 성적은 떨어졌다. 생태학적 접근에 의하면 위의 시나리오는 __________를(을) 예시해 준다.**
   a. 미시체계 b. 중간체계
   c. 외체계 d. 거시체계

3. **다음 중 어떤 것이 Erikson의 심리사회적 단계에 속하지 않는가? _______**
   a. 신념 대 희망
   b. 정체성 대 역할혼미
   c. 주도성 대 죄책감
   d. 근면성 대 열등감

4. **Isaac은 공항에서 에스컬레이터로 오르락내리락하는 것을 좋아한다. 그가 좋아하는 부분은 마지막 계단에서 바닥에 뛰어내리는 것이다. Isaac의 엄마가 그의 행동을 방지하려고 하거나 혹은 그런 행동을 하는 동안 그의 손을 잡으려고 하면, 그는 매우 신경질을 부린다. Erikson의 이론에 의하면 Isaac은 ______ 위기를 다루고 있다.**

a. 신뢰 대 불신 b. 자율성 대 수치와 의심
c. 친밀 대 고립 d. 생산성 대 정체

5. 다음 중 어떤 것이 관찰학습의 한 예인가? ___
a. 좌절을 당할 때 더욱 화를 내기
b. TV에서 슈퍼맨을 시청한 후에 나무에서 뛰어내리거나 날려고 시도하는 것
c. 그날 두 번째로 '타임아웃' 상태에 들어가는 것을 피하기 위해서 장난감을 공유하기
d. 스낵 타임 동안 '좋은 경청자' 스티커를 받기

6. 다음의 육아방식 중 어떤 것이, 합리적 훈육을 사용하고 규칙이 준수되는 것을 확신하는 동시에, 아이에게 따뜻함과 애정을 제공하는 것을 포함하는가? _______
a. 무관심한 b. 허용적인
c. 권위 있는 d. 독재적

7. James는 최근에 자신의 유아기를 기술한 '육아일기'를 발견했다. 그는 15년 동안 자신이 거의 변하지 않았다는 점에 놀랐다. 아기일 때 James는 잠도 잘 안 자고, 불규칙적인 식사 습관을 갖고 있으며, 격렬하게 감정표현을 하는 경향이 있다. Thomas와 Chess에 의하면 James는 _________ 기질을 가졌고 아직도 그것을 갖고 있다.
a. 순한 b. 더딘
c. 까다로운 d. 불안정한

8. 어린아이인 Michelle은 어디를 가든지 털북숭이 곰 인형인 브라우니를 갖고 간다. Michelle이 놀랐을 때 브라우니는 Michelle에게 안전감을 준다. Michelle이 당황했을 때 브라우니를 껴안는 것은 기분을 좋게 만들어 준다. Michelle에게 브라우니는 ________(으)로서 기능을 한다.
a. 이행 대상 b. 애착대상
c. 정서 아바타 d. 현상적 자기

9. 낯선 상황의 재결합 에피소드 동안 엄마를 피하는 아이들은 _________ 애착을 보인다.
a. 불안정-양가적 b. 안정
c. 불안정-회피적 d. 불안정-혼란된

10. _________은 당신의 아이가 어디에서 무엇을 하고 있는가를 아는 것을 의미한다.
a. 애착 b. 부모 감독
c. 기질 d. 신체적 처벌

연습

1. Erikson의 단계를 당신의 아동기에 응용하기
자신이 성장을 하는 동안 Erikson의 단계의 적절한 발달과제를 얼마나 잘 숙달하고 있는가를 설명하는 약 1쪽 정도의 글을 써라. 가능하다면 자신의 과거 발달이 현재의 웰빙 상태에 어떤 영향을 미치고 있는가를 언급하라.

2. 생태학적 영향을 확인하기.
자신의 삶에 있는 다양한 생태학적 영향에 관해 생각해 보라.

3. 개인적 성장에 대한 장애.
이 장에 포함된 네 가지 주요한 조망들 각각은 개인적 성장의 장애에 관해 상이한 견해를 제공한다. 생물학적 견해는 우리의 기질에 대한 유전적 영향을 우리에게 상기시키고, 생태학적 조망은 우리가 직면하는 상호 관련된 환경의 중요성을 밝혀 주고, 정신역동적 견해는 우리가 발달하는 동안에

직면하는 위기의 누가적 효과를 강조한다. 그리고 사회학습 견해는 잘못된 모델, 환경 및 부적응 행동을 강조한다. 이 견해들 각각이 자신의 개인적 성장에 대한 장애를 설명하는 데 어떤 도움을 주는가를 한 문단의 글로 써서 설명하라.

4. **당신은 TV 폭력을 봄으로써 무엇을 학습하는가?**
   사회학습이론에 따르면 우리는 타인을 관찰함으로써 학습을 한다. 실제 폭력(저녁 뉴스에서 시청한 것), 사실적인 폭력(예: 드라마 시리즈물) 및 만화폭력(만화의 재미를 확실하게 해 주는)을 포함한 쇼를 보라. 당신은 이 각각의 쇼를 보면서 폭력에 대해 무엇을 학습하였는가? 자신의 경험을 써 내려가면서 자신이 학습한 것을 비교하거나 대비하도록 하라.

5. **어떤 주요한 조망이 당신의 견해를 가장 많이 반영하는가?**
   네 가지 주요 조망 중 적응과 발달에 관한 자신의 생각과 가장 일치하는 것 하나를 선택하라. 한 1쪽 정도의 글을 써서 당신이 그 견해를 선호하는 이유를 설명하라. 당신은 자신의 것과 다른 견해에 대해서 어느 정도 수용적인가? 어떤 하나의 조망도 완전한 진리를 담고 있지 않다는 것에 당신은 동의하는가?

복습을 위한 물음

1. 발달연구에 대한 조망적 접근을 취하는 것이 왜 중요한가?
2. 발달에 관해 현재 알고 있는 것을 놓고 보면, 미국의 아이들은 행복하고 적응을 잘할 수 있는 상당히 좋은 처지에 놓여 있는가?
3. 자신의 가계에 유전되고 있는 것처럼 보이는 개인적 특성들이 있는가?
4. 발달을 하는 과정에서 특수한 위기들을 직면하게 된다는 Erikson의 견해에 동의하는가?
5. Freud의 심리성적 발달단계에 대해 어떤 느낌을 갖는가? 그것이 현실적인가?
6. 아동기의 애착이 성숙 후의 대인관계에 중요한 이유는?
7. 자신의 삶에서 출생순위 효과를 경험해 본 적이 있는가? 형제들이 태어난 순서 이외의 무엇이 형제간의 차이를 설명해 주는 것 같은가?
8. 보호자가 적응과 아동발달에 대해 많이 안다면 세상이 달라질 것이라고 생각하는가? 어째서 그런가?
9. 자기개념은 무엇인가? 자신을 기술하고 현재의 자신을 묘사한다고 믿는 상이한 유형의 특징(예: 외모, 인종, 지능 등)을 확인하라.
10. 자신의 아동기에 대해 생각한다면, 당신은 어떤 유형의 육아방식에 노출되었는가? 그것은 한 가지 이상의 유형인가?

제 3 장 긍정적으로 나이 들기-성인기

학습목표

이 장을 모두 학습한 후 다음을 할 수 있다.

3.1 나이와 연관된 발달과 나이와 무관한 발달의 차이를 설명한다.
3.2 성인 초기의 세 가지 주요 도전을 말한다.
3.3 성인 초기에 집을 떠나 독립적으로 살다가 다시 돌아오는 이유를 설명한다.
3.4 직업을 선택하고 가정을 꾸리는 것과 연관된 문제점에 대해 논의한다.
3.5 불임과 입양의 관련성을 설명한다.
3.6 자녀를 갖는 것이 결혼에 미치는 영향을 설명한다.
3.7 중년기의 주요 도전을 설명한다.
3.8 중년 과도기를 설명한다.
3.9 중년기의 신체변화를 요약한다.
3.10 남녀의 성적 변화의 영향을 논의한다.
3.11 노인차별주의와 그것이 노년에 미치는 영향을 설명한다.
3.12 노년 초기와 노년 후기의 차이를 설명한다.
3.13 성인 후기에 동반되는 신체적 및 인지적 변화를 설명한다.
3.14 은퇴기의 만족을 도와주는 요인들을 설명한다.
3.15 성공적으로 나이 들기 위한 여러 방법을 설명한다.

Zena는 침대 모서리에 앉아 있었다. 오늘 아침 그녀의 몸이 영 말을 듣지 않았다. 그녀는 '늙는다는 건 참 허무해. 한순간에 30대 혹은 40대가 되더니 어느새 64세가 되고 말았어.'라고 생각했다. 그녀는 쑤시고 뻣뻣한 손을 주무르면서 계속 생각했다. '64세라는 걸 실감못하다가 생일날만 되면 깨닫지. 관절염 걸린 내 손도 그렇고.' Zena는 거울을 볼 때마다 그렇지 않다는 것은 알지만 자신을 계속 40대 후반으로 생각했다. 몸이 말을 듣지 않을 때에야 불현듯 현실을 알아차리곤 했다. 그녀는 무리하게 가파른 언덕을 급하게 오르거나 아침마다 손이 굳어질 때 말고는 나이를 실감하지 못했다. Zena처럼 우리도 갑작스럽게 '나이에 맞게 살아라.'는 충고를 듣게 된다. Zena는 침대에 앉아 '하지만 실제 나이와 느끼는 나이가 다를 때는 어떡하지?'라고 생각했다.

성인발달

학습목표

3.1 나이와 연관된 발달과 나이와 무관한 발달의 차이를 설명한다.

삶의 모든 새로운 시기에는 새로운 과제, 여러 가지 도전, 예측 불허한 행복과 좌절의 원인이 존재한다. 다시 말해 개인의 성장과정은 평생 계속된다. 사람들은 아마 그 어느 시대보다 더 열심히 자신을 변화시키려 노력하므로 나이가 들고 경험이 많아짐에 따라 더 멋진 대처기술과 자기숙달, 즉 긍정적 성숙을 갖추게 된다. 다른 한편으로 사람들은 안정감을 느끼고 익숙한 것과 연결되기를 좋아한다. 예를 들어 후기 성인들은 요양시설이나 자녀의 집보다는 자신의 집에 사는 것을 더 좋아한다(Administration on Aging, 2012). 개인적 성장 분야의 개척자 중의 한 사람인 Carl Rogers(1980)는 나이가 들면서, '나이가 들었지만 여전히 성장하는'이라는 말이 '나이가 드는'이라는 전통적 표현보다 성인의 발달에 더 적합한 표현이라고 확신하게 되었다. 우리는 나이가 들면서 자기만의 정체성을 더 확장시키며, 자신에 대하여 더 확신하고, 자신의 삶에 대한 통제와 숙달에 보다 능하게 된다(Pfaffenberger, 2005). 명심해야 할 것은 보다 건강한 생활양식과 의료계의 발전 덕에 '노인'이라는 인구집단이 최근 급격히 증가하고 있다는 점이다. 예를 들어, 2000년에는 미국에서 65세 이상이 3,500만 명이었는데 2010년에는 4,020만 명이다. 2050년이 되면 아마 두 배 이상이 되어 8,800만 명을 넘을 것으로 추정된다(Vincent & Velkoff, 2010).

유아기에서 청소년기까지의 발달 대부분은 **나이와 연관된 변화(age-related changes)**—말하거나 걷는 것을 배운다든가 사춘기와 같이 어떤 특정한 나이에 일어나는 변화—이다. 이와 대조적으로 성인의 발달은 점차 **나이와 무관한 변화(non-age-related changes)**, 즉 결혼이나 직업을 바꾸는 것과 같이 개인에게 특별하고 어떤 나

글상자 3-1 당신은 다음 사항이 거짓임을 알고 있는가?

- 나이가 들면 혼란스러워하고 방향감이 없는 것은 당연하다.
- 65세가 넘으면 성생활이 힘들다.
- 대부분의 노인들은 건강상태가 좋지 않다.
- 대부분의 노인들은 새로운 것을 학습하기가 거의 불가능하다.
- 지능은 나이가 들면서 항상 낮아진다.

출처: Arcnec.org.

이에도 일어날 수 있거나 혹은 결코 일어날 수 없는 사건과 작용에 더 영향을 받는다. 그럼에도 불구하고 성인의 생리적인 웰빙, 자기지각, 정서경험, 사회적 환경이 십 년마다 다르기 때문에 우리는 성인 적응과 성장을 성인 초기, 중기, 후기라는 3개의 넓은 단계로 살펴보려고 한다. 이 단계의 나이 경계는 애매하며 사람들은 상당히 다른 자신만의 발달양식을 가진다는 점을 명심하라. 더 나아가기 전에 나이가 드는 과정에 관한 당신의 지식을 알아보기 위하여 활동 3-1의 퀴즈를 풀어 보라.

활동 3-1
당신은 나이 듦에 관해 얼마나 알고 있는가?

다음 각 진술에 관해 '참' 혹은 '거짓'이라고 쓰라. 그런 다음 이 장 끝에 있는 정답과 비교해 보라.

[______] 1. 오감은 나이가 들면서 무디어지는 경향이 있다.
[______] 2. 성인기 후반에 다다르면 뇌세포의 3분의 1을 잃는다.
[______] 3. 65세 이상 운전자의 1인당 교통사고가 30세 이하보다 더 적다.
[______] 4. 대부분 노인들은 아주 비슷하다.
[______] 5. 나이 든 이들은 감기와 같은 단기간의 질병에 덜 민감하다.
[______] 6. 재인 기억은 나이가 들면서 급격히 감소된다.
[______] 7. 일반적으로 나이가 들면서 반응 시간은 점점 더 느려진다.
[______] 8. 65세 이상의 4분의 1이 요양원에 거주한다.
[______] 9. 나이가 들면서 죽음을 더 두려워한다.
[______] 10. 사별한 여자가 사별한 남자보다 약 3 대 1의 비율로 더 많다.

결정, 결정, 또 결정-성인 초기

학습목표

3.2 성인 초기의 세 가지 주요 도전을 말한다.

3.3 성인 초기에 집을 떠나 독립적으로 살다가 다시 돌아오는 이유를 설명한다.

3.4 직업을 선택하고 가정을 꾸리는 것과 연관된 문제점에 대해 논의한다.

3.5 불임과 입양의 관련성을 설명한다.

3.6. 자녀를 가지는 것이 결혼에 미치는 영향을 설명한다.

성인 초기(early adulthood)는 대개 10대 후반이나 20대 초반에 시작하여 30대까지 계속되는 '성인 초기 과도기'로 시작된다. 성인 초기에는 집을 떠나고, 직업을 선택하거나 준비하고, 타인과의 밀접한 관계를 형성하며, 자신의 가족을 꾸리는 것과 같은 여러 새로운 성장 기회에 직면한다. Erikson(1964)의 심리발달 이론에서 이 단계는 **친밀감 대 소외감**의 시기이다. 이 시기의 성공적인 결정은 타인과의 친밀한 관계뿐 아니라 이성 및 동성 친구들과의 만족스러운 친밀감을 형성하도록 할 것이다. 연인이나 배우자, 친구와 만족스러운 관계를 형성하지 못하면 소외감이나 외로움으로 고통스러워진다.

젊은이들의 그 결정은 향후 50년 이상 삶에 영향을 주므로 이 발달과제는 극심한 스트레스를 준다. 다른 한편으로 성인 초기단계에서는 부모와의 관계가 점점 더 긍정적이 되며 밀접해진다. 마침내 부모와 성인 자녀가 배우자, 직장인, 부모 등과 같은 삶에서 점차 비슷한 역할을 공유하게 된다. 그래서 성인 초기단계에서는 자신들의 힘든 결정을 도와줄 부모나 다른 가족 구성원에게 자주 의지하게 된다(Masche, 2008; Whitbourne, Whitbourne, & Whitbourne, 2011).

집을 떠나 독립하기

'집은 마음이 머무는 곳'이라는 말에서 보듯이, 집을 떠난다는 것은 짐을 꾸려 차에 싣고 이사를 가는 것 이상을 의미한다. 물론 집을 떠난다는 것의 한 측면에는 자신이 성장한 곳을 벗어난다는 의미가 있다. 하지만 경제적으로 부모님께 덜 의지하게 되고, 성인과 같은 역할과 의무를 지니고, 보다 자율적인 결정을 하게 되는 것과 같은 변화가 있다. 성인기로 들어가기 위해 필요한 것은 이러한 심리사회적 변화이다. 어떤 이들은 행복하지 못한 가정에서 벗어나려고 어린 나이에 집을 떠나기도 하지만 정서적으로 성숙할 때까지 시간이 걸린다. 또 다른 이들은 30대가 되어서도 집을 떠나지 않을지도 모른다(Strom & Strom, 2005). 두 경우 모두 정서적 자기충족성을 획득하는 데 필수적인 것은 집을 떠난다는 것의 '상징적' 의미이다.

동시에 최근 10년 동안에는 흥미로운 일이 일어나고 있다. 많은 젊은이들이 둥지로 돌아오는 새처럼 집을 떠난 지 몇 년 후 다시 부모님의 집으로 들어오고 있다. 이러한 '부메랑 세대', 즉 18~24세 남자 56%와 여자 48%가량이 여전히 부모의 집에 살고 있다. 또한 대학 졸업 직후 거의 85%가 잠시 동안 집으로 돌아와 머문다. 25~34세의 20%가량의 젊은이들이 여전히 부모와 동거하고 있다(Reuters, 2010; Roberts, 2010). 왜 성인자녀들은 정서적, 심리적, 행동적 독립을 경험한 후 다시 집으로 오는가? 이런 '부메랑인'의 증가는 주로 개인적 그리고 경제적 상황 때문이다. 집세가 계속 오르므로 젊은이들이 자신의 아파트나 집을 유지하기가 매우 어려우며 적절한 직장을 구하지 못한다. 사실 20~24세의 실업률은 25세 이상의 두 배이다(U.S. Bureau of Labor Statistics, 2012).

짐작하겠지만 '둥지로 돌아오는' 것에는 좋은 점과 나쁜 점이 있다. 예를 들어 식비가 증가하고, 부모는 "어젯밤은 어디에 있었니?"라고 물으며 자녀의 행방과 활동에 대해 알려고 할 것이다. 이러한 상황에 있는 부모는 자녀가 경제적으로 가계를 돕고 기본적인 집안일을 하도록 하면서 새로운 가계 예산과 동거 규칙을 결정하는 데 참여하게 함으로써 성인자녀의 성장을 돕는다. 또한 부모는 성인자녀에게 재정 관리를 가르쳐 독립할 경우 재정을 보다 잘 이끌고 예산을 세우고 미래를 위해 절약할 수 있도록 한다(Reuters, 2010). 자녀와 부모는 대개 이 시간이 자녀가 다시, 아마 영원히 집을 떠나기 전 유대감을 나누고 강화시키는 만족스러운 시간임을 깨닫게 된다고 한다.

직업 선택하기

직업을 선택하는 데 있어서 성인 초기에는 다소 대조적인 두 가지 과제 사이의 균형을 맞추어야만 한다. 한 가지는 선택권을 열어 둔 채로 성인 세계에서의 가능성을 탐색하는 것이고, 다른 하나는 스스로 무언가를 이루려는 목적을 가지고 안정된 삶의 기틀을 만드는 것이다(Miller, 2010). 성인 초기에 올바른 선택을 하든 그렇지 않든, 이 단계에서는 해야만 하는 중요한 결정과 그 결정이 옳지 않을 경우 얼마나 바꾸기가 힘든지에 관해 자주 고민한다. 대학을 다니면서 직업 선택에 관해 개인적으로 스트레스를 경험하는 사람은 당신만이 아니다.

지난 수십 년 동안 학업의 전공과목이나 직업을 선택할 때, 특히 남자의 경우 수입의 가능성이 점점 더 중요한 문제가 되었다(Associated Press, 2011). 수십 년 전에 비해 거의 두 배나 많은 학생들이 생물학(의과대학), 경영학, 경제학을 전공하려고 한다. 게다가 많은 젊은이들이 경력상의 이익을 위해 가정을 꾸리는 것을 미루려고(혹은 삼가려고) 한다. 직업을 선택하고 정착하는 법에 대해서는 10장에서 보다 자세한 내용이 나온다.

탐색 3.1 직업을 찾아보기

www.employmentguide.com 직업을 구하는 이들을 위한 직업, 인턴십, 네트워킹, 이력서 개발 및 다른 유용한 정보에 관한 풍부한 자료원

가정 꾸리기

자녀를 가지겠다는 결심 성인 초기는 일반적으로 가족을 형성하는 시기이다. 하지만 오늘날 미국에서 출생의 41%가 결혼생활 이외의 관계에서 발생되듯이, 가족 형성은 결혼하지 않은 이들에게서나 결혼한 이들에게서나 거의 같은 비율로 일어난다(National Center for Health Statistics, 2011). 현재 그 어느 때보다 성인들은 자녀를 갖는 시기가 늦어지고 있다. 예를 들어, 1970년대에는 첫아이를 갖는 여성의 평균 나이가 21세였지만 지금은 25세이다. 대부분의 유럽 국가들과 일본에서는 첫아이를 갖는 평균 나이가 28~29세 사이이다(NationMaster.com, 2012). 게다가 지난 40년 동안 35세 이상 여성의 첫 출산 비중이 8배가량 증가하였다(Jayson, 2009). 부부는 아이를 원하는지 아닌지, 만약 원한다면 언제 가질지에 대하여 더 신중해지고 있다. 그 결과 자의에 의해 자녀가 없는 부부가 많아졌다. 부부의 10% 정도가 이러한 선택을 한다(Mueller & Yoder, 1997). 하지만 이러한 문제를 즉시 결정하는 부부는 거의 없다. 부부들은 대개 아이를 갖는 것을 미루다가 마침내 영구적으로 미루게 되는 것이다. 일을 하는 동시에 가정을 가지려는 여성에게는 차별이 일어난다. 소위 **모성 벌칙(motherhood penalty)**은 일하는 엄마가 그렇지 않은 여성보다 덜 유능하고 덜 몰입한다고 간주되는 사실을 말해 준다. 일하는 엄마는 고용 결정과 임금 결정에서 차별을 받는다. 사실 일하는 엄마는 엄마가 아닌 여성보다 아이 한 명당 5% 정도 임금이 적다(Correll, Bernard, & Paik, 2007; Quast, 2011).

불임 미국에서 약 730만 명의 여성들이 불임이거나 생식 능력에 결함이 있음(예: 임신이 지극히 어려운 경우)을 볼 때 자녀가 없는 것이 선택은 아니다. 불임의 원인은 여러 가지이며 여성(난자 생성 문제, 난소낭, 종양)과 남성(적은 정자 수, 호르몬 결핍) 모두에게 영향을 준다(Healthline.com, 2012). 임신 보조 기술(체외수정, 호르몬 요법, 수술)의 도움으로 정상 출산 수가 지난 십 년간 두 배로 올랐지만 수백만 명의 여성들은 광범위하고 비용이 많이 드는 치료법에도 불구하고 여전히 불임인 상태이다(SART.org, 2012).

자녀를 원하지만 불임, 건강상태, 성 등으로 인해 그러지 못하는 이들에게 입양은 실용적 대안이 된다. **입양(adoption)은 새롭고 영구적인 부모-자녀 관계의 법적 성립**을 말한다. 현재 약 200만 명의 자녀들이 그들의 양부모와 살고 있다. 이들 중 38%는 변호사나 입양기관을 통해 개인적으로 입양되었고, 37%는 고아원 등을 통해, 25%는 국제적으로 입양되었다. 매년 125,000명의 아이들이 어디에선가 입양되고 있다. 흥미로운 점은, 대부분의 개인적, 국제적 입양은 영아나 유아인데 반해 시설에 거주하는 아이들은 입양될 때 대부분 2세 이상이라는 점이다. 이러한 차이는 시설에서의 양육의 목적은 아이가 원가족과 재결합하는 것이기 때문에 몇 년을 소요하면서 다른 모든 선택사항이 없어진 후에야 입양이 이루어지기 때문이다(Adoption.com, 2012; ChildStat.gov, 2012).

자녀를 가지는 것의 영향 생물학적이든 입양을 통해서든 자녀를 가지는 것은 결혼생활에 여러 가지 영향을 미친다. 긍정적인 면에서는 많은 부부가 자녀가 있음으로써 더 책임감을 느끼게 되고 성인이 된 느낌을 갖는다고 보고한다. 그들은 모두 자녀들과 애정과 경험을 나누는 것에 만족감을 느끼고 이것이 삶의 목적 의식을 고양시킨다고 한다. 부정적인 면으로는 어린아이를 돌보는 것이 결혼생활에 스트레스를 주어 자신의 일을 할 시간이 부족하게 된다는 것이다. 자녀가 없는 경우조차도 부부 스트레스는 결혼생활이나 배우자와의 관계에 의문을 가질 만큼 클 수가 있다(Doss, Rhoades, Stanley, & Markman, 2009). 맞벌이 부부에게는 자녀들과 많은 질적인 시간을 가지고 싶어하지만 현실은 그럴 수 없으므로 스트레스가 증가한다. 연구에 의하면 오늘날의 부모는 자녀들과 보내는 시간이 주당 22시간이 더 적다(Kornblush, 2003). 많은 사람이 결혼을 한 후에야 그들의 자녀가 자신의 생활양식, 수면습관 및 그 밖의 여러 일상을 변화시킨다는 사실을 깨닫게 된다. 때로 자녀양육이 감당할 수 없게 되어 부모들은 경제적, 심리적, 정서적 고난에 대처할 수 없거나 하고 싶지 않게 된다. 그러한 어려움이 발생하면 다른 가족 구성원, 특히 조부모가 자녀양육의 책임을 떠맡게 된다. 인구 통계적으로 조부모들이 300만 명의 아이들을 키우고 있다. 이와 비슷한 수의 노인들이 자신의 성인자녀 및 그들의 자식과 함께 살고 있다(Livingston & Parker, 2010).

탐색 3.2 입양

adopting.adoption.com 입양과 관련된 여러 가지 문제에 대한 정보를 찾을 수 있는 포괄적 웹사이트

같은 나이, 같은 성숙?—성인 중기

학습목표

3.7 중년기의 주요 도전을 설명한다.

3.8 중년 과도기를 설명한다.

3.9 중년기의 신체변화를 요약한다.

3.10 남녀의 성적 변화의 영향을 논의한다.

사람들은 대개 30대 후반에서 40대 중반 사이에 **성인 중기(middle adulthood)**로 접어드는데 이 기간은 30대 후반에서 60대 사이의 시기로 일반적으로 직업과 가족 목적의 성취가 특징인 기간이다. Erikson(1964)에 의하면 개인은 이제 새로운 위기, 생산성 대 침체에 직면한다. 생산성이란 자신, 가족, 직업을 넘어 타인의 웰빙에 기여하려는 능력을 말한다. 이 단계의 성공적인 전환은 행복하고도 생산적인 사회 구성원이 되도록 이끈다. 하지만 많은 개인, 특히 성인 초기 동안 고립감을 가졌던 이들에게 그러한 사회적 의무는 부담스러울 것이다. 사회가 부여하는 이러한 도전에 실패하는 이들에게는 침체가 일어나며 그들은 점차 자기중심적으로 된다.

중년 과도기 혹은 중년의 위기?

이 시기가 되면 사람들은 남은 삶 동안 무엇을 하고 싶은지 생각하기 시작한다. 그러한 자문은 자신의 직업, 결혼, 혹은 개인적 관계에 대한 변화를 이끌게 된다(Helson & Soto, 2005; Lindgren, 2002). 그래서 개인은 흔히 새로운 관심거리를 찾거나, 보다 더 살기 좋은 세상으로 만들기 위해 지역사회나 국가적 일에 적극 참여한다.

근본적으로 **중년 과도기(midlife transition)**는 인생이 반 이상 지나갔다는 깨달음에서 오는 개인적인 평가의 기간이다. 사람들은 점차 '출생 이후의 시간'에 덜 관심을 갖게 되고 '자신에게 남은 시간'에 대하여 생각하기 시작한다. 이 나이의 사람들은 나이에서 비롯된 분명한 변화를 감추거나 너 젊게 보이기 위해 애를 쓰면서 보상하려고 한다. 예를 들어, 미국인들은 더 젊고 멋진 외모를 갖기 위해 매년 백억 달러를 성형수술에 소비한다(Cafferty, 2010). 때로 중년기의 사람들은 다른 근본적 변화들을 무시하기가 힘들다. 예를 들어, 그들의 부모님은 은퇴하고 병이 들며 몇 년 사이에 죽는다. 부모님에게 건강상 큰 문제가 있다면 그들 자신의 건강도 나빠질 것이다(Di Mattei et al., 2008). 많은 친구와 지인들도 세상을 떠나며 이 시기에는 모든 원인의 죽음이 급격히 증가한다. 그들의 자녀는 성장하여 독립을 하게 되고 중년기의 부모는 자녀를 키우면서 저질렀던 실수를 보다 더 실감하게 된다. 그럼에도 불구하고 75%의 성인들이 위기 없이 중년기를 지나게 된다(Wethington, 2000).

글상자 3-2는 성인기의 웰빙에 관한 것으로, 당신은 중년기 및 그 이후의 성인들이 매우 행복하다는 사실에 놀랄 것이다.

신체적 변화

중년기의 가장 분명한 징조는 주름살, 체중 증가, 흰머리, 혹은 탈모 같은 외모상의 변화이다(Ellis & Sinclair, 2008). 이러한 변화는 전반적인 신체체계의 점진적 쇠퇴를 의미한다. 중년들은 보다 쉽게 피곤해지며 피로나 병의 회복에 시간이 더 걸리게 되며 힘, 협응, 반응시간의 감소가 일어난다. 노안, 즉 원시(가까운 물체를 보는 것이 힘들어지는 것)와 노인성 난청(높은 음고의 소리를 듣는 게 힘들어지는 것)이 흔해진다. 고등학생들은 자신들의 전화벨 소리를 대부분 중년들이 듣기 힘든 주파수로 설정함으로써 이러한 노인성 난청을 이용하기 시작했다. 이러한 '모기' 벨소리는 수업 중에 교사에게 들키지 않게 문자가 도착한 것을 알게 해 준다(Vitello, 2006).

게다가 중년기에는 당뇨병, 심장발작, 뇌졸중, 암과 같은 만성적이고 심각한 질병에 보다 잘 걸린다. 이러한 변화의 결과로 자신의 건강에 대한 관심이 날로 증가하고 있다(Malmberg, Miilunpalo, Pasanen, Vuori, & Oja, 2005). 하지만 희망을 버릴 필요는 없다. 왜냐하면 이러한 여러 변화를 메워 줄 방법이 있기 때문이다. 식이요법과 운동은 보다 젊은 신체를 만들어 주며 심장발작과 심장병의 위험을 줄여 준다. 또한 안경을 이용하여 보다 쉽게 독서를 할 수 있다. 체육관에서나 운전 중(반응시간이 중요한)

글상자 3-2 건강에 초점을 맞추어라: 성인기의 행복

긍정심리학에서 노화 연구는 점차 성공적인 나이 듦에 초점을 맞추고 있다. 연구에 의하면 삶의 만족도는 65세쯤에 최고조에 달한다고 한다(Mroczek & Spiro, 2005). 이 나이의 노인들은 성인 초기에 비해 삶에서 더 많은 자율성을 경험하고 지역사회의 필요한 일원임을 느낀다. 또한 노인들은 삶의 도전을 성공적으로 수행함으로써 젊은이들보다 개인적 성장을 더 자주 경험한다(Bauer, McAdams, & Sakaeda, 2005). 사람들은 나이가 들면서 부정적 정서를 덜 경험하고 긍정적 정서를 더 많이 경험하여 보다 큰 행복감을 누리게 된다(Mather & Carstensen, 2005; Sheldon, Kasser, Houser-Marko, Jones, & Turban, 2005)

에 조심하면 사고와 부상을 줄일 수 있다.

성적 변화

여성에게 가장 중요한 신체적 변화는 **폐경**(menopause), 즉 **생리주기의 중지**로 출산 능력의 상실을 알려 준다. 폐경은 45~55세 사이에 일어난다. 신체적 영향은 자궁과 질, 가슴의 퇴화에서 약간의 홍조에 이르기까지 다양하다. 어떤 여성들은 폐경을 외모와 신체적, 정서적, 성적 일상에 부정적 영향을 주는 부정적 경험으로 여기는 반면에 다른 여성들은 이러한 영향을 거의 혹은 전혀 느끼지 않는다. 일부 긍정적 변화도 일어나서 폐경 전후 여성의 삶의 질이 다를 바 없기도 하다(Özkan, Alatas, & Zencir, 2005). 많은 경우 임신에 대한 두려움이 줄어들면서 성적 반응성이 증가되기도 한다. 여성에게는 결혼 관계의 변화, 양육의 의무로부터의 해방, 가정 밖의 직장으로의 복귀와 같은 중년기의 여러 사건들이 신체적 변화보다 더 중요할 수 있다.

오늘날, 중년 여성들은 주로 에스트로겐과 프로게스테론의 혼합물인 호르몬 보충제로 폐경기의 변화에 대처할 수 있다. 이러한 호르몬의 투여로 홍조, 밤에 땀 흘리는 것, 피부 건조 같은 폐경 후 증상이 감소된다. 호르몬 투여법은 부가적으로 골다공증, 대장암, 편두통, 요로감염, 심장병을 감소시킨다. 하지만 이 치료법은 담석과 천식을 포함

활동적이거나 새로운 취미를 가지는 중년들은 보다 더 행복하고 건강하다.

글상자 3-3 건강관리에 초점을 맞추어라: 작은 파란색 알약…

누가 작은 파란색 알약이 그런 큰 파장을 일으킬 것이라 상상했을까? 비아그라(일반적으로 sildenafil로 알려진)는 1998년 **남성 성교불능자**나 **발기장애**(발기 경험 불능)를 위한 치료제로 소개되었다. 과학자들이 추정하건대 40~70세의 남성 중 52%가 발기장애를 겪는다(Cappelleri, Bell, Althof, Siegel, & Stecher, 2006). 하지만 규칙적으로 성교를 갖는 남성들은 불능을 경험할 가능성이 더 적다(Ma & Qin, 2009). 분명 이런 경우가 바로 '사용하라, 그렇지 않으면 잃을 것이다!'에 해당된다. 비아그라가 소개된 지 몇 달 만에 한 달에 450만 건의 처방이 이루어졌는데 이는 모든 신약 판매의 기록을 깨는 것이다. 비아그라가 시장에 소개된 이후 120개국에서 3,000만 명 이상이 사용을 했다(Hill & McKie, 2008). 이런 성공으로 비아그라는 성치료제 생산시장에서 시알리스(일반적으로 tadalafil로 부르는)와 레비트라(vardenafil)를 재빨리 앞질렀다.

이 약은 모든 남성들에게 효과가 있는 것은 아니고 홍조나 갑작스러운 시력장애와 같은 반갑지 않은 생리적 부작용이 있기도 하다(Harder, 2005). 그러므로 의사의 처방이 중요하다. 성적 기능의 원인은 우울 및 고혈압, 당뇨병, 전립선 암의 치료에 사용되는 일부 약물의 부작용 등 다양하다. 따라서 정기적 검진도 중요하다.

발기장애 치료제가 성적 만족과 관계를 증가시켜 결혼생활에 긍정적 영향을 줄 수 있지만 그것은 두 가지 부작용, 즉 간통과 성전염성 질환(STDs)을 가져올 수 있다. 신문 보도에 따르면 비아그라로 인한 간통이 성적으로 문란한 남자와 사는 나이 든 여성의 이혼을 증가시켰다(Hill & McKie, 2008). STDs에 있어, 후기 청소년기와 15~24세까지의 성인 초기 동안의 최고치는 줄어들었지만 HIV와 AIDS의 발병은 40세 이전에 비해 50세 이후에 급속도로 증가하고 있다(Levy,Ding, Lakra, Kosteas, Niccolai, 2007). 그럼에도 불구하고 이 약의 심리적 사회적 가치는 성적 기능장애를 해방시킨 것과 더 많은 남성들로 하여금 신체검진을 받도록 했다는 점이다.

한 일부 암 발생이 증가되는 부작용으로 인해 논란의 여지가 있다(Slowik, 2011).

남성들은 폐경이 없지만 **생식 능력의 감소**로 정의되는 남성 **갱년기(climacteric)**를 겪는다. 남성들의 갱년기는 수정 가능한 정자의 감소, 테스토스테론의 감소, 성적 욕구의 감소, 때로 일부이긴 하지만 성교불능의 증가와 같은 것을 동반하다. 하지만 남성 갱년기는 여성의 폐경보다 5년 내지 10년 후에 시작되어서 훨씬 더 느리게 진행되며 생리적인 변화도 더 적다. 글상자 3-3에 보듯이 비아그라는 나이 든 남성의 성생활에 흥미로운 요소를 추가했다.

이러한 변화를 잘 이겨 내는 남녀는 성적인 면을 포함하여 자신의 삶을 이전보다 더욱

만족스럽게 여긴다. 예를 들어, 이 기간의 변화와 불안은 배우자의 필요성과 결혼생활의 안전함을 더 실감하게 할 수 있다. 사실 남녀 모두 중년기 이후는 삶의 질에서 친구와 가족이 매우 중요하다(Jaccoby, 1999). 아마 이해심 깊고 지지적인 배우자만큼 이 단계를 통과하는 데 필요한 것은 없을 것이다(Spotts et al., 2005). 실제로 나이가 들면서 결혼만족도가 높아지는데 40대 후반과 50대의 결혼만족도는 20대 부부보다 더 높다(Bookwala & Jacobs, 2004). 성적인 변화가 남녀 모두를 불안하게 할 수 있지만 개인적 성장의 새로운 기회가 되기도 한다.

우아하게 나이 들기-성인 후기

학습목표

3.11 노인차별주의와 그것이 노년에 미치는 영향을 설명한다.

3.12 노년 초기와 노년 후기의 차이를 설명한다.

3.13 성인 후기에 동반되는 신체적 및 인지적 변화를 설명한다.

3.14 은퇴기의 만족을 도와주는 요인을 설명한다.

3.15 성공적으로 나이 들기 위한 여러 방법을 설명한다.

성인 후기(late adulthood)는 60대 중반에서 사망까지로, 건강, 수입, 사회적 역할에 대한 변화에의 적응이 특징인 성인발달의 마지막 단계이다. 오늘날 4,000만 명 이상의 남녀가 65세 이상이다. 2050년이 되면 거의 8,900만 명의 미국인이 65세 이상이며 1,900만 명이 85세 이상이 된다(U.S. Bureau of the Census, 2008). '미국의 고령화'는 사회의 모든 영역—산업, 교육, 정부 지출, 주택, 의료, 여가—에 변화를 가져올 것이다. 노인들은 자신이 사회에 적응하기 힘들다는 사실을 자주 깨닫는다. 병뚜껑을 열기 힘들고 식당은 소란스럽고 문을 여는 것도 힘겹다. 노인들은 생활용품을 사용하는 문제를 자주 보고하며 때로 그러한 문제들이 노인의 건강에 부정적 영향을 줄 수 있다(Fisk & Rogers, 2002). 예를 들어, 처방전 없이 약품을 살 때 나쁜 시력으로 인해 잘못 읽어서 해로운 약물 반응을 초래할 수 있다(Pauaskar & Sangiry, 2006).

노인차별주의

당신은 이 장의 앞부분에서 늙는다는 것이 어떤 것이냐는 질문을 받았다. 당신의 답과 정답을 비교해 보니 어떠했는가? 젊은이들은 이런 질문에 고정관념화된 답을 하는 경향이 있고 매우 부정적이다(Pecchioni & Croghan, 2002). 최근 급증하는 나이-편견 관련 소송에서 증명되듯이 나이에 대한 고정관념이 때로 나이 차별로 해석된다는 것이 중요하다(Balads, 2007). 그러한 차별적 경험으로 인해 노인학자들이 **노인에 대한 부정적 태도와 대우**를 언급하는 용어로 **노인차별주의(ageism)**를 만들었다. 노인차별주의는 모든 종류의 부정적인 것을 성급히 노인들에게, 주로 나이 때문이라고 전가시키는 것에서 엿볼 수 있다. 예를 들어 90% 이상의 노인들이 요양원의 보살핌을 필요로 하지 않는데도 불구하고, 많은 젊은이들은 노인은 무기력하고 허약하고 요양원에 산다고 짐작한다. 노인차별주의의 또 다른 증상은 아이 말투로 이야기하는 것처럼, 노인들은 **어린아이처럼 대한다**는 것이다. 그러한 예는 노인에 대한 잘못된 일반화를 퍼뜨려서 노인의 기회를 제한하고 개인적 인격을 깎고 사회에서 소외시킨다. 가장 큰 집단인 베이비붐 세대가 역사상으로 중요한 시간을 통과하여 미국의 노인 인구가 계속 늘어날 것이므로 우리는 노인차별주의에 대해 더 많은 관심을 가질 필요가 있다(Teichert, 2002).

글상자 3-4 **건강에 초점을 맞추어라:** 건강하게 나이 들기

인생의 어떤 단계에 있는지에 상관없이 우리는 나이가 들어서도 보다 더 건강한 삶을 보장해 주는 건강을 위한 훈련을 시작할 수 있다. 빨리 시작할수록 삶이 더 길어지고 나이가 들면서 건강의 질도 더 좋아질 것이다.

- 운동, 운동, 운동. 많은 연구들이 매우 나이가 많은 노인들에게도 이점이 있음을 보여 준다. 운동은 심장병의 위험을 줄여 주고 고관절 골절을 줄이고 정신건강에 도움이 된다.
- 금연. 흡연기간이 얼마가 되었든 금연하면 건강이 좋아진다. 의약적 처치가 아닌 약물 사용을 피하고 술 생각이 난다면 절제하여 마셔라.
- 잘 먹어라. 설탕과 지방을 피하는 것이 전반적인 건강을 향상시키고 당뇨병과 동맥경화증을 막아 줄 것이다.
- 스트레스를 피하라. 이것은 현대 생활에서 말처럼 쉽지 않다. 스트레스가 당신의 삶을 해친다면 스트레스와 스트레스 관리에 관한 장을 찾아보라.
- 외부 활동을 찾아 계속하라.
- 정기적으로 건강검진을 하라. 고혈압처럼 일부 노화관련 질병은 드러나지 않는다. 보다 일찍 예방적으로 점검하는 것이 그 이후 노년기의 건강을 보장해 준다.
- 사회적 지지체제를 찾고 유지하라. 노인들에게 사회적 지지는 기분을 좋게 하고 사별의 상실감을 완화시키며 자존감을 고양시킨다.

신체적 및 인지적 변화

노화에 대한 문헌은 노인을 초기 노인인 65~75세(젊은 노인)와, 75세 이상 후기 노인(늙은 노인) 두 집단으로 나눈다. 이 두 집단은 심리적, 신체적으로 다르다. 많은 젊은 노인들은 질병이 없는 반면 늙은 노인은 보다 많은 장애를 경험한다.

신체적 변화 나이가 들면서 성인 중기에 시작된 신체적 변화가 이어진다. 피부는 주름지고 얇아지며 머리칼은 빠지고 희게 된다. 시력과 청력이 급격히 감소하고 반응속도가 느려진다(Wingfield, Tun, & McCoy, 2005). 일부 노인들은 입맛이 줄어들면서 적게 먹고 적게 운동하여 삶을 위한 신체적 에너지가 줄어든다. 또한 수면을 보충하기 위해 누워 있는 시간이 더 많음에도 제대로 수면을 취하가 어렵다. 노인들은 때로 균형감각을 유지하기가 힘들어진다. 낙상으로 인한 사망이 다른 사고 사망의 거의 두 배에 달한다. 고혈압, 암, 심장병으로 인한 사망도 늙은 노인에게 흔하다. 하지만 이러한 변화가, 특히 규칙적으로 운동을 하고 건강한 생활습관을 실천하는 젊은 노인과 늙은 노인들에게 반드시 장애를 초래하지는 않는다(Fries, 2002; Kolata, 2002). 독서와 같은 보다 힘이 적게 드는 활동조차도 행복감을 주고 사망률을 줄일 수 있다(Menec, 2003). 노화와 연관된 많은 부정적 변화가 노화과정 그 자체보다도 스트레스, 질병, 생활양식과 연관되어 있음을 알 필요가 있다. 글상자 3-4는 건강한 노화를 위한 힌트를 보여 준다.

인지적 변화 '깜빡 잊어버리는(senior moment)' 건망증이 있는 노인이라는 고정관념을 정당화할 정도는 아니지만 인지적 기능도 노화과정으로 인해 영향을 받는다(Wingfield et al., 2005). 사실 이제 과학자들은 지금까지 생각해 왔던 것처럼 인지

글상자 3-5 성인 후기에 위대한 업적을 이루었다는 것을 알았는가?

- Sophocles는 70세에 Oedipus Rex를, 90세에 Electra를 썼다.
- Michelangelo는 St. Peter's Basilica를 70세에 시삭하였다.
- Laura Ingalls Wilder는 65세가 되어서야 첫 책을 출간하였고 70대에 동화를 썼다.
- Mother Teresa는 쉬지 않고 자신의 의무를 계속하면서 87세에 죽을 때까지 전 세계의 불우한 사람들을 도왔다.
- Mahatma Gandhi는 77세에 인도의 영국 통치 반대를 이끌었다.
- Frank Lloyd Wright는 89세에 뉴욕 구겐하임 미술관을 완성해서 죽을 때까지 강의를 계속했다.

적 감퇴가 불가피한 것이 아니라는 것을 알고 있다(Wright, Kunz-Ebrecht, Iliffe, Foese, & Steptoe, 2005). 예를 들어 판단을 하거나 문제를 풀기 위해 축적된 지식을 사용하는 능력은 대개 변화가 없으며, 많은 경우 나이가 들면서 향상될 수 있다. 자신의 일의 형태에 따라 성인기 후반까지 자신의 창의력도 잘 유지할 수 있다. 예술가들은 40대에 절정에 달하며, 과학자들은 60대까지 창의력을 유지한다. 인문학자들은(역사학자나 철학자) 70대까지도 창의력이 점차 증가할 수 있다. 글상자 3-5는 노년기의 최고조의 업적을 이룬 인물들을 보여 준다. 노인들에게 일반적으로 나타나는 창의력 감소는 노화보다는 제한된 환경 때문이다. 미국 노인의 약 16%, 특히 남성보다 골다공증에 취약한 여자 노인은 이동의 제약을 받는데 그러한 제약이 노인들이 참여할 수 있는 환경의 종류를 제한한다.

하지만 성인 후기에는 인지적 감퇴가 일어난다. 예를 들어, 노인은 사건의 발생 순서나 얼마나 최근 사건인지와 같은 시간과 관련된 정보를 기억하는 것을 어려워한다(Hartman & Warren, 2005). 게다가 새로운 정보를 처리하는 능력은 성인 후기에 더 급격히 떨어진다(Phillips, 2005). 보다 느린 반응시간을 비롯한 이러한 변화가

글상자 3-6 건강관리에 초점을 맞추어라: 알츠하이머병

알츠하이머병은 일상생활을 방해할 정도로 심각한 기억 및 다른 지적 능력의 손상을 말한다. 증상은 다음과 같다.

- **계획을 세우거나 문제를 해결하는 것이 어려워짐**
- **물건을 제자리에 두지 못함**
- **익숙한 일을 해 내는 것이 도전이 됨**
- **혼란과 잘못된 판단의 증가**
- **시간과 장소의 혼란**
- **익숙한 일을 완수하는 것이 어려움**
- **판단 미숙**
- **기분과 성격의 변화**

예방책이나 치료법이 없는 알츠하이머병은 미국에서 여섯 번째 사망 원인이다. 현재부터 2050년 사이 환자는 540만 명에서 1,400만 명으로 증가할 것이다(Alzheimer's Association, 2012). 하지만 희망이 보이기 시작한다. 조만간 과학자들이 필요한 치료법과 예방 백신을 발견할 것 같다. 한 가지 가능한 치료법은 알츠하이머병에 의한 뇌세포 퇴화를 막는 효소의 사용이다. 시험결과 인간과 원숭이에서 일부 성공한 백신은 심각한 부작용이 없다면 결국 사람들에게 면역을 제공할 것이다(Alzheimer's Association, 2009).

왜 노인들의 교통사고율이 10대 다음으로 많은지를 부분적으로나마 설명해 준다. 물론 신체가 약한 노인 운전자들이 젊은이들에 비해 사망할 가능성이 더 많다(Skyving, Berg, & LaFlamme, 2009). 글상자 3-6은 중년에 시작하지만 노년기와 더 연관이 깊은 알츠하이머병의 인지적 장애를 보여 준다.

탐색 3.3 알츠하이머병

www.alzheimers.org 환자와 가족을 위한 알츠하이머병에 대한 모든 정보를 담고 있는 훌륭한 웹사이트

개인적 및 사회적 적응

성인기 후기에 사람들은 심사와 숙고의 기간, 혹은 Erikson(1964)이 말한 **통합 대 절망**을 경험하게 된다. 삶이 충만하다고 여기는 개인은 이 마지막 단계에서 행복감을 느낄 것이다. 하지만 자신의 삶이 실망스럽고 의미가 없고 실패라고 여기는 이들에게는 절망이 뒤따른다. 실제로 대부분의 노인들은 통합과 절망을 모두 경험하지만 자기수용과 개인적 만족이 더 많을수록 더 건강할 것이다.

통제감 예를 들면 자신이 할 수 없는 것보다는 할 수 있는 것에 집중하는 성인은 보다 더 우아하게 나이가 들고 노화에 대한 불안이 적다. 그리하여 노인은 의기소침해지는 것이 아니라 탄력성이 있고 활기가 넘치게 되어 좀 더 성공적인 노년을 맞을 것이다. 노화에 대해 긍정적인 태도를 가지는 이런 사람들이 수명도 더 길다. 긍정심리학에 의하면, 성공적 노화에서 가장 중요한 요소 가운데 하나는 자신의 내면의 무언가가 삶의 사건들을 통제한다고 믿는, **내적 통제 소재(internal locus of control)**를 유지하는 능력이다. 노인이 자신의 운명을 통제한다고 느낄 때 더 오래 살고 더 건강하게 산다(Gruenewald, Karlamangla, Greendale, Singer, & Seeman, 2009). 노인은 사랑하는 이의 죽음과 같은 중요한 상실로 인해 때로 성인 초기보다 통제감을 적게 느낄 수 있다. 자신의 능력을 유지하거나 고양시키고 개인적 목표의 주관적인 중요도를 수정함으로써 통제감 상실에 대처하는 노인들은 노화에 더 잘 적응한다(Schulz & Heckhausen, 1996).

생활의 조정 심리사회적 변화와 통제감의 주요 영역에는 생활의 조정이 포함된다. 65~74세까지의 초기 노인은 후기 노인보다 자신의 집에 더 많이 거주하고 건강상태

가 더 좋고 경제적으로 더 안정되어 있다. 남자보다 거의 두 배 정도 많은 여자 노인들이 혼자 산다. 다시 말해 남자 노인들이 여자 노인보다 두 배나 더 자신의 배우자와 함께 산다. 이미 언급했듯이, 많은 노인들이 자기 집에서 사는 것을 좋아하지만 일부 노인들은 스스로 돌보지 못함을 알게 된다. 일반적으로 이러한 노인들은 허약하거나 고령의 노인들이다. 사실 요양원 거주자의 97%가 한 가지 이상의 장애를 가지고 있다. 하지만 고정관념과는 달리 75세 이상의 극히 일부(7.5%)만이 요양원에 살고 있다(Administration on Aging, 2012).

85세가 되면 후기 노인의 반쯤이 혼자 살게 된다. 불행하게도 노인들의 상당수가 빈곤 수준 혹은 그 아래에 처해 있어 생활이 곤궁하게 된다. 빈곤은 여자 노인들, 특히 유색인의 여자 노인들에게 더 문제이다(Administration on Aging, 2012). 아주 적은 수의 후기 노인들이 독립(자율이나 통제)과 요양원에서 가질 수 없는 사생활 보호를 원하기 때문에 성인자녀 등과 함께 산다. 그 밖의 노인들은 자녀들이 자주 방문할 수 있을 정도로 가까운 곳에 산다. 어떤 경우에는 노인 부모가 손자들을 돌보고 자녀는 노인이 병에 걸렸을 때 경제적 및 정서적 지지를 해 준다.

탐색 3.4 노인 돌보기

www.aging-parents-and-elder-care.com 노인 돌보기에 관한 유용한 정보 웹사이트

관계변화 대부분의 기혼 여성들이 남성보다 더 오래 살기 때문에 노년층에서는 할머니가 할아버지보다 더 많다. 미국의 여성 중 절반이 60대 초에, 80%는 70대 초에 혼자가 된다. 65세를 넘으면 할머니와 할아버지의 비율이 3 대 1이 된다. 여성이 남성보다 배우자와의 사별에 더 잘 적응한다. 이미 말했듯이, 남자 노인이 경제적으로는 여자 노인보다 형편이 낫지만 일상적인 집안일에 서툴고 외로움을 더 느끼고 덜 행복하다. 독신이었던 사람들이 독신생활을 스스로 선택했고 이미 잘 적응되었기 때문에 혼자된 노인들보다 성인 후기를 더 만족스럽게 산다.

우정은 노인들에게 매우 중요하고 그들의 생존에 영향을 준다(Giles, Glonek, Luszca, & Andrews, 2005). 흥미로운 점은 여자들은 노년에 친구를 더 쉽게 사귄다는 것인데 이는 이미 사교의 경험이 있고 여자 노인들의 수가 더 많기 때문이기도 하다. 하지만 이 나이에는 사회적 교류의 감소로 인해 남녀 모두에게 친구가 더욱 중요해진다. 점차 많아지는 현상으로 나이가 들면서 한곳에 오래 사는 사람들은 옛 친구들

휴대전화와 컴퓨터를 통해 친구나 가족과 접속할 수 있다. 10대와 청년들뿐 아니라 노인들도 이 기술을 이용하고 있다.

과 계속 교류할 수 있다. 어떤 친구들은 죽고 사회적 교류가 더 줄어들겠지만 그들은 젊은이들과 마찬가지로 가깝게 지낸다. 다른 곳으로 이사를 한다면 새 친구를 사귀어야 한다. 두 경우 모두 친구는 노년기의 외로움과 소외감을 막아 주는 데 있어 중요하다(Thanakwang, 2009). 이것이 일부 노인들이 남부나 남서부의 Sunbelt에 있는 양로원이나 지역 공동체 마을에 살고 싶은 이유일 것이다. 노인 입주자들은 얼마나 멀리 있든지 간에 인터넷을 통해 친구와 가족과 연락할 수 있다. 사실 그러한 소통은 노인들의 외로움을 막아 주었다. 하지만 노인들이 인터넷으로 새로운 친구를 찾으려고 할 때도 외로움은 사라지지 않는다(Sum, Mathews, Hughes, & Campbell, 2008).

은퇴

은퇴 경험은 개인별로 무척 다양하지만 대개 몇 가지 요인에 따른다. 일반적으로 은퇴 결정이 자발적일수록 은퇴에 더 잘 적응한다. 둘째, 은퇴할 때 건강이 좋으면 만족스러워하지만 건강상 이유로 은퇴한 경우 행복감이 줄어든다. 셋째, 적절한 수입도 이 나이에는 매우 중요하다(Petkoska & Earl, 2009). 많은 고령자들이 은퇴 후 사회보장에 의지하려고 계획하지만 이러한 수입을 받는 나이가 점차 오르고 있다. 일반적으로 은퇴자가 사회보장만으로는 바람직한 생활 수준을 유지하지 못한다(Moreau, 2002). 수입이 불충분한 은퇴자들은 계속 일을 할 가능성이 높으며 이런 현상을 **가교 고용**(bridge employment)이라고 부른다. 사실 '돈의 필요성'이 은퇴 후 일을 하는 가장 큰 이유이다(Gobeski & Beehr, 2009). 특히 최근의 불경기는 투자 포트폴리오의 가치를 급격히 떨어뜨려 더 많은 노인들이 자신의 예금을 까먹고 가교 고용(bridge employment)을 찾거나 은퇴를 미루게 하고 있다(Fleck, 2011). 고소득 직업군 사람들은 수입이 충분하기에 좀 더 긍정적인 은퇴경험을 보고한다(Pinquart & Schindler, 2007).

탐색 3.5 은퇴

www.aarp.org 노인들을 위한 가장 큰 이익 단체인 미국 은퇴자 협회 웹 사이트. 협회의 보호 프로그램 및 정부 로비활동을 비롯한 노화에 관한 일반적 정보를 담고 있다.

은퇴에 관한 연구에 의하면 은퇴자는 일을 계속 하는 사람들과 똑같은 자존감 수준을 가지고, 일반적으로 은퇴하지 않은 사람만큼 잘 적응한다(Drentea, 2002). 한 가지 다른 점이라면 은퇴가 정신 건강을 향상시킨다는 것이다(Mandal & Roe, 2008). 은퇴하느냐 일을 계속하느냐를 결정하는 다른 요인은, 여성의 경우 보살펴야 되는 사람이 있느냐(Dentinger & Clarkberg, 2002; Pienta & Hayward, 2002)와 배우자의 은퇴 여부이다. 초등학교 보조교사와 같은 은퇴 후 자원봉사는 수입이 충분한 은퇴자들이 특히 좋아하는 '일거리'이다(Carey & Ward, 2000).

성공적인 노화

계속 변호사로 일하면서 활발히 사회활동을 하는 사람과 은퇴하고 현관 흔들의자에 앉아 있는 사람 중 누가 더 우아하게 나이 들고 있는가? **노화 활동 이론(activity theory of aging)**을 선호하는 노인학자들은 나이에 상관없이 활동적일수록 더 만족하고 더 잘 적응할 것이라고 제안한다. **노화 분리 이론(disengagement theory of aging)**을 주장하는 이들은 개인은 나이가 들면서 사회로부터 벗어나는 경향이 있음을 지적한다. 밝혀진 대로, 성공적인 노화에는 정답이 없고 각자 자기 방식대로 노년기에 적응한다. 실제로 사람들은 자신의 성격, 욕구, 흥미에 가장 잘 맞는 노년기를 선택하는 경향이 있다. 그래서 에너지가 넘치고 일을 좋아하는 사람은 계속 새로운 일을 할 것이고 보다 자기성찰적 사람은 책을 더 많이 읽을 것이다(Bernic Neugarten, 1986).

노인들은 **삶의 점검(life review)**, 즉 삶이 얼마 남지 않았다는 사실을 깨달음으로써 자연스럽게 일어나는 자기-점검 과정을 통해 자신의 삶에 대해 통합감을 가진다. 그러한 과정이 지혜와 평안으로 이끌기도 하지만 후회, 분노, 죄책감, 우울, 질병과 같은 과거의 부정적 사건에 대한 강박적 반추를 유발하기도 한다(Kraaij, Pruymboom, & Garnefski, 2002). 이 과정은 **자신에 대해 생각하고 과거의 사건과 그 의미를 되짚어 보는 회상(reminiscence)**으로 이루어져 있다. 어떤 노인들은 개인적으로 회상하는 것을 좋아하고, 또 어떤 노인들은 가계도를 그리거나 자식과 손자들에게 자신의 삶과 가족사의 중요한 내용을 이야기함으로써 보다 공개적으로 하는 것을 좋아한다. 그러한 회상은 가족과 친구들에게 과거의 기록을 남기는 동시에 자신의 삶에 대한 마지막 조망을 하도록 도와준다.

요약

성인 발달

3.1 나이와 연관된 발달과 나이와 무관한 발달의 차이를 설명한다.
나이와 연관된 변화는 발달의 특정 시기에 일어난다. 나이와 무관한 변화는 삶 속에서 언제든지 일어날 수 있고, 혹은 결코 일어나지 않을 수도 있다.

결정, 결정, 또 결정—성인 초기

3.2 성인 초기의 세 가지 주요 도전을 말한다.
성인 초기에 집을 떠나 독립하고 직업을 갖고 가족을 형성하는 과제를 가진다.

3.3 성인 초기에 집을 떠나 독립적으로 살다가 다시 돌아오는 이유를 설명한다.
극도로 높은 실업률, 독립적으로 사는 데 드는 경비, 개인적 이유의 종합이 성인 초기의 반이 다시 집으로 돌아오는 이유이다.

3.4 직업을 선택하고 가정을 꾸리는 것과 연관된 문제점에 대해 논의한다.
직업을 선택하고 가정을 꾸리는 것은 성인 초기에 큰 불안을 유발시킬 수 있다. 개인적 이유나 직업에 상관없이 많은 이들이 아이를 갖는 것을 미루고, 그 결과 가족 형성의 평균 연령이 높아졌다.

3.5 불임과 입양의 관련성을 설명한다.
수백만 명의 여성들이 생물학적 자녀를 갖는 것을 불가능하게 하거나 매우 어렵게 하는 불임이나 난임의 고통을 겪고 있다. 그 결과 그들은 입양을 통해 자신의 가정을 형성하려고 결정한다.

3.6 자녀를 가지는 것이 결혼에 미치는 영향을 설명한다.
가족을 형성하는 것은 결혼생활에 긍정적 및 부정적 영향을 모두 준다. 긍정적 면은 자녀를 가짐으로써 부부는 보다 분명한 목적의식을 갖게 된다는 것이다. 부정적 영향은 자녀양육에서 비롯되는 스트레스가 증가하고 배우자와의 질적 시간이 감소하고 일과 가정을 병행하기가 어려워진다는 것이다. 이러한 스트레스 요인으로 인해 많은 부부들이 자녀양육에서 다른 가족 구성원의 도움을 받는다.

같은 나이, 같은 성숙?—성인 중기

3.7 중년기의 주요 도전을 설명한다.

중년기의 주요 도전에는 사회의 안녕을 위해 자신 너머를 보는 것, 직업과 가정의 목표 모두를 평가하는 것, 새로운 흥미와 가치를 개발시키는 것 등이 포함된다.

3.8 중년 과도기를 설명한다.

30대 후반에서 40대 중반 사이가 되면 사람들은 중년 과도기, 즉 삶이 반 이상이 지나갔다는 깨달음에 동반되는 개인적 평가의 시간을 경험한다. 이것이 반드시 중년의 위기를 의미하지는 않는다. 중년기에는 남녀 모두 자신의 꿈을 이루기 위해 직업을 바꾸고 보수적인 많은 여성들이 직업을 가지거나 학교로 가는 것과 같은 변화가 일어나기도 한다.

3.9 중년기의 신체변화를 요약한다.

중년의 가장 명백한 신호는 주름살, 체중 증가, 흰머리, 가까운 것을 보거나 높은 음고의 소리를 듣는 것이 어려워지는 것 등의 신체적 변화이다. 신체체계는 전반적으로 느려지며 회복에 시간이 더 걸리게 된다. 보다 젊은 외모를 원하는 중년들은 매년 수십억 달러를 성형수술에 소비하고 있다.

3.10 남녀의 성적 변화의 영향을 논의한다.

생식 능력의 상실에 따르는 생물학적 및 심리적 변화는 남녀 모두에게 새로운 불안과 새로운 기회를 제공한다. 호르몬 요법이 있기는 하지만 폐경은 신체적, 정서적, 심리적 불편감을 준다. 많은 여성들이 성적 반응의 증가를 경험한다. 성적 불능이나 감소된 성적 활기에도 불구하고 비아그라와 같은 약은 남성들이 계속 성관계를 할 수 있도록 도와준다. 지지적 배우자를 갖는 것은 보다 만족스러운 성생활을 만들 뿐 아니라 위에 언급된 여러 변화들을 더 잘 다루도록 도와준다.

우아하게 나이 들기—성인 후기

3.11 노인차별주의와 그것이 노년에 미치는 영향을 설명한다.

노인에 대한 부정적 태도를 의미하는 노인차별주의는 후기 성인들은 허약하고 연약한 마음을 지니고 있다는 고정관념을 갖게 한다. 노인차별주의는 노인들의 개인적 권위를 손상시키고 사회로부터 소외시키며 일할 기회를 제한시킬 수 있다.

3.12 노년 초기와 노년 후기의 차이를 설명한다.

노년 초기는 65~74세까지이고, 노년 후기는 75세 이상을 말한다. 초기 노인들은 후기 노인에 비해 신체적 및 인지적 감퇴에서뿐만 아니라 보다 적은 장애를 경험하고 일반적으로 더 건강하다.

3.13 성인 후기에 동반되는 신체적 및 인지적 변화를 설명한다.

성인 후기에는 신체기능이 점차 느려지고 에너지 수준이 떨어진다. 균형감이 떨어지고 반응시간이 감소하며 청력, 시력, 미각과 연관된 감각 능력도 악화된다. 하지만 기본 적응 능력은 성인기 내내 매우 안정적이다. 건강한 생활방식을 유지하는 것이 이러한 감퇴를 막는 데 도움이 된다.

3.14 은퇴기의 만족을 도와주는 요인들을 설명한다.

은퇴 후 만족은 은퇴 이유, 은퇴에 대한 태도, 건강, 수입, 자원봉사 같은 의미 있는 활동에의 참여 등 여러 요인에 달려 있다.

3.15 성공적으로 나이 들기 위한 여러 방법을 설명한다.

성공적으로 나이 들기 위한 단 하나의 최선의 방법은 없으며 개인은 자신의 방식대로 노년에 적응한다. 노화는 개별적인 과정이다. 성공적인 노화는 개인의 사회적 연결망, 통제감, 긍정적 회상에 좌우된다.

퀴즈 정답

1. 참. 청력, 시력, 촉각의 여러 면이 노년에는 감퇴된다. 많은 경우 미각과 후각도 점점 덜 민감해진다.

2. 거짓. 사람들은 극소수의 신경세포를 잃는다. 손실은 성인 후기가 아니라 30세쯤에 시작된다.

3. 참. 나이 든 운전자들의 사고율은 30세 이하보다는 적고 중년기보다는 더 높다.

4. 거짓. 다른 연령층과 마찬가지로 노인들 사이에도 많은 차이점이 존재한다.

5. 참. 항원의 축적으로 인해 노인들은 감기와 같은 단기 질병에 덜 걸린다. 하지만 면역계의 약화로 인해 암이나 폐렴과 같은 생명을 위협하는 질병에 더 걸리기 쉽다.

6. 거짓. 재인 기억은 나이가 들어도 거의 감소하지 않고 회상 기억은 눈에 띄게 감소한다.

7. 참. 더 느린 반응시간은 노인들의 가장 큰 특징 중 하나이다.

8. 거짓. 65세 이상의 5% 미만이 일정 기간 요양원에 거주한다.

9. 거짓. 노인은 죽음을 더 의식하게 되지만 다른 연령층보다는 죽음에 대해 덜 두려워한다.

10. 참. 혼자된 남자 노인보다 혼자된 여자 노인이 더 많다.

스스로 해 보기

1. **Lisa는 40세 생일날 교육학 석사학위를 받음으로써 평생의 목적 하나를 성취하였다. 발달심리학에 의하면 위의 경우는 __________을(를) 의미한다.**
   a. 교류 발달　　b. 횡단적 변화
   c. 나이와 연관된 변화
   d. 나이와 무관한 변화

2. **성인 초기로의 변화는 ______________**
   a. 이 단계의 결정이 장기간 영향을 미치므로 스트레스가 매우 심할 수 있다.
   b. 집을 떠나고, 직업을 준비하고, 가정을 갖는 등 여러 도전을 가지고 있다.
   c. 흔히 성인자녀가 그 부모와 더 친밀하게 된다.
   d. 위의 것 모두 해당된다.

3. **과거의 부부에 비해, 지금의 부부는 ______**
   a. 가족을 늦게 구성한다.
   b. 아이를 더 많이 가진다.
   c. 남편은 직장에 다니고 아내는 집에 머무르는 것을 선호한다.
   d. 아들보다 딸을 더 원한다.

4. **Stephen은 40세 생일날 생각에 잠겼다. '나는 안정된 직업을 가졌고(내가 싫어하는), 401K 계획이 있고(그 안에 돈은 거의 없는), 고등학생 자녀가 둘 있고(나와 대화를 하기보다 주로 문자를 보내는), 10년 된 미니밴(카세트테이프를 틀어야 하는)이 있구나. 이것이 전부인가? 이것이 지금부터 죽을 때까지의 나의 삶이란 말인가?' 그는 아마 ________을(를) 경험하고 있다.**

a. 행복감
b. 중년의 변화
c. 생산성
d. 갱년기

5. 중년기의 가장 큰 변화의 징조는______이다.
a. 더 많은 감기와 알레르기
b. 만성 질병의 감소
c. 기억력 손상
d. 신체적 외모의 변화

6. 새롭고 영원한 부모-자녀 관계의 법적 성립은 ________(이)라고 한다.
a. 입양
b. 양육 돌보미
c. 교대 양육
d. 대리 부모

7. Matt는 50세에 30세 초반인 Marcia와 결혼을 했다. 아이를 가지려고 몇 달간 노력해도 되지 않자 그는 의사를 찾았는데 의사는 그가 건강한 정자를 가지고 있지 않으며 생식 능력이 없다고 말했다. 그는 아마 ______을(를) 경험하고 있었다.
a. 갱년기
b. 성불능
c. 남성 폐경기
d. 성적 노화

8. 최근 불경기로 인해 60세인 Jack은 자신의 은퇴 예금이 급속히 줄어들고 있음을 알게 되었다. 그래서 그는 다시 광고일을 하기로 결심했다. 놀랍게도 그는 일자리를 구하기가 매우 어려웠다. Jack은 면접관이 그의 상사가 될 사람에게 Jack이 "나이가 많아서 요즘의 소매 시장을 따라가지 못할 것입니다."라고 말하는 것을 듣게 되었을 때야 그 이유를 알게 되었다. Jack에 대한 대우는 아마 __________의 결과이다.
a. 성에 대한 고정관념
b. 유아 취급
c. 노인차별주의
d. 소매업 편향

9. 은퇴에 잘 적응하느냐를 결정짓는 가장 중요한 요인(들)은 무엇인가?
a. 건강상태
b. 수입 수준
c. 은퇴의 자발성
d. 세 가지 모두

10. Jose는 은퇴 후 학교에서 아이들의 읽기를 도와주는 자원봉사를 하려고 마음먹었다. 또한 그는 매주 며칠씩 식당에서 자원봉사를 하였다. 그의 행동은____________을 지지한다.
a. 노화 분리 이론
b. 가교 고용 개념
c. 노화 활동 이론
d. 삶의 점검과정

연습

1. **당신은 성인으로서 어떻게 성장하였는가?**
청소년기 이후의 개인적 성장을 간단하게 적어 보라. 당신의 성격은 어떻게 변하고 어떻게 유지되었는가? 학교에서의 성취, 실연, 혹은 직장에서의 새로운 책임과 같은 당신의 개인적인 성장에 기여한 요인들을 적어 보라.

2. **집을 떠나 독립하기.**
당신의 독립 경험을 설명해 보라. 이미 독립했다면 독립을 시작할 때 편안했는가, 아니면 힘들었는가? 아직 독립하지 않거나 대학에 머물고 있다면 당신은 이러한 발달 과업을 얼마나 잘해 낼 것 같은가? 당신의 부모님은 이 문제에 도움이 되는가?

3. **중년의 변화.**
   만약 중년의 변화를 겪고 있거나 이미 겪었다면 당신의 경험을 약 1쪽 정도 적어 보라. 중년이 아닐 경우 그러한 경험이 어떠할 것인지 짐작하여 적어 보라. 이것은 어느 정도로 힘든 시간 혹은 위기였는가? 혹은 그럴 것이라고 여기는가?

4. **혼자 남기.**
   당신 자신이나, 혹은 당신이 아는 사람 중에 사별로 혼자된 사람을 선택하고 그가 혼자 사는 것에 얼마나 잘 적응하는지에 관해 적어 보라. 가장 어려운 적응문제는 무엇인가? 사별의 경험으로 개인의 성장도 이루어졌는가?

5. **성공적인 노화.**
   이모, 삼촌, 할머니, 할아버지 등 가족 중 성인 후기에 도착한 사람을 떠올려 보라. 혹은 당신일 수도 있다. 그 사람이 얼마나 성공적으로 나이가 들고 있는지 적어 보라. 그 사람은 어느 정도로 활동적인가, 혹은 얼마만큼 자신의 환경에 무관심한가? 그는 나름의 독특한 방식으로 나이 들고 있는가? 이 사람과의 관계가 노화에 대한 당신의 이해를 돕는가?

복습을 위한 물음

1. 당신은 나이와 경험을 통해 어떤 방식으로 성숙해졌는가?
2. 집을 떠나는 것에는 이사를 하는 것 이상의 의미가 있음에 동의하는가?
3. 당신의 부모님은 당신 나이 때에 어떠했는가?
4. 당신은 지금 어느 성인기에 있는가? 이것이 당신이 지각하는 나이와 다른가?
5. 중년 과도기가 반드시 위기일 필요는 없다는 사실을 알고 있는가? 중년기의 어떤 특징이 그 과도기를 위기로 여기게 하는가?
6. 노인들은 왜 실제보다 자신을 젊게 느끼는가?
7. 당신은 아동기일 때 어떤 노인과 친숙했는가? 이러한 경험이 노인에 대한 당신의 고정관념을 만들었는가? 그렇지 않다면, 무엇이 노년에 대한 당신의 생각을 형성시켰는가?
8. 은퇴하면 무엇을 하고 싶은가? 이유는 무엇인가?
9. 개인적 특질은 나이가 들면서 더 분명해진다고 생각하는가?
10. 요양원에 사는 것이 어떨 것이라고 생각하는가?

제 4 장 자아 찾기

자기개념은 무엇인가?

자기 구성요소

- 자기상
- 이상적 자기
- 사회적 자기
- 다중 자기

자기개념의 핵심 특성

- 자기일관성
- 자기존중감
- 자기고양과 자기확증

자기개념과 개인적 성장

- 되고 싶은 자기
- 비판에서 배우기
- 부다 큰 자기주도

요약

자기상과 이상적 자기 채점법

스스로 해 보기

연습

복습을 위한 물음

학습목표

이 장을 모두 학습한 후 다음을 할 수 있다.

4.1 자기개념을 설명한다.

4.2 자기를 보호하기 위한 여러 과정을 말한다.

4.3 자기개념이 인간의 성장에 중요한 이유에 대해 논의한다.

4.4 자기상, 이상적 자기, 사회적 자기를 구별한다.

4.5 다중 자기개념을 설명한다.

4.6 자기일관성을 향한 핵심 경향성을 설명한다.

4.7 높은 자기존중감의 장점과 위험을 설명한다.

4.8 자기고양과 자기확증을 구별한다.

4.9 심상화가 어떤 식으로 자기성장을 돕는지 설명한다.

4.10 개인의 성장을 위해 자신이 사용할 수 있는 방법을 열거한다.

4.11 개인의 성장에서의 보다 큰 자기주도와 자기수용의 중요성을 논의한다.

Shandra는 자동차 매장의 판매원이다. 그녀는 자동차 판매직이 자신의 존재와 자신이 좋아하는 것을 나타내지 못한다고 생각했으므로 사람들에게 직업을 밝히기를 싫어했다. 아주 어렸을 때부터 그녀는 글 쓰는 것을 좋아했다. 10대에는 계속 단편소설, 시, 수필 등을 기고했다. 그녀는 대학에서 영어를 전공했고 교수들은 그녀의 글쓰기 능력을 자주 칭찬했고 소설가가 되라고까지 격려했다. 그래서 4학년이 되었을 때 그녀는 자신의 첫 작품인 추리소설을 쓰기 시작했다. 하지만 대학을 졸업하자 수만 달러의 빚을 지고 있는 자신을 깨닫게 되었다. 그녀에게는 직장을 찾는 것이 급선무였다. 그래서 Shandra는 그렇게 했고 '잠시' 작가로서의 경력을 포기하고 자동차 판매를 시작했다. 그 시점에 '삶'은 그녀가 바라던 인생을 방해하기 시작했다. 부모님 중 한 분이 돌아가셨고, 멀리 이사를 해야 했으며, 결혼을 했고, 3년 만에 두 아이의 엄마가 되었고, 여전히 학자금 대출을 갚는 중이었다. 시간이 더디게 흘러갔다. Shandra는 무리하게 일을 했고 빚은 남아 있고 스트레스가 많았지만 결국 해 내었다. 그녀는 10년 만에 첫 원고, 즉 10년 전에 시작했던 추리소설을 완성했다. 2년간 몇 번의 퇴짜를 맞고 수정을 거듭한 결과 마침내 그녀의 책을 출판해 주겠다는 편지를 받았다. 처음 편집자를 만나러 뉴욕으로 가는 비행기 안에서 그녀의 옆자리 승객이 그녀가 무슨 일을 하는지 물었다. 산드라는 얼굴에 미소를 띤 채 당당하게 말했다. "저는 작가입니다."

자기개념은 무엇인가?

학습목표

4.1 자기개념을 설명한다.

4.2 자기를 보호하기 위한 여러 과정을 말한다.

4.3 자기개념이 인간의 성장에 중요한 이유에 대해 논의한다.

글상자 4-1 당신은 다음 사실을 알고 있는가?

- 많은 사람들이 낮은 자기존중감을 정서적 장애라 여기지만 사실은 사고에서 비롯된 것이다.
- 자기존중감이 낮은 10대는 그것을 높이려고 성적으로 문란해질 수 있다.
- 대부분의 소녀들은(약 70%) 친구나 가족과의 관계, 외모, 학업 등 삶의 중요한 영역에서 잘하지 못한다고 여긴다.
- 자기존중감이 높은 소녀의 15%만이 자신에 대해 부정적으로 이야기하는 반면, 자기존중감이 낮은 소녀는 61%가 그러하다.
- 자기존중감이 낮은 소녀의 65%만이 자신이 부모의 기대를 만족시켜 준다고 여긴다.

출처: DoSomethign.org(2012)의 "10대의 자기존중감에 관한 11가지 사실"

본질적으로, **자기개념(self-concept)**은 자신에 대해 가지는 전반적인 상, 혹은 인식이다. 자기개념은 '나는'이나 '나를'과 연관된 감정, 신념, 가치를 포함한 모든 지각을 포함한다. 우리는 대개 자기개념을 단일 개념으로 사용하지만 실제로는 다수의 자기로 구성된 복합개념이다. 자기개념은 여러 경험, 행동, 감정이 붙어 있는 '접착제'라고 생각해야 한다. 우리는 일이나 놀이 같은 활동을 할 때 자신의 자기개념을 당연하게 받아들인다. 또한 중요한 결정을 하고 무거운 책임을 맡거나 당황하였을 때 자신을 아주 잘 인식하게 된다. 자신의 자기상과 타인에게 비춰지는 모습 간의 차이를 경험할 때도 자신을 예민하게 의식할 수 있다. 게다가 자기개념은 우리가 보고 듣는 모든 것이 통과하는 여과지 역할을 하여 경험에 영향을 미침으로써 우리는 자기개념과 일치하는 방식으로 지각하고 판단하고 행동하게 된다(Christensen, Wood, & Barrett, 2003). 표 4-1은 자기개념을 구성하는 여러 형태의 자기를 보여 준다.

자기개념은 우리에게 개인의 정체감이나 자신이 누구인가에 대한 느낌을 부여한다. 자기개념은 상황과 주위 사람이 변하더라도 자신이 기본적으로 어제와 같은 사람임을 확인시켜 준다. 다른 말로 하면, 우리의 사고와 행동에는 일관성 혹은 일치성이 존재한다(Nail, Misak, & Davis, 2004). 죽음에 대한 공포가 고통이나 불확실성에 대한 공포가 아니라 자신의 정체성이 해체될 거라는 깊은 두려움이라고 하기도 한다(Pyszczynski & Cos, 2004). 당신은 이런 해석에 찬성하는가?

자신을 보호하기 자신에 대한 느낌은 매우 중요하므로 그것을 위협하는 사람과 사물에 저항하고, 자기에 대한 위협이 매우 클 경우 심지어 공격적 반응을 하게 된다(Bushman & Baumeister, 1998). 자기에 대한 감정을 보호하는 다른 방법은 사회로부터 전통적으로 가치 있게 여겨지는 능력의 중요성을 축소하는 **절감(discounting)** 과정이다. 예를 들어, 학업 성적이 좋지 않은 청소년은 학업이 미래에 미치는 중요성을 무시한다(Harter, 1987). 우리는 대개 친구나 가족, 직장이나 학교 등에서 긍정적인 정보를 찾아 자신을 보호하려고 한다. 예로, 사람들은 페이스북 등의 SNS에 타인으로부터 받는 긍정적 언사를 보여 주려고 '칭찬 낚시'라도 하여 댓글을 올린다. 밝혀진 바에 의하면 올리는 글의 75%가 긍정적인 것이다(Valkenburg, Peter, & Schouten, 2006). 결국 우리는 자신을 유리하게 하는 경향이 있다. 우리는 많은 의미를 가질 수 있는 정보에 직면했을 때 보통 그것을 가능한 가장 긍정적인 방식으로 해석한다(Sedikides & Koole, 2004). 달리 말하면, 대부분의 사람들이 자기를 미화하거나 자기를 좋은 결과를 가져오는 원인이라고 생각하는 믿음인 **자기 봉사적 귀인 편향**

표 4-1 '자기들'의 자기개념을 구성하는 여러 구체적 자기

이름	내용
학구적 자기	'공부에 관한' 평가
예술적 자기	예술을 창조하고 평가하는 능력에 대한 평가
운동적 자기	협응, 힘, 인내 등 신체적 능력에 대한 평가
정서적 자기	정서를 표현, 조절, 해석하는 능력에 대한 평가
도덕적 자기	자기 및/혹은 사회에 의해 인정받은 도덕적 기준을 따르는 능력에 대한 판단

이것은 여러 다른 형태의 자기의 일부분이다. 이 밖에 어떤 형태가 있는지 생각해 보라.

(self serving attributional bias)을 취한다. 예를 들어 우리는 흔히 자신의 성공을 개인적인 능력으로 간주하고 실패는 외부 탓으로 돌린다.

알다시피, 우리는 자기감을 보호하기 위해 여러 전략을 사용한다. 하지만 이런 방어책이 실제로 자기에 유익한 것인가? 일단 이것은 자기에 대한 당장의 위협을 막아 줄 수 있기 때문에 유익한 듯 보인다. 하지만 불행하게도 그러한 단기적 유익함이 늘 장기적인 이점으로 연결되지는 않는다. 절감은 영원할 수 없는데, 이는 대부분 사람들에게 사회의 압력을 완전히 무시하는 것이 힘들기 때문이다. 칭찬 낚시도 맞불을 일으켜 많은 부정적 댓글을 가져올 수 있다. 편향된 관점과 공격적 반응은 실제적 자기감의 발전으로 연결되지 않는다. 개인적 성장에는 자신의 강점과 약점을 개방적으로 정직하게 평가하는 것이 필요하다. 우리는 자기에 대한 객관적 평가, 즉 자기개념을 통해서만 한 개인으로 성장하고 발전하는 법을 알 수 있다.

자기 구성요소

학습목표

4.4 자기상, 이상적 자기, 사회적 자기를 구별한다.

4.5 다중 자기개념을 설명한다.

이전에 자기의 여러 가지 구체적 형태를 알아보았다. 하지만 보다 일반적 수준에서 네 종류의 자기로 구분하고 있다.

- **신체상**(body image), 자기의 몸에 대한 인식
- **자기상**(self-image), 자기가 바라보는 자기
- **이상적 자기**(ideal image), 되고 싶은 자기
- **사회적 자기**(social image), 타인이 자기를 어떻게 바라보는지에 대해 느끼는 방식

신체상은 5장에서 많이 다를 것이므로 먼저 자기상에 대해 자세히 알아보자.

자기상

위에서 언급했듯이 자기상은 **자기가 자기를 바라보는 방식**이다. 자기상은 주로 성장하면서 획득한 여러 자기인식과 중요한 타인들이 현재 자기를 바라보고 대우하는 방식에

이상적 자기는 당신이 되고 싶어 하거나, 혹은 일부 경우, 지금 현재 자신을 반영해 주는 자기이다.

의해 구성된다. 젊은이들은 인격 형성기 내내 타인들이 자신에 대하여 생각하는 방식, 즉 그들의 판단과 기대를 내면화하고 그에 따라 자신을 바라본다. 예를 들어, 아동기 중기에 가족 구성원에게 놀림을 받는 것은 낮은 자존감과 우울로 나타나 부정적 자기상을 만들 수 있다(Keery, Boutelle, van den Berg, & Thompson, 2005). 아주 부정적인 말('그렇게 하지 말라고 했지, 바보야!', '도대체 너는 어떻게 된 아이니?')을 구사하는 부모가 아동의 자기상에 끼치는 장기적 영향을 짐작해 보라. 그럼에도 불구하고 아동기의 경험은 타인, 특히 친구, 연인, 교사, 배우자와의 보다 최근 경험을 통해 자기상을 수정하는 경향이 있으므로 극복될 수 있다. 하지만 낯선 이들의 견해도 이따금씩 우리에게 영향을 주므로 자신을 바라보는 방식뿐만 아니라 미래의 행동에도 영향을 줄 수 있다. 예를 들어, 부모들은 타인의 언짢은 시선, 즉 자기 자녀도 통제 못하다니 참 못난 부모다라고 여기는 시선을 피하기 위해 계산대 앞에서 칭얼대는 아이들의 요구에 자주 굴복할 것이다.

이상적 자기

자기의 또 다른 면은 **이상적 자기(ideal self)**, 즉 당신의 포부, 도덕적 이상, 가치를 포함하여 당신이 되고 싶은 자기이다. 이상적 자기는 현재 자기의 반영, 혹은 되고 싶은 자기에 대한 상일 수 있다. 하지만, 이상적 자기가 실제 자기와 아주 차이가 크면 불안 및 다른 심리적 문제가 발생한다. 예를 들어, 폭식증(폭식과 구토가 특징인 심리장애)을 겪는 사춘기 소녀들은 실제 자기와 아주 다른(더 마른) 이상적 자기를 가지는 경향이 있다(Sonenklar, 2011).

경험이 많아지고 성숙해지면서 개인의 포부는 자신에 대해 기대하게 된 것을 건강하고 성인다운 방식으로 표현하는 자신이 선택한 목적과 가치(자기주도성)를 드러내야만 한다. 그래서 이상적 자기는 개인이 최선을 다하도록 하는 자극이 될 수 있다. 만약 이상적 자기에 근거해 살고 있지 못하다면 포부를 성취할 노력을 배가하거나 목적을 달성할 수 있는 방향으로 수정해야 하는 것 중에서 선택해야 한다고 느끼는 것이 건강한 것이다. 대개 우리는 이상과 보다 부합되기 위해서 자기상과 행동을 수정해야만 한다고 여긴다. 우리의 포부가 과하거나 비현실적임이 증명될 경우, 이상적 자기를 성장과 자기존중감을 촉진하는 방식으로 수정하는 것이 더 적절하다.

당신의 이상적 자기는 어떤 특징을 지니는가? 당신은 이상적이 되려는 경향이 있어 자신의 목표에 부족함을 느낄 때 자신을 몰아세우는가? 혹은 실망감을 털어 버리고 다른 시도를 하면서 보다 현실적이고 실용적으로 생각하는가? 당신의 지각을 알아보려면 활동 4-1에 있는 자기상과 이상적 자기에 관한 연습문제를 해 보아라.

활동 4-1
자기상과 이상적인 자기

이것은 당신의 자기상과 이상적인 자기 사이의 일치성을 측정하기 위한 것이다. A에서 P까지의 목록이 들어 있는 표를 복사하라. 그런 후 16개의 카드를 선을 따라 잘라 마음대로 책상 위에 펼쳐 놓아라.

먼저 자기상을 골라야 한다. 그러기 위해서는 카드를 위에서 아래, 혹은 왼쪽에서 오른쪽으로 일렬로 배치하라. 한쪽 끝에 당신을 가장 잘 나타내는 카드를 두라. 그런 후 나머지 카드를 가장 잘 나타내는 것부터 가장 잘 맞지 않는 것의 순서로 두라. '자기'라고 붙인 칸에 각 카드의 순위를 기록하라. 예를 들면 카드 A를 여덟 번째 두었다면 카드 A 옆에 '8'이라고 적는다.

다음으로 이 절차를 자신의 이상적 자기에도 똑같이 해 보라. 즉 카드를 자신이 가장 되고 싶은 자기를 표현하는 순서대로 두라. 순위를 매겼으면 '이상적인'이라고 붙인 칸에 그 카드의 순서를 기록하라.

카드의 순서를 다 매기고 점수를 기록했으면 이 장의 끝에 있는 채점법을 보라.

나는 사람들이 좋아하는 사람이다 A	나는 성적 매력이 있다 I
나는 때때로 자기중심적이다 B	나는 불안한 사람이다 J
나는 신체적 매력이 있다 C	나는 평균 이상의 지능을 가지고 있다 K
나는 인정 욕구가 강하다 D	나는 여럿이 있을 때 수줍어한다 L
나는 대개의 경우 열심히 일하는 사람이다 E	나는 유머 감각이 좋다 M
나는 공상을 많이 한다 F	나는 때로 정직하지 못하다 N
나는 필요한 경우 주장을 펼 수 있다 G	나는 좋은 성격을 지니고 있다 O
나는 자주 의기소침해진다 H	나는 잡담을 많이 한다 P

목록	자기	이상적	차이
A			
B			
C			
D			
E			
F			
G			
H			
I			
J			
K			
L			
M			
N			
O			
P			
		차이의 합	

사회적 자기

사회적 자기(social selves)라는 용어는 자신의 생각에 자기에 대해 타인들이 가지는 인상을 뜻한다. 예를 들어, 자기중요성을 과장하는 Ari를 생각해 보자. Ari는 미술시간 그룹 활동을 할 때 그룹의 다른 사람들이 그를 그 과제에 도움이 되는 가장 창의적인 조원으로 여긴다고 확신한다. Ari뿐 아니라 우리는 타인이 우리를 어떻게 여기는지에 관해 실수하기가 쉽다. 사실 다른 사람들은 그를 오만하다고 생각하며 그의 생각이 별로라고 여긴다. 예를 들어, 우리는 자주 자신의 행동, 외모, 정서가 타인에게 얼마나 돋보이는지에 대하여 과대평가하는데 이 현상을 **조명 효과**(spotlight effect)라 한다. 다른 말로 하면, 우리는 실제보다 훨씬 더 많이 타인들이 우리에게 관심을 갖는다고 생각하는 것이다(Libby, Eibach, & Gilovich, 2005). 또한 우리는 자신을 심하게 비난하는 경향이 있으므로, 대부분은 타인이 자신을 실제보다 더 심하게 비판할 것으로 예상한다(Gilovich & Savitsky, 1999). 그럼에도 불구하고 우리가 자신을 바라보는 방식에 큰 영향을 미치는 것은 타인이 우리를 바라보는 방식에 대한 지각(실제가 아닌)인 것이다.

우리가 만나는 모든 사람은 우리를 조금씩 다르게 볼 것이므로 우리는 많은 다른 사회적 자기를 지니고 있다. 낯선 사람과 있을 때는 그 사람이 어떤 사람인지 알게 될 때까지 자신을 방어하고 확신을 갖지 못한다. 비판적인 상사는 우리를 불안하고 열등하게 만들지만 우리를 좋아하고 칭찬하는 친구는 믿음직스럽고 애정이 넘치게 한다. 이것은 우리가 두 얼굴을 가지고 있거나 자신에게 진실하지 않아서가 아니다. 오히려 이 모든 사람들은 자신의 여러 면을 끄집어내어 우리가 자신을 바라보는 방식을 형성하도록 해 준다. 그러므로 우리는 "우리를 과하게 비판하여 가치를 끌어내리려는 이들이 있는가?"라고 자문할 필요가 있다. 아마 이런 사람들을 피해야 할 것이다. "우리 안의 좋은 면을 바라보는 이들이 있는가?" 우리는 이런 사람을 찾기 위해 노력해야 한다. 두 가지 경우 모두 우리 삶에 대한 사회적 영향을 수정함으로써 자신을 바라보는 방식을 바꿀 수 있다. 이런 식으로 자신에 관한 모든 것을 변화시킬 수 있다고 여기는 것은 어리석다. 하지만 유동적이고 변화하는 사회적 자기의 개념은 우리에게 실제보다 변화와 개인적 성장의 기회가 더 많음을 상기시켜 준다.

다중 자기

이미 말했듯이, 전체 자기개념은 조직화된 자기의 군집이므로 다중 자기 혹은 **자기복합성(self-complexity)**으로 말하는 것이 더 적당할 것이다(McConnell et al., 2005). 자기복합성이란 자신의 **자기개념이 여러 다른 자기 측면으로 구성되어 있는 정도**를 말한다. 그래서 자기개념은 일생 동안 습득한 여러 선명도와 강도를 가진 수백, 수천 가지의 자기인식을 포함하고 있다. 예를 들어, 산다라의 자기개념에는 자신의 성 역할, 엄마로서의 자기개념, 태도와 가치 등이 들어 있다.

심리학자들은 이러한 자기의 다중성이 개인별, 문화별로 아주 다르다는 사실을 증명하고 있다(Bigler, Neimeyer, & Brown, 2001; Markus & Kitayama, 2003). 예를 들어 일본인의 자기개념에는 백인 미국인의 자기 개념에서는 전혀 큰 부분이 아닌 영성적인 자기뿐 아니라 가족 지향적인 자기가 포함된다(Miller, 1999). 자기의 다양성 중 많은 것이 사회적 문화적 역할을 반영하므로 대개의 행복한 사람들은 '많은 과업'

을 짊어지고 있다. 하지만 많은 연구에 의하면 자기에는 한 가지 아주 보편적인 면, 즉 자신을 좋게 평가하는 경향성인 **자기고양**(self-enhancement)이 있는데, 잠시 후 알아볼 것이다(Sedikides, Gaertner, & Vevea, 2005).

자기개념의 핵심 특성

학습목표

4.6 자기일관성을 향한 핵심 경향성을 설명한다.

4.7 높은 자기존중감의 장점과 위험을 설명한다.

4.8 자기고양과 자기확증을 구별한다.

자기개념의 핵심(core of the self-concept)은 학업 능력과 신체적 매력뿐 아니라 종교, 인종, 민족적 정체성같이 우리에게 아주 중요하다고 여기는 면을 말한다.

자기개념의 핵심은 일단 형성되면 시간이 흘러도 자신을 일관성 있게 지각하는 데서 나타나듯 일반적으로 높은 안정성을 가진다. 예를 들어, Shandra는 핵심 개념, 즉 아프리카계 미국인이라는 점에 대해 진심으로 자부심을 가지고 있으므로 인종 정체성이 흔들린 적이 거의 없었다. 대조적으로 자기의 주변 측면(음악적 취향, 음식 기호, 옷 스타일)은 다소 변할 수 있고 실제로도 자주 그렇다. 이 절에서는 우리는 자기개념을 유지하고 영속시켜 주는 핵심 경향성에 대해 알아보고, 그다음으로는 자기개념의 핵심이 변할 수 있음과 변화하는 주요 경로를 알아볼 것이다.

자기일관성

자기일관성(self-consistency)은 자신의 경험을 자기개념과 일치되는 방식으로 지각하는 경향성이다. 자기개념과 일치하는 경험은 정확히 지각되어 의식 속으로 충분히 수용된다. 예를 들어 시험에서 'A'를 받은 것은 자신이 똑똑하다는 생각(핵심 자기개념)을 강화시켜 주므로 쉽게 회상된다. 이와 반대로 자기개념과 일치하지 않는 경험은 보다 선택적으로 때로 부정확하게 지각된다. 그러한 경험은 왜곡되거나 의식되지 못한다. 예를 들어, 사람들은 위협적인 정보(시험에 떨어지는 것 등)는 그 행동을 덜 중요하게 보이도록 함으로써('이 강의는 전공에 필요하지 않아'라고 말하기 등) 사소하게 여기게 되는데 이 과정을 **자기면역**(self-immunization)이라고 부른다. 이와 유사하게, **기억무시**(mnemonic neglect)는 자기개념의 핵심 측면과 불일치하는 부정적인 피드백의 부정확한 회상(혹은 망각)을 포함하고 있다. 예를 들어 사람은 자기지각(똑똑한, 활동적인, 부끄러움이 많은)과 불일치하는 형용사(어리석은, 게으른, 사교적인)를 회상하는 것을 힘들어한다(Greve & Wentura, 2003).

자기존중감

자기존중감의 유형 자기개념의 가장 중요한 측면 중 하나는 **자기존중감(self-esteem)—자신에 대한 개인적인 평가와 가치감과 연관된 감정**—이다. 사람들은 으레 자기존중감을 단일체—전반적 존중감—로 여기지만 자기존중감은 신체적 매력, 신체적 능력, 인지적 능력, 사회적 관계라는 네 가지 주요 영역으로 묶을 수 있다. 우리는 한 영역(사회적 관계)에서는 높은 자기존중감을 가지나 다른 영역(인지적 능력)에서는 자기존중감이 낮을 수 있다. 그래서 우리의 전반적 자기존중감은 생각보다 복잡하고 경험에 따라 어느 정도 변화한다(Guindon, 2010). 하지만 자기존중감이 유형에 따라 높거나 낮다면 전반적인 자기존중감은 어떻게 측정할 수 있는가? 밝혀진 대로 전반적 자기존중감에 가장 큰 영향을 미치는 것은 자기에게 가장 중요한 영역이다(Harter, 1987). 따라서 신체적 능력을 가장 높게 보는 사람의 전반적 자기존중감은 신체적 자기존중감의 영향을 받을 것이다. 이와 마찬가지로 사회적 관계를 높이 평가하는 사람의 전반적 자기존중감은 자신의 사회적 자기존중감의 영향을 받는다(DeHart et al., 2004). 당신은 어느 유형의 자기존중감을 중요하게 여기는가?

탐색 4.1 자기성장

www.selfgrowth.com 더 높은 자기존중감, 사실상 더 높은 모든 것에 관심이 있는가? 이 사이트는 자기개발과 개인적 성장에 관한 많은 정보를 제공하고 있다.

자기존중감에 영향을 미치는 것 자기존중감은 의미 있는 어린 시절의 경험에서부터 대중매체와 비교한 자기가치에 대한 나름의 기준 등 여러 영향을 받는다. 예를 들어, 자기존중감이 높은 사람은 지지적이고 애정표현을 잘하고 확고하지만 합리적인 규칙을 세우는 부모에게서 자란 것처럼 보인다. 반면에 자기존중감이 낮은 개인은 대개 과하게 엄격하고, 과하게 허용적이거나, 일관성이 없는 양육방식을 하는 부모에게서 양육되었다(Park, Crocker, & Mickelson, 2004). 대중매체가 우리의 자기감을 형성하는 예로서, 피지의 비만한 10대들은 TV가 들어오고 날씬함의 문화(날씬한 배우, 비만은 부정적으로 묘사되고, 뚱뚱한 사람이 희화화되는 것)를 보여 주는 쇼를 보고 나서야 자신의 몸을 부정적으로 보기 시작했다(Becker, Burwell, Gilman, Herzog, & Hamburg, 2002). 또한 문화도 자기존중감에 영향을 미칠 수 있다. 개인주의적 문화권 사람들의 자기존중감은 개인적 목표 성취의 영향을 가장 많이 받는 반면에, 집합주의적 문화권의 사람들의 자기존중감은 가족과 사회와 관련된 목표에 달려 있다(Schmitt & Allik, 2005).

사람들의 자기관점과 실제 수행은 대체로 상관이 낮지만 자기존중감은 성공과 실패의 경험에 의해 영향을 받는다(Dunning, Heath, & Suls, 2004). 심리학자들은 한때는 성공의 누적이 자기존중감을 높이고 실패의 반복은 자기존중감을 낮춘다고 생각했다. 예로, 자녀의 지능을 칭찬하면(과제의 수행과 상관없이) 자녀는 자신이 똑똑하다고 여기게 되어 자기존중감이 올라간다고 생각했다. 하지만 최근의 중요한 연구에 따르면, 사실 그렇지 않았다. 자녀의 지능보다는 오히려 노력에 대한 칭찬이 자기존중감에 도움이 되고 성공 여부에 상관없이 자녀의 도전 욕구를 일으킨다(Dweck, 1999). 결국 어떠한 성취가 자기존중감에 미치는 영향은 주변 사람들에 비해서 어떠했는가에 달려 있다. 그러므로 비슷한 재능과 성공을 가진 개인도 자신을 누구와 비교하는가에 따라 자기존중감이 달라진다. 표 4-2는 높은 자기존중감과 낮은 자기존중감을 가진 사람의 특성을 보여 준다.

높은 자기존중감과 낮은 자기존중감의 영향 대부분의 사람들은 자기존중감이 자신에 대한 느낌에 영향을 준다는 사실을 알고 있다. 높은 자기존중감은 긍정적 감정을, 낮은 자기존중감은 부정적 감정을 일으킨다. 또한 자기존중감은 자신의 행동뿐 아니라 기대와 판단에도 막강한 영향을 미친다(Dunning et al., 2004). 이 증거로, 자기존중감이 높은 사람은 낮은 사람에 비해 학교 성적이 더 좋고 실패에도 계속 노력할 가능성이 많으며 나쁜 대인관계에서도 더 잘 벗어나며 직업을 더 잘 수행한다. 웰빙의 측면에서도 자기존중감이 높은 사람이 낮은 사람보다 더 행복하다(Baumeister, Campbell, Krueger, & vohs, 2005).

하지만 긍정적인 결과가 항상 높은 자기존중감과 연관이 있는 것은 아니다. 왜냐하면 그것은 시험부정과 타인을 괴롭히고 방해하는 것 등의 반사회적 행동과도 연관되기 때문이다. 게다가 친구를 괴롭히는 행동은 흔히 과장되게 부풀려진 자기존중감의 속성을 지니고 있다. 또 다른 부정적인 면은 높은 자기존중감이 개인의 건강을 더 좋게 한다는 증거가 거의 없다는 것이다. 예를 들어, 높은 자기존중감이 알코올이나 약물남용을 예방하지 않는다(Baumeister, Campbell, Krueger, & Vohs, 2003).

표 4-2 높은 자기존중감과 낮은 자기존중감

높은 자기존중감의 징표	낮은 자기존중감의 징표
당신은 …	**당신은 …**
거울에 비치는 자신의 모습을 좋아하는가?	거울 속의 자신의 모습을 피하는가?
대개 자신에 대해 편안한가?	내내 자신에 대해 불만족스러운가?
자신이 이룬 성취를 음미하는가?	자신의 성취에 대해 과도하게 뽐내거나 겸손해하는가?
자신의 실패를 배움의 기회로 여기는가?	자신의 실패에 변명을 하는가?
자신의 견해를 기꺼이 표현하는가?	누가 물으면 자신의 견해를 밝히길 꺼리는가?
동의하지 않더라도 타인의 말에 귀를 기울이는가?	타인에게 자신의 관점을 강요하는가?
칭찬을 예의 바르게 수용하는가?	칭찬을 거부하거나 뽐내는가?
타인이 믿을 만할 때 그를 믿는가?	타인을 부러워하고 비난이나 험담으로 깍아내는가?
자신에 대하여 현실적인 요구를 하는가?	자신에 대해 지나치게 혹은 너무 적게 기대하는가?
너그러운 마음으로 애정을 주고받는가?	상처받을까 두려워 사랑을 드러내지 않는가?

소수자 스트레스와 자기존중감 **소수사의 스트레스(minority stress)—소수자 지위와 연관된 심리 사회적 스트레스**—와 자신과 다수집단 구성원 사이의 차이를 아는 것이 소수자의 자기존중감에 불리하게 작용하는가? 대부분의 경우, 대답은 '아니요'이다. 예를 들어 미국에서 인종적 소수자의 자기존중감은 인종적 다수자의 자기존중감과 같거나 더 높다(Erol & Orth, 2011). 네덜란드 같은 다른 서양국가에서도 비슷한 결과가 나왔다(Verkuytenm & Thijs, 2004). 때로 소수자 집단은 자기존중감을 유지하기 위하여 자기보호적 기제를 사용한다. 예를 들어, 일부 소수집단원들은 부정적 피드백과 개인적 실패를 자신의 부족한 속성보다는 자신의 십난에 대한 편견과 치별 탓으로 돌린다(Major, Kaiser, & McCoy, 2003). 단기적으로는 이러한 사고가 자기존중감을 성공적으로 보호할 수 있다. 하지만 반복적으로 자신을 차별과 편견의 희생자로 지각하는 사람들은 자신의 심리적 적응이나 자기개념이 부정적 영향을 받는 것을 피할 수 없다(Tummala-Narra, Inman, & Ettigi, 2011).

탐색 4.2 인종적 정체성

www.myshoes.com MY Shoes는 인종적 정체감 문제로 고민하는 다인종 자녀, 청소년, 성인을 위해 임상 심리학자들이 만든 사이버상의 지지모임이다.

자기존중감을 위한 노력 자기존중감을 높이기 위해 어떻게 노력하느냐가 자기존중감 수준이 높으냐 낮으냐 하는 문제만큼 개인의 성장과 적응에 중요하다(Crocker & Park, 2004). 다음에 그 이유가 있다.

- 자기존중감을 추구하는 것은 불안감을 일으키는 실수, 실패, 위협, 그리고 다른 부정적 결과들을 가져온다.
- 불안감은 학습, 특히 자기존중감을 추구하는 이들을 도와주려고 계획한 피드백에 의해 학습을 방해한다.
- 자율이나 선택도 부정적으로 영향을 받는다. 자기존중감을 열렬히 추구하는 이들은 선택권이 없지만 계속해야 한다고 느낄 때 압박감과 긴장을 경험한다.
- 자기존중감을 추구하는 것은 관심을 바라는 타인보다는 추구자 자신에게 초점을 두도록 하기 때문에 인간관계에 부정적인 영향을 끼치기도 한다.

결국, 자기존중감을 추구하는 것은 여러 면에서 스트레스가 되며 개인의 신체적 정신적 건강에 해가 될 수 있다. 흥미롭게도 자기존중감을 추구하는 데에 따르는 한 가지 '치료법'은 자기지향성에서 타인지향성으로 바꾸는 것, 즉 자신만큼 혹은 자신보다 타인에게 유익한 목표를 추구하는 것이다(Crocker & Knight, 2005). 다른 해결책은 자기주도적 혹은 자기결정적 삶을 추구하는 것이다. 자기존중감을 추구하는 것보다는 자신이 만든 기준을 추구하는 것이 방어 및 자기존중감 추구와 연관된 다른 부정적 영향을 줄여 준다. 결국 그러한 자기결정적인 가치 기준은 자신의 핵심적인 자기감과 완전하게 통합된다(Pyszczynski & Cox, 2004).

탐색 4.3 자기존중감

www.self-esteem-nase.org The National Assciation of Self-Esteem은 자기존중감 형성을 위한 유익한 자료를 제공해 준다.

자기고양과 자기확증

우리는 타인과의 상호작용을 통해 그들이 우리를 어떻게 바라보는지에 대한 정보를 얻는다. 실제로 우리는 종종 그러한 정보를 알아내려고 행동이나 직접적인 질문, 그리고 현대에서는 인터넷, 특히 소셜 미디어를 통해 의도적으로 시도한다. 알다시피 어떤 이들은 **자기고양(self-enhancement)**을 추구하는데, 즉 **자신의 긍정적 자질에 관한 자기 나름의 생각을 확인시켜 주는 긍정적인 피드백을 얻으려고 노력할** 것이다. 대부분의 사람들은 자신, 특히 자기 스스로 긍정적으로 보는 자질에 대한 긍정적인 피드백을 더 좋아하고 추구한다(Tayor & Brown, 1994). 동일한 사고선상에서 자전적 기억은 시간이 흐를수록 자신을 더 훌륭하게 지각하도록 한다(Ross & Wilson, 2003).

대조적으로 어떤 사람들은 **자기확증(self-verification)**을 추구하는데, 즉 **긍정적이든 부정적이든 자신의 이미지를 보전하여 긍정적 그리고 부정적 자기지각을 증명하거나 확인시켜 주는 피드백을** 이끌어 내려고 한다. 그래서 자기확증은 예측 불가능한 세계에서 안정성 혹은 일관성이라는 느낌을 준다는 점에서 중요하다. 또한 그러한 확인은 타인이 우리가 자신을 바라보는 것과 동일하게 본다면, 우리를 어떻게 대하고 우리에게 무엇을 기대해야 할지 등을 잘 알 수 있으므로 사회적 상호작용에서도 꼭 필요하다. 일반적으로 사람들은 긍정적이면서 자신의 관점을 지지하는 견해를 듣기를 더 좋아한다.

하지만 자기의 가치 기준을 외부 근원(사회적 기준 같은)에 두는 것은 선량한 사람이 되는 것처럼, 내부적인 면에 가치 기준을 두는 것보다 부정적 심리적 결과와 더 연관된다. 예를 들면, 이상적 성역할에 대한 가치부여(예: 남자는 독립적이고 주도적이고 정서적으로 안정되어야 하고 여자는 보살핌을 잘해야 하고 지지적이고 정서적 표현을 잘해야 한다)는 남녀 모두에게 부정적 영향을 미친다(Sanchez & Crocker, 2005). 그럼에도 불구하고 자기와 연관된 몇 가지 성차가 있다. 여자는 남자보다 자기숙고에 더 잘 빠진다(Rudman & Goodwin, 2004). 이와 같이 여자는 **개인적 자기신념이 분명하고 확실하게 정의되고 내적으로 일관성 있고 안정된 정도를** 나타내는 **자기명료성(self-clarity)**을 더 많이 가진다(Csank & Conway, 2004). 그렇지만 전반적인 연구 결과에 의하면 남자와 여자의 자기존중감 수준이 반드시 다르지는 않다(Pierson & Glaeser, 2002).

자기개념과 개인적 성장

학습목표

4.9 심상화가 어떤 식으로 자기성장을 돕는지 설명한다.

4.10 개인의 성장을 위해 자신이 사용할 수 있는 방법을 열거한다.

4.11 개인의 성장에서의 보다 큰 자기주도와 자기수용의 중요성을 논의한다.

변화하는 자기개념 이미 말했듯이, 자기개념은 개인이 성숙하고 성장하면서 계속 변한다. 사실 자기개념을 이루고 있는 여러 자기들은 생각했던 것보다 더 많이 변할 수 있고 변한다는 사실이 점점 더 알려지고 있다. 예를 들어, 자기존중감은 아동기에 비교적 높다가 사춘기(특히 여자)에 감소하고, 성인기에 점차 증가하다가 노년기에 다시 감소한다(Robins & Trzesniewski, 2005). 이러한 발달 경향은 인종과 무관한 듯하다(Erol & Orth, 2011). 자기개념은 대개 경험에 의해 변하나 자기상의 변화의 상당한 부분은 타인과 상황에 적응하는 데서 비롯된다(Sanchez & Crocker, 2005). 직업의 변화, 새 친구들, 결혼과 부모역할 같은 책임감의 변화 등이 자신을 바라보는 관점에 영향을 준다. 비록 핵심 자아는 안정적이지만 전반적 자기개념을 이루는 많은 자기지각이 변하며 예전에 생각했던 것보다 더 많이 현재의 경험에 영향을 받는다.

글상자 4-2 건강에 초점을 맞추어라: '더 멋진 자신'을 심상화해 보기

자기향상을 실현하기 위해 되고 싶은 자기를 심상화해 보라. 당신이 어떤 모습일지, 어떻게 느낄지, 어떻게 행동할지 등에 대하여 가능한 한 선명하게 상상하라. 두려워하는 자기(feared self), 즉 성공하지 못할 경우의 자기에 대한 심상을 만드는 것도 도움이 된다. 체중 조절의 실패, 학교나 직장에서의 평범한 수행, 사랑의 실패에 관하여 생각하라. 그런 다음 더 나은 자기, 즉 실패를 극복하기 위해 다른 방법을 사용하도록 만들어진 당신을 심상화하라. 자기변화는 어렵지만 불가능하지는 않다. 모든 경우에서 가능한 자기에 대한 선명한 심상은, 특히 적절한 노력이 동반된다면, 되고 싶은 자기가 되는 데 도움이 될 것이다(Polivy & Herman, 2000).

되고 싶은 자기

미국인들은 매년 수백만 달러를 자신을 향상시키는 데에 사용한다. 그들은 자기계발서와 CD를 사고 '더 멋진 자신'으로 만들어 주겠다는 워크숍에 참석한다. 자기향상을 위하면서 한 푼도 들지 않는 한 가지 접근법은 되고 싶은 자기를 심상화하는 것이다. **심상화**(visualization), 혹은 **유도된 심상**(guided imagery)은 개인을 외부세계와 단절시키고 뇌라는 감시장치를 우회하게 하여 직관, 감정, 무의식으로 보고 경험하고 배우도록 하는 절차이다(Leviton & Leviton, 2004). 심상화는 스포츠 활동에서 수행을 향상시키고, 지각된 스트레스 수준을 줄이고, 면역계를 향상시키고, 화학요법과 괴사 조직제거와 같은 의학적 처치를 겪는 사람들을 편안하게 하는 데 성공적으로 사용되었다(Trakhtenberg, 2008). 글상자 4-2는 '더 멋진 자신'을 심상화하는 방법을 가르쳐 준다.

탐색 4.4 심상화

www.livestrong.com Lance Armstrong 재단이 만든 사이트로서 심상화 훈련을 포함한 여러 건강관련 정보를 담고 있다. '유도된 심상'을 찾아보라.

비판에서 배우기

비판을 받을 때 어떤 기분이 드는가? 화가 나거나 거절당하는 기분인가? 당신이 잘못했을 때조차도 화가 치미는가? 대부분의 경우 이러한 질문의 답은 그렇다이다. 사람들은 '내가 비판을 받을 때···'라는 문장을 완성하라고 하면, 대부분 '기분이 나쁘다' '화가 난다' '그녀가 나를 더 이상 사랑하지 않는 것 같다' '언제 잘릴지 걱정된다'라고 대답한다. 당신도 비슷할 것이다. 이러한 대답에서 보듯 사람들은 대개 비판이란 무슨 수를 써서라도 그것으로부터 자신을 보호해야 하는 개인적인 공격으로 받아들인다. 그 결과 자신을 정당화하고 피하려고 질질 끌면서 비판에 대해 걱정하며 에너지를 허비한다. 활동 4-2는 비판에 대한 당신의 민감성을 밝혀줄 것이다.

비판을 수용하기 비판을 수용하는 것은 개인적 성장을 위한 중요한 방법이 될 수 있다. 예를 들어, 위에서 인급한 문장을 안성하라고 했을 때 어떤 사람들은 좀 더 긍정적으로 답하므로 비판을 건설적으로 받아들이는 기술을 습득하는 것이 가능해진다. 이렇게 하기 위해서 당신은 비판을 객관적으로 평가받기 위한 가치 있는 새 정보원으로 여겨야 한다. 비판을 받을 때마다 자신의 어떤 것을 성급하게 바꿀 필요는 없으며 그 대신 비판은 행동을 요구하는 단서라고 보아야 한다. 구체적 비판을 얼마나 자주 받았는지 생각해 보라. 만약 여러 사람이 같은 행동에 대해 같은 비판을 했다면 그 비판은 가치 있고 그

활동 4-2
비판에 대한 민감성

비판에 대한 당신의 반응을 알아보기 위하여 아래 진술에 등급을 매겨라. 강하게 동의한다면 SA, 보통으로 동의한다면 A, 동의하지 않으면 D, 강하게 동의하지 않으면 SD에 표시를 하라.

1. 사람들이 나의 실수를 지적하면 나를 무시한다고 느낀다.	SA A D SD
2. 누군가가 나에게 부정적 피드백을 주면, 즉각적으로 그의 말이 틀림을 입증하는 예를 찾으려고 한다.	SA A D SD
3. 실패에 직면해서도 긍정적이다.	SA A D SD
4. 어떤 일에 즉각 성공하지 못하면 실망한다.	SA A D SD
5. 나에게 어떤 일을 하는 방법을 일러 주는 사람을 싫어하는 경향이 있다.	SA A D SD
6. 나는 자신이 틀렸음을 스스로 인정하는 것이 힘이 든다.	SA A D SD
7. 누군가가 내가 완수한 일을 마음에 들지 않는다고 하면 내 마음을 솔직하게 표현하지 않을 수 없다.	SA A D SD
8. 나에게 어떤 일을 하는 방법을 일러 주는 사람을 싫어하는 경향이 있다.	SA A D SD
9. 누군가가 내가 최선을 다하지 않았다고 말하면 기분이 좋지 않다.	SA A D SD
10. 나는 실패할 경우, 내가 잘할 수 있었던 모든 방법을 곱씹어 생각하면서 무척 괴로워한다.	SA A D SD

채점: SA=3, A=2, D=1, SD=0. 점수를 모두 합하라. 점수가 높을수록 비판에 대한 민감성이 높은 것이다. 이 척도는 Atlas(1994)의 Sensitivity to Criticism Scale을 변형한 것이다. 이 척도는 과학적 타당도를 거치지 않았으므로 주의하여 해석하기 바란다.

출처: "Sensitivity to Criticism"의 Sensitivity to Criticism Scale에서 따옴: Journal of Psychoeducational Assessment, September 1994, Volume 12(3)의 Gordon D. Atlas의 A New Measure of Responses to Everyday Criticism

에 따른 행동이 필요한 좋은 기회인 것이다. 자신에게 '이 비판은 얼마나 중요한가?'라고 물어보라. 그 정보가 당신에게 중요할수록 무언가를 할 필요가 많아질 것이다. 비판의 출처도 고려해야 한다. 흔히 사람들은 상대방이 스트레스 상황에 있다면 자신이 부당하게 비판을 받는다고 느낀다. 상대방이 당신을 판단할 자격이 많을수록 그 비판을 진심으로 받아들여야 한다. 좌절이나 분노에서 나온 비판에도 귀 기울일 필요가 있지만 비판자의 과장된 정서를 고려하라.

자기 변화의 후반 단계는 보다 큰 자기주도와 자기수용이다. 자신을 수용하게 되면 타인을 보다 더 많이 수용하고 또한 타인들의 수용을 받는다.

비판에 따른 행동 모든 비판에 대해 행동을 취할 필요는 없음을 기억하라. 비판을 받았을 경우 어떻게 반응해야 할지를 결정하기 위해서 행동으로 옮길 경우와 옮기지 않을 경우의 이익과 불이익을 따져 보라. 예를 들어 시험을 망친 학생들은 독해와 필기방법에서 도움을 받으라는 교사의 제안을 따르는 것이 가치가 있는지 의문이 들 것이다. 다른 한편으로는 계속 성적이 낮으면 자신의 직업 목표가 위태로워질지 모른다. 비판에 의해 생긴 정서 에너지가 당신에게 해가 되는 것이 아니라 당신을 위해서 작용되도록 하라. 정서적 각성은 수행 능력을 방해하고 자신감에 부정적 영향을 끼칠 수도 있다. 비판을 받으면 고요한 마음을 유지하도록 애써라. 신체적으로 이완하라. 아무도 당신 자신을 해치지 않을 거라고 되뇌어라. 그 사람이 말하는 것이 도움이 될 수 있다. 그런 다음 자신의 정서를 필요한 변화를 일으키는 에너지원으로 사용하라.

마지막으로, 필요한 변화를 실행으로 옮기는 긍정적 단계에 돌입하라. 자신을 방어하느라 에너지를 낭비하지 마라. 그 대신 비판에 귀 기울여 들어 보라. 좀 더 많은 정보를 요청하라. 그 사람에게 해결책을 물어보라. "당신이 제 입장이라면 어떻게 하시겠어요?"라고 이러한 정보를 간접적으로 물어볼 수 있다. 혹은 "내가 어떻게 했으면 좋겠어요?"라고 보다 직접적으로 물어보아도 된다. 사람들은 보통 우리가 하는 일에 대하여 비판한다. 하지만 많은 사람들이 건설적으로 비판하는 법을 잘 모르기 때문에 개인적인 공격으로 전해지기도 한다. 그래서 어떤 사람이 "당신은 무례하고 사려가 깊지 못하군요."라고 말한다면, "내가 어떤 점에서 사려가 깊지 못했나요? 내가 어떻게 했으면 좋겠어요?"라고 물어보라. 이런 식으로 당신은 현실적으로 할 수 있는 것에 초점을 두게 되면 시간이 지나면서 당신의 자기상과 평판에 필요한 변화를 이끌어 낼 수 있을 것이다.

보다 큰 자기주도

비판으로부터 성장하고 도움을 받기 위해 타인의 말을 경청하는 법을 배우는 것은 매우 어렵다. 그러나 자신에게 귀를 기울이고 자신의 깊은 욕망과 목표에 진실해지는 법을 배우는 것은 훨씬 더 어렵다. Carl Rogers(1961)는 사람들이 직면하는 문제들—성적이나 상사에 대한 고민, 불만족스러운 결혼에 대한 갈등—의 복잡함 아래에는 하나의 핵심 추구가 있음을 보았다. 이 모든 문제 아래에서 사람들은 알게 모르게 '진정 나는 누구인가? 이 모든 표면적인 행동 아래에 있는 진짜 나 자신과 어떻게 만날 수 있을까? 나는 어떻게 나 자신이 될 수 있을까?'라고 묻고 있다.

자기주도의 단계 Rogers(1980)는 새로운 사람이 되는 과정에서 개인의 성장경험이 일정한 양식을 따른다는 것을 발견했다. 자기수정의 초기단계는 일반적으로 타인의 비난을 수용하는 것과 그에 따른 왜곡된 자기지각으로부터 멀어지는 것이다. 이 단계에서는 자신에게 큰 변화를 일으킬 때 자주 보이는 불평과 자기비난('나는 이런 내가 싫어')이 많아지게 된다. 자기 변화의 다음 단계의 특징은 보다 큰 자기주도와 자기수용이다. 가장 중요한 점은 개인이 자신을 발견하려고 애쓸수록 자신이 **변화하는 과정**에 속해 있다는 사실을 보다 더 기꺼이 수용하게 된다. 구체적으로 말하면, 개인은 자신의 경험에 점점 더 **개방적으로** 된다. 그들은 자신의 감정의 복합성을 **더 잘 인식하고 편안해진다**. 예를 들어 그들은 한 사람에 대하여 사랑과 경멸 두 가지를 경험할 수 있다. 혹은 그들은 자신의 새로운 직장에 대해 흥분을 느끼면서 불안해할 수 있다. 활동 4-3이 경험과 복합성에 대한 당신의 개방성을 평가하도록 도와줄 것이다.

개인적 성장의 불안정한 속성 개인은 자신을 보다 많이 수용하게 될수록 타인을 더 많이 수용하게 된다. 이것은 **자신의 어떤 측면을 인정하거나 받아들이지 못할 때 발생하는 자기소외(self-alienation)**의 반대이다. 우리는 **이러한 측면을 낯설게 느껴 우리가 싫어하는 타인에게 투사한다**. 그래서 자신의 의존 욕구를 부정하고 있는 강하고 자기충족적인 사람들은 몸이 약해지거나 병이 들었을 때 타인의 보살핌을 허용하는 사람들을 경멸한다. 알다시피, 개인적 성장은 때때로 불안정한 것이다. 그것은 이전 시간 동안 형성

활동 4-3
자기확인 활동

지시: 다음 활동 중 한두 가지를 하라. 자기상의 점수가 낮으면 그 활동과 답을 골라내어 다시 읽어라.

- 당신의 강점 다섯 가지를 말해 보아라.
- 당신이 자신에 대하여 칭찬해 주고 싶은 것 다섯 가지를 적어라.
- 지금까지의 삶 중에서 가장 잘한 다섯 가지는 무엇인가?
- 성과에 대해 자신에게 보상을 준 방법 다섯 가지를 말해 보아라.
- 당신 자신을 웃게 할 수 있는 다섯 가지 방법을 설명해 보아라.
- 다른 사람 기분을 좋게 하기 위하여 할 수 있는 다섯 가지는 무엇인가?
- 당신 자신을 잘 대우하기 위하여 하는 다섯 가지를 적어라.
- 최근 당신에게 기쁨을 선사한 다섯 가지 활동은 무엇인가?

출처: Charled G. Curie & Bernard S. Arons의 "Building Self-Esteem: A Self-Help Guide."에서 발췌. Substance Abuse & Mental Health Services Administration, n.d.

된 익숙한 자기상에서 벗어난다는 의미이다. 또한 자신을 새로운 방식으로, 특히 보다 자기주도적인 사람으로 바라보게 한다는 것이다. 우리 모두는 다른 가치관과 목적을 가지고 있으므로 자신이 제대로 하고 있는지를 확인시켜 줄 세부 지침이란 존재하지 않는다. 그럼에도 불구하고 Rogers가 언급했듯이 성장의 일반적 양식을 이해하는 것은 도움이 될 수 있다. 그리고 기억하라. "멋진 인생은 존재하는 상태가 아니라 과정이다. 그것은 최종 목적지가 아니라 방향이다"(Rogers, 1961, p. 186).

요약

자기개념은 무엇인가

4.1 자기개념을 설명한다.
자기개념은 자신에 대해 가지는 전반적인 상이나 인식이다.

4.2 자기를 보호하기 위한 여러 과정을 말한다.
자기를 보호하기 위해 사용하는 방어에는 자기에게 해를 끼치는 모든 것에 저항하기, 절감하기, 긍정적 정보를 찾기, 의심스러운 것에서 자신에게 유익한 것을 찾기 등이 있다.

4.3 자기개념이 인간의 성장에 중요한 이유에 대해

논의한다.

자기개념은 우리의 사고와 행동에 엄청난 영향력을 구사한다. 그러므로 개인적 성장에는 자기의 강점과 약점을 평가하는 것이 필요하다.

자기 구성요소

4.4 자기상, 이상적 자기, 사회적 자기를 구별한다.

자기의 네 가지 주요 형태는 신체상(자기의 몸에 대한 인식), 자기상(자기가 바라보는 자기), 이상적 자기(되고 싶은 자기), 사회적 자기(타인이 자기를 어떻게 바라보는지에 대해 느끼는 방식)이다.

4.5 다중 자기개념을 설명한다.

자기개념은 여러 자기의 조직체로서 자기-복합성이라고 불린다. 자기는 수천 가지는 아닐지라도 수백 가지의 자기로 구성되어 있다.

자기개념의 핵심 특징

4.6 자기일관성을 향한 핵심 경향성을 설명한다.

자기개념은 일단 발달이 되면 그 상태로 유지 지속되는 경향이 있다. 그것은 우리가 경험을 바라볼 때 여과장치 역할을 하므로 자기개념과 일치되지 않는 경험은 왜곡되거나 지각되지 않기 쉽다. 주로 이러한 자기의 영향으로 인해 사람들은 일반적으로 자신에 대한 자신의 관점을 지지하는 의견을 더 좋아한다.

4.7 높은 자기존중감의 장점과 위험을 설명한다.

자기존중감은 자신에 대한 개인적 평가이며 그것과 연관된 가치감이다. 자기존중감의 좋은 점은 자기존중감이 높은 이들이 낮은 이들에 비해 더 행복하고, 학업성적이 더 높고, 실패에도 꿋꿋하고, 해로운 대인관계에서 더 잘 빠져나오며, 직업장면에서도 수행을 더 잘한다는 것이다. 하지만, 최근에 심리학자들은 높은 자기존중감을 추구하는 것이 개인에게 해로울 수도 있다고 제안하면서 그 해악에 대해 활발히 논의하고 있다.

4.8 자기고양과 자기확증을 구별한다.

자기고양은 자신의 긍정적 자질에 대한 생각을 확인시켜 주는 긍정적 피드백을 얻으려는 시도를 말한다. 이와 대조적으로, 자기확증은 부정적인 정보도 포함하여 자신의 자기지각을 확인시켜 주는 모든 종류의 정보(긍정적인 것과 부정적인 것 둘 다)를 찾는 것도 포함한다.

자기개념과 개인적 성장

4.9 심상화가 어떤 식으로 자기성장을 돕는지 설명한다.

미래에 가능한 자기를 심상화하는 것은 그것을 성취하는 것뿐 아니라 현재 생활의 적응에도 도움이 된다.

4.10 개인의 성장을 위해 자신이 사용할 수 있는 방법을 열거한다.

우리는 비판이 일으키는 에너지를 부정적이 아니라 자신에 대해 배우고 필요한 변화를 행동으로 옮길 수 있는 기회로 사용함으로써 개인적 성장을 위해 사용할 수 있다.

4.11 개인의 성장에서의 보다 큰 자기주도와 자기수용의 중요성을 논의한다.

결국 개인적 성장에는 성장하면서 획득한 자기지각을 왜곡시키는 타인의 부정적 평가를 벗어나서 보다 큰 자기수용과 자기주도로 나아가는 것이 포함된다. 그렇게 된다면 우리는 자신의 경험에 보다 개방적으로 되어 자신이 변화하는 과정에 있음을 확신하게 된다.

자기상과 이상적 자기 채점법

당신의 자기상과 이상적 자기 사이의 관계를 알아내기 위해 각 카드의 순서 차이를 기록하라. 예를 들어, 카드 A에 자기상을 8로, 이상적 자기를 2로 매겼다면 차이는 6이다. 각 카드에 플러스나 마이너스 없이 절댓값의 차이를 기록하라. 그런 다음 차이 칸에 있는 수를 합쳐라. 50 범위의 점수는 평균치일 것이다. 30보다 차이가 적으면 자기상과 이상적 자기 사이에 높은 상관이 있고 80 이상은 자기상과 이상적 자기 사이에 비교적 상관이 낮은 것이다. 높은 점수가 반드시 문제가 있다는 의미는 아니다. 이것은 한 가지 자기활동일 뿐 타당성 있는 평가가 아니므로 자기반성과 개인적 성장에 참고로 사용하라.

스스로 해 보기

1. Rob는 패스트푸드 식당 체인을 가지고 있는 성공한 사업가이다. 그는 이러한 성공은 단지 자신의 노력 덕분이며 행운과는 상관이 없다고 여긴다. Rob는 __________을(를) 보여 주고 있다.
   a. 외적 통제소재
   b. 자기봉사적 귀인 편향
   c. 타인봉사적 귀인 편향
   d. 낮은 자기존중감

2. 다음 중 자기상이 아닌 것은?
   a. 신체상　　b. 이상적 자기
   c. 자연적 자기　　d. 사회적 자기
   e. 자기상

3. Ginny는 타인들이 자신을 친절하고 믿을 만하고 선량한 사람이라고 여긴다고 생각한다. 그녀의 믿음은 그녀의 ________을(를) 구성한다.
   a. 사회적 자기　　b. 자연적 자기
   c. 신체상　　d. 이기적 자기

4. ________가(이) __________와(과) 아주 차이가 날 때 불안이 생긴다.
   a. 이상적 자기 : 실제적 자기
   b. 자연적 자기 : 사회적 자기
   c. 사회적 자기 : 신체상
   d. 신체상 : 자기상

5. Julia는 특히 직업에서 자신이 의지할 만한 헌신적이고 부지런한 사람이라고 믿는다. 그래서 콘서트에 가기 위해서 (아픈 척 전화를 해서) 결근하려고 할 때 자신의 부재가 상사에게 불편함을 끼치지 않도록 한다. 그래서 그녀의 직업윤리에 대한 지각은 변하지 않는다. Julia는 _________을(를) 하는 듯하다.
   a. 기억 무시　　b. 사회적 비교
   c. 자기고양　　d. 자기면역

6. Jonathan은 트위터나 마이스페이스 같은 SNS를 좋아한다. 지금까지 그가 가장 좋아하는 사이트는 페이스북이다. 왜냐하면 그는 그의 포스트에 달린 댓글을 읽는 것을 좋아하기 때문이다. 최근 그는 자신이 실제로 '좋은 친구'라는 믿음을 확인하고 싶어 '내가 좋은 친구라면 좋아요 해 주세요.'를 포스팅했다. Jonathan의 행동을 설명해 주는 이론은?
   a. 사회적 비교 이론　　b. 자기확증 이론
   c. 자기명료성 이론　　d. 자기소외 이론

7. Trella는 비판받는 것을 끔찍이 싫어하지만 자신의 개인적 자질에 대해 칭찬받는 것은 좋아한다. 긍정적 언급만을 추구하는 그녀를 설명

해 주는 이론은?

a. 자기소외 이론 b. 자기고양 이론
c. 사회적 비교 이론 d. 자기명료성 이론

8. Rogers에 의하면 개인적 성장의 후반기에는 높은 ________을(를) 가진다.

a. 고정된 개인 목표 b. 자기비난
c. 자기주도와 자기수용 d. 미래 지향성

9. Stu는 그저께 붐비는 작업실로 들어가다가 튀어나온 카펫에 걸려 약간 비틀거렸다. 그는 방 안의 모든 사람이 자신이 비틀거리는 것을 보았고 Failblog에 동영상을 올렸을 거라고 여겼다. Stu는 ________을(를) 경험하고 있다.

a. 심리적 몰입 b. 조명 효과
c. 둔감화 d. 자기명료성

10. 개인적 비판을 다루는 가장 유용한 방법은 비판을 __________ 것으로 간주하는 것이다.

a. 즉각적 행동이 필요한
b. 자기방어가 필요한
c. 타인의 결점을 반영하는
d. 행동이 필요할지도 모르는

연습

1. **자기상**

이것은 당신이 지각하는 자기이다. 가로 22, 세로 28cm 종이를 사용하여 2개의 동심원을 그려라(원 안에 원이 있도록). 안쪽 원은 당신의 자기개념의 핵심을, 바깥 원은 보다 유연하고 변화 가능한 자기를 나타낸다. 안쪽의 원에다 당신의 가장 지속적인 특성 여섯 내지 여덟 가지를 적어라. 바깥 원에는 변화하는 역할이나 환경에 더 좌우되는 측면을 그 비슷한 개수로 써넣어라. 자신의 전체 자기상을 어떻게 설명하겠는가?

2. **되고 싶은 자기**

두려운 자기를 포함해서 당신이 되고 싶은 자기 가운데 구체적인 상을 한 가지 선택하라. 그것을 가능한 선명하게 구체적인 용어로 시각화하라. 당신이 어떤 모습인지, 어떤 기분인지, 어떻게 행동하는지를 적어 보라. 가능하다면 일주일에 하루는 몇 분간 가능한 자기를 그려 보는 시간을 가져라. 이것이 현재의 자기상과 적응에 어떤 영향을 미쳤는가?

3. **자기존중감**

개인의 가치에 대한 느낌은 상황마다 변한다. 기분이 좋고 자기확신이 넘쳤던 순간을 몇 가지 생각해 보라. 그런 후 자신에 대해 자신이 없어지고 열등감을 느꼈던 상황을 생각하라. 자신에 대해 좋거나 나쁜 느낌이 들게 한 사람 혹은 요구사항을 알아챌 수 있는가? 당신의 자기존중감을 높이기 위해 할 수 있는 실제적인 일에는 어떤 것이 있는가?

4. **사회적 자기를 알아내기**

당신이 규칙적으로 교류하는 5~6명의 사람을 선택하라. 이 사람들과 함께 있을 때 당신의 어떤 면이 가장 잘 드러나는지 생각해 보라. 각각에 대하여 공통 관심사, 전형적인 활동, 그 사람을 향한 감정과 태도 등을 적어 보라. 함께 있는 사람들이 달라지면 다소 다르게 느끼고 행동한다는 것에 동의를 하는가?

5. **비판을 어떻게 받아들이는가?**

어떤 사람이 당신을 비판한 예를 골라 1쪽 정도 그 경험에 대해 적어 보라. 당신은 그 사람의 말을 개인적 공격으로 해석했는가? 아니면 비판을 넘어 그 사람이 당신에게 말하려는 것까지 보려고 했는가? 되돌아볼 때 그 비판은 어느 정도로 당신에게 긍정적 학습경험이 되었는가? 개인적 비판이 도움이 될 수 있는 몇 가지 근거를 적어 보라.

복습을 위한 물음

1. 당신의 자기상을 어떻게 묘사할 것인가?
2. 당신의 자기개념 중 변화시키고 싶은 것은 어떤 점인가?
3. 기본적으로 자신을 좋아하는가?
4. 어떤 상황에서 좀 더 자기확신이 생기는가?
5. 타인이 자신을 바라보는 방식을 자각하는가?
6. 자신 안의 무언가를 받아들였을 때 타인에게서도 그 점을 받아들이는가?
7. 개인적 비판을 얼마나 잘 받아들이는가?
8. 타인에게 칭찬을 받으면 무슨 말을 하는가?
9. 당신의 자기개념은 어린 시절 이후 어떻게 변했는가?
10. 자기 자신의 경험을 신뢰하는 편인가?

제 5 장 더 나은 건강을 위하여

학습목표

이 장을 모두 학습한 후 다음을 할 수 있다.

5.1 신체상과 이상적인 신체 간의 차이를 설명한다.

5.2 대중매체와 신체상 간의 관계를 논의한다.

5.3 건강과 심신관계를 연결짓는 네 가지 중요 영역에 대해 기술한다.

5.4 건강에 있어 주요한 위험요인, 즉 비만, 흡연, 약물중독에 대해 논의한다.

5.5 의학적 치료 방침 3단계에 대해 기술한다.

5.6 환자들이 의학적 충고를 준수하지 않는 이유에 대해 설명한다.

5.7 자신의 건강을 돌보는 것과 관련된 각 요인들을 열거한다.

5.8 '식단'이 건강에 왜 중요한지를 설명한다.

5.9 효과적인 개인 신체단련 프로그램은 무엇인지 설명한다.

5.10 건강에 있어 사회적 지지의 역할에 대해 논의한다.

30대 중반의 Amanda는 예술가 겸 디자이너로 큰 백화점에서 근무하고 있다. 일을 할 때 그녀는 연거푸 커피를 마시곤 한다. Amanda는 늘 마감기한이 임박한 것처럼 보이며 그래서 점심은 보통 비서가 근처 패스트푸드 식당에서 사온 것을 먹는다. 마침내 퇴근을 하고 아파트로 돌아온 Amanda는 식사다운 식사를 하기에는 너무 피곤해서 냉장고나 찬장에서 아무거나 찾아 먹는다. 스트레스를 극복하기 위해 Amanda는 그 날에 따라 두세 잔 혹은 그 이상의 음주를 해 왔다. Amanda는 시간이 없다고 불평하면서도 좀처럼 운동을 하지 않았다. 그녀는 식사 및 음주 습관, 게다가 전반적인 운동 부족의 결과로 인해 과체중이다. 그녀는 살찐 몸매를 감추기 위해 헐렁한 옷을 입는다. 또한 Amanda는 매일 약 한 갑 정도의 담배를 피우는데 대학 때부터 이어져 온 습관이다. Amanda는 지금 아프지 않으며 다른 사람들에게 신체적 질병에 대한 하소연을 좀처럼 하지 않을 만큼 충분히 건강하다고 느끼고 있다. 하지만 과연 그녀는 얼마나 건강할까? 그녀가 훨씬 더 나아질 가능성은 있다. Amanda는 몸을 많이 움직이지 않으며 스트레스가 많은 자신의 생활양식에 대한 자각이 부족하다. 그녀는 '아프지 않다는 것'은 '건강한 것'이라는 그릇된 생각에 빠져 있다.

신체상

학습목표

5.1 신체상과 이상적인 신체 간의 차이를 설명한다.

5.2 대중매체와 신체상 간의 관계를 논의한다.

자신의 몸에 대하여 어떻게 느끼는가?

신체상(Body image)은 자신의 몸에 대해 갖고 있는 심상, 태도, 감정을 나타낸다. 사람들은 체중, 체형, 신장 그리고 근골의 건장함에 있어 자신들의 신체에 대해 만족하거나 만족하지 못할 수 있다. 유감스럽게도 자신의 신체에 대한 불만족은 어릴 때부터 시작되는데 8~10세 소녀의 55%와 동일 연령대 소년의 35%가 자신의 신체에 만족하지 못한다. 그리고 아동기 중반부터 청소년기로 진행하는 시기 동안에 신체에 대한 만족도는 하강 추세를 유지한다. 17세 미국 소녀들의 거의 80%가 자신들의 신체에 대해 불만족스러워한다. 신체에 대한 불만족은 성인기에 이르러서는 덜 중요한 문제가 되지만 전 생애에 걸쳐 비교적 안정적으로 유지되는데 이는 나이를 먹음에 따라 증가할 거라고 예상했던 점에서 보면 의외의 결과이다. 사람들은 늙어 감에 따라 실제로 신체에 대한 불만족을 증가시킬 수 있는 모든 것, 즉 몸무게가 증가하고 주름살이 늘어나는 경향이 있으며 모발 색과 몸매가 변한다고 보고한다(Tiggemann, 2004). 나이가 들어 감에 따라 '연령별 적절한 신체'에 대한 우리의 기대 또한 변할지도 모른다. 그래서 같은 연령대의 사람들과 관련지어 본 자기 신체에 대한 지각은 스스로를 어떻게 바라보고 받아들이는가에 주로 영향을 받는다. 예를 들어 자기 신체의 아름다움에 대하여 생각할 때 50세인 사람들은 자신의 몸을 50세인 사람들의 몸과 비교하지 20세의 몸과 비교하지는 않는다.

글상자 5-1 다음의 사실을 아는가?

- 오늘날 모델들은 여성의 평균 몸무게보다 23% 과소체중을 갖고 있고 그들 중 8%는 이제 막 20세가 되었다.
- 2007년 미국에서서는 거의 1,200만 건에 이르는 미용 시술이 이루어졌는데. 그 시술의 91% 정도가 여성들에게 이루어졌다.
- 고등학교 남자 상급생의 약 7%는 자신의 근육을 키우기 위해 스테로이드를 사용해 왔다.
- 미국에서만 매년 약 400억 달러가 다이어트와 다이어트 관련 제품에 소비되고 있다.

• 아동은 3세가 될 때까지 부모로부터 이미 이상적인 신체에 대하여 이야기를 들었다.

대중매체와 신체상

신체에 대한 대중매체의 묘사 역사를 통틀어 모든 사회는 아름다움에 대해 어느 정도 다른 이상을 갖고 있었다(Brody, 2002). 17~19세기 사이에 Rubens, Renoir 그리고 Raphael과 같은 화가들은 여성을 풍만하고 볼륨감 있는 존재로 그렸다. 1950년대에는 Marilyn Monroe의 14라는 신체 사이즈가 완벽한 신체의 표본이 되었고, 이후 10년은 모델 Twiggy의 매우 깡마른 용모가 이상적인 신체로 간주되었다(Derenne & Beresin, 2006). 오늘날 아름다운 신체는 여러 모습으로 받아들여질 수 있는데 비쩍 마른 몸, 볼륨 있는 몸, 탄탄한 몸이다. 사실 많은 여성들에게 있어 곡선미가 있고 마른(가는 허리와 작은 엉덩이, 중간 크기의 가슴을 가진) 몸의 조합이 가장 이상적이다. 현대의 '이상적인' 신체상들은 한 가지 공통점을 가지고 있는데 이상적인 신체는 절대로 풍만하지 않다(Derenne & Beresin, 2006).

잡지의 표지와 TV 광고 그리고 영화는 남성과 여성 모두에게 아름답고 건강한 몸의 표준, 하지만 너무나 이상적이어서 도달 불가능한 표준을 너무 많이 보여 주고 있다. 잡지는 독자들에게 날씬한 신체는 '잘 관리된' 신체이며 자신의 삶을 잘 관리하고 있는 사람들은 날씬한 신체를 갖고 있다고 말한다. 또한 독자들은 지방이 축적된 '끔직한' 부위를 어떻게 빼야 하는지에 대한 조언도 받는다. 더욱이 젊은 여성들이 보는 잡지(Seventeen, Teen Vogue) 헤드라인의 15%는 다이어트와 신체상에 초점이 맞춰져 있다(Davalos, Davalos, & Layton, 2007). 덧붙여 청소년 잡지들의 온라인판은 다음의 메시지들을 제공하고 있다. (1) 소녀의 신체는 쉽게 '통제될 수 없게 된다'. (2) 모든 신체부위는 완벽해질 수 있다. (3) 아름다움은 신체적인 완벽함을 필요로 한다. (4) 소녀들은 있는 그대로의 모습으로는 안 된다(Ballentine & Ogle, 2005; Labre & Walsh-Childers, 2003). 지난 30년 동안 남성 신체에 대한 묘사도 더 날씬해지는 것뿐만 아니라 더욱 근육질로 묘사되어 왔다. 남성 잡지는 남성의 이상적인 신체를 나타내는 것으로 식스팩 복근, 완벽한 가슴근육, 불룩 솟은 이두박근 그리고 낮은 체지방을 홍보한다. 과하지 않은 근육질의 건강한 신체는 좀처럼 보기 어렵다. 남성 잡지가 강조하는 주요한 메시지는 마르고 근육질의 신체적 용모를 갖추는 것이 가장 중요하다는 것이다(Labre, 2005).

심지어 인형조차 많은 신체유형과는 동떨어진 세계적인 신체유형을 보여 주고 있다.

다음에서 이와 관련된 예들을 살펴보자. 거의 40년 동안 Mattel의 Barbie는(만일 그녀가 실재한다면) 39-18-33의 신체 사이즈를 갖고 있고 몸무게가 약 50kg으로 추정되었다. 1990년대의 많은 유명 인사들처럼 Barbie의 몸은 개조되었고 지금 그녀는 33-17-30의 사이즈를 자랑스럽게 드러내 보이고 있다. 만일 살아 있는 대상에 비유한다면 GI Joe(미군 남자 병사)의 약 178cm의 과다근육질 몸은 85인치의 가슴둘레, 34인치의 목둘레 그리고 65인치의 허리둘레를 갖고 있는 것과 같다. 이러한 수치들은 평균 남자 체격의 거의 두 배에 해당되는 수치들이다. 지난 25년 동안 영웅이나 캐릭터 인형들은 신체 사이즈가 보통 50~60% 더 커지면서 팔과 가슴, 목과 팔뚝, 허벅지와 종아리는 보다 날씬해지고 더 근육질이 되었다(Baghurst, Carlston, Wood, & Wyatt, 2007).

탐색 5.1 신체상

www.bodypositive.com 이 웹사이트는 몸무게에 상관없이 긍정적인 신체상을 가지도록 촉진시키기 위해 애쓰고 있다.

여성의 신체상에 있어 대중매체의 영향 우리 사회는 신체적 외모에 대해 너무 많이 강조하고 있기 때문에 우리가 자신의 신체에 대해 어떻게 느끼는지에 대해 대중매체가 특히 중요한 역할을 하고 있다는 것은 놀라운 일이 아니다. 모든 연령대의 소녀들은 아름다움과 패션을 다루는 잡지, TV 쇼 그리고 영화에서 다루는 내용들을 보면서 날씬해지고 싶은 욕구가 증가한다(Bell, Lawton, & Dittmar, 2007; Want, 2009). 예를 들어 10세 소녀들은 Britney Spears가 피처링한 뮤직비디오를 본 후 자신의 몸에 불만족하게 된다(Mundell, 2002). 흥미롭게도 TV에 노출된 사춘기 이전의 소녀들 또한 자신이 '성장한' 후인 미래에는 날씬해지길 바란다(Harrison & Hefner, 2006). 게다가 청소년부터 청년기에 걸쳐 주류 TV 프로그램과 패션 잡지에 더 자주 노출된 젊은이일수록 부정적인 신체상을 갖는다. 하지만 TV를 시청하는 유색인종 여성들은 주로 소수의 유색인종 배우들을 보는 것인데도 불구하고 실제로 자신의 신체에 대해 불만족보다는 오히려 만족하는 것을 보였다(Schooler, 2008). 그 이유는 무엇일까? 그 답은 시청하는 배우의 신체유형에 있을 것이다. 미국 흑인배우들이 주로 등장하는 쇼는 백인들이 주로 등장하는 쇼보다 더 다양한 여성 신체유형을 보여 주는 경향이 있다(Tirodkar & Jain, 2003). 종합해 보면 이러한 결과들은 대중매체에서 보여 주는 신체유형에 따라 신체상을 형성하는 데 도움이 되거나 상처를 입힐 가능성이 있다는 것을 시사한다. 대중매체에서 보여 주는 어떤 신체유형이 당신을 사로잡는가?

남성의 신체상에 있어 대중매체의 영향 남성의 이상적인 신체가 마른 몸보다는 V자형의 큰 몸통과 보다 작은 엉덩이를 가진 근육질의 몸이긴 하지만 남성들 역시 대중매체의 묘사에 의해 영향을 받는다(Tylka, 2011). 좋은 예로 미국의 스포츠전문 주간지인 스포츠 일러스트레이티드에 나온 남성 모델의 근육질 몸은 사춘기 소년들이 자신의 몸에 대해 더욱 부정적으로 지각하게 만든다(Farquhar & Wasylkiw, 2007). 하지만 남성들이 느끼는 신체에 대한 불만족은 여성들이 느끼는 것만큼 강하지는 않은데 이런 결과는 지금 사회가 지닌 이중 잣대, 즉 여성이 남성보다 자신의 아름다움에 의해 평가될 가능성이 높다는 것에 의해 초래될지도 모른다(Green & Pritchard, 2003; Tiggemann, 2004).

비만 낙인 비만인 사람들은 대중매체에서 종종 이기적이고 게으르고 멍청하며 못생기고 엉성하면서 비호감인 존재로 묘사된다는 점 또한 주목할 필요가 있다(Puhl & Latner, 2007). 해리포터 시리즈에 나오는 Dudley Dursley와 Willy Wonka와 초콜릿 공장에 나오는 Augustus Gloop가 그런 예이다. 둘 다 비만이고, 대식가이며, 부적절한 행동에 대하여 어른으로부터 받는 경고를 무시한다. 게다가 비만인 사람들에 대한 부정적인 태도와 고정관념 그리고 차별적인 행동을 나타내는 **비만 낙인(obesity stigma)**은 신체상에 강력하고 부정적인 영향력을 행사한다. 다른 사람들, 특히 부모님과 또래친구 그리고 선생님으로부터 짓궂은 놀림을 받게 되면 자신의 신체에 대해 더 낙담하게 된다(Abramovitz, 2002). 또한 이상적인 신체와 일치하지 않는 몸을 가진 사람들이 스스로에 대해 부정적인 감정을 가지는 경향이 있고, 있는 그대로의 자신을 받아들이는 데에도 어려움이 있다는 것 그리고 다른 요인들과 결합하여 섭식장애가 생기는 경향이 있다는 것은 그리 놀라운 일이 아니다(Mask & Blanchard, 2011).

이상적인 신체

자신의 몸에 대한 만족은 이상적인 신체상, 즉 자신이 갖고 싶어 하는 몸에 의해 크게 영향을 받는다. 전반적으로 우리가 이상적인 신체에 더 가까운 몸을 갖고 있으면 변화에 대한 압박을 덜 받는다. 반면에 이상적인 신체와 명백히 다른 몸을 갖고 있는 사람들은 Amanda가 헐렁한 옷을 입었던 것처럼 자신의 몸에서 싫어하는 부위를 숨기거나 바꿔야 한다는 압박을 더욱 많이 받을 수 있다. 게다가 이상적인 신체는 문화에 널리 퍼져 있는 특정 신체상에 의해서 크게 영향을 받는다. 예를 들어 자메이카 사회에서는 풍만함이 바람직한 신체상이므로 외국의 대중매체에서는 날씬함이 통용되고 있지만 풍만함에 대한 갈망은 외국의 날씬함에 대한 집착에 대응할 만큼 충분히 강하다(Smith & Cogswell, 1994). 그럼에도 불구하고 대중매체에서 끊임없이 보여 주는 날씬한 신체상은 누군가의 신체상에 피해를 줄 수 있다. 지금까지 신체상을 다룬 가장 흥미로운 한 연구에서는 TV의 유입이 피지섬에 살고 있는 사춘기 소녀들의 신체상에 미치는 영향을 조사하였다. 연구자들은 3년 동안 TV를 시청했던 10대 소녀들이 한 달간 TV를 시청했던 소녀들에 비해 다이어트의 극적인 증가를 보였고(표본의 70%), 자발적인 구토증상을 더 많이(표본의 11%) 보였다는 것을 발견하였다. 중요한 것은 TV가 도입되기 이전에는 이러한 행동들이 피지섬 소녀들 사이에서는 거의 일어난 적 없는 행동들이라는 점이다(Becker, Burwell, Herzog, Hamburg, & Gilman, 2002).

만일 당신이 여성이라면 눈을 감고 **남자가** 정말 보고 싶어 할 것 같은 여성의 완벽한

남성보다 여성이 자신의 신체상에 대해 더 문제를 갖고 있는데 어느 정도는 이상적인 여성에 대한 대중매체의 묘사 때문이다.

신체를 상상해 보라. 만일 당신이 남성이라면 자신의 이성 상대는 어떤 유형의 남성 신체를 더 선호할 것이라고 생각되는가? 당신의 답을 각각 한 명의 이성 친구, 동성 친구의 답과 비교해 보라. 성별에 따라 답이 서로 달랐는가? 연구에 의하면 성별에 따라 답이 달랐다. 이성이 이상적이거나 매력적인 대상으로 지각하는 것은 이성이 실제로 매력적인 대상을 찾는 것과는 상당히 다르다. 이러한 차이는 특히 남성이 원하는 매력적인 대상에 대한 여성의 지각에서 드러난다. 여성은 남성이 날씬하거나 앙상한 몸매의 여성을 더 선호한다고 믿고 있지만 사실 남성은 그런 신체적 특성들을 더 선호하지는 않는다. 흥미롭게도 매력적인 남자 체격에 대한 생각은 남성과 여성 둘 다 어느 정도 일치하는 경향이 있다(Bergstrom, Neighbors, & Lewis, 2004).

건강과 심신관계

학습목표

5.3 건강과 심신관계를 연결짓는 네 가지 중요 영역들에 대해 기술한다.

5.4 건강에 있어 주요한 위험요인, 즉 비만, 흡연, 약물중독에 대해 논의한다.

오늘날 의사들과 정신건강 전문가들은 과거보다 마음과 몸의 상호작용에 대해 보다 더 많은 주의를 기울이고 있다. 따라서 우리가 건강과 질병을 제대로 이해하려면 생물학적, 심리학적 및 사회적 요인들이 어떻게 상호작용하는지를 고려해야 한다.

탐색 5.2 건강과 안녕

www.seekwellness.com 이 웹사이트는 신체단련, 체중관리, 성생활, 영양과 같은 건강과 안녕의 모든 이슈들에 대한 많은 정보를 제공한다.

면역체계

면역체계(immune system)는 다양한 외부 감염원을 찾아내고 파괴함으로써 우리 몸을 방어하는 뇌세포와 다양한 혈구 세포들이 포함된 복잡한 감시체계이다. 심리적 요인(예: 스트레스)과 신체적 질병 간의 관련성을 강조하는 입장에서는 심리적 요인이 즉시 질병을 초래하지는 않는다는 점에 주목하는 것이 중요하다. 오히려 심리적 요인은 면역체계를 약화시키는 것 같고 그렇게 함으로써 우리가 질병에 더 취약하도록 만들고 있다. 이런 일은 어떻게 일어나는가? 먼저 심리적 과정(예: 우울)은 우리가 잘 먹는 것과 같은 긍정적인 건강 관련 조치들을 스트레스 상황에서는 적절히 취하지 못하게 만들 수 있다. 게다가 많은 사람들은 삶의 어려움을 극복하려는 시도로 알코올과 약물의 과도한 사용과 같이 면역체계에 부정적인 영향을 미칠 수 있는 생활양식을 선택하고 있다. 마지막으로 스트레스가 많은 상황에서 몸의 면역체계는 더 잘 기능하지 못한다. 예를 들면 스트레스는 헤르페스 바이러스부터 상기도 감염에 이르기까지 다양한 신체적 질병에 대한 몸의 저항력을 더 낮춘다(Contrada & Baum, 2011). 글상자 5-2는 면역체계를 강화하는 수단으로서 침술요법의 사용에 대해 논의한다.

성격

마음—생각, 태도 및 정서—의 힘을 활용함으로써 스트레스와 질병에 대한 저항력을 강화시킬 수 있다고 제안하는 증거들이 증가하고 있다. 심리학자들은 사람들의 성격에 대한 기술에서 5개 특질의 중요성을 높이 평가하는데, 경험에 대한 개방성(새로운 것에 대해 열린 마음을 갖는 것), 성실성(주의 깊고 근면한 것), 우호성(온화하고 부드러운 것), 외향성(사람들을 친근하게 대하는 것) 그리고 정서적 안정성(불안과 반응성의 수준)이다. 연구자들은 건강상태가 좋다는 지각과 경험에 대한 개방성, 외향성, 성실성 사이의 연관성을 그리고 건강상태가 나쁘다는 지각과 정서적 불안정성 사이의 연관성을

글상자 5-2 건강관리에 초점을 맞춰라: 침술요법

침술요법(Acupuncture)—특정 신체부위에 가는 침을 이용한 임상적 삽입 및 촉진—은 미국과 아시아, 유럽에서 시행되고 있는 가장 대중적인 대체의학 치료법 중 하나이다. 침술요법은 어떻게 이루어지는가? 5000년 전으로 거슬러 올라가는 중국 전통 의학에 따르면 상호 연결된 경락은 몸 도처에 이어져 있다. 가끔은 이 경락들이 다양한 신체 질병으로 인해 주변 세포조직에 영양분을 공급할 셈이었던 에너지를 막으면서 차단된다. 침술요법은 침을 정밀하게 놓음으로써 에너지 경로를 막지 않고 몸의 자연스러운 에너지 흐름을 회복시키는 것이다. 현대 서양 의학은 침술을 다른 관점으로 보는데 이 침이 신체의 자연적인 치유과정을 자극한다고 믿고 있으며 고통을 줄여 주고 치유를 촉진시키는 화학물질의 방출을 초래한다고 본다. 당신이 믿고 있는 게 어떤 관점인가와는 상관없이 한 가지 확실한 것은 침술요법은 효과가 있다는 것이다. 반복된 연구들은 침술요법이 효과적으로 통증을 치료할 수 있으며 긴장과 스트레스를 풀어 주고 면역체계를 강화함으로써 질병을 치료하고 예방하도록 도울 수 있다는 것을 보여 주었다(Kim & Hyunsu, 2011).

입증했다(Goodwin & Engstron, 2002).

질병에 저항하는 우리의 능력과 관련된 또 다른 성격요인은 자기효능감이다. **자기효능감(self-efficacy)은 특정 성과를 이루는 데 필요한 활동을 준비하고 수행하는 개인의 능력에 대한 믿음이다.** 이미 밝혔듯이 심리적 안녕과 신체적 기능 모두 높은 자기효능감에 의해 향상된다. 자기효능감은 우리의 성취, 신체적 및 정신적 건강, 경력개발, 심지어 투표행태에까지 영향을 미친다(Bandura, 1997; Schunk & Pajares, 2009). 안녕과 관련하여 자기효능감은 체조와 같은 건강행동을 하는 것을 가능하게 하고 흡연과 같은 건강하지 못한 습관을 없애기 위해 설계된 프로그램을 충실히 지키는 것도 가능하게 한다(Bebetsos, Chroni, & Theodorakis, 2002; Lippke & Ziegelmann, 2006). 자기효능감이 높지 않은 사람들의 건강은 악화될지도 모르며 사람들이 성공할 수 있다는 것을 믿지 않을 때 변화를 시도하는 것은 그 자체가 무의미해 보인다.

보다시피 자기효능감은 우리의 건강과 안녕에 있어 중요한 요소이다. 어떻게 하면 자기효능감을 높이거나 촉진할 수 있을까? 자기효능감을 높이려면 자신의 행동, 특히 바꾸고 싶어 하는 행동을 살펴볼 필요가 있다. 사람들은 자신의 노력에 동기를 부여하고 나아가야 할 방향을 알려 주기 위해 달성 가능한 단기 목표를 세워야 하며 성공에 필요한 노력을 지속하기 위해 다른 사람들로부터 긍정적인 사회적 지지를 받아야 한다. 또한 성공한 다른 사람들을 본받는 것은 보다 건강한 생활양식을 유지하는 데 유용하다(Bandura, 1997). 예를 들면 인기 TV 시리즈인 더 **비기스트 루저**에서 어떤 참가자들이 약 45kg 이상 살을 빼는 것을 본 후에 많은 사람들이 살을 빼기 위해 한층 고무되었던 것을 들 수 있다. 흥미롭게도 자기효능감은 어떤 문화에서든 비슷하게 작용하는 것 같다(Luszczynska, Scholz, & Schwarzer, 2005).

생활양식의 선택

생활양식의 선택은 다른 어떤 단일 요인보다도 사람들의 건강을 더 해치고 있다. 그러므로 생활양식에서의 변화는 건강을 이루는 데 매우 효과적일 수 있다(Wing & Raynor, 2006). 생활양식과 직접적으로 연관되어 있고 변화 가능성을 가진 생활양식과 직접 관련이 있는 세 가지 중대한 건강 위험요인들은 비만과 흡연 그리고 약물사용이다.

비만 **비만(obesity)—과도한 양의 체지방을 갖고 있는 상태로서 보통 개인의 신장, 체구 및 연령 대비 바람직한 체중을 초과하는 것으로 정의된다**—은 피하지방 두께와 수중

많은 경우 예방 가능한 비만이 전국적으로 확산되고 있다.

체중측정을 포함하여 많은 방법들로 측정될 수 있다. 하지만 가장 흔히 사용되는 측정도구는 체질량지수(Body Mass Index, BMI)이다. BMI는 **측정된 개인의 신장과 체중으로부터 산출된 전체 체지방량**이다. 전체 미국인의 30%에 조금 못 미치는 사람들이 건강한 BMI 수치를 갖고 있는 반면에 미국인의 거의 70%가 과체중이거나 비만이다(Lavie, Milani, & Ventura, 2009). 과체중이거나 비만인 경우가 단지 성인들만의 문제는 아닌데 2~5세의 14%, 6~11세의 19%, 12~19세의 17%도 비만 기준의 BMI 수치를 가진 것으로 나타났다(Ogden et al., 2006). 전 세계적으로 아동과 청소년 비만인은 1억 5,500만 명 이상(10명 중 1명)이다(WorldHeartFederation.org, 2007). 고혈압, 당뇨병, 뇌졸중, 수면장애, 암, 간과 쓸개질환은 과도한 체중이 원인인 많은 합병증들 중 일부에 불과하다. 그리고 보다 과체중인 사람들은 더 큰 건강상의 위험을 수반하고 있다. 예를 들어 비만인 사람들은 정상 체중을 가진 사람들과 비교하여 앞서 제시한 합병증으로 사망할 위험이 50~100%로 증가한다(Mayo Clinic, 2005). 실제로 미국에서는 해마다 30만 건 이상의 죽음이 비만과 관련되어 있다. 자신이 정상적인 체중인지 아니면 과체중이거나 비만인지를 평가하려면 표 5-1을 활용하라.

비만은 생리적 및 심리적 요인들 간의 상호작용에서 기인한다. 우리 모두는 과체중

표 5-1 당신은 건강한 몸무게를 갖고 있는가?

가장 좌측 열에서는 자신의 신장을 찾고 가로줄에서는 자신의 몸무게를 찾아 읽어라. 몸무게 위에 있는 행은 자신의 BMI를 나타낸다.

정상 체중(18.5 ~ 24. 9)

과체중(25 ~ 29.9)

비만(≥ 30)

BMI	19	20	21	22	23	24	25	26	27	28	29	30	31	32	33	34	35
신장	몸무게(파운드)																
58″(4′10″)	91	96	100	105	110	115	119	124	129	134	138	143	148	153	158	162	167
59″(4′11″)	94	99	104	109	114	119	124	128	133	138	143	148	153	158	163	168	173
60″(5′)	97	102	107	112	118	123	128	133	138	143	148	153	158	163	168	174	179
61″(5′1″)	100	106	111	116	122	127	132	137	143	148	153	158	164	169	174	180	185
62″(5′2″)	104	109	115	120	126	131	136	142	147	153	158	164	169	175	180	186	191
63″(5′3″)	107	113	118	124	130	135	141	146	152	158	163	169	175	180	186	191	197
64″(5′4″)	110	116	122	128	134	140	145	151	157	163	169	174	180	186	192	197	204
65″(5′5″)	114	120	126	132	138	144	150	156	162	168	174	180	186	192	198	204	210
66″(5′6″)	118	124	130	136	142	148	155	161	167	173	179	186	192	198	204	210	216
67″(5′7″)	121	127	134	140	146	153	159	166	172	178	185	191	198	204	211	217	223
68″(5′8″)	125	131	138	144	151	158	164	171	177	184	190	197	203	210	216	223	230
69″(5′9″)	128	135	142	149	155	162	169	176	182	189	196	203	209	216	223	230	236
70″(5′10″)	132	139	146	153	160	167	174	181	188	195	202	209	216	222	229	236	243
71″(5′11″)	136	143	150	157	165	172	179	186	193	200	208	215	222	229	236	243	250
72″(6′)	140	147	154	162	169	177	184	191	199	206	213	221	228	235	242	250	258
73″(6′1″)	144	151	159	166	174	182	189	197	204	212	219	227	235	242	250	257	265
74″(6′2″)	148	155	163	171	179	186	194	202	210	218	225	233	241	249	256	264	272
75″(6′3″)	152	160	168	176	184	192	200	208	216	224	232	240	248	256	264	272	279
76″(6′4″)	156	164	172	180	189	197	205	213	221	230	238	246	254	263	271	279	287

출처: '체질량 지수', from Centers for Disease Control and Prevention website, 2012

인 사람들은 적당히 먹어도 계속 살이 찌고 마른 사람들은 실컷 먹어도 계속 날씬하다고 알고 있다. 비만인 사람들은 정상적인 체중을 가진 사람들과 비교해 유전자가 체질량에서 한몫을 하고 있기 때문에 가족 구성원 역시 비만일 가능성이 세 배나 된다. 비록 어떤 사람들은 더 살이 찔 유전적 소인을 갖고 있긴 하지만 비만의 상당수가 과식과 불충분한 운동에 기인한다(Reifschneider, Hamrick, & Lacey, 2011). 또한 다양한 심리적, 사회적 요인들이 비만과 관련되어 있다. 예를 들면 비만인 사람은 배고픔과 같은 내적 단서보다는 음식에 대한 가시성과 가용성 같은 외적 단서들에 더 즉각 반응하는 경향이 있는데 이런 현상은 '눈으로 하는 식사'라고 언급한다. 또한 어떤 사람은 특히 음식을 빨리 먹는 사람들과 함께 있을 때 음식을 더 많이 먹는다(American Gastroenterological Association, 2008). 우리의 식사습관이 주변에 있는 사람들에 의해 크게 영향을 받는다는 결과는 주변 친구들 중 한 친구가 비만으로 발전하면 다른 친구도 비만이 될 가능성이 왜 57%나 증가하는지에 대한 설명이 가능하도록 해준다(Christakis & Fowler, 2007).

살빼기를 바라는 사람들은 평소 자신이 소모하는 칼로리보다 더 많은 칼로리를 소비하기 위해 자신의 몸을 어떻게든 움직여야 한다. 사실 단 450g의 지방을 빼려면 매주 보편적으로 소모했던 것보다 더 많은 약 3,500 칼로리를 소모해야 한다. 확실히 벅찬 일이지만 달성할 수 있는 일이다. 그렇게 하기 위한 두 가지 기본 방법은 (1) 덜 먹는, 특히 지방 함량이 높은 음식을 거의 먹지 않는 식이요법으로 바꾸는 것과, (2) 더 많이 운동하는 것이다. 기억하라, 단기 집중적인 다이어트의 효과는 대개 오래가지 못한다. 설상가상으로 엄격한 다이어트는 신진대사 비율을 더욱 낮추는 경향이 있어서 심지어 당신이 엄격하게 칼로리를 계산했음에도 불구하고 여전히 살은 빠지지 않을 것이다. 규칙적인 운동과 결합되어 있고 오랜 기간 동안 평균적인 체중감소를 목표로 하는 — 말하자면 일주일에 450g을 감량하는 —합리적인 다이어트를 시도하는 것이 더 좋다(Donnelly et al., 2009).

어쩌면 당신은 운동이 음식을 더 먹고 싶게 만들기 때문에 오히려 문제를 키운다는 근거 없는 믿음에 대해 들어 봤을 것이다. 사실 운동은 칼로리를 소모시킬 뿐만 아니라 신진대사 비율도 증가시키기 때문에 활동적인 사람들의 몸은 운동을 하고 있지 않을 때조차도 칼로리를 더 빨리 소모시킨다. 다이어트하는 동안 그리고 다이어트 후의 운동은 장기적이면서 성공적인 체중감량의 중요한 예측 변수가 된다(Wing & Raynor, 2006). 그리고 TV 덜 보기와 같은 작은 생활양식의 변화 또한 체중감량을 지속시키는 것과 관련된다(Raynor, Phelan, Hill, & Wing, 2006). 물론 이것은 섭식을 자극하는 음식 광고 때문이지 TV에서 음식 먹는 장면을 보기 때문은 아니다(Halford et al., 2007). 예를 들어 Red Robin에서 나오는 햄버거 광고는 시청자들이 감자튀김 한 그릇을 먹는 결과를 초래한다. 그런데 미국 성인 5명 중 1명만 표준 권장량의 신체 활동—빠른 걷기와 같은 적당한 강도의 유산소 운동을 일주일에 50분하거나 달리기와 같은 격렬한 강도의 유산소 운동을 일주일에 75분하거나 이 둘의 적당한 조합—을 하고 있다(U.S. Department of Health & Human Services, 2005). 당신은 이러한 지침을 지키고 있는가?

체중감소 프로그램은 해마다 미국에서 단독으로 600억 달러 이상의 비용을 초래하는 큰 사업이다(PRWEB, 2011). 만일 당신이 다이어트를 생각하고 있다면 글상자 5-3에 제시된 지침이 다이어트를 시작하기 위해 어떤 프로그램을 결정해야 할지 도와줄 것이다.

흡연 **담배남용(tobacco abuse)**—심장과 호흡 그리고 다른 건강 관련 문제들을 발생시킬 정도의 담배남용—은 중요한 건강 위험요소가 되고 있다(Ostbyte & Taylor, 2004). 미국에서 4,600만 명으로 추정되는 흡연하는 성인들은 흡연행동이 자신들의 절반에게 결국 죽음을 초래하고 나머지 수백만 명의 사람들에게 장애를 초래할 것을 알면서도 흡연을 하고 있다(National Center for Chronic Disease Prevention and Health Promotion, 2011). 보다 포괄적인 관점에서 보면 이러한 이유로 죽는 사람들이 매년 거의 600만 명에 이르는데도 전 세계적으로 13억 명 이상이 흡연하고 있는 것으로 추정된다(World Health Organization, 2011).

특히 미국에서 5건의 사망 중 1건은 흡연이 원인인 것으로 추정된다. 즉 알코올, 살인, 차사고, 불법 약물, 자살 그리고 AIDS가 원인인 사망보다 더 많은 사망이 흡연과 연결되어 있다(Glantz, 2003). 흡연은 심장병과 폐기종 그리고 다른 치명적인 질병에 있어 중요한 요인이라는 강력한 증거가 있다. 게다가 흡연은 폐암과 구강암, 후두암, 방광암, 췌장암을 포함한 다양한 종류의 암을 일으킨다. 또한 음주도 함께 하는 흡연자들은 식도와 입, 후두와 같은 몸의 특정 부위에 담배로 인한 발암 효과가 훨씬 더 늘어나기 때문에 암 발생 위험도 높아진다(National Centers for Chronic Disease Prevention and Health Promotion, 2011; Ostbyte & Taylor, 2004).

건강 위험요소로서 흡연에 대한 보다 큰 관심은 일부 사람들이 흡연습관을 포기하도록 장려하였다. 오늘날 미국 성인의 약 19%가 흡연자이다. 이 비율은 2001년의 22.8%와 2002년의 22.5%보다 감소하였다. 그러나 이러한 상황 호전 때문에 중학생(5%)과 고등학생(17%) 상당수가 흡연자라는 사실을 간과해서는 안 된다(National

글상자 5-3 건강관리에 초점을 맞춰라: 체중감량 프로그램 선택하기

합리적이고 안전한 체중감량 프로그램은 다음의 다섯 가지 특징들로 뒷받침되어야 한다.

1. **다이어트는 안전해야 한다.**
   비타민과 미네랄 및 단백질 모두 일일 권장량(RDAs)을 포함해야 한다.

2. **체중감량 프로그램은 천천히 그리고 꾸준한 체중감량을 지향해야 한다.**
   주치의가 건강을 위해 시급한 체중감량을 조언하는 경우를 제외하고.

3. **시작하기 전에 건강상의 문제들을 체크하라.**
   만일 당신이 7~9kg보다 더 많은 살을 빼려고 계획하고 있다면 어떠한 건강상의 문제를 갖고 있는지, 혹은 정기적으로 약물치료를 받고 있는지에 따라 체중감량 프로그램이 시작되기 전에 주치의로부터 평가받아야 한다.

4. **프로그램은 체중감량 단계가 끝난 후 체중유지에 대한 계획도 포함하고 있어야 한다.**
   곧바로 체중을 회복하게 되는 많은 양의 체중감량은 거의 이득이 없다. 체중유지는 체중을 조절하는 것에 있어 가장 까다로운 부분이며 체중감량 프로그램에서 일관되게 실행되고 있지는 않다. 자신이 선택한 프로그램은 과거에 체중증가에 기여했을지도 모를 생활양식을 고치기 위해 식습관과 신체 활동성 수준을 영구적으로 바꾸는 데 도움을 줄 수 있어야 한다.

5. **얼마나 비용이 드는지를 알아야 한다.**
   상업적인 체중감량 프로그램은 식이요법 보충제와 같은 추가적인 항목에 대한 비용과 수수료 내역서를 제공해야 한다.

출처: "안전하고 성공적인 체중감량 프로그램을 선택하는 것"으로부터 참고함. 체중조절 정보 네트워크, National Institute of Diabetes & Digestive & Kidney Diseases, June 2008.

Center for Chronic Disease Prevention and Health Promotion, 2011). 사실 흡연자의 61%는 18세 이전에 흡연을 시작하였다(Substance Abuse and Mental Health Services Administration, 2006). 그것은 지금의 아동들 상당수가 흡연의 이른 시작 때문에 일찍 사망할 수도 있다는 것을 의미한다.

흡연은 중단하기 어려운 습관이긴 하지만 흡연 중단의 이득은 상당하다(Ostbyte & Taylor, 2004). 그러나 적게 잡은 추정치에서조차 흡연을 중단한 사람들 중 절반 혹은 그 이상이 결국 흡연을 다시 시작한다는 것을 시사한다. 흡연습관의 심리적 의존성을 비롯하여 니코틴도 신체적으로 중독을 일으키는 것으로 볼 수 있다. 그 결과 흡연자들은 니코틴에 대해 내성을 갖게 되며 같은 니코틴 효과를 얻기 위해 더 높은 수준의 니코틴을 함유한 담배 또는 더 많은 담배를 피우게 된다. 평균적인 흡연자들이 하루에 평균 20~30개의 담배— 30~40분마다 한 개비—를 피운다. 그리고 인간의 경우 니코

글상자 5-4 건강관리에 초점을 맞춰라: 금연을 위한 조언

다음의 다섯 단계들은 당신이 흡연을 중단하거나 영원히 금연하도록 도울 것이다. 당신이 이 단계들을 함께 사용한다면 금연할 수 있는 최상의 기회를 가질 수 있다.

1. 준비를 하라.
- 담배를 끊을 날짜를 설정하라.
- 자신의 환경을 변화시켜라.
  (1) 자신의 집, 차, 일하는 곳에서 모든 담배와 재떨이를 제거하라.
  (2) 자신의 집에서 사람들이 흡연하는 것을 허용하지 마라.
- 자신이 담배를 끊으려고 했던 과거 시도들을 재검토하라. 무엇을 하고 무엇을 하지 않았는지에 대해 생각해 보라.
- 흡연하지 말고 한 번에 담배를 끊어라—뻐끔뻐끔 피우는 것조차 안 된다.

2. 지지와 격려를 받아라. 연구들은 만일 당신이 도움을 받는다면 성공할 수 있는 더 좋은 기회를 갖게 된다는 것을 보여 준다. 당신은 다양한 방법으로 지지를 받을 수 있다.
- 가족, 친구들, 동료들에게 자신이 곧 담배를 끊을 거라는 것과 그들의 지지를 바란다는 것을 말하라. 당신 주변에서 흡연하지 말 것을 부탁하라. 아니면 밖에 나가서 흡연을 하라고 부탁하라.
- 자신의 건강관리 담당자와 상의하라.

3. 새로운 기술과 행동을 학습하라.
- 흡연 충동을 딴 데로 돌리기 위해 노력하라. 누군가와 대화를 나누고 산책을 하거나 일을 시작하라.
- 담배를 끊으려고 처음 시도할 때 자신의 일상을 바꿔라. 일하는 방법을 다르게 하라. 커피 대신에 차를 마셔라. 다른 장소에서 아침을 먹어라.
- 자신의 스트레스를 줄여 주는 무언가를 하라. 온욕과 운동을 하거나 책을 읽어라.
- 매일 할 수 있는 즐거운 무언가를 계획하라.
- 따뜻한 물과 다른 음료들을 마셔라.

4. 약물치료를 받고 그 치료를 정확히 활용하라. Chantix, Zyban과 같은 약물치료는 흡연을 중단하고 흡연 충동을 줄이도록 자신을 도울 수 있다. 어떤 새로운 약물치료를 받기 전에 잠재적인 부작용과 약물 상호작용을 논의하려면 자신의 건강관리 담당자와 반드시 이야기를 나눠야 한다.

5. 재발 혹은 어려운 상황에 대비하라. 대부분의 재발은 담배를 끊고 난 후 첫 세 달 안에 발생한다. 만일 자신이 다시 흡연을 시작하더라도 좌절하지 마라. 기억하라, 대부분의 사람들은 최종적으로 담배를 끊기 전에 여러 번 시도를 한다. 여기에 경계해야 할 몇 가지 어려운 상황이 있다.
- **알코올** 음주를 피하라. 음주는 당신의 성공 기회를 더 낮춘다.
- **다른 흡연자** 주위에 흡연하는 사람은 당신이 흡연하고 싶도록 만들 수 있다.
- **체중증가** 많은 흡연가들이 담배를 끊으면 일반적으로 4.5kg 이하의 적은 체중증가를 보일 것이다. 건강식을 먹고 활동성을 유지하라.
- **부정적인 기분이나 우울** 흡연하는 것 외에 자신의 기분을 나아지게 하는 많은 방법이 있다.

출처: '흡연을 중단하기 위한 다섯 가지 핵심', from Centers for Disease Control and Prevention website, 2012.

틴에 대한 생물학적 반감기는 약 20~30분이기 때문에 상습적인 흡연자들은 깨어 있는 대부분의 시간 동안 니코틴으로 활성화된 신체체계를 계속 유지하게 된다. 상습적인 흡연과 니코틴으로 인한 금단은 신경과민, 두통, 현기증, 피로, 불면증, 발한, 경련, 떨림 및 심장 두근거림(심계 항진)을 포함한 다양한 증상을 초래한다.

최근에 사람들은 몸 안의 니코틴을 방출함으로써 담배에 대한 신체적 갈망을 줄여 주는 패치, 껌과 사탕 같은 니코틴 대체 제품을 사용하기 시작했다. 게다가 다양한 심리적 및 행동적 방법들도 이용 가능해졌다. 그중 한 방법은 흡연자가 자신의 흡연을 촉발시키는 대상과 사건, 사람 그리고 상황을 자각하면서 이 통제자극들을 감시하는 것이다. 그런 다음 흡연자는 대안적 행동들을 개발한다. 예를 들면 Amanda는 보통 매운 음식을 먹을 때마다 담배에 불을 붙였다. 그녀의 친구는 매운 음식을 먹는 동안에 오른손에 물 한 잔을 들고 있게 되면 매운 음식과 담배 간의 연결 고리를 끊게 될 것이라고 제안하였다. 일반적으로 하던 일을 그만두기 위해 스스로나 다른 사람들을 설득하려면 질병에 대한 공포감보다는 신체 단련을 유지하려는 욕구나 자신의 삶에 책임을 지려는 욕구와 같이 금연의 긍정적인 측면을 강조하는 것이 더 낫다. 비록 흡연을 포기한 대부분의 흡연자들이 석 달 안에 흡연을 재개하긴 하지만 전자의 흡연자들은 친구와 배우자, 혹은 지지집단의 사회적 지지 덕분에 금연 성공 기회가 증가할 것이다(Thomas et al., 2005). 또한 활기찬 운동은 흡연자가 금연을 유지하도록 돕는다(Marcus, 1999). 글상자 5-4는 흡연을 중단할 수 있는 몇몇 방법을 제공한다.

음주 음수의 결과는 비교적 약한 숙취부터 알코올 중독 및 죽음과 같은 심각한 결과까지 초래하고 있다. 실제로 음주는 매년 85,000명 가까이의 죽음을 초래하는 것으로 추정된다. 뿐만 아니라 알코올과 관련된 질병을 가진 사람들은 미국에 있는 모든 병실의 25~40%를 차지하고 있다. 또한 음주를 하는 보다 많은 사람들은 간경변, 췌장염 및 출혈성 뇌졸중과 같은 장기적인 건강상 위험이 발생할 가능성이 더 높다. 알코올 중독은 의사결정 과정과 조정에 부정적으로 영향을 미치기 때문에 취한 사람들은 사고와 부상을 당하기 쉽다. 좋은 예로, 음주는 치명적인 교통사고의 거의 2/3와 관련되고, 익사 피해자의 거의 50%가 사망 당시에 음수상태였다. 게다가 알코올 사용은 콘돔을 하지 않는 성관계와 같은 위험한 성행위들과 관련되어 있고, 다른 사람에 의한 강제 성행위를 당할 가능성을 증가시킨다(Mokdad, Marks, Stroup, & Gerberding, 2004; U.S. Department of Health and Human Services, 2007).

매일 11,000명에 가까운 청소년들이 처음으로 술을 마신다(SAMHSA, 2006). 성인의 1/3 가까이가 가끔 술을 마시지만 적어도 10명 중 1명은 술고래—남자의 경우 하루에 세 잔 이상 술을 마시는 사람, 여자의 경우 하루에 두 잔 이상 술을 마시는 사람—로 간주된다. 일반적인 대학 교정에서도 학생들의 40~50%가 **폭음(binge drinking)**—남자의 경우 짧은 시간에 다섯 잔 이상을 마시고, 여자의 경우 네 잔 이상을 마시기—을 하고 있다. 더욱이 대학생의 약 20%는 빈번한 폭음자—2주 동안에 3번 이상의 폭음을 하는 사람—로 간주된다(Wechsler & Nelson, 2008). 활동 5-1은 자신의 음주 수준을 평가하도록 도와줄 것이다.

불법약물의 사용 불법약물의 사용은 해마다 약 17,000명의 사망을 초래한다. 약물 과다복용은 위험한 행동(예: 마약을 복용한 채로 운전하는 것)을 하는 것으로부터 우리를 보호해 주는 내적 금지체계의 활동 감소와 더불어 이러한 사망률을 설명해 준다(Mokdad et al., 2004). 생명의 손실뿐 아니라 약물 사용에 드는 비용도 충격적이다. 생산성 손실, 건강관리 그리고 범죄단속을 고려했을 때 불법약물 사용에 의한 연간 손실은 과도한 음주와 관련된 손실인 2,350억 달러보다는 조금 낮은 약 2,000억 달러이다(Office of National Drug Control Policy, 2004).

초창기의 약물 사용은 보다 높은 공격성 수준, 형편없는 학업성취도, 청소년기 동안의 일탈행동이나 범죄행동과 관련이 있으며 성인기에도 약물 사용은 지속된다. 하지만 음주와 마리화나 흡연이 보다 더 강력한 약물을 사용하는 것에 항상 선행하는가? 이처럼 중요한 주제에 대해 논의하려면 글상자 5-5를 보라. 신체적 및 정신적인 건강상 위험은 불법약물의 사용으로 발생하며 대부분의 위험은 사용하는 약물 종류에 따라 달라진다. 불법약물 사용과 관련된 부정적인 건강상의 결과들에 대해 다음의 내용을 생각해 보자. 마리화나의 흡연은 기억장애, 호흡 합병증 그리고 암을 초래할 수 있고 흡입제들은 간, 신장, 골수 및 뇌 손상을 야기할 수 있다. 그리고 코카인의 사용은 발작, 뇌졸중, 심장박동의 장애, 편집증으로 이어질 수 있다. 또한 불법약물을 사용하는 사람들은 다른 사람들보다 불안장애나 우울과 같은 정신질환으로 고통받을 가능성이 좀 더 높다. 하지만 정신질환자들은 자신들의 심리적 문제들을 해결하고자 불법약물을 구할 수도 있다는 점 역시 기억하는 것이 중요하다(NIDA, 2007).

물질남용 의심할 여지없이 알코올과 약물 사용 둘 다 청소년과 성인에게 부정적인 사회적 결과를 초래하면서 비슷하게 문제가 될 수 있다. 위에서 언급했던 의학적 및 심리학적 주제들에 더하여 빈번한 약물 사용은 **물질남용(substance abuse)—항정신성 물질에 대한 의존 혹은 오용**—으로 바뀔 수 있다. 현재 2,300만 명 이상의 미국인들이 물질남용자이다. 과학자들은 어떤 사람들이 왜 약물과 관련되고, 왜 남용으로 악화되는

활동 5-1

너무 많이 마시고 있지는 않은가?

보기: 다음 질문에 대해 자신이 동의하는 정도를 나타내어라. 1~7까지의 척도에서 적절한 숫자에 동그라미 하면 된다.

1. 나는 대립이나 말다툼 후 혹은 정서적 고통 때문에 과음을 한다.
   전혀 동의하지 않는다. 1 2 3 4 5 6 7 매우 동의한다.
2. 나는 비슷한 효과를 얻기 위하여 더 많은 알코올을 필요로 한다.
   전혀 동의하지 않는다. 1 2 3 4 5 6 7 매우 동의한다.
3. 나는 음주 초반에 일어난 일은 보통 기억한다.
   그런 다음 더 많이 마시면 내가 기억하는 것은 아무것도 없다(그것으로 끝이다).
   전혀 동의하지 않는다. 1 2 3 4 5 6 7 매우 동의한다.
4. 나는 술을 마셨을 때 흔히 의식을 잃거나 무슨 일이 발생했는지 기억하지 못한다.
   전혀 동의하지 않는다. 1 2 3 4 5 6 7 매우 동의한다.
5. 술을 마시는 중에 내가 무슨 행동을 했는지 기억나지 않는 것은 나에게 경종을 울려 술을 음료로 바꾸고, 이직을 하고, 나 자신과의 약속을 바꾸게 할 정도이다.
   전혀 동의하지 않는다. 1 2 3 4 5 6 7 매우 동의한다.
6. 친구들은 내가 술을 많이 마시면 통제력을 잃는다고 말한다.
   전혀 동의하지 않는다. 1 2 3 4 5 6 7 매우 동의한다.
7. 나는 다른 사람들이 내가 너무 술을 많이 마신다고 말하는 것을 알고 있다.
   전혀 동의하지 않는다. 1 2 3 4 5 6 7 매우 동의한다.
8. 아침에 손이 떨리고 음주를 한 후에 숙취를 느끼는 것 모두 혹은 그중 하나의 증상이 있다.
   전혀 동의하지 않는다. 1 2 3 4 5 6 7 매우 동의한다.
9. 사람들은 내 음주 때문에 나에게 극도로 짜증을 내는 것 같다.
   전혀 동의하지 않는다. 1 2 3 4 5 6 7 매우 동의한다.
10. 나는 종종 음식을 먹는 것보다 더 많은 양의 술을 마신다.
   전혀 동의하지 않는다. 1 2 3 4 5 6 7 매우 동의한다.

채점: 각 질문에 대해 자신이 체크한 것을 모두 합산하라. 보다 높은 전체점수는 자신이 알코올 남용 문제를 갖고 있을 가능성이 더 많다는 것을 의미한다. 만일 자신이 어떤 문제를 갖고 있다고 생각하면 되도록 빨리 전문가를 찾아라.

출처: "자신의 삶을 향해 전진하라! 알코올과 다른 약물 뒤에 숨는 것을 그만두라" (DHHD Publication No. (SMA) 93-2000), U.S. Department of Health and Human Services, 1995.

글상자 5-5 건강에 초점을 맞춰라: 입문약물 가설

청소년들에 대한 연구는 담배와 알코올 사용은 마리화나 사용에 선행하며, 결국 환각제, 헤로인 그리고 코카인과 같은 불법약물의 사용에 앞서 일어난다는 것을 일관되게 보고하였다. 어떤 연구는 담배, 알코올, 마리화나는 '입문약물'이며 이러한 물질에 대한 경험은 순차적으로 새로운 물질의 사용을 발달시킨다는 것을 제안하였다. 입문가설을 지지하는 증거는 알코올과 담배 사용이 마리화나 사용과 연속적으로 연결된다는 연구에도 포함되어 있다. 또한 마리화나와 불법약물 사용 사이의 연관성은 알코올/담배와 불법약물 사용 사이의 연관성보다 더 강하다. 생물학적으로 담배, 알코올, 마리화나, 게다가 위에서 언급한 불법약물들은 신경전달물질인 도파민에 주로 작용하며, 따라서 입문가설을 지지하는 잠재적인 생리적 기제를 알려준다. 그렇기는 하지만 차후에 더 강력한 약물 사용으로 이어지는 담배, 알코올, 마리화나의 초기 사용보다는 단순히 알코올과 담배, 마리화나 그리고 불법약물 사용자들이 다양한 약물을 사용하게 만드는 여러 가지 유사한 특성(예: 성격, 정서성, 정신병의 유행)을 공유하고 있는 게 더 중요한 요인인지도 모른다. 더욱이 청소년기 동안에 마리화나를 피운 청소년들은 다른 약물을 사용하는 또래들과 많은 시간을 보내기 시작한다. 그 결과, 약물 사용 문화를 불러일으키는 이러한 관계는 더 강한 약물을 사용하게 만드는 더 많은 기회로 이어진다.

지에 대해 다양한 설명을 제안하였다. 한 가지 설명은 약물 혹은 알코올 남용에 대한 가족사를 가진 것과 같이 생물학적 원인에 초점을 맞추고 있다. 다른 설명들은 무질서한 가정환경, 잘못된 육아 그리고 애정 어린 돌봄과 배려의 부족 같은 가족 내의 요인들이 약물남용을 초래한다고 제안한다. 또 다른 설명은 약물남용은 약물을 남용하는 사람들과 어울리게 하고 결국 다른 약물에도 노출될 수 있게 만든다는 것이다. 여전히 다른 설명은 약물남용의 주범으로 우울과 같은 정신질환에 초점을 맞추고 있다. 실제로 물질 남용은 앞서 언급한 어떤 이유들의 결과로서 일어날 수도 있으며 때론 그 이유들의 결합 때문에 발생할 수도 있는데 물질남용을 설명해 주는 단일 경로는 없다(National Institute on Drug Abuse, 2009).

비록 물질남용을 치료하는 데 도움이 되는 많은 프로그램이 있긴 하지만 대부분의 프로그램은 참가자들의 40~60%가 **재발(relapse**: 이전 행동이나 이전 상태로 되돌아가는 것, 이 경우에 있어서는 음주를 하거나 약물을 사용하는 것으로의 복귀)을 경험하면서 비교적 높은 실패율을 갖고 있다(National Institute on Drug Abuse, 2009). 사람들은 흔히 자신의 상태를 인정하지 않기 때문에 프로그램에서 요구하는 생활양식의 완전한 변화를 시도할 준비가 되어 있지 않거나 아니면 프로그램이 요구하는 생활양식의 변화나 프로그램 자체를 지루해할 수도 있고 불만을 가질 수도 있다. 약물 남용 치료 프로그램에 참가한 사람들 대부분은 나중에 프로그램에 다시 들어갈 지라도 처음 몇 주 안에 프로그램에서 탈퇴한다. 재발이 이례적인 현상이기보다는 규칙적인 것이라는 점은 주목할 만한 가치가 있다. 재발의 유행은 어떤 치료자들에게 재발-방지 훈련을 개발하도록 이끌었으며 일반적으로 치료 프로그램 안에 추가되어 있다. 물질 남용자들은 고위험 상황—예를 들면 여전히 중독에 빠져 있는 지인과 만났을 때—에 대처하고 사소한 재발이 심각한 재발이 되지 못하도록 하는 방법을 교육받는다. 사람들은 재발을 자신들이 그것으로부터 학습할 수 있고, 미래에는 피할 수 있는 일시적인 퇴보로 보도록 격려받아야 한다.

환경문제

우리가 살고 있는 다양한 환경은 건강상의 문제에 있어 유익하거나 해가 되는 것이다. 만일 당신이 환경과 관련된 오염원이나 오염물질이 건강과 관련된 문제의 중요한 근원들 중 하나라고 생각하고 있다면 그 생각이 맞다. 미국인들의 약 25%가 표준 공기청정도가 충족되지 않는 곳에서 살고 있다(National Center for Health Statistics, 2002). 공해기업들 가까이에 사는 것은 자신의 신체적 건강에 영향을 미칠 수 있지만 또한 정신건강에도 영향을 미칠 수 있으며 높은 수준의 불안과 우울을 초래하고 있다는 것은 오랫동안 알려져 온 사실이다(Downey & Van Willigen, 2005).

사회적 및 심리적 환경도 독이 될 수 있다. 약물의 유행에 관한 메시지는 이제 평범한 것이 되었다. 예를 들어 모든 영화의 95%가 건강하지 않은 물질(예: 담배, 알코올이나 약물)의 사용을 보여 주고 있지만 대부분 약물 사용의 부정적인 결과는 보여 주지 않는다(Stern, 2005). 게다가 일반용 영화와 부모 지도하 관람가 영화의 약 50%와 13세 미만은 보호자 동반이 요망되는 영화의 80% 이상이 배우의 흡연이나 음주를 묘사하는 경향이 있다(Polansky & Glantz, 2004; Roberts, Henriksen, & Christenson, 1999; Thompson & Yokota, 2004). 중요한 것은 그런 장면을 보는 것이 흡연행동, 10대의 이른 음주의 시작 둘 다와 관련되어 있다는 점이다(Sargent, Willis, Stoolmiller, Gibson, & Gibbons, 2006; Wills et al., 2007). 전통적인 영화 매체에 더하여 인터넷은 알코올과 약물 사용을 위한 정보의 온상이 되고 있다. 예를 들면 많은 웹사이트들이 불법 약물의 사용에 전념하고 있다. 약물 사용의 위험에 관하여 경고문을 제공하고는 있지만 그런 사이트들은 사실 '과거 경험'과 블로그 형식으로 된 Q & A를 다룬 부분을 이용하여 약물 사용자를 위한 '입문서'가 될 수도 있다. 아주 흥미로운 것은 이러한 사이트 중 일부(Erowid.com,

DanceSafe.org)는 '안전하고', '책임감 있는' 약물 사용을 촉진하는 내용이 명시되어 있다는 것이다. 하지만 많은 사람들이 대중매체가 물질 사용을 촉진하기보다는 물질 사용이 용납할 수 없고 따분하며 위험한 것이라고 묘사함으로써 보다 더 예방적인 역할을 하고 있다고 믿고 있다(Weiner, Panton, & Weber, 1999). 어떻게 생각하는가?

질병에 대처하기

학습 목표

5.5 의학적 치료 방침 3단계에 대해 기술한다.

5.6 환자들이 의학적 충고를 준수하지 않는 이유에 대해 설명한다.

가벼운 건강상의 문제는 매일 발생하는데, 우리는 대개 아스피린, 항히스타민제 그리고 위장약처럼 처방전 없이 살 수 있는 다양한 일반의약품으로 스스로를 치료하고 있다. 하지만 건강상의 문제가 지속되고, 특히 그 문제가 우리의 일상적인 삶에 지장을 준다면 그때 의사를 찾아가는 것을 고려한다. 우리가 그 문제를 알든 모르든 간에 그런 경험들은 세 단계를 포함하는 의사결정 과정을 진행시킨다.

1. 증상의 심각함에 주목하고 해석하기
2. 필요하다면 전문적인 도움을 구하기
3. 처방된 치료를 충실히 지키기

이 부분에서 우리는 사람들이 이 세 가지 단계 각각에서 질병과 증상에 대해 어떻게 반응하는지를 살펴볼 것이다.

탐색 5.3 건강과 질병에 관해 학습하기

www.WebMd.com WebMd는 신체적인 것과 심리적인 것 모두를 포함하는 다양한 유형의 건강 정보를 담고 있다.

증상에 주목하고 해석하기

우리 모두는 가끔 코막힘, 근육통, 뻐근한 관절, 두통, 고동치는 심장, 현기증 그리고 변비나 설사를 포함하여 다양한 신체 증상을 경험한다. 하지만 우리가 질병의 증상으로서 신체의 통증을 드러내는 성향은 사람마다 다소 다르다. 병에 대해 과도한 공포를 드러내거나 사실무근의 질병에 대해 습관적으로 고통을 호소하는 사람들을 보통 **건강염려증 환자(hypochondriacs)**라고 부른다. 반면 어떤 사람은 자신의 신체적 증상을 줄여서 표현하는 경향이 있다. 이러한 사람은 보통 **외향적인 사람(extroverts)**, 즉 따뜻하고 사교적이며, 삶을 열심히 사는 경향이 있는 사람이다. 따라서 자신의 질병에 주목하거나 하소연을 늘어놓는 데에 시간을 허비하지 않는다.

심리학자들은 건강에 대한 염려와 관련된 다른 대처 전략들도 발견하였다. 한 전략은 **회피(avoidance)**이다. 회피로 대처하는 사람들은 주목해야 할 어떤 증상을 부정하거나 최소화한다. 반면에 어떤 사람들은 스트레스 요인에 적극적으로 맞선다. 이러한 사람은 병의 증상이 존재하는가에 주목하기 위해 **직면(confrontation)**을 사용한다. 건강에 관한 좋지 않은 소식에 대처하기 위한 또 다른 방법은 **하향 비교(downward comparison)**를 하는 것이다. 이 방법을 선택한 사람들은 자신의 상황을 자신보다 더 못한 다른 사람들과 비교한다. 예를 들어 Amanda는 하루에 약 한 갑의 담배를 피우지만 자신의 습관을 하루에 거의 두 갑을 피우는 버지니아 주에 있는 동료와 비교하고 있었다. 위 전략들 중 자신이 사용하는 전략은 어떤 것인가?

도움을 요청하기

병원에 가는 것을 결정하는 시기는 자신의 증상이 심각해졌을 때이다. 하지만 응급상황이 아닐 때 전문가의 도움을 구하려는 결정은 여러 요인에 달려 있다. 예를 들어 만일 사람들이 자신의 증상이 신체적인 원인보다는 심리적인 것에 있다고 여기면 도움을 청하는 것을 더욱 주저하게 된다. 또한 자신의 통증이 치질과 같이 말하기에 난처한 것이라면 치료를 받지 않고 참을 수도 있다. 사람들은 또한 질병이 바이러스와 관련된 것처럼 보이거나 몸의 상체와 관련되어 있으면 의사를 방문할 가능성이 더 낮아진다. 만일 사람들이 병원에 가는 것을 불편함을 감수해야 하고 시간과 비용을 들일 만한 가치가 없는 진료라고 생각한다면, 특히 그 진료가 의료보험으로 충당되지 않는다면 병원 가기를 망설일 것이다. 뿐만 아니라 매우 충격적이거나 치명적인 진단을 받게 되는 것에 대한 두려움은 도움을 요청하는 것을 꺼리게 만든다.

남성과 여성은 병원에 가려는 의향에서 서로 다르다. 남성은 도움을 덜 요청하는데 평균적으로 여성보다 더 높은 치사율의 위험에 놓여 있을지도 모르는 상황에서도 병원을 가지 않고 2년 이상을 보낸다(Mansfield, Addis, & Courtenay, 2005). 사실 여성과 비교했을 때 남성은 더 높은 비율의 고혈압, 궤양, 심근경색, 암의 발병을 보일 뿐만 아니라 상당히 더 짧은 기대 수명을 갖고 있다. 여성은 대개 자신의 몸에서 느껴지는 변화와 통증에 대해 매우 민감하여 남성보다는 더 자주 병원을 찾는다(Barsky, Peekna, & Borus, 2001). 또한 남성은 전문가의 도움을 구하는 것이 자신의 신체에 대한 '나약함'을 나타낸다고 여기기 때문에 더욱 꺼리는지도 모른다. 어떻게 생각하는가?

치료법을 충실히 지키기

치료체제의 고수(adherence to treatment regimens)는 한 개인의 행동(예: 약물 복용 치료의 참여 등)이 의학적 혹은 의료적 조언과 일치하는 정도를 의미한다(Raynor, Wing, & Phelan, 2007). 놀랍게도 모든 성인 환자들의 반 이상이 자신의 주치의가 처방한 치료를 따르지 않거나 끝마치지 않는다(Osterberg & Blaschke, 2005). 흥미롭게도 환자의 성격, 성별 그리고 사회경제적 지위는 누가 치료계획을 충실히 따르고 누가 충실히 따르지 못할 것인지를 정확하게 예측하지는 못한다. 사람들은 다른 많은 이유 때문에 처방된 치료법을 고수하지 못할 수도 있다. 치료법을 고수하는 데 실패하는 흔한 핑계는 의사에 대한 불만족이다. 자신의 주치의와 따뜻한 관계를 유지하고 치료를 계획하는 데 참여한 환자들은 더욱 의사의 지시를 준수하기 쉽다. 환자가 치료계획을 따르지 않는 또 다른 이유는 환자들 대다수가 병의 본질이나 의사의 설명을 충분히 이해하고 있지 않기 때문이다. 대조적으로 자신이 원하는 치료가 따라 하기 쉬운 서면 지시와 함께 일상적인 말로 설명되면 환자들이 치료를 준수할 가능성은 훨씬 더 높아진다. 또한 약물치료에 대한 환자들의 믿음은 치료를 충실히 지키는 것에 영향을 미치는데 약물 의존성이나 장기적인 부작용을 걱정하는 사람들은 처방대로 약을 복용할 가능성이 매우 낮다. 대체로 환자들이 약물치료를 주저하는 경향성은 약물치료에 대한 공포와 가능한 약을 먹지 않으려는 선택과 가장 관련이 있는 것처럼 보인다(Pound et al., 2005; Vermeire, Hearnshaw, Van Royen, & Denekens, 2001).

정보가 제시되는 방식 역시 중요하다. 정보는 **부정적인** 방식(잠재적인 손실이나 비용에 관하여)이나 **긍정적인** 방식(잠재적인 이득에 관하여)으로 제시되거나 표현될 수 있다. 부정적으로 표현된 메시지는 '만일 당신이 담배를 끊지 않는다면 젊은 나이에 죽을 가능성이 있어요.'이고, 긍정적으로 표현된 메시지는 '만일 당신이 담배를 끊는다면 기분이 더 좋아 더 오래 살 겁니다.'이다. 어떤 과학자는 의사로부터 긍정적으로 표현된 메시지는 건강식을 고수하는 것과 같이 **예방적인** 행동을 촉진시키는 데 가장 좋은 반면에 부정적으로 표현된 메시지는 통증에 주목하는 것과 같이 **탐지** 행동을 촉진시키는 데 가장 좋다고 말한다(van Assema, Martens, Ruiter, & Brug, 2001). 하지만 치료요법의 고수는 단지 표현된 형식—긍정적이거나 부정적으로 표현된 메시지—보다는 더 복잡하다. 특정 의학적 문제에 대한 환자의 관심과 같은 요인 또한 중요하다(Donovan & Jalleh, 2000). 한 예로 심장건강에 있어 식이요법과 운동이 중요하다는 메시지를 들었을 때 심장병에 대한 가족력을 가진 환자는 그런 가족력을 가지지 않은 환자보다 그 메시지에 더 관심을 가지게 될 것이다.

건강지향 증진

학습 목표

5.7 자신의 건강을 돌보는 것과 관련된 각 요인들을 열거한다.

5.8 '식단'이 건강에 왜 중요한지를 설명한다.

5.9 효과적인 개인 신체단련 프로그램은 무엇인지 설명한다.

5.10 건강에 있어 사회적 지지의 역할에 대해 논의한다.

최근까지 의료분야에 있는 사람들은 '아프지 않은' 사람들과 '건강한' 사람들 사이의 차이를 대수롭지 않게 여겼다(Friedman, 2005). 실제로 건강은 질병의 부재를 의미한다. 하지만 최근에는 건강이 사소한 혹은 중대한 질병의 부재 이상의 것이라는 인식이 커지고 있다. 오늘날 사람들은 **건강지향(wellness)이란 자신의 건강을 유지하고 개선하기 위해 노력하는 것으로 건강에 대한 긍정적인 이상을 의미**한다고 믿고 있다. 건강하다는 것은 가끔씩 병치레를 함에도 불구하고 자신의 몸과 마음을 최대한 활용하는 것이며 기민하고 정력적인 것 그리고 노년에 이르러서도 살아서 행복한 것을 말한다. 결과적으로 건강관리자와 대중 모두 최적의 건강에 관하여 더 많은 생각을 하기 시작했다.

최적의 건강은 자신의 주치의, 전문가, 건강식품 가게 혹은 기적의 보충제로부터 얻을 수 있는 무언가가 아니다. 긍정적인 의미의 건강은 좋은 유전자와 정기적인 건강관리에 의해 촉진되고 자신의 노력을 통해 주로 얻게 되는 것이다. 단순히 질병의 부재 대신에 건강의 긍정적인 관념 이상에서 자신의 일상적인 웰빙을 바라보면 당신은 그렇게 하지 않을 때보다 더 잘 기능하고 더 열심히 살아갈 수도 있다. 활동 5-2는 자신의 현재 건강습관을 평가하는 데 도움을 줄 것이다.

건강 책임지기

자신의 건강을 책임지는 것은 일반적으로 당신이 의료기관과 어떻게 연결되어 있는가에 따라 기본적인 변화를 수반한다. 전통적인 관례상, 사람들은 '좋은' 환자 역할—협조적이고 요구가 많지 않으며 의심하지 않는 역할—을 하도록 기대된다. 그런 고분고분한 행동은 보통 해로운 부작용을 가져온다. 환자들은 치료에 대해 통제력을 거의 가지지 못할 때 불안하고 우울해한다. 실제로 환자들은 의학적으로 무슨 일이 일어나는지에 대해 자신이 의사결정력이나 통제력을 갖고 있다고 느낄 때 치료계획을 좀 더 준수할 가능성이 높다(McDonald-Miszczak, Maki, & Gould, 2000). 더구나 대부

활동 5-2
건강습관은 어떠한가?

보기: 다음 질문들을 읽고 적절한 숫자에 동그라미 하라. 그리고 각 부분별 전체 점수를 얻기 위하여 각 숫자들을 합산하라. 그런 다음 자신의 점수가 무엇을 의미하는가는 설문의 끝에 있는 규준을 참고하라.

섭식습관	**거의 항상**	**가끔씩**	**거의 전혀**
1. 나는 매일 과일과 야채, 통곡물 빵과 시리얼, 살코기, 유제품, 말린 완두콩과 콩류 그리고 견과류와 씨앗 같은 다양한 음식들을 먹는다.	4	1	0
2. 나는 고기류, 달걀, 버터, 크림, 마가린 그리고 간과 같은 내장육에 있는 지방을 포함하여 지방, 포화 지방, 콜레스테롤의 양을 제한하면서 먹는다.	2	1	0
3. 나는 소금의 양을 제한한다. 나는 짭짤한 과자를 피하고 식탁 위에 소금을 두지 않으며 매우 적은 양의 소금을 사용하여 요리해서 먹는다.	2	1	0
4. 나는 설탕이 너무 많이 들어 있는 음식, 특히 끈적거리는 사탕이나 청량음료 같은 간식을 먹는 것을 피한다.	2	1	0

식습관 점수: ______________

운동/신체단련	거의 항상	가끔씩	거의 전혀
1. 나는 과체중과 저체중을 피하면서 바라는 적정 체중을 유지한다.	3	1	0
2. 나는 적어도 일주일에 세 번씩 15분에서 30분 정도 달리기, 수영, 빠른 보행 등의 활발한 운동을 한다.	3	1	0
3. 나는 적어도 일주일에 세 번씩 15분에서 30분 정도 요가와 건강체조 같은 근력을 강화시키는 운동을 한다.	2	1	0
4. 나는 여가시간의 일부를 내 건강 수준을 증가시키는 원예, 볼링, 골프 그리고 야구 같은 개인, 가족 혹은 팀 활동에 참여하는 것에 사용한다.	2	1	0

운동/신체단련 점수:________________

알코올과 약물	거의 항상	가끔씩	거의 전혀
1. 나는 알코올 음료를 마시는 것을 피하거나 하루에 한두 잔 이상은 절대 마시지 않는다.	4	1	0
2. 나는 스트레스 상황이나 내 삶의 문제들을 다루는 방법으로 알코올이나 다른 약물, 특히 불법약물 사용을 피한다.	2	1	0
3. 나는 수면, 통증, 감기, 알레르기를 위한 약물을 먹고 있을 때 음주를 하지 않도록 조심한다.	2	1	0
4. 나는 처방된 약물과 일반의약품을 사용할 때 포장에 적힌 지시사항을 잘 읽고 따른다.	2	1	0

알코올과 약물 점수:________________

채점: 당신의 점수가 의미하는 것은 다음과 같다.
9~10: 매우 우수함. 6~8: 우수함. 3~5: 보통 0~2: 부족함.

출처: *Healthsyle: A Self-Test*(DHHS Publication No. (PHS) 81-50155). U.S. Department of Health and Human Services, 1981.

분의 환자들은 보통 협조적이기 때문에 의사들은 환자의 정보에 대한 욕구를 과소평가한다. 반면에 극단적인 반대편에 서서 '나쁜' 환자 역할—자신의 주치의에게 불평과 요구가 많은 환자 역할—을 취하는 사람은 자신의 공격적인 행동이 대개 의료인과 멀어지게 만들기 때문에 훨씬 좋지 않다. 오히려 사람들은 의사에게 협조하지만 자신의 권리는 포기하지 않는 **협력** 방식으로 자신의 건강관리에서 적극적인 참여자가 되어야 한다(Harvard Health Letter, January 2006). 그러기 위해서는 환자의 유익을 위해 의사와 환자가 협동을 하는 작업 동맹을 형성하는 것이 목표가 되어야 한다. 환자들은 대부분의 의사가 질병과 치료방법은 기꺼이 알려 주면서도 환자의 질문에 대한 주도권은 자신이 쥐기를 바란다는 것을 알 필요가 있다. 반면 의사들도 자신의 의학적 문제를 알고 있고 치료과정의 결정에서 적극적인 역할이 주어진 환자가 치료의 진행을 관찰하면서 처방된 치료를 준수할 가능성이 더 크다는 것을 자각할 필요가 있다.

탐색 5.4 신체단련

www.dietandfitnesstoday.com 이 사이트는 유용한 다이어트와 신체단련 정보를 제공한다.

당신의 건강을 위해 보다 큰 개인적 책임을 가져야 하는 핵심 요인들이 다음에 제시되어 있다.

- 몸이 어떻게 기능하는지 이해하기
- 몸과 마음이 어떻게 상호작용하는지 알기
- 스트레스를 효과적으로 관리하기
- 건강한 식습관과 운동습관 개발하기
- 자신의 건강에 대해 모니터링하기
- 주기적인 건강진단 받기
- 자신의 의료 기록 보존하기
- 자신의 가족력과 관련된 건강 위험요인 파악하기
- 자신의 생활양식, 작업 공간, 환경에서 건강 위험요소들 의식하기
- 자신의 건강관리에 있어 적극적인 참여자가 되기

개인별 혹은 가족별로 자기관리와 의료적 문제에 대한 지침서로 사용되는 적절한 자원을 하나 이상 갖고 있어야 한다. 그런 책들은 의학적 도움이 필요할 때 어떻게 처리해야 하는지, 소소한 문제를 다루는 가정 건강관리법 그리고 건강을 유지하기 위한 식습

관과 운동습관, 몸의 기능에 관한 많은 가치 있는 정보를 담고 있다. 미국 의사협회의 **가족의료지침서**에 나와 있는 자가진단 증상 차트를 이용하면 의료적 지원이 필요한지를 결정해야 할 때 특히 도움이 된다.

적절하게 먹기

칼로리 조절 건강하기 위해 필수적인 부분은 적절한 패턴의 식사 및 적절한 음주와 같이 좋은 건강습관을 실천하는 것과 신체적으로 건강한 상태를 유지하는 것, 충분한 휴식을 취하는 것 그리고 정기적으로 의사를 찾아가는 것이다. 보다 많은 사람이 다른 어떤 방법보다도 칼과 포크로 '스스로를 죽이고' 있기 때문에 건강을 증진시키는 최선의 방법 중 하나는 적당하게 먹는 것이다. 적당하게 먹는 것은 **합당한** 양의 건강한 음식을 먹는 것이다. 음식의 양은 보통 **칼로리**—**음식이 만들어 내는 에너지의 양으로 몸에서 산화되거나 소모되는 것**—로 측정된다. 하루에 필요한 칼로리 수치는 연령, 성별, 신체 사이즈, 신진대사율과 같은 요인들에 의해 결정된다. 사무직 일을 하는 20대 초반의 여성은 하루에 약 2,000 칼로리를 필요로 하고 보다 활동적인 삶을 살고 있는 여성은 약 2,200 칼로리를 필요로 한다. 사무직 일을 하는 남성은 약 2,500 칼로리를 소비하고 목수와 같이 상당히 활동적인 일을 하는 남성은 약 2,800 칼로리를 필요로 한다. 몹시 힘든 일을 하거나 운동경기 훈련을 하는 남성과 여성들은 하루에 3,000~4,000 칼로리 정도를 필요로 한다. 칼로리 계산을 충실히 하는 것은 고칼로리의 패스트푸드 식당이 미국 어디에나 있고 미국의 식탁이나 여러 식당에서 고칼로리 음식이 증가하고 있다는 것을 고려하면 쉽지 않은 일이다. 하지만 칼로리를 조절하는 것은 적절한 칼로리 조절이 노화 관련 감퇴를 늦추고 암, 심장병과 같은 노년기 질병의 시작을 지연시킬 수도 있기 때문에 건강관리에 있어 중요하다(Lofshult, 2006; Spindler, 2001).

건강한 음식 선택하기 균형 잡힌 식사는 단백질, 탄수화물, 특정 지방, 비타민, 미네랄 그리고 섬유소와 같은 적절한 양의 다양한 물질을 포함하고 있다. 사람들은 신체 사이즈, 연령, 성별, 신체적 활동 수준과 같은 요인들 때문에 영양의 요구가 서로 다르다. 균형 잡힌 식사를 하는 데 유용한 안내서는 최근 미국 농무부에서 발행된 '식단(food plate)'이다. 새로운 안내서는 곡물(적어도 접시의 반은 통곡물) 그리고 야채 및 과일(접시의 반은 야채와 과일)의 중요성을 강조할 뿐만 아니라 음식에 들어 있는 지방과 당분, 소금 양을 줄이는 것 역시 강조하고 있다(그림 5-1을 보라). 충분한 **영양 섭취(nutrition)**에 대한 보편적인 표현을 담은 새로운 식단에서는 건강을 증진시키는 것은 적절하고 균형 잡힌 식사라고 정의한다. 새로운 식단의 강점은 웹사이트에 가서 개인적인 특징을 명시함으로써 연령과 성별 및 생활양식에 따라 균형 잡힌 식사를 주문제작할 수 있다는 것이다(U.S. Department of Agriculture, 2012). 그 결과는 자신이 소비해야 하는 각 식품군이 어느 정도인지 혹은 서빙의 크기를 정확히 알려 준다.

충분한 수면 취하기

밤새도록 깨어 있었던 적이 있는가? 아마도 당신은 며칠 밤을 계속해서 잠을 놓쳤을 수도 있다. 수면 박탈의 영향은 사람마다 다르지만 일반적으로 누구에게도 좋을 것이 없다. 수면을 박탈당한 사람들은 일상의 일들에서도 실수를 범하고 기억과 사고에서도 제 기능을 못하며 보다 느린 반응시간을 보이고 줄어든 민첩성(32% 정도)과 잠에 대한 보다 강한 욕구, 쉽게 잠드는 경향성을 경험하게 된다. 결과적으로 해마다 졸음운전은 10만 건의 자동차 충돌사고, 4만 명의 부상자 그리고 1,550명의 사망자를 발생시킨다(The National Highway Traffic Safety Administration, 2012). 낙관적으로 생각해 보면 잠이 박탈되었다가 다시 수면에 들면 오래 끌던 피로감과 정신적인 몽롱함이 사라지는 효과를 얻을 수 있다. 물론 이러한 이득을 얻으려면 박탈당했던 수면시간보다 더 많은 시간 동안 잠을 자야 한다(Banks, Van Dongen, & Dinges, 2010).

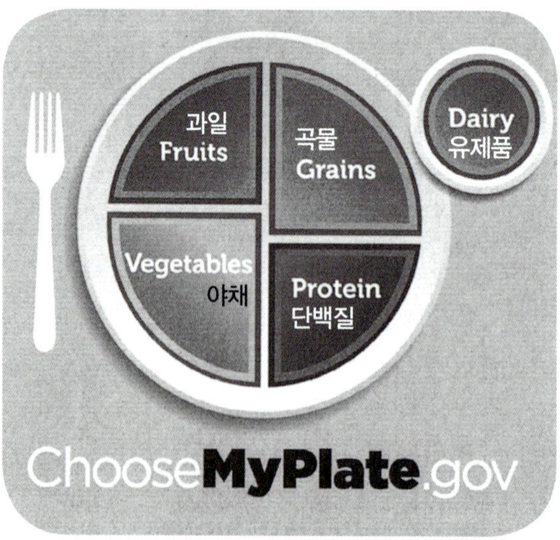

그림 5-1
새로운 식단

출처:
ChooseMyPlate.gov

탐색 5.5 수면

www.sleepfoundation.org 이 사이트는 잠과 건강 사이의 관계뿐만 아니라 잠과 관련된 주제에 있어 유용한 정보를 제공한다.

수면/각성 주기는 보통 에너지를 보존하는 것을 돕기 위해 설계된 생화학적 시계를 따른다. 자연적인 수면주기를 재설정하는 것은 잃어버린 전체 수면시간을 채우기 위해 노력하는 것보다 더 중요하다. 비록 우리가 교대제 근무, 시차증, 밤샘 공부 모임과 같은 다양한 변화에 스스로를 맞출 수 있을지라도 이러한 적응은 웰빙에 대한 느낌뿐만 아니라 몸에도 큰 피해를 가져온다. 사람은 밤마다 평균적으로 약 7시간을 자고 있지만 수면에 대한 욕구는 사람마다 다르다는 것을 기억하라. 만일 당신이 다음과 같다면 아마도 충분한 수면을 취하고 있는 것이다.

1. 자연스럽게 깨어난다면
2. 충분히 잘 쉬었다고 느낀다면
3. 낮 동안 졸음 때문에 고군분투하지 않았다면

아마도 당신은 잠을 자는 데 어려움을 느낄 수도 있다. 글상자 5-6은 더 빨리 잠이 들고 숙면을 위한 조언을 제공한다.

신체적 건강 관리하기

체능(physical fitness)은 건강 관련 및 기술 관련 신체단련 요소들 둘 다를 포함하여 **능률적이고 효과적으로 기능하는 능력**을 의미한다. 당신이 '체능'이란 용어를 들었을 때 역기를 들고 있는 어떤 근육질의 사람이 그려지는가? 아니면 사람들이 길을 따라 조깅하거나 달리기하는 것을 생각하는가? 당신이 무엇을 상상하든 그것은 전반적인 체능에 필요한 것들의 단지 일부분일 것이다. 실제로 체능은 능률적으로 그리고 효과적으로 기능하는, 그래서 기대수명을 높이기 위한 신체적인 인체의 능력을 의미한다.

체력단련의 긍정적인 효과 몸은 근육, 뼈대, 심혈관계, 호흡계, 내분비계에 중요한 긍정적 효과를 미치는 방식으로 신체활동에 반응한다. 이러한 변화들은 조산아 사망률의 위험이 줄어들고, 관상동맥성 심장병, 고혈압, 대장암, 진성 당뇨병의 위험이 줄어드는 것을 포함하여 일련의 건강상의 이득과 관련된다. 또한 규칙적인 신체활동은 우울

글상자 5-6 건강에 초점을 맞춰라: 수면

우리들 대부분은 가끔 잠드는 데 어려움을 느낀다. 어떤 사람들의 경우, 특히 노인들의 경우에 되풀이되는 문제이다. 이렇게 오래된 불편함에 대해 아주 멋진 해결책은 아닐지라도 다음의 몇 가지 제안을 살펴보자.

- 매일 같은 시간에 잠들고 일어나라. 반드시 충분한 수면시간을 가져라.
- 잠들기 전에 이완하라. 음악을 듣거나 요가를 하라. 하지만 강렬한 운동은 피하라.
- 자신의 침실을 수면을 유도하는 공간으로 유지하라. 반드시 조용하고 어둡고 적절한 온도를 유지하라.
- 알코올과 수면제를 피하라. 이런 것들이 좀 더 빨리 잠들도록 당신을 도와주긴 하지만 정상적인 수면 사이클을 방해한다.
- 잠들기 전에 미온수로 목욕하라. 뜨겁거나 차가운 샤워는 너무 자극적인 경향이 있다. 수면은 몸의 평균 체온이 내려가면 유발되므로 따뜻한 목욕을 함으로써 인위적으로 수면을 유도할 수 있다.
- 당신이 잠드는 데 어려움을 느낄 때 머릿속으로 양을 세거나 걱정으로부터 멀어지게 할 즐거운 무언가를 생각하라.
- 수면과 이완을 유도하는 생화학물질인 세로토닌을 방출하는 꿀을 조금 먹어라.
- 불면이 당신의 건강을 해롭게 할 것이라고 초조해하며 깨어 있지 마라.
- 만일 수면에 대한 민간요법이 듣지 않는다면 수면센터에 가서 전문적인 도움을 청하라.

과 불안을 감소시키고 기분을 나아지게 하며 평생 일과를 수행하는 능력을 향상시키는 것으로 보인다(Centers for Disease Control and Prevention, 2005; Crone, Smith, & Gough, 2005). 운동이 건강에 좋다는 상식에도 불구하고 성인의 37%는 아직도 규칙적인 운동을 전혀 하지 않는다(Fitness. gov, 2012). 게다가 많은 사람들이 한번쯤은 격렬한 운동 프로그램에 열광적으로 참여해 보긴 하지만 대부분 지속하지 않는다. 표 5-2는 실제로 운동하는 것을 즐길 수 있고 건강을 유지하도록 도와줄 적절한 강도의 활동들을 보여 준다. 전적으로 비활동적일 이유가 없다!

운동이 대개 유익하긴 하지만 과도한 양의 운동에서 발생할 수 있는 부상이나 몸이 충분히 준비되어 있지 않은 상태에서 갑자기 운동을 시작했을 때처럼 위험이 전혀 없는 것은 아니다. 심각한 건강상의 문제들(예: 심장마비)은 드물긴 하지만 눈 치우기와 같이 적절하지 않은 몹시 힘든 활동에 참여하는 경우 그리고 진행성 관상동맥질환을 갖고 있고 몸을 많이 움직이지 않는 사람들 중에서 주로 발생하고 있다. 자신의 운동량을 증가시키기를 바라지만, 특히 기존 병력을 갖고 있고 몸을 많이 움직이지 않는 사람들은 먼저 의사에게 점검을 받아야 하며 바라는 운동 수준까지 점차적으로 높여 가야 한다

신체적인 건강을 관리하는 것은 몸의 기능을 능률적으로 유지하는 데 필수적인 부분은 아니며 체능 또한 우리의 기분을 개선하고 숙달감을 높여 준다는 점에서 일체감의 일부분이 된다.

(National Center for Chronic Disease Prevention and Health Promotion, 1999).

운동 프로그램 선택하기 개인적인 운동 프로그램을 선택하려면 다음의 요점들을 살펴보는 것이 도움이 된다.

1. **개인적인 운동 욕구를 알아보라.** 좋은 방법은 당신 대학의 체육교육과에 있는 누군가에게 상담을 받거나 지역사회의 체력단련장에 있는 전문가에게 상담을 받는 것이다.
2. **보다 즐겁게 운동할 수 있도록 개인별 특성에 맞춘 신체운동을 선택하라.** 자신의 관심과 욕구 그리고 성격과 관련된 신체활동을 선택하라. 다른 사람들이 무엇을 하는가에 구애받지 말고 자신을 기분 좋게 하는 활동을 선택하라.

표 5-2 건강을 유지하도록 도와줄 적절한 활동량의 예

일상적인 일	스포츠 활동
45~60분 동안 세차하고 왁스로 닦기	45~60분 동안 배구하기
45~60분 동안 창문이나 바닥 청소하기	45분 동안 터치풋볼 하기
35~45분 동안 원예 작업하기	35분 안에 2.7km 걷기(1.6km당 20분)
30~40분 정도 휠체어 스스로 끌기	농구 30분
30분 안에 2.4km 유모차 밀기	30분 안에 8km 자전거 타기
30분 동안 낙엽 긁어모으기	30분 동안 빠른 춤(사교 춤) 추기
30분 안에 3.2km 걷기(1.6km당 15분)	30분 동안 수중 에어로빅하기
15분 동안 눈 치우기	20분 동안 풀장 왕복 수영하기
15분 동안 계단 걷기	15~20분 동안 농구(게임)하기 15분 안에 6.4km 자전거 타기 15분 동안 줄넘기하기 15분 안에 2.4km 달리기(1.6km당 10 분)

출처: "Guide to Physical Activity." from National Heart, Lung and Blood Institute website, 2012

3. **활동에 변화를 주어라.** 자신의 활동에 변화를 줌으로써 체력의 다른 측면을 발전시킬 기회를 얻을 수 있다. 또한 이런 변화는 재미있고 즐거운 운동을 지속하도록 도와준다. 이용할 수 있는 편의시설과 함께 날씨 및 계절의 변화는 자신의 운동 프로그램에서 어떤 변화를 제안한다.

4. **규칙적으로 운동하라.** 자신의 운동을 위한 시간과 장소를 확보하고 운동을 일과의 한 부분으로 만드는 것이 최선이다. 또한 최적의 건강을 고취시켜 줄 운동 수준을 확정하는 것이 중요한데 보통 일주일에 3번 정도, 최소 20~30분 정도로 운동을 실시하는 것이 중요하다. 신체활동을 위하여 30분을 확보할 수 없는 사람들의 경우 아무런 활동도 하지 않는 것보다는 짧은 활동이라도 하는 것이 분명히 더 좋다(National Center for Chronic Disease Prevention and Health Promotion, 1999).

5. **정기적으로 평가하고 일상을 수정하라.** 시간이 지남에 따라 자신의 욕구와 관심도 변한다. 또한 자신의 운동 프로그램의 변화에 영향을 줄 수도 있는 업무 스케줄과 가

족부양 의무를 바꿔라. 그런 다음 나이와 전반적인 스트레스 수준 역시 명심해야 한다. 자신의 몸이 하는 말에 귀를 기울여라. 자신이 어떻게 느끼는지를 판단하라.

체능은 당신이 읽었던 모든 책에서는 아니지만 보다 앞서서 언급했던 일체감에 있어서 필수적인 부분이며 전반적인 웰빙은 식사습관, 업무 스케줄, 생활양식, 건강 위험요소에 대한 자각 그리고 스트레스, 개인적인 사고방식과 의욕과 같은 다른 고려사항들을 포함하고 있다는 것을 분명히 해야 한다.

사회적 지지 추구하기

우리가 계속 건강할 수 있는 또 다른 방법은 편안함과 조언을 얻기 위해 친구 및 가족과 같은 다른 사람들과 어울리는 것으로, 다시 말하면 **사회적 지지(social support)**를 추구하는 것이다. 사교적인 사람은 가족과 친구로 구성된 사회적 지지망을 가지지 못한 사람보다 대개 더 건강하다(Jorm, 2005; Krause, 2006). 그리고 아플 때 사회적 지지는 회복을 도울 수 있다. 한 예로 극심한 뇌 손상으로 고통받고 있는 사람은 다른 사람들의 사랑과 격려를 받으면 더 잘 회복된다(Tomberg, Toomela, Pulver, & Tikk, 2005). 그와는 반대로 사회적으로 고립되어 있는 사람은 사회적으로 관계를 맺고 있는 사람들보다 건강상의 문제에 대해 더 큰 위험이 있다. 하지만 사회적 참여와 사회적 지지의 추구가 모두를 위한 것은 아니기 때문에 여기에서 몇 가지 주의가 필요하다. 사회적 지지망으로부터 진정으로 이득을 얻으려면 다른 사람들의 지지를 기꺼이 받아들일 준비가 되어 있어야 한다.

요약

신체상

5.1 신체상과 이상적인 신체 간의 차이를 설명한다.
신체상은 우리의 몸과 관련된 감정 그리고 우리 몸에 대해 형성된 심상을 나타내는 반면에 이상적인 신체상은 우리가 갖고 싶은 몸을 나타낸다.

5.2 대중매체와 신체상 간의 관계를 논의한다.
잡지, TV, 광고 및 영화에서는 내부분의 사람들에게는 도달 불가능한 신체상을 마구 보여 주고 있다. 대중매체 노출의 결과로서 여성의 날씬함에 대한 욕구는 증가하였고, 남성의 근육질 몸매에 대한 필요성도 증가하였다. 하지만 여성에 관한 대중매체의 영향력은 인종에 따라 다르다.

건강과 심신관계

5.3 건강과 심신관계를 연결짓는 네 가지 중요 영역에 대해 기술한다.

심신 통합에 대한 수용의 증가는 사회적 및 심리적 요인들이 거의 모든 신체 질병에서는 중요한 역할을 할지도 모른다는 것을 시사한다. 면역체계, 성격, 생활양식의 선택, 환경에 관한 주제들은 건강, 마음 및 신체 간의 관계에 영향을 미치기 위해서 상호작용한다.

5.4 건강에 있어 주요한 위험요인, 즉 비만, 흡연, 약물중독에 대해 논의한다.

비만은 당뇨병, 고혈압, 관상동맥 심장병을 포함하여 다양한 원인들로부터 증가된 질병과 죽음의 위험과 관련이 있다. 흡연은 심장병과 폐암 및 폐기종에 있어 중요한 요인이다. 알코올과 약물 사용의 영향력은 경미하거나 심각해질 수 있다. 해마다 알코올과 약물은 수많은 사망의 원인이 되고 있고, 수많은 차사고의 원인이 되고 있으며 수많은 사람들을 병원에 입원시키고 있다. 알코올과 약물이 과도하게 사용될 때 물질남용이 뒤따를 수 있다. 물질남용 치료 프로그램에서 재발은 아주 흔한 일이다.

질병에 대처하기

5.5 의학적 치료 방침 3단계에 대해 기술한다.

우리 몸의 통증에 대한 심각함을 평가할 때 우리는 3단계로 이루어진 의사결정 과정에 의존하는 경향이 있다. (1) 증상에 주목하고 해석하기, (2) 필요할 때 전문적인 도움을 청하기, (3) 규정된 치료법을 충실히 지키기.

5.6 환자들이 의학적 충고를 준수하지 않는 이유에 대해 설명한다.

의학적 치료를 시작한 사람들의 절반 이상이 그 치료를 끝마치지 않는다. 이러한 불복종의 이유는 의사에 대한 불만족, 자기 질병의 본질에 대해 이해하지 못하거나 의사의 설명을 이해하지 못하는 경우 처방된 치료법의 부작용에 관한 생각(그리고 두려움) 등이다.

건강지향 증진

5.7 자신의 건강을 돌보는 것과 관련된 각 요인들을 열거한다.

자신의 건강을 돌보는 것과 관련된 요인들에는 보다 큰 개인적인 책임감을 가지는 것, 건강과 관련된 모든 문제에 대해 건강관리 전문가들과 더욱 협력하는 것, 자신의 가족력에 대해 이해하는 것 그리고 자신의 건강관리에 있어 적극적인 참여자가 되는 것이 포함된다.

5.8 '식단'이 건강에 왜 중요한지를 설명한다.

건강한 생활양식을 산출하는 데 필수적인 부분은 좋은 건강습관들을 실천하는 것이다. '식단'의 규정에 따라 적절하게 먹는다는 것은 우리와 같은 연령, 신체 사이즈 및 생활양식을 가진 사람에게 필요한 영양과 칼로리를 제공하는 균형식을 포함하여 먹는 음식의 양과 종류 모두가 관련되어 있다.

5.9 효과적인 개인 신체단련 프로그램은 무엇인지 설명한다.

신체적으로 건강을 유지하는 것은 대개 개인이 원하는 대로 할 수 있는 운동 프로그램, 특히 우리의 관심과 욕구에 적합한 운동 프로그램을 따라 하는 것과 관련된다.

5.10 건강에 있어 사회적 지지의 역할에 대해 논의한다.

강력한 사회적 지지망을 갖고 있으면 다른 사람들의 도움을 기꺼이 받아들이고 건강과 행복을 증진시킬 수 있다.

스스로 해 보기

1. 어떤 사람의 신체상을 구성하는 것은 다음 중 어떤 것인가?
   a. 자신의 신체에 관한 심상
   b. 자신의 신체에 관한 감정
   c. 자신의 신체에 관한 태도
   d. a, b, c 모두

2. 신체상에 관한 다음의 서술 중 틀린 것은?
   a. 여성은 오직 대중매체에서 보여 주는 이미지에 영향을 받으며 남성은 전혀 대중매체에 의해 영향을 받지 않는다.
   b. 과체중인 사람들은 종종 대중매체에서 부정적인 방식으로 묘사된다.
   c. 자신의 신체에 대한 만족(혹은 불만족)은 시간이 흐르는 동안 비교적 안정적으로 계속 유지된다.
   d. 문화는 '이상적인 신체'에 대한 개인의 지각에 영향을 미칠 수 있다.

3. 과체중인 사람들을 겨냥한 부정적인 태도, 고정관념, 차별적인 행동은 ________으로 불린다.
   a. 부정적인 신체상
   b. 비만에 대한 낙인
   c. 체중증가에 대한 편견
   d. 마른 것에 대한 이상

4. ________은(는) 건강과 관련된 어떤 다른 영향요인들보다 미국인들을 더 망친다.
   a. 환경적 위험요인 b. 전쟁
   c. 질병 d. 생활양식 선택

5. 다음 중 하나 빼고는 모두가 실병에 내처하는 의사결정의 단계를 의미한다. 의사결정 단계에 속하지 않는 하나를 찾아라.
   a. 자기효능감 형성하기
   b. 주목하고 해석하기
   c. 전문적인 도움을 청하기
   d. 처방된 치료방법을 고수하기

6. 사회적 지지를 구하는 것은 __________
   a. 건강에 아무런 효과도 없다.
   b. 건강에 부정적인 영향을 미친다.
   c. 건강에 거의 효과가 없다.
   d. 대개 건강에 긍정적인 효과를 미친다.

7. Nathaniel은 운동 프로그램을 시작하고 보다 건강한 음식을 먹기로 결정하였다. 체중을 줄이는 것은 그가 생각했던 것보다 신체적으로 더 힘들고 정서적으로도 더 힘겨운 것이었다. 이처럼 힘든 시간을 보내는 자기 자신을 위로하기 위해 Nathaniel은 온라인에 접속하였고, 다른 사람들은 이러한 생활양식의 변화에 어떻게 대처하는지에 대해 듣는 것뿐만 아니라 자신의 생각과 감정을 그들과 공유하는 토론 집단에도 참여하였다. Nathaniel의 행동은 ____의 한 예라고 할 수 있다.
   a. 사회적 지지 추구 b. 정서적 회피
   c. 건강염려증 d. 재발

8. Cheryl은 직무에 있어 자신의 부족한 집중력은 수면 박탈 때문일지도 모른다고 염려하고 있다. Cheryl은 아마도 ________ 때문에 충분히 잠을 자지 못한다고 인식하고 있다.
   a. 아침에 자발적으로 일어나는 것
   b. 온종일 충분히 쉬었다고 느끼는 것
   c. 낮 동안에 졸음과 싸우는 것
   d. 밤에 7시간을 자는 것

9. Janice는 자신의 건강에 대해 자주 염려하고 있다. 만일 기침을 하면 자신이 폐렴에 걸렸다고 생각하고, 만일 뚜드러기가 나면 자신은 분명히 피부암이라고 '확신하며', 만일 배탈이 나면 소화기 계통에 심각하게 좋지 않은 문제가 있다고 생각한다. 근거 없는 Janice의 염려 때문에 그녀는 ________(이)라고 생각된다.
   a. 내성적인 사람 b. 외향적인 사람
   c. 건강염려증 환자 d. 연극 배우

10. 신체단련 프로그램에 참여할 때는 ________이(가) 도움이 된다.
 a. 자신의 활동에 변화를 주는 것
 b. 자신의 개인적인 욕구를 확인하는 것
 c. 정기적으로 자신의 일상을 바꾸는 것
 d. a, b, c 모두

연습

1. **좋은 식습관을 실천하고 있는가?**
 매일 소모하는 칼로리와 균형식에 관하여 자신의 식습관을 기술하라. 만일 자신이 얼마나 많은 칼로리를 소모하고 있는지 확실하지 않다면 적어도 3일 동안 매일 기록하고 평균을 내라. 원문에서 제시된 것처럼 자신과 비슷한 누군가의 평균과 비교하여 계산한 자신의 칼로리는 어떠한가? 이 장에 기술된 중요한 음식 분야 각각으로부터 음식을 선정하였는가?

2. **개인적인 운동습관을 기술하라.**
 당신은 일상의 활동에서 운동을 어느 정도로 하는가? 모든 사람이 정기적으로 운동을 할 필요가 있다는 것에 동의하는가? 만일 자신이 개인별 특성에 맞춘 운동 프로그램을 갖고 있다면 한 단락 혹은 두 단락으로 기술하라.

3. **가장 큰 건강 위험요소를 찾아라.**

 당신은 과식, 부족한 영양, 흡연, 음주, 혹은 약물남용과 같이 흔한 건강 위험요소들 중 하나와 직접적인 관련이 있는가? 만일 그렇다면 당신은 무엇을 하겠는가? 5일 동안 연이어 이 위험요소를 제거하려고 노력하라. 그리고 자신과 자신의 건강에 대해 더 좋은 기분이 드는지를 확인하라. 아직 더 좋은 기분이 들지 않는다면 위험요소를 제거하기 위해 장기적으로 노력하라.

4. **만성적인 질병으로 고통받고 있는가?**
 당신은 알레르기, 천식, 관절염, 고혈압, 당뇨병, 편두통 혹은 위궤양 같은 어떤 만성질환이나 되풀이하여 발생하는 질환에 대처하는 방법을 갖고 있는가? 당신은 그런 질병들을 얼마나 잘 관리하고 있는가? 당신은 환경적 스트레스, 감정과 같이 자신의 질병에 영향을 미칠 수도 있는 심리사회적 요인들을 알고 있는가? 자신의 질환이 나아지기 위해 무엇을 하겠는가? 이 질병은 자신의 자존감에 영향을 미치는가?

5. **자신의 건강을 고려하여 운동을 어느 정도로 조절할 것인가?**
 당신은 좋은 영양, 규칙적인 운동, 긍정적인 태도 그리고 스트레스 관리를 실천하는 것으로 병에 걸릴 가능성을 최소화시킬 수 있다는 것을 믿는가? 아니면 당신은 감기나 독감에 걸리는 것이 주로 운에 달려 있다고 생각하는가?

복습을 위한 물음

1. 몸이나 얼굴에서 자신이 받아들이기에 가장 어려운 부분은 어디인가?

2. 당신은 자신의 몸을 책임지고 있는가?

3. 자신의 식습관의 어떤 측면을 가장 바꾸고 싶은가?

4. 당신은 규칙적이고 활기찬 신체운동을 즐기는가? 만일 그렇지 않다면 그렇게 하는 게 어떤가? 어떻게 그런 상황으로 바꿀 수 있겠는가?

5. 자신에게 최악의 건강 위험요소는 무엇인가?

6. 만일 당신이 흡연자면 몇 번이나 담배를 끊으려고 노력했는가? 영구적으로 담배를 끊지 못하게 당신을 방해하는 것은 무엇인가?

7. 당신은 음주가 쉽게 건강 위험요소가 된다는 것을 알고 있는가? 솔직히 당신은 약물 혹은 알코올 문제를 갖고 있는가?

8. 당신은 극심한 정서적 스트레스 기간 후에 감기나 독감이 온다는 것을 자주 경험하는가?

9. 건강한 몸과 건강한 정신이 함께 간다는 것에 동의하는가?

10. 당신은 사회적 지지를 더 원하는가? 아니면 자신의 문제를 혼자 힘으로 대처하는 것이 오히려 더 나은가?

제 6 장 책임지기

개인적 통제

- 지각된 통제를 설명하기
- 지각된 통제의 혜택
- 오지각과 부적응
- 학습된 낙관주의
- 방어적 비관주의

의사결정하기

- 의사결정 과정
- 의사결정에 있어서 중요한 요소
- 결정 후 후회
- 더 나은 의사결정하기

의사결정과 개인적 성장

- 새로운 결정을 내리기
- 몇 가지 실제 응용

요약

스스로 해 보기

연습

복습을 위한 물음

학습목표

이 장을 모두 학습한 후 다음을 할 수 있다.

6.1 지각된 통제를 정의한다.

6.2 지각된 통제의 혜택을 요약한다.

6.3 학습된 낙관주의의 혜택을 논의한다.

6.4 학습된 무기력과 통제의 착각이 어떻게 유사한지를 설명한다.

6.5 방어적 비관주의를 기술한다.

6.6 의사결정 단계를 알아본다.

6.7 의사결정 기술을 향상시키기 위한 몇 가지 제안을 열거한다.

6.8 의사결정과 개인적 성장 사이에 연결을 기술한다.

46세의 기혼 학생인 Stan은 중요한 선택에 직면하고 있다. 그는 지난해까지 철강공장 감독으로 일했으나 실직했다. 계속된 구직의 실패와 자신의 미래에 대한 고뇌로 몇 달을 보낸 뒤 Stan은 엔지니어가 되기 위해 대학에 진학하기로 결정했다. 또한 그는 가족을 부양하기 위해 잡역부 파트타임으로 일했다. 그런데 최근에 갑자기 Stan의 이전 고용주가 그를 불러서 복직 기회를 제안했다. '그것은 솔깃한 제안이다'라고 Stan은 혼잣말을 했다. '하지만 난 돌아가고 싶은지 확실하지가 않다.' Stan은 이전의 직업으로 복직함으로써 아내와 어린 두 아이들을 더 적절히 부양할 수 있다는 것을 알고 있었다.'하지만 그렇게 되면 난 항상 다음 해고 시기에 대해 걱정해야 할 것이다.'라고 생각했다. 동시에 Stan은 풀타임으로 학교에 출석하는 것에 대해 극심한 스트레스를 겪고 있었다. 그는 고지서를 지불하는 데 어려움을 겪고 있었고 늘 피곤했다. 또한 그가 학위를 취득한다고 해도 엔지니어로서 좋은 직업을 얻을 것이라는 확신도 없었다. 알다시피 Stan은 스스로 책임을 져야 하는 삶의 딜레마에 빠져 있는데, 즉 꼼꼼하게 중요한 의사결정을 해야 한다.

개인적 통제

학습목표

6.1 지각된 통제를 정의한다.

6.2 지각된 통제의 혜택을 요약한다.

6.3 학습된 낙관주의의 혜택을 논의한다.

6.4 학습된 무기력과 통제의 착각이 어떻게 유사한지를 설명한다.

6.5 방어적 비관주의를 기술한다.

가끔 많은 사람들은 마치 자신의 삶이 자신의 통제 밖에 있는 어떤 힘에 의해 조종되는 것처럼 느낀다. 테러리스트의 공격, 자연재해 그리고 기름 유출과 같은 강력한 부정적인 사건들이 우리를 혼돈에 빠뜨림으로써 우리의 결심을 약화시킬 수 있다는 것이다. 마음속에서 의문이 생긴다. 우리가 어떻게 대처할 수 있을까? 과연 우리가 대처할 수 있을까?

글상자 6-1 다음의 사실을 알고 있는가?

- **당신은 에너지가 없을 때보다 에너지가 고갈되는 경우에 잘못된 의사결정을 할 가능성이 높다.**
- **사소하고 중요하지 않은 많은 의사결정을 하는 것은 의사결정 피로로 이어질 수 있으며 그것은 중요한 것에 대한 올바른 의사결정을 하는 것을 더 어렵게 만든다.**
- **사람들은 매일 유혹을 물리치는 데 3~4시간을 보낸다.**
- **효과적인 습관과 올바른 일상들이 효과적인 의사결정을 하는 데 필요한 에너지를 보존해 준다.**
- **건강한 생활방식은 올바른 의사결정을 돕는다.**

출처: 2011년 12월 31일, Business Insider website, Aimee Groth의 '당신의 삶을 변화시키기: 더 나은 의사결정을 하고 의지력을 강화시키는 14가지 방법'에 근거.

내가 하고 있는 것이 중요한가? 그런 순간에는 역사를 살펴보는 것이 좋은데, 비록 대부분의 사회가 우리에게 다르게 말해 왔을지라도 역사는 우리가 하는 것이 중요할 수 있다는 것을 반복적으로 증명해 왔다. 1920년대의 여성 인권운동, 1960년대의 민권운동, 2010년대의 이집트와 리비아의 의거는 개인이 대규모 사회변화를 초래할 수 있다는 것을 분명하게 해 준 사건이며, 그렇게 함으로써 자신의 삶에 대한 더 큰 지배권을 얻었다. 이런 사건들은 저절로 일어난 것이 아니라 누군가가 할 수 있다는 것을 믿었기 때문에 발생했다.

지각된 통제를 설명하기

지각된 통제(perceived control)는 현재와 미래에 우리가 통제할 수 있다고 생각하는 것을 말한다. 때때로 그런 신념들이 맞지만 그렇지 않을 때도 있다. 올바른 신념의 한 가지 예는 개인적 성장에 열중함으로써 자신의 웰빙에 긍정적으로 영향을 줄 수 있다고 생각하는 것이다(Baumgardner & Crothers, 2009). 반대로 잘못된 신념은 금연을 함으로써 폐암을 예방할 수 있다고 가정하는 것이다. 실제로 비흡연자가 되는 것은 암에 걸릴 가능성을 줄인다는 것이지 암을 예방할 수는 없다(유전자와 같은 다른 요인들이 암을 발생시키는 역할을 하기 때문이다)(Glantz, 2003). 신념이 맞는지 아니면 틀렸는지와는 상관없이 우리는 목표에 도달할 수 있다고 생각한다면 보통 행동으로 옮긴다. 이런 환경 속에서 우리는 종종 삶에 대한 통제감 또는 개인적 숙달감을 느낀다(Jewell & Kidwell, 2005). 그러나 우리가 목표성취를 의심할 때 우리는 그것을 성취하기 위해 필요한 행동을 취할 가능성이 낮고 삶이 주로 우리 영향력 밖에 있는 근원들에 의해 이루어진다고 느끼게 된다(Jackson, Weiss, Lundquist, & Soderlind, 2002). 알다시피 우리의 삶 속에서 내리는 결정들은 어느 정도 그 상황을 책임질 수 있는지 없는지에 대한 지각에 기초를 둔다. 지각된 통제는 **개인적 통제(personal control)**와는 다르다는 점이 중요하다. 개인적 통제는 식습관과 관련된 선택, 음악 선호, 패션 스타일과 같은 우리가 실제로 삶에 대해 가지고 있는 영향력을 말한다.

지각된 통제의 근원 심리학자들은 지각된 통제의 두 가지 요인을 발견했다. 하나는 **내적 통제소재(internal locus of control)**로서 개인이 자신의 생활사건에 대해 통제를 한다고 믿는 것이다. 만약 Stan이 공부를 열심히 해서 학위를 받으면 자신과 가족이 더 나은 미래를 가질 것이라고 믿는다면 이 개념의 사례가 된다. 통제의 다른 근원은 **외적 통제소재(external locus of control)**이다. 즉, 개인이 운명이나 다양한 외적 상황 같은 외부의 일이 생활사건을 통제한다고 믿는 것이다(Zuckerman, Knee, Kieffer, & Gagne, 2004). 이 개념의 예는 Chicago Cubs가 무엇을 할지라도 또는 아무리 열심히 노력할지라도, 염소의 저주를 받았기 때문에 월드 시리즈에서 결코 우승할 수 없다고 믿는 것이다(그리고 P. K. Wrigley가 1945년 월드시리즈 4 경기 동안 염소와 염소주인을 Wrigley Field의 관중석에서 쫓아낸 이후로 저주가 있었다고 믿는 것이다)(CubbiesBaseball.com, 2012).

그러나 지각된 통제의 근원이 정말 웰빙에 중요할까? 한마디로 말하자면 그렇다! 내적 통제소재를 가지는 것은 더 좋은 성적, 더 나은 업무수행, 역경, 사별, 그리고 트라우마뿐만 아니라 신체건강 활동 유지와 더 건강하게 나이 들기 같은 다양하고 유익한 결과들과 관련이 있다(Kormanik & Rocco, 2009; Lachman, Neupert. & Agrigoroaei, 2011). 반면에, 외적 통제소재를 가진 사람들은 섭식, 불안, 우울과 관련된 심리적 장애와 같은 더 부정적인 결과를 초래하기 쉽다(Chapman, Kertz, & Woodruff-Borden, 2009; Sassaroli, Gallucci, & Ruggiero, 2008).

만약 당신이 현재 외적 통제소재를 가지고 있지만 바꾸고 싶다면 글상자 6.2에서 논의되는 COPE 문제해결 방법을 시험 삼아 시도해 보라.

탐색 6.1 통제소재

http://www.queendom.com 이 사이트는 통제소재와 관련된 것들을 포함한 다양한 온라 인 심리 테스트를 갖고 있다. 관심이 있는 주제에 대한 주요어 검색을 해 보라. 몇몇은 과학적으로도 타당하다.

글상자 6-2 건강에 초점을 맞춰라: 내적 통제소재 발달시키기

- 자신의 문제, 그 원인과 자신이 원하는 결과들을 분명하게 확인할 수 있도록 스스로 도전(Challenge)하라. 반드시 그 문제를 분명하고 솔직하게 설명하라. 이 단계를 돕기 위해서 다음의 질문에 대답해 보라. 나의 문제가 무엇인가? 무엇이 정말로 나의 문제의 원인인가? 나는 어떤 결과를 원하는가?
- 문제를 해결하거나 가능하면 제거하는 선택(Options) 목록을 만들어라. 각각의 장점과 단점을 평가해 보라. 자신이 통제할 수 있는 해결책에 초점을 맞춰라.
- 합리적인 시간의 틀에서 그 문제를 해결할 행동계획(Plan)을 만들어라. 자신이 열거한 선택을 하기 위해 할 수 있는 것을 생각해 보라.
- 다음의 질문에 답함으로써 자신이 해 온 진척상황을 평가(Evaluate)해 보라. 그 계획은 효과가 있었는가? 문제가 여전히 있는가? 내가 그 계획을 성취하는 데 충분한 시간을 썼는가?

내적 통제소재는 하룻밤 사이에 발전하지 않는다는 것을 기억하라. 한 번에 한 문제씩 해결하려고 노력할 필요가 있다. 결국 당신은 개인적인 문제를 해결하는 방법을 배울 뿐만 아니라 대부분의 어려움에 대한 답이 다른 사람들에게 있는 것이 아니라 자신에게 있다는 것을 알게 될 것이다.

집합주의 사회의 사람들은 시위의 강한 개인주의 표현에 대해 불편함을 느끼기도 하지만 시위는 종종 통제감을 제공한다.

문화와 지각된 통제 흥미롭게도 내재화된 통제는 서양의 관념에는 많이 있다. 동양 또는 집합주의자 문화(독립보다는 상호의존이 강조되는)에서 외적 통제소재는 내적 통제소재보다 더 흔하다(Grobani, Krauss, Watson, & Le Briton, 2008). 예를 들면 중국인 학생들이 미국인 학생들보다 학업 성공을 훨씬 더 운의 탓으로 보는 것 같다(Liu & Yussen, 2005). 게다가 서양 문화에서 자란 사람들은 일차적 통제를 더 선호하고 더 많은 경험을 하였을 것이다. 반면에 아시아 문화에서 자란 사람들은 이차적 통제를 더 선호하고 더 많은 경험을 할 것이다. **일차적 통제(primary control)**는 자신의 필요와 욕구에 맞춰 세상을 바꾸려는 행동을 말하고 **이차적 통제(secondary control)**는 자기 자신을 세상에 더 잘 맞추려는 과정을 사용하는 사람을 포함한다. 몇몇 연구는 나이가 든 사람들이 이차적 통제 전략을 더 사용할 것 같다고 하면서 일차적 통제와 이차적 통제에서 나이에 따른 차이를 지적한다(Ashman, Shiomura, & Levy, 2006). 그런 차이들을 놓고 보면 대부분의 사람들에 대해 최적의 적응은 **실제 통제의 양이 바라는 통제의 욕구와 잘 조화를 이룰 때** 성취된다는 것을 보여 준다(Conway, Vickers, & French, 1992).

지각된 통제의 혜택

책임지기(taking charge) 높은 수준의 지각된 통제를 소유하고 있는 사람은 어떤 특징을 보이는 경향이 있는데 그것들 각각은 자신의 삶을 책임지는 것과 관련이 있다. 무엇보다도 그들은 자신의 삶에 영향을 미치는 사건에 대한 지식과 정보를 찾으려고 한다(Wang & Wu, 2008). 예를 들어 수술이나 심각한 질병에 직면할 때 높은 수준의 지각된 통제를 가진 환자들은, 특히 의사나 간호사에게 질문을 하여 자신의 상태에 관한 정보를 구하고 자신에게 사용 가능한 자원들을 활용한다. 둘째, 지각된 통제가 높은 사람들은 바람직한 결과에 대해 적어도 책임을 자신에게 그리고 운이나 환경보다는 자신의 능력과 노력으로 돌리는 것 같다. 셋째, 지각된 통제가 높은 사람들은 사회적 영향에 저항하고 다른 사람들을 돕는 사회 행동에 더 참가하려고 한다. 넷째, 지각된 통제가 높은 사람들은 매우 성취 지향적이다. 그들은 지적이고 성과적인 업무에서 더 열심히 일하는 것 같고 그들의 노력은 지각된 통제가 낮은 사람들보다 더 좋은 성과로 보상받는다. 마지막으로 지각된 통제가 낮은 사람들과 비교했을 때 지각된 통제가 높은 사람들은 직무를 완성하는 데 끈기가 더 있다(Jewell & Kidwell, 2005). 총을 쏘는 비디오 게임과 같은 엄청난 양의 폭력 매체를 보는 것은 사람들에게 자신의 삶에 대한 책임을 지는 것을 도와줄 수 있는가? 글상자 6-3은 바로 이 문제를 다룬다.

글상자 6-3 건강에 초점을 맞춰라: 폭력 매체와 지각된 통제

논란이 되고 있는 저서 『Killing Monsters: 아이들은 왜 환상, 초인적인 영웅 그리고 가상 폭력이 필요한가?』(2002)에서, Gerard Jones는 비디오게임, 영화, TV 쇼, 만화책 그리고 음악에서 발견되는 폭력적인 메시지가 지각된 통제(혹은 Jones가 그것을 튼튼하고 강하고 그리고 통제를 가진 것으로 언급한 것)를 발달시키면서 청소년에게 유익하다는 논란의 소지가 많은 주장을 한다. 자신의 주장을 지지하기 위해서 Jones는 소심하고 화를 내며 약간은 우울해 보이는 소녀 Sharon과의 만남을 설명한다. Jones는 Sharon이 10대의 초인적인 영웅에 대한 만화책을 읽는 동안에 가장 좋아하는 등장인물의 열정(그들을 강하게 만드는 열정)을 느낄 수 있다고 보고한다. Jones에 따르면 Sharon은 읽고 있는 등장인물이 되기 때문에 매우 강해진다는 것이다.

불행하게도 Jones는 자신의 가설을 지지하기 위해서 **일화적인 증거(anecdotal**

evidence)—더 객관적이고 과학적인 방법을 사용해서 수집된 데이터보다 오히려 일상의 관찰에 근거하여 주장을 지지하기 위해 제시된 정보—에 많이 의존한다. 전형적으로 일화적인 증거는 생생하고 상세한 정서적인 이야기들을 제시한다. 대체로 점성술처럼 일화적인 이야기의 세부사항들은 많은 사람들이 그 설명의 일부 측면과 관련지을 수 있을 정도로 충분히 일반적이다. 대부분의 일화적인 이야기가 제시하고 있는 주장은 기억에 남고 제시된 주장을 일방적으로 지지한다. 그러나 일화가 아무리 주목할 만할지라도 객관적이고 과학적으로 여겨져서는 안 된다. 이유는 다음과 같다. 일화적인 증거는 보고된 정보가 객관적 방법으로 기록되지 않았고 그래서 실제 일어난 일을 반영하지 못하기 때문에 때때로 부정확하다. 게다가 일화적인 정보는 행동에 대한 관찰자의 해석과 보고가 자신이 가지고 있는 선입견에 의해 영향을 받을 수도 있기 때문에 편향되기 쉽다. 예를 들면 Sharon은 자신이 강해지기를 원했기 때문에 '강한'느낌을 이야기했을지도 모른다. 그러므로 만화책을 읽은 후 그녀가 여러 번 무기력하다고 느꼈던 것을 무시하고 있다. 마지막으로 일화는 단일 경험을 전하는 흥미로운 이야기이기 때문에 그런 이야기 속에서 설명되는 결과는 전체 대중에게 적용될 수 없다. 지금까지 가상의 세계에서 폭력적인 등장인물에 대해 읽고 듣고 관찰하거나 또는 통제하는 것이 현실에서 지각된 통제의 발달을 촉진시킨다는 주장을 지지하는 증거는 거의 없다(Kirsh, 2012).

심리학적 적응 당신이 기대하는 바와 같이 지각된 통제와 심리학적 적응 사이에는 강한 관계가 있다. 지각된 통제가 높은 개인들은 지각된 통제가 낮은 사람들보다 덜 불안해하고 더 잘 적응하며, 정신의학적 병명으로 분류될 가능성이 낮다. 지각된 통제가 높은 사람들은 또한 스트레스에 대처하기 위해 행동계획을 세우고 그것을 고수하고 한 번에 한 걸음씩 나아가기 또는 전문적인 도움을 얻어서 추천받은 것을 하는 것과 같은 더 효과적인 전략을 사용한다(예: Cooper, Okamura, & McNeil, 1995; Zuckerman et al., 2004). 대조적으로 지각된 통제가 낮은 사람들은 문제가 사라지기만을 바라거나 자신을 탓하거나 과잉 반응을 하기도 하고 음주 또는 약물남용을 통해 안도감을 찾는 것 등의 부적응적인 전략을 사용하기가 더 쉽다(Aspinwall & Taylor, 1992; Blum, 1998; Jackson et al., 2002). 높은 지각된 통제는 또한 섭식장애와 심리적 트라우마를 극복하는 데 성공할 사람을 예측할 수 있게 한다. 마지막으로 자신들의 개인적인 삶에서 역능을 느끼는 사람들은 비교적 높은 수준의 행복 또는 주관적 안녕감을 보여 준다(Luszczynska, Benight, & Cieslak, 2009; Mellor et al., 2008).

지각된 통제와 신체적 웰빙 지각된 통제가 높은 사람들은 또한 그들의 건강과 웰빙을 최대화시키고 질병의 위험을 최소화시키는 조치를 취할 것이다. 이런 사람들은 특히 건강관리에 대한 정보를 찾고 예방적인 건강활동을 하며 신체운동에 대해 긍정적인 태도를 갖고 더 규칙적으로 신체운동을 하는 경향이 있다(Heth & Somer, 2002). 자신의 삶에 책임이 있다고 믿는 사람들은 성공적으로 체중감량 프로그램을 완료하고 약물문제에 대해 처방된 치료에 협조하면서 흡연습관을 삼가거나 포기할 것이다. 약물 남용과 관련하여 지각된 자기통제는 누가 그 프로그램을 성공할지와 누가 탈락할지(낮은 지각된 통

활동 6-1
당신은 얼마나 많은 자기 통제를 하고 있는가?

지시문: 이 설문조사는 당신이 얼마나 많이 지각된 통제를 가지고 있다고 생각하는지를 알려 줄 목적으로 만들어졌다. 다음 각 문항의 설명이 당신에게 적용된다면 T, 아니면 F에 O로 표시하라.

1. 결정에 영향을 미치는 상황들이 경고 없이 바뀔 수 있기 때문에 나는 가능한 한 결정을 미루고 싶어 한다. (T / F)
2. 내가 공부하는 시간의 양은 내 성적과 교수에게 호의적인 인상을 남기는 것과는 상관이 없다. (T / F)
3. 몇몇 사람들은 그저 운 좋게 태어났고, 다른 사람들은 그다지 운이 좋지 않고 사실 징크스가 있는 것 같다. (T / F)
4. 사람들은 당신을 좋아하고 싶으면 좋아하고 싫어하고 싶으면 싫어한다. 당신이 그들을 친구로 얻기 위해 노력하는 것은 무의미하다. (T / F)
5. 나의 건강은 내 주변에 얼마나 많은 아픈 사람들이 있는지 혹은 지역사회의 질병이 급증하였는지의 문제이다. (T / F)
6. 내가 신경을 쓰든 그렇지 않든 가끔 내 집에서 뭔가가 잘못되고 있다. (T / F)
7. 사람들은 선하게 혹은 악하게 태어나고 일생 동안 거의 변하지 않는다. (T / F)
8. 내가 비록 건강할지라도 날씨나 다른 사람들의 경쟁력과 같은 나의 외적인 요소들이 경쟁적인 사건에서 수행을 잘 못하게 한다. (T / F)
9. 나는 미신을 꽤 믿고 있어서 나쁜 조짐(예: 검은 고양이)과 행운의 부적(예: 네 잎 클로버)을 믿는다. (T / F)
10. 도로에는 매우 많은 나쁜 운전자들이 있어서 조만간 나는 차 사고에 연루될 것 같다. (T / F)
11. 만약 내가 중대한 결정에 대한 내 선택사항들을 신중하게 고려한다면 올바른 결정을

내릴 수 있다는 것을 알고 있다. (T / F)

12. 친구들과 의견이 다를 때 나는 합당한 방법으로 내 관점을 주장할 수 있기 때문에 우리가 여전히 친구로 남아 있을 것을 안다. (T / F)

13. 만약 사람들이 시도를 계속한다면 결국에는 좋은 일이 그들에게 일어날 것이다. (T / F)

14. 내가 찾기 어려운 물품을 구입하려고 쇼핑을 하고 있을 때 나의 인내는 대개 성과를 거두어서 필요로 하는 것을 찾는다. (T / F)

15. 나는 좋은 판단력을 가지고 있고 힘들 때 내 상식이 극복시켜 줄 것이라고 믿는다. (T / F)

16. 나는 우리 국민의 탄력성을 굳건히 믿고 있다. 우리는 테러범의 공격과 같은 부정적인 사건들을 극복할 수 있다. (T / F)

17. 어떤 일들이 잘못되고 있을 때 내가 정말로 화가 났다고 느낄 때가 있지만 내 성질을 통제할 수 있고 일들을 호전시킬 수 있다는 것을 알고 있다. (T / F)

18. 나는 낯선 사람을 만날 때 만약 내가 원한다면 그 사람과 친구가 될 수 있다고 느낀다. (T / F)

19. 만약 위기가 닥쳤다면 나는 그것을 극복할 수단을 가지고 있기 때문에 괜찮을 것이다. (T / F)

20. 만약 스트레스가 많고 매력을 못 느끼는 일을 하고 있다면 아마 나는 더 나은 직업을 찾기 위한 조치를 취할 것이다. (T / F)

득점: 1~10번 항목은 부정적으로 서술되어 있는데 이는 낮은 지각된 통제를 나타낸다. 11~20번 항목은 긍정적으로 서술되어 있는데 이는 지각된 통제의 더 높은 수준을 나타낸다. 당신의 지각된 통제 수준을 결정해서 다음 빈칸을 채워라.

1~10번 항목에서 'F'의 총개수 ______________
11~20번 항목에서 'T'의 총개수 ______________
총점 = ______________

해석: 당신이 총점이 높을수록, 자신의 삶에 대해 더 많은 책임감을 느낀다. 1~5점은 삶에서 통제를 거의 또는 아예 지각하지 못한다는 것을 암시한다. 6~10점은 통제력을 가지고 있는 데에 대해 약간의 의심을 하고 있다는 것을 나타낸다. 11~15점은 합리적인 통제를 하고 있다고 믿는 것을 의미한다. 그리고 16~20점은 자신의 삶에서 높은 수준의 통제를 지각하고 있다는 것을 설명한다. 이 척도는 과학적 평가는 아니지만 자신의 삶 속에서 지각된 통제의 양에 대한 생각을 자극하기 위해 고안되었음을 기억하라.

제를 가진 사람들)에 대해 신뢰할 수 있는 예측 변수이다. 지각된 통제가 삶의 많은 측면에 중요하다는 것을 고려한다면 당신은 당신의 삶 전반에 걸쳐 얼마나 많은 통제를 한다고 말할 수 있겠는가? 당신의 지각을 체크하기 위해 활동 6-1에 있는 개인적 통제의 설문조사를 완성하라.

오지각과 부적응

불행하게도 개인적 통제에 대한 오지각은 대개 부정적인 결과를 가져오는 경향이 있다. 예를 들면 몇몇 개인들은 습관적으로 자신의 삶에서 실제보다 통제를 훨씬 못 한다고 믿는다(Gilbert, Brown, Pinel, & Wilson, 2000). 그래서 그들은 자신에게 가능한 잠재적 자기 숙달을 일찌감치 포기한다. 다른 사람들은 심지어 같은 상황에서도 앞에서 언급한 사람들과 정반대로 할지도 모른다. 그들은 실제보다 더 큰 통제를 하고 있다고 믿기 때문에 좌절과 최종적인 실망을 겪게 될 것이다. 두 경우 모두에서 당신이 알 수 있듯이 개인적 통제에 대한 잘못된 신념들은 부적응적인 습관을 초래한다(Zuckerman et al., 2004).

학습된 무기력 사람들은 자신이 한 것과 상관없이 해고로 인한 실직과 같은 나쁜 결과들을 반복적으로 당하면, 감소된 개인적 통제감을 경험하고 통제의 상실을 자신의 탓으로 돌리는 경향이 있다(Bjornstad, 2006). 이 문제를 광범위하게 연구해 온 Martin Seligman(1981)은 이 현상을 **학습된 무기력(learned helplessness)—통제 불가능한 사건과 관련된 개인의 경험에 빈번히 따르는 부적응적 수동성**—이라고 말한다. 특히 다수의 심리적이고 신체적인 어려움들은 실업, 사고, 질병, 배우자의 죽음, 테러나 희생과 같은 개인의 통제 밖에서 일어나는 부정적인 사건들에 뒤따른다(Bargal, Ben-Shakhar, & Shalev, 2007). 그러나 통제 불가능한 일 자체는 반드시 학습된 무기력을 동반하지는 않는다. 중요한 점은 사람들이 이런 일들을 어떻게 설명하는가에 달려 있다. 사람들이 나쁜 사건들에 대해 영구적이고('그것은 영원히 지속될 것이다.') 일반적이며('이것은 모든 것을 엉망으로 만든다.') 내재적인('그게 나야') 설명을 하는 정도에 따라 자신의 삶에 대한 통제를 성급하게 포기하고 그런 일이 일어날 때 부적절하게 반응하는 경향이 있다. 그래서 학습된 무기력은 우울증, 학업 실패, 관료주의적인 무관심 또는 요절을 포함하는 다양한 재난과 관련된다(Bouton, 2007).

통제의 착각 비록 일부 사람들이 학습된 무력감을 갖더라도 다른 사람들은 자신의 삶에서 실제보다 더 많은 통제를 하고 있다고 믿고 있다. 어쩌면 사람들은 자존감을 키우는 방법으로 결과가 긍정적일 때 자신이 가진 통제력의 정도를 과장하게 된다(Yamaguchi, Gelfand, Ohashi, & Zemba, 2005). 다른 경우에 사람들은 우연히 결정되는 일—복권에 당첨되는 것과 같은—을 자신이 통제하고 있다고 믿는 **통제의 착각(illusion of control)**에 빠진다. 통제의 착각이 가지고 있는 문제는 불필요한 위험을 초래할 수 있다는 것인데 잇따라 부정적인 결과를 초래할 것이다. 통제의 착각은 도박을 할 때나 건강, 사업, 재정 심지어 개인적인 관계를 결정할 때 꽤 문제가 될 수 있다(Gino, Sharek, & Moore, 2011; Martinez, Le Floch, Gaffié, & Villejoubert, 2011). 결국 우리가 효과적으로 변화시키거나 통제할 수 있는 것과 없는 것을 인식하는 것이 현명할 것 같다.

학습된 낙관주의

탐색 6.2 학습된 낙관주의

www.natural-healing-health.com/learnedoptimism.html 이 웹사이트는 학습된 낙관주의를 포함한 다양한 건강과 관련된 주제에 대한 정보를 제공하고 있다.

최적이면서 현실적인 지각된 통제를 성취하는 데 도움이 되는 방법은 Martin Seligman (1992)이 **학습된 낙관주의(learned optimism)**라고 부르는 것에서 알 수 있는데 이것은 삶의 사건에 대한 지각된 통제와 적응적 반응을 향상시키는 좋거나 나쁜 생활의 사건 모두를 설명하는 학습된 방법으로 정의된다. 낙관주의(종종 '컵에 물이 반이나 채워져 있다고 보는 것'으로 생각하는 것)는 미래의 사건들에 대해 사람들이 더 높은 통제를 지각할수록 그들의 낙관주의가 더 높아진다는 점에서 통제와 관련되어 있다. 이전에 언급한 바와 같이 우리를 압도하는 것은 삶의 사건 자체가 아니라는 것이다. 오히려 그것은 삶의 사건에 대한 우리의 신념과 해석이고 따라서 우리 삶에 가장 많이 영향을 끼치는 우리의 반응이다. 결과적으로 학습된 낙관주의에서 강조할 점은 우리의 지각된 통제와 적응적인 반응을 증가시키기 위해 합리적이고 정확한 방법으로 삶의 사건을 해석하는 데 있다. 이 목표는 주로 우리가 설명양식 즉 삶의 사건을 자신에게 설명하는 방식을 수정함으로써 이루어진다(Jackson, et al., 2002).

낙관주의 가르치기 스트레스 상황에서 문제를 더 잘 해결하고 신체 건강과 전반적인 심리적 웰빙을 증진시키는 것을 포함해서 낙관주의는 다양한 긍정적인 결과와 연결되어 있다(Meevissen, Peters, & Alberts, 2011; Sharpe, Martin, & Roth, 2011). 그러나 낙관주의는 모든 사람들에게 자연스럽게 나타나는 것은 아니기 때문에 그 점이 학습된 낙관주의가 역할을 하도록 한다. 낙관주의는 배울 수 있는 것이기 때문에 '**학습된**'이라는 용어가 '**낙관주의**' 앞에 있다. 부모들은 아이들에게 문제해결 기술과 적응적 대처기술을 가르침으로써 아이들을 위해 낙관적인 사고를 모델링함으로써 낙관주의를 가르칠 수 있다(Jackson, Pratt, Hunsberger, & Pancer, 2005; Scheier & Carver, 1993). 게다가 성인들은 자신에게도 **최고의 가능한 자기(best possible self)**—모든 것이 최적의 결과로 나타나는 가상의 미래의 자기에 대해 생각하기—를 수 주 동안 상상함으로써 더 낙관적이 될 수 있도록 가르칠 수 있다(Meevissen et al., 2011). 당신은 배우기에 늦은 나이란 없으며 학습된 낙관주의의 경우에 그렇게 하는 것이 당신에게도 이익이 될 수 있다.

학습된 낙관주의의 위험 비록 학습된 낙관주의는 분명한 이익이 있음에도 불구하고 위험도 있다. 내적인 것에서부터 외적인 것으로 실패에 대한 신념을 바꾸는 것은('그것은 내 실수가 아니다…, 운이 따르지 않았다.') 개인적 책임감을 약화시키며 예방적 건강행위를 감소시키는 것과 같은 잘못된 의사결정과 행동으로 이끈다(Tennen & Affleck, 1987). 결과적으로 내적인 신념을 전면적으로 외적인 신념으로 바꾸는 것이 최선이 아닐 수도 있다. 다시 말해서 무조건적인 낙관주의가 모든 상황에 맹목적으로 적용되지 말아야 한다. 대신 그것은 다른 상황에서보다 어떤 상황에서 더 적절한 것은 **유연한** 낙관주의이다(Peterson & Vaidya, 2001). 예를 들면 낙관적 설명양식은 다음의 상황들에 적합할 수 있다.

- 논문 쓰기, 승진하기 또는 경기에서 이기기와 같은 성취를 수반하는 상황에 있다면 낙관적인 것이 도움이 된다. 만약 자신의 의욕을 계속 유지하는 것 또는 좌절과 우울에서 벗어나는 것에 관심이 있다면 긍정적인 것을 강화시켜라.
- 만성적인 스트레스를 겪고 있고 신체적 건강이 문제라면 낙관적인 관점이 중요해진다
- 당신이 다른 사람들을 지도하고 고무시키거나 사람들의 신뢰를 얻고 싶다면 낙관주의를 이용하는 것이 더 좋다.
- 당신이 우울하다면, 낙관주의를 채택하는 것이 나쁜 사건을 동반하는 불필요한 자기비난을 극복하도록 도울 수 있다.

그러나 또한 낙관주의가 적절하지 않을 때도 있다.

- 목표가 위험하고 불확실한 미래에 대한 계획을 수반한다면 낙관주의를 사용하지 마라.
- 미래가 불분명한 다른 사람들을 상담하는 것이 목표라면 처음부터 낙관주의를 사용하지 마라.
- 사람들의 문제에 공감하는 것으로 보이고 싶다면, 낙관주의로 시작하지 마라. 그러나 일단 신뢰와 공감이 생겼다면 낙관주의는 도움이 될 수 있다.

낙관주의의 사용 여부에 대한 기본 지침은 특정한 상황에서 실패에 따른 대가를 묻는 것이다. 예를 들어 파티에 잘 참석하는 사람이 과음한 후에 집으로 운전을 해서 가기로 결정하는 것과 같이 실패에 대한 대가가 크다면 낙관주의는 아마도 잘못된 전략일 것이다. 예를 들어 약간의 개인적인 시간을 잃는 위험을 무릅쓰고 통화를 한 번 더 하기로 결정한 판매원과 같이 실패에 대한 대가가 낮다면 낙관주의는 더 적절하다.

방어적 비관주의

앞에서 언급한 것처럼 낙관주의가 최고의 전략이 아닌 많은 상황이 있다. 이런 상황이 발생했을 때 부정적인 사고의 힘을 이용하는 것은 어떨까? 말하자면 비현실적으로 낮은 기대를 갖거나 앞으로 발생할 사건의 최악의 결과를 생각하는 것으로 정의되는 **방어적 비관주의(defensive pessimism)**를 사용해 보라(Norem & Cantor, 1986). 방어적 비관주의의 예는 자신에게 말하는 것을 포함하는데 '공부하기 위해서 내가 얼마나 준비되지 않은지에 대해 생각할 필요가 있다.' '나는 종종 나쁜 일이 발생할 것을 예방하기 위해 할 필요가 있는 것에 대해 생각한다.' 그리고 '나는 자주 실패를 생각하고 있는 나 자신을 발견한다.' 방어적 비관주의에는 세 가지 주된 혜택이 있다. (1) 낮은 기대를 설정하는 것은 만약 실패가 일어나면 가책을 줄여 준다. (2) 최악의 시나리오에 대해 생각하는 것은 미리 그것에 대한 준비를 하게 한다. (3) 기대가 낮을 때와 일어날 수 있는 잠재적인 부정적 사건에 대해 예상해 왔고 준비해 왔을 때 직무 수행결과에 대한 불안의 잠재적 효과는 줄어든다.

그러나 방어적 비관주의가 효과가 있을까? 성취와 성공의 관점에서 봤을 때 대답은 당연히 '그렇다'이다. 사실 방어적 비관주의자는 시험점수를 포함해서 다양한 직무에서 낙관주의자만큼 잘 수행하고 있다(Martin, Marsh, & Debus, 2001). 게다가 방어적 비관주의자들은 자신이 선호하는 전략과 사용이 방해받을 때 수행은 악화된다(Norem, 2002). 그러나 방어적 비관주의에는 정서적이고 개인적인 대가가 있다. 방어적 비관주의를 자주 사용하는 사람들은 낮은 자존감, 삶의 만족도 감소와 더 높은 우울증의 발생률을 경험한다. 게다가 비록 방어적 비관주의가 생산적인 목적을 위해 불안을 이용할지라도 불안감은 여전히 지속된다(Yamawaki, Tschanz, & Feick, 2004). 방어적 비관주의는 절약하여 사용하고 결국 성공에 대한 더 긍정적인 접근을 사용해야 할 것 같다.

의사결정하기

학습목표

6.6 의사결정 단계를 알아본다.

6.7 의사결정 기술을 향상하기 위한 몇 가지 제안을 열거한다.

방금 배운 것처럼 개인적 통제나 자기 숙달을 실행하는 주요 수단은 우리가 하는 판단—일상의 결정뿐만 아니라 우리의 기본적인 삶의 선택들—을 통해서 하는 것이다. 우리는 잠에서 깨어나는 순간부터 밤에 잠들 때까지 자신에게 제시되는 다양한 선택을 해야 한다. 다행히도 언제 일어날지와 아침식사로 무엇을 먹을지와 같은 그런 일상의 결정들 중 많은 것은 대부분 우리의 습관이자 일상이기 때문에 거의 노력하지 않고도 결정한다. 우리가 새롭고 심각한 문제에 부딪히거나 중요한 삶의 선택에 직면했을 때 주로 결정을 내려야 할 필요를 절실히 느끼게 된다. 그때 우리는 대안들에 의해 아주 압도당하거나 선택의 결과를 걱정함으로써 생기는 정신적 고통에 사로잡혀서 결정하기를 미룬다(Anderson, 2003). 애석하게도 우리는 '해치워 버리기' 위해 급하게 선택할 수도 있기 때문에 원하지 않는 결과의 위험을 증가시킨다. 두 가지의 예에서 우리는 감수할 수 있는 의사결정의 전반적인 과정을 보지 못하게 된다.

이 부분에서 당신은 올바른 결정을 하고 그에 따라 행동하기 위한 소중한 도움과 함께 **의사결정(decision making)**—관련 있는 대안에 대한 정보를 수집하는 것과 적절한 선택을 하는 것—과정에 대해 배울 것이다.

탐색 6.3 윤리적인 결정

www.scu.edu/ethics/practicing/decision/framework.htm 사려 깊은 이 사이트는 올바른 의사결정을 하는 데 주안점을 두고 있다.

의사결정 과정

심리학자들은 우리가 감수할 수 있는 결정과 현명한 결정을 하기 위한 체계를 만들었다. 그들은 우리가 몇 가지 단계를 통해 체계적으로 진행하도록 추천한다.

1. **도전에 대처하라.** 이 단계는 당신이 어떤 문제 혹은 도전이 무엇인지를 인식하는 것을 포함한다. 복잡한 문제를 지나치게 단순화하는 것과 같은 위험으로부터 보호 해 준다. 핵심 질문: "아무것도 하지 않거나 바꾸지 않거나 결정하지 않는 것의 위험은 무엇인가?"
2. **대안을 찾아라.** 이 단계는 명백하든 그렇지 않든 당신이 모든 가능한 대안적 정보에 대한 관심과 함께 개방적이고 유연한 태도를 가지도록 요구한다. 핵심 질문: "내가 모든 대안을 고려했는가?"
3. **대안을 평가하라.** 다음으로 당신은 그것들의 실현 가능성 및 결과와 관련된 모든 선택을 평가해야 한다. 여기에서 다양한 위험, 비용과 가능한 이득을 숙고한다. 핵심 질문: "최고의 대안은 어느 것인가?"
4. **전념하라.** 보통 최소의 비용으로 최대의 이익을 가져오는 대안을 선택하는 것이 가장 좋다. 하지만 '해치워 버리기'위해 충동적으로 행동하는 것은 위험하다. 핵심 질문: "언제 내가 가장 좋은 대안을 실행하고 다른 사람들에게 나의 의사결정을 알리는가?" 충분히 고려한 후에 당신은 이 단계에서 자신의 결정에 따라 행동할 수 있어야만 한다.
5. **의사결정을 평가하라.** 자신의 결정에 따라 행동한 후에 의사결정의 질적인 부분과 결과를 평가함으로써 자신의 의사결정 능력에 대해 배울 수 있다. 모든 결정은 약간의 위험을 수반하기 때문에 실망, 비판과 자책으로 인해 과잉 반응을 보이지 말아야 하는 것이 중요하다. 여기에서의 위험은 자신의 생각을 성급하게 바꾸거나 자신의 선택을 방어적으로 정당화하는 것이 될 수 있고 결국 소중한 피드백을 놓치게 된다.

의사결정에 있어서 중요한 요소

우리가 하는 의사결정에 직접적으로 영향을 주는 많은 요소들이 있다. 이런 중요한 요소들은 올바른 정보 찾기와 처리하기, 속사 판단과 저항을 포함한다. 각각을 살펴보자.

정보 찾기와 처리하기 정보를 찾고 분석하는 것은 계획적인 의사결정에 중요하다(Hogarth, 2005). 그러나 정보를 모으는 것은 시간과 에너지를 사용하고 규칙적인 일상을 깨고 긴장감과 갈등을 일으킴으로써 모든 것이 불편할 수 있다(Luce, 2005). 결과적으로 우리가 비용보다 더 큰 이익을 기대하기 때문에 새로운 정보를 더 많이 찾으려고 할지라도, 우리 중 대부분은 충분한 정보를 찾지 못한다. 단일 정보원에 의존하기보다는(비록 그것이 Wikipedia일지라도) **다양한 정보원**에 주목하는 것이 더 나은 생각이다(Anastasio, Rose, & Chapman, 1999). 그렇게 하는 것이 더 현실적이고 견문이 있는 결정을 하도록 도와준다. 불행하게도 중요한 삶의 선택을 하는 데 있어서 우리 대부분은 정보 수집의 이득을 과소평가하여 그것을 잘하지 않거나 전혀 하지 않아서 값 비싼 대가를 치르는 경향이 있다. 당신이 이미 덜 바람직한 행동방침에 전념한 후에 더 좋은 선택을 찾는 것보다 괴로운 것은 없다—그렇지 않은가?

속사 판단 급변하는 사회 속에서 우리는 선택을 할 때 느리거나 신중한 사람들에게 잔소리를 하면서 때때로 속사 판단과 빠른 행동을 기대한다. 마찬가지로 우리는 특히 급하거나 바쁘거나 피곤할 때 자신의 의사결정에서 지름길을 택한다. 많은 사람들은 사실을 빨리 모으기 위해 매체에 의존한다. 예를 들면 인터넷은 정보의 최고 자원이 되었다(Fox, 2008). 비록 그것이 가치 있는 내용을 제공할 수 있을지라도 인터넷(그리고 다른 형태의 매체)은 세상에 대한 부정확하거나 소수의 시각을 제공할 수도 있다(Gray, 2008). 좋은 예로 섭식장애(pro-Ed로서 언급된)를 촉진시키는 인터넷에 수백 개의 웹사이트가 있다. 게재된 정보, 메시지 보드와 블로그를 사용한다면 pro-Ed 웹사이트는 사용자에게 의료계 종사자와 가족이 모르게 하는 방법뿐만 아니라 몸무게를 줄이는 조언을 제공한다(Harper, Sperry, & Thompson, 2008; Wilson, Peebles, & Hardy, 2006). 이런 예시가 분명하게 설명하는 것처럼 인터넷상에서 정보를 수집하는 것은 신체적 및 정신적 건강에 해로운 결정을 정당화할 수 있다.

흥미롭게도 일부 개인들은 급한 속사 판단을 하기보다는 풍부한 자료를 찾는 지속적인 탐색을 함으로써 선택하기를 미룬다(Ferrari & Dovidio, 2000). 비록 사려 깊은 형태의 지연은 그렇게 나쁘지는 않을지라도 결국 그것이 야기하는 스트레스는 불안과 다른 건강과 관련된 문제를 야기할 수 있다(Tice & Baumeister, 1997).

저항 때때로 의사결정은 우리 통제에서 벗어나 있다. 이런 상황이 일어났을 때 우리는 선택과 행동을 통제하고 싶어 하기 때문에 종종 불편함을 느낀다. 다른 사람들이 우리의 의사결정에 영향력을 행사하는 한 가지 조작적 전략은 **저항(reactance)—우리의 개인적 자유가 제한되었을 때 발생하는 정반대로 하려고 하는 반응**—이다. 저항은 다른 사람들이 우리가 원하는 것보다 그들이 원하는 것을 우리에게 시킴으로써 우리의 개인적 자유를 제한할 때 발생한다(Donnell, Thomas, & Buboltz, 2001). 달리 말하면 저항은 우리가 의사결정에 대해 약간의 통제를 잃을 때 경험하게 된다. 저항은 미디어 효과 연구에서 가장 흔한 결과들 중 하나를 설명할 수 있다. 즉, 경고 라벨 및 연령 제한 분류는 소비자에게 금지된 내용에 대한 욕구를 일으킨다. 이는 흔히 **금단의 사과 효과(forbidden fruit effect)**로 언급된다(Bushman & Stack, 1996). 예를 들면 연령 제한 라벨과 폭력적인 내용 경고는 아이와 청소년에게 폭력적인 비디오 게임의 매력을 증가시킨다(Nije, Bijvank, Konijn, Bushman, & Roelofsma, 2009). 알다시피 어떤 비디오 게임을 사서 할 것인지에 대한 결정은 다른 사람들과 그들에게 주어진 제약들에 의해 분명히 영향을 받는다.

결정 후 후회

염두에 두어야 할 의사결정의 또 다른 요소는 **결정 후 후회(post-decision regret)**이다. 이는 우리가 특별히 어려운 선택이나 결정을 한 직후에 경험할 수 있는 후회이다. 결정을 내린 후에 당신이 부정확하거나 잘못된 결정을 했다고 느끼고 후회를 경험하는 것은 꽤 일반적이다(van Harreveld, van der Pligt, & Nordgren, 2008). 우리 모두는 '남의 떡이 더 커 보인다.'는 현상으로부터 고통받는 경향이 있다. 그러나 대부분은 우리가 결정을 내린 후에 그렇다. 당신이 중요한 의사결정을 한 후에 후회를 경험한다면 당신 혼자만 그런 것은 아니다. 우리가 후회를 경험하는 가장 상위의 삶의 선택 의사결정 중 몇몇은 교육, 직업, 연애와 육아이다(Roese & Summerville, 2005).

의사결정에 대한 후회는 적어도 세 가지 기여하는 요소를 가진다.

1. 결과가 기대한 것보다 좋지 않은 것(아마도 선택하지 않았던 대안이 정말로 더 좋았을지도 모르기 때문이다)
2. 나쁜 결정을 내린 데에 대한 자책
3. 기회를 놓친 것, 특히 기회를 놓친 것이 최근의 실수였을 때

특히 우리의 행위는 단기적인 관점에서 더 많은 후회를 일으키는 경향이 있는 반면에 무행위는 장기적으로 보면 더 많은 후회를 초래한다(Gilovich & Medvec, 1995). 마찬가지로 사람들은 대개 행위보다 무행위로 인해 더 많은 후회를 한다(Feldman, Miyamoto, & Loftus, 1999). 이런 변수들을 아는 것은 자신에게 결정 후 후회가 일어났을 때 결정 후 후회를 피하거나 더 잘 대처할 수 있도록 도와줄 것이다.

인지 부조화 **인지 부조화(cognitive dissonance)**라는 용어는 위에 언급된 후회의 불편한 느낌을 설명하는 데 종종 사용된다. 대부분의 사람은, 특히 조심스럽게 결정을 계획했거나 잘 적응했다면 결정 후 부조화를 감수할 수 있다. 결과적으로 부조화는 우리가 정말로 좋은 결정을 내렸거나 선택되지 않은 대안이 정말로 덜 바람직하다는 것을 발견했을 때 사라진다. 몇몇 사람은 부조화를 쉽게 감수할 수 없어서 더 좋은 기분을 느끼게 할 방법을 찾는다. 그들이 사용하는 한 가지 방법은 **사회비교(social comparison)**이다—타인에 비해 상대적으로 자신을 이해하기 위하여 자신과 타인을 비교하는 과정이다. 특히 잘못된 결정(또는 나쁜 성과)의 예에서 개인은 자신을 더 잘못된 결정을 한(또는

특히 다이어트를 하는 동안에 아이스크림을 먹는 것은 결정 후 후회를 초래할 수 있다.

더 안 좋은 성과를 낸) 다른 사람과 비교하는 것을 더 좋아하고 그렇게 함으로써 자신의 후회의 느낌을 줄인다(van Harreveld et al., 2008).

사후해석 편향 결정 후 후회를 줄이기 위해 항상 좋은 전략은 아니지만 흔한 것이 **사후해석 편향(hindsight bias)**—일단 사건들이나 정보가 일어난 직후 혹은 사후에 그것들에 대한 편향된 표상—이다. 이것은 '왜'라는 질문들('왜 그런 일이 발생했는가?' 또는 '왜 그렇게 잘못되었는가?'와 같은 질문들)을 고취시키는 사건뿐만 아니라 놀랍거나 부정적인 사건에 의해 유발되는 일종의 사건 후 현명해지고 의미를 만드는 과정이다(Blank, Musch, & Pohl, 2007). 우리가 잘못된 결정을 할 때 편향된 기억으로부터 고통받기 쉽고 사실의 관점보다는 필연성의 관점에서 발생한 사건을 설명한다. 예를 들면 직장동료와 상사의 무례한 대우로 인해 해고를 당한 후에 종업원은 "내가 결코 이 일을 하지 말았어야 했다. 관리자는 현장 일꾼들로부터 적절하고 사려 깊은 조언을 이해하지 못한다."는 식으로 말할지도 모른다. 사후해석 편향에 대한 연구는 다음을 보여준다. (1) 모든 사람은 때때로 그것을 경험하고, (2) 그것은 피하기가 어렵고, (3) 그것은 실제 기억을 왜곡시키거나 또는 미래에 더 잘못된 결정을 야기하기 때문에 잠재적으로 해롭다. 알다시피 사후해석 편향이 발생했을 때 변명은 다음과 같다. 글상자 6-4는 변명하기의 원인과 결과들을 더 논의한다.

글상자 6-4 건강에 초점을 맞춰라: 변명하기

"나는 해야 할 다른 것들이 너무 많다." "교수님이 적절한 질문을 하지 않았다." "그것은 내 잘못이 아니라 단지 우연이었어?" 많이 듣던 이야기인가요? 그것은 우리 모두가 때때로 자신의 실패, 불안 그리고 나쁜 결정에 대해 변명을 하는 것이 틀림없다. 그렇다면 많은 사람들은 왜 변명을 할까? 답은 꽤 단순하다. 바로 자기 보호이다. 부정적인 생각(예: 나는 실수를 많이 하는 사람이다. 나는 영리하지 않다), 정서(예: 죄책감), 그리고 실패에 따라오는 자존감과 자신감에 대한 타격을 경험하는 것보다 오히려 그것에 대한 합리적인 변명을 한다. **자기 구실꾼(self-handicappers)**이라고 불리는 사람들은 심지어 사건이 일어나기 전에 잠재적 실패를 꾸며대기 위해 변명을 한다(예: '나는 몸이 좋지 않아'). 단기적으로 변명하기는 우리 자신에 대해서 기분이 더 좋도록 해 줄 수 있고 심지어 미래에 수행성과를 향상시키도록 동기를 부여해 줄 수 있다(Schlenker, Pontari, & Christopher, 2001). 그러나 만약 변명이 분명히 거짓이거나 또는 자주 발생한다면 자기통제, 수행성과 및 자신감에 부정적인 영향을 줄 수 있다. 게다가 빈번한 변명을 하는 사람들은 다른 사람들에게 신뢰받을 수 없고 진실성이 부족하고 이기적인 것으로 보이는 경향이 있다(Baumgardner & Carothers, 2009).

더 나은 의사결정하기

의사결정에서 당신의 목표는 바람직한 결과를 가져오고 바람직하지 않은 결과를 피하는 것임을 명심하라. 이런 의미에서 단지 당신만이 무엇이 '옳은' 혹은 '잘못된'결정인가를 정의할 수 있다. 동시에 당신의 태도, 가치와 불확실성에 대한 인내와 같은 성격특질은 의사결정을 복잡하게 할 수 있다. 마음에 그런 요소를 가지고 있으면 이 제안을 따름으로써 자신의 의사결정 기술을 향상시킬 수 있다.

- **더 건전한 판단을 내려라.** 의사결정의 소재인 판단은 자료들로부터 추론을 이끌어 내는 것을 의미한다. 많은 결정들은 종종 복잡한 문제들을 단순화시키려는 인간의 성향을 수반하면서 잘못된 판단 때문에 시작부터 불행한 운명에 처해진다. 다음과 같은 질문을 자신에게 하면서 당신은 아마도 단순하고 직관적인 전략을 과학자들을 이끄는 더 '연구적인' 방향으로 바꾸어야 한다. 사실이 무엇이냐? 그들은 얼마나 대표적인가? 대안은 어떤가? 사실인 정도가 상황적 요소인가 아니면 우연적 요소 때문인가? 더 건전한 판단은 더 좋은 결정을 이끌어 낼 것이다.

- **대차 대조표를 그려라.** 이 과정은 행동의 각 과정의 다양한 이익과 불이익을 나열하는 것으로 구성되어 있다. 표 6-1에 있는 예시용 대차 대조표는 Stan이 결정을 내리기 전의 그의 상황을 나타낸다. 모든 나이의 어른뿐만 아니라 Stan 같은 학생들은 대차 대조표 절차가 그들에게 결정을 요구하는 상황의 종합적인 평가를 하도록 도와주고 만일의 사태에 대비한 계획, 즉 만약 마이너스 칼럼에 있는 어떤 것이 구체화된다면 무엇을 해야 하는지를 계산해 내는 비상대책을 촉진시킨다. 이 절차를 쓰는 사람들은 자신의 결정을 더 굳게 고수하고 채택되지 않은 선택에 대해 후회를 거의 하지 않는다.

- **당신의 가치와 목표를 분명히 하라.** 많은 갈등은 대안이 되는 결정의 거부라기보다는 결정을 이끌어 내는 가치에 대한 혼란으로부터 일어난다. 따라서 이 단계는 개인적인 검토를 요구한다. 그리고 일단 자신의 가치를 명료화했다면 그것은 자신의 결정을 이끌어 내는 유형적인 목표로 바뀔 수 있다. 예를 들어 학생들은 종종 자신의 결정을 망설이면서 때때로 공부하는 것, 일하는 것, 사교활동을 하는 것과 노는 것의 필요성 사이에서 결정을 내리지 못한다. 대학에서 얻고 싶은 것에 대한 분명한 선택을 한 학생들은 그들의 일상의 결정을 효과적으로 잘 해결할 것이다.

- **합리적인 결과를 수용하라.** 어떤 것도 '이상적인' 해결을 원하는 것만큼 의사결정

을 방해하는 것은 없다. 완벽을 위한 지속적인 노력은 실패를 보장하기 때문에 완벽주의자 경향이 있는 사람들은 특히 취약하다. 대개 그런 환경에서는 가장 합리적인 결과를 수용하는 것이 더 현명하다. 완벽주의와 싸우는 방법들 중에서—이것이 당신의 특징이라면—완벽주의의 장점과 단점을 인식하고 자신이 어떤 것을 얼마나 완벽하게 했는지와 그것을 얼마나 많이 즐겼는지를 비교하는 것이다. 예를 들어 당신이 테니스를 잘하지 못한다고 느낄 수도 있지만 그럼에도 불구하고 운동과 동료애 때문에 경기를 즐겨서 그 운동을 계속하기로 결정한다.

- **결함이 있는 결정을 최대한 이용하라.** 최선의 노력에도 불구하고 당신의 모든 결정이 현명한 결정일 수는 없을 것이다. 몇 가지 흔한 이유는 환경의 한계, 뜻밖의 사건들과 자신이 5년, 10년 심지어 20년의 장래에 일어날 일을 얼마나 다르게 보는지를 예상하는 어려움이다. 많은 사람들은 자기 자신을 질책하거나 잘못된 결정을 정당화하려고 노력하는 데 시간을 낭비한다. 그보다는 대개 사람들이 그 환경에서 가능한 최고의 결정을 내렸다는 것을 인정하는 것이 더 현명할 것이다. 실수로부터 배우고 가능하다면 언제든지 자신을 비난하기보다는 더 바람직한 결과를 이루기 위해 자신의 결정을 수정하는 것이 더 좋다. 글상자 6-5는 실패한 의사결정뿐만 아니라 성공한 것에 대한 몇 가지 흥미로운 사실들을 제공한다.

표 6-1 Stan의 대차 대조표: 대학에 다니는 것

예상된 결과	긍정적인 예측	부정적인 예측
나에 대한 유형적인 득과 실	1. 더 나은 직업 전망 2. 더 나은 수입 3. 더 도전적인 직업	1. 어려운 교과과정 2. 재정적 어려움 3. 새로운 직업과 경력을 시작해야 함
가족에 대한 긍정적인 효과와 부정적인 효과	1. 나에 대한 가족의 자부심 2. 가족으로부터 물질적·정서적 지지 3. 내아이들에게 긍정적인 역할 모델	1. 아이들을 위한 장난감과 옷이 부족함 2. 아내가 일을 해야하고 아이들을 돌봐야 함—그녀에게 더 많은 스트레스
자화자찬이나 불인정	1. 도전을 극복하는 자신감 2. 새로운 기회에 대한 자부심	1. 내 학문적인 능력에 대한 의심이 남음
사회적인 인정이나 불인정	1. 중년기의 변화를 만드는 것에 대한 다른 사람들의 존경	1. 해고될 것이고 아마 이로 인해 낙인이 찍힐 것 같음

글상자 6-5 다음의 사실을 알고 있는가?

- 새해 결심을 세운 사람들 중 절반은 3개월 안에 포기한다. 거의 1/4 이 첫 주에 포기한다.
- 자신의 결심을 써 놓거나 그것을 공개적으로 드러내는 사람들은 그 결심을 더 잘 성취한다.
- 병에 걸리거나 가난해지는 것과 같은 2개의 바람직하지 않은 결과 중에서 선택하는 것보다 더 건강해지거나 더 많은 돈을 버는 것과 같은 2개의 바람직한 결과 중에서 선택하는 것이 더 쉽다.
- 우리의 결정은 그 결과가 긍정적으로 나타나든 부정적으로 나타나든 간에 영향을 받는다. 예를 들어 죽을 확률이 10%라고 들을 때보다 살 확률이 90%라고 들을 때 더 많은 사람들이 수술을 선택한다.

의사결정과 개인적 성장

학습목표

6.8 의사결정과 개인적 성장 사이에 연결을 기술한다.

의사결정은 개인적 성장과 관련하여 특히 중요하다. 흔히 사람들은 그들의 진로를 바꾸는 결정을 한 적이 없기 때문에 자멸적인 행동에 빠진다. 변화는 이전의 습관, 심리적인 게으름이나 단순한 두려움 때문에 못할지도 모른다(Anderson, 2003; Blum, 1998). 변화의 필요성에 직면했을 때 사람들은 직업이나 가족 사랑의 상실로 위협을 받는다면 변화를 약속할지라도 때때로 방어적으로 되고 저항하게 된다. 그러나 정신치료나 치료 프로그램에 등록한 사람들 대부분은 그들이 변화하기 위한 확고한 결정을 내리지 않았다는 이유로 조급하게 포기한다.

탐색 6.4 자신의 행동을 이해하기

www.mentalhelp.net/poc/center_index.php?id=353&cn=353 온라인 자기 계발서의 사용을 통해, 이 사이트는 다양한 주제를 검토함으로써 왜 지금처럼 행동하는지에 대한 이유를 이해하도록 도와준다.

새로운 결정을 내리기

개인 성장을 위한 좋은 출발점은 매일의 행동, 특히 습관적인 지각이나 과음과 같은 문제행동에 근거한 기본적인 결정을 검토하는 것이다. 그러나 변화를 바라는 소망이 변화에 대한 결정으로 이어질 때 비로소 우리는 **정말로 변화하고 성장**할 수 있다. 예를 들면 많은 흡연자들은 그들의 흡연습관이 건강에 부정적인 영향을 주는 것에 대해 알고 있다. 그들은 "나는 담배를 끊고 싶다.", "나는 그것을 곧 포기하기를 희망한다.", "나는 내 흡연 횟수를 줄이려고 계획한다." 또는 "나는 그것이 내 가족과 나에게 나쁘다는 것을 안다."라고 말한다. 그러나 그들이 정말로 담배를 끊으려고 **결심하고** 그 결심을 어떻게 실행할지를 배울 때까지 아무 일도 일어나지 않거나 그들은 시도하지만 실패한다.

지금까지 사람들은 자동적으로 더 나은 것을 위한 변화를 결정할 것이라고 가정해 왔지만 항상 그런 것은 아니다. 몇몇의 예에서 사람들은 불안과 변화의 위험이나 두려운 결정 후 후회에 너무 압도되어 현재 상태로 있기로 결정하지만 그것은 불만족스럽거나 고통스러울 것이다(Anderson, 2003). 특히 자신의 잠재력에 따라 사는 사람들은 억지로 치료사에 의해 성장을 강요받을 수 없다. 그런 치료사는 아무리 의도가 좋더라도 부모나 배우자들이 저지르기 쉬운 같은 실수—다른 누군가에게 결정해야 하는 것을 말하려고 시도하는 것—를 저지를 수 있다. 오히려 치료사의 일은 내담자가 우선 자신이 하고 싶은 것을 발견하도록 도와주어야 하고 내담자가 그것을 하기 위해 개인적인 결정을 내리도록 도와주어야 한다. 우리 중 대부분이 알고 있듯이 일단 자신이 하고 싶은 것을 알고 정말로 그것을 하려고 결정했다면 잘하고 있는 것이다. 당신은 다음 몇몇의 중요한 결정을 하는 데 도움을 얻기 위해 그림 6-1을 사용할 수 있고 그것으로부터 학습할 수 있다.

우리는 이전 결정의 관점에서 자신의 문제를 보고 그런 결정의 결과를 조사한 후에 더 만족스러운 대안을 선택함으로써 개인적 성장을 촉진할 수 있다. 이런 방법으로 우리는 단순히 일어나거나 자신의 통제 밖에 있는 사건의 결과와 환경보다는 자신의 결정을 통해 자신의 문제와 충족되지 않은 잠재력을 보는 것을 배운다.

도전에 대처하라. → 선택을 탐색하라. → 결정을 내려라. → 결정에 따라 행동하라. → 결정을 평가하라.

[그림 6-1] 효과적인 결정을 내리는 단계

몇 가지 실제 응용

태만 의사결정 의사결정의 가장 흔한 예 중 하나는 **태만 의사결정(decision by default)**이다—가장 적은 저항의 경로를 택하거나 가장 친숙한 경로를 택하거나 전혀 어떤 행동도 취하지 않는 것을 말한다(Anderson, 2003; Chapman, 1999). 일시적으로든 영구적으로든 일을 미루는 것은 그 자체가 결정이라 하더라도(Anderson, 2003) 나쁜 결정이다. Stan의 수업에서 조교였던 젊은 남자가 바로 그런 예에 해당된다. 이 젊은 남자는 한편으로는 박사학위 논문을 쓰는 데 일시적인 글쓰기 난관 때문에 다른 한편으로는 그의 지도교수와의 갈등 때문에 자신의 박사 논문을 완성하는 데 상당한 어려움을 겪었다. 그는 매우 좌절하여 단순히 노력을 다른 곳으로 돌렸다. 그는 대학교에서 조교 일을 파트타임으로 했고('내가 내 학위를 마칠 동안') 조깅하는 데 더 많은 시간을 보냈다('내 마음이 내 문제들로부터 벗어나기 위해'). 몇 년 뒤 그의 학위 프로그램이 어떻게 진행되고 있는지를 물어봤을 때 그는 결국 그것을 포기하기로 '결정했다'고 말했다. 사실 그는 그 결정을 더 일찍 내렸다. 그렇지 않은가? 긍정적인 결정을 하는 데 있어서 실패는 종종 치명적인 결과를 가져오는 결정이다.

자멸적인 행동 부정적이고 **자멸적인 행동(self-defeating behavior)**을 극복하는 것은 대개 동기의 초기 수준에서 긍정적인 결정을 내리는 것을 포함한다. 예를 들어 Stan의 여동생인 Janet은 중년기에 우울증과 직장 상사와의 나쁜 관계로 인해 힘들었다. 그녀는 Stan에게 직장에서 많은 시간을 불평하면서 보냈고 종종 정확한 이유 없이 상사를 비난해 왔다고 밝혔다. 몇 차례의 상담 동안 Janet은 자신의 삶 초기에 부모님의 반대에 대한 두려움으로 인해 자신의 분노를 억누르는 것을 배웠다는 것을 알았다. 그녀는 수동적인 '착한 어린 소녀'가 되었지만 의존적인 사람들에 대해 분개했다. 점차적으로 그녀는 더 많은 자주성을 가지는 것과 그렇지 않다면 다른 사람들을 방어적으로 만드는 판단적인 말보다는 감정 표현으로 자신의 분노를 더 직접적으로 나타내는 것을 배웠다. Janet이 적극적으로 되면서 그녀는 덜 우울하게 되었고 직장상사들과 더 만족스러운 관계를 가지게 되었다.

이전 결정 뒤집기 때로는 바람직하지 않은 결과를 이끄는 이전 결정에 대응하거나 그것을 뒤집는 결정을 하는 것이 현명하다. 예를 들어 Stan의 처남은 회사 상사의 딸과 결혼한 45세의 변호사였다. 그는 '복합적인 동기'로 인해 결혼을 받아들였다. 다시 말해서 그가 정말로 아내에게 매력을 느꼈음에도 불구하고 또한 그녀의 '인맥'이 자신의 경력을 높여 주기를 바랐다. 그는 곧 장인과의 갈등이 직장과 집에서 자신의 삶을 복잡하게 만들었다는 것을 알았다. 처가의 여름 별장에서의 합동 휴가 동안에 더 나빠진 것처럼 보였는데 그의 천식 발작에 대한 전문가의 견해는 그 발작은 처가와 관련된 정서적 갈등에 의해 발생되었다는 것이었다. 결국 Stan의 처남은 상사의 딸과 결혼하는 것이 좋은 생각이 아니었음을 깨달았고 결국 아내와 이혼하는 것보다는 오히려 자신의 회사를 시작하기로 결정했다. 그는 약간의 어려운 시기를 겪었지만 곧 번영하는 법률 사무소를 운영하였고 게다가 그의 결혼생활도 훨씬 더 행복해졌다. 그런 용감한 결정에 대한 실패는 종종 자신의 경력에 사로잡힌 것 같은 감정, 음주문제, 불륜과 다른 자멸적인 행동을 초래한다.

요약

개인적 통제

6.1 지각된 통제를 정의하라.
지각된 통제는 현재와 미래에 우리가 통제할 수 있는 것에 대한 생각을 말한다.

6.2 지각된 통제의 혜택을 요약하라.
지각된 통제가 높은 사람들은 다음의 방식에서 혜택이 있다. (1) 그들은 자신의 삶에 영향을 주는 사건에 대한 지식과 정보를 찾을 것이고, (2) 그들은 책임을 자기 자신과 자신의 능력의 결과라고 여길 것이고, (3) 그들은 사회적 영향에 저항하고 다른 사람들을 돕는 사회활동에 더 많이 참가할 것이고, (4) 그들은 성취 지향적이고, (5) 그들은 더 열심히 일하고 직무를 완성하는 데 더 많은 인내를 한다. 또한 현실적으로 지각된 통제가 높은 사람들은 덜 불안해하고 더 잘 적응하는 경향이 있다.

6.3 학습된 낙관주의의 혜택을 논의하라.
최적의 지각된 통제를 얻는 방법은 학습된 낙관주의를 통하는 것이다. 우리의 지각된 통제와 사건에 적응적 반응을 향상시키는 합리적이고 정확한 방식으로 삶의 사건을 설명하는 것이다.

6.4 학습된 무기력과 통제의 착각이 어떻게 비슷한지를 설명하라.
자신의 삶에 대해 가지고 있는 통제를 과소평가하는 사람들은 때때로 학습된 무기력을 보인다. 자신의 개인적인 통제를 과장하는 사람들은 종종 통제의 착각을 보인다. 두 경우에서 통제의 오지각은 부적응 행동으로 이끈다.

6.5 방어적 비관주의를 설명하라.
방어적 비관주의는 비현실적으로 낮은 기대감을 설정하고 앞으로 발생할 사건의 최악의 결과를 생각하는 것을 포함한다. 비록 방어적 비관주의를 사용함으로써 성취와 관련된 혜택이 있을지라도 부정적 정서와 개인적인 희생도 또한 나타난다.

의사결정하기

6.6 의사결정의 단계를 확인하라.
좋은 결정을 내리는 지침은 다섯 가지 단계를 포함한다. 도전을 수용하고, 대안을 찾고, 대안을 평가하고, 전념하고 결정을 끝까지 이행한다.

6.7 의사결정 기술을 향상시키는 몇 가지 제안들을

열거하라.
우리는 더 나은 판단, 대차 대조표 절차, 목표를 분명히 하는 것, 합리적인 결과를 수용하는 것과 잘못된 결정에 최선을 다함으로써 의사결정 기술을 향상시킬 것이다. 또한 우리는 완벽주의를 포기하는 것, 가끔의 실패를 수용하는 것, 고통에서 벗어나는 것과 개인적 성장을 위해 계속 전념함으로써 자신의 선택이 바뀌도록 반복적으로 재차 확인해야 한다.

의사결정과 개인적인 성장

6.8 의사결정과 개인적인 성장 사이의 연결을 설명하라.
변화하려는 소망이 변화하려는 실질적인 의사결정을 이끌 때 비로소 우리의 개인적인 삶이 향상되기 시작한다.

스스로 해 보기

1. **개인적 통제와 지각된 통제는 매우 비슷한 개념이다. 이들 둘 사이의 가장 큰 차이는 _____**
   a. 개인적 통제는 우리가 실제로 통제하는 것을 말하는 데 반하여 지각된 통제는 우리가 통제할 수 있다고 믿는 것을 말한다.
   b. 지각된 통제는 우리가 실제로 통제하는 것을 말하는 데 반하여 개인적 통제는 우리가 통제할 수 있다고 믿는 것을 말한다.
   c. 단지 개인적 통제만이 우리가 하는 행동에 영향을 준다.
   d. 단지 지각된 통제만이 우리가 하는 행동에 영향을 준다.

2. **의사결정의 첫 번째 단계는 _____이다.**
   a. 대안을 평가하는 것
   b. 도전에 잘 대처하는 것
   c. 전념하기
   d. 대안을 찾는 것

3. **해고로 인해 교직을 잃은 후 Adrienne는 새로운 일을 찾는 데 많은 어려움을 겪었다. Adrienne은 무엇을 할지라도 다시 좋은 일자리를 결코 찾을 수 없을 것이라고 느꼈다. Adrienne의 부적응적 수동성은 _____으로 지칭된다.**
   a. 저항 b. 통제의 착각
   c. 사후해석 편향 d. 학습된 무기력

4. **긁는 복권을 여러 해 동안 구매한 후 Ellen은 마침내 큰 액수로 당첨되었다. 평생 매월 1,000달러! Ellen은 행운이 자신의 복권당첨과 관련이 있다고 생각하지 않고 대신 매주 한 장의 복권을 구매하는 전략과 왼손으로 숫자를 쓴 것이 복권당첨의 결과를 가져왔다고 생각한다. 그녀가 임의 사건을 통제했다는 Ellen의 신념은 _____(이)라고 불린다.**
   a. 학습된 낙관주의 b. 이차 통제
   c. 통제의 착각 d. 심리적 저항

5. **Luanne은 최근 간호직에 대한 학위를 받기 위해 대학에서 공부를 다시 하기로 결심했다. 2년 후 학위를 받고 며칠 동안 새로운 일을 시작하면서 Luanne은 그녀의 새로운 경력을 계속하겠다는 결정을 곰곰이 생각했다. Luanne은 의사결정 과정 중 어느 단계에 있는가?**
   a. 도전에 잘 대처하기
   b. 전념하기
   c. 의사결정 후 후회
   d. 학습된 무기력

6. 더위를 먹은 후 Sue는 가족에게 필요한 것이 수영장이라고 결정했다. 풀장을 설치하기 시작한 다음 날(그리고 풀장 대금은 절반만 지불되었다) 무더위가 수그러들었고 풀장이 완공될 때쯤 계절적으로 이상한 추운 날씨가 계속되었다. 현시점에서 Sue는 풀장을 사기로 한 결정에 의문을 가지기 시작했다. 그녀는 그 돈이 더 나은 어떤 것(새로운 히터와 같은 것)에 쓰일 수도 있었다는 것을 계속해서 생각했다. Sue는 _____을(를) 경험하고 있었다.
   a. 저항 b. 의사결정 후 불안
   c. 의사결정 후 후회 d. 학습된 무기력

7. 회사의 예기치 않은 매각 때문에 Fred는 프로젝트 매니저 일자리를 잃었다. 안정된 수입의 부족으로 Fred는 새로 산 자동차에 대한 할부금을 몇 차례 지불하지 못한 결과 자동차는 회수되었다. 그는 자동차가 견인되어 가는 것을 지켜보면서 "나는 그런 일이 일어날 줄 알았어. 내가 일자리를 잃을지라도 무엇을 할 수 있는지를 고려해야 했는데."라고 자신에게 말했다. Fred는 해고될 것이라고 예측할 수 없었고 그 시기에 새 차를 구입하는 결정이 재정적으로 건전한 때였음에도 불구하고 Fred는 _____을(를) 경험하였다.
   a. 사후해석 편향 b. 사회 비교
   c. 저항 d. 의사결정 후 불안

8. 15세인 Dave는 몹시 화가 났다. 그가 가장 좋아하는 비디오게임 속편인 'Mega Manslaughter'가 자기 나라에서 판매가 금지되어 살 수 없었기 때문이다. Dave는 마치 개인의 자유(자신이 원하는 어떤 종류의 비디오 게임을 하는 자유)가 상실된 것처럼 느꼈다. Dave는 _____을(를) 경험하였다.
   a. 학습된 비관주의 b. 회복 탄력성
   c. 학습된 무기력 d. 저항

9. 다음 기술 중 어느 것이 의사결정을 향상시키는 데 사용되지 않는가?
   a. 잘못된 결정을 잘 이용하는 것
   b. 가치와 목표를 명확하게 하는 것
   c. 대차 대조표 사용하는 것을 피하는 것
   d. 합리적인 결과를 수락하는 것

10. 만약 당신이 정말 대인관계 성장을 이끌 수 있는 진정한 변화를 경험하고 싶다면 당신에게 _____은 중요하다.
   a. 변화를 소망하는 것
   b. 변화하기로 결심하는 것
   c. 변화를 희망하는 것
   d. 정답 없음.

연습

1. 개인적 통제.
   당신은 삶에 영향을 미치는 자신의 환경 속에서 발생하는 사건들에 어느 정도로 영향을 줄 수 있다고 믿는가? 지각된 통제나 삶을 통제할 수 있는 신념을 강조하면서 자신이 삶에 대해 가지는 개인적 통제의 정도를 1쪽 정도 서술하라. 당신의 신념은 얼마나 목표, 일, 친밀한 관계, 신체단련, 건강과 같은 삶의 특정한 양상에 영향을 미치는가?

2. 의사결정의 단계.
   이 단원에서 다룬 의사결정의 다섯 가지 단계를 복습하라. 자신이 내리려 했거나 이미 내린 중요한 결정을 선택하라. 그러고 나서 의사결정 단계의 다섯 가지 단계의 관점에서 그것을 분석하라. 자신은 이 다섯 가지 단계를 얼마나 잘 따랐는가? 의사결정의 가장 어려운 부분은 무엇이었는가?

3. 의사결정에의 도움.

더 나은 결정을 내리는 데 도움이 되는 부분(대차 대조표 절차 같은 것)을 다시 읽어 보라. 그러고 나서 자신이 내린 더 잘못된 결정 중 하나를 고르고 이 결정을 이 도움에 비춰 다시 보라. 미래에 더 나은 결정을 내리기 위해 무엇을 해야 한다고 생각하는가?

4. **의사결정과 개인적 성장.**
   습관이나 문제행동 같은 당신이 바꾸고 싶어 하는 삶의 몇 가지 양상을 선택하라. 그 문제 행동이 부분적으로 당신이 내린 몇 가지 다른 결정들의 결과라고 생각하는가? 당신은 행동을 바꾸기 위해 숙고적인 결정을 내렸거나 단지 바뀌기를 바라는가? 정말로 변화를 만들기 위해서 무엇을 할 필요가 있는가?

5. **나쁜 결과를 이해하기.**
   해고로 직장을 잃는 것과 같은 자신이 거의 통제를 하지 못했던 자신에게 우연히 일어난 부정적인 사건을 선택하라. 낙관적 접근을 취했는가 아니면 비관적 접근을 취했는가? 학습된 낙관주의가 자신에게 도움이 되었는가?

복습을 위한 물음

1. 자신의 삶에 대해 얼마나 많은 통제를 가진다고 믿는가?
2. 자신의 개인적 통제의 수준을 과소평가 혹은 과대평가하는 쪽으로 기울어 있는가?
3. 당신이 실제적인 통제를 거의 하지 못할 때 통제의 착각으로부터 고통받는가?
4. 어떤 상황에서 아무런 선택도 없는 것처럼 보일 때 당신은 무엇을 하는가?
5. 당신은 어떻게 중요한 결정을 내리는가?
6. 당신은 결정을 하지 않는 것으로 종종 어떤 일을 '결정'하는가?
7. 당신은 계산된 위험을 기꺼이 받아들이는가?
8. 당신이 내린 최고의 결정은 무엇인가? 왜 당신의 결정이 성공했는가?
9. 항상 남의 떡이 더 커 보이는가? 당신은 왜 그렇게 생각하는가?
10. "인생이란 우리가 다른 계획을 세우고 있는 동안에 자신에게 일어나는 것이다."라는 말에는 얼마나 많은 진실이 있는가?

제 7 장 동기와 정서 관리하기

학습목표

이 장을 모두 학습한 후 다음을 할 수 있다.

7.1 동기를 설명한다.

7.2 Maslow의 욕구단계를 기술한다.

7.3 내재적 동기와 외재적 동기의 차이를 기술한다.

7.4 감각추구행동을 나타내는 몇 가지 다양한 방법들을 열거한다.

7.5 개인주의 사회와 집합주의 사회의 성취동기를 비교한다.

7.6 개인적 동기에서 목표의 중요성을 논의한다.

7.7 정서의 네 가지 요소들을 열거한다.

7.8 일차 정서와 이차 정서의 차이점을 설명한다.

7.9 어떤 사람이 거짓말을 하고 있는지 아닌지를 결정하는 두 가지 방법을 확인한다.

7.10 비생산적인 정서들을 관리하는 방법들을 기술한다.

7.11 나 전달법의 네 가지 요소들을 열거한다.

7.12 불안, 분노 및 질투와 같은 부적 정서를 비교한다.

7.13 행복과 관련된 요소와 무관한 요소를 논의한다.

Quincy는 결코 잊을 수 없는 학생 중 하나이다. 젊고 쾌활한 남학생인 그는 교실 뒷문 바로 옆에 앉았다. Quincy는 쾌활하고 감정을 잘 표현하며 학습 의욕이 높았다. 많은 그의 학급친구들과는 달리 수업시간에 인터넷 검색도 하지 않고 문자도 보내지 않았다. 친구들과 교수들은 그를 많이 좋아했다. 그가 종종 골프에 대해 말했기 때문에 그를 아는 모든 사람들은 골프가 Quincy의 '존재 이유'라는 것을 알고 있었다. Quincy는 언젠가는 프로 골퍼로 성공하기를 희망했다. 그러나 그는 "만약을 위해서 나는 내 골프 실력으로 성공하지 못할까 봐 교육을 받기 위해 대학에 다니고 있다."라고 말했다. Quincy의 부모는 그가 스포츠를 한다는 계획에 대해 조금도 기뻐하지 않았다. 대신 그들은 태어났을 때부터 그에게 가졌던 꿈인 의사가 되기를 원했다. Quincy는 부모님을 사랑하고 존경했지만 그들이 자신의 골프에 대한 열정을 공유하지 않은 데에 대해 실망하였다.

동기를 이해하기

학습목표

7.1 동기를 설명한다.

7.2 Maslow의 욕구단계를 기술한다.

7.3 내재적 동기와 외재적 동기의 차이를 기술한다.

7.4 감각추구행동을 나타내는 몇 가지 다양한 방법들을 열거한다.

7.5 개인주의 사회와 집합주의 사회의 성취동기를 비교한다.

7.6 개인적 동기에서 목표의 중요성을 논의한다.

우리 대부분은 Quincy에게 공감할 수 있다. 특히 우리는 프로 골퍼가 되는 것과 같은 어떤 바라던 목표에 가까워질 때 당면한 일을 열심히 한다. 그러나 다른 경우들에서 우리는 자신이 하기로 한 것에 대해 동기의 필요성을 거의 느끼지 못할 수도 있다. 우리는 해야 할 일을 미루고 변명하면서 귀중한 시간을 낭비한다. 당연히 부모, 선생님과 직장의 매니저 같은 많은 사람들은 동기화시키는 방법을 배우는 데 관심이 있다. 본질적으로 **동기(motivation)**는 의미 있는 목표를 향한 우리 노력에 활력을 불어넣고 안내를 해야 한다.

글상자 7-1 다음의 사실을 알고 있는가?

- 그냥 해 봐 – Nike
- 제대로 해 봐 – Larry the Cable Guy
- 그냥 안한다고 말해 – Nancy Reagan
- 내일은 없다 – Rocky Balboa
- 현재를 즐겨라 – Horace

출처: Nancy Reagan: ODES by Horace; ROCKY Ⅲ. United Artists, 1892.

욕구를 이해하기

동기에 대한 이해는 동기의 성장모형인 Maslow(1954)의 **욕구의 위계(hierarchy of needs)**와 관련된 연구에 의해 향상되었는데 욕구는 만족을 추구하도록 우리를 각성시키는 긴장상태이다. Maslow는 욕구가 생존에 있어서 얼마나 중요한지에 따라 욕구와 동기가 상향 위계적 방식으로 작용한다고 제안한다. 그는 가장 낮은 욕구에서 가장 높은 수준의 욕구까지 욕구의 다섯 가지 수준을 다음과 같이 설명한다.

1. **생리적 욕구**(physiological needs)는 식욕, 수면욕, 성욕을 포함한다.
2. **안전 욕구**(safety needs)는 질서와 안정에 대한 욕구뿐만 아니라 신체적인 위험으로부터의 보호와 위협으로부터의 안전을 위한 욕구를 포함한다.
3. **사랑과 소속감 욕구**(love and belongingness needs)는 수용, 애정과 인정에 대한 욕구를 포함한다.
4. **존중 욕구**(esteem needs)는 자존감과 성취감에 대한 욕구이다.
5. **자아실현 욕구**(self-actualizing needs)는 우리 삶에서 자율성, 독특성, 생동감, 미와 정의에 대한 욕구 같은 다양한 욕구들을 포함한다.

Maslow는 충족되지 않은 가장 낮은 수준의 욕구가 가장 긴급하게 남아 있으면 우리의 주의와 노력을 장악한다고 이론화했다. 일단 어떤 수준의 욕구가 충족되면 우리는 다음의 상위 수준에 있는 충족되지 않은 욕구에 의해 보다 더 동기화된다(그림 7-1). 그 목적을 달성하기 위해서 음식과 주거에 대한 욕구가 충족되면 우리는 직업 안정성과 같은 것에 더 관심을 가지게 된다. 그러나 Maslow는 다섯 가지 모든 범주에 걸쳐 우리의 욕구는 단지 부분적으로 충족된다고 믿었다. 그는 사람들이 평균적으로 생리적 욕

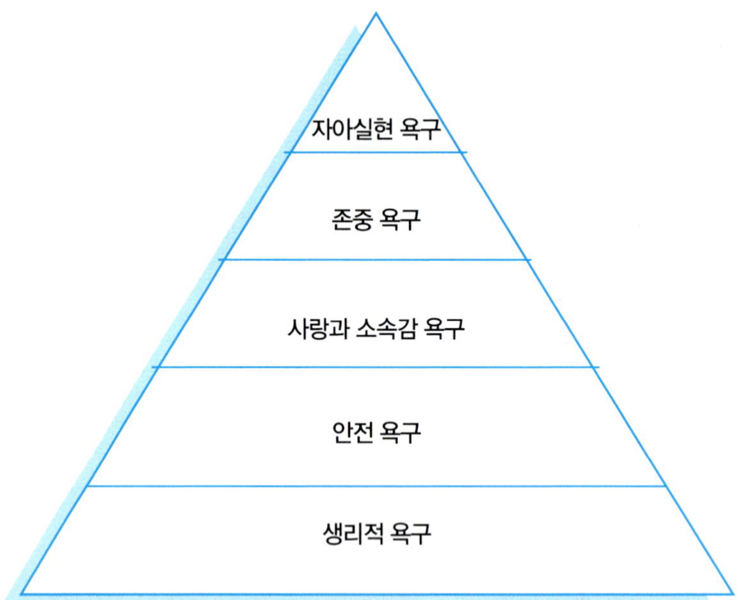

그림 7-1 Maslow(1954)의 욕구 위계

출처: MOTIVATION AND PERSONALITY의 도해 , 3판, Abraham Maslow, Robert D, Frager, and James Fadiman.

구는 85%, 안전에 대한 욕구는 70%, 사랑에 대한 욕구는 50%, 존중에 대한 욕구는 40%, 그리고 자기실현 욕구는 단지 10%만 충족한다고 추정했다. 결과적으로 매일 매 순간마다 우리는 최소한 어떤 욕구를 충족하도록 동기화된다. 그런 노력은 개인적 성장의 본질적인 부분이다(Deci & Moller, 2005).

Maslow의 성장 동기모형의 중요한 함의는 우리가 안정적이고 조화로운 상태를 성취하는 데 만족하지 않는다는 것이다. 대신에 일단 우리가 생물학적 및 심리학적으로 상대적인 만족 수준에 도달하면 성장의 욕구에 의해 점점 더 동기화된다. 이 이론은 왜 성공한 사람들이 자신의 영예(즉 그들의 이전의 업적)에 기초하여 만족하지 않는지를 설명하는 데 도움을 준다. 그들은 끊임없이 더 나은 것을 얻기 위해 노력하고 있다. 예를 들어 행복하게 은퇴한 사람들은 아무것도 하지 않고 쉬는 경우는 거의 없다. 그들은 쉴 새 없이 새로운 흥미를 계발하고 다른 사람과의 관계를 돈독히 한다. 우리는 성장하고 자아실현을 할 때 가장 행복한 것처럼 보인다.

자신과 다른 사람들의 차이

비록 우리 개개인은 교육이나 스포츠에서의 성공 같은 더 높은 목표뿐만 아니라 음식과 수면 같은 신체적 안락을 원할지라도 그런 동기의 상대적 강도는 사람마다 다르다 (Hinsz & Jundt, 2005). 따라서 우리는 Maslow의 일반화된 패턴뿐만 아니라 동기에 대한 사람들의 개인적 위계의 관점에서 생각할 필요가 있다. 어떤 동기가 특정한 사람에게는 최고 우선권을 가진다는 것을 발견하는 것은 타고난 성향, 문화, 개인적 가치, 성역할과 과거의 경험과 같은 요소에 달려 있다. 예를 들면 어린 시절에 사랑과 보살핌을 박탈당한 사람은 성취보다는 인정에 대한 욕구에 의해 더 동기화된다.

우리의 **동기(motives)**—행동에 활력을 주고 지시를 하는 목표 지향적 행동—는 또한 우리 주변의 **동기 표적(motive targets)**—우리의 주의나 동기가 향하는 사람들—에 따라 시간이 지나면서 바뀐다. 직장에서 당신은 동료와 경쟁하는 것에 강한 동기를 가질 것이고, 여가시간에는 친구들에 의해 받아들여지는 것에 더 관심이 있을 것이다. 다른 한편으로 집에서는 애인이나 배우자에 대한 친밀감과 관심 쪽으로 기우는 것을 느낄 것이다. 알다시피 동기는 한 상황에서 다른 상황으로 바뀔 때마다 그리고 다양한 사람들을 만날 때마다 온종일 끊임없이 변하고 있다. 게다가 개인의 동기는 주로 경험과 개인적 성장으로 인해 일생에 걸쳐서 그리고 문화에 의해 다양하게 나타나는 경향이 있다.

모든 사람의 기본적인 욕구

생존하기 위해서 모든 사람들은 먹고 마시며 심한 고통과 상처를 피해야 한다. 비록 성 관계가 개인적인 생존에 필수적이지는 않지만 종의 **생존**을 위해서는 필요하다. 그런 욕구는 다양한 정도로 학습에 따라 형성되었을지라도 더 분명한 **생리학적** 기반을 가지고 있다. 결과적으로 그것들은 **기본적인 욕구**, 일차 추동과 생존 동기 등의 다양한 이름으로 불린다(Scioli, Ricci, Nyugen, & Scioli, 2011).

기본적인 욕구는 생물학적 및 환경적인 영향을 모두 받는다. 예를 들어 먹고 마시는 행동들은 다양한 학습된 영향들뿐만 아니라 **시상하부(hypothalamus, 먹는 것과 호르몬 활동과 같은 행동의 많은 측면들을 지배하는 뇌의 중심부에 있는 작지만 중요한 구조)**로 알려진 뇌의 일부분에 의해서도 영향을 받는다(Nieuwenhuizen & Rutters, 2008). 예를 들면 먹는 것에 대한 더 공통적인 학습된 단서는 음식 냄새, 모습 및 맛이다. 시각적 단서가 먹는 음식의 양에 미치는 힘을 증명하는 연구가 있다. 참가자들은 식탁에 앉고 그들에게 먹을 약간의 스프가 제공된다. 연구에서 그들 중 절반은 정상적인 그릇에 음식이 제공되고 나머지 반은 바닥에 난 구멍으로부터 음식이 자동으로 채워지는 그릇이 주어진다. 자동으로 채워지는 그릇을 가진 참가자들은 정상적인 그릇을 가진 참가자들보다 73% 이상을 더 먹었다. 흥미롭게도 '포만감'에 대한 두 집단 간의 차이는 없었다. 분명하게도 섭식 동기는 우리의 눈앞에 있는 음식의 양에 매우 영향을 받는다(Wansink, Painter, & North, 2005).

문화는 또한 다양한 식습관을 배우는 데 큰 역할을 한다(Guendelman, Cheryan, & Monin, 2001). 예를 들면 대부분의 미국인들은 흰 달걀을 갈색 달걀보다 더 좋아하는데 갈색 달걀이 더러워 보인다고 생각하는 것 같다. 반면에 러시아인들은 갈색 달걀을 먹는 것을 싫어하지 않는다. 사실상 그들이 먹는 달걀의 대부분은 갈색 달걀이다. 게다가 일부 사람들은 음식을 정서적 스트레스를 완화시키는 수단으로 이용하는 것을 배운다. 초콜릿, 아이스크림, 쿠키, 피자 그리고 다른 '기분을 좋게 해 주는 음식들'은 이런 효과를 공통적으로 가지고 있다. 그들은 모두 칼로리가 높고 많은 양의 탄수화물 또는 지방을 가지고 있다. 그러나 그런 음식들이 정말 기분을 좋게 해 줄까? 당신은 아마도 이미 이것에 대한 답을 알고 있을 것이다. 그것들은 기분을 좋게 해 준다. 기분을 좋게 해 주는 음식은 분명히 스트레스와 관련된 부정적인 효과를 적어도 단기적으로는 줄여 준다(Ulrich-Lai et al., 2010). 당신이 선호하는 기분을 좋게 해 주는 음식은 무엇인가?

심리사회적 동기

몇몇 심리사회적인 동기—자극, 호기심과 탐색의 동기와 같은—들은 주로 선천적인 것처럼 보이고 때때로 자극 욕구라고 이름이 붙여진다. **성취동기**와 같은 다른 동기는 심리적, 문화적 및 사회적 영향에 의해 더 광범위하게 형성된다. 인간행동의 복잡성 때문에 심리학적이고 사회적인 동기에 권위를 인정받는 목록은 없다. 이런 동기 중 성적 동기, 우정 욕구와 개인적 자유와 통제에 대한 욕구와 같은 동기는 다른 장에서 다룰 것이다. 이 장에서는 다른 곳에서 다루지 않은 두 가지 심리사회적 동기에 초점을 맞출 것이다. 즉, 자극과 성취에 대한 욕구에 초점을 맞출 것이다.

자극 우리는 감각 자극과 사회적 자극을 모두 필요로 한다. 둘 다를 박탈당한 사람들, 예를 들면, 독방에 감금된 죄수들과 감각 박탈 실험 참가자들은 왜곡된 지각과 함께 스트레스 증상을 보인다. 그들은 이상한 것을 보고 듣고 환각을 느끼고 망상을 보며 정신 이상이 될까봐 두려워한다. 정도는 덜하지만 외딴 전초 기지에 있는 군인들도 비슷한 반응을 보인다(Wallace & Fisher, 2003). 우리 대부분은 극단적인 감각적 및 사회적 고립으로 고통받는 상황에 처하는 경우는 드물다. 심지어 당신은 몇 시간을 혼자서

몇몇 사람들은 비행기에서 낙하산 낙하하기나 행글라이더 타기를 즐긴다. 이런 사람들은 아마도 감각추구가 높을 것이다.

공부한 후 주로 자극의 변화를 주기 위해 라디오를 듣거나 누군가에게 전화를 걸거나 친구와 애기하는 등의 욕구를 느낄 것이다.

아마 당신은 어떤 사람들은 새로운 경험을 하고 새로운 사람들을 만나려는 더 큰 욕구를 가지고 있음을 알고 있을 것이다. 다른 사람들은 독서나 우표 수집 같은 평화로운 활동을 더 좋아한다. 인간행동의 그런 차이들은 자극적이고 새로운 경험을 찾으려는 우리의 경향으로 정의되는 **감각추구 동기(sensation-seeking motive)**의 상대적 강도 때문이다. 감각추구 동기는 뇌 자극이나 생화학적 분비물과 같은 생물학적인 요소들에 부분적으로 의존하는데, 따라서 우리들 각자는 최적의 각성 수준을 가지고 있다(Campbell et al., 2010). 최적의 각성상태보다 상당히 더 낮거나 더 높은 정도로 각성시키는 상황에 있을 때에 우리는 불편해진다. 만약 충분히 각성되지 않으면 더 큰 자극을 찾고, 만약 지나치게 각성되면 자극을 줄이려고 노력한다. 부분적으로는 생물학적 기반 때문에 감각추구는 대학 시절에 절정을 이루고 나이가 들어감에 따라 감소되는 경향이 있다.

일반적으로 말해서 자극적인 경험(예: 폭력적인 영화를 보는 것; Xie & Lee, 2008)을 찾는 감각추구가 높은 사람들이 있다. 그들은 또한 긍정적인 것(예: 카약 타기)과 무분별한 성관계, 위험한 운전과 술과 불법약물 사용의 증가와 같은(Hatfield & Fernandes, 2009; Miller & Quick, 2010) 부정적인 모험 모두를 다 할 것이다. 흥미롭게도 비록 남성과 여성 둘 다 감각을 추구하는 사람들이 될 수 있지만 남자가 여자보다 이런 특징을 더 많이 보여 주는데, 이런 결과는 부분적으로 더 쉽게 권태를 느끼는 남자들의 경향성 때문에 발생한다(Fink, Hamdaoui, Wenig, & Neave, 2010; Hugill, Fink, Neave, Besson, & Bunse, 2011). 감각추구의 차이는 또한 우리가 서로 관계를 맺는 방식에 영향을 줄 수도 있다. 감각추구가 낮은 사람들은 감각추구가 높은 사람들이 무모하고 관심에 목말라 있다고 느낄 수 있다. 반면에 감각추구가 높은 사람들은 감각추구가 낮은 사람들이 소심하고 지겹다고 느낄 수 있다. 당신의 감각추구의 수준을 평가하는 척도는 활동 7-1에 제시되어 있다.

성취 아마 당신은 당신의 친구들이 **성취동기(achievement motivation)**—어렵거나 도전적인 것을 가능한 한 독립적이고 성공적으로 이루거나 숙달하고 싶은 욕구—에 있어서 얼마나 차이가 있는지를 알았을 것이다. 어떤 사람들은 도전을 즐긴다. 주어진 일이 무엇이든 간에 그들은 최선을 다하려고 노력한다. 다른 사람들은 그저 일을 단지 끝내서 행복해 보일 것이다. 사실 성취동기는 **성공에 대한 갈망(desire for success)**이나 성공하고자 하는 욕구와 그것에 반작용을 하는 **실패의 공포(fear of failure)**—우

활동 7-1

당신은 얼마나 많은 자극이 필요한가?

자극에 대한 욕구는 감각추구와 관련이 있다. 각각의 항목에 대한 2개의 선택지 중 당신을 가장 잘 설명하는 것에 O표를 하시오.

1. 나는 **A. 책을 읽는 것을 더 좋아한다. B. 신체적으로 흥미 있는 것을 하는 것을 더 좋아한다.**
2. 차를 운전할 때, 나는 일반적으로 **A. 제한 속도로 운전한다. B. 제한 속도를 초과하여 운전한다.**
3. 나는 **A. 내가 아는 장소에 가고 싶다. B. 외국을 방문하고 싶다.**
4. 나는 내 자신을 **A. 내성적인 사람으로 기술한다. B. 외향적인 사람으로 기술한다.**
5. 나는 **A. 내가 아는 음악을 듣는 것을 좋아한다. B. 최근에 발매되었거나 새로운 음악을 듣는 것을 좋아한다.**
6. 내 인생의 일반적인 주제로서, 나는 **A. 모험하는 것을 더 좋아한다. B. 안전을 더 좋아한다.**
7. 나는 내 가장 친한 친구를 **A. 별나다고 기술한다. B. 의례적이라고 기술한다.**
8. 나는 종종 **A. 모험 영화를 본다. B. 로맨틱 영화를 본다.**
9. 물이 차갑다는 것을 알았을 때도, 나는 **A. 바로 뛰어든다. B. 서서히 들어간다.**
10. 나는 내가 **A. 행글라이딩을 좋아한다고 생각한다. B. 땅 위에 머무를 것이라고 생각한다.**

1~5번 항목: 선택지 'A'는 자극이나 감각추구에 대한 낮은 욕구를 의미한다. 선택지 'B'는 스릴추구와 권태의 회피에 대한 높은 욕구를 의미한다. 'B'의 총계는 ______이다.

6~10번 항목: 선택지 'A'는 스릴추구나 권태의 회피에 대한 욕구를 의미한다. 선택지 'B'는 자극이나 감각추구에 대한 낮은 욕구를 의미한다. 'A'의 총계는 ______이다.

이제 두 밑줄의 점수를 합산하라. ______

기억하라. 이 척도는 특히 이 책을 위해 만들어졌다. 결과를 신중하게 해석하라.
1~3점의 합계 점수는 감각에 대한 낮은 욕구를 나타내고 4~7점은 감각추구에 대한 보통의 욕구를 나타내며 8~10점은 감각추구에 대한 높은 욕구를 나타낸다. 당신의 점수를 사용해서 불필요한 위험을 당하기가 쉽지 않는지, 인생이 좀 더 많은 기폭제를 필요로 하지는 않는지 또는 고요함과 스릴추구 사이에서 올바른 균형을 찾을 수 있는지에 대해 생각해 보라.

리가 단점에 의해 굴욕을 당할 것에 대한 두려움—를 포함한 몇 가지 요소들로 구성된다(Corpus, McClintic-Gilbert, & Hayenga, 2009). 우리들 각자는 주로 개인적인 기질과 과거 경험 때문에 이런 경향들의 다양한 혼합을 가진다(Acharya & Joshi, 2011). 결과적으로 사람들이 선택하는 과제의 어려움들이 다르다. 예를 들면 성공에 대한 강한 열망과 실패에 대한 낮은 공포를 가진 사람은 적절히 어렵지만 현실적인 과제를 선택하기가 더 쉽기 때문에 성공의 가능성도 최대화된다. 성공에 대한 강한 열망은 있지만 높은 실패의 공포도 가지고 있는 사람은 훨씬 더 낮은 목표를 정할 것이고 아마 이 목표들을 이루는 데 더 불안해 할 것이다. 성취동기는 시간이 흐르더라도 꽤 안정적으로 남아 있는 것이라는 점이 주목할 만한 가치가 있다(Senko & Harackiewicz, 2005). 성취동기는 우리의 인지, 건강, 운동과 직업 기능 그리고 다른 활동들이나 행동에 영향을 미친다. 예를 들어 운동선수들은 운동에 필요한 기술을 배워야 하고 매우 경쟁적인 선발과정에서 살아남아야 하며 그들의 기술을 각 경기에서 완벽하게 해 내야 한다. 이 과정들의 일부 또는 전부는 성취동기감에 의해 영향을 받을 수 있다(Gu, Solmon, Zhang, & Xiang, 2011).

그중에서도 특히 공동의 선(善)을 선호하여 개인의 이득이 무시되는 집합주의(개인주의와 대조되는) 사회에서 성취동기는 다른 형태로 나타난다. 성취동기와 만족은 개인적인 성취로부터 얻어지지 않는다. 예를 들면 일본에서는 젊은이들과 노인들 둘 다에서 자기홍보는 꽤 부정적으로 여겨지는 경향이 있다. 대신 자신에 대한 긍정적인 정서는 다른 사람들과의 상호의존적인 것과 관련된 과제를 이행하는 데서 생긴다(Markus & Kitayama, 1991; Matsumoto, 2000).

개인적 동기

목표설정 활동적이고 동기화된 사람의 비결은 개인적인 목표를 세우고 그 목표에 도달하기 위해 열심히 노력하는 것이다. 어떤 의미에서 목표설정은 우리가 미래 지향적인 경향을 보이면 자연스럽게 나타난다. 우리 대부분은 어제보다는 오늘과 내일에 더 관심이 있다. 그러나 개인적 목표(goals)와 목적(objectives)을 설정하는 것은 약간의 생각과 자기탐구가 필요하며 그것이 바로 많은 사람들이 목표설정을 하는 데 신경을 쓰지 않는 이유이다. 그럼에도 불구하고 그것을 하지 않는 것의 위험은 시간과 에너지의 낭비라는 대가를 치르게 된다.

개인적 목표의 몇 가지 형태가 있다.

- **장기 목표(Long-range goals)**는 당신의 직업, 결혼 그리고 생활방식 등과 관련하여 자신이 살고 싶은 삶의 형태와 관련이 있다. 특히 대학 시절에 이런 목표들을 넓고 유연하게 유지하는 것이 현명하다.
- **중기 목표(Medium-range goals)**는 다음 5년 정도를 다루고 당신이 찾고 있는 교육의 유형이나 직업이나 가족생활 같은 다음 단계를 포함한다. 당신은 이런 목표에 대해 더 많은 통제를 하고 있으므로 자신이 그것을 얼마나 잘 진행하고 있는지를 말할 수 있고 적당하게 수정할 수 있다.
- **단기 목표(Short-range goals)**는 다음 달부터 혹은 지금부터 1년 정도까지 적용된다. 당신은 이 목표들을 꽤 현실적으로 설정할 수 있고 이루기 위해 열심히 노력해야 한다.
- **소 목표(Mini-goals)**는 하루에서 한 달까지의 목표를 다룬다. 당신은 이 목표에 대해 많은 통제력을 가지고 있고 그것들을 구체적으로 만들어야 한다.
- **미소 목표(Micro-goals)**는 다음 15분에서 몇 시간 사이의 목표를 다룬다. 현실적으로 이것은 당신이 직접 통제하는 유일한 목표이다.

짐작할 수 있듯이 다루는 기간이 짧을수록 당신이 목표에 대해 가지는 통제력은 더 커진다. 당신이 중기 및 장기 목표를 성취하는 것은 바로 보통의 단기 목표를 성취하는 것을 통해 이루어진다. 사람들은 자주 실속없이 거창하거나 이상적인 목표를 설정하는 실수를 하며(Kayes, 2005) 그다음에 그 목표를 이루기 위해 아주 느린 진척을 보이기 때문에 빨리 환멸을 느낀다. 현실적이지만 바람직한 목표를 설정한 후에 매일의 목표를 이루는 데 집중하는 것이 훨씬 더 낫고 그것은 성취되었을 때 당신의 '꿈'의 목표에 도달하는 것을 가능하게 해 준다. 일단 당신이 목표를 달성한다면 새로운 목표를 설정하는 것이 중요하다는 것을 기억하라.

내재적 동기와 외재적 동기 목표설정과 성취와 관련된 두 가지 중요한 동기원들은 내재적 동기와 외재적 동기이다. **내재적 동기(Intrinsic motivation)**는 사람들이 흥미로운 일에 적극적으로 참여하는 것과 관련이 있고 결국 성장을 촉진시킨다. 다시 말해서 내재적으로 동기화된 행동 목표는 성공하거나 다른 결과에 도달하기 위한 것이 아니라 자연스럽고 자발적으로 활동에 참여하는 것이다. 그런 행동은 선천적으로 그 자체의 추구하는 것만으로도 만족감을 느끼게 한다. 그 대신 **외재적 동기(extrinsic motivation)**는 개인이 자기 내면의 관심을 따르는 게 아니라 목적을 이루는 수단이 되는 활동에 참여하는 욕구이다. 외재적으로 동기화된 행동들은 유능하고 자율적이라고 느끼는 개인의 욕구에 기반을 둔 것이 아니라 돈, 명성 또는 특권과 같은 몇몇 외적인 보상이나 결과에 기반을 둔다(Deci & Ryan, 2008). 중요한 것은 내재적 동기가 일반적으로 만족감의 증가와 웰빙의 향상을 이끌어 낸다는 것이 증명되었다. 반면에 외적인 보상, 감시, 마감 시한과 위협들은 내재적 동기를 방해하고 창의성과 문제해결을 약화시킨다. 비록 외재적 동기가 목표의 성공적인 성취 결과를 가져올 수 있을지라도 웰빙(well-being)이 감소하고 완전히 반대인 **일빙(ill-being)—불안이나 우울과 같은 심리학적 고통—**이 증가하기 때문에 정서적 대가가 따른다(Niemiec, Ryan, & Deci, 2009).

탐색 7.1 동기

www.selfdeterminationtheory.org 이 웹사이트는 동기와 성격에 대한 정보와 자기 진단들이 들어 있다.

정서를 이해하기

학습목표

7.7 정서의 네 가지 요소들을 열거한다.

7.8 일차 정서와 이차 정서의 차이점을 설명한다.

7.9 어떤 사람이 거짓말을 하고 있는지 아닌지를 결정하는 두 가지 방법을 확인한다.

7.10 비생산적인 정서를 관리하는 방법을 기술한다.

7.11 나 전달법의 네 가지 요소를 열거한다.

7.12 불안, 분노 및 질투와 같은 부적 정서를 비교한다.

7.13 행복과 관련된 요소와 무관한 요소를 논의한다.

앞부분에서 밝혔듯이 동기는 많은 영향을 받는다. 그들 중 일부는 분명하지만 다른 것은 덜 분명하다. 가장 중요한 동기적 힘 중 하나가 정서이다(Roseman, 2008). 우리는 행복할 때 행복한 느낌이 계속되기를 갈망하지만 슬플 때는 가능한 한 빨리 고통을 끝내도록 동기화한다. 2001년 9월 11일 뉴욕과 워싱턴에 대한 테러공격과 관련하여 우리를 휩쓰는 지배 정서와 동기상태의 관계에 대한 흥미로운 예가 있다. Dr. Tedd Mitchell(2003)은 다음과 같이 말했다.

갈등적인 정서가 시작되고, 여행의 공포—여행에 저항하는 욕구, 또 다른 공격이 불가피하다는 체념—그리고 어떤 일이 있더라도 공격을 막을 것이라는 단호한 결심, 언론에서 반복되는 사건을 체험하는 것으로 인한 정서적 소진—그리고 TV를 끌 수 없는 것…. 다행히도 비극에 의해서 초래된 부정적 정서들은 넘치는 긍정 에너지에 의해 균형이 잡혔다(p. 4).

동기와 정서가 서로 밀접한 관련이 있다는 점을 놓고서 정서—그것이 무엇이고 말이나 행동으로 그들이 어떻게 표현되는지—에 대해 더 깊이 탐색해 보기로 하자.

정서란 무엇인가?

정서(emotions)—생리적 각성, 주관적인 느낌, 인지과정과 행동 반응들을 포함하는 복잡한 패턴—는 우리가 개인적으로 중요하다고 지각하는 상황에 대한 반응에서 생긴다. 따라서 정서는 다음과 같은 네 가지 요소를 가진다.

1. **생리적 각성(physiological arousal).** 정서는 내분비계(예: 호르몬)에 관여하여서 당신이 정서적으로 각성되면 당신의 몸이 각성된다.
2. **주관적 느낌(subjective feelings).** 정서는 즐거움, 슬픔, 분노, 혐오, 불안 및 공포와 같은 '느낌'의 주관적인 자각을 포함한다.
3. **인지과정(cognitive processes).** 정서는 기억, 지각, 기대와 해석 같은 인지과정을 포함한다.
4. **행동 반응(behavioral reactions).** 정서는 행동 반응으로 구성된다. 얼굴 표정, 제스처와 목소리의 어조는 다른 사람들에게 우리의 느낌을 전달하는 것을 도와준다. 우리 삶에 대해 표출하는 고통스런 비명과 경쟁은 또한 생존에 대한 기회를 증가시킬 수 있는 적응적 반응들이다.

글상자 7-2 다음의 사실을 알고 있는가?

- 여성들은 분노의 표현을 남성들보다 더 많이 참으려고 애쓰는 반면에 남성들은 공포의 표현을 여성들보다 더 많이 억누르려고 애쓴다.
- 4세쯤 되면서 아이들은 웃음으로 부정적 감정을 감출 수 있다.
- 문화는 정서를 인지하는 능력에 영향을 준다. 예를 들면 미국인들은 분노, 혐오, 공포 그리고 슬픔에 대한 정서를 일본인들보다 더 잘 알아챈다.
- 자신과 같은 문화집단 구성원들에 의해 정서가 표현되었을 때 사람들은 그 정서표현을 가장 잘 인식한다. 정확성은 다른 문화의 구성원들이 표현하는 정서를 판단할 때 감소한다.
- 미국인의 A-OK 신호는 많은 유럽 국가에서는 외설적인 제스처로 여긴다.

출처: *The Sage Handbook of Nonverbal Communication*, edited by Valerie L. Manusov and Miles L. Patterson. Sage Publications, Inc., 2006.

정서의 일반적인 범주

심리학자들은 정서의 두 가지 일반적인 범주를 발견했다. 일차와 이차 정서이다. **일차(기본적) 정서[primary(basic) emotions]**는 천둥소리에 두려움을 느끼거나 사랑하는 사람을 보는 즐거움 같은 경험에 대한 초기의 직접적인 정서적 반응과 관련이 있다. 여덟 가지 일차 정서들이 발견되었다. 즐거움, 수용, 공포, 놀람, 슬픔, 혐오, 분노와 기대이다. 이런 정서들은 다른 정서들을 만들기 위해 다소 강렬하게 경험될 수 있다. 혐오와 그것의 복잡한 특징들에 대해 생각해 보라. 누군가에 대해 강한 혐오를 느낄 때 심한 혐오감을 경험할 것이고, 중간 정도의 혐오를 느낄 때 싫은 느낌을 가질 것이고 단지 약한 혐오를 느낄 때 가벼운 불인정을 경험할 것이다(Marzillier & Davey, 2004). 그러므로 많은 우리의 감정은 다양한 일차 정서의 혼합을 나타내며 그래서 쉽게 이름을 붙이기 어렵다.

대조적으로 **이차(복합) 정서[secondary(complex) emotions]**는 반성적이고 자신에 대한 평가를 포함하며 일반적으로 일차 정서에 이어지는 정서 경험이다. 예를 들어 당신은 여동생에게 화(일차 정서)를 낸 후 자신이 표현한 분노의 양 때문에 수치심(이차 정서)을 느낀다. 세 가지 흔한 이차 정서들은 수치심, 죄책감과 자부심이다. 수치심과 죄책감 같은 부정적 정서는 내재화된 사회 규범에 적합하지 못하면 나타나지만 수치심은 사회적 지위의 상실 때문에 발생하는 반면 죄책감은 일반적으로 도덕적 위반 후에 야기된다. 그에 비해 자부심 같은 긍정적 정서는 내재화된 사회 규범을 충족시키면 나타난다(Tangney, 1999). 게다가 아이의 한 살 전에 나타나는 기본 정서와는 달리 이차 정서들은 자기감의 발달을 수반하는 두 살이 되어서야 비로소 나타난다(Orth, Robins, & Soto, 2010).

정서의 다른 모형들도 또한 존재한다. 예를 들면 다양한 문화의 사람들이 다른 정서에 대한 그들의 경험을 보고하도록 요청받았을 때 그것은 두 가지 차원—유쾌한 대 불쾌한 그리고 강하게 대 약하게 각성된—으로 정서를 나타내는 것 같다. 즉 만족, 즐거움 그리고 사랑의 정서는 유쾌 또는 긍정적인 정서의 범주에 속한다. 반면에 분노, 혐오와 슬픔은 불쾌한 정서의 범주에 속한다. 각성 강도 척도에서 **격노(rage)는 분노(anger)**보다 더 강렬하고 분노는 **짜증(annoyance)**보다 더 강렬하다. 반면에 사랑은 좋아함

(liking)보다 더 강렬하다(Tsai, Knutson, & Fung, 2006).

특별한 정서

불안 **불안(anxiety)**은 위협이나 위험이 임박한 것을 알려 주는 정서적 경고 신호의 역할을 하는 애매하고 불쾌한 감정이다. 고대에 불안은 자연재해나 포식자들이나 부족 간의 적대행위에 의해 발생했을 것이고 불안의 각성적 성질은 사람들이 생존하는 데 도움을 주었다는 점에서 적응적이다. 오늘날 우리의 걱정은 생존과는 관련이 더 적고 일상의 좌절, 관료체계, 개인적 성취와 다른 생명을 위협하지 않는 문제들과 더 많이 연관되어 있는 경향이 있다(Zeidner & Matthews, 2005). 불행하게도 연설을 하거나 치과에 갈 때와 같은 실질적인 위험이 거의 없을 때에도 우리는 꽤 불안을 느낀다. 어떤 교수가 말했듯이 "시험불안은 근거가 없다. 나는 아직도 중간고사 시험지를 뒤엎고 고의적으로 누군가를 공격하는 것을 보지 못했다."

시험을 망치는 것의 두려움이나 부탁을 하기 위해 교수 연구실을 방문하는 것과 같이 위협이 진짜 있고(상상이 아니라) 정확히 이유를 지적할 수 있을 때 보통 수준의 불안은 우리에게 실수를 피하기 위해 필요한 조치를 취하도록 동기를 부여한다. 반면에 매우 높은 만성적인 '걷잡을 수 없는' 불안을 가지기 쉬운 사람들은 스트레스 상황에 대해 빈번히 과잉 반응을 보이는 경향이 있어서 그 상황을 더욱 악화시킨다. 게다가 높은 수준의 불안은 우리의 지각과 사고를 매우 왜곡해서 우리의 수행 능력이 손상될 수 있다. 결국 불안은 아무것도 필요하지 않을 때 우리에게 행동을 하도록 준비시킴으로써 에너지를 고갈시킨다. 그것은 우리를 긴장시키고 피곤하게 만들며 그렇게 함으로써 우리로부터 인생의 많은 즐거움을 빼앗아간다(Starcevic, 2005).

당신이 불안으로부터 고통받고 있다면 그것은 꽤 흔하기 때문에 혼자만 그런 것이 아니다. 예를 들어 20~50%의 성인들은 수학이나 컴퓨터와 관련된 불안을 가지고 있다. 더욱 많은 60%의 성인들은 사회 불안이나 사회 상황에 대한 일반적인 소심증을 겪고 있다. 그리고 **평가불안(evaluation apprehension)—자신에 대한 다른 사람들의 평가의 공포**—은 다양한 나이, 성별과 다양한 문화에서 살고 있는 사람들 전반에 걸쳐 거의 일반적이다(Zeidner & Matthews, 2005). 글상자 7-3은 대학 캠퍼스에서 흔한 평가불안(예: 시험불안)의 형태를 논의한다. 또한 그것에 대처하는 몇 가지 도움이 되는 힌트를 찾을 것이다.

글상자 7-3 심리학에 초점을 맞춰라: 시험불안

시험불안은 어떤 영향을 주는가?

시험불안은 많은 학생들에게 친숙한 문제이다. 자신에게 이것을 물어봐라. 시험불안은 당신이 더 잘 학습하도록 도와주는가 아니면 그것은 수행을 방해하는가? 모두들 알다시피 많은 것이 당신과 당신의 상황에 의존한다. 일반적으로 불안과 시험 성적의 관계는 그림 7-2에 설명된 것처럼 뒤집어진 U 곡선 모양이다. 즉, 불안이 낮은 수준에서 우리는 동기가 없는 채로 지내고 단지 쉬운 업무만 잘 수행한다. 보통 수준의 걱정은 성적을 적어도 어느 정도까지는 향상시켜 주는 경향이 있다(Perkins & Corr, 2005). 그러나 높은 수준의 불안에서 많은 사람들이 산만해지고 압도되어 시험에서 더 나쁜 성적을 받는다. 물론 사람에 따라 최대 수준의 수행을 위해 요구되는 불안의 양이 매우 다양하다는 것을 인식하라(Zeidner & Matthews, 2005). 상대적으로 낮은 수준의 불안을 가진 사람들은 종종 매우 경쟁적인 상황과 같이 도전적일 때만 최선을 다한다. 특징적으로 높은 수준의 불안을 가진 사람들은 적어도 어려운 업무를 압력을 적게 받는 조건에서 더 잘하는 경향이 있다. 이런 두 패턴들 중에서 당신은 어느 것과 가장 비슷한가?

시험불안에 대처하기

그러면 당신은 시험불안에 어떻게 대처하는가? 첫째로, 시험상황에서 적응적인 대처는 다수의 대처 전략의 유연한 사용을 포함한다. 다시 말해서 한 가지 전략이 잘 듣지 않을 때 또 다른 것으로 전환할 수 있어야 한다. 여기에 선택할 수 있는 몇 가지 불안을 줄이는 전략이 있다. 시험을 치는 동안 불안하다는 것을 발견했을 때 당신은 불안을 줄이는 말들('나는 내가 할 수 있다는 것을 안다.'와 '나는 한 번에 한 문제만 풀 것이고 각 문제마다 최선을 다할 것이다.')을 사용할 수 있다. 그것들이 긴장을 완화시킬 수 있기 때문이다. 게다가 시험 치는 일차적 과제로부터 산만하게 만들기 때문에 부정적이고 자멸적인 생각(예: '나는 이 시험을 망칠 거야.' 또는 '이런 모든 문제는 너무 어렵다.')을 피하려고 애써라(Hopko, Crittendon, Grant, & Wilson, 2005). 시험불안에 대처하는 또 다른 효과적인 방법은 열심히 공부하고 잘 배우는 것이다(Beilock, Kulp, Holt, & Carr, 2004). 그것은 자신감을 키워 주어서 시험불안을 감소시켜 주는 전략이다. 좋은 학습방법은 이 책의 처음에 나오는 '공부하는 방법' 영역(PQ4R)에서 다루어졌다.

둘째, 효과적인 대처 전략은 맥락과 개인 둘 다에 부합해야 한다. 이것은 개인이 그 전략을 편하게 여겨야 하고 또한 그 전략이 시험의 도전 수준에 적합해야 한다는 것을 의미한다. 다행히도 대부분의 학생들은 공부시간과 기법을 계획하고 경쟁활동을 억제하며(친구들과 사귀는 것과 같은) 스트레스 사건을 긍정적으로 재구성하는(예: '좋은 성적은 더 높은 평점과 내가 졸업할 때 더 나은 직업을 의미한다.') 적극적인 대처방법을 활용하기 때문에 효과적으로 대처한다(Macklem, 2008).

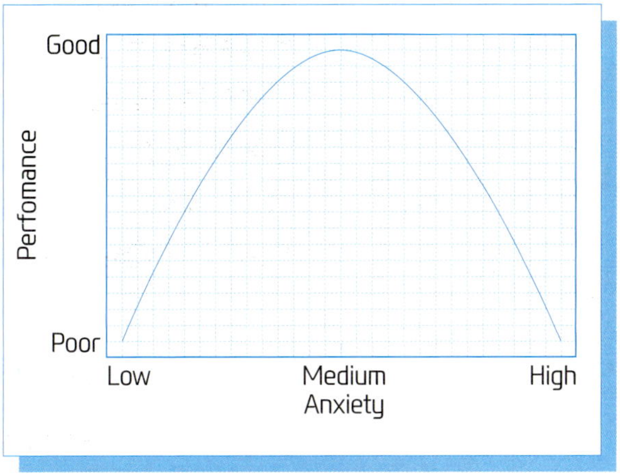

그림 7-2 불안과 수행의 관계

분노 농구 코치는 논란이 되는 판정 후에 심판에게 욕설을 퍼붓는다. 10대 소녀는 친구들의 부모가 허락하는 시간만큼 늦게까지 밖에서 노는 것을 허락하지 않는 자신의 엄마에게 "난 엄마가 싫어요!"라고 외친다. 화가 나 얼굴이 벌겋게 상기된 노동자는 그의 사장과 다투는 동안에 목표한 바를 이루기 위해 탁자를 주먹으로 세게 친다. 이런 사람들은 모두 분노—**부당한 처우의 지각에 대한 불쾌감 혹은 혐오감**—를 터뜨리고 있다. 수십 년 동안 심리학자들은 속으로 화를 참거나 **밖으로 분노를 표출하는 것—카타르시스(catharsis)**—이 이런 유형의 부정적인 정서를 다루는 최선의 방법인지를 연구해 왔다. 많은 사람들은 자신이 화가 났을 때 '고민을 털어놓거나' 또는 '감정표현을 자유롭게 하는 것'이 건강에 좋다는 생각을 가지고 성장해 왔다. 속으로 분노를 참는 것이 일반적인 생각인데 이것이 모든 종류의 문제(고혈압, 심장마비 위험의 증가, 우울증과 자살 등)를 초래한다. 반면에 우리는 노여움을 모두 발산시키고 난 후에 기쁘거나 안도하는 사람들을 봐 왔다. 그렇다면 진실은 어디에 있는가?

분노를 발산하는 것이 건강에 좋은지 해가 되는지를 결정하는 것은 사실 당신이 화를 내는 **방법**에 달려 있다. 대개 행동으로 화를 내는 것(예: 베개를 때린다거나 폭력적인 비디오게임을 하는 것) 또는 말로 화를 내는 것(고함을 지르거나 비명을 지르는 것)은 단지 더 많은 분노와 공격성을 초래한다(Anderson & Bushman, 2002). 반면에 표현적 글쓰기를 통해 분노를 발산하는 것은 실제로 혈압을 더 낮추는 데 도움이 된다(McGuire, Greenberg, & Gevirtz, 2005). 때때로 아무것도 안하거나 분노를 더 생산적인 프로젝트(예: 그림 그리기)로 대신하는 것이 분노를 관리하는 효과적인 방법이 될 수도 있다. 높은 수준의 분노를 과도하게 억제하거나 억누르는 사람들은 고혈압, 고통의 증가와 심장 마비를 더 일으키기 쉽다는 생각은 어느 정도 사실이다. 억누르든지 폭발하든지 간에 적대감과 분노는 우리에게 이득이 되지 않는다. 그러므로 우리는 그것들을 더 잘 다루는 법을 배워야 한다(Burns et al., 2012; Potter-Efron, 2005). 글상자 7-4는 학교 불량배들이 종종 우울하고 화가 나서 자신의 화를 피해자들에게로 돌리는 것을 추가적으로 시사한다.

탐색 7.2 집단 따돌림

www.StopBullying.gov 이 웹사이트는 아이, 부모, 교육자 그리고 지역단체에 있는 다른 사람들이 집단 따돌림을 방지하거나 멈출 수 있는 방법에 대한 다양한 정부단체들의 정보를 제공한다.

분노문제는 종종 아동기에 발달하는데 그래서 그것을 방지하는 방법을 이해하는 것이 중요하다. 여기 몇 가지 제안이 있다. 첫째로, 어떤 자녀양육 실천은 부적절한 형태의 분노표현을 예방하는 데 도움이 될 수 있다. 발달적으로 책임감 있게 자신의 분노를 관리하도록 아이들을 격려하는 적절한 전략들은 적절한 분노 관리법을 가지고 있는 부모에 의해 모델링하는 것, 아이의 분노를 부끄럽게 여기는 것을 피하는 것 그리고 분노를 일으키는 사건에 대한 통제감뿐만 아니라 분노에 대한 아이의 이해를 증가시키는 것을 포함한다(Landy, 2009; Roelofs, Meesters, Ter Huurne, Bamelis, & Muris, 2006). 공격적인 모델에 대한 노출을 줄이는 것 또한 도움이 된다(Kirsh, 2012). 부모는 자신의 아이가 이용하는 폭력적인 매체를 감독하고 싶을 것이다. TV의 폭력물을 시청하거나 폭력적인 비디오게임을 하는 것과 같은 것들은 공격적인 감정, 공격적인 생각과 공격적인 행동을 증가시키고 그것의 효과에 대해 우리를 둔감하게 만든다(예: 폭력이 우리를 점점 더 성가시게 만든다)는 많은 증거들이 있다(Huesmann, 2007). 부모는 또한 아이들을 신체적으로 체벌하는 데 대해—특히 아이가 성질을 부리거나 다른 사람들에게 공격적으로 행동할 때—신중할 필요가 있다. 그런 부모들은 아이들에게서 제거하려고 애쓰는 바로 그 행동을 모델링하고 있는 것이다.

아동기로부터 성인기 전반에 걸쳐 사회적 지지를 증가시키는 것과 부정적인 정서를 논의하는 기회를 제공하는 것은 종종 분노 관리를 향상시킨다(Dahlen & Martin, 2005). 게다가 사회적 기술들을 훈련하는 것은 또 다른 선택이다. 만약 우리가 다른 사람들에게 적절하게 반응하는 방법을 모른다면 때때로 우리가 화를 내거나 그들이 화를 낸다. 사회적 기술의 학습은 또한 개인이 도발에 대해 대체할 수 있는 해결책을 찾도록 도와준다. 그런 훈련은 약간의 시간만 투자하더라도 효과적일 수 있다(Martsch, 2005). 다른 사람들에게는 치료만이 유일한 답이 될 수도 있다

글상자 7-4 관계에 초점을 맞춰라: 집단 따돌림

집단 따돌림(bullying)은 어떤 아이에 대해 한 명 또는 여러 명의 아이들이 행하는 반복적이고 정당한 이유가 없는 해로운 행동들이다. 괴롭히는 행동들은 신체적(예: 때리거나 차는 것)이거나 심리적(예: 욕하기나 비웃는 것)일 수 있고 사람에게 직접적으로 또는 '사이버 괴롭힘'이라고 더 흔하게 언급되는 것으로 인터넷을 통해 발생할 수 있다(Stassen Berger, 2007). 다음에 나오는 것은 사람들이 온라인에 의해 공격을 받을 수 있는 많은 방법들 중 단지 몇 가지이다. 그들의 프로필 페이지에 빈번한 부정적인 비판을 받는 것, 조롱 또는 위협을 경험하는 것, 악의적인 소문의 희생자가 되는 것, 승낙 없이 게재된 부끄러운 사진이나 동영상 그리고 왕따를 경험하는 것(예: 어떤 사람이 친구 목록으로부터 차단되는 것) 등이다(Vandebosch & Van Cleemput, 2009; Werner, Bumpus, & Rock, 2010).

집단 따돌림에 대한 통계자료(bullying statistics). 전 세계적으로 따돌림은 아동기와 청소년기의 공통적인 현상이다. 예를 들면 칠레와 케냐의 12~18세 사이의 아이와 청소년 중 거의 50%가 따돌림을 당하는 것으로 보고되었다. 중국에서 청소년의 30% 정도가 따돌림을 당하고 있다. 그리고 아일랜드에서 10대의 약 20%가 따돌림을 경험하고 있다는 것이다(Fleming & Jacobsen, 2010; McGuckin, Cummins, & Lewis, 2009). 따돌림은 미국 학교에도 만연해 있다(Flynt & Morton, 2004). 다섯 명 중 한 명의 어린이가 불량배이고 반면에 25~50%의 어린이들이 따돌림을 당하고 있다고 응답했다(Flynt & Morton, 2004). 더 나아가서 어린이들과 청소년들 중 20%가 사이버 따돌림을 당하고 있다(Werner et al., 2010). 흥미롭게도 사이버 따돌림은 사이버 따돌림의 피해자들이 동일한 부정적인 따돌림을 가하는 가해자가 될 가능성을 16배나 높여 주는 악의적인 것 같다.

따돌림에 대한 동기(motives for Bullying). 불량배들은 다른 아이들을 괴롭히는 데 다양한 동기를 가지고 있다. 어떤 아이들은 너무 높거나 너무 낮은 자존감을 가지고 있기 때문에 괴롭힐 것이다(Bullock, 2002). 다른 아이들은 자존감을 위협받았을 때 부모로부터 공격을 되받아치거나 더 공격적으로 되는 것을 배웠다. 다른 괴롭히는 아이들은 자신들이 괴롭힘을 당했기 때문에 비웃거나 괴롭힌다. 그리고 어떤 연구들은 괴롭히는 아이들이 우울할 것이라는 점을 보여 준다. 이런 아이들, 특히 남자아이들에 대해 자신들의 고통을 표현할 가장 수용할 수 있는 방법은 슬프게 행동하는 것보다는 오히려 남자답게 행동하는 것이다(Elias, 1999). 학교 자체는 '동일성의 문화'를 고취시키기 때문에 다르거나 어울리지 못하는 아이들과 청소년들은 종종 따돌림을 당한다. 젊은 사람들은 인종, 민족성, 성적 성향 때문에 옷을 다르게 입거나 더 약하거나 더 작거나 장애가 있거나 더 수동적이기 때문에 따돌림을 당한다(Bullock, 2002). 게다가 인터넷의 익명성, 오프라인에서 사회적 상호작용을 하는 동안에 전형적으로 이용 가능한 맥락과 관련된 단서(예: 얼굴 표정, 목소리 톤)의 부재, 신체적으

로 겁을 주는 개인에 대해 성공적으로 공격하는 능력 그리고 전통적인 사회적 힘(예: 인기)이 높은 사람들에게 도전하는 잠재력이 많은 사람들에게 사이버 따돌림을 매력적으로 만든다(Werner et al., 2010)

성별과 집단 따돌림(gender and bullying). 비록 남자아이들이 불량배로 고정관념화되어 있을지라도 여자아이들도 남자아이들만큼 많이 괴롭히는 경향이 있다. 그러나 따돌림의 형태는 성별에 따라 다양하다(Hoffman, 2002). 여자아이들은 험담을 하고 비웃고 노려보고 욕설하는 것(예: 관계적 괴롭힘)을 더 사용하는 반면에 남자아이들은 공격성의 신체적인 형태(예: 직접적인 괴롭힘)를 더 사용하는 것 같다(James & Owens, 2005; Woods & White, 2005). 흥미롭게도 남성과 여성 모두 반대의 성을 가진 사람들을 괴롭힐 때보다 같은 성의 사람들을 괴롭힐 때 더 잔인해지는 경향이 있다(Ladd, 2005).

집단 따돌림의 희생자(the victims of bullying). 따돌림의 희생자들은 어린 시절의 따돌림은 때때로 '정상적'이라고 여기기 때문에 대체로 교사나 부모에게 알리지 않는다(Bullock, 2002). 그러나 따돌림은 심각한 심리적 사회적인 결과를 초래한다(Nishina, Juvoven, & Witkow, 2005). 우울증, 낮은 자존감, 사회적 고립과 행동문제 그리고 가끔 자살은 따돌림의 다양화된 결과 중 일부이다(Bauman, 2011; Stassen Berger, 2007). 부모와 교사들은 따돌림을 당하는 아이들을 도울 수 있는 조치들이 있다(Bauman, 2011). 첫 번째는 희생의 신호를 인지하는 것이다. 만약 아이가 다음과 같은 것을 경험하고 있다면 따돌림을 의심해 보라.

- **행동변화(예: 더 공격적이거나 더 내성적인 것)**
- **빈번한 울음이나 우울**
- **낮은 자존감**
- **이유가 밝혀지지 않은 상처들**
- **이전에는 나타나지 않았던 학업 실패**
- **복통이나 피로와 같은 설명되지 않은 건강문제**
- **학교에 대한 공포나 학교를 피하려는 욕구**

교사와 부모 모두는 증상을 관찰한 후에 따돌림을 당하는 것으로 의심되는 아이들과 개인적으로 얘기를 해 보아야 한다. 둘째로, 많은 학교들은 집단 따돌림 예방 프로그램을 도입해 왔다. 이 프로그램들 중 몇몇은 또래 중재자(따돌림에 개입할 수 있도록 권한을 부여받은 사람) 또는 피해자를 보호하도록 도울 수 있는 멘토(어른이나 나이가 많은 학생과 같은)를 이용하는 것을 포함한다. 마지막으로 아이들에게 따돌림을 참지 말고 부모님이나 선생님이나 다른 어른들에게 알리도록 가르쳐야 한다. 사실상 ReportABully.com과 같은 그런 웹 사이트는 아이들이 익명으로(또는 만약 그들이 자신들을 확인할 수 있는 것을 선택한다면) 그들을 괴롭혀 온 아이들의 이름을 보고하는 것이 가능하다.

치료는 분노가 파괴적이라는 의식과 더 좋은 의사소통 기술과 문제해결 기술을 전달해야만 한다. 그리고 분노의 표적에 대한 공감의 증가는 분노를 줄여 준다

(DiGuiseppe & Tafrate, 2003).

질투 본질적으로 **질투(jealousy)는 우리가 다른 사람과의 가까운 관계를 잃는 것을 두려워하거나 이미 잃었을 때 일어나는 복합 정서**이다. 질투는 상실의 공포, 불신, 불안과 분노에 의해 특징지어진다(Parrott & Smith, 1993). 질투는 특히 낭만적이고 성적인 관계에서 발생하기 쉬워서 낭만적 질투라고 널리 알려져 있다. 질투는 **시기(envy)**와 구별될 수 있는데 시기는 **열등감, 열망, 억울함과 불인정의 감정**이다. 낭만적 질투를 유발할 것 같은 몇 가지 상황들은 다음과 같다. (1) 당신이 좋아하는 사람이 다른 누군가와 외출한다. (2) 누군가가 당신이 매력을 느끼는 사람과 더 친밀하다. (3) 당신의 애인이나 배우자가 당신에게 전 남자 친구/여자 친구가 얼마나 섹시했는지를 말한다. (4) 당신의 애인이나 배우자가 옛날에 함께 외출하곤 했던 사람을 방문한다. (5) 당신의 파트너가 바람을 피우는 것을 발견한다. 그리고 (6) 당신은 두 번째 배우자인데 당신의 배우자가 전 배우자를 부양해야 한다.

글상자 7-5 관계에 초점을 맞춰라: 질투와 가정 폭력

질투를 다루는 많은 다양한 전략들이 있는데 그것 중 일부는 가정 폭력의 전조가 된다. 하나는 직접 보호(direct guarding)로 질투하는 사람이 잠깐 들른 곳에서 그의 의미 있는 타인이 하고 있는 것을 예기치 않게 보게 되는 것이다. 또 다른 것은 연구자들이 부정적인 유인책(negative inducement)이라고 부르는 것인데 다른 사람에게 관심을 보이는 낭만적 파트너를 위협하는 경우와 같은 것이다. 경쟁자로부터 보호하는 세 번째 방법은 소유의 공적인 신호(public signals of possession)를 통한 것으로 잠재적인 구애자가 근처에 있을 때 의미 있는 타인의 손을 잡는 것 같은 것이다. 그러나 또 다른 접근법은 긍정적인 유인책(positive inducement)으로 의미 있는 타인이 괴로워할 때 도움을 주는 것이다. 당연히 처음 세 가지 전략은 마지막의 더 긍정적 접근보다 낭만적 파트너를 지키기 위해서 그들을 향해 폭력을 사용하는 데 대한 더 나은 예측 변수들이다. 그러나 폭력에 대한 가장 강한 예측 변수는 자신의 파트너 없이는 살 수 없거나 의미 있는 타인이 떠난다면 죽을 것이라고 애원하는 것을 포함한 정서적 조작이다. 과도한 직접 보호와 시간의 독점은 또한 의미 있는 타인에 대한 폭력을 예측한다(Shackelford, Goetz, Buss, Euler, & Hoier, 2005).

그중에서도 남성과 여성의 질투는 상이한 유형의 상황에 의해 활성화된다. 남자들은 자신의 의미 있는 타인이 신체적으로 눈길을 끄는 잠재적인 구애자와 이야기를 할 때 질투를 더 느끼는 것 같다. 대조적으로 여성은 파트너가 신체적으로 매력적이거나 사회적으로 유력한 라이벌과 상호작용을 하고 있을 때 가장 많이 질투하는 경향이 있다(Buunk, Solano, Zurriaga, & González, 2011). 게다가 남성들은 성적인 부정을 걱정하는 반면에 여성들은 정서적 배신감에 분노한다(Fernandez, Vera-Villarroel, Sierra, & Zubeidat, 2007; Schützwohl, 2006). 어떤 사람들은 특히 질투를 하기 쉽다. 낮은 자존감, 높은 수준의 불안, 세상에 대한 부정적인 시각, 낮은 수준의 삶 만족도, 자신의 삶에 대한 통제가 거의 없는, 정서적 각성의 낮은 역치와 사회적 환경에서 위협하는 자극에 대해 더 큰 민감성을 가진 그런 사람들을 말한다(Guerrero & Andersen, 1998). **병적(강박적)인 질투**를 하는 사람들은 **파트너의 정조에 대해 반복적으로 근거 없는 의심**을 한다. 이런 의심은 생각, 감정과 행동을 바꾼다. 예를 들면 병적으로 질투를 느끼는 사람은 애착 대상의 행방을 강박적으로 확인하고 다른 사람과 상호작용하는 것에 대해 종종 다투거나 근거 없는 비난을 한다(Marazziti et al., 2005). 글상자 7-5는 가정 폭력의 전조가 되는 질투를 다루는 데 대한 전략을 논의한다.

질투를 할 때 파트너들 사이의 의사소통은 얼굴을 맞대고 하는 상호작용으로부터 폭력 회피까지 매우 다양하다. 사과하기, 애정을 증가시키기, 재확신하기와 같은 질투에 대처하는 몇 가지 방법은 성과가 있다. 반면에 변명하고 조작하거나 복수심에 불타며 언쟁하는 것과 같은 다른 것들은 성과가 적다. 아마도 가장 중요한 것은 질투의 초기 표현이 나머지 순환 궤도에 강하게 영향을 미친다는 것이다. 다시 말해서 '내가 널 질투하게 만들어서 미안해. 내가 널 무척 사랑한다고 안심시켜 주고 싶어.'와 같은 시작 단계의 긍정적인 의사소통은 파트너로부터 가장 긍정적인 반응을 이끌어 낸다. 예상한 대로 '넌 그저 불안하잖아'와 같은 초기의 부정적인 의사소통은 더 부정적인 상호작용으로 무너진다. 사용된 전략과는 상관없이 한 가지는 확실하다. 친밀한 관계에서 질투는 불필요하고 잠재적으로 파괴적인 정서가 될 수 있다(Wigman, Graham-Kevan, & Archer, 2008).

행복 **행복(happiness)** 또는 심리학자들이 언급하는 **주관적 안녕감(subjective well-being, SWB)**은 **삶에 대한 긍정적인 생각과 감정의 우세를 포함**한다. 주관적 안녕감이 높은 사람들은 일, 결혼과 다른 인생의 분야들이 만족스럽다는 포괄적인 느낌을 가진다. 그들은 불안하거나 화나거나 우울한 정서보다는 기쁜 정서를 경험한다고 한다. 행복한 사람들은 덜 자기중심적이고 덜 적대적이며 질병에 대해 덜 취약하다. 그들은 불행한 사람들보다 더 많이 사랑하고 용서하고 신뢰하고 활동적이고 결단력 있고 창조적이고 도움이 되고 사교적이다(Lyubomirsky, Sheldon, & Schkade, 2005). 계속된 연구는 행복한 사람들이 높은 자존감, 개인적 통제감, 낙관주의를 가진다는 것을 보여 준다(Cohn, Fredrickson, Brown, Mikels, & Conway, 2009; Diener

& Seligman, 2002). 게다가 일을 하거나 놀 때 행복한 사람들은 전형적으로 도전적이고 몰입하게 만드는 일을 찾기 때문에 시간 감각과 자신감을 종종 잃어버린다(Carr, 2011).

행복은 성별에 따라 다르지 않다. 문화에 따라 남성과 여성 둘 다 행복을 찾는 데 동등한 기회를 가지고 있다(Michalos, 1991). 그러나 남성과 여성의 행복의 원천은 종종 다르다. 남성의 주관적 안녕감은 자존감에 의해 잘 예측되는 데 비해 여성의 행복은 자존감뿐만 아니라 관계의 조화에 의해 예측된다(Reid, 2004). 나이가 드는 것이 꼭 행복의 감소를 의미하지는 않는다(Westerhof & Barrett, 2005). 비록 부와 행복 사이에 단지 적당한 연관성이 있을지라도(Fischer, 2008), Myers와 Diener(1995)는 설득력 있게 말하듯이 "부의 부재는 불행을 낳을 수 있지만 그것의 존재가 어떤 행복도 보장해 주지는 않는다"(p. 13).

표 7-1은 전 세계에서 보고된 행복(1~10점 척도)의 평균 수준과 '행복수명'(기대수명과 행복하게 보낸 시간의 결합)의 평균 햇수를 보여 준다. 어떤 결과가 놀라운가?

여러 가지 다양한 문화에서 행복한 사람들이 불행한 사람들보다 수적으로 우세하다(Shmotkin, 2005). 아마도 이것은 행복의 대단히 중요한 원리들 중 하나인 목표를 '소유하는' 느낌, 즉 그렇게 하려는 진정한 열망으로 인해 삶의 목표를 추구하는 느낌 때문에 생긴다. 그리고 비록 목표가 다를지라도 개인주의 문화와 집합주의 문화의 구성원 모두는 자신이 선택한 목표를 추구할 때 웰빙을 경험한다. 개인주의 문화에서 자신이 선택한 목표는 '내 자신에게 더 좋은 삶'이 될 것이지만 집합주의 사회에서 자신이 선택한 목표는 '더 잘 어울리는 것'이 될 것이다. 그럼에도 불구하고 개인의 목표가 자기 선택일 때는 자기가 선택한 것이 아닐 때보다 더 높은 수준의 행복과 웰빙을 느낀다고 한다(Sheldon et al., 2004). 게다가 모든 사람들은 행복에 대한 가능성을 가지고 있다. 행복을 누리는 것이 많은 혜택을 줄지라도 행복 추구 그 자체는 외로움과 실망으로 이어질 수 있다는 것을 기억하라(Mauss, Tamir, Anderson, & Savino, 2011). 행복을 찾으러 가는 것보다 행복이 당신을 찾도록 하는 것이 가장 좋다(자기 선택 목표의 추구를 통해서).

탐색 7.3 행복

www.authentichappiness.sas.upenn.edu Dr. Martin Seligman의 긍정심리학 웹사이트이다. 사이트는 설문지, 소식지 기사 등을 포함하고 있다.

표 7-1 전 세계의 행복

국가	행복 평균 (척도: 1 ~10)	행복 수명 (몇 년의 척도: 1 ~ 100)
앙골라	4.3	18
오스트레일리아	7.7	63
캐나다	7.8	62
중국	6.3	46
코스타리카	8.5	67
덴마크	8.3	65
과테말라	7.2	50
아이티	3.9	23
일본	6.4	54
멕시코	7.9	60
러시아	5.5	36
남한	6.0	47
영국	7.1	56
미국	7.4	58
짐바브웨	3.0	13

출처: 자료는 행복 웹사이트의 세계 데이터베이스에서 수집했다, 2012.

정서를 표현하기

정서는 우리가 특정한 일을 하도록 특정한 상황에 접근하거나 회피하도록 동기를 부여할 뿐만 아니라 다른 사람들과 의사소통하는 일차적인 수단을 제공한다. 그러나 우리는 심지어 친한 친구와 우연히 만났을 때에도 종종 우리의 친밀한 감정을 공유하는 것이 항상 안전한 것은 아니라고 생각한다. 누군가가 "어이, 잘 지내냐?"라고 물으면 당신은 정말로 침울하거나 너무 많은 할 일로 인해 압도되었을 때조차도 얼마나 자주 "잘 지내"라고 대답하는가? 감정의 공유는 위험하고 다른 사람들의 판단으로 인해 상처를 받도록 한다. 어떤 사람들은 자신들의 내면의 감정을 매우 두려워해서 큰 기쁨이나 엄청난 슬픔에 빠질 때 자신의 깊은 정서를 경험할 수 없거나 덜 표현한다. 자신의 정서와 더 많이 접촉하는 사람들은 그 정서가 분노 혹은 사랑이든지 간에 자신의 감정을 자유롭게 드러낸다. 당신이 어떤 경향을 가졌든지 간에 가장 중요한 것은 자신과 주변 사람들이 편하도록 감정의 표현과 통제의 균형을 찾는 것이다.

정서 균형은 정서적인 표현에 있어서 개인차 때문에 더욱 어렵다. 예를 들면 여성들은 남성들보다 부정적인 개인 사건에 더 슬픈 반응을 보인다(Hess et al., 2000).

하지만 여성들은 또한 남성들보다 더 많이 웃는다(LaFrance, Hecht & Paluck, 2003). 게다가 다양한 문화에서 남성들이 더 빈번히 강한 정서(예: 분노, 경멸, 혐오)를 보고하는 반면에 여성들은 무력한 정서(예: 슬픔, 공포)를 더 보고한다(Safdar et al., 2009). 과학자들은 그런 차이가 학습된 것인지 또는 생물학적인 것인지를 아직 알아내지 못했다. 다른 연구들은 문화가 정서표현[**문화적 표현 규칙(cultural display rules)**으로 알려진]에 영향을 줄 수 있다고 제시한다. 예를 들면 집합주의 문화 사람들은 개인주의 문화 사람들보다 더 긍정적인 정서(예: 행복)를 적게 표현하는 경향이 있다. 그러나 그들은 다른 사람들과 함께 있을 때 웃으면서 부정적인 정서를 감출 가능성은 높지만 혼자 있을 때는 그렇지 않다(Safdar et al., 2009; Tsai et al., 2006).

정서를 인식하기

정서의 자기인식 우리 자신의 정서적인 상태를 이해하고 인식하는 관점에서 남성이 여성보다 더 많이 속상한 일에 대해 반추하고 적대적 감정을 억제한다(McConatha, Lightner, & Deaner, 1994). 성인기 전반에 걸쳐서 나이가 많은 사람일수록 속상한 일에 대해 나이가 어린 사람보다 더 많이 생각하지만 젊은 사람들보다 정서를 더 적게 표현한다. 게다가 고정 관념과는 반대로 노인들은 여전히 깊이 긍정적인 정서를 경험할 수 있다(Carstensen & Charles, 1998).

얼굴과 신체 표현 얼굴 표정을 감지하고 옳게 확인하는 능력은 사회관계의 중요한 구성요소이다(Halberstadt, 2003). 예를 들면 슬픔을 인식하는 것은 위로하는 행동을 유발할 수 있고 공포의 확인은 보호를 불러일으킨다. 정반대로 분노의 오인은 공격적인 사회적 상호작용의 가능성을 증가시킬 것이다. 흥미롭게도 긍정 정서는 부정 정서보다 더 빨리 확인된다. 이것은 **행복한 얼굴의 이점(happy-face advantage)**으로 알려진 현상이다(Leppänen, Tenhunen, & Hietanen, 2003). 행복한 얼굴의 시각적 특징의 분명성과 부정적 얼굴 표정의 상대적인 불분명성이 이런 결과를 설명해 줄 것이다. 여러 해 동안 심리학자들은 얼굴을 정서표현의 열쇠로 생각해 왔다(Coulson, 2004). 얼굴이 중요한 것은 의심할 여지가 없다. 그러나 자세, 음성 변화(예: 음고 변화와 말 속도)와 손동작 또한 우리에게 다른 사람들이 실제 느끼고 있는 것을 신호로 보낸다(Azar, 2000; Pell, 2005). 연구는 이런 것들과 또 다른 비언어적 정보가 복잡하다는 것을 보여 준다. 예를 들면 자세는 우리가 분노와 슬픔을 해독하는 것을 잘 도와주지만 다른 사람들의 혐오의 수준을 알아내는 데는 거의 도움이 안 된다(App,

심리학자들에 따르면 즐거움은 일차 정서이다.

McIntosh, Reed, & Hertenstein, 2011).

다양성의 문제 남성과 비교해서 여성들은 정서를 더 정확하게 해독한다(Hoffmann, Kessler, Eppel, Rukavina, & Traue, 2010). 마찬가지로 모든 사람은 다른 문화의 사람들에 의해 나타나는 정서에 비해 자신들의 문화 구성원들에 의해 표현된 정서를 더 잘 해독한다(Beaupré & Hess, 2005). 그런 차이점은 같은 인종의 얼굴과 다른 인종의 얼굴은 뇌의 서로 다른 영역을 활성화시키기 때문에 생기는 것 같다(Iidaka, Nogawa, Kansaku, & Sadato, 2008). 게다가 인종은 다른 사람들의 정서 인식에 영향을 줄 것으로 보인다. 예를 들면 백인은 백인이 표정을 지으면 화난 얼굴보다 행복한 얼굴을 더 빨리 인식하는 경향이 있다. 반면에 같은 표정을 미국 흑인이 지으면 화난 얼굴을 행복한 표정보다 더 빨리 인식한다(Hugenberg, 2005). 게다가 편견이 높은 백인들은 화난 얼굴 표정이 제시되었을 때 인종적으로 애매모호한(예: 혼혈의) 얼굴을 미국 흑인으로 더 범주화한다. 그러나 행복한 표정일 때는 그렇지 않다(Hugenberg &

Bodenhausen, 2003).

거짓말 탐지하기 표현된 정서에 대한 인식과 해석을 어렵게 만드는 또 다른 요소는 몇몇 사람들이 우리를 고의로 속이려고 한다는 것이다. 다른 사람들의 속임수를 알아내는 것은 어려운 과제인데 누군가가 거짓말을 하는지 하지 않는지 정확하게 판단하는 능력은 50% 정도에 머문다(Bond & DePaulo, 2008). 그러면 우리가 그들의 부정직성을 어떻게 탐지해 낼 수 있는가? 한 가지 유익한 도움은 **미세 표정(microexpressions)**, 즉 순식간에(1초의 몇 분의 1 동안만) 지속되는 순간적인 얼굴 표정이다(Ekman, 1985). 미세 표정은 순간적이지만 예민한 관찰자에 의해 탐지될 수 있다(Dimberg, Thunberg, & Elemehed, 2000). 많은 사람들은 얼굴이 비밀을 아는 일차적인 단서라고 믿기 때문에 자신의 표면상의 얼굴 표정을 통제하려고 열심히 노력한다. 그러나 사기꾼들은 속이기 위해 더 많이 눈을 깜빡이거나 더 크게 웃기 때문에 들킬 수 있다. 게다가 당신을 속이고 싶어 하는 다른 사람은 한 가지 정서를 또 다른 정서에 이어서 빠르게 표현하는데 그것은 그 사람이 거짓말을 하고 있다는 것을 나타낸다(Baron & Byrne, 1997; Porter & ten Brinke, 2008).

어떤 사람은 얼굴을 감지하고 통제하는 데 매우 능숙해서 그들의 진짜 감정을 탐지하기가 어렵다. **신체적 누설(body leakage)**을 지켜보는 것은 얼굴보다 몸의 자세가 진실을 누설하기 때문에 정서적인 속임수를 알아챌 수 있다. 개인들이 말과 얼굴 표정을 감지하는 데 집중하는 동안 자신의 신체에 주의를 덜 기울이게 되고 그 결과 진짜 감정을 무심코 노출시킨다(Vrij, Granhag, & Porter, 2010). 예를 들면 웃음을 표현하고 있는데도 불구하고 주먹을 움켜진 채 팔짱을 끼는 것은 그들의 겉보기로 행복한 모습 밑에 분노와 적대감이 존재한다는 것을 보여 주는 지표이다.

정서를 관리하기

정서가 심리적 적응과 관련되어 있기 때문에 감정을 잘 관리하는 것이 바람직하다. 감정을 효과적으로 표현하는 것을 배우는 것은 자발적인 표현과 의도적이고 이성적인 정서적 자기조절 사이의 적절한 균형을 포함한다. **정서적 자기조절(emotional self-regulation)**은 어떤 사람이 사려 깊은 상호작용을 지속하기 위해 자신의 정서적 반응을 억제하거나 완화시키는 과정을 말한다. 개선을 필요로 하는 정서 관리 영역은 사람마다 다소 차이가 있다. 너무 정서적이고 충동적인 사람은 많은 생각 없이 자신의 감정을 불쑥 말하므로 그들은 자기통제를 더 발달시킬 필요가 있다. 반면에 자신의 정서를 엄격

글상자 7-6 관계에 초점을 맞춰라: 정서지능

정서지능(EI)은 자신의 정서를 조절하고 다른 사람들의 정서에 대해 공감하는 능력이다. 특히 정서지능은 네 가지 능력으로 구성되어 있다. 그 능력은 (1) 자기와 타인의 정서를 탐지하고 이해하는 것이다. (2) 문제해결과 같은 다양한 인지활동을 촉진하는 정서를 이용하는 것이다. (3) 정서들 사이에 있는 약간의 변화(예: 행복한 대 황홀해하는)와 같은 정서 언어를 이해하는 것이다. (4) 자신과 타인의 정서를 조절하는 것이다. 높은 정서지능을 가진 사람들은 더 나은 인상관리 기술을 가지고 있을 뿐만 아니라 친구와 직장동료들과 더 나은 수준 높은 상호작용을 한다(Lopes et al., 2004). 게다가 정서지능이 높은 사람들은 일반지능이 높은 사람들보다 직장생활에서 훨씬 더 빨리 성공하고(Schutte et al., 2001), 정서지능이 낮은 사람들보다 스트레스 상황에서 더 높은 수준의 성과를 보여 준다(Lyons & Schneider, 2005).

하게 통제하는 사람들은 자신의 감정을 더 잘 알아차리고 다른 사람들에게 그것을 적절히 더 편하게 표현하기 위해 긴장을 풀 필요가 있다. 글상자 7-6은 인지 지능, 즉 정서지능만큼 중요한(이상은 아니라 할지라도) 인간 성장과 적응의 특징을 논의한다.

탐색 7.4 정서지능

www.helpself.com/iq-test.htm 이 사이트에서 자신의 정서지능을 검사해 보라. 정서지능을 포함한 다양한 영역에서 많은 유용한 정보를 가진 자기계발 사이트이다.

우리는 믿는 가족과 친구 그리고 생산적인 피드백을 줄 수 있는 사람과 더 쉽게 일상의 감정을 공유함으로써 정서를 관리하는 데 더 능숙해지고 더 숙련될 수 있다. 당신이 정서를 공유하는 데 익숙해졌을 때 자신의 감정과 더 많이 연결될 것이다. 그러고 나서 당신이 격렬한 분노나 극도의 혐오와 같은 강렬한 정서를 경험할 때 자신의 감정을 인식하는 것이 더 쉽다는 것을 알아야 하고 그것들을 적절히 조절된 방식으로 기꺼이 표현하려고 해야 한다. 즉, 정서적 자기조절을 하라. 당신이 감정을 솔직하고 건설적인 방법으로 표현할 때 그것은 상황을 개선시키고 의사소통을 가능하게 하는 것을 도와준다. 특히 몇 가지 감정이 동시에 나타날 때 자신의 감정을 기꺼이 들어주는 사람과 공유하는 것은 자신이 정서를 밝히는 것을 또한 도와줄 수 있다.

강한 정서로 의사소통하기 강한 정서, 특히 부정적인 정서를 표현하는 데 유용한 기법은

나 전달법('I' message)의 사용이다(Gordon & Sands, 1984). 본질적으로 이 메시지는 당신이 다른 사람이 듣고 협력하도록 권장하는 방식으로 자신이 솔직하게 느끼는 것을 말하는 것으로 이루어진다. 나 전달법은 특히 그 사람의 행동이 자신에게 문제가 되는 사람에 대한 감정을 표현하는 데 도움이 된다. 나 전달법은 4개의 단계로 구성된다.

- **첫째, 다른 사람의 무례한 행동**을 구체적이지만 비판단적인 용어로 기술하라. 예를 들면 당신이 "넌 무책임해."라는 말 대신에 "내 책을 제시간에 돌려주지 못할 때."라는 말을 쓰는 것이다. 불분명하고 비난하는 반응을 사용하거나 그 사람의 동기를 추측하는 것을 피하라. 그런 의사소통은 단지 행동을 바꾸는 데 있어서 그 사람의 저항을 강화시킬 뿐이다.
- **둘째, 그 사람의 행동이 자신에게 영향을 미치는 구체적인 방법을 지적하라.** 대부분의 예에서 사람들은 고의로 당신의 삶을 비참하게 만들려고 애쓰지 않는다. 그들은 단지 자신의 행동 결과를 알아차리지 못할 뿐이다. 일단 어떤 사람이 그 행동이 어떻게 당신에게 문제가 되는지를 더 많이 깨닫게 되면, 그것을 기꺼이 수정할 것이다.
- **셋째, 그 사람에게 자신의 정서를 '인정하는' 방식으로 자신이 그 행동에 대해 어떻게 느끼는지를 말하라.** 이것을 하기 위해서 당신은 일반적으로 자신의 말을 대명사 나(I)로 시작해야 한다. "네가 나를 괴롭힌다." 대신에 "나는 괴로움을 느낀다."라고 말하라. 당신의 정서를 다른 사람에게 투사하는 것을 피하라.
- 마지막으로 **상황을 바로잡기 위해 당신이 했으면 하는 일을 그 사람에게 말하라.** 예를 들면 전화 메시지가 자신에게 남겨지는 부주의한 방식에 반대한다면 당신은 이와 같이 말해야 한다. "나는 내가 필요한 정보를 갖고 있지 않고 네가 나의 전화 메시지를 적지 않을 때 좌절감을 느낀다. 나는 네가 나의 전화 메시지를 받아 적으면 고맙겠어."

처음에 나 전달법은 약간 부자연스럽거나 뻣뻣하게 보일 수도 있다. 그러나 당신이 그것들을 사용하는 데 있어 더 많은 경험을 하게 될 때 이런 방식으로 당신의 감정을 표현하는 것이 더 편하게 느껴질 것이다. 표 7-2는 나 전달법에 대한 더 많은 조언을 제공한다.

정서와 개인적 성장

정서는 어떤 순간에 우리 자신과 다른 사람과의 관계에 대해 직관적 지식을 우리에게 제

표 7-2 나 전달법의 예

사람의 행동의 비판단적인 표현	나에게 미치는 구체적인 영향	그것에 대한 나의 감정	그 사람이 하기를 원하는 것
1. 만약 네가 하기로 약속한 것을 끝내지 못한다면,	그러면 나는 내 다른 업무들에 추가로 그것을 해야 한다.	그러면 나는 화가 날 것이다.	나는 네가 약속한 것은 했으면 좋겠어.
2. 너는 내가 무엇을 잘못하고 있는지에 대해 말하지 않고 매번 내 일을 비난할 때마다,	난 그것을 어떻게 개선해야 할지 모르겠다.	그래서 나는 좌절감을 느끼고 분하다.	내가 잘못하고 있는 것을 고칠 수 있도록 내가 잘못하고 있는 것을 말해줘.
3. 마지막 순간에 네가 마음을 바꿀 때,	너무 늦어서 다른 계획을 세울 수 없다.	그래서 나는 화가 나고 실망감을 느낀다.	네가 일들이 잘 풀리지 않는다고 생각되면 나에게 더 미리 알려줘

공하기 때문에 우리 내면세계의 일종의 지표이다. 강렬한 정서는 우리 삶이 어떤 사람 또는 사건에 의해 강하게 영향을 받는 것을 말해 주고 우리가 그에 맞춰 행동하도록 한다. 반면에 우리가 주어진 상황에서 정서를 거의 느끼지 않을 때 우리의 욕구, 목적 또는 가치가 영향을 받지 않을 것이다. 즉, 우리는 "정서적으로 연관되어 있지 않다." 아마도 그것은 우리가 끊임없이 서로에게 묻는 이유이다. "이것에 대해 어떻게 느끼니?" 또는 "그것에 대한 너의 반응은 무엇이니?" 불행하게도 그것은 말하기가 늘 쉽지 않은데, 그렇지 않은가? 주된 이유는 우리가 종종 그 순간에 자신의 감정을 확인하는 데 어려움을 가지며 그것들을 표현할 적당한 단어를 찾는 데 훨씬 더 어려움을 겪는다는 것이다(Solomon, 2005). 게다가 우리 정서는 끊임없는 흐름 또는 변화의 상태라서 한순간 즐거움을 느끼다가 다음 순간에 괴로움을 느낀다.

비록 일부 정서 이론들이 중추신경계 및 내분비계와 같은 신체적 요소들을 강조할지라도 정서에 대한 많은 현대 이론은 인지요소의 역할을 강조하고 있다(Beitel, Ferrer, & Cecero, 2005). 개인이 **어떤 자극을 개인적 중요성을 가진 것으로 평가할 때** 그 경험은 대체로 정서를 일으킨다. 이런 관점에서 정서 경험은 사람이나 뇌에서만 발생하는 어떤 것으로만 이해될 수 없고 환경에 대한 관계에서 더 많이 발생하는 것으로 이해될 수 있다. 우리가 느끼는 특별한 정서는 주어진 상황을 명명하는 방식에 주로 달려 있는데, 그것은 우리에게 가지는 개인적 의미를 해석하는 방식에 달려 있다(Schachter & Singer, 1962). 정서의 인지적 관점의 주된 함의는 한때 일반적으로 믿었던 것보다 각자가 자신의 감정에 대해 더 많은 통제를 한다는 것이다. 우리가 분노, 질투 또는 우울을 느낄 때마다 단지 순간적인 감정에 좌우되는 것은 아니다(Richards, 2004). 우리는 '내장(gut)' 반응이 중요하다고 할지라도 확실한 것으로 받아들일 수는 없다. 대신 우리의 순간적인 감정이 부분적으로 어떤 사건을 지각하고 반응하는 방식의 결과라고 깨닫는 것이 더 낫다. 특히 부정적인 사건에 대해 대부분의 사람들이 그 사건에 얼마나 잘 그리고 빨리 대처할 수 있는가를 이해하지 못한다는 것을 아는 것도 중요하다(Gilbert, 2005).

인지적 관점의 또 다른 의미는 개인 정서의 해석이 심리적 적응을 뒷받침하는 것이 당연하다는 것이다(Bonanno, Papa, Lalande, K., Westphal, M., & Coifman, 2004). 아마도 정서표현에 대한 불안은 우리에게 문제를 야기하거나 우리는 계속 자신과 타인의 정서 반응을 잘못 해석할지도 모른다. "우리 대부분은 종종 생각과 감정을 검열하고 자신의 감정에 대한 다른 사람들의 비평을 받아들이는 데 신중을 기하도록 배웠다."라고 Plutchik가 말한다(2001, p. 344). 달리 말하면 다양한 정서를 이용하고 적절할 때 적절한 정서를 구사하는 능력이 건강한 적응에 핵심적일 수 있다(Bonanno et, al., 2004).

요약

동기를 이해하기

7.1 동기를 설명한다.
동기는 의미 있는 목표를 향한 노력에 활력을 주고 안내한다.

7.2 Maslow의 욕구단계를 기술한다.
Maslow의 욕구 위계의 맨 아래에는 음식에 대한 욕구나 안전이나 보안에 대한 욕구 같은 기본적인 욕구들이 있다. 중간에 있지민 좁은 수준은 소속의 욕구나 어울리고 수용하려는 욕구를 포함한다. 가장 위의 수준은 각각 자기존중 욕구와 자기실현 경향성이다. 자기존중 욕구는 자기가치와 성취감을 느끼려는 욕구를 포함하는 반면에 자기실현에 대한 욕구는 자율감과 독특성의 느낌을 포함한다. 이런 더 높은 수준의 욕구는 만약 더 낮은 수준의 욕구가 충족되지 않으면 추구될 수 없다.

7.3 내재적 동기와 외재적 동기의 차이를 논의한다.
내재적 동기는 사람들이 그 자체에서 흥미를 찾는 일의 추구를 말한다. 대조적으로 외재적 동기는 결과가 돈, 명예 또는 권력과 같은 것과 연관되어 있기 때문에 활동에 참여하는 욕구이다.

7.4 감각추구 행동이 나타나는 몇 가지 다른 방법들을 열거한다.
감각추구는 롤러코스트 타러 가기, 등산하기, 과속으로 운전하기와 공포영화를 보는 것과 같은 자극적이고 새로운 경험을 찾는 경향성을 말한다.

7.5 개인주의 사회와 집합주의 사회의 성취동기를 비교한다.
성취동기는 어렵거나 도전적인 어떤 것을 성취하거나 숙달하는 욕구이다. 개인주의 사회에서 성취동기는 개인적인 성취에서 생긴다. 집합주의 사회에서 성취동기는 다른 사람과 상호 의존해서 일을 완성하는 데서 생긴다.

7.6 개인적인 동기에서 목표의 중요성을 논의한다.
동기화된 사람들은 개인적 목표를 세우고 그다음에 그것을 성취하려고 노력한다. 몇 가지 형태의 개인 목표가 있다. 장기 목표, 중기 목표, 단기 목표, 소 목표와 미소 목표이다. 중·장기 목표를 성취하기 전에 보통의 단기 목표를 성취해야 한다. 일단 한 가지 목표를 성취하면 새로운 목표를 세우는 것은 중요하다.

정서를 이해하기

7.7 정서의 네 가지 요소들을 열거한다.
생리적 각성, 주관적 느낌, 인지과정과 행동 반응은 정서의 네 가지 구성성분을 이룬다.

7.8 일차 정서와 이차 정서의 차이점을 설명한다.
기쁨, 수용, 공포, 놀람, 슬픔, 혐오, 분노 및 기대와 같은 일차 정서는 경험 초기의 직접적인 정서 반응을 말한다. 수치심, 죄의식 및 자부심과 같은 이차 정서는 반성적이고 자아의 평가와 관련되어 있다.

7.9 어떤 사람이 거짓말을 하고 있는지 아닌지를 결정하는 두 가지 방법을 확인한다.
사람들은 자주 주변 사람들을 속이려고 한다. 만약 누군가가 자신에게 거짓말을 하는지를 알아내기 위해서 미세 표정과 신체 누설에 주의를 기울여라.

7.10 비생산적인 정서를 관리하는 방법을 기술한다.
우리는 정서를 관리하는 건전한 방법을 배워서 사회적으로 적절한 시기에 그리고 수용할 만한 강도와 방법으로 그것들을 표현할 수 있다. 정서적 자기조절을 이루기 위한 한 가지 좋은 방법은 아이들이 어릴 때 자신의 분노를 인식하고 관리하도록 양육하는 것이다. 성인들에 대해서도 정서를 공유하고 감정을 교류하는 것은 부정적인 정서표현을 통제할 수 있다.

7.11 나 전달법의 네 가지 요소들을 열거한다.
나 전달법의 네 가지 구성요소는 다음과 같다. (1) 다른 사람의 무례한 행동을 구체적이지만 비판단적인 용어로 설명하는 것이다. (2) 그 사람의 행동이 자신에게 영향을 미치는 구체적인 방법을 지적하는 것이다. (3) 그 사람에게 행동이 자신의 정서를 '인정하는' 방식으로 자신이 그 행동에 대해 어떻게 느끼는지를 말하는 것이다. (4) 상황을 바로잡기 위해 당신이 원하는 일을 그 사람에게 말하는 것이다.

7.12 불안, 분노 및 질투와 같은 부적 정서를 비교한다.
불안은 우리에게 위협을 경고하는 유용한 경고 신호로 기여한다. 현대 생활에서 대부분의 불안 원인은 생존과는 덜 연관되어 있고 일상의 좌절을 다루는 것에 더 연관되어 있다. 분노는 불쾌감이나 부당한 대우의 지각에 대한 억울한 감정을 말한다. 비적대적인 방식으로 반응하는 것을 배우는 것은 정신과 신체 건강에 중요하다. 질투, 그것은 상실감, 불신감, 불안감 및 분노로 구성되는데 관계가 붕괴될까 봐 두려워할 때 발생하는 복합적인 정서이다. 많은 사람들은 자신의 관계를 향상시키려는 의도를 표현하는 적극적이고 건설적인 방법으로 질투에 대처하는 것을 배울 필요가 있다. 질투의 극단적인 형태와 상대방을 조종하려는 전략은 때때로 낭만적 파트너에 대한 폭력을 야기할 수 있다.

7.13 행복과 관련된 요소와 무관한 요소를 논의한다.

행복(또는 주관적 안녕감)은 긍정적 사고와 감정의 우세를 말한다. 행복은 성별, 인종이나 수입 수준에 상관없이 모두에게 가능하다. 행복한 사람들은 불행한 사람들보다 덜 적대적이고 질병에 덜 취약하고 더 용서하고 신뢰하며 활동적이다. 자기 선택 목표의 추구는 행복을 가져다주는 반면에 행복의 추구, 그 자체만으로는 종종 외로움과 실망감을 초래한다.

스스로 해 보기

1. Maslow에 따르면 _____욕구는 대개 처음에 충족되고 _____욕구는 일반적으로 마지막에 충족된다.
   a. 자기실현: 생리적
   b. 사랑과 소속감: 안전
   c. 안전: 존중
   d. 생리적: 자기실현

2. 매년 수백만 명의 사람들은 인터넷 데이트 장소를 통해 자신의 '애인(마음이 통하는 사람)'을 찾으려고 노력한다. Maslow의 욕구 위계에서 이런 사림들 각각은 _____욕구를 채우려고 시도하고 있다.
   a. 소속감과 사랑 b. 안전
   c. 존중 d. 자기실현

3. 성장하면서 Jeff는 초상류층의 컨트리클럽에서 웨이터로 일했다. 근무 마지막 날 Jeff는 언젠가는 자신이 회원으로서 이 컨트리클럽에 돌아올 것이라고 자신에게 말했다. 그래서 그는 열심히 공부했고 결국 매우 보수가 좋은 성형외과 의사가 되었다. 의사가 되겠다는 Jeff의 욕구는 무엇에 의해 동기화되었는가?
   a. 외재적 동기 b. 내재적 동기
   c. 안전 욕구 d. 자기실현

4. Sriram은 롤러스케이트 타는 것을 좋아했다. 그는 특히 속도, 강렬한 관성력과 뒤집으며 꼬아서 도는 것을 좋아했다. Sriram은 아마도 잘 개발된 ____________동기를 가졌다.
   a. 성취에 대한 욕구
   b. 실패에 대한 두려움
   c. 생리적
   d. 감각추구

5. 정오의 햇살이 주방 창문을 통해 흘러들어 왔을 때 바닥에 있는 많은 양의 개털(그것은 정상적인 빛으로는 보기가 어려웠다)이 너무 잘 보였다. Mai Li는 스스로 생각했다, "됐어! 나는 더 이상 그대로 둘 수 없어, 나는 식사하기 전에 청소할 거야." 어떤 유형의 동기 목표가 Mai Li에게 더러운 바닥을 청소하게 할 것인가?
   a. 미소 목표 b. 소 목표
   c. 단기 목표 d. 중기 목표

6. ______는(은) 문화가 정서 경험에 영향을 줄 수 있다는 사실을 언급한다.
   a. 이차 정서
   b. 일차 정서
   c. 문화의 표현규칙
   d. 행복한 얼굴의 이점

7. 시험에 낙제한 후 Julia는 지나치게 세밀한 사항을 문제로 낸 교수에게 화가 났다. '그것은 공정하지 않다'고 그녀는 생각했다. 그날 밤 늦게 그녀가 실제로 시험을 위해 얼마나 많이 공

부를 했었는지를 회상한 후에 그녀는 1시간 동안 자료들을 재검토해야 하는 것으로 결론을 내렸다. CSI를 지켜보면서 시험 준비를 하는 것은 공부하는 데 좋은 방법이 아니었을지도 모른다. 곧 그녀는 죄책감을 느꼈다. 그리고 다음 시험에는 더 열심히 하기로 다짐했다. Julia의 죄책감은 다음 중 어느 것인가?

a. 기본 정서 b. 이차 정서
c. 정서적 자기조절 d. 나 전달법

8. Steve는 화가 났다. 자신의 룸메이트 중 한 명이 자신의 마지막 타키또(taquito)를 먹어 버렸다. Steve는 범인이 누구인지를 알아내기 위해 룸메이트와 함께 있을 때 '태연하게 행동하려고' 애썼다. 불행하게도 Steve의 팔짱을 낀 부자연스러운 몸은 그의 진짜 정서를 룸메이트에게 경고를 하였다. 이 예는 Steve가 ______을(를) 경험한 것을 설명한다.

a. 성취동기 b. 나 전달법
c. 이차 정서 d. 신체 누설

9. Paul은 대형 수업 프레젠테이션 직전에 여자 친구로부터 문자 메시지를 통해 결별을 통보받았다. Paul은 자신의 상처받은 감정을 억눌렀다. Paul 행동의 예는 무엇인가?

a. 정서적 자기조절 b. 신체 누설
c. 자기실현 d. 주관적 안녕감

10. 다음 중 어느 것이 나 전달법의 구성요소인가?

a. 그것이 판단적일지라도 자신이 어떻게 느끼는지를 정확하게 말하는 것.
b. 구체적인 것을 피하고 일반적인 관점에서 다른 사람의 행동에 대해 이야기하는 것.
c. 다른 사람이 자신에게 정서적 고통을 야기하는 것을 분명히 하는 것.
d. 그 상황을 바로잡기 위해서 당신이 원하는 것을 그 사람에게 말하는 것.

연습

1. **새로운 경험 찾기.**

때때로 새로운 경험들로부터 오는 자극은 동기와 삶의 열정에 새로운 활력을 준다. 다음 제안 중 몇 개를 시도해 보라. 자신이 시도해 보지 않은 음식을 맛보아라. 새로운 운동이나 취미를 가져라. 사교적으로 자신이 더 잘 알고 싶은 사람을 초대하라. 워크숍이나 자신이 흥미를 가지는 특별 과정에 참석하라. 아마 다른 생각들을 더할 수 있을 것이다. 이 제안들 중 몇 개를 해 보고 자신의 반응을 1쪽 정도 써 보라. 다양성이 인생을 즐겁게 한다는 것에 동의하는가?

2. **자신의 성취동기를 평가하라.**

삶의 구체적 영역에서 자신의 성취동기—듣는 수업, 전체로서의 학교에서의 자신의 동기, 직업 또는 직업 목표를 향한 진보—를 보라. 그 다음에 다음의 질문에 답하라.

- 얼마나 강하게 성공하기를 원하는가?
- 능력이 중요하거나 아니면 성공이 주로 운의 문제라고 믿는가?
- 하고 있는 것을 얼마나 즐기는가?
- 성공하기 위해 필요한 기술들을 가지고 있는가? 만약 아니라면 이 문제에 대해 무엇을 하고 있는가?

이런 질문에 대한 정직한 응답은 성취동기 강도와 그것을 증가시키기 위해 무엇이 필요한 지를 이해하는 데에 도움이 될 것이다.

3. **일상의 감정을 공유하라.**

당신은 감정을 자신이 원하는 만큼 쉽게 공유하는가? 그렇지 않다면 이 연습문제를 시도해 보라. 감정을 공유하는 것을 시작하는 좋은 방법은 안전한 일상의 감정 중 몇몇을 공유하는 것이다. 예를 들어 다른 사람이 자신에게 해 준 것에 대해, 특히 기쁠 때마다 그 사람에게 그 느낌을 말하라. 이런 안전한 감정을 공유하는 연습은 자신의 깊은 정서를 공유하는 데 더 자각을 하고 편하도록 도와줄 것이다.

4. **나 전달법을 전달하는 연습.**
누군가의 행동이 자신에게 문제가 되는 몇 가지 상황을 생각해 보라. 그런 다음에 이 단원에서 설명된 각각의 네 가지 주제하에서 적절한 나 전달법을 써 보라. 만약 그렇게 하는 것이 편하다면 이런 나 전달법 중 몇 개를 직접 표현해 보라.

5. **행복.**
당신은 일반적으로 행복한 사람인가? 왜 그런 답을 얻었는가? 만약 그렇다면 현재의 웰빙 수준을 유지하기 위해 무엇을 할 수 있는가? 만약 아니라면 당신의 행복의 일반적인 수준을 향상시킬 수 있는 방법에 대해 생각해 볼 수 있는가?

복습을 위한 물음

1. 자신의 삶에서 어떤 것이 지배적인 동기인가?
2. 당신은 내재적으로 더 동기화되어 있는가 아니면 외재적으로 더 동기화되어 있는가?
3. 당신의 감각추구 동기는 얼마나 강한가?
4. 학교에서 성취동기는 얼마나 강한가? 당신의 직업에서는?
5. 감정에 대해 질문을 받았을 때 '당신이 어떻게 느끼는지'를 쉽게 말할 수 있는가?
6. 자신을 정서적으로 표현력이 있는 사람이라고 특징지을 것인가?
7. 자신의 감정을 자유롭게 표현하는 집에서 자랐는가?
8. 표현하기가 가장 어려운 정서는 어떤 정서인가?
9. 불안에 대해 보통 어떻게 대처하는가?
10. 무엇이 당신을 행복하게 하는가?

제 8 장 친구 사귀기와 유지하기

학습목표

이 장을 모두 학습한 후 다음을 할 수 있다.

8.1 다른 사람에 대한 우리의 매력에 영향을 미치는 여러 요인들을 논의한다.

8.2 왜 사람들이 잘못된 인상을 갖게 되는가를 설명한다.

8.3 상호 자기노출이 우정을 형성하는 방식을 논의한다.

8.4 남녀 간의 우정의 차이점을 논의한다.

8.5 우정이 깨어지는 몇 가지 이유에 대해 설명한다.

8.6 수줍음이 관계를 형성하는 방식을 안다.

8.7 만성적인 외로움의 결과를 열거한다.

8.8 외롭거나 외로움을 극복하고 싶은 사람을 위해 제안한다.

Anita는 가족 중 최초의 학부 졸업자가 된 후에 석사학위를 따기로 결정했다. 그로부터 2년 뒤 그녀는 Ramona Community College의 교수직을 얻었다. Anita가 도착했을 때, Gale은 이미 그곳의 교수였다. 두 사람은 외견상으로는 공통점이 없었다. 40대인 Gale은 맹렬한 공화당 지지자였고 상당히 보수적이며 종교가 없었다. 반면에 20대 후반인 Anita는 독실한 종교인이며 민주당 당원이었다. 그들의 유년기도 매우 달랐다. Gale은 텍사스의 중산층에서 성장했으며 그녀의 아버지는 저널리스트였고, 어머니는 엔지니어였다. Anita는 미네소타에서 자랐으며 어려운 유년기를 보냈다. Anita의 아버지는 그녀가 매우 어렸을 때 집을 떠났고, Anita의 어머니는 모텔 청소부 같은 임금이 낮은 다양한 직종에서 일했다. 그들의 부서에는 여자가 두 명밖에 없었기 때문에 Gale은 신출내기 교수인 Anita의 비공식적인 멘토가 되기로 했다. 그렇게 그들의 우정은 시작되었다. 두 여성은 곧 자신들이 정말로 공통된 관심사들을 가지고 있음을 알게 되었다. 비록 그들의 정치와 종교에 대한 태도는 매우 달랐지만 그들은 리듬앤블루스를 즐겼고, 외국 영화와 텍사스 퓨전요리를 즐겼다. 그들의 다른 점에도 불구하고 Gale과 Anita는 결국 제일 좋은 친구가 되었다.

사람 만나기

학습목표

8.1 다른 사람에 대한 우리의 매력에 영향을 미치는 여러 요인들을 논의한다.

8.2 왜 사람들이 잘못된 인상을 갖게 되는가를 설명한다.

당신은 비밀과 고민 그리고 즐거움을 공유할 친구를 적어도 한 명 가지고 있는가? 우리 개개인은 가까운 친구, 애인이나 배우자 같은 한 명 이상의 특별한 사람과의 깊고 보살피는 관계를 필요로 한다. 우리의 단점에도 불구하고 자신을 받아 주는 동료와 가장 속 깊은 생각을 공유하고 감정을 이해받는 것은 한 개인의 삶에서 가장 만족스런 경험 중의 하나일 것이다(Steiner, 2002). 세상을 살아가는 동안에 겪는 일상적인 사건들에도 불구하고 친밀한 관계는 우리가 세상 속에서 편안함을 느끼도록 한다. 친밀한 관계가 부족한 사람은 자신의 다른 지인과의 네트워크와는 상관없이 정서적 고립과 외로움을 종종 경험한다. 한편으로 우리는 다양한 실용적 욕구(가구 옮기기, 행사에 아이들을 데려다 주기, 휴가기에 화초에 물주기)를 충족시키는 사람과의 관계를 필요로 할 뿐 아니라 스포츠를 관람하고 영화를 보러 가는 것 같은 친교활동을 통해 스트레스를 경감시킬 필요가 있다(Fischer, 2011). 당신이 알다시피 우정은 성공적인 적응을 위한 결정적 요소이다. 그러나 처음에 친구를 어떻게 사귀는가?

글상자 8-1 당신이 알고 있는 것

- 아이들의 첫 우정은 18~36개월 사이에 형성된다.
- 아이들은 3세 때 동성 간의 우정을 선호하는 경향이 시작되고, 이후에는 아동기와 청소년기를 거치는 동안 지속된다.
- 친밀함과 자기노출은 10대가 되어서야 비로소 우정의 중요한 측면이 된다.
- 아동기와 청소년기 동안에 적(enemy)을 가지는 것은 매우 높은 수준의 외로움과 관련이 있다.
- 부모가 아이에게 심리학자의 상담을 받게 하는 가장 큰 이유는 또래아이들과의 문제 때문이다.

출처: Based on "Peer Relationships, Child Development, and Adjustment: A Developmental Psychology Perspective" by Jeffrey G. Parker, et al., from Developmental Psychology: Theory and Mind, 2nd Edition, edited by Dante Cicchetti and Cohen. John Wiley & Sons, 2006.

첫인상은 가장 중요한가?

공공장소에 가면 당신은 낯선 누군가를 재빨리 쳐다보게 된다. 당신은 그 사람을 무엇에 근거하여 판단하고, 그 사람에 관해 무엇을 말할 수 있는가? 그들은 부자인가 가난한가, 상냥한가 심술궂은가, 오만한가, 겸손한가? 우리는 만나게 되는 누군가에 대해 아니 그들이 우리에 대해 순간적으로 빠르게 **첫인상(first impression)**을 부지런히 형성하기 때문에 그런 판단을 할 수 있다. 우리는 **매우 적은 정보에 근거하여 다른 사람을 판단하는데 이것이 다른 사람에 대한 최초의 인상**이다. 인상을 형성하는 것은 매우 자연스럽고 불가피한 과정인 것 같다. 더구나 첫인상은 빠르게 형성되고(눈 깜짝할 사이에) 몇 주 동안 지속될 수 있다(Biesanz et al.,2011;Sunnafrank, Ramirez, & Metts, 2004).

우리 모두는 이렇게 다른 사람에 대한 지워지지 않는 첫인상을 형성한다. 왜 그런가? 한 가지 이유는 우리가 미래에 상호작용할지도 모른다는 생각으로 우리 주변의 사람을 이해할 필요성을 느끼기 때문이다. 우리는 타인에 대한 인상을 형성하는 것이 그들의 행동을 더 잘 예측할 수 있게 해 준다고 생각한다. 또 다른 이유는 아마도 우리와 관련 있는 사람에 대한 이해를 통해 비교의 자원으로 사용하는 사회비교 때문일지도 모른다(예: 학급친구와 자신의 지능을 비교하는 것). 이유가 어떠하든 간에 대인 지각의 기본 원칙은 동등하게 유지되는데 우리는 자주 매우 적은 정보를 근거로 다른 사람에 대한 광범위한 인상을 형성하는 경향이 있다(Quinn & Macrae, 2011).

첫인상에 영향을 주는 요인

친구를 사귄다는 점에서 보면, 첫인상은 최고로 중요한데, 나중의 인상이나 상호작용을 통해서 다른 사람에 대한 우리의 첫인상은 거의 바뀌지 않는다(Ybarra, 2001). 타인에 대한 첫인상에 영향을 미치는 몇 가지 요인들이 있다. 이제 그것들을 살펴보자.

사회적 규준 인상을 형성할 때, 우리는 모든 정보를 동등하게 취급하지는 않는다. 새로운 사람을 만나자마자 들어오는 부정적(예: 짜증나고 아주 불쾌한)인 혹은 긍정적(예: 도움이 되고 달콤한)인 정보는 다르게 사용된다. 부정적 정보는 더 영향력 있으며 더 안정된 것처럼 보인다. 왜 그런가? 밝혀진 바와 같이, 긍정적 행동은 기대되는 사회적 규준이다. 우리는 단순히 모든 사람의 긍정적 행동을 예견하고 기대한다. 누군가 나쁘게 행동할 때, 우리는 그 행동이 고의적인 것이라고 간주하여 그 사람을 나쁜 사람이라고 평가한다. 더군다나 우리는 이런 부류의 사람들과 자진해서 관계를 맺고 싶지 않기 때문에 초기의 부정적인 인상은 그대로 유지된다(Denrell, 2005).

신체적 매력 다른 사람의 신체적 외모는 그들이 장래 친구가 될지 또는 연인이 될지를 결정짓는 데 중요하다. 사실 우리는 책의 표지로 책을 판단하게 되는 것 같다(Olivola

& Todorov, 2010). 예쁘거나 잘생긴 것은 타인에게 강한 첫인상을 만든다. 키, 몸무게, 얼굴 생김새, 그리고 옷차림은 우리의 감각과 느낌에 영향을 준다. 우리는 신체적으로 매력 있는 사람을 더 긍정적으로 판단한다. 매력적인 사람들은 덜 매력적인 사람보다 더 재미있고, 지적이고, 열정적이며, 사회적이고, 적응을 더 잘한다고 평가된다. 신체적 매력은 더 높은 학점을 얻고, 더 나은 직업을 가지고, 더 빨리 승진하고 심각한 심리적 문제를 덜 경험하는 것과 같이 더 행복하고 다양한 성취와 연관이 있다는 점은 놀랄 만한 일이 아니다(Judge, Hurst, & Simon, 2009; Lorenzo, Biesanz, & Human, 2010). 반면에 사람들은 신체적으로 매력적이지 않은 사람들을 일반적으로 불리하게 판단한다. 아름다움처럼, 추함 또한 관찰하는 사람의 눈에 따라 다른 것이다. 누군가에게 밋밋한 얼굴 특징은 못생긴 것으로 보이는 반면에, 다른 사람에게는 추함이 큰 코나 변색된 피부 같은 비정상적 특징이다(Crandall, 1994). 어떤 경우든 간에 매력적이지 않은 사람은 오로지 외모로 인해 차별을 경험한다(Puhl &Latner, 2007). 글상자 8-2에 제시된 신체적 매력을 둘러싼 문제들의 논의를 보아라.

글상자 8-2 심리학에 초점을 맞춰라: 무엇이 사람을 매력적으로 보이게 하는가?

연구는 여성들이 모래시계 형태의 체형을 가졌고 엉덩이 둘레의 70~80%에 해당하는 날씬한 허리, 풍만한 가슴, 대칭적인 얼굴, 작은 코, 두툼한 입술과 가느다란 아치형 눈썹을 가졌을 때 미인으로 여긴다는 것을 보여 준다. 가장 매력적인 얼굴로 여겨지는 남자는 대칭적인 강한 턱과 뚜렷한 눈썹을 가졌다. 더욱이 대부분의 사람들은 넓은 어깨, 극도로 좁은 허리, 즉 V형의 몸통을 가진 남자를 매력적으로 여긴다(George, Swami, Cornelissen, & Tovee, 2008; Saxton, Debruine, Jones, Little, & Roberts, 2011). 밝혀진 것처럼, 매력적인 친구를 가진 것은 다른 사람이 당신을 얼마나 매력적으로 지각하느냐에 영향을 미친다. 최근 페이스북에 대한 연구 결과에 따르면, 담벼락 프로필상에 매력적으로 보이는 친구의 사진이 많은 사람이 그렇지 않은 경우에 비해 더 멋있게 보인다(Walther, Van Der Heide, Kim, Westerman, & Tong, 2008).

매력적으로 느끼는 얼굴에는 많은 문화적 유사성이 있다(Langlois et al., 2000). 예를 들어 미국인, 브라질인, 러시아인은 큰 눈, 작은 코, 두꺼운 입술을 선호한다(Jones, 1995). 이런 일반적인 것들은 사실이다. 다양한 민족과 인종집단 속에서 살고 있는 개인은 다른 사람의 매력을 판단할 때, 자민족 중심주의를 어느 정도 드러내는 경향이 있다. 그들 자신의 집단 구성원을 다른 집단 구성원들보다 더 매력적으로 본다(Schooler, Ward, Merriwether, & Caruthers, 2004). 그와 동시에 우리들 각자는 그런 친구, 연인 혹은 배우자와 같은 중요한 타인에 대해 그런 문화적 기대에 부응하려고 노력한다(Fudge, Knapp, & Theune, 2002). 결국 우리가 누군가를 좋아하면 좋아할수록 그 사람을 더 매력적으로 보게 된다. 따라서 우리들 각자를 매력적이라고 여기는 사람들이 세상에 많은데, 자신에게 좋은 것이 마음에 새겨진다.

탐색 8.1 매력

www.facesearch.org 이 웹사이트는 당신에게 사람들이 얼굴과 음성에서 매력을 느끼는 특성을 찾기 위한 간단한 실험에 참여할 수 있게 해 준다.

평판 평판 또한 타인에 대한 우리의 첫인상에 영향을 미친다. Gale이 당신의 친구이고 다음과 같이 말한다고 가정해 보자. "나는 Anita가 매우 보고 싶어요." 비록 당신이 Anita를 만나기 전일지라도, 당신은 Gale이 당신에게 말한 것에 기초하여 그녀의 긍정적인 이미지를 형성하려고 할 것이다. Gale이 말하지 않은 Anita의 어떤 좋지 않은 면을 나중에 알게 될 경우에도 당신은 그녀에 대해 유리한 해석을 것이다. 물론 그것은 역시 정반대의 방식으로도 작동한다. 만일 누군가가 "나는 교수님이 Gale을 형편없는 선생이라고 부르는 것을 들었어요."라고 말한다면 당신은 그게 옳든지 틀리든지 그녀에 대한 부정적인 인상을 형성하려고 할 것이다. 이것이 평판의 힘이다(Sleebos, Ellemers, & de Gilder, 2006).

유사성 우리가 다른 사람을 처음으로 주목하고 좋아하기로 마음먹는 또 다른 이유는 그들이 우리와 비슷하게 보이기 때문이다. 특히 사람들은 태도, 사회적 지위, 민족성, 음악적 취향 등이 같은 사람에게 종종 매력을 느낀다. 분명히 '유유상종'이다. 흥미롭게도 우리는 유사함에 근거하여 친구를 찾도록 선천적으로 타고났을지도 모른다. 친구들 사이의 유사성은 집단의 응집성을 높이고, 집단 구성원의 번영을 가능하게 한다(Fowler, Settle, & Christakis, 2011). 게다가 자기자신을 연상케 하는 사람들과 어울리는 것은 자기강화적이 될 수 있는데, 그들을 좋아함으로써 결국 스스로를 더 좋아하게 된다. 그리고 물론 우리의 친구들도 분명히 같은 이유로 우리를 좋아한다. 불행하게도, 이 과정은 친구들 사이의 유사성이 우리 자신의 웰빙을 저해하거나(약물사용과 같은) 타인의 복지를 저해하는(약자를 괴롭히기 같은) 태도나 행동을 포함할 때조차도 일어난다(Duffy & Nesdale, 2009; Smith, Thurston, & Green, 2011).

일반적으로 비슷한 욕구와 성격을 가진 사람들은 서로에게 매력을 느낀다. 그럼에도 불구하고 우리는 욕구와 특징에서 상보적인(반대되지만 양립할 수 있는) 사람에게 매료된다. 실제로 상보성의 이론은 대개 두 가지 성격의 전체적 조합보다는 구체적인 특질들에 적용되는 경향이 있다. 수다스런 사람은 아마도 그것으로 인해 조용한 어떤 사람에게 매력적으로 보일 것이고, 지배성이 높은 개인은 아마도 더 의존적인 상대를 찾으려고 할 것이다. 또한 상보성이 결혼과 같은 장기적인 관계에서는 중요할지라도 아마도 매력을 느끼는 초기단계에서는 중요하지 않을 수도 있다. 그럼에도 불구하고, 결혼한 부부 사이에서조차 유사성이 호감에 강력한 영향을 미친다는 많은 증거들이 있다(Myers, 1998).

근접성 어떤 시점에 당신의 친구가 이웃에 살거나, 같은 학교에 다니거나 같은 직장에 다닐 가능성이 높다. 인터넷이 이를 빠르게 변화시키고 있을지라도 지리적 가까움은 매력을 느끼는 초기단계에서 특별하게 중요하다. 우선 당신은 더 많이 접촉한 사람을 더 잘 알게 될 기회를 가진다. 이 요인은 가까움 또는 **근접성(propinquity)**이라 불리며 **물리적 가까움**을 의미한다. 전형적으로 멀리 있는 곳에 사는 사람이나 멀리 앉아 있는 사람(예: 학급에서)과는 친구가 될 가능성이 낮다(Smith & Weber, 2005). 가까운 거리에 있는 것은 또한 우리를 그 사람에게 더 많이 노출시키고 그래서 우리가 그 사람을 더 잘 알게 되는 것도 분명하다.'알면 알수록 더 잘 알게 된다.'라는 말 또한 진실이다. 다르게 말하면, 우리가 누군가와 더 친숙해지면 그 사람의 얼굴 표정이나 다른 비언어적 단서를 더 잘 판단하게 된다(Sternglanz & Depaulo, 2004).

상호작용과 좋아하는 것 사이에도 또한 강한 연관이 있다. 즉, '내가 당신을 더 많이 볼수록 나는 당신을 더 좋아한다'는 것이다. 그것은 역시 다른 방식으로 작동 하는데, 당신이 누군가를 더 좋아할수록 그 사람과 교제하기를 더 원한다는 것이다(Vittengl & Holt, 2000). 물론 당신이 누군가를 처음에 싫어한다면 그를 보면 볼수록 더 싫어할 가능성도 높다. 그런 경우를 '너무 가까워지면 경멸감을 불러일으킨다'고 한다. 우리는 또한 자신이 관계 맺고 싶어 하는 사람의 긍정적인 자질을 강조하며 부정적인 자질을 최소화시키는 경향이 있다(Denrell, 2005). 그렇지 않으면 우리는 불쾌한 친구, 동료나 룸메이트와 있다는 생각을 떨쳐 버리지 못해 억울함이 증가하게 된다. 주류 미국의 사회적 규준이 다른 사람과 협력하는 관계를 권장하기 때문에 우리는 다른 사람들과 더불어 살고 더불어 일하기 위해 특별히 노력해야 하며, 그렇지 않은 삶은 너무 비참할 것이다.

비언어적 신호 타인에 대한 우리의 첫인상은 또한 다양한 비언어적 신호들에 의해 형성된다(Hugill, Fink, & Neave, 2010). 대개, 새롭게 알게 된 사람의 얼굴이나 제스처가 이미 잘 알고 있고 좋아하는 다른 누군가를 떠올리게 한다면 우리의 오래된 지인에 관한 긍정적인 느낌이 새로운 사람에게 옮겨 가게 된다. 반면에, 새롭게 만난 사람이 좋아하지 않는 사람을 떠올리게 할 때 좋아하지 않는 사람에 대한 부정적 느낌을 전이시키는 경향도 있다(Anderson & Berk, 1998). 게다가 어떤 사람의 자세나 몸짓 또한 우리의 인상에 영향을 준다. 우리는 구부정하게 서 있는 사람보다 똑바로 서 있거나 씩씩하게 걷는 사람을 더 좋아한다. 또한 우리의 말에 주의를 기울이는 사람보다 지적하고 노려보고 말을 가로막는 사람은 더 부정적인 인상을 준다.

당신이 추측할 수 있는 것처럼 얼굴은 다른 사람을 지각하는 데 특히 중요한 역할을 한다. 예를 들어 우리는 미소를 지으며 눈을 마주치는 사람에게 호의적인 인상을 가진다. 너무 오랜 시간 불편하게 우리의 눈을 응시하지 않는 한 우리와 눈을 맞추는 사람을 더 신뢰할 수 있고 더 호감이 간다고 판단할 가능성이 높다. 수줍음 때문이든 속임수 때문이든 간에 우리의 눈을 피하는 사람에게는 아마도 호감이 덜 갈 것이다. 더구나 각진 얼굴을 가진 사람은 우리를 위협하거나 화를 내는 것처럼 보이는 반면에 둥근 형태의 얼굴을 가진 사람은 행복하고 호감이 간다고 지각된다(Bar & Neta, 2006). 비언어적 행동과 이에 따르는 의미의 목록을 글상자 8-3에서 보라.

이전의 장에서 언급한 것처럼, 몇 가지 얼굴 표정은 보편적이다(Matsumoto, 2002). 바꿔 말하면, 나이지리아에서의 웃는 얼굴이 즐거움을 나타내는 것처럼 독일에서도 웃는 얼굴은 즐거움의 표현이다. 그러나 고려해야 할 필요성이 있는 문화에 근거한 경고도 있다. 말과 목소리에 억양이 포함되듯, 감정의 표현도 그렇다는 것이다. 그런 비언어적인 '억양'은 심지어 말하는 사람의 국적이나 문화를 드러낼 수도 있다(Beauprě & Hess, 2005). 예를 들어 라틴아메리카 남성은 가슴 맞대기와 팔로 등 감싸기 같은 잠시 동안의 허그로 관계를 형성한다(Navarro & Karlins, 2008).

언어적 신호 다른 사람에 대한 지각을 형성시키는 언어적 의사소통 패턴의 차원들—단어나 의미가 아니라, 말의 속도, 멈춤, 고저 같은 언어적 의사소통의 특징—또한 존재한다. 말로 표현되지는 않지만 말로 하는 의사소통의 이런 중요한 특징은 **부언어(paralinguistic)**라고 부른다. 어떤 부언어 단서들—제스처 같은—이 말없이 사용할 때 실제로 의사소통 전체의 역할을 할 수 있다(Goldin-Meadow, 2006). 당신들 중 많은 사람이 경험했을 것이라고 확신하듯이 부언어 단서는 이메일을 쓸 때, 온라인 채팅을 할 때 그리고 다른 사람과 문자를 주고받을 때에는 존재하지 않는다. 결과적으로 전자메시지의 정확성과 이해도는 부정적인 영향을 받을 것이다(Porter & ten Brinke, 2010). 그러므로 당신이 인터넷이나 휴대전화를 거쳐 의사소통을 할 때, 전달하려는 의미에 가장 가까운 단어를 확실히 선택하는 것이 중요하다.

글상자 8-3 의사소통에 초점을 맞춰라: 비언어적인 신호

전 FBI 방첩부대 요원인 Joe Navarro에 따르면, 다른 사람의 신체 위치나 움직임을 주의 깊게 관찰함으로써 그들의 진짜 감정을 읽을 수 있다고 한다. 여기에는 매력이나 친근함과 관련된 몇 가지 신체 언어가 있다(Navarro & Karlins, 2008).

신체 언어	의미
당신으로부터 멀어지려는 경향	불일치 또는 불편함
실눈을 뜨고 보거나 손으로 눈을 가림	불신감 또는 불일치
목의 맨 아래 부분을 가리기	정서적 불편함 또는 불안정
팔꿈치를 내밀기, 팔을 구부리기	우월 또는 분노
손을 허리춤에 대기	
팔을 뒤로 하기	떠나기
대화하는 동안 발이 바깥을 향하기	떠나기를 원하는 사람
상체를 앞으로 기울이기	편안함, 동의 또는 좋아함
머리 기울이기	편안함 또는 끌림
눈썹을 아치형으로 만들거나 눈을 크게 하기	긍정적 감정, 흥미
발이나 다리를 꼼지락거리기 시작하기	벌어지는 일에 대한 흥미
서서 다리를 교차하기	편안함, 걱정 없음, 긍정적 감상
상대방의 행동을 따라하기	끌림

출처: Based on *What Every BODY is Saying* by Joe Navarro and Marvin Karlins. HarperCollins, 2008.

최근 들어 단어 반복, 말의 속도 및 부언어적 동작 수준 같은 부언어 단서는 사기와 거짓말을 수사하기 위해 사용돼 왔다. 예를 들어, 사람들은 거짓말을 하고 나서 진실을 말할 때, 더 적은 단어를 사용하고 더 천천히 말하며, 단어 사이에서 더 길게 멈춘다(Davis, Marlaus, Walter, Vorus, & Connors, 2005). 또한 남녀 간의 언어적 및 비언어적 의사소통에서 성별차가 있는데 글상자 8-4에서 읽을 수 있다. 이들 성별간의 차이 중 몇 가지는 의미가 없을지도 모른다. 왜냐하면 앞서 언급한 차이를 만들어 내는 것은 남녀의 단순한 성별의 차이 때문이 아니라 좀 더 정확히 말해 남성성과 여성성의 문제(남자와 여자 둘 모두에서 가능할 수 있는 특질)이기 때문이다(Basow & Rubenfield, 2003).

잘못된 인상

Anita는 처음에 그들의 나이 차이 때문에 Gale이 친구가 되는 것에 흥미가 없다고

글상자 8-4 의사소통에 초점을 맞춰라: 남자와 여자가 대화할 때

남자와 여자가 서로 대화할 때….

- 여자와 남자는 사람중심적인 편안한 메시지에 비슷하게 반응한다(Jones & Burleson, 2003).
- 여자가 남자의 말을 이해하는 것보다, 남자가 여자의 말을 이해하는 것이 더 어렵다(Edwards, 1998).
- 비언어적 의사소통의 측면에서 여성은 자신의 몸을 말하는 사람에게 더 똑바로 향하고 응시를 하는 반면 남자는 앞으로 몸을 숙이거나 말하는 사람과 더 일치하는 자세를 보여준다(Guerrero, 1997).
- 여자는 남자의 몰입을 과소평가하고 남자는 여자의 성적 의향을 과도하게 지각한다(Haselton, 2003).
- 남자는 여자보다 말을 많이 하고, 말을 많이 가로막으며 더 적은 주제를 언급한다(Atwater, 1992).

여겼다. Anita는 오류를 범한 것이다. 왜 그녀는 첫 만남에서 그런 가정을 했을까? Anita는 **잘못된 인상(mistaken impression)**—종종 불충분한 증거에 기반을 둔 타인에 대한 잘못되거나 틀린 지각—의 희생자가 된 것이다. 우리가 다른 사람에 대해 판단 실수를 하는 가장 큰 하나의 이유는 그들에 대한 정보의 부족 때문이다. 놀라울 것 없이 이것은 너무 성급하게 타인을 파악하려는 우리의 경향성 때문이다. 우리가 빨리 누군가를 평가할 때, 대개 복잡한 결정을 위해 **발견법(heuristics)**이나 심리적 지름길을 사용한다. 심리적 지름길이나 발견법의 하나는 **허위 합의 효과(false consensus effect)**인데, 그것은 우리가 느끼는 것처럼 다른 사람도 느낀다고 가정하는 것이다(Wojcieszak & Price, 2009). 그렇다면 우리는 Anita가 처음부터 Gale이 우정을 쌓기에는 나이 차이가 너무 크다고 생각했다면 Gale 또한 같은 생각을 할 것이라고 잘못 가정했을 수 있다고 추측해 볼 수 있다. 게다가 우리는 고정관념, 긍정 부정 편향 귀인에 의해 생기는 잘못된 단서 때문에 다른 사람에 대한 잘못된 인상을 형성할 수도 있다. 이제 그 각각을 살펴보자.

고정관념 **고정관념(stereotypes)**은 사실에 거의 기초를 두지 않고 일반적으로 집단의 사람에게 적용되는 광범위한 일반화이다. 사람들이 '모든 선생님은' 또는 '그 사람들은 모두 그래.'라는 문장을 말할 때면 고정관념적인 생각에 사로잡혀 있는 것이다. 고정관념은 세 가지 주요 방법—고정관념 지워진 집단의 개인과 실제 접촉, 다른 사람과 고정

글상자 8-5 다양성에 초점을 맞춰라: 미디어에서의 인종 고정관념

여기에 젊은층을 표적으로 하는 미디어에서의 몇 가지 인종 고정관념의 예들이 있다(Kirsh, 2010). 다음의 정보를 읽고 이 질문을 생각해 보라. 당신은 미디어의 고정관념이 어린이와 청소년의 신념에 얼마나 영향을 미친다고 생각하는가?

- 어린이들의 그림책에서는 아프리카계 미국인, 아시아인, 라틴계 사람은 똑똑하게 묘사되는 백인보다 덜 좋게 그려진다. 만약 용감함을 강조하는 민속 이야기일 때 주인공은 전형적으로 인디언이다.
- 만화에서 만일 주인공이 노래하고, 춤추고, 주변 사람을 즐겁게 해 준다면 그들은 거의 아프리카계 미국인으로 보여지기 쉽다. 일을 조금만 하고 싶어 하는 인종은 히스패닉계다.
- 상업 방송에서 운동선수들과 음악인들은 거의 아프리카계 미국인으로 그려진다. 상업 방송에서 아시아인을 찾기란 쉽지 않다.
- TV 쇼에서 아프리카계 미국인은 다른 인종보다 더 자극적으로 옷을 입는다. 그들은 또한 재판 시스템에서 범죄자 역할로 캐스팅되기 더 쉽다. 히스패닉계인들은 다른 인종보다 더 범죄와 연루되거나 가사일을 하는 등의 인물로 그려진다.
- 비디오게임에서 범죄자, 운동선수, 폭력배 그리고 피해자와 가해자는 아프리카계 미국인이나 히스패닉으로 가장 자주 그려진다. 반대로 영웅들은 백인이다.

관념 지워진 집단에 대한 토론, 그리고 미디어를 통해 접한 고정관념—중의 하나를 통해 배운 것이다(Kirsh, 2010; Ruscher, Gralley, & O'Farrell, 2005). 사실 어린이들은 이야기 책, TV 쇼, 상업광고, 비디오게임 등으로 인해 자주 인종(소수민족이 범죄의 가해자이다)과 성별(여자는 더 감정적이며 남자는 독립적이고 공격적이다)에 대한 고정관념을 접한다(Baker & Raney, 2007; Jansz & Martis, 2007). 예를 들어, 최근의 한 연구에서는 어린이용 그림책이 여성보다 남성을 더 독립적이고 창의적으로 묘사한다는 것을 밝혀냈다. 더구나 남성이 가사일을 하거나 아이를 돌보는 것 같은 일을 하는 것은 드물게 보였다(Hamilton, Anderson, Broaddus, & Young, 2006). 또 다른 연구에서는 상업적 광고가 수동적인 활동(앉아서 하기)이나 가정 잡일 등을 하는 장면에 남성보다 여성을 더 많이 보여 주는 경향이 있음을 밝혔다(Davis, 2003). 글상자 8-5는 미디어에서의 몇 가지 공통적인 인종 고정관념을 지적하고 있다.

최근의 연구는 고정관념화 경향성이 꽤 자연적이며 자동적으로 일어난다는 것을 보여 주었다(Lepore & Brown, 2002). 더구나 고정관념을 가지는 것은 아마도 사적으로든 공적으로든 우세한 반응일지 모른다(Lambert et al., 2003). 불행하게도, 만약 고정관념이 부정적이라면 고정관념에 편향된 사람은 그 편견의 표적이 되는 사람과 어울릴 가능성이 없으며 결과적으로 부정적인 고정관념을 계속 유지한다(Sherman, Stroessner, Conrey, & Azam, 2005). 당신은 고정관념을 사용하는가? 왜? 당신은 스스로 고정관념 때문에 오해를 한 적이 있다고 느끼는가? 만일 그렇다면, 어떤 것이었는가?

긍정성과 부정성 편향 우리는 또한 사람들을 좋거나 나쁘다고 명명하는 경향이 있는데, 왜냐하면 적어도 그들이 약간의 좋거나 나쁜 특성을 지니고 있기 때문이다. 이것은 마치 우리가 좋아하는 사람의 머리 위에 천사와 같은 후광을 가졌다면, 잘못을 저지를 수 없다고 생각하는 것과 같다. 다르게 말하면, **후광 효과(halo effect)**는 몇 가지 드러난 긍정적 특성으로부터 일관성 있게 다른 긍정적 특성을 추론하는 것이다. 예를 들어, 우리가 어떤 사람을 따뜻하고 외향적이라고 여기면, 지능과 부지런함 같은 모든 다른 종류의 긍정적 성질도 가지고 있다고 보는 것이다. 학령 전 아동은 자신이 좋다고 지각하는 어떤 아이가 머리가 좋고 운동도 잘할 것이라고 믿는다(Koenig & Jaswal, 2011). 정반대로, 만약 우리가 다른 사람을 차갑고 내향적으로 본다면 우리는 그들이 추가적으로 부정적인 성질을 갖고 있다고 본다. 그래서 **악마 효과(devil effect)**는 몇 가지의 드러난 부정적인 특성으로부터 일관성 있게 부정적 특성을 추론하는 것이다. 실제로 전적으로 나쁘거나 좋은 사람은 없다. 대신에 당신은 우리들 각자가 어떤 바람직하거나 바람직하지 않은 특질들이 복합적으로 혼합되어 있다는 것을 명심해야만 한다(Palmer & Loveland, 2008).

귀인 오류의 또 다른 근원은 우리가 빈번히 다른 사람의 행동에 미치는 상황적 영향을 충분히 고려하지 않고 사람을 잘못 판단한다는 것이다. 즉, 우리는 자신이나 다른 사람의 행동의 원인을 찾는 데 있어서 잘못된 **귀인(attributions)**을 한다. 우리는 사람들이 항상 성격대로 행동한다고 가정한다(즉, 성격에 기초를 둔다). 예를 들어, 당신이 누군가가 자신의 커피를 떨어뜨린 것을 본다면 그 사람이 서투르다고 생각할 것인가 혹은 쏟은 이유를 커피가 뜨겁다는 사실의 탓으로 여길 것인가? 사람들은 종종 당면한 상황의 제약을 받는 것이 사실이다. 사람들의 행동을 상황적인 것으로 보기보다 그들의 성격이라고 과하게 귀인하는 경향은 너무 만연해 있으며 사회적 지각에 있어 중요하며 **근본적 귀인 오류(fundamental attribution error)**라고 불린다. 사람들을 잘못 판단하는 것을 피하기 위해, 우리는 그들의 환경이 지닌 강력하고 변하는 영향들을 고려해야만 한다. 그러므로 정말로 그 사람이 어떤지를 알기 위해서는 시간이 흐름에 따른 다양한 상황에서 그 사람을 관찰하는 것이 현명하다(Alfano, 2011).

우리는 종종 매우 적은 정보를 바탕으로 타인에 대한 인상을 형성하는데, 예를 들면 그들이 어떤 차를 운전하는가와 같은 것이다.

친구관계 지속하기

학습 목표

8.3 상호 자기노출이 우정을 형성하는 방식을 논의한다.

8.4 남녀 간의 우정의 차이점을 논의한다.

8.5 우정이 깨어지는 몇 가지 이유에 대해 설명한다.

첫인상을 형성하고 상호작용을 계속 이어 나갈지를 결정한 후에 우리가 누군가를 더 잘 알게 될수록 우리의 관계는 우정으로 성숙할 것이다. **우정(friendship)은 두 사람 혹은 더 많은 사람들 사이에서의 다정한 애착**으로 정의 내릴 수 있다. 우리는 대개 긴 시간을 알고 지낸 누군가를 친구로 생각하는데 그것은 종종 진실이다. 그렇지만 우정은 교제의 빈도보다는 관계의 질과 더 관계가 깊다. 깊은 우정은 다른 사람을 돕기, 친밀감, 비밀을 드러내기, 성공을 서로 칭찬해 주기, 충성심 그리고 또 다른 긍정적 특징을 가지고 있다. 우정은 다른 일상의 상호작용에서 종종 빠져 있는 따스함과 친밀감을 제공한다. 친밀한 우정은 우울, 외로움으로부터 우리를 구원하며 더구나 우리의 정신적 및 사회적 웰빙을 향상시킨다. 유사하게 우정은(아동기와 청소년기에 생기는 것을 포함하여) 전반적인 행복 수준, 자아존중감, 그리고 성적 취향, 패션 스타일, 음악과 알코올과 약물의 사용과 관련된 광범위한 태도에 영향을 미친다(Prinstein & Dodge, 2008).

친구들과 함께할 때

친구들 간의 가장 일상적 활동 중의 하나는 친밀한 대화를 나누는 것이라는 사실은 놀라울 것이 없다(Berndt, 2002). 당신은 아마도 학급에서 당신에게 일어난 난처한 사건에 관해 이야기하기 위해 친구에게 전화 할 것이다. 또는 당신의 친구가 자신의 중요한 타인과 생긴 문제에 관해 이야기하기를 원할지도 모른다. 두 가지 모두의 경우에 당신의 느낌을 공유하고 그 주제에 관한 다른 사람의 반응을 얻는 것은 매우 도움이 된다. 또 다른 자주 언급되는 활동은 특히 남자가 친구를 돕는 것이다. 아마도 당신은 친구의 차를 빌릴 요청을 하거나 당신의 친구가 업무가 끝난 후에 당신이 자신을 차로 귀가시켜 주기를 원할지도 모른다. 누군가에게 호의를 요청하거나 베푸는 것은 관계에서 주고받음뿐 아니라 상당한 신뢰를 전제로 하며, 이 두 가지는 모두 우정의 중요한 성질이다.

사회적 지지와 우정 스트레스에 관한 장에서 언급한 것처럼 친구에 대한 가장 커다란 호의는 서로의 이야기를 잘 들어 주는 것이다. 이런 형태의 사회적 지원은 사회적 지지라고 불리는데, 이것으로 해서 개인과 집단은 사회적 지지를 대처의 수단으로 사용하는 사람에게 안락감과 충고를 제공한다. 일반적으로 양호한 웰빙을 보고하는 사람들은 비록 몇몇의 가까운 친구들만 갖고 있을지라도 종종 높은 수준의 친밀한 개인적 정보를 공유한다고 보고한다(Reynolds & Repetti, 2006). 때때로 가벼운 친구 사이가 가까운 친구가 되기도 하는데, 그것은 어떤 개인적 문제를 공감적으로 들어 주었기 때문이다. 위기에 직면한 많은 사람들은 자신의 가족에게 그것을 이야기하기 전에 친구를 먼저 찾을 것이다. 왜냐하면 친구는 공명판 같은 역할을 할 것이고 가족 충성심 갈등이 없이 필요한 지지를 제공하기 때문이다.

흥미롭게도 사람들은 나이가 들어 감에 따라 필요로 하는 사회적 지지가 달라진다. 청소년들은 필요할 때 가족보다 친구에게 의지하기 쉽다. 반대로 중장년층은 가족을 찾는 경우가 더 많다(Steiner, 2001). 노년층이 증가하고 성인 사회가 발전함에 따라 아마도 미래의 노인세대는 더욱 동료 지향적이 될 수도 있다(Buys, 2001). 당신은 개인적 위기 때 찾을 수 있는 친구를 가지고 있는가? 만일 그렇다면, 그들은 누구인가? 어떤 사적인 문제는 친구보다 전문가와 토론하는 것이 더 적절하다는 사실을 기억하라. 그런 경우에 종종 적절한 도움을 얻기 위해 전문가를 찾는 것이 최선일 것이다.

자기노출 - 작은 비밀

두 사람 사이가 낯선 사람에서 지인 그리고 가까운 친구가 되는 과정에서 사람들은 스스

친구들은 종종 서로 비밀스러운 정보를 노출한다.

로에 대해 더 폭넓고 더 깊은 정보를 드러낸다. 사실 **자기노출(self-disclosure)—다른 사람과 사적이고 개인적인 정보를 공유하는 것**—은 타인을 더 가깝게 만드는 한 가지 방법이다(Gibbs, Ellison, & Heino, 2006). 자기노출은 친구 간의 몰입과 신뢰를 알려 줄 수 있는데, 비밀을 공유하는 것은 당신을 상대방에 대해 더 상처받기 쉽게 만들기 때문이다. 밝혀진 것처럼 자기노출, 특히 개인적 비밀의 노출은 건강에 유익하다(Patterson & Singer, 2007). 예를 들어, 최근 연구는 매일 적어도 2분 동안 긍정적인 경험이나 트라우마를 초래한 경험에 대해 적는 것이 건강과 관련된 불평을 극적으로 줄어들게 한다는 증거를 보여 주었다(Burton & King, 2008).

자기노출의 무엇이 웰빙을 촉진하는가? 한 입장은 비밀을 말하는 사람이 그 비밀 속에서 새로운 통찰을 얻는다는 것이다. 비밀을 말함으로써 더 이상 그것을 숨기려는 노력을 쏟지 않아도 된다는 것이다. 더 높은 수준의 자기노출을 할수록 두 사람 사이가 항상 더 많이 친밀해지는 것은 아니며 때로는 역효과를 낼 수도 있다. 보통은 당신이 자신을 많이 노출할수록 친구도 더 많이 노출할 것이다(Morry, 2005). 만약 당신의 친구가 관계에서 편안함이나 신뢰감을 충분히 느끼지 않는다면 자신의 삶에 대한 사적인 이

글상자 8-6 심리학에 초점을 맞춰라: 프레너미 조심하기

'프레너미(frenemy)'라는 용어는 '친구(friend)'와 '적(enemy)'의 합성어이다. 프레너미는 친구 같은 역할을 하는 사람이지만 실제적으로는 당신 개인의 안녕을 위해 약간 조심해야 하는 사람이다. 어떤 때는 당신의 문제에 웃어 주고 문제를 들어 주며 당신과 시간을 보내다가 또 어떤 때는 당신의 비밀을 소문꺼리로 페이스북에 올리는 사람이다. 여기에 당신의 친구가 정말로 '프레너미'인지를 판단하는 것을 도울 수 있는 몇 가지 상황이 있다.

프레너미는

- **자주 애매한 칭찬을 하는데, "그는 네가 일반적으로 만났던 남자들보다 더 나아 보여."라고 한다.**
- **당신이 가장 좋아하는 자신의 특징을 하찮게 만들어 버린다.**
- **타인 앞에서 당신을 나쁘게 보이도록 만들거나 곤란하게 한다.**
- **페이스북에 당신의 나쁜 모습을 자주 태그한다.**
- **당신이 해 놓은 업적을 평가절하 함으로써 긍정적인 순간에 재를 뿌린다.**
- **뒤에서 당신에 대한 험담을 한다.**
- **당신과 자신의 삶을 경쟁적으로 비교한다.**

심리학자들은 관계공격성(relation aggression)—다른 사람의 사회적 관계 혹은 집단관계를 헤치려는 시도인 공격행동—으로 프레너미의 행동을 언급했다. 비록 관계공격성이 신체적인 흔적을 남기지는 않지만 신체적 고통을 경험하는 것과 관련 있는 뇌의 구조인 전측대상회에 사회적 배척의 결과에 따른 고통의 흔적을 남긴다(Eisenberger, Lieberman, & Williams, 2003). 따라서 오래된 격언 "막대기와 돌멩이로 내 뼈를 부러뜨릴 수는 있어도 험담은 그렇게 하지 못한다."라는 말은 틀린 것 같다. 심리적 고통을 주는 관계공격성은 실제로 상처를 남기지만, 그 상처는 육안으로는 보이지 않는다.

야기를 하지 않을 것이다. 당신에 관해 극도로 사적인 것을 아는 것은 친구가 관계에서 힘의 우위를 갖도록 해 준다. 그렇게 되면 당신은 힘의 균형을 맞추기 위해 물러서서 더욱 피상적인 문제로 의사소통을 제한하게 된다. 다른 경우에 누군가는 관계에서 갈등을 초래하는 정보를 공유함으로써 두 파트너 모두 더욱더 피상적인 수준으로 후퇴할지도 모른다. 누군가와 자신의 가장 깊은 생각과 감정을 공유하기로 결정할 때는 현명한 선택을 하는 것이 중요하다는 것을 기억하라. 왜냐하면 당신의 '친구'는 프레너미, 즉 적 같은 친구가 될 수도 있기 때문이다. 글상자 8-6은 이런 주제를 더 상세히 다룬다.

자기노출의 성차 남성과 여성은 면대면 또는 전자기기상으로 개인적 문제를 공유하려는 시도에서 차이가 있다. 여성은 사적인 노출을 함에 있어 남성들보다 더 적극적인 특징이 있다. 사실, 여자 친구끼리는 특별하게 더 가까워 보이지만 남성들 간의 노출은 덜 상호적이다. 그것은 남성은 타인이 드러낸 것보다 자신을 덜 드러낸다는 것을 의미한다. 그리고 그들의 노출은 정치나 학교 같은 덜 개인적 주제로 이루어지는 경향이 있다. 어떤 심리학자는 여성이 대인관계적인 유대감을 강화하기 위해 노출을 사용하고, 남성은 지배나 권력을 추구하기 위해 노출을 사용한다고 말하였다(Fehr, 2004; Suh Moskowitz; Fournier, & Zuroff, 2004). 그러나 성역할에 대한 고정관념의 축소로 인해 우리는 과거보다 남자들이 자기노출에서 더 적극적으로 참여할 것이라고 예상할 수 있다. 성별과 관계없이 높은 자존감을 느끼기를 즐기는 사람은 자신에 대한 개인적 정보를 공유하기를 편안하게 느낄 뿐만 아니라 가까운 관계에서 더 많은 안전감을 느낀다. 낮은 자존감을 가진 사람들은 개인적 정보를 보유하는 경향이 높기 때문에 다른 사람과 가까워짐을 통해 자신을 알게 되는 데 실패한다.

자기노출의 문화적 차이 자기노출이 얼마나 수용 가능한가에 대해서는 동서양 간의 분명한 문화적 차이가 있다. 미국에서보다 일본과 대만에서 자기노출을 덜 한다는 것이 요점이다. 사실 아시아인들에 비해 미국인들은, 특히 흥미, 일, 돈 같은 피상적인 주제들에 대해서 전형적으로 더 많은 정보를 노출한다. 어떤 연구는 관계가 개인주의 문화보다 집단주의 문화에서 더 안정적이기 때문에 일본 같은 동양문화에서는 관계를 유지하기 위해 노력이 덜 필요하다고 제안한다. 결과적으로 서양인들은 아시아인들보다 자신의 관계를 유지하기 위해 더 노력하는데, 그 노력 중의 하나가 자기노출이다(Kito, 2005; Schug, Yuki, & Maddux, 2010). 게다가 아시아인들은 서양인들보다 스트레스 시기에도 사회적 지지를 덜 구하는 편이다. 부분적으로 이런 발견은 아시아인들이 특히 자기노출이 기존의 관계를 망칠 것이라고 염려하기 때문에 발생한다. 흥미롭게도, 미국인들과 비교해 아시아인들은 사회적 지지를 받고 있을 때조차도 사회적 지지가 자신에게 심리적 이득이 별로 없다고 지각한다(Schug et al., 2010).

우정에서의 성차

정신적 우정 우정이 어느 한쪽 성에게만 반드시 더 중요할 필요는 없지만 여성과 남성에게 다른 의미를 가지는 경향이 있다. 정신적 우정(platonic friendship)에서 친밀은 여자 친구들 사이에서 더욱 중심적인 역할을 한다(Fehr, 2004). 여성은 대개 남성보다 자신의 우정에서 신체적으로나 정서적으로 더 표현적이다. 또한 우리가 이미 보았듯이 여성은 걱정, 즐거움, 비밀 같은 자신의 삶의 사적인 세밀한 것을 공유하는 경향이 있다. 동시에 여성은 가까운 관계에서 더 높은 불안을 경험하는 반면에 남성은 돈, 재산 및 지배에 관한 솔직한 논쟁을 하는 경향이 있다. 보통 남자들끼리의 우정은 정서적으로 가까운 것을 의미하지는 않는다(Oxley, Dzindolet, & Miller, 2002). 대신에 남성들은 여성들보다 테니스 혹은 사냥처럼 특정한 활동을 공유하거나 혹은 도움을 청할 가능성이 높다. 그러나 심각한 개인적 문제로 고통 속에 있을 때는 남자도 가까운 친구를 찾는 것 같다. 더욱이 짝을 매혹시키는 최선의 방법을 배울 때 이성애자인 남성과 여성은 동성 친구보다 이성 친구를 더 많이 찾는다(Benenson & Alavi, 2004).

성역할의 변화로 '활동 친구'나 '다목적 친구' 같은 우정 양식 어느 것도 남성 혹은 여성을 구분하지 않는다는 사실은 언급할 가치가 있다. 사업상의 점심식사를 하는 것에서부터 헬스클럽 운동까지 모든 것을 포함하는 활동적인 삶을 사는 여성들은 활동 친구의 즐거움을 알고 있다. 그리고 개인적 지지체계의 중요성을 알고 있는 남자는 자신의 깊은 감정과 생각을 공유하는 다목적 친구의 가치를 알고 있다. 어떤 우정 양식도 정신건강, 성취 또는 삶의 즐거움에 특별히 유리하지는 않다. 우리 대부분은 남성과 여성의 두 가지 친구 유형의 혼합형을 갖고 더 잘 지내는데, 각 유형은 우리 자신의 다른 측면을 나타내고 뚜렷하게 한다.

성관계 친구 역사적으로 신체친밀성의 존재와 부재는 낭만적 관계와 우정을 구별하는 데 사용되어 왔다. 성행위는 일차적으로 낭만적 파트너 사이에서 일어나거나 단기간의 밀회에 관심을 가진 익명의 낯선 사람 사이에서 일어난다고 생각된다. 더 이상 새롭지는 않지만, 새로운 관계유형으로 정의된 것이 있는데, **성관계 친구(friends with benefits, FWB)는 반복되는 성행위를 포함하는 우정**이다. FWB 관계는 우정(예: 지지, 동료애, 비성적 활동, 신뢰, 이해)과 로맨틱한 관계, 즉 성행위의 특징을 모두 가지고 있다. 그러나 FWB 관계는 낭만적 관계에서 존재하는 몰입이 부족하다.

FWB 관계에 분명한 성차가 있다는 것을 아는 것이 당신에게 놀라운가? 남성은 일반적으로 여성보다 (1) 동시적으로 발생하는 다중의 FWB 관계를 가질 가능성이 높고, (2) 과거의 FWB 관계를 더 많이 가질 가능성도 높다. 또한 남성은 성욕이 그런 관계를 맺는 주요 이유라고 보고한다. 반면에 여성은 정서적 연결의 증가가 FWB 관계를 시작하는 동기라고 보고한다. 더구나 남성은 FWB 관계의 상태가 앞으로 변화하지 않기를 희망하는 반면에, 여성은 낭만적 관계 혹은 정신적 우정 모두에서 관계의 변화에 대한 소망을 더 많이 표현한다. 흥미롭게도 남성과 여성 둘 모두 관계의 '우정'측면이 '성관계' 측면보다 더 중요하다고 보고한다(Lehmiller, Vanderdrift, & Kelly, 2011).

50~60%가량의 대학생들이 FWB 관계를 맺고 있음을 보고한다(Owen & Fincham, 2011). 비록 FWB 관계를 통해 성적 자신감과 경험을 가지게 되는 것 같

은 이익을 얻기는 하지만 위험성도 없지는 않다. 그것으로 인해 우정이 손상을 입을 수 있고 정서적으로 다칠 수 있으며 성병에 감염될 수 있는데 이는 종종 간과된다. 성적인 독점성이 FWB 관계에서 요구되지 않고, FWB 관계를 가진 사람의 50%가 한 명 이상의 섹스 파트너를 가지고 있다는 사실에도 불구하고 많은 사람들이 콘돔을 사용하여 STI를 예방하는 것에 실패한다(Weaver, MacKeigan, & MacDonald, 2011). 성적으로 활동적인 성인에서조차도 대부분의 우정은 FWB 관계로 바뀌지 않는다는 것을 주목하라. 대학생들이 우정을 순수하게 유지하는 이유가 있다.

- 우정은 우정으로서만 유지하기를 원하는 것
- 다른 사람에게 신체적으로 매료되지 않은 것
- 공동의 친구의 네트워크에서 배척받는 것을 두려워하는 것
- 이미 제3의 인물과 관계하고 있는 것
- FWB 관계에서 일어날 수 있는 신체적, 정서적 위험을 피하는 것
- FWB 관계를 맺을 준비가 되어 있지 않은 것

친구 유지하기

"오래된 친구만 한 친구가 없다." 예로부터 전해 오는 말이다. 오래된 친구와 함께 있으면 우리는 이완되고 배척의 두려움 없이 자신의 모습을 보일 수 있다. 우리는 서로의 버릇에 익숙해져 있어서 상대의 약점을 쉽게 용인하게 된다. 친구를 유지하는 것은 관계의 특별한 질에 의존하며(Bagwell et al., 2005), 두 사람 사이의 접촉의 빈도는 덜 중요하다. 우리들 대부분은 자주 보지는 않지만 여전히 친구라고 여기는 몇몇 친구를 가지고 있다. 우리는 가끔 전화로 연락하거나 카드와 편지나 이메일을 주고받을지도 모른다. 동창회와 휴가는 페이스북과 같은 사회망이 하는 것처럼 오래된 유대를 새롭게 하는 기회를 제공한다. 동시에 고등학교 때 가장 친했던 친구가 다른 대학에 들어갔을 때와 같은 물리적 이별은 우정을 유지하기 힘들게 한다(Oswald & Clark, 2003). 우정이 식는 이유에 대해 사람들에게 물었을 때 가장 많이 답하는 이유는 한 사람이 떠났기 때문이라는 것이다.

대조적으로 우정이 깨지는 가장 공통된 이유는 결혼, 출산, 새로운 직업, 상이한 일정과 같은 삶의 변화이다(Davis, 1996). 우정의 붕괴는 한 사람의 삶은 심하게 변하는 반면에 다른 사람은 그렇지 않을 때 더 쉽게 일어난다는 것은 놀랍지 않다. 배신이 우정이 종결되는 또 다른 이유인데, 다르게 말해 신뢰가 깨진 것이다(Sheets & Lugar, 2005). **신뢰(trust)**는 사람들이 친구나 배우자가 자신을 보살펴 주고 현재나

미래에 자신의 욕구에 반응해 줄 것이라고 믿는 추상적이고 긍정적인 기대로 정의될 수 있다. 어떤 경우에 신뢰의 파괴는 허가를 요청하지 않고 개인적 물품을 사용하는 것과 같이 사소한 위반에 의해 생긴다. 다른 경우에 신뢰의 파괴는 비밀리에 말한 것을 번복하거나 당신의 중요한 타인에게 전달하는 것과 같은 좀 더 심각한 위반을 포함한다. 이와 무관하게 신뢰가 붕괴하고도 관계가 지속되려면 상당한 양의 교정 작업을 요구한다. 신기하게도 대학에서 룸메이트가 되는 것같이 친구 사이의 접촉 증가는 서로 간의 차이에 대한 고통스러운 자각을 하도록 만든다. 우정은 붕괴에도 불구하고 깊은 만족감의 경험이므로 우리 각자는 인생을 사는 동안 새로운 친구를 계속 만드는 동시에 오래된 우정에서 나오는 특별한 친밀함을 소중히 여긴다.

친구를 사귀기 어려울 때

학습목표

8.6 수줍음이 관계를 형성하는 방식을 안다.

8.7 만성적인 외로움의 결과를 열거한다.

8.8 외롭거나 외로움을 극복하고 싶은 사람을 위해 제안한다.

당신이 아는 것처럼, 유대감과 동료애에 대한 욕망은 근본적인 인간의 동기이다. 그리고 타인에게 매력을 느끼게 하는 많은 요인이 있는 반면 또한 우정을 형성하기 어렵게 만드는 영향도 있다. 그러한 두 가지 요인이 수줍음과 직관적으로 그렇게 보이지 않는 외로움이다.

수줍음

"나만 빼고 다들 웃고 떠들며 좋은 시간을 보내고 있어.", "다른 사람은 방을 돌아다니며 오래된 친구들과 인사하고 새 친구를 만들고 있었다. 나는 접착제를 붙인 것처럼 벽에 딱 들러붙어 있었다.", "나는 거의 알지 못하는 이 여자와 어떤 말을 나눌지 생각하고 있었다. 그녀는 나한테 언짢았음이 틀림없다. 나는 파티가 끝날 때까지 참을 수가 없었다." 이 인용문 중 어떤 것이 당신에게 친숙하게 들리는가? 만일 그렇다면 당신은 수줍음을 타는 사람일지 모른다.

수줍음(shyness)—다른 사람과의 접촉이나 친근함을 피하는 경향—은 모든 연령대 사람의 특징이지만, 특히 젊은이에게 유별나게 많다. 많은 수의 사람들이 그들 스스로를 수줍어하는 사람으로 알고 있다(Saunders & Chester, 2008). 좋은 예로 전체 미국인의 절반가량은 만성적인 수줍음의 문제가 있다고 보고한다(Marano, 2005). 유사하게 미국 대학생의 80% 가량이 자신의 삶의 어떤 시점에 수줍었다고 보고하였다(Carducci & Zimbardo, 1995). 남자보다 여자가 더 수줍음으로 고통을 받는 것으로 생각된다(Walsh, 2002). 수줍음은 전형적으로 상황과 시간에 걸쳐서 일관성이 있는데, 다르게 말하면 수줍음은 지속되는 성격특질인 것처럼 보인다(Crozier, 2005). 수줍음은 사람에 따라 다른 것을 의미하며 넓은 범위의 감정과 행동에 걸쳐 있지만 전반적인 경험은, 예를 들어 사회적 배척과 사회적 무능에 대한 두려움은 근본적으로 대부분의 문화에서 동일하다(Jackson, Flaherty, & Kosuth, 2000).

탐색 8.2 수줍음

www.shyness.com 만약 당신이 수줍거나 수줍음과 사회적 불안에 대해 연구하기를 원한다면 이것은 당신을 위한 페이지이다. 많은 자료와 다른 사이트와의 링크, 수줍음에 관한 질문지, 그리고 수줍은 사람들을 위한 사회적 지지가 제공된다.

수줍음은 무엇을 의미하는가? 수줍음 범위의 한쪽 끝에 있는 사람들은 다른 사람을 만나는 것을 특별히 불안해하지는 않는다. 그들이 혼자일 때, 사람들과 있는 것보다는 자연 속에 있거나 아이디어를 내거나 생각하는 것을 더 선호할 뿐이다. 중간범위에 있는 사람은 때로는 쑥스러워하거나 가끔씩은 자신감이 부족하며 스스로 편한 사람을 더 선호한다(Crozier, 2005). 그런 사람은 다른 사람에게 데이트를 청하거나 도움을 요청하기를 주저한다. 극단적으로 수줍어하는 사람들은 슬픈 유형의 자기구속적인 사람이 된다. 극단적인 유형의 수줍음을 **사회불안(social anxiety)** 또는 **사회공포(social phobia)**라고 부르며 그 사람의 삶을 심하게 방해한다(Heiser, Turner, Beidel, Roberson-Nay, 2009). 예를 들어 사회공포증을 가진 사람은 사회적 상호작용을 원활하게 하기 위해 술을 마시는데, 즉 자신의 수줍음을 익제하기 위해 술을 마시는 것이다(Santesso, Schmidt, & Fox, 2004). 이런 극단적인 유형의 수줍음을 치료하기 위해 항불안제가 사용될 수 있다(Robinson & Hood, 2007). 사회기술 훈련과 같은 다른 심리학적 개입도 동등하게 효과가 있을 것이다(Aron, 2010).

수줍은 사람의 특징 습관적으로 수줍어하는 사람은 다르다. 그들은 수줍음을 자신 내부에 있는 어떤 것으로, 즉 성격특성으로 여긴다(Bruch & Berkin, 2001). 그러나 수줍어하는 것을 대부분 싫어하는데 수줍음은 외로움을 느끼고, 자기의식적이고 내성적이게 되게 하며 친구 사귀기를 어려워하고 다른 사람이 있으면 분명히 생각할 수 없게 되거나 대화의 중간에 얼어붙어 버리기 때문에 사람에게 많은 문제를 초래한다(Alfano & Beidel, 2011). 더욱이 수줍은 사람은 우울하게 되거나 다른 사람에게 오해받는 경우가 흔하다(Jackson, Weiss, Lundquist, & Soderlind, 2002). 그들은 수줍어한다기보다는 냉담하고 잘난 척하고 정서적으로 차갑고 이기적인 사람으로 여겨지기 쉽다. 그러나 모든 문화에서 그렇지는 않다. 예를 들어 많은 아시아 문화권에서는 내향적인 사람이 외향적인 사람보다 더 사회적으로 민감하다고 여겨져서 또래들에게 더 잘 받아들여진다(Sakuragi, 2004).

수줍음은 어디에서 비롯되는가? 비록 어떤 수줍음이 생물학적인 이유만으로 발생하기는 하지만 심리학자들은 대부분의 수줍음은 생물학적 영향과 환경적 영향 양자의 결과로 발생한다고 가정한다(Rubin & Coplan,2010). 우리들 대부분은 낯선 사람을 만나거나 매력을 느끼는 이성을 대하거나 큰 집단 안에 있는 것 같은 상황에서는 수줍어하는 경향이 있다. 당신 자신의 수줍음 수준을 알기 위해 활동 8-1 '당신은 얼마나 수줍어하는가?'에서 수줍음에 대한 질문에 답해 보라.

수줍음과 과학기술 이메일과 음성 메일 같은 기술의 출현은 면대면으로 마주할 필요를 감소시켰다(Yuen & Lavin, 2004). 어떤 연구자들은 의사소통의 전자적 수단이 타인들로부터 우리를 고립시키는 잠재력을 갖고 있고, 사회적 웰빙을 감소시키고 고립을 증가시킨다고 주장한다(Scealy, Phillips, & Stevenson, 2002). 인터넷 사용과 의사소통의 개인적 수단을 줄이는 것은 수줍은 사람들에게 면대면 대인관계 기술을 연습하는 기회를 줄이게 된다. 반면에 면대면 상호작용을 너무 두려워하는 사람은 외로워하며 타인으로부터 고립되는데 과학기술이 다른 사람을 만날 어떤 기회를 제공할 수도 있을 것이다(Baker & Oswald, 2010). 사실 수줍은 사람들은 그렇지 않은 사람들보다 페이스북과 같은 SNS를 더 많이 사용하는 경향이 있다(Orr et al., 2009). 그 이유는 단순한 것인데 수줍은 사람은 사람과 마주하는 것보다 온라인상에서 이야기를 나누는 것을 더 편해하기 때문이다(Ryan & Xenos, 2011). 아마도 전자기기와 상호작용 의사소통의 균형이 장기간의 개인적 성장을 위해 최선일 것이다.

수줍음 감소시키기 만약 당신이나 자신이 아는 누군가가 수줍음으로 고통받는다는 것을 알게 된다면 수줍음이 문제를 일으킬 때 그것을 수정하는 방법을 배움으로써 감소시킬 수 있다고 안심시켜라(Albano & Hayward, 2004). 여기에 방법이 있다.

- 자신의 생각, 감정과 행동에 대한 내적 검열을 감소시키도록 노력하라. 특히 사람들이 자신을 어떻게 보고 그들이 당신을 거절하지 않을지를 염려하는 대신에 자신의 활동 참여에 초점을 두라.
- 사회기술 부족뿐 아니라 새로운 사람을 만나는 것같이 수줍음을 유발하는 상황적 측면을 찾아보라.
- 대화를 시작하고 지속하는 방법과 자기주장을 하는 방법과 같은 사회적 기술을 개발하라. 달리 말하면 당면한 대인관계 상황에서 스스로 성공하도록 노력하라.
- 당신이 어떤 것에 몰두하고 있을 때나 타인을 도울 때처럼 당신의 일반적 정체성에서 벗어나 있을 때 수줍음이 진정된다는 것을 명심하라.
- 자기비판적이고 완벽주의적인 성향을 멈추려고 노력하라. 수줍음이 자신을 너무 무력화시키면 상담이나 치료를 받아라.

외로움

어떤 사람들은 친밀한 우정을 형성하거나 유지하는 데 곤란을 겪고, 결과적으로 외로움을 경험한다. 일반적으로, 외로움은 **원하는 관계의 질과 양이 가능한 관계의 양과 질보다 더 낮다는 사실을 반영하는 주관적인 상태**이다. 본질적으로 외로울 때 우리는 불행한 고립감을 느낀다. 우리 모두는 때때로 외로움을 느낀다. 일반적으로 이런 유형의 외로움은 장기간 지속되지는 않는다. 그러나 외로움이 삶의 양식이 될 때 외로움에 따른 결과는 분명히 부정적이다. 만성적 외로움은 우울, 불안, 높은 스트레스 및 불행감과 연관된다(Asher & Paquette, 2003). 심리적 영향과 더불어 장기간의 외로움은 또한 다양한 신체건강관련 요인들과도 상관이 있다. 예를 들어 외로운 사람들은 사회적으로 잘 연결된 사람들보다 더 많이 흡연을 하며, 더 많이 앉아서 생활하는 방식을 가지고 있으며, 음식을 더 많이 먹고, 알코올을 더 많이 섭취하며 잠들기 더 어려워하고, 비만해지는 경향이 있다(Cacioppo & Patrick, 2008). 분명히 외로움이 지속되는 것은 신체적 및 심리적 건강에 위험요소이다.

탐색 8.3 외로움

www.WebofLoneliness.com 이 사이트는 외로움이 무엇인지, 원인이 무엇인지, 그리고 어떻게 대처하는지 설명하고 있다. 또한 외로움에 대한 수필과 시가 있다.

활동 8-1
당신은 얼마나 수줍어하는가?

지시문: 이어지는 각각의 진술문에 대해 당신이 동의하는 수준을 (1)='전혀 동의하지 않음'에서 (7)='매우 동의함'중의 하나에 표시하라.

1. 나는 첫 데이트에 가거나 전혀 모르는 누군가와 함께 나가는 것을 좋아한다.
   동의하지 않는다 1 2 3 4 5 6 7 **동의한다**
2. 나는 연설할 기회를 가질 때나 토론에 참가할 때 자신감을 가지고 그 일에 접근한다.
   동의하지 않는다 1 2 3 4 5 6 7 **동의한다**
3. 나는 거리에서 낯선 사람에게 적극적으로 시간을 물을 수 있다.
   동의하지 않는다 1 2 3 4 5 6 7 **동의한다**
4. 나는 사회적 모임에서 낯선 사람들이 많을 때에도 그들과 만나는 것을 즐긴다.
   동의하지 않는다 1 2 3 4 5 6 7 **동의한다**
5. 나는 전혀 알지 못하는 타인과 만나는 것에 대해 수줍어하지 않는다.
   동의하지 않는다 1 2 3 4 5 6 7 **동의한다**
6. 작은 집단의 사람들이 이야기하고 있을 때, 나는 적극적인 참가자 중의 하나이다.
   동의하지 않는다 1 2 3 4 5 6 7 **동의한다**
7. 나는 낯선 사람들 틈에 끼여서 붐비는 엘리베이터를 타는 것을 꺼리지 않는다.
   동의하지 않는다 1 2 3 4 5 6 7 **동의한다**
8. 나의 성적이 잘못되었다고 생각한다면 교수를 찾아가는 것에 대해 소심해하지 않는다.
   동의하지 않는다 1 2 3 4 5 6 7 **동의한다**
9. 나는 이웃이나 친구의 지원을 기꺼이 청할 수 있다고 느낀다.
   동의하지 않는다 1 2 3 4 5 6 7 **동의한다**
10. 나는 일반적으로 학기 첫날 그 강의실에 아는 사람이 있는지에 개의치 않고 편안하게 느낀다.
   동의하지 않는다 1 2 3 4 5 6 7 **동의한다**

채점: 당신의 점수를 더하고 총점을 여기 적어라.

가능한 가장 높은 점수는 70점이다. 만일 척도의 상위 그룹에 점수가 위치한다면(50~70), 사회적 기술에 자신감을 가지고 친구이든 낯선 사람이든지 상관없이 즐긴다. 만일 당신의 점수가 하위 그룹에 속한다면(0~20), 당신은 실제로 스스로 얼마나 수줍어하며 자신에게 손해를 주는 수줍음을 극복하기 위해 무엇을 할 수 있는지에 대해 생각하기를 원할 것이다. 이 척도가 과학적이지는 않고 당신이 다른 사람을 편안히 여기는 수준에 관해 생각하도록 하기 위한 의도였다는 것을 기억하라.

외로움 대 고독 외로움과 고독(solitude)을 혼동하지마라. 고독은 사람들이 없음을 의미하는 좀 더 객관적이고 바람직한 상태이다. 만일 당신이 가깝지 않다고 느끼는 사람들에 둘러싸여 있다면 외로움을 느낄 수 있다. 반면에 고독이라는 용어는 많은 친구를 가지고 있으나 외로움을 느끼지 않고 그들에게서 의도적으로 잠시 떨어져 있는 시기를 찾는 것을 의미한다. 외로움은 주로 가까움에 대한 우리의 욕망과 그것을 찾는 데 실패하게 되는 괴리감에서 오는 마음 상태인 것처럼 보인다(Hawkley, Thisted, & Cacioppo, 2009; Rokach & Neto, 2005).

일생 동안의 외로움 유년기부터 노년기까지 사람들은 외로움을 경험한다. 아이러니하게도, 수백 명 심지어 수천 명의 또래에 둘러싸인 대학생들이 다른 연령집단에 비해 더 외로움을 느낀다. 부모와 고등학교 친구와의 느슨해진 유대는 대학생에게 새로운 관계를 활발히 찾게 한다. 젊음의 이상과 친밀에 대한 욕구는 그들의 친밀감에 대한 기대와 실제적 관계 간의 불일치에 민감하게 만든다. 더욱이, 대학생활은 일부 청소년이 자신의 부모와 떨어져 있게 되는 최초의 시기이다(Wiseman, Mayseless, & Sharabany, 2006). 외로움은 몇 년이 지나 감소하는 경향이 있고 남성보다 여성이 덜 현저하지만 중년기 동안 잠잠해진다. 비록 노년층이 많은 시간을 혼자 보내긴 하지만 일반적으로 예상하는 것보다 외로움을 덜 느끼는데, 그것은 아마도 그들이 동료애를 더 나은 조망으로 보도록 습득했기 때문일 것이다. 그러나 외로움은 80대 무렵에 다시 증가하는 경향을 보이는데, 부분적으로 노인들이 삶으로부터 더 높은 이탈감을 갖는 것을 반영한다.

외로움의 원인 외로움에 영향을 주는 많은 요인은 아동기에 기인한다. 따뜻하고 반응적인 부모에게서 자란 아동은(그들의 부모와 안전하게 애착된) 무뚝뚝하고 도움이 되지 않는 부모에 의해 양육된 아동보다 성인기에 외로움을 덜 보고한다. 가장 외로워하는 성인들 중 일부는 자신이 6세 이전일 때 부모의 이혼을 경험한 사람이다. 부분적으로 어린아이들은 부모의 이혼을 버림받은 것으로 잘못 지각하기 때문이다. 그에 반해서, 죽음을 통해 부모를 잃었던 사람은 상응하는 외로움의 증가를 경험하지 않는다. 아마도 그들이 의도적이거나 자신의 실수가 아니라는 것을 알기 때문일 것이다.

낮은 자존감을 가진 사람은 높은 자존감을 가진 사람보다 외로움을 더 많이 경험하는 경향이 있다. 이것은 부분적으로 낮은 자존감을 가진 사람이 우정을 갖기에는 스스로를 무가치하다고 보고, 자신의 외로움을 감소시키는 데 필요한 조취를 취하는 것을 방지하기 때문이다(Efrati-Virtzer & Margalit, 2009). 적절한 사회기술이 부족한 어린 외로움과 고독은 상당히 다른 것이다.

이는 공격적이거나 내성적이거나 혹은 다른 사람의 요구에 적절한 반응을 보이는 데 실패하기 때문에 자신의 또래들로부터 거부당한다. 불행하게도 아동기와 청소년기에 타인으로부터의 거부는 외로운 사람들이 추가 배척을 방지하기 위해 타인과의 관계를 피하게 만드는 악순환을 초래한다. 물론 그런 회피행동은 인간관계 접촉의 기회를 더 적게 만들고 결과적으로 외로움을 증가시킨다(De Bruyn, Cillessen, & Wissink, 2010).

문화와 외로움 문화도 외로움에 영향을 미친다(Rokach & Neto, 2005). 개인적 성취의 강조는 종종 타인에 대한 안정된 관계와 몰입을 희생시켜서 특별히 미국인을 더 외로워하게 만든다고 생각된다. 미국에 이민을 왔거나 장기체류자는 고국의 문화와 미국에서 경험하는 문화가 아주 다를 때 매우 외로움을 느낀다고 보고하는 경향이 있다. 예를 들어 미국에서 공부하는 캐나다 학생들은 나이지리아 학생들보다는 덜 외로워하는 경향이 있다. 국제적인 학생들과 친구가 되어 주고 그들이 미국 문화를 이해하도록 도움으로써 적응하도록 돕는 것은 매우 친절하고 배려 있는 일이다. 동시에, 당신은 그들의 문화에 대해 더 배울 흥미로운 기회를 가질 수 있다(Ditommaso, Brannen, & Burgess, 2005).

외로움 극복하기 우리가 외로움에 대처하는 방법은 대체로 우리가 외로움을 느낀 기간에 좌우된다. 가끔 다가오는 외로움을 방지하기 위해서는 책을 읽고, 오래된 친구와 전화를 하며, 자연에서 시간을 보내고, 애완동물과 놀며, 음악, TV와 인터넷을 통해 우리의 주의를 다른 곳으로 돌리는 것이 도움이 된다. 그러나 만성적인 외로움의 경우에는 훨씬 복잡한데, 그것의 원인을 이해하는 것이 극복을 위해 가장 중요하다. 외로움으로 가장 많이 고통받는 사람은 내적인 측면을 과장하고 외적인 측면을 최소화하는 경향이 있다. 게다가 자신의 외로움을 개인적인 부족함의 탓으로('나는 사랑스럽지 않기 때문에 외롭다.', 또는'사랑하는 사람과 나는 헤어졌다. 왜냐하면 나는 몸무게가 너무 많이 나가고 자제력이 없기 때문이다.') 돌리는 사람은 자신을 더 외롭고 우울하게 만든다. 부정적인 생각을 제거하는 것은 외로움을 감소시키는 데 도움을 준다.

게다가 사람들은 외로움에 기여하는 외부의 상황적 요인들을 변화시키는 데 초점을 맞출 때 더 외로움을 극복하기 쉽다. 다음 문장은 이 점을 묘사하는 것이다. '학생이 많은 수업에서는 사람을 만나는 것이 어렵다. 다음에는 더 적은 인원의 수업을 받을 것이다.' 또는 '나는 너무 많이 일을 해서 밖으로 나가 더 많은 사람을 만날 것이다.' 유사하게, 소극적인 방법— TV를 보고, 울고, 자고—으로 외로움에 반응하는 사람은 외로움을 더 많이 느낀다. 더 활동적인 혹은 행동적 전략— 편지를 쓰거나 지인에게 전화를 거는—을 선택하는 사람은 외로움을 더 쉽게 완화시킨다. 사회기술 훈련도 역시 행동변화를 도울 수 있다(Cook et al., 2008). 최선의 과정은 가까운 친구의 모임뿐 아니라 광범위한 사회적 관계의 네트워크에 항상 접촉할 수 있도록 자신의 대인관계 기술을 계속해서 개발하는 것이다.

요약

사람 만나기

8.1 다른 사람에 대한 우리의 매력에 영향을 미치는 여러 요인들을 논의한다.

우리는 친숙성, 평판, 신체적 매력, 언어적 및 비언어적 신호 같은 요인들을 포함하여 다양한 이유로 사람들에게 매력을 느낀다. 우리는 적어도 심각한 차이점이나 근본적인 부조화를 발견하지 않는다면 상호작용을 많이 하는 사람을 더 좋아하는 경향이 있다. 그러나 장기적인 관계에서 우리는 종종 유사성과 상호보완적 욕구들이 혼합된 것을 기초로 어떤 사람에게 매력을 느낀다.

8.2 왜 사람들이 잘못된 인상을 갖게 되는가를 설명한다.

사람을 만날 때 우리는 대개 다른 사람들의 신체적 외모(특히 매력)뿐 아니라 우리 자신의 고정관념 편향 및 태도에 의해 영향을 받은 정보를 근거로 다른 사람에 대한 잘못된 인상을 형성하는 경향이 있다. 사람의 행동에 대한 상황적 영향을 고려하지 못하는 것도 잘못된 인상을 초래한다.

친구관계 지속하기

8.3 상호 자기노출이 우정을 형성하는 방식을 논의한다.

가까운 친구들은 빈번히 좋은 이야기와 동료를 위해 모임을 갖고, 다양한 활동을 공유한다. 우정과 상호 자기노출 간에는 밀접한 관련성이 있어서 정서적 공유는 종종 우정의 유대를 강화한다.

8.4 남녀 간의 우정의 차이점에 대해 논의한다.

친밀함은 남성보다 여성들 사이의 우정에서 더 중심적인 역할을 한다. 여성들은 대개 남성들보다 더 신체적으로나 정서적으로 표현적이며 더 많은 자기노출을 한다. 여성은 남성보다 관계에서 불안이나 질투 같은 부정적 정서를 경험하기 쉽다. 남성은 여성보다 FWB 관계를 가졌을 가능성이 높거나 동시에 다중의 FWB 관계를 가질 가능성도 높다.

8.5 우정이 깨어지는 몇 가지 이유에 대해 설명한다.

이사를 가는 것, 삶의 변화, 견해차, 배신감을 느끼는 것 등이 우정이 깨어지는 가장 공통적인 이유이다.

친구를 사귀기 어려울 때

8.6 수줍음이 관계를 형성하는 방식을 안다.

수줍은 사람은 타인에게 자신을 소개하는 것을 어려워하고 종종 대화하는 동안 명확하게 생각할 수 없기 때문에 친구 사귀기가 어렵다. 수줍은 사람은 대체로 침묵과 눈맞춤의 부족 때문에 냉담하고 무관심한 것으로 오인되는 경향이 있다. 전자기기의 사용은 수줍은 사람을 타인과 연결되도록 도울 수 있다. 수줍음은 극복될 수 있지만 작업이 필요하다.

8.7 만성적인 외로움의 결과를 열거한다.

외로움은 친밀에 대한 우리의 욕망과 그것을 찾는 데 대한 실패 간의 괴리의 결과로 유발되는 마음의 상태이다. 만성적 외로움은 낮은 자존감, 우울, 불안, 높은 스트레스, 전반적인 불행감 같은 심리적인 것과 관련이 있으며 좋지 못한 식습관, 과도한 음주, 운동부족 등과 같은 나쁜 건강습관과도 관련이 있다.

8.8 외롭거나 외로움을 극복하고 싶은 사람을 위해 제안한다.

외로움에 가장 잘 대처하는 사람은 친구의 부족에 대해 개인적 부적절성만을 탓하지는 않는다. 부정적인 생각을 긍정적으로 변화시키는 것이 외로움을 극복하도록 도울 수 있다. 사회기술을 배우는 것은 새 친구를 사귀도록 돕게 해 주고 외로움을 감소시킬 수 있다. 결국 사람들은 외로움에 기여하는 상황적 요인들(예: 주변에 사람이 많지 않은 것)을 다룰 때 외로움을 극복할 가능성이 높다.

스스로 해 보기

1. Joe가 처음으로 그의 약혼녀 Jullie의 부모님을 만났을 때, 그는 불쑥 그들의 가구 취향에 대해 농담조로 모욕적인 말을 했다. 첫인상 형성에 대해 우리가 알고 있는 바에 의하면 보기 중 무엇이 사실인가?

a. Joe는 걱정하지 않아도 된다. 첫인상은 대개 하루 이틀 안에 사라지니까.
b. Joe는 걱정하지 않아도 된다. 그의 '나쁜 행동'은 아마도 무심코 한 행동으로 보일 것이기 때문에.
c. Joe는 많이 걱정해야 한다. 그의 '나쁜 행동'은 아마도 고의로 보일 것이기 때문에.
d. Joe는 많이 걱정해야 한다. 한 번 형성

된 인상은 결코 변화할 수 없기 때문에.

2. Joe는 Jullie를 지역의 낚시 미끼와 도구를 파는 상점에서 만났다. 그들은 두 사람이 살고 있는 4.8km 내의 최고로 좋은 낚시 포인트에 모습을 드러냈다. 단지 위의 정보에 근거하면 두 사람은 어떤 면에서 매력을 느끼게 되었는가?
   a. 인접성　　b. 신체적 매력
   c. 평판　　d. 멀리 떨어져 있음

3. Jullie는 Joe가 자신을 좋아한다는 것을 다음 중 어떤 비언어적 단서를 알아챔으로써 알게 되었다.
   a. Joe가 그녀에게 시를 써 주었다.
   b. Joe가 그녀와 이야기할 때의 목소리와 속도는 친구들과 말할 때와는 달랐다.
   c. Joe가 실제로 그녀에게 장미꽃을 사 주었다.
   d. Joe가 하루에 54번 그녀에게 문자를 보냈다.

4. Joe는 즉각적으로 Jullie에게 매료된 것에 비해 Jullie는 아니었다. 사실 Jullie는 그의 첫 데이트 요청에는 나가고 싶지 않았다. 그녀도 자신이 그녀를 좋아하는 것처럼 자신을 좋아할 것이라고 생각했던 Joe에게 그녀의 거부는 충격이었다. 이 시나리오는 ________로 잘 알려져 있는 현상이다.
   a. 관계 알고리즘
   b. 인접성
   c. 금성-화성 상호작용 효과
   d. 허위 합의 효과

5. 위에 언급된 바에 의하면, Joe는 Jullie의 부모님과의 첫 번째 만남에서 무례를 범했다. "나쁜 선입견이 심어져서 나는 그에 대해 어떤 좋은 점도 찾지 못하겠구나."라고 그녀의 아버지가 말했다. 다음 중 Jullie의 아버지가 작은 개인적 특성만으로 Joe를 부정적으로 보는 이유에 대한 최선의 설명은 무엇인가?
   a. 악마 효과　　b. 발견법 효과
   c. 후광 효과　　d. 대응가설

6. 첫 번째 데이트에서 Joe는 그녀와 영화를 보았다. Joe가 너무 그녀에게만 집중하는 바람에 팝콘을 사는 줄에 새치기 한 줄을 몰랐다. 불행히도 같은 시간에 Jullie의 사촌 중 하나인 Jessica가 그 줄 안에 있었다. "사촌이 맞았어. 그는 하찮은 남자야." Jessica는 Joe의 행동을 Julie에 의해 혼란된 상황보다는 결함이 있는 성격 탓으로 과잉 귀인하였다. 그녀의 생각은 다음으로 묘사할 수 있다.
   a. 근본적인 귀인 오류
   b. 후광 효과
   c. 휴리스틱 효과
   d. 모호한 상황 효과

7. Jullie와 데이트하기 전에 Joe는 Jill이라는 여성과 데이트했다. 그녀와의 두 번째 데이트는 없었다. 왜냐하면 첫 번째 저녁식사에서 그녀의 전 남자친구, 개인적 결점, 성관계 경험 등 너무 사적인 정보를 많이 들었기 때문이었다. Jill은 그가 겁에 질려 달아날 만큼 너무 많은 ________를 사용했다.
   a. 속성의 공유　　b. 자기노출
   c. 사회적 지지　　d. 준언어적인 활동

8. Joe는 고등학교 때부터 잘 알고 지내던 친구와 대학교 때 성관계를 맺었다. 그들의 관계는 대학 동안 낭만적 관계를 유지했고 그들은 결코 커플이 되지는 않았다. 이 유형의 관계를 ________라고 부른다.
   a. 성관계 친구
   b. 낭만적
   c. 낯선 사람과의 성관계
   d. 준사회적 관계

9. Jullie의 가장 친한 친구 중에 한 명인 Marcia는 지역의 골프장에서 그녀 혼자서 골프 카트를 몰고 싶어 했다. 그녀는 평화로움을 즐겼고

Jullie를 포함한 동료들과 떠들썩하게 보낸 후에 더 그랬다. 이 정보에 근거하면 Marcia는 ________을 경험하고 있는 것이다.

a. 외로움 b. 고독
c. 사회불안 d. 사회공포

10. 처음에 Joe는 다소 수줍음이 많은 동료 Donna를 어떻게 생각해야 할지를 몰랐다. 연구는 Joe가 Donna와 더 친숙해질수록 그는 그녀를 ________될 것이라고 제안한다.

a. 좋아하게 b. 싫어하게
c. 더 비판적으로 d. 더 선망하게

연습

1. **첫인상**
여러분의 수업에서 주변을 둘러보고 당신이 만난 적 없는 누군가를 선택하라. 그 사람에 대한 인상을 써 보라. 그러고 나서 자신을 소개하고 친하게 지내라. 여러분이 형성한 첫인상은 어느 정도 정확하거나 틀리는가? 다음번에 낯선 사람을 만나면 당신의 첫인상의 정확도를 개선하기 위해 어떤 전략을 세울 수 있는가?

2. **당신 자신에 관한 개인적 광고를 적어라.**
당신이 새로운 친구를 찾는 광고란에 자기소개광고를 한다고 가정하라. 스스로를 어떻게 설명할 것인가? 당신이 찾는 사람의 유형을 어떻게 설명할 것인가? 왜 그런 식으로 설명했는지에 관해 간략하게 적어라.

3. **자기노출**
다음 문제에 대한 당신의 생각을 한 단락 또는 두 단락으로 적어 보라. 당신은 친구들과 개인적 정보를 공유하는 것을 얼마나 편안하게 느끼는가? 당신은 누구와 가장 많이 공유하는가? 당신이 공유하는 것은 어떤 화제인가? 만약 결혼했다면 당신의 배우자와 더 많이 공유하는가 아니면 친구들과 더 많이 공유하는가? 당신이 노출하는 것은 동성의 친구인가, 이성의 친구인가? 상호 자기노출의 보상이 위험을 능가한다는 말에 동의할 수 있는가?

4. **사회적 지지**
당신은 누구를 찾아갈 수 있는가? 만약 당신이 개인적 위기를 경험했다면 누구에게 도움을 바랄 수 있을 것인가—가족 아니면 친구? 당신은 어떤 사람을 찾아갈 것인가? 당신의 대답에 대한 이유를 설명하라. 만약 당신이 좋은 사회적 지지를 가지지 못했다면 당신은 노출할 친구를 만들 수 있는가?

5. **친밀감 성장**
가까운 우정 또는 사랑하는 관계를 생각해 보라. 그러고 나서 다음의 부분들에 대한 자신의 생각과 대인관계를 1쪽 이상으로 설명하라. 당신 두 사람은 다른 우정을 가지고 있는가? 만약 연인이라면, 친구이기도 한가? 당신들 각각은 개성을 포기하지 않고 친밀함을 경험할 수 있을까? 이런 관계는 한 인간으로 성장하기 위해 당신들 각각에게 어느 정도까지 힘이 되는가?

복습을 위한 물음

1. 당신은 첫인상으로 얼마나 많이 판단하는가? 그것은 정확한가?
2. 당신은 다른 사람에 대해 올바른 첫인상을 가지는가? 만약 아니라면 당신은 이것을 어떻게 고칠 수 있는가?
3. 당신은 수줍음으로 괴로운 적이 있는가? 외로움은? 각각을 어떻게 극복했는가?
4. 당신은 누군가를 더 잘 알게 될수록 보통 더 좋아하게 됨을 알고 있는가?
5. 이성에게 매력적으로 보이는 것이 당신에게는 얼마나 중요한가?
6. 당신의 친구 중에는 당신과 상당히 다른 흥미와 성격을 가진 사람이 있는가?
7. 누가 당신의 가장 친한 친구인가? 누구와 비밀을 공유하는 것이 가장 편한가?
8. 가까운 이성 친구를 가지고 있는가? 가까운 동성 친구를 가지고 있는가? 만약 둘 다 가지고 있다면 이 두 친구들은 어떻게 유사한가? 그들은 어떻게 다른가?
9. 가까운 친구에게 배신당한 적이 있는가? 당신은 어떻게 반응했는가?
10. 다른 문화 출신의 사람과 친구가 된 적이 있는가? 그 사람의 문화는 당신의 문화와 어떻게 유사했는가? 그것은 어떻게 달랐는가?

제 9 장 집단: 소속하기, 추종하기, 이끌기

학습목표

이 장을 모두 학습한 후 다음을 할 수 있다.

9.1 다양한 유형의 집단에 대해 이름을 대고 설명한다.

9.2 차별, 편견, 고정관념을 구별한다.

9.3 집단이 어떻게 형성되는지 논의한다.

9.4 왜 사람들이 집단에 참여하는지 설명한다.

9.5 집단이 어떻게 의사소통하는지 설명한다.

9.6 집단의 크기가 집단기능에 어떤 영향을 줄 수 있는지 설명한다.

9.7 사회적 영향력의 세 가지 유형을 비교한다. 동조, 응종, 복종

9.8 사회적 태만과 집단양극화를 비교한다.

9.9 집단사고에 대해 설명한다.

9.10 집단사고를 방지하는 몇 가지 방법을 논의한다.

9.11 갈등이 좋은 영향과 나쁜 영향을 미칠 수 있는 방식을 설명한다.

9.12 갈등 관리에 대해 논의한다.

9.13 어떻게 개인이 리더가 되는지 설명한다.

9.14 다양한 유형의 리더십 양식과 특질을 설명한다.

Roy는 아이오와주의 콘필드에서 자랐다. 그의 아버지 Harry는 가족 농장을 물려받자 곧 Roy의 어머니인 Sara와 결혼했다. Sara와 Harry는 아들 Roy가 태어나던 날 매우 흥분했고 자랑스러워했다. Sara와 Harry는 Roy가 태어난 순간부터 아이를 위한 멋진 계획을 생각했다. Sara와 Harry는 Roy가 학업을 잘해 내도록 몰아세웠다. 대부분의 아이들이 공부보다는 노는 것을 더 즐기는 것처럼 비록 처음에는 Roy가 저항했지만 곧 학업에 자리를 잡았고 성적이 학급의 정상 가까이까지 올랐다. 졸업 직전에 Roy는 중부에 있는 큰 대학에 입학허가를 받았고 심지어 장학금도 받았다. 학업적 성공뿐만 아니라 학사학위까지 취득했지만 그의 욕구는 리더십을 발휘하는 자리를 가지는 것이었다. 그는 재빨리 지역의 '월가(Wall Street) 시위'에 참여했다. 졸업할 무렵 그는 지역 회의의 리더가 되어 시위를 계획하는 책임을 맡았고 새 구성원을 선발했다. Roy의 리더십하에 집단은 번영하였고 두 배 규모로 성장하였다.

집단은 매일 우리에게 무수히 많은 방식으로 영향을 미친다. 집단이 어떻게 형성되고 기능하는가를 이해하며 왜 사람들이 집단에 참여하고 집단을 주도하는지를 알고, 해로운 집단과정이 처음에 발달할 때를 알아차리고, 역기능적 집단행동을 바로잡는 방법을 아는 것은 가치 있는 대처기술이고, 대인관계에 필요하다.

집단의 종류

학습목표

9.1 다양한 유형의 집단에 대해 이름을 대고 설명한다

9.2 차별, 편견, 고정관념을 구별한다.

집단은 우리 주변 어디에나 있다. 우리는 어디에서든 집단에 속한 사람들을 본다. 여기에 몇 가지 예가 있다. 사람들은 그들의 예배 장소에 모이고, 가족은 식당에서 함께 식사하며 대학 강의실은 열심히 공부하는 학생들로 가득 차 있다. 어디에든 집단은 있다. 많은 다른 종류의 집단이 있으며, 각각 자신들만의 특징을 가지고 있지만 일반적으로 우리가 일상적으로 접하는 대부분의 집단은 일차 집단과 이차 집단 두 가지 중 하나에 속한다.

선호 집단 – 일차 집단

아마도 당신의 삶에서 가장 가까이에 있는 중요한 집단은 **일차 집단(primary group)**이다. 이 집단은 크기가 작고, 사적이며 면대면으로 상호작용하기 때문에 중요하다. 일

글상자 9-1 당신이 이미 알고 있는 것

위대한 비즈니스 리더들은 다섯 가지 특징을 갖고 있다.

- 미래에 대한 비전을 가지고 있다.
- 그들이 하고 있는 일에 대해 열정이 있다.
- 훌륭한 의사결정자이다.
- 팀을 형성하는 방법을 안다.
- 고유한 성격특징을 가진다.

출처: Based on '위대한 리더의 다섯 가지 특징' by Patty Vogan, from Entrepreneur website, April 17, 2006.

차 집단은 우리의 태도, 행동, 정서, 신념과 사고과정에 많은 영향을 미친다. 좋은 예로 부모들은 아이들에게 자신과 같은 가치관, 꿈과 문화를 서서히 주입시킨다. 그래서 아이들은 부모의 종교, 정치적 견해 그리고 다른 좋아하는 것과 싫어하는 것을 받아들이게 된다(DeHart, Sroufe, & Cooper, 2004; Lauglo, 2011). 여기에 당신이 개인적으로 관련되어 있는 일차 집단의 예가 있다. 대학 룸메이트들은 자신과 더 오래 함께 지낸 사람들과 비슷한 단어나 어휘를 쓰게 된다(Pardo, Gibbons, Suppes, & Krauss, 2012). 간단히 말해 일차 집단은 개인적 삶의 다양한 모든 영역에 작용하여 심리적 적응과 개인적 성장에 긍정적 혹은 부정적으로 중요한 영향을 미친다.

'우리' 둘보다 더 큰 – 이차 집단

또 다른 유형의 집단은 **이차 집단(secondary group)**이다. **이 집단은 대개 일차 집단보다 더 크며 공식적인 모임이거나 계약상의 이유로 함께 모였으며, 그들의 존재 이유가 사라질 때 종종 해체되고 규칙적인 면대면 상호작용을 할 가능성이 낮다.** 이런 유형의 집단의 예로는 이 책을 읽고 있는 당신의 수업이 될 수 있다. 당신의 수업은 함께 모일 공식적인 이유가 있고(적응과 개인적 성장에 관해 배우기 위해), 아마도 더 많은 면대면 상호작용(예: 소그룹이나 수업 토론)에 참여할지 모른다. 다른 예로는 교회 집회 또는 심리학 클럽과 같은 사회적 모임이 있을 수 있다. 이차 집단은 종종 상호작용 패턴에서 청중에 따라 설정된다. 글상자 9-2에서는 다양한 구성원들이 모인 집합과 플래시 몹으로 불리는 다른 집단을 논의한다.

글상자 9-2 의사소통에 초점을 맞춰라: 군중

당신은 아마도 주요 스포츠 경기 동안 혹은 이후에 사람들이 우르르 몰리는 것이나 거리 폭동사건에 관해 읽은 적이 있을 것이다. 록 콘서트에서 팬들의 충돌은 또 다른 예로 제시될 수 있다. 이들 각각의 사건에 어떤 공통점이 있는가? 이런 집단들은 군중(collectives)이라고 불리며, 매우 크고 일차 집단이나 이차 집단과 비교해 진짜 리더나 확실한 규칙을 가질 가능성이 낮다. 이런 군중은 종종 분명한 이유 없이 손쉽게 형성되고 해체된다. 군중은 규모가 크고 명백한 규칙이 없기 때문에 자주 어수선해진다. 그 한 예로, 2011년 NHL 스탠리 컵 최종전에서 Vancouver Canucks팀은 Boston Bruins에게 졌는데, 흥분한 Canucks의 팬들이 거리를 점령하고, 자동차에 불을 지르고, 약탈하고, 수백만 달러의 재산상 손해를 끼쳤다(CBC News, 2011).

아주 흥미로운 유형의 군중으로 '플래시 몹(flash mobs)'이 있다—그것은 사회적 미디어를 통해 출현이 조직되고 공연이 동반되는 낯선 사람들의 집단이다. 여기에 한 가지 예가 있는데, 페이스북과 트위터에 포스팅된 결과로서, 많은 대학 신입생들이 The Village People의 히트곡 YMCA에 맞추어 춤을 추기 위해 정오에 대학 광장에 모였다. 군중과 다르게, '플래시 몹'은 일종의 리더를 갖고 있으며 일반적으로 즐기기 위한 의도를 갖는다.

탐색 9.1 플래시 몹

www.socialtimes.com 이 웹사이트는 인터넷에서 보여 줄 수 있는 최고의 '플래시 몹'의 여러 가지 목록들을 제공한다.

'우리' 대 '그들' - 내집단과 외집단

당신에게 영향을 주는 매우 중요한 두 가지 집단이 있다. 하나는 당신이 동일시하는 집단으로 **내집단(in-group)**이고, 다른 하나는 **외집단(out-group)**이 있는데, 우리 자신의 집단과는 다른 것으로 지각되는 집단이다. 내집단/외집단 지각은 민족성, 성별, 나이, 종교, 직업, 사고방식, 운동기량, 학업 능력, 소득 수준을 포함하는 다양한 특성에 기초를 두고 발전할 수 있다(Halevy, Bornstein, & Sagiv, 2008). 달리 말해 우리는 주변 사람을 두 집단 즉 '우리'와 '그들'로 구분하는 선천적 경향성을 갖고 있다. 그뿐 아니라 우리는 '그들'보다 '우리'를 더 긍정적으로 보는 경향도 있다. 더구나 (1) 모든 외집단 구성원은 비슷하며, (2) 외집단 구성원은 게으르고, 멍청하거나 신뢰할 가치가 없다는 등의 바람직하지 않은 많은 특징을 가지고 있다고 믿는다(Ratliff & Nosek, 2011).

탐색 9.2 편견

www.understandingprejudice.org 웹사이트는 편견의 원인과 결과를 이해하기 위해 만들어졌다.

편견, 차별, 고정관념 자신의 집단과 외집단을 구별하는 데 따른 가장 중요한 것은 이런 구별이 종종 타인에 대한 편견적인 태도와 부정적인 행동을 초래한다는 것이다(Carnaghi & Maass, 2007). **편견(prejudice)**은 전적으로 집단 의식에만 근거하여 다른 사람이나 집단을 향한 부정적인 태도를 갖는 것을 말한다. 그 구별은 피부색의 명암과 같이 거의 식별하기 어려운 차이점에 근거를 둘 수 있다. 예를 들면 더 어두운 피부색을 가진 사람은 같은 인종의 더 밝은 피부색을 가진 사람보다 편견을 더 많이 경험한다(Brown, 2004). 편견은 때때로 자신의 집단보다 외집단을 차별하거나 더 나쁜 것으로 취급하는 행동을 수반한다. 우리가 나이, 성, 인종 같은 특징을 근거로 집단을 불공평하게 대하고 부정적인 대우를 하는 것을 **차별(discrimination)**이라고 부른다. 대체로 2개가 함께 일어나기는 하지만, 편견은 차별 없이도 일어날 수 있으며 차별도 편견 없이 일어날 수 있다. 예를 들면, 한 식당 주인은 인디언에 대해 부정적인 태도를 갖고 있으면서도 차별에 반대하는 법 때문에 자신의 식당에서 여전히 그들에게 식사를 제공한다. 편견은 전혀 사실에 기초를 두지 않고 전적으로 집단 구성원을 바탕으로 사람들에 대한 고정관념 혹은 광범위한 일반화를 자극할 수 있다(Dovidio, Glick, & Rudman, 2005). 부정적인 것이든 긍정적인 것이든, 고정관념은 제한된 특성을 중심으로 타인에 대한 단순한 모습을 전달한다. 고정관념은 다른 사람이 무엇을 좋아하고 어떻게 생각하고 어떻게 느끼고 행동하는지에 대한 편향된 기대를 일으킨다. 표 9-1은 일반적인 인종 고정관념 몇 가지를 지적하고 있다. 이들 중 몇 개가 당신의 신념과 일치하는가?

내집단-외집단 편향의 원인과 결과 심리학자들은 편견, 차별, 그리고 고정관념에 대해 관심을 가졌는데, 그것들은 타인에 대해 부정적이고 불공정한 평가를 끊임없이 초래하기 때문이다(Carnaghi & Maass, 2007). 편견과 이와 관련된 요인들은 편견을 경험하는 사람들에게 스트레스를 발생시키며, 자존감에 손상을 일으킨다(Platow,

표 9-1 인종 고정관념

아프리카계 미국인	아시아인	라틴계	미국 원주민
운동선수	순종하는	마약상	알코올 중독자
범죄자	겸손한	불법체류자	용감한
가난한	소수민족	낮은 지위의 일자리	게으른
리듬을 잘 타는/음악적	똑똑한	교육을 못 받은	영적인
영리하지 못한	부유한	신앙심이 깊은	거친

Byrne, & Ryan, 2005). 흥미롭게도 사람들이 편견을 가지는 한 가지 이유는 자신과 내집단의 사람을 외집단의 사람보다 우월하게 여김으로써 자신의 자존감을 고양시키려고 한다는 것이다(Major & Eccleston, 2005). 그렇기는 하지만 내집단도 집단으로부터 벗어나거나 집단에 대해 반대할 때 집단원을 심하게 대한다(Conway & Schaller, 2005). 당신이 이러한 정보에서 얻을 수 있는 대단히 중요한 메시지는 집단역동이 가혹하고 불쾌할 수 있지만 반드시 그럴 필요는 없다는 것이다. 예를 들어, 집단 간 접촉이 고정관념, 편견 그리고 내집단-외집단 장벽을 부수는 데 항상 성공적인 역할을 하지는 않는 반면, 어떤 연구들은 집단 간 접촉이 효과가 있다는 것을 보여 준다(Neili, 2008; Pettigrew & Tropp, 2008).

문화적 차이 내집단과 외집단에 관한 또 다른 중요한 점은 문화에 따라 달라지는 내·외집단의 중요성이다(Hornsey & Jetten, 2005). 개인주의 문화는 집단 전체의 이익 이상으로 개인의 이익(욕구, 욕망, 자율성)에 가치를 둔다. 결과적으로 개인주의 문화에 속한 사람들은 집합주의 문화에 속한 사람들처럼 어떤 특별한 내집단에 애착을 갖지 않을 가능성이 높다. 오히려 집합주의에서 집단이나 사회의 이익은 개인의 발전 이상으로 중요하다. 개인주의 문화에서 개인은 이익을 얻거나 잃어버리는 것에 초점을 맞춰 집단에 가입하거나 떠난다. 개인주의 문화에 속한 사람들이 집합주의 문화에 속한 사람들에 비해 더 다양한 집단에 가입한다는 것은 놀랍지 않다. 집합주의 사회에서 사람들은 더 적은 내집단을 가지며 그래서 자신이 구성원으로 있는 집단에 더욱 많은 애착을 가진다. 집단의 생존은 개인이 얼마나 효과적으로 기능하느냐보다 집단 전체가 얼마나 잘 기능하느냐에 더 의존한다. 더욱이 집합주의 문화에서 사람들은 집단충성도에 근거하여 자기고양(예: 그들 스스로에 대해 좋게 느끼고 자아존중감이 고취되는 것)이 되지만 개인주의 문화의 구성원들은 독립성(집단으로부터의) 차원에 근거하여 자기고양된다. 마지막으로 집합주의 문화에 속한 개인은 화합을 원하므로 격하기 쉬운 논점에서 중립적 접근을 취할 가능성이 높다. 대조적으로 개인주의 문화에 속한 사람은 자신의 독립적 견해를 훨씬 더 많이 표현한다(Johnson, Kulesa, Cho, & Shavitt, 2005).

집단 만들기와 참여하기

학습목표

9.3 집단이 어떻게 형성되는지 논의한다.

9.4 왜 사람들이 집단에 참여하는지 설명한다.

당신이 최근에 가입한 매우 새로운 집단을 떠올려 보라. 그 집단은 어떻게 그리고 왜 형성되었는가? 그 집단은 원래의 의도 혹은 목적으로부터 발달하였는가 혹은 변화하였는가? 당신은 왜 그 집단에 우선 가입했는가? 비록 당신의 구체적 반응은 수업에서 옆에 있는 사람과 다를 수는 있지만, 일반적으로 그 질문에 대한 당신 모두의 대답은 아마도 상당히 유사할 것이다. 이제 왜 그런지 살펴보자.

집단은 어떻게 형성되는가?

형성기 사람들이 변하는 것처럼, 집단도 시간이 지남에 따라 변화한다. 집단발달에서 최초의 단계는 개인이 집단 형성을 위해 함께 모이는 **형성기(forming)**이다. 형성기에 있는 어떤 집단의 구성원들은 이후의 발달과정에서만큼 서로를 잘 알지 못한다. 그들은 단순히 집단으로 함께 모이는 것이다. 만약 너무나 많은 차이가 존재한다면 마찰이 커질 수 있으며 집단에서 다툼이 시작될 것이다. 처음에는 집단 구성원들이 한 단계 전진하도록 최선을 다하고 집단 형성에 가장 협동적이지만, 사람들은 (때로는 비밀스럽게) 자리다툼을 한다.

격동기 집단원들이 서로의 태도와 편애를 많이 알게 되었을 때, 그들 간의 차이는 두 번째 단계인 **격동기(storming)**로 이어진다. 첫 번째 단계에 곧바로 따라오는 이 단계에서 개인은 서로의 의견을 알게 될 때, 동의하지 않거나 종종 공개적으로 갈등을 일으키므로, 많은 집단에서 이 단계는 고질적인 골칫거리이다. 집단원들은 아마도 너무 많은 마찰이 생기면 집단을 떠날 것이다. 어떤 집단원은 그 소동 속으로 들어가기보다는 수동적인 자세를 유지하는 것이 최선이라는 결론을 내릴 것이고, 어떤 사람은 자신의 의사 결정을 추진하는 것에 대해 너무 요란을 떨고 공격적인 모습을 보여서 나머지 구성원들이 그를 아주 싫어하게 된다. 이 점에서 아마 이 집단이 결코 제대로 기능을 시작하지 못할 것처럼 보일 수 있다. 만약에 집단원들이 이것이 정상적인 집단의 단계라는 것을 인식한다면 갈등을 벗어나 더 생산적인 다음 단계로 이동할 것이다. 개인적 성장의 경우처럼 집단성장은 역경을 통해 발전한다.

규범화기 역할이 더 분명하게 규정되고 집단원들이 어떤 역할을 할 것일지를 받아들이려고 애쓸 때, 집단이 어떻게 기능할 것인가에 대해 타협할 때, 그들이 기능할 것에 대한 규칙이 더 명확해질 때, 그 집단은 **규범화기(norming)**가 되었다고 말할 수 있다. 담화와 논쟁을 통해 집단활동을 할 경우에 따른 작동시킬 규칙에 관해 결국 합의에 이른다. 이미 언급된 것처럼 역할은 격동기와 규범화기에서 드러나기 시작한다. **역할(role)**은 집단 내의 특정한 지위에 있는 개인이 어떻게 행동할 것인가를 정의한 일종의 규칙이다. 또한 앞서 언급된 것처럼 각 집단은 자신만의 특유한 **규범(norms)**—집단이 기능하는 데 따라야 하고 그리고 관행을 따르지 않는 집단원들에게 압력을 가하게 될 표준 혹은 문서화되지 않은 규칙—을 발전시킨다.

수행기 일단 형성된 집단은 시초의 불일치를 통해 발전하며, 발전된 규범을 가지게 되면, 그 후 잘 기능할 준비가 된다. **수행기(performing)**는 집단발달의 마지막 단계이다. 이 단계에서 집단은 더 잘 기능하고 기금모집을 조직하거나 혹은 작업팀을 위한 전략적 계획을 세우는 등 실제적으로 자신의 업무를 수행한다. 일단 이런 발달상의 패턴이 집단에 의해 다 이루어지면, 새로운 문제가 일어나거나 새 구성원을 추가할 수 있다. 집단은 이러한 단계를 통해 다시 순환한다(그림 9-1을 보라; Tuckman, 1965).

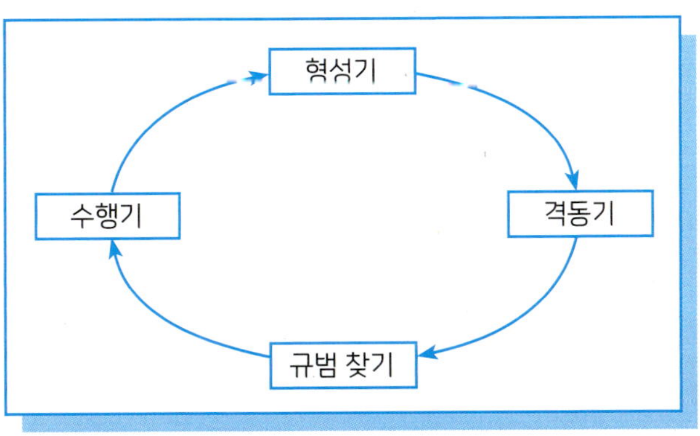

그림 9-1 집단 형성의 순환

왜 우리는 집단에 참여하는가?

친애 무엇이 당신을 어떤 클럽, 팀, 또는 위원회에 참여하지만, 다른 집단에 참여시키려는 압력에 저항하도록 만드는가? 우선, 다른 사람들에 대한 우리의 의식과 사회적 상호작용은 생물학적 토대를 가지고 있다는 것을 아는 것이 중요하다. 즉, 우리는 친애(affiliation)를 위해 타인을 찾도록 유전적으로 결정되어 있는 것 같다(Chen, 2009). 생물학적인 영향을 넘어, 사회심리 학자들은 사람들이 집단에 참여하는 복합적인 이유를 발견하였다. 사람들은 때때로 집단이 개인으로서는 가능하지 않은 기회, 예를 들면 우리와 유사하거나 혹은 우리가 좋아하는 사람과 함께하는, **친애**하는 기회를 제공해 주기 때문에 집단과 연결된다. 예를 들어 유대교 회당, 교회 그리고 회교사원은 종교적 지지 이상의 것을 제공하고, 또한 같은 믿음을 가진 신자들과 사귈 기회를 제공한다.

정보와 이해하기 집단은 또한 우리에게 중요한 일상적 문제에 대해 알려 주고 개인으로서는 보유하지 못할 정보를 제공할 수 있다. 집단은 우리에게 단순한 사실 이상의 것을 제공한다. 집단은 우리가 집단 내에 소수자 혹은 다수자 위치를 대변하는가를 이해하도록 돕는다. 집단은 또한 사회체제 내에서 우리의 위치를 이해하도록 돕는다. 예를 들어 당신이 대학수업에서 시험지를 되돌려 받을 때 주변 학급 친구들이 25, 19, 32점을 받은 것을 보기 전까지는 자신이 받은 37점을 끔찍한 점수라고 생각했을 것이다. 집단은 타인에 대해 상대적으로 자신을 비교하여 자신을 이해하도록 허용하는데 이것이 **사회비교(social comparison)**의 과정이다. 우리는 대개 다른 사람의 전문지식, 자신과의 유사성 그리고 이전의 의견일치 수준에 근거해 자신과 비교하여 그 사람을 선택한다(Stapel & Johnson, 2007).

사회적 지지 사회적 지지를 제공하는 것은 집단의 매우 중요한 기능이다. 당신이 떠올리는 사회적 지지는 한 개인이나 집단이 다른 개인이나 집단에게 심리적인 그리고 때로는 물리적인 도움을 제공하는 과정이다. 특히 친구나 가족 같은 일차 집단은 우리가 많이 필요로 하는 사회적 지지를 제공할 수 있다. 우리의 삶에서 무언가가 잘못되고 있을 때, 우리가 어려운 결정을 해야만 할 때, 심지어 어떤 멋진 일이 일어날 때, 집단은 우리에게 필요한 격려를 제공한다. 친구들은 우리가 사랑하는 사람을 잃어 고통받고 있을 때 애정과 공감을 제공하며, 가족은 우리가 성공했을 때 즐거움을 강화시켜 줄 수 있다. 당신이 알 수 있는 것처럼 집단은 우리 자신의 개인적 성장, 적응과 정신건강을 촉진하기 위한 잠재력을 가진 지지를 제공한다(Masood, Okazaki, & Takeuchi, 2009).

권력 집단은 또한 우리에게 더 많은 집단적 힘을 준다. 우리는 혼자서는 쉽게 가질 수 없는 욕구가 있을 것이다. 노동조합이 그 좋은 예이다. 집단적 힘을 가진 조합은 개인보다 더 나은 조건에서 일할 수 있도록 훌륭한 협상을 할 수 있다. 동맹과 연합은 필요한 법률 제정을 위해 더 나은 로비를 할 수 있다. 그리고 수백 수천 명의 힘을 배경으로 하는 학생회와 같은 학생 집단은 통학하는 학생들을 위한 지원 같은 학생의 여건을 향상시키기 위해 대학 부서와 잘 협상할 수 있다. 사람들은 그들이 집단에 속해 있을 때 타인에게 영향을 미칠 수 있는 자신의 집단적 힘과 능력을 깨닫게 된다.

집단에서는 어떤 일이 일어나고 있는가?

학습목표

9.5 집단이 어떻게 의사소통하는지 설명한다.

9.6 집단의 크기가 집단기능에 어떤 영향을 줄 수 있는지 설명한다.

9.7 사회적 영향력의 세 가지 유형을 비교한다. 동조, 응종, 복종

9.8 사회적 태만과 집단양극화를 비교한다.

이미 역할과 규범의 발달이라는 두 가지 집단의 실제 과정들이 소개되었다. 개인에 대해서는 거의 논의되지 않는 집단의 독특한 과정들이 있다. 이들 과정들은 의사소통패턴, 사회적 영향, 사회적 태만 그리고 집단양극화를 포함한다. 이제 그 각각을 살펴보자.

탐색 9.3 집단역동

facultystaff.richmond.edu/~dforsyth/gd 집단역동 자원에 대한 이 페이지는 리더십이나 집단 영향력, 권력과 같은 다양한 집단과 관련된 과정들에 대한 정보들과 링크되어 있다.

당신은 무엇을 말했는가? - 의사소통 패턴

가장 중요한 집단과정 중의 하나는 집단 내 의사소통이다. 집단 내 의사소통은 집단원들이 의사결정을 하고 성과를 내는 데 중요한 그들의 행동을 조정하고, 정보를 공유하고, 감정과 생각을 표현하도록 해 준다.

의사소통망 의사소통망의 두 가지 중요한 유형에는 중심화된 의사소통망과 탈중심화된 의사소통망이 있다(Brown & Miller, 2000). **중심화된 의사소통망(centralized communication networks)**에서는 한두 명의 개인이 정보의 흐름을 통제한다. 그런 망의 한 가지가 바퀴형(wheel)이며 정보의 흐름(그리고 결정)은 다른 집단원으로부터가 아니라 중심원(즉, 리더)으로부터 나온다. 리더는 모든 최종 결정과 어떤 정보를 누구에게 얻을 것인가를 결정한다. 바퀴형은 대학과 유사한데 모든 학과장은 최종 자금, 인사 및 다른 결정을 학장 혹은 부총장에게 보고한다. 중심화된 망은 개인이 비교적 자유롭게 다른 사람들과 의사소통할 수 있는 **탈중심화된 의사소통망(decentralized communication networks)**과 대조될 수 있다. 한 사람에게서 다른 사람에게로 전달된 소문이 여러 사람을 돌아서 다시 원래 소문을 낸 사람에게 돌아오는 것이 탈중심화된 의사소통망인 원형(circle)의 한 가지 예이다. 물론 또 다른 중심화된 그리고 탈중심화된 체계들이 있다. 여러분은 그림 9-2에 나타난 의사소통망과는 다른 유형의 예를 생각할 수 있는가?

중심화된 그리고 탈중심화된 망은 서로 다른 성과(예: 얼마나 많은 위젯을 만들것인가, 그 집단이 얼마나 오래 회의를 할 것인가, 의사결정이 얼마나 훌륭한가?)를 낸다. 단순한 일(또는 단순한 결정)일 때, 중심화된 망은 최선의 효과를 내는데, 탈중심화된 망보다 더 능률적이고 효과적이다. 그러나 일이 복잡하거나 결정이 복잡한 정보와 고려를 요구할 때는 탈중심화된 망이 더 나은 결과를 낳는다(Sharma & Sharma, 2010).

집단 크기 집단 의사소통의 질에 영향을 주는 또 다른 요인은 집단의 크기이다. 물론 집단은 상황에 따라 그 크기가 변동한다. 예를 들어, 배심원단은 대개 12명으로 구성되며 대학의 학과는 2명밖에 없는 작은 크기이거나 60명만큼 클 수도 있다. 그리고 미하원의 선거인단 수는 435명이다. 작은 집단과 비교하여 큰 집단은 구성원들끼리 더 경쟁적이며, 덜 연합되어 있으며, 더 논쟁적이다. 더구나 집단 만족은 집단이 클수록 감소한다. 생산성이라는 측면에서 보면, 매우 큰 집단은 구성원이 3~8명인 작은 집단만큼 성공적이지는 않다(Wheelan, 2009). 비록 많은 구성원을 가진 집단들이 더 많은 유용한 자원을 가지고 있지만, 아이디어의 수는 집단 크기와 직접적으로 비례하지는 않는다. 신기하게도 집단 크기의 증가에 비해 아이디어의 수는 느린 속도로 증가한다.

의사소통 유형과 효율성 또한 집단 크기에 따라 다르다. 작은 집단에서의 집단토론은 실제적으로 상호작용적인 대담이나 대화인 반면, 큰 집단에서의 담화는 독백과 비슷한데 소수의 개인이 지배하거나 계속해서 말한다(Fay, Garrod, & Carletta, 2000).

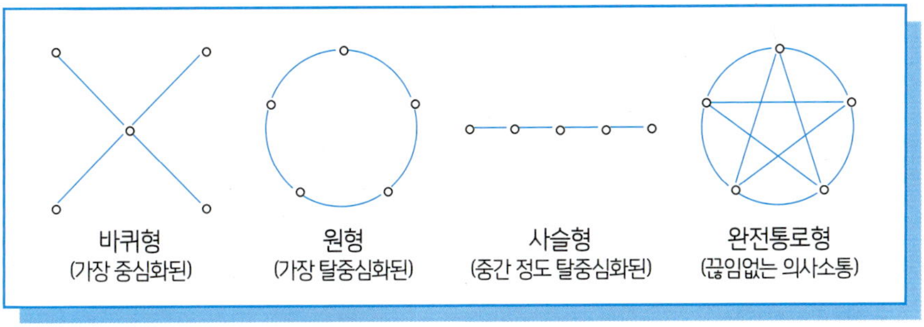

그림 9-2 다양한 의사소통망의 예.
'O'는 개인을 나타내며 선은 개인들 간의 의사소통 연결을 나타낸다.

상호작용과 의사소통은 또한 큰 집단에서 형식화되는 경향이 있다. 예를 들어 미의회와 같은 큰 집단에서는 의제를 내고 토론을 통제하기 위해 로버트의 질서법칙(Roberts' Rules of Order)을 따를 가능성이 높다. 전반적으로 집단 토론은 작은 집단에서보다 큰 집단에서 덜 만족스럽게 이루어진다.

전자적 의사소통 우리의 세상이 점점 더 전자적 의사소통(이메일, 트위터, 문자, 페이스북, 블로그 등)으로 옮겨짐에 따라서 앞서 설명한 원칙들이 여전히 적용될지를 확인하는 것은 흥미롭다. 전자적 의사소통은 수줍음을 많이 타는 사람이나 말로 잘 표현하지 못하는 사람에게 수동적 관찰자보다 집단에서 더 활발하게 참여할 수 있도록 해 주는 매우 큰 이득을 준다. 그러나 면대면 대화와 비교해 전자적 의사소통에서 의사전달이 잘못될 확률은 증가하기 쉽다(Workman, 2007). 더욱이 연구는 이메일 사용자가 이메일이 가진 한계를 너무 잘 모른다는 것을 보여 주었는데, 그들은 자신들이 무엇을 전달하려고 하는지를 알고 있어서 메일을 받는 사람도 자신의 의도를 잘 알 것이라고 가정한다(Kruger et al., 2005). 문자 메시지는 아마도 더욱 골칫거리일 것이다. 왜냐하면 문자를 보내는 사람이 길이를 줄여 보내거나 축약어로 보내기 때문이다. 전자적 의사소통이 가진 또 다른 문제점들이 있다. 예를 들어 신뢰는 전자적 상호작용보다는 면대면 상호작용에서 더 크다(Wilson, Straus와 McEvily, 2006). 그리고 물론 누군가가 화나서 보내는 편지나 험담 혹은 다른 사람에 대한 부적절한 무언가를 적은 편지를 보냈을 때 '응답' 대신에 '모두에게 응답'을 눌렀을 때의 위험성에 대해 우리는 너무 잘 알고 있다.

긍정적인 측면을 보면, 전자적 의사소통으로 인해 신분에 따른 불평등이 감소한다(Dubrovsky, Kiesler, & Sethna, 1991). 이 점은 매우 중요한 것인데, 왜냐하면 면대면 상호작용에서는 최고 지위인 사람이 대부분의 의사소통을 하기 때문이다. 전자

전자적 의사소통은 면대면 의사소통에 비해 더 잘못된 의사소통을 하는 결과를 초래할 수도있다. 왜냐하면 전자적 의사소통에는 얼굴 표정과 같은 미묘한 단서들이 부족하기 때문이다.

적 의사소통에 의해서 각 집단원들의 참여 가능성은 증가한다. 이런 경우에 모든 집단원들의 잠재력 발휘는 극대화되었다. 특히 직장에서 전자적 의사소통은 면대면 상호작용보다 더 과업중심적이어서 효율성을 높이는 역할을 하였다(Lantz, 2001). 그러나 이런 효과는 집단원이 '수다 떨기'(예: 개인적 정보를 나누면서 라포를 형성하기)와 같은 직장에서 사교적인 면을 놓치지 않기를 요구한다. 전자적 의사소통은 또한 집단의 크기와 영향력을 확장하고, 사회 접촉의 횟수를 높이는 것을 가능하게 한다. 사이버 공간은 정서적 및 도구적 지지를 모두 제공하여 공동체 의식을 형성하는 것을 도울 수 있다(Drenta & Moren-Cross, 2005).

당신은 내가 무엇을 하기를 원하는가? - 사회적 영향

사회적 영향(social influence)은 한 사람 이상의 다른 사람들의 행동이나 태도를 바꾸기 위한 어떤 사람의 노력을 포함한다. 예를 들어 TV 광고는 당신이 상점에서 물건을 고를 때 경쟁상품 대신에 광고하는 상품을 선택하도록 당신의 생각에 영향을 미친다.

(광고가 소비행동에 영향을 미치는 몇 가지 기술에 대해 글상자 9-3을 보라.) 사회적 영향은 다양한 방식으로 존재할 수 있다.

글상자 9-3 심리학에 초점을 맞춰라: 광고와 당신

전통적인 광고

영화배우, 음악인, 프로 운동선수, 그리고 다른 저명인사들이 상품의 광고를 위해 빈번히 고용된다. 탐험가 Dora와 같은 만화 캐릭터를 쓰는 것도 이 범주에 적합하다. 광고인들은 저명인사를 향한 긍정적인 태도가 자신들의 상품에 전이된다고 믿는다. 소비자 행동을 자극하는 또 다른 기술은 특정한 상품의 구입에만 주어지는 공짜 상품이다. 예를 들어 맥도날드의 '해피 밀'은 프리미엄 경품으로 장난감을 포함하고 있다. 추가적으로 애니메이션을 통한 특별한 효과와 잘못된 진술(예: '최고의')로 광고인들은 광고하고 있는 제품이 실제보다 더 흥미롭고, 재미있다고 소비자를 기만하게 만든다. 그런 일은 실제로 일어난다.

광고인들은 매력적인 외관을 만드는 것을 포함하여 소비행동에 영향을 미친다고 알고 있는 모든 속임수를 쓴다. 예를 들어 재미있어 보이고 화려한 패키지는 아이들의 주의를 끌고 매장에서 아이들이 부모에게 조르도록 만든다. 추가적으로 호랑이 Tony 같은 이름 있는 캐릭터나 마스코트를 그 패키지에 빈번하게 넣어 소비자의 선택을 혼란시킨다(Palmer & Carpenter, 2006). 광고인들은 장난감, 식품 등을 홍보하기 위해 상표 병용하기를 이용하고 있다. **상표 병용하기(Co-branding)는 제품과 서비스를 교차 홍보하기 위해 두 회사들이 공동 작업하는 광고 기법**이다. 유명한 상표 병용하기 기술은 유명한 만화와 영화 캐릭터인 '네모 바지 스폰지밥' 상품을 식품 패키지에 사용한 예이다(Batada & wootan, 2007).

현대의 광고

광고와 엔터테인먼트를 결합시킨 광고 게임은 웹을 기반으로 한 게임으로 회사 브랜드와 브랜드 캐릭터를 게임 속에 집어넣은 것이다. 어떤 사이트는 게임만 제공하기보다 소비자가 탐색할 가상의 세계를 만든다. 그런 웹사이트 중 하나가 happymeal.com(맥도날드에서 제공하는)인데, 이용자들은 게임을 하거나 영상을 볼 수 있다. 물론 가상의 공동체에서 맥도날드 로고를 발견하게 된다. 이와 같이 광고 게임은 제품을 홍보하기 위해 바이러스성의 광고를 사용하는 것이다. **바이러스성 광고 (viral advertising)는** 기존의 사회망(예: 블로그나 이메일 등)에 의존하여 광고인들이 사용하는 마케팅 기술로서, 제품을 홍보하기 위해 웹사이트 링크, 비디오 클립, 플래시 게임 등을 이용하는 것이다.

브랜드 인지의 중요성

아동기의 브랜드 인지는 훗날의 소비행동에 잠재적으로 영향을 미친다는 것을 기억하여라. 성인 중심의 광고 중 어떤 광고는 어린 관중을 위해 제작된다. 예를 들어 담배 광고의 주요 목표 중 하나는 담배를 피기 시작하기 전부터 흡연자를 매료시키는 것이다. 왜냐하면 TV 담배광고는 1971년에 금지되었기 때문에 R. J. Reynolds는 그 광고료를 잡지나 빌보드로 이동시켜 Old Joe Camel과 같은 만화 캐릭터를 통해 홍보하게 되었다. 1991년 무렵 3세의 30%와 6세의 91%가 담배와 Old Joe Camel을 정확하게 연결 지었다(Fischer, Schwart, Richards, Goldstein,

& Rojas, 1991). 당신의 아동기에 기억에 남는 광고는 무엇인가? 그중 성인을 위한 제품은 얼마나 많은가? 그 답은 당신을 놀라게 할지도 모른다.

우리는 공공연하게 다른 사람과 어울릴 수 있지만 자신의 신념을 변화시키는 것은 거부한다. 이것의 한 가지 예는 당신이 몹시 싫어하는 정치 후보자에게 투표할 것을 선언한 세 명의 친구들과 함께 스낵바에 앉아 있는 것이다. 다음 수업을 위해 바쁜 당신은 그들과 토론하기를 원하지 않기 때문에 동의하는 것처럼 머리를 끄덕인다. 사회적 영향의 또 다른 수준은 당신이 다른 사람에게 매력을 느꼈기 때문에 그들처럼 처신하거나 그들에 의해 영향을 받을 때이다. 당신이 누군가와 연인으로 데이트를 시작할 때 음식과 음악을 새로운 연인의 취향에 맞추게 된다. 만약 당신과 당신의 연인이 그 이후에 결별한다면 당신은 원래 가졌던 취향의 요리와 멜로디로 되돌아간다. 세 번째 수준은 누군가가 당신을 영원히 변화시킬 만큼 당신에게 진실로 영향을 주는 것이다. 이 수준에서 개인이나 집단은 당신이 그들의 생각, 행동, 취향을 채택해야만 하도록 확신을 준다. 어떻게, 그리고 왜 사람들은 다른 사람에 대한 영향력을 얻는가? 세 가지 과정들—동조, 응종 그리고 복종—은 그 기제를 밝혀 준다(Mason, Conrey, & Smith, 2007).

동조 **동조(conformity)는 다른 사람의 실제 혹은 가상의 영향(압력)을 받아 행동이 변화하는 것**이다. 예를 들어 많은 10대들이 배기 바지나 밸리 셔츠를 입는 것은 동료들과 잘 어울리기 위한 시도로 옷 스타일을 모방하는 것이다. 물론 그런 유형의 옷을 입어야만 한다는 공식적인 강요는 전혀 없었으며 그것을 따르라는 동료의 미묘한 압력이 있었을 뿐이다. 동조는 Solomon Asch(1951)의 기념비적 연구에서 시작하여 60년 동안 연구되었다. 그의 실험에서 피험자는 검사실에 들어와서 일찍 도착한 것으로 여겨지는 피험자 옆에 앉는다. 이 피험자는 사실 **공모자(confederates) 혹은 실험자에게 어떻게 행동할지에 대한 설명을 들은 실험조수였다**. 실험 대상자 혹은 피험자와 공모자들은 표준선(X)과 다른 선들(A, B, C)을 비교하여 표준선과 길이가 가장 비슷한 선을 선택하기를 요청받았다(그림 9-3을 보라). 처음에 공모자들은 맞는 선을 선택했지만, 그 다음 공모자들은 일치되게 틀린 대답을 했다. 놀랍게도 Asch는 많은 피험자들이 누가 봐도 틀린 대답에 동조하는 것을 발견하였다. Asch는 심지어 명백히 쉬운 일에서조차도 우리의 사회에서는 동조하려는 경향이 강하다는 결론을 내렸다. 아무도 동조를 강요하지 않음에도 그렇다. Asch의 초기 연구 이후로 과학자들은 동조를 증가시키거나 감소시키는 요인을 발견했다. 그들이 발견한 결과를 보면, 우리는 자신의 반응이 공개적이거나 면대면일 때, 집단에 의해 수용되기를 원할 때, 동의가 반대보다 쉬울 때 그리고

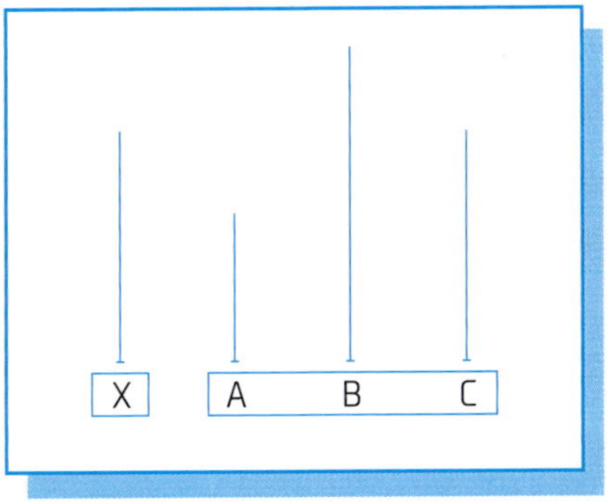

그림 9-3 Asch의 라인 실험
Asch의 라인 실험에서 공모자는 라인 X가 분명히 다른 라인 B와 같다고 말했다. 당신은 옳은 대답(C)을 말할 것인가? 아니면 집단에 동조할 것인가?

다른 동조자의 비율이 높을 때, 동조할 가능성이 가장 높다(Bond, 2005; Coultas, 2004).

동조에서 개인적 차이와 문화적 차이에 대해 언급하는 것 또한 중요하다. Asch의 결과에도 불구하고 많은 미국인들은 독립성과 자율성을 옹호하여 동조를 피한다. **상호의존(interdependence**, 어떤 주어진 집단이나 사회에서 개인들 간의 공동의존**)**을 강조하는 문화도 또한 존재한다. 이들 중의 대부분은 집합주의 사회이다. 동조와 조화는 이들 문화의 사회적 구조에서 통합적인 부분이다(Johnson et al., 2005). 더욱 상호의존적인 문화의 몇 가지 예는(집단규범에 동조하는 것이 기대되는) 짐바브웨와 레바논 사회이다(Smith & Bond, 1993). 반면, 또 다른 연구는 이제 어떤 집합주의 문화들은 우리가 기대한 것만큼 동조주의자가 아니라는 사실을 지적하고 있다(Takano & Sogon, 2008). 아마도 문화들이 서로 접촉함으로써 집합수의와 개인주의 사회 사이의 구별이 사라지고 있는 것이다. 성별을 고려한 연구들은 70개 이상의 상이한 문화를 통틀어 남성과 여성은 동등한 비율로 동조를 한다는 것을 보여 주었다(Schwartz & Rubel, 2005).

응종 **응종(compliance)**은 어떻게 하라는 **타인의 직접적인 요구에 대한 반응으로 나타나는 행동변화**로 정의될 수 있다. 응종은 동조와 같이 일상적인 현상이다. 예를 들어 지도교수의 요구로 조용히 사리를 지키는 것, 요청에 의해 저녁 식사 자리에 참석하는 것, 그리고 영화를 보는 동안 휴대전화 통화를 삼가는 것 등이 포함된다. 동조와 마찬가지로 우리가 때때로 어떤 요구에 공적으로는 따르지만 사적으로는 동의하지 않을 수도 있다는 것을 주목하라. 우리가 다소 응종할 가능성이 있는 조건들이 있다. 미국을 포함한 많은 사회에서 호혜성의 규범은 일반적이다(Park & Antonioni, 2007). 이 불문율은 호의를 받은 것과 관련된 호혜적 행동을 유도한다. 만약 누군가가 당신에게 도움을 주면 당신은 그 도움에 보답을 해야 한다고 느낀다. 응종을 유발하는 더 능숙한 방법은 **환심 사기(ingratiation)** 인데, 그것은 **다른 사람들이 당신을 좋아하고 당신의 요구에 응하도록 당신이 그들에게 남기는 인상을 관리하는 것이다.** 아첨은 환심 사기의 한 유형인데 타인의 태도, 선호, 행위를 모방하는 것이다(Robinson, Tobias, Shaw, Freeman, & Higgs, 2011).

때때로 응종에 대한 두 단계 접근은 응종이 성공할 가능성을 증가시킨다. **면전에서 문닫기 효과(door-in-the-face effect)**에서는, 요청자가 먼저 큰 부당한 요청을 한다. 응답자가 "아니"라고 대답할 때 요청자는 실제적으로는 원하고 있는 더 작고 합리적인 요구를 한다(Cialdini & Goldstein, 2004). 어렵거나 고집스러워 보이기를 원하지 않는 응답자는 종종 두 번째의 더 작은 요구에 대해 "예"라고 대답한다. 예를 들어 계산적인 친구는 당신의 새로운 비싼 차를 자신의 새 데이트 상대를 유혹하기 위해 빌려달라고 청할 것이다. 당신도 그 차를 많이 운전하지 않았기에 당신은 재빨리 "아니"라고 답한다. 그러면 그 친구는 데이트를 위해 15달러를 빌려 달라고 청하게 되고, 당신은 더 쉽게 동의한다.

복종 **복종(obedience)**은 **직접적인 지시나 명령에 따르는 것**을 포함한다. 그 명령은 전형적으로 그것을 따르지 않았을 경우 지시를 강요할 역량을 가진 누군가에게서 비롯된다(Burger, Girgis, & Manning, 2011). 1974년에 Stanley Milgram은 극적인 『권위에의 복종(Obedience to Authority)』을 출간하였다. 거기에 그는 심리학 세계를 뒤흔든 권위적 인물에 대한 복종에 관한 일련의 연구들을 실었다. 당신이 Milgram의 실험에 따르고 있다고 상상해 보라. 당신은 방으로 안내되었고, 그 연구에서 학습자가 될 친절한 늙은 남자인 Mr. Wallace에게 소개되었다. 당신은 선생님이 될 것이다. Wallace는 한 목록의 단어들을 배울 것이다. 그가 틀릴 때마다 당신은 그에게 전기충격을 줄 것이며 고통스러울 것이지만 영구적인 조직손상을 일으키지는 않을 것이라는 말을 듣는다. 실수를 할 때마다 당신은 충격 수준을 한 단계 올릴 수 있다. 첫 번째 수준은 15볼트이며 '약한 충격'이라고 이름이 붙어 있다. 마지막 수준은 450볼트이며 'XXX'라고만 이름이 붙어 있어 그것의 위험성을 표시하고 있다. 선생 역할을 하는 당신이 정말로 충격을 주는 것이 아니라는 사실과 Wallace가 사실은 공모자라는 것을 알지 못하도록 실험이 설계되었다.

당신이 충격기를 올림으로써, Wallace의 신음소리를 듣는다. 결국 Wallace는 계속하기를 거절하고 심장의 문제를 호소할 것이다. 마침내 Wallace는 조용해질 것이다. 매번 당신은 실험자(권위적 인물)에게 Wallace의 상태에 관해 문의하지만 실험자

바구니가 없는 유일한 자전거가 된다고 생각해 보라. 당신은 비동조주의자가 되는 것이다.

는 계속하기를 촉구할 것이다. 실험의 마지막 단계에서 Mr. Wallace는 조용해지고, 그래도 실험자는 당신에게 더 높은 수준의 충격을 줄 것을 요구한다. 이 연구의 가장 극적이고 당황스러운 부분은 미국 피험자의 65%가 실험자의 요구에 따라 충격 수준을 올렸다는 것이다. Milgram의 발견은 우리 내부에 다른 사람에게 해를 입힐 역량이 있고 이것을 발휘하는 데 필요한 모든 것을 누군가에 의해 우리가 그렇게 하도록 지시를 받는 것임을 시사한다. 당신이 Milgram 연구의 참가자였다면 어떻게 했겠는가?

다른 사람이 그것을 하도록 놔둔다 – 사회적 태만

당신은 집단에서 '농땡이를 부리는 사람'이었던 적이 있는가? 그런 적이 없다면 당신은 자기의 몫을 하지 않는 타인을 본 적이 있는가? 집단에서 일어나는 또 다른 과정인 **사회적 태만(social loafing)**은 개인활동보다 집단활동에 덜 기여하는 것을 의미한다. 예를 들어, 만약 개인이 벽화를 그리거나 운동선수를 위해 박수를 치는 등 한 번에 한 가지 일을 요청받는다면, 그들은 한 집단으로서 수행을 부탁받았을 때보다 혼자 수행할 때 더 많은 노력을 쏟는다(Kayes, Kayes, & Kolb, 2005). 사실 집단이 더 커질수록 업무 수행에 개인적 노력을 덜 쏟는다. 또한 사회적 태만의 유행에서 문화적 차이가 존재한다. 개인주의 사회에서 사람들은 독립적이고 자율적이기를 기대하므로 집단 활동에 덜 기여한다. 좀 더 집합적인 사회에서는 집단활동은 가치 있는 것이므로 사회적 태만은 덜 발생한다(Hong, Wyer, & Fong, 2008).

우리 모두가 알고 있는 것처럼, 태만한 사람이 상당한 노력을 쏟은 사람과 집단 프로젝트에서 같은 점수를 받는 것은 공정하지 않다. 다행히도 사회적 태만이 발생할 가능성을 감소시킬 여러 방법이 있다. 사람들이 자신의 수행이 개별적으로 평가될 것이라고 믿을 때, 그 일이 중요하거나 의미 있는 것일 때, 사회적 태만이 일어나면 실패가 발생할 때, 개인 구성원들이 그 집단을 가치 있게 생각할 때, 사회적 태만은 최소화된다(Pearsall, Christian, & Ellis, 2010).

모두들 "예"라고 말하기를 선호한다 - 집단양극화

틀림없이 당신은 의견일치나 만장일치를 요구하는 결정을 해야 하는 집단에서 일한 적이 있을 것이다. 흥미롭게도 개인은 종종 혼자일 때보다 집단의 일부일 때, 더 극단적인 결정(위험한 또는 보수적인)을 내린다. 개인보다 집단이 의견일치를 위해 더 모험적인 결정을 내리는 현상은 **모험이행(risky shift)**으로 알려져 있다. 예를 들어 환자에게 실험적 약물을 투여할 가능성은 혼자서 결정할 때보다 그 결정이 위원회에 의해 결정 될 때 증가한다. 다른 경우 합의를 하는 집단은 개인보다 더 신중하게 결정한다. 집단 속의 개인이 혼자 결정하는 것보다 더 보수적이거나 더 모험적인 결정으로 이행하기 쉬운데 이 현상이 그림 9-4에 그려진 것처럼, **집단양극화 효과(group polarization)**이다. 집단양극화가 발생할 때, 더 극단적 결정에 상응하는 견해나 태도가 더욱 극단적으로 된다는 것을 아는 것은 놀랍지 않다(Palmer & Loveland, 2008). 예를 들어 불치병을 치료하기 위해 실험적 약물을 사용하는 것을 단지 약간 지지하는 사람이 죽어가는 환자에서 어떤 논란의 여지가 있는 약물을 투여하도록 결정한 위원회에 참여한 후에는 그 견해에 대한 더욱 든든한 지지자가 된다. 집단양극화가 일어날 때, 집단 속의 개인은 자신의 결정으로 인한 결과에 책임을 덜 느끼게 되는데, 이 과정은 **책임분산(responsibility diffusion)**으로 알려져 있다. 게다가 집단 속의 사람들은 자신의 결정에 대해 더 확신하게 되는데, 왜냐하면 토론을 거치며 자신과 일치하는 의견을 반복적으로 말하게 됨으로써 자신이 옳다는 신념을 강화시킨다. 흥미롭게도 어떤 개인이 집단에서 신중 혹은 모험으로 압력을 받게 되는가를 예측해 주는 또 다른 요소는 문화이다. 예를 들어 아프리카인들의 문화에서 신중은 모험 이상의 가치가 있다. 미국 문화에서는 모험과 허세가 신중 이상의 가치가 있다(Gologor, 1977). 집단에서 많은 시간을 보내는 당신은 이런

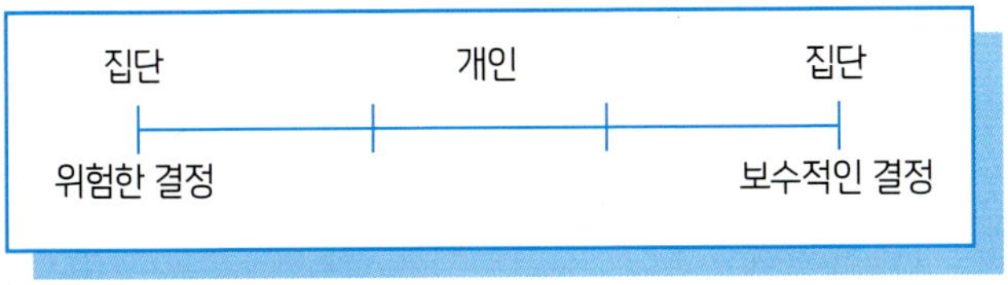

그림 9-4 집단양극화 효과

효과를 자각하여 그 결과를 극복하고 더 최선의 결정을 내릴 수 있어야 한다.

집단이 잘못되어 갈 때

학습 목표

9.9 집단사고에 대해 설명한다.

9.10 집단사고를 방지하는 몇 가지 방법을 논의한다.

9.11 갈등이 좋은 영향과 나쁜 영향을 미칠 수 있는 방식을 설명한다.

9.12 갈등 관리에 대해 논의한다.

집단의 모든 사람이 어떤 아이디어가 좋다고 생각했다고 그 아이디어가 실제로 좋다는 것을 의미하지는 않는다. 좋은 예로 1961년에 새롭게 형성된 케네디 정부는 쿠바 망명자들이 피그스만에 쳐들어가 피델 카스트로 정부를 전복하려는 시도를 지지하는 계획을 하였으나 실패하였다. 공격 3일 후에 반군 세력이 완전히 패배하였다. 케네디 대통령은 어떻게 다른 나라 정부를 전복하려는 나쁜 결정을 내렸던 것일까? 집단사고의 개념은 케네디 정부의 계획의 성공에 대한 확신과 선견지명의 부족으로 인해 실패에 대한 충분한 토론을 거치지 않은 것이 주요 원인 중의 하나였음을 보여 준다(Janis, 1982).

집단사고

집단사고(groupthink)는 조화를 이루려는 욕망이 비판적 사고의 과정과 최신의 결정 탐색을 능가하기 때문에 미숙하게 의견일치에 도달하는 집단의 경향성이다. 집단사고는 집단이 훌륭한 생각을 발전시키는 것보다 의견일치와 화합의 유지에 더 관심을 가질 때 발생한다. 집단사고가 존재하지 않을 때 잘 기능하는 집단은 건전한 결정을 내릴 수 있다는 것을 명심하라. 어떻게 집단사고가 발전하고 어떻게 그것을 방지할 수 있는지 살펴보자.

집단사고는 어떻게 그리고 왜 일어나는가? 집단사고는 집단원이 매우 밀착되어 있고 집단원들이 집단을 매력적으로 볼 때 시작된다. 사실 응집성 혹은 집단원들이 서로 가까운 정도가 집단사고 현상의 기저를 이룬다고 생각된다. 집단사고가 일어나면 그 집단은 일반적으로 고립되어 작동하고 결단력 있는 리더가 토론을 통제하고 그들의 의사결정을 조종한다(Ahlfinger & Esser, 2001; Henningsen, Henningsen, Eden, & Cruz, 2006). 이 현상의 또 다른 증상은 **잘못 불가의 착각(illusion of invulnerability)**이다. 그 집단은 너무 밀착되거나 의견일치를 보여서 무적이라고 믿고 그들은 아무런 잘못도 할 수 없다고 생각한다. 이것은 집단에서 아무도 반대하기를 원하거나 화합이 깨어지기를 원하지 않기 때문에 일어난다. 사실 반대하는 사람은 빨리 잊혀지거나 집단 정서에 동조하도록 압력을 받는다. 반대자를 검열하는 책임을 지는 사람을 **정신적 지주(mindguard)**라고 말한다. 정신적 지주로 인해 불화가 중단되고 집단은 만장일치를 이루며 도덕적으로 옳다고 생각한다. 만장일치를 이루고 자기정당성을 부여하게 하는 것은 그 집단이 외집단(반대자)을 고정관념화하게 한다. 집단원들은 아마 외집단원을 게으르고 멍청하고 무능하다고 폄하할지 모른다. 집단사고가 일어나는 또 다른 지표는 다음과 같다.

그 집단은

- 단지 한두 가지 생각만 토론한다.
- 모든 가능한 대안을 조사하는 데 실패한다.
- 모든 가능한 위험요소를 찾지 않는 실수를 범한다.
- 선택된 대안의 불리한 면에 대해 토론하는 것을 회피한다.
- 잘못되었을 경우를 대비한 위기계획을 결코 마련해 두지 않는다.

집단사고 방지하기 다행히도 집단사고는 방지될 수 있다. 방지하는 방법 중의 하나는 개방적 질문과 의심을 촉진시키는 것이다. 아마도 집단은 공식적인 악마의 옹호자를 정하거나 혹은 집단 리더가 비판을 불러일으키고 각 대안에 대한 토론을 하도록 할 수 있다. 여러 가지 대안이 나오는 것을 보장하기 위해 하위 집단이 형성될 수 있다. 각각의 하위 집단은 각자의 해법을 생각해 낼 수 있고 결과적으로 몇 가지 대안이 나타난다. 일단 대안이 선택되면 두 번째 회합이 있어야 한다. 이 방법으로 집단은 각자의 입장을 다시 생각해 보고 남아 있는 의심을 표현한다. 리더는 또한 다양한 선택의 발생을 촉진하기 위해 처음부터 자신의 의견을 표현하는 것을 자제해야만 한다. 한 가지 마지막 권고는 외부의 전문가를 초청하는 것인데, 그래서 집단은 고립되지 않고 더 나은 정보를 가진 집단원에 의해 결정을 내릴 수 있다. 당신이 최근에 집단사고의 영향을 받은 적이 있는지

활동 9-1

집단사고 - 당신에게 그 일이 일어났는가?

지시문: 당신이 속해 있는 집단이 중요한 결정을 내리는 집단 상황을 떠올려 보라. 다음의 진실 혹은 거짓 척도를 이용하여 진술문들이 그 상황을 설명하는지 아닌지 표시하라.

1. 우리가 심사숙고하는 초기에, 집단 리더는 자신의 선호를 알렸다. [T], [F]
2. 우리 집단은 특별히 다정하고 굳게 단결되었다. [T], [F]
3. 우리 집단은 반기를 드는 사람 혹은 반대에 대해 전혀 관대하지 않다. [T], [F]
4. 일단 우리가 그 문제를 이해하면 우리의 생각을 빠르게 발전시켰다. [T], [F]
5. 나는 그 집단이 최종 결정에 의문을 제기하는 것을 인정했다고 생각하지 않는다. [T], [F]
6. 집단은 우리의 결정이 실행된 후 일이 잘못 될 때를 위한 대안을 만들어 두지 않는다. [T], [F]
7. 우리의 집단은 문제를 숙고하는 동안 약간 독선적이었다. [T], [F]
8. 우리의 집단은 외부 사람들을 무시했거나 심지어 웃음거리로 만들었다. [T], [F]
9. 우리가 무언가를 하기로 한 번 결정을 내리면 우리는 빨리 주제를 벗어나서 개인적 문제에 관해 잡담을 하였다. [T], [F]
10. 집단은 만장일치를 이룬 것처럼 보이지만 나는 개인적으로 동의하지 않는 사람들도 있을 것이라 생각한다. [T], [F]

T의 수를 세어라. 그 수가 높을수록 당신의 집단은 집단사고로 더 고통받기 쉽다. 이제 당신의 결정이 얼마나 훌륭했는가를 알아보자. 그것이 효과적이었는가? 집단 밖의 다른 사람이 그 결정을 좋아했는가? 결정을 실행 중 혹은 실행 후에 어떤 것이 잘못되었는가? 당신의 집단이 당신의 점수에 의해 드러난 것처럼 집단사고가 만연했다면('trues'의 수가 높은), 최종 결정이 상당히 허술할 수 있음을 나타내는 것이다. 그런가? 만약 그렇다면 당신은 다음번에 무엇을 바꿀 것인가?

알기 위해 활동 9-1에서 요청되는 정보를 채워라.

'사소한 것이 엄청난 결과를 초래한다' – 집단 갈등

당신이 집단에서 열성적으로 활동할 때, 그 집단이 갈등에 자유롭기를 희망한다. 그러나 우리는 직장이나 위원회, 사회단체, 팀에 속해 있을 때 우리들 각각은 집단 내 갈등(예: 행동방침에 대한 의견충돌, 권력 투쟁, 고용인들 사이의 논쟁)과 집단 간 갈등(예: 경쟁동료 간의 불화, 고용주와 고용인 사이의 협상)을 떠올릴 수 있다. 비록 '갈등'이라는 용어가 빈번히 부정적인 상황과 관련되지만 갈등이 항상 나쁜 것만은 아니다. 사실 어떤 갈등은 집단에 이득이 될 수도 있다(De Dreu, 2005).

갈등의 명암 갈등은 항상 유해하지도 않으며 사실 좋은 일일 수도 있다. 갈등은 우리 자신, 다른 사람들 그리고 우리가 당면한 문제를 시험하고 평가하는 면에서 유용할 수 있다. 갈등은 우리에게 창의적 반응과 해법을 개발하도록 자극한다. 갈등은 또한 많은 긍정적인 사회적 변화를 가져온다. 예를 들어, 1950년대와 1960년대의 시민소요가 아프리카계 미국인과 다른 유색인종들의 입지를 높이는 결과를 발생시킨 것을 보라. 이차 집단과의 갈등은 때때로 공동의 적을 가지게 함으로써 어떤 집단 내의 응집성을 증가시킨다. 그러므로 갈등이 항상 나쁘지는 않다.

그러나 갈등은 좋지 않은 측면도 가지고 있다. 갈등은 전형적으로 복잡하고 혼합된 동기의 결과물인데, 많은 수의 서로 다른 의도들은 갈등을 부채질한다(예: '내가 잃을지라도 반대자가 많은 것을 얻는 것을 막고 싶다'). 예를 들어 개인과 집단은 대개 극복할 수 있는 것을 넘어서는 갈등을 원하지 않는다. 때때로 그들은 자신이 갖기보다는 상대편이 더 큰 것을 잃어 고통을 당하도록 보복, 모욕 혹은 처벌을 가하기를 원한다. 갈등의 또 다른 주요 문제는 갈등이 때로는 통제를 넘어 확대되는 것처럼 보이는 것이다. 달리 말하면 사소한 일이 큰 화를 부른다(Kennedy & Pronin, 2008).

왜 갈등이 일어나는가? 갈등이 일어나고 해소되는 데는 많은 요인이 기여한다. 위협이 그 요인 중 하나이다. 하나의 집단 또는 단체뿐 아니라 그 집단을 위협할 다른 쪽도 종종 같은 위협으로 반응한다. 예를 들어, 국제 갈등에서 한 나라가 침략 위협을 가한다면 위협을 받은 나라는 종종 반격이나 적어도 보복의 위협으로 대응한다(Huntington, 1999). 더구나 강하게 주장하나 양립할 수 없는 신념과 이상은 갈등을 낳는다(Chrobot-Mason , Ruderman, Weber, Ohlott, & Dalton, 2007). 갈등이 상승하는 또 다른 이유는 대안을 찾기보다는 그 상태를 유지하려고 시간과 에너지를 기울이는 경향 때문이다(Cardona-Coll, 2003). 그 예로 사람들은 일이 잘못될 때 자신의 손해를 줄일 능력이 있는 것처럼 보이지 않는다. 나쁜 상황에 시간과 에너지와 돈을 더 욱더 쏟게 되는 과정을 **함정(entrapment)**이라 부른다. 함정은 실패한 행동방침에 대한 몰입이 이미 들인 투자를 정당화하기 위해 증가할 때 발생한다. 함정은 패배자들이 승리하기 위해 계속 노력하도록 동기화시킴으로써 갈등을 증폭시킨다.

다른 사람을 향한 고정관념과 선입견 같은 우리의 편향은 갈등의 상승을 부채질할 수 있다(Ledgerwood & Chaiken, 2007). 그런 지각은 갈등 집단을 '우리' 대 '그들'로 나눈다. 근본적 귀인 오류는 이 분열을 어느 정도 설명한다. 당신이 근본적 귀인 오류의 희생자가 될 때 다른 사람의 행동을 상황보다는 성격적 특성으로 과잉 귀인하게 된다. 갈등이 일어난 경우에, 부정적인 행동은 상황보다는 개인의 오래 지속되는 성격적 특성에 따른 것으로 간주된다. 그리고 일단 부정적인 이미지가 수립되면 자기충족적 예언이 그것을 지속시킨다. **자기충족적 예언(self-fulfilling prophecy)**은 사람들의 기대가 자신의 행동에 의해서 사실이 될 때 발생한다. 예를 들어 누군가가 우리에게 무례하게 할 것이라고 기대한다면 그는 실제로 그렇게 행동한다. 우리는 그가 무례함을 초래하도록(우리 스스로 먼저 무례하게 행동하는)그를 대할지도 모른다.

문화와 갈등 심리학자, 사회학자와 인류학자는 문화마다 갈등을 다르게 처리한다고 보고했다(Cushner, 2005). 집합주의 문화에서는 개인적인 노력 이상으로 집단의 노력을 가치 있게 여긴다는 것을 상기하라. 그러나 정반대가 개인주의 문화에서 사실이다. 그런 차이점은 갈등 협상에서 체면 세우기의 역할을 관찰해 볼 때 드러나게 된다. **체면 세우기(face-saving)는 한 사람 자신이나 다른 누군가의 이미지를 유지하는 것과 관련이 있다.** 집합주의 문화에서 반대자는 상대방을 모욕하거나 갈등을 일으키는 것을 회피하려고 의도적으로 노력한다. 개인주의 사회에서 개인들은 자신의 이미지를 보존하는 데 더 관심을 갖고, 상대방을 평가절하하거나 멸시한다(Ulijn, Rutkowski, Kumar, & Zhu, 2005). 더군다나 개인주의 문화에서 온 참가자들은 협상의 양식으로 지배를 사용할 가능성이 높은 반면 집합주의 문화에서 온 개인들은 회피나 통합적 해법을 활용할 가능성이 더 높다. 당신은 곧 통합적 해결에 관해 읽을 것이다(Oetzel & Ting-Toomey, 2003).

갈등 관리 때때로 두 당사자 모두 서로의 견해 차이를 해소할 수 있는 것으로 동의하는 갈등의 해결방법이 발견되지 않을 수 있다. 이와 같은 상황에서 갈등을 위한 최선책은 잘 관리하는 것, 즉 유지하는 것, 상황의 확대를 방지하는 것이다. 왜냐하면 대부분의 갈등이 혼합된 동기로 인한 것이기 때문에 항상 한쪽은 이기고, 상대 쪽은 지는 것이 사실은 아니다. 갈등 속에 있는 집단과 개인은 통합적 해결을 찾을 수 있다. **통합적 해결(Integrative solution)은 양쪽 모두의 요구를 고려하여, 양쪽 모두 어떤 것을 얻을 수 있는 것이다.** 처음에 통합적 해결은 타협을 포함하는 것처럼 들릴지도 모른다. 타협에서 양측은 약간을 얻기 위해서 약간을 잃어야만 한다. 통합적 해결은 타협을 넘어서는 것이다.

Charles Osgood(1962)는 갈등을 종료하거나 갈등 수준을 낮추기 위해 고안된 협상기술을 소개하였다. 그 방법은 GRIT 또는 **등급적 및 호혜적 긴장완화 주도권(graduated and reciprocated initiatives in tension reduction)**으로 알려져 있다. 이 법에서는 상대편에게 점진적으로 무언가를 양보한다. 예를 들어 국제 갈등에서, 한쪽은 분쟁지역의 일부를 양보한다. 호혜성 규범 때문에, 상대편도 어떤 것을 포기해야 하는, 즉 군대를 부분 철수해야 하는 압력이 존재한다(Park & Antonioni, 2007). 종종 이런 양보들은 양쪽의 호혜를 위한 압력을 주기 위해 공개적으로 이루어진다. 그 성공 열쇠는 반대자뿐 아니라 대중과의 의사소통에 있다. GRIT가 가진 위험성은 항상 있다. 한쪽은 호혜적이지 않을 수 있고 사실상 이것이 이루어지려면 양보하는 측이 상대방이 자신을 이용할 수 없다는 것을 알도록 하기 위해서 경쟁적인 행위 같은 것으로 반응할 필요가 있다.

갈등 관리와 해결을 위한 다른 방법은 제삼자의 중재를 포함한다(Arnold, 2007). 제삼자는 대개 중재자 혹은 조정자이다. **중재자(mediators)**는 갈등에 개입하여 의사소통, 창의적 문제해결 및 다른 기법을 통해서 두 분쟁 당사자들이 공동 합의에 도달하는 것을 돕는 중립적인 제삼자이다. **조정자(arbitrators)**는 중재자와 유사하게 동일한 기법을 사용하여 갈등 당사자들을 보조하고 그 당사자들이 자신들의 차이를 해결하기를 희망하지만 그럴 수 없으면 당사자들에게 구속력이 있는 결정을 내려 주는 중립적인 제삼자이다. 미국의 모든 주에는 재판에 대한 대안으로 가정 중재나 이웃 분쟁 해결 센터가 있다(McGillis, 1997). 그 전형적 사례는 두 당사자의 소유권 분쟁이며 어떤 센터들은 강간 같은 흉악 범죄를 다루며 강간범과 희생자가 면대면으로 만나는 장소이다. 중재자나 조정자는 갈등 해결을 촉진하기 위해 많은 다른 영역에서 이용된다. 사실 중재자는 국제적, 환경적, 비즈니스, 가족, 이웃의 분쟁을 포함하는 갈등 등을 성공적으로 해결하였다(Moritsugu, Wong, & Duffy, 2010).

집단 리더십

학습목표

9.13 어떻게 개인이 리더가 되는지 설명한다.

9.14 다양한 유형의 리더십 양식과 특질을 설명한다.

당신은 집단을 이끌어 본 적이 있는가? 당신은 자신이 리더로서의 자질을 가졌다고 생각하는가? 또 당신 자신은 차라리 조용히 앉아 있고 다른 누군가가 세상의 관심을 받도록 내버려 두는가? 다음 단락을 읽음으로써 당신은 모든 집단의 리더들이 당면한 도전과 동시에 스스로를 더 잘 이해할 수 있을 것이다.

거의 모든 집단에서, 누군가는 리더로 올라간다. 위원회는 리더를 선출하고, 기업은 이사회에 의해 CEO를 임명하며, 어떤 나라들은 스스로 지명한 독재자가 통치하는 반면 다른 나라들은 세습적인 지배자나 선출된 관리를 가진다. 리더는 극도로 중요하다. 왜냐하면 연구들이 리더를 가진 집단이 리더가 없는 집단을 능가하는 결과를 낸다는 것을 입증했기 때문이다(De-Souza & Klein, 1995). 어떻게 리더가 부각되고, 어떤 자질이 좋은 리더십을 만드는가? 이 질문에 대한 답은 어렵다. 왜냐하면 각각의 상황이 너무 다르기 때문이다. 출발을 위해 리더의 기원에 관한 이론들을 먼저 살펴보자.

탐색 9.4 리더십

www.whatmakesagoodleader.com 이 웹사이트는 리더십과 경영에 연관된 주제들에 대해 무료 how-to guides를 제공한다.

위인이론

리더의 자리에 오르는 사람들은 출생할 때부터 분명한 특징들이 있는가? 리더십의 가장 초기 이론은 **위인이론(great man theory)**이다(Mayseless & Popper, 2007). 그 이론은 페미니즘보다 먼저여서 'man'이라는 단어가 사용되었다. 이 이론은 위대한 리더들이 확실히 공통적인 특질군을 갖고 태어난다는 것을 시사한다. 만일 한 개인이 훌륭한 연설기술이나 높은 지능과 같은 특질을 지녔다면 그 사람은 리더가 될 것이며 다양한 상황에서 앞장서서 남을 이끌 수 있을 것이다. 만약 아니라면, 그 개인은 리더가 될 운이 없는 것이다. 연구자들은 위대한 리더를 평가하고 공통된 성격이나 특질을 발견할 수 있어야 한다고 가정하였다(Zaccaro, 2007). 우리에게는 좋은 일이지만, 불행하게도 위인이론을 지지하는 연구는 거의 없다. 예를 들어, 한 연구는 미국 대통령의 공통적인 특징은 소규모 가족 출신과 큰 키뿐이라는 것을 발견하였다(Simonton, 1987). 이와 같은 발견에 따라 위인이론은 다른 리더십 개념에 비해 근본적으로 포기되었다.

리더십의 상황적 설명

리더의 출현에 대한 다른 설명은 사람들이 존재하는 상황을 포함한다. 다르게 말하면,

아마도 적절한 시기에 적절한 장소에 있는 것이 리더가 될 가능성을 높인다는 것을 의미한다(Vroom & Jago, 2007). 그 예는 이것이다. 프랑스를 방문하고 있는 여행자 집단이 있고, 단지 집단에서 한 사람만이 프랑스어를 한다. 이 사람은 집단에서 모든 사람을 위해 설명하고 통역을 하고 사실상의 리더가 된다. 이런 리더십의 개념에 따르면 상황이 리더를 만드는 것이다.

수반성 이론

몇 가지 가장 유명한 리더십의 이론은 상황적 요인과 개인적인 요인을 결합한 것이다. 다르게 말하면 이 이론들은 당신이 그 특별한 상황을 위해 올바른 리더십의 자질을 가져야 한다고 제안한다(Zaccaro, 2007). 그렇게 함으로써 비로소 당신은 유능한 리더가 될 것이다. 그 같은 이론의 한 가지가 **리더십의 수반성 이론(contingency theory of leadership)**이다. 그 이론은 사람중심과 과업중심으로 알려진 리더십의 두 가지 속성 또는 유형을 발견하였는데, 각기 다른 상황에서 리더 역할을 하는 것이 효과적이다. **사람 혹은 관계중심적 리더(people- or relationship-oriented leaders)**는 구성원들의 감정과 관계를 중요시 여긴다(van Emmerick, Euwema, & Wendt, 2008). 대조적으로 **과업중심적 리더(task-oreiented leaders)**는 일이 잘되고 시기적절하게 이루어지는 것에 관심을 가진다. 그것은 그들이 업무가 완료될 수 있는 구조를 선호한다는 것을 의미한다. 흥미롭게 사람중심적 리더는 선호되지 않거나 생산적일 수 없을지라도 자신의 동료에게서 좋은 점을 본다. 반면에 과업중심적 리더는 사람보다는 업무 수행에 더 흥미를 보이며 일을 잘하지 않는 동료에 대해 부정적인 감정을 강하게 가진다(Kaplan & Kaiser, 2003). 활동 9-2는 당신의 리더십 유형을 알아내도록 돕는 질문지이다.

일이 잘 완수되며 집단원들이 좋은 관계를 가지게 되는 상황은 높은 통제 상황이라고 불린다. 반면에 일이 잘 완수되지 않고 집단원 간의 관계가 빈약한 상황을 낮은 통제 상황 이라고 한다. 중간 통제 상황은 과업 지시와 집단관계의 측면에서 높은 통제 상황과 낮은 통제 상황 사이에 있는 것이다. 흥미롭게도 과업중심적 리더들은 높거나 낮은 통제 상황에서 가장 효과적이다. 반면에 사람중심적 리더들은 중간 통제 상황에서 가장 효과적이다(Morris, Brotheridge, & Urbanski, 2005). 당신도 알 수 있듯이 위 인이론이 제안하는 것처럼 모든 상황을 포괄하는 한 가지 유형의 효과적 리더십은 없다. 더 나은 이론은 아마도 적절한 상황에 조화를 이루도록 과업중심적 유형과 사람중심적 유형 사이의 균형을 강조하는 이론일 것이다(Kaplan & Kaiser, 2003).

성별과 리더십

'Great Man' 이론이라는 구시대적 이름으로부터 당신이 알 수 있듯이, 여성에 대한 관심은 최근에야 겨우 발전되었다. 어느 정도는 페미니스트의 문이고, 어느 정도는 Hillary Clinton처럼 여성들이 리더십의 역할을 하 다. 1976년에는 전체 경영자의 21%가 여성이었는데 1999년에는 40%로 (Powell, Butterfield, & Parent, 2002). 오늘날은 전체 경영자의 절 성이다(U. S. Department of Labor, 2012). 연구자들은 리더로서 여 는 것을 실험하였는데 사람들은 오늘날 리더를 위한 남성적 특질을 덜 강조 하고 좋은 리더는 여전히 여성적이라기보다 남성적이라고 더 자주 지각된다 Lord, 2007; Sczesny, Bosak, Neff, & Schyns, 2004). 아마도 이 성이 리더가 되기 쉽지 않으며 리더가 되어서도 그들은 여전히 남성처럼 잘 지 않는다(Ayman, Korabik, & Morris, 2009; Ritter & Yoder, 20

여성 리더들은 부하들과 더 많이 상의하는 경향이 있다. 그것은 남자보다 이며 더 큰 사회적 네트워크를 활용하며 동료와 더 많은 정보와 권력을 공유 의미한다(Helgeson, 1990). 이것은 아마도 왜 여성 리더들이 남성 리더들 람중심적인지를 설명한다. 그러나 객관적인 자료들은 비록 그렇게 지각되 여성 리더도 남성 리더만큼 과업중심적이라는 것을 말해 주고 있다(Eagly, 별 고정관념이 리더에 대한 지각에 부분적으로 영향을 주는데 여성은 그들의 성적 용어(예: 민감성)와 남성적 용어(예: 강함) 양자로 정의될 때 가장 효 인다. 남성들은 단지 강함과 같은 남성적인 특징을 보여 주었을 때만 유능한 정받는다(Johnson, Murphy, Zewdie, & Reichard, 2008).

만약 여성이 남성과 동등하게 유능하다면 왜 여성 리더는 그렇게 적을까 들이 이런 사회적 현상을 설명하는 것을 돕는다. 먼저, 여성 리더들은 남성보 긍정적으로 평가되며 남성 리더들보다 자신에게 더 부정적 영향을 주는 경향 특히 남자들이 평가할 때 그렇다(Koch, 2005). 최고 리더의 위치에 도달한 적은 또 다른 이유는 사회적 압력 때문에 업무와 가정일이 얽혀 더욱더 심한 때문이다. 예를 들어 대부분의 여성이 집 밖에서 일하고 있는데도 여전히 T 통의 가정주부로 묘사되며(Kirsh, 2010), 리더의 역할로 묘사되지 않는다(Dozier, 2005). 마지막 이유는 **여성이 남성보다 위태로운 리더의 위치에 처** 것이다. **유리절벽(glass cliff)**으로 알려진 이것은 여성이 남성보다 더 자 실패할 수 있다는 것을 의미한다(Ryan, Haslam, & Postmes, 2007).

활동 9-2

당신은 어떤 유형의 리더인가?

지시문 : 당신이 가장 좋아하지 않는 학급 친구를 떠올리며 다음의 각 차원의 적절한 공간에 X 표시로 평가하라. 첫 번째 떠오르는 인상이 최선이다.

친절한	___	___	___	___	___	___	___	불친절한
냉정한	___	___	___	___	___	___	___	따뜻한
강한	___	___	___	___	___	___	___	약한
정직한	___	___	___	___	___	___	___	부정직한
활동적인	___	___	___	___	___	___	___	수동적인
나쁜	___	___	___	___	___	___	___	좋은
지적인	___	___	___	___	___	___	___	지적이지 않은
닫힌 마음을 가진	___	___	___	___	___	___	___	개방적인 마음을 가진

이제 당신이 가장 좋아하는 학급 친구를 떠올리며 적절한 공간에 X 표시로 평가하라. 첫 번째 떠오르는 인상이 최선이다. 가장 좋아하지 않는 학급 친구들에 대한 평가가 지금 평가에 영향을 미치지 않도록 하라.(즉, 비교하지 마라).

친절한	___	___	___	___	___	___	___	불친절한
냉정한	___	___	___	___	___	___	___	따뜻한
강한	___	___	___	___	___	___	___	약한
정직한	___	___	___	___	___	___	___	부정직한
활동적인	___	___	___	___	___	___	___	수동적인
나쁜	___	___	___	___	___	___	___	좋은
지적인	___	___	___	___	___	___	___	지적이지 않은
닫힌 마음을 가진	___	___	___	___	___	___	___	개방적인 마음을 가진

X 표시가 각각의 친구들을 설명하는 것과 얼마나 가까운지 보라. 가장 좋아하는 친구에 대한 평가와 가장 좋아하지 않는 친구에 대한 평가는 유사한가? 다르게 말하면, X는 그 척도에서 같은 위치에 있는가? 만약 그렇다면 당신은 사람중심적 리더십 유형을 지닌 것이다. 만약 그들이 각각의 척도의 반대편 끝으로 멀리 떨어졌다면 당신은 아마도 과업중심적 리더십 유형을 지녔을 것이다. 이 척도는 당신 자신의 리더십 유형에 대해 생각하는 것을 돕기 위해 만들어졌다. 두 가지 유형 모두 취약점을 가진다는 것을 기억하라. 훌륭한 리더는 상황에 맞게 적용하기 위해 각각의 유형을 채택하는 것을 배운다.

현대 이론

정서지능이 높은 리더 비록 좋은 리더가 되는 데 상황이 중요한 영향을 미치기는 하지만 효과적 리더가 될 가능성을 높여 주는 어떤 특질이 있다. 그 한 가지 특성이 정서지능

(emotional intelligence, EI)이다. 정서지능은 자신의 정
의 정서에 공감하는 능력이다. EI가 높은 리더들은 유난히 훌
통제와 사회적 의식을 가지며 대인관계를 관리하는 방법을 잘
등관리 기술을 소유함)(Dearbon, 2002). 높은 정서지능을
없이 자신감으로 가득 차 있다. 이런 특질은 높은 EI를 가진 시
가 있다. 사실 EI는 조직에서 가장 높은 자리에 도달할 것인ㅈ
인적 특질보다 두 배 더 중요하다(Goleman, 2005). 더군다ㄴ
낮은 EI를 지닌 리더보다 더 나은 업무 성과를 보인다(Komar

카리스마가 있는 리더 정서지능이 높은 리더는 또 다른 유형으
유하고 있다—사회적 변화를 고무하는 **카리스마가 있는 리더**
는 추종자의 자기개념과 가치에 호소한다(Bedell-Avers, H
2008). 카리스마가 있는 리더는 종종 추종자들을 당면한 문제
내한다. 전형적으로 카리스마가 있는 리더들은 타인에게 자신
자들이 자신의 비전에 동의하며 헌신하도록 하는 '주도권을
들의 '비전'이 항상 훌륭하기만 한 것은 아니다. 예를 들어 광
Jones와 Charles Manson은 이런 리더십 유형의 예를 보여
종자들은 집단자살을 했으며 Manson의 추종자들은 살인을
보면, 카리스마가 있는 리더들에게 당신의 결정을 너무 의존히
전을 따르는 것은 심각한 문제를 유발할 수 있다(Mayseless

변혁적 리더 카리스마가 있는 리더와 유사하게 **변혁적 리**
leaders)는 새로운 관점에서 자신의 일을 보도록 동료나 추종ㅈ
람이다. 그 리더는 사람들의 임무나 조직의 비전에 대한 인식
심을 넘어서 보도록 도움으로써 이것을 실행한다. 카리스마ㄱ
혁적 리더는 권력을 공동 소유하는 특징을 가지고 있어 타인고
며 추종자와 관계를 맺는 특징을 보인다. 그런 리더들은 더 훌
표를 향해 지지자들을 일하도록 격려함으로써 지지자들의 도
준으로 올린다(Nielsen, Randall, Yarker, & Brenner,
중요한 사회적 변화를 불러일으킨 마하트마 간디와 마틴 루티
예들이다.

많은 아시아 사회는 리더가 추종자들보다 많은 권위를 가진다는 것을 추종자들이 받아들이는 높은 권력 거리 문화이다.

문화와 리더십

문화와 리더십에 대한 문헌은 항상 증가되고 있다. 그 첫 번째 이유는 미국 노동자들이 다양해지고 있기 때문이며, 두 번째로는 상이한 리더십 기대와 유형이 다른 문화에서 확고히 자리 잡고 있기 때문이다. 또한 중요한 사실은 많은 미국, 캐나다와 다른 기업들이 세계화되어 '국제화된' 사무실이나 공장을 가지고 있다는 것이다(Chrobot-Mason, Ruderman, Weber, Ohlott, & Dalton, 2007).

문화에 따른 리더 또는 관리 유형의 극도로 중요한 한 가지 차원은 **권력거리(power distance)**이다. 그것은 조직 안에서 사람들이 힘과 권한을 정당하게 가질 수 있다는 개념을 수용한다는 생각이다(MacNab & Associates, 2007). 높은 권력거리 문화에서 리더들은 자신들이 그렇게 할 권한을 가졌기 때문에 결정을 내린다. 즉, 부하직원들은 힘의 분배에서 큰 거리를 수용하고 리더가 독재적으로 행동하고 어느 정도 온정주의적이고 부하직원과는 다른 규칙을 따르고 부하직원은 사용할 수 없는 특권을 즐기기를 예상한다. 달리 말해서, 경영자나 리더들은 자신들의 부하와 심리적으로 가깝지 않다. 높은 권력거리를 가진 문화의 예는 멕시코와 인도이다. 미국, 캐나다, 이탈리아와 같은 중간 권력거리 문화에서 부하들은 의논해 주기를 기대하지만 때로는 독재적인 행동도

받아들인다. 그들은 또한 모든 것에 적용할 규칙과 방침을 기대한다. 그러나 그들은 상관과 부하 사이의 어떤 지위 차이를 받아들일 것이다. 낮은 권력거리 문화에서 부하들은 대부분의 문제에 대해 상의하기를 기대하며 참여적 그리고 민주적 리더십 유형을 선호한다. 그리고 종종 상사가 자신들의 권한을 벗어나는 것처럼 보이거나 지위의 상징물을 소유할 때 반발을 한다. 규칙은 모두에게 적용되는 것으로 여긴다. 그런 문화의 예는 덴마크와 이스라엘이다.

요약

집단의 종류

9.1 다양한 유형의 집단에 대해 이름을 대고 설명한다.

일차 집단은 가족이나 친구들에 의해 형성된 작고 긴밀히 맺어진 면대면의 집단이다. 이차 집단은 더 크고 덜 친밀하다. 군중은 매우 크다. 우리는 또한 대체로 우리 자신의 집단 또는 내집단을 다른 외부집단 또는 외집단들과 구별한다. 내집단원들은 우리 자신에 대한 평가를 위한 준거점이 된다.

9.2 차별, 편견, 고정관념을 구별한다.

편견은 불공정한 것이며 오로지 자신의 집단소속만으로 종종 타인이나 다른 집단을 향한 부정적인 태도를 가지는 것이다. 차별은 나이, 성별, 인종과 같은 특징을 근거로 불공평하거나 부정적인 대우를 할 때 일어난다. 고정관념은 긍정적인 것일 수도 있고 부정적인 것일 수도 있는데, 오로지 집단의 식에 근거하는, 사실상 근거가 거의 없는 어떤 사람에 대한 광범위한 일반화이다.

집단 만들기와 참여하기

9.3 집단이 어떻게 형성되는지 논의한다.

집단은 발달적 과정을 거친다. 먼저, 형성단계에서는 함께 참여하며 그런 다음 마찰이 존재할 때 격동단계로 빠르게 이동한다. 일단 격동이 끝나면 그 집단은 기능을 하게 하는 규범이나 규칙에 동의하며 형성단계 또는 생산단계로 이동한다. 집단은 때때로 이들 단계 중 한 단계 아래로 하강하거나 그 과정이 다시 반복된다.

9.4 왜 사람들이 집단에 참여하는지 설명한다.

개인은 다양한 이유로 집단에 참여한다. 한 가지 이유는 집단이 우리에게 비슷한 타인과 친목을 하거나 함께할 기회를 제공한다는 것이다. 집단은 또한 우리에게 사회적 지지 또는 심리적 도움을 제공한다. 또한 집단은 종종 개인이 혼자 가질 수 있는 것보다 더 많은 정보와 집단적 힘을 소유한다.

집단에서는 어떤 일이 일어나고 있는가?

9.5 집단이 어떻게 의사소통하는지 설명한다.

집단은 전형적으로 두 가지 방법 중 하나로 소통한다. 중심화된 의사소통망에서는 한두 명의 개인이 정보의 흐름을 통제한다. 반면 탈중심화된 의사소통망에서의 개인은 타인과 자유롭게 의사소통한다.

9.6 집단의 크기가 기능하는 데 어떻게 영향을 주는지 설명한다.

큰 집단은 작은 집단보다 덜 생산적이며, 더 경쟁적이고 덜 뭉치며, 더 논쟁적이다. 집단 구성원이 증가함으로써 개인 구성원의 만족은 종종 낮아지며 발생하는 아이디어의 수도 느려진다.

9.7 사회적 영향의 세 가지 유형—동조, 응종, 복종—을 비교한다.
동조는 타인의 실제 혹은 가상적 영향을 받아 행동의 변화가 나타나는 것이며, 응종은 그렇게 해야만 한다는 다른 사람의 직접적인 요구에 대한 반응으로서의 행동변화이다. 반면에 복종은 직접적 지시나 명령에 따르는 것을 포함한다.

9.8 사회적 태만과 집단양극화를 비교한다.
어떤 개인들은 자신들의 개인적 노력이 덜 주목받는 집단에서 열심히 일할 필요가 없다고 느낀다. 이 현상은 사회적 태만으로 알려졌다. 집단은 종종 의사결정에서 양극화되는데 따라서 개인보다 집단이 더 극단적인 결정을 내리는 것이다. 이것은 집단양극화 효과로 알려져 있다.

집단이 잘못되어 갈 때

9.9 집단사고에 대해 설명한다.
집단사고는 집단이 건강한 결정을 넘어서서 도가 지나치게 응집하거나 혹은 '함께 밀착하기'를 가치 있게 여길 때 발생한다. 집단사고는 재앙적인 결과를 초래할 수도 있다.

9.10 집단사고를 방지하는 몇 가지 방법을 논의한다.
집단사고를 방지하는 데 사용되는 기술은 질문과 회의를 가지는 것을 장려하고 하위집단이 대안을 생성하도록 하며, 상이한 입장과 남겨진 의문을 표현할 수 있도록 다중의 회의를 갖는 것을 포함한다. 또한 외부 전문가를 초청함으로써 집단이 고립되지 않도록 하여야 한다.

9.11 갈등이 어떻게 좋은 영향을 미칠 수도 있고 나쁜 영향을 미칠 수도 있는지 설명한다.
긍정적인 면에서 갈등은 대응책과 해결책을 만들어 내도록 우리를 도전하도록 한다. 동시에 갈등은 집단 응집성을 증가시킬 수 있다. 갈등이 항상 나쁘지만은 않아서, 갈등은 때때로 집단이 수행을 잘하도록 하게 할 수 있다. 더구나 갈등은 집단원들 사이의 차이를 확대시킬 수 있으며, 잘 다루지 않으면 통제를 벗어난다.

9.12 갈등 관리에 대해 논의한다.
갈등 관리를 위한 해결책을 찾을 수 없을 때, 최선의 선택은 중재자에게 도움을 요청하거나 제삼자의 개입을 허락하는 것이다. 갈등 해결을 위해 제삼자를 개입시키는 것은 갈등 당사자에게 아마 공통의 이해를 가져오는 기회를 제공할 것이다.

집단 리더십

9.13 어떻게 개인이 리더가 되는지 설명한다.
심리학자는 누군가가 집단에서 리더로 부상하는 이유를 정확하게 확신하지 못했다. 특질, 상황(적절한 장소에서 적절한 시간에 있는 사람), 또는 두 가지의 어떤 조합이 리더의 진화를 설명할 것이다. 몇 가지 이론들은 리더로서 부상되거나 효과적인 리더가 되는 이유를 설명하기 위해 시도했지만 지금까지 이 현상을 성공적으로 설명한 하나의 이론도 없다.

9.14 다양한 유형의 리더십 양식과 특질을 설명한다.
리더십의 두 가지 주요 유형이 있다—사람중심 리더는 집단원들의 감정과 관계에 주목하며, 과업중심 리더는 성공과 목표 달성에 대해 관심을 가진다. 집단의 효과성은 리더의 양식과 그 집단이 처한 상황의 성질에 달려 있다.

스스로 해 보기

1. 다음 중 일차 집단이라고 할 수 없는 것은?
   a. 제네시오 여행집단 b. 가족 구성원
   c. 기숙사 친구 d. 죽마고우

2. 국제적인 농구 경기에서 이긴 후 수천 명의 팬들이 자발적으로 거리로 뛰쳐나왔다. 자동차가 뒤집히고 쓰레기가 불에 탔으며 창문이 박살났다. 이런 반사회적 집단행동을 일으키는 것은 어떤 집단 유형인가?
   a. 군중 b. 이차 집단
   c. 일차 집단 d. 플래시 몹

3. Brianne은 영화모임에서 적극적으로 활동하는 멤버였다. 다음 중 누가 Brianne의 내집단이 되기 가장 쉬운가?
   a. 책벌레 Luanne
   b. 영화광 Suzanne
   c. 육상선수 Carieann
   d. 역사학자 Rheann

4. 외집단의 구성원으로 타인을 범주화하여 구별 짓는 것은 다음 중 어떤 것인가?
   a. 고정관념 b. 편견
   c. 차별 d. 위의 모든 것

5. Seuss 박사에 의하면 Star-Bellied Sneetches들은 Plain-Bellied Sneetches들과 축구경기를 하는 것을 거절하였다. 이것은 무엇을 묘사하는 것인가?
   a. 고정관념 b. 편견
   c. 차별 d. 격동기

6. Adam과 Danny는 판타지 카드 게임 '매직'의 토너먼트 경기를 개최하기로 결정하였다. 그리고 사람을 모았다. 몇 번의 만남 동안 열 명의 구성원이 조직화되었으며 집단의 규칙과 조례를 계속해서 토론하였다. 이 집단은 어떤 단계에 있다고 설명할 수 있는가?
   a. 형성기 b. 격동기
   c. 규준화기 d. 수행기

7. Lilly, Rose, Petunia, Daisy 네 사람은 Flower 선생님이 Blossom 선생님보다 더 좋은 선생님이라고 생각했다. 그런 생각에 대해 토론한 후에 그들은 자신들의 생각을 더 확신하게 되었다. 이런 경향성은 다음 중 무엇을 설명하는가?
   a. 집단양극화 b. 복종
   c. 사회적 태만
   d. 면전에서 문 닫기 효과

8. Larry the Cable Guy는 "제대로 해라."라고 외치기를 좋아했다. 이 캐치프레이즈만을 근거로 한다면 Larry는 어떤 리더의 유형이라고 할 수 있는가?
   a. 변혁적 리더 b. 사람중심 리더
   c. 과업중심 리더 d. 카리스마적 리더

9. Rick과 Fred는 수년간 좋은 친구 사이였다. 둘은 모두 지방도로 포장 회사의 석공이었다. Fred가 그 회사의 관리직을 제안받았을 때 Rick은 그 일을 하면 더 이상 함께할 수 없을 것이라고 말했다. 관리자와 부하는 친구가 될 수 없다는 그의 신념은 ______로 알려져 있는 개념의 결과이다.
   a. 권력거리 b. 유리절벽
   c. 잘못 불가의 착각 d. 정신적 지주

10. 생명공학회사 InGen은 개구리의 DNA를 공룡의 DNA와 연결해 멸종된 공룡을 되살리는 기술을 발견했다. 회사의 리더들은 값진 노력으로부터 수익을 얻을 방법을 함께 토론했다. 토론을 근거로 그들은 진짜 공룡이 있는 공룡공원이 수백만 명의 가족을 끌어들일 것이라고 결론지었다. 그 프로젝트의 도덕성이나 잠재된 위험성은 전혀 토론되지 않았다. ______은(는) 왜 InGen이 그것의 위험성이나 윤리성에 대한 비판적 분석 없이 그 프로젝트를 밀고 나갔는지를 설명해 준다.
    a. 복종 b. 집단사고
    c. 권력거리 d. 유리절벽

연습

1. **집단의 종류**
   당신이 소속되어 있는 일차 집단과 이차 집단을 생각해 보라. 책에서 서술한 것과 당신 집단의 특성은 잘 합치하는가? 그렇지 않다면 왜인가?

2. **새로운 집단**
   새롭게 형성되고 있는 위원회나 어떤 다른 집단을 보라. 그 집단은 이 장에서 윤곽을 보여 준 것과 같은 집단 발전의 단계들을 거쳤는가?

3. **왜 집단에 참여하는가?**
   많은 사람들에게 그들이 선택한 집단에 참여하는 이유를 물어보라. 그 이유가 책에 인용된 것과 일치하는가? 당신의 이유는 들과 다른가?

4. **집단 합의**
   집단이 어떤 문제에 대해 의견일치가 되고 있는 것을 관찰하라. 어떤 집단사고의 조짐이 보이는가? 집단들이 이 현상을 피하기 위해 어떻게 할 수 있으며 어떻게 했는가?

5. **리더십**
   당신이 구성원으로 있는 집단에서 어떻게 리더가 선택되었는지에 관해 떠올려 보라. 당신의 경험에 비춰 리더의 출현에 대해 앞의 문헌에 어떤 것을 추가할 수 있는가? 당신의 경험은 제시된 어떤 이론과 가장 잘 맞는가?

복습을 위한 물음

1. 왜 당신은 그 집단에 가입했는가? 왜 당신은 어떤 집단을 떠났는가?

2. 당신의 내집단 구성원은 누구인가? 당신은 자신의 내집단이 평생 지속될 것이라고 생각하는가? 왜인가, 또는 왜 아닌가?

3. 정직하게 말하라 — 당신의 삶에 외집단이 있는가? 그 구성원은 누구인가? 그들이 당신의 외집단에 있지 않았다면 당신과 그들의 관계는 더 나아질 수 있었을까? 당신은 이 집단에 대한 고정관념이나 그 구성원들과의 갈등을 어떻게 극복할 수 있는가?

4. 집단이 격동기에 있을 때, 당신은 격동에 기여했는가, 아니면 집단이 규범화나 수행단계로 나아가도록 노력했는가? 당신이 했던 일의 동기는 무엇이었는가? 다른 사람들은 당신에게 저항했는가? 왜?

5. 누군가가 당신의 지지를 필요로 할 때 당신은 그에게 사회적 지지를 제공하기를 좋아하는가?

6. 당신은 다른 사람과의 면대면 의사소통과 전자적 의사소통(전화, 이메일 등) 중 무엇을 더 즐기는가? 왜?

7. 당신은 동조주의자인가, 비동조주의자인가? 당신에게 주어진 삶의 환경을 간주할 때 어느 것이 더 나은가? 만약 당신이 원한다면 전략을 바꿀 수 있는가?

8. 당신이 구성원으로 있는 집단에서 당신의 몫을 공정하게 공유하고 있는가? 왜 그런가, 혹은 왜 그렇지 않은가? 당신은 자신의 기여 수준을 변화시킬 필요가 있다고 생각하는가?

9. 당신은 어떤 집단의 리더인가? 당신이 리더라면, 왜인가? 당신이 아무런 집단도 이끌지 않는다면, 왜 아닌가? 당신은 리더가 되는 게 편한가, 추종자가 되는 게 편한가, 왜 그런가?

10. 당신의 삶을 깊이 생각해 보라. 당신은 집단사고를 경험한 적이 있는가? 집단사고 과정의 결과는 무엇이었는가? 당신은 잘못된 결정을 번복할 수 있는가?

제 10 장 일과 여가

일

자신을 찬찬히 살펴보기

잘 맞는 경력 찾기

경력 결정하기

직업 구하기

직업 또는 경력 바꾸기

문화와 성에 관련된 직장 내 문제

여가

여가란 무엇인가?

여가 선용하기

성인기의 여가

요약

스스로 해 보기

연습

복습을 위한 물음

학습목표

이 장을 모두 학습한 후 다음을 할 수 있다.

10.1 잘 맞는 직업을 발견하는 과정을 논의한다.

10.2 직업 결정하기와 직업 찾기를 둘러싼 중요 논점을 설명한다.

10.3 쇠퇴할 것을 예측하는 직업뿐만 아니라 가장 큰 고용 성장을 할 직업을 발견한다.

10.4 교육, 고용 그리고 수입 사이의 관계를 안다.

10.5 직업 만족(또는 불만족)에 기여하는 요소를 논의한다.

10.6 직장에서 문화적 다양성과 성별과 관련된 몇 가지 중대한 쟁점을 발견한다.

10.7 여가가 개인 성장에 왜 중요한지를 이해한다.

10.8 여가선용을 설명한다.

10.9 대부분의 미국인들이 휴가를 모두 사용하지 않는 이유를 안다.

10.10 전반적인 성인기 여가시간 양의 변화를 논의한다.

Kristin은 아주 신이 났다. 4년 동안 대학에서 열심히 공부한 후에 그녀는 마침내 졸업장을 받았다. 그녀는 자신의 삶에 있어서 다음의 큰 단계를 준비하고 있었다. 그것은 그녀가 선택한 직업에 고용되는 것이다. Kristin은 심리학을 전공하고 비즈니스를 부전공했으며 대기업 인사부에서 일하기를 희망했다. 졸업한 다음 주 Kristin은 이력서와 자기 소개서를 45개 이상의 회사에 제출했다. 불행하게도 아무 일도 일어나지 않았다. 전화는 오지 않았고 단 한 통의 이메일도 받지 못했다. 그리고 아무도 면접을 요청하지 않았다. Kristin은 낙심했다. 그녀는 마침내 지방 컨트리클럽에서 웨이트리스 일자리를 구했다. 그러나 그녀는 웨이트리스 일을 하는 것이 더 나은 일자리가 생길 때까지 그녀의 학자금 융자를 갚을 수 있는 유일한 수단이라는 것을 알게 되었다. 몇 달 동안 약 150여 개의 취업 지원서를 제출한 후에 대형 백화점에서 면접을 보라는 연락이 왔다. 그 백화점은 Kristin이 대학교 근처의 더 작은 매장의 인사부에서 인턴 과정을 완료했기 때문에 Kristin에게 관심이 있었다. Kristin은 면접을 잘했고 일자리를 구했다. 그녀는 '내가 대학에서 모의 면접을 했던 것은 유익한 것이었어, 그것이 중요한 것이라고 생각해.'라고 생각했다. 오늘날의 노동인구에 있어서 많은 사람들과 마찬가지로 Kristin이 필요했던 모든 것은 기회였다. 힘든 점은 그녀 자신이 직장을 구해야 하는 처지에 있다는 것이다.

일

학습목표

10.1 잘 맞는 직업을 발견하는 과정을 논의한다.

10.2 직업 결정하기와 직업 찾기를 둘러싼 중요 논점을 설명한다.

10.3 쇠퇴할 것을 예측하는 직업뿐만 아니라 가장 큰 고용 성장을 할 직업을 발견한다.

10.4 교육, 고용 그리고 수입 사이의 관계를 안다.

10.5 직업 만족(또는 불만족)에 기여하는 요소를 논의한다.

10.6 직장에서 문화적 다양성과 성별과 관련된 몇 가지 중대한 쟁점을 발견한다.

Kristin의 경험은 **직장(workplace)**—보수가 주어지는 집 밖의 고용 장소—에서 자신의 틈새시장을 찾는 것의 가능성과 위험의 일부를 설명해 준다. 부정적인 측면에서 당신이 아무리 교육을 잘 받았을지라도 결국 직업을 갖지 못할 수 있다는 것을 알 수 있다. 그리고 실업의 주된 이유는 종종 경력이나 직업과 사람들을 연결시키는 좋은 시스템의 부족이다. 결과적으로 수백만 명의 사람들은 실직자이거나 **불완전 고용상태**—자신의 능력이나 교육 수준보다 낮은 직업에서 일하는 것—에 있다. 긍정적인 측면에서 Kristin의 성공 이야기는 당신이 솔선수범하고 기회를 이용할 때 무엇을 할 수 있는지를 보여 준다. Kristin은 자신의 **경력(career)**—일에서 어떤 사람의 의도적인 생활 패턴으로 평생 갖는 직업의 결과에서 나타남—을 선택하는 데에 있어서 자신이 제공해야 했던 것과 정말로 원했던 것들을 찬찬히 살펴볼 필요가 있었다. Kristin의 성공의 열쇠들 중 하나는 긍정적이고 책임 있는 태도에 궁극적인 역점을 둔 것이다. 우리도 잘 맞는

글상자 10-1 다음의 사실을 알고 있는가?

전일제 대학생의 일상생활에서 행해진 상위 다섯 가지 활동은 ______이다.

- 수면(8.3시간)
- 여가와 운동(3.6시간)
- 교육활동(3.3시간)
- 일(3.0시간)
- 조사에 등록되지 않은 활동(2.5시간)

출처: United States Department of Labor website(미국 노동부 웹사이트), 2012.

경력을 선택하고 우리의 재능을 사용하는 직업을 찾는 도전에 직면하기 때문에 이런 모든 점은 우리의 삶과 관련 있다. 경력 결정을 하는 것과 관련된 근거 없는 믿음에 대해 배우기 위해 활동 10-1을 완성해 보라.

자신을 찬찬히 살펴보기

경력 목표를 선택할 때 자신을 찬찬히 살펴보는 것으로 시작하는 것이 가장 좋다. 그런 자기평가는 자신의 흥미, 능력, 성격과 개인적인 가치관을 포함해야 한다(Bolles, 2011). 만약 잘 된다면 자신을 살펴보기는 경력을 선택하는 것을 도와줄 뿐만 아니라 개인적인 성장과 성취의 여정을 시작(또는 계속)하는 것을 도와주는데 자기반성이 양자의 필수적 구성요소이기 때문이다.

활동 10-1
경력에 관한 잘못된 믿음

다음에 경력 선택과 관련된 아홉 가지 설명이 있다. 이것들 중 하나 또는 그 이상은 허구이다. 당신은 일에 대한 사실과 허구를 구별할 수 있는가? 당신의 답에 동그라미를 하라.

1. 자신의 경력이 마땅히 어떤 것인가를 아는 것은 쉽다. [허구], [사실]
2. 자신에게 가장 적합한 경력을 확신할 수 없을 때, 직업상담사에게 가면 당신에게 가장 적합한 경력을 말해 줄 것이다. [허구], [사실]
3. 취미를 경력으로 바꾸는 것은 불가능하다. [허구], [사실]
4. 만약 자신의 삶에서 무엇을 해야 할지를 확신할 수 없다면, '최고의 경력' 리스트에서 경력을 선택하라. [허구], [사실]
5. 더 많은 돈은 더 높은 행복을 의미한다. [허구], [사실]
6. 나는 시작을 하고나면 그것을 바꿀 수 없기 때문에 더 현명하게 경력을 선택한다. [허구], [사실]
7. 나의 가장 친한 친구들은 자신의 경력을 좋아한다. 나도 그들과 같이 해야만 한다. [허구], [사실]
8. 일단 내가 경력을 선택하면 힘든 일은 끝난다. [허구], [사실]
9. 결코 경력을 바꾸지 마라. 당신이 배운 어떤 기술도 못쓰게 될 것이다. [허구], [사실]

해답: 그것들은 모두 잘못된 믿음이다. 이유를 알아내기 위해 이 장을 읽어라.

출처: Dawn Rosenberg McKay의 "직업선택에 대한 열 가지 잘못된 믿음"에 근거, from About.com, 2012.

자신의 흥미 찾기 관심사는 무엇인가? 어떤 교과목을 가장 좋아하는가? 가장 싫어하는 교과목은 무엇인가? 어떤 취미를 즐기는가? 어떤 오락과 스포츠 활동을 하거나 따라 하는가? 각각의 경우에서 흥미롭게 하는 것이 활동 그 자체이든 자신이 함께하는 사람들이든 자신을 가장 흥미롭게 하는 것이 무엇인지를 결정해 보라. 일반적으로 활동에 대한 내재적 또는 내적 즐거움은 경력 선택에 가장 좋은 지침들 중 하나이다. 만약 당신이 자신의 흥미와 기술을 어울리게 할 수 있다면 자신이 선택한 경력에서 만족할 가능성이 증가한다.

탐색 10.1 대학생을 위한 인턴직과 직업

www.collegerecruiter.com 학교에 다니고 있다면 인턴직을 찾고 만약 졸업을 했다면 직업을 찾아라.

자신의 기술을 분류하기 무엇을 가장 잘하는가? 사람들은 종종 이 질문에 주춤한다. 그들은 "나는 학교만 다녔어요." 또는 "나는 세 아이들을 키우느라 바빴어요."라고 말한다. 이런 말의 의미는 이런 사람들은 어떤 상품성 있는 기술을 가지고 있지 않다는 것이다. **기술(skill)은 업무를 잘 수행하는 능력이다. 그것은 대개 연습이나 경험을 통해 시간이 지나면서 향상된다.** 그러나 사람들이 할 수 있는 것들의 체크리스트를 작성할 때 윤곽이 잘 드러난다. 예를 들면 협동 탁아소를 조직하고 아이들을 위한 현장학습을 계획하고 가계 예산을 관리해 온 부모는 다양한 직업에 필요한 중요한 능력인 관리기술에 상당한 경험이 있다. 자신의 기술을 분류할 때 자신의 취미가 고용주에게 가치가 있을지도 모르는 구체적인 능력을 요구하기 때문에 반드시 그것들을 포함시켜라(McKay, 2012).

그중에서도 특히 직업은 다양한 유형의 기술(예: 예술 감각이 있는, 의사소통 기술, 대인관계가 좋은, 관리를 잘하는, 수학적 능력이 있는, 기계를 잘 다루는 그리고 과학적인, 각각의 설명에 대해 글상자 10-2 참조)이 얼마나 빈번하게 쓰이는가와 어느 수준의 기술이 대개 필요한지에 기초하여 분류된다. 자신이 가지고 있는 기술을 확인하는 한 가지 방법은 학교나 다른 곳에서 그것들을 포함한 성취를 다시 생각해 보는 것이다. 청소년기 이후로 자신의 삶에서 각 5년을 단위로 몇 가지 성취를 선택하라. 이 성공은 어떤 공통점을 가지는가? 그것들이 공유하지 않는 특징은 무엇인가?

글상자 10-2 어떤 기술을 가지고 있는가?

직업은 여러 가지 다양한 기술을 요구한다. 가장 흔한 것들 중 몇몇—예술 감각이 있는, 의사소통 기술, 컴퓨터를 잘 다루는, 대인관계가 좋은, 관리를 잘하는, 수학적 능력이 있는, 과학적인—은 여기에 설명되어 있다.

예술적 기술

예술적 기술을 요구하는 직업은 아름답거나 잘 고안된 것에 대한 근로자의 감각을 이용한다. 필요한 창의성의 수준은 직업이 얼마나 구조화되어 있는가에 달려 있다. 다소 중요한 것으로 예술을 확인하는 직업에 종사하는 사람들은 때때로 예술적인 창의성을 사용하거나 정확한 지침 내에서 예술적 독창성을 사용한다. 매우 예술적인 직업은 주로 상당한 독립적인 작품, 생산 또는 성과를 요구한다.

의사소통기술

거의 모든 근로자들은 의사소통기술이 필요하다. 기본적인 의사소통기술이 요구되는 직업은 분명하게 말하고 쓰고 읽고 설명 또는 지시하는 것을 포함한다. 의사소통기술이 다소 중요한 직업은 설득력 있는 의사소통, 전문기술 용어의 사용 또는 보고서나 다른 문서 작성을 요구한다. 가장 높은 수준의 의사소통기술을 필요로 하는 직업은 복잡한 주제에 대해 적절한 어휘를 구사하고 복잡한 주제를 말과 글로 설명하고 그 일의 일차적 구성요소로서 의사소통을 포함한다.

컴퓨터기술

오늘날의 과학기술 세계에서 모든 직업의 절반 이상이 컴퓨터의 사용을 요구한다. 정보통신기술(IT)과 관련된 직업은 운영체제, 컴퓨터 언어와 스크립트, 소프트웨어 프로그래밍, 하드웨어 구성과 유지 그리고 시스템 분석에 대한 이해를 요구한다. IT 분야 외에도 컴퓨터 사용능력은 응용 프로세스, 작업 계획, 수익 관리, 직원교육과 사내 의사소통을 포함하는 다양한 일에서 요구된다. 게다가 문서작성, 그래픽, 멀티미디어와 스프레드시트 프로그램의 기본적인 이해는 많은 직업에 대한 필요조건이다.

대인관계기술

대인관계기술은 다른 사람들과 효과적으로 상호작용하는 설득력 있는 근무자의 능력을 말한다. 각각의 직업에서 요구되는 대인관계기술의 수준은 근로자가 일반대중, 다른 직원들 또는 고객과의 접촉의 빈도에 기초를 둔다. 사람들을 예의 바르게 대하는 것을 넘어서 대인관계기술에 대해 비중을 두는 일부 직업에 종사하는 사람들은 제품, 아이디어 또는 서비스를 설득력 있게 판매하는 능력이 필요하다. 대인관계기술이 매우 중요한 직업은 직장 갈등을 분석하고 해결하는 능력에 의존한다.

관리기술

관리기술은 다른 근로자들을 조직하고 지도하고 가르치는 능력을 포함한다. 많은 직업은 다른 사람을 관리하는 것을 요구하지 않는다. 그러나 이런 기술이 중요한 일부 직업에서 근로자들은 개인 또는 팀을 동기화시키고 고취시킬 수 있어야 한다. 직업에서 관리기술이 중요할 때 근로자들은 다른 사람을 지도할 수 있어야 하고 그들의 일과 행동에 대한 책임을 받아들일 수 있어야 한다.

수학적 기술

수학적 기술은 거의 모든 직무에서 요구되는 핵심적 산술기술보다 더 고급 능력을 말한다. 기초 수학이 필요한 직무는 근로자들이 숫자를 사용하고 계산을 수행하는 데 능숙하기를 요구한다. 그런 직무를 하는 어떤 근로자들은 더 높은 수준의 기술—예를 들면 예산 편성하기—을 사용할 수도 있다. 그러나 이런 기술들은 그 직업 전반에 걸쳐 중요하지는 않다. 수학적 기술이 다소 중요한 직업에서는 빠른 계산과 숫자 분석이 종종 요구된다. 이런 직업은 또한 대수학, 기하학 또는 통계학과 같은 복잡한 수학적 정리의 실용적 지식을 포함한다. 많은 근로자들이 대수학, 기하학 또는 통계학을 빈번히 사용할 때 또는 수학적 의사결정을 하는 것이 대부분 근로자들의 일차적 책임일 때 필요한 직업이다. 이런 직업은 또한 선형대수학과 고급통계학의 학습을 요구한다.

기계적 기술

기계적 기술은 설치, 유지, 수리 및 품질관리 분석과 같은 다양하고 폭넓은 능력을 포함한다. 이런 기술이 다소 중요한 직업은 작동하는 부품들 사이의 관계를 이해하는 것과 같은 기본적인 기계를 다루는 능력을 요구한다. 더 높은 수준의 기계를 다루는 기술은 장비, 기계 또는 시스템의 결함을 진단하고 수리하는 능력뿐만 아니라 작동 지식도 요구한다.

과학기술

기초 과학기술이 종종 직업에서 요구될 때 근로자들은 어떤 과학적 이론을 적용하고 기본적인 수준에서 과학에 대해 의사소통하는 능력을 가져야만 한다. 과학기술을 다소 중요하게 여기는 직업에서 근로자들은 생명의 원리와 생물학, 생태학, 화학 그리고 물리학을 포함한 자연 과학의 이론적인 지식을 필요로 한다. 또한 그들은 과학 전문가들과 의사소통을 할 필요가 있다. 심도 있는 실용적인 지식은 종종 매우 과학적인 직업, 특히 과학적 연구 및 개발과 관련된 직업에서 요구된다. 이런 직업에 종사하는 사람들은 거의 대학에서 과학을 연구한다.

출처: Henry T. Kasper OCCUPATIONAL OUTLOOK QUARTERLY, Fall 2004, Volume 48(3)의 "너 자신을 직업의 세계와 조화시키기: 2004"에서 채택. Bureau of Labor Statistics, U.S. Department of Labor(미국 노동부 노동 통계청).

자신의 성취로부터 목표와 기술에 대해 무엇을 배울 수 있는가? 대학의 취업 센터는 또한 당신의 기술들을 찾도록 도와줄 수 있다. 결국 당신은 자신이 가지고 있는 기술을 알아야 하고 그 기술이 직업에 어떻게 사용될 수 있는지를 이해할 수 있어야 한다. 당신은 취업 면접에서 자신의 기술에 대해 질문을 받을 것이다. 그래서 만약 당신이 이 정보를 자유롭고 자신감 있게 미리 말할 수 있다면 가장 좋다(Schein, 2006).

성격문제 성격도 잘 맞는 직업을 고르는 데 가치 있는 단서를 제공한다. 우리 각자는 다른 사람들보다 자신에게 더 적합한 몇 가지 작업 환경을 만드는 특성, 욕구와 동기의 독특한 조합을 가지고 있다. 예를 들면 사교적인 사람은 판매를 잘할 수 있고 꼼꼼한 사람은 회계사 일을 잘할 수 있고 창의적인 사람은 그래픽 디자이너가 되기로 결정할 수 있고 혼자 있기를 좋아하는 사람은 자신만의 소규모 사업을 시작할 수도 있다. 일부 직업이 다른 직업보다 더 많은 스트레스를 주기 때문에 당신이 압박감을 얼마나 잘 다룰 수 있는지를 아는 것 또한 중요하다. 자신의 성격과 잘 어울리는 직업을 찾으려고 노력하라. 그렇지 않다면 당신은 완수해야 하는 단지 그 일보다는 직업에 대해 더 많은 어려움을 가질 것이다.

자신의 가치를 알라. 가치관 특히 당신의 **직업 가치(work values)**—당신에게 경력이나 일에서 최상의 기쁨이나 만족을 가져다주는 것—는 또한 경력을 선택할 때 고려해야 할 중요사항이다. 일부 사람들의 경우 최종 결과가 중요한 전부다. 반면에 다른 사람들의 경우 공동체에 환원하면서 '변화를 만드는 것'이 가장 중요한 것이 된다. 당신은 일과 생활의 균형을 고려할 필요가 있고 게다가 얼마나 많은 돈을 벌기를 원하는지를 생각할 필요가 있다. 당신이 가족과 떨어져 살면서 높은 임금을 받는 직업과 가족과 함께 살면서 낮은 임금을 받는 직업 사이에서 선택해야 할 때가 올 수도 있다. 우리는 자주 일의 가치를 당연한 것으로 여기고 단지 직무 불만족, 직업변화나 불편함을 느끼는 직무 관련 과제를 완성하는 것에 직면했을 때 그것들을 정확하게 알아차리게 된다. 그러나 우리가 일의 가치를 보다 더 일찍 명확히 하면 할수록 경력이나 직업과 관련된 만족스러운 결정을 내리는 것이 더 쉬워진다(Martini & Reed, 2010).

잘 맞는 경력 찾기

당신이 자신의 흥미와 능력에 대해 이해를 잘한다면 바로 자신과 잘 맞는 경력을 조화시킬 수 있다. 잘 맞는 경력을 찾는 데에 있어서 자신의 계획에 대해 관심 있는 선생님, 학교 상담사, 멘토, 경력 용역 전문가나 자신의 관심 분야에 있는 사람들과 자주 이야기를 나누는 것이 바람직하다. 그러나 아무도 당신에게 어떤 경력을 선택해야 하는지를 말해 줄 수 없다는 것을 기억하라. 그것은 단지 당신만이 할 수 있는 결정이다. 게다가 당신의 강점과 가치를 평가하는 직업을 찾을 때까지 기다리지 마라. 당신이 대학교 1, 2학년 때 취업 센터에서 일하는 것은 졸업하기 전이나 직업 시장을 두드리기 전에 당신의 경험을 계획하는 귀중한 안내서가 될 수 있다.

직업 전망 안내서 20,000여 개 이상의 다양한 직업 후보들 중에서 고르는 것은 어려운 과제가 될 수 있다. 다행히도 노동통계국에서 발간한 **직업 전망 안내서(Occupational Outlook Handbook; OOH)**처럼 많은 도움이 되는 자료들이 있다. 이 안내서는 수십 개의 관련 직종—**특정한 일에서 주어진 업무를 수행하는 데 필요한 활동과 책임**—으로 구성된 각각 20개가 넘는 기본적인 경력군을 포함하고 있다. 예를 들면 건강과 관련된 직업은 내과 의사, 의료 보조자, 정규 간호사, 의료 기사 등을 포함한다. 각각의 경력에 대해 안내서는 관련된 일의 형태, 고용 장소, 입사 자격, 작업 환경과 직업 전망에 대한 정보를 제공한다. OOH는 또한 직업과 취업 기회를 찾는 방법과 같은 주제에 대해 도움이 되는 정보를 소개부분에 수록하고 있다. 2년마다 개정되는 OOH는 대부분의 도서관과 직업소개 센터에서 이용 가능하거나 온라인 http://www.bls.gov에서 찾을 수 있다. 추가로 이 책은 직업 탐색에 관한 조언을 제공하고 각 주에 있는 직업 시장에 대한 정보와 연결시켜 준다.

경력계획 목록 위에서 말한 바와 같이 전문가들은 사람의 경력 계획을 성공적으로 도와줄 수 있다. 그들은 또한 이 목적을 위해 다양한 종류의 심리검사들을 다룬다. 한 가지 인기 있는 검사인 **스트롱 직업 흥미검사(Strong Interest Inventory)**는 직업 흥미의 복잡함을 다루는 데 매우 효과적인 것으로 증명되었다(Bailey, Larson, Borgen, & Gasser, 2008). 이 검사를 사용함으로써 당신은 다양한 직업, 학교 과목, 활동, 재미와 사람의 유형에 대한 선호(좋아하는 것, 싫어하는 것 또는 무관심한 것)들을 나타낸다. 또한 검사는 몇 가지 개인 특성을 제공할 것을 당신에게 요청한다. 컴퓨터로 채점된 인쇄물은 검사 결과를 6개의 기본적인 범주로 정리하는데 여기에 간략하게 서술하였다.

- 현실적인 — 실용적인, 안정적인, 지속적인(예: 엔지니어)
- 조사적인 — 과업중심적인, 자기성찰적인, 독립적인(예: 생물학자)
- 예술적인 — 독창적인, 충동적인, 표현력이 있는(예: 음악가)
- 사회적인 — 사교적인, 책임감 있는, 인간적인(예: 사회복지사)
- 진취적인 — 공격적인, 자신감 있는, 정력적인(예: 증권 중개인)
- 관습적인 — 예측할 수 있는, 순응적인, 양심적인, 복종하는(예: 회계사)

Strong **직업 흥미검사** 결과는 일반적인 경력 주제, 기본적인 흥미와 자신과 가장 잘 맞는 구체적인 경력에 대한 정보를 포함한다. 결과에 대한 상담사와의 상담은 대개 자신에게 가장 잘 맞는 경력에 대한 유용한 단서를 제공한다. 당신이 경력 상담사를 만나는 것을 돕기 위해 이 서술들 중 어떤 것이 자신에게 가장 잘 맞는지에 대해 생각해 보

라. 어떤 것이 당신과 가까운 설명이고 어떤 것이 당신을 전혀 설명하지 못하는가?

그런 검사들은 개인의 특별한 관심사에 맞는 적합한 경력을 찾는 데 중요한 단서를 제공할 수 있다. 그럼에도 불구하고 자신에게 묻는 중요한 질문은 다음과 같다. '이 검사가 정말 얼마나 유용한가?'이다. 많은 것은 그들이 사용되는 방법에 달려 있다. 만약 당신이 어떤 경력을 골라야 할지를 알려 줄 것이라는 희망—일반적인 오해—속에서 검사한다면 아마 실망할 것이다. 이런 요소가 당신의 능력, 개인적 동기 등에 의존하는 만큼 그 결과 또한 당신이 주어진 경력에서 얼마나 성공할지 또는 얼마나 행복할 지를 예측하지 못할 것이다. 대신 이런 검사들은 **잘 알려진 경력을 선택**하는 데 도움을 주기 위해 가장 잘 사용된다(Smith & Campbell, 2009). 그중에서도 특히 자신의 경력 프로필과 매우 유사한 경력을 고른 사람들은 오랫동안 자신의 경력을 유지하는 경향이 있다. 반면에 자신의 프로필과 너무 다른 경력을 시작하는 사람들은 그것을 중도에 그만둔다(Hansen & Dik, 2005). 당신이 경력을 준비하는 데 모든 시간과 돈이 투자된다고 생각할 때 이 정보는 매우 큰 도움이 될 것이다.

경력 결정하기

만약 당신이 대부분의 사람들과 같다면 단지 한 가지뿐만 아니라 잠재적으로 적합한 많은 경력에 결국 도달하게 될 것이다. 궁극적으로 당신은 어느 것이 자신에게 가장 좋은 경력인지에 대한 결정을 내려야 한다. 그러나 알맞은 직장을 얻기 전에 고려할 세 가지가 있다. 경력성장, 잠재적 함정 그리고 직업 준비하기인데 각각은 다음과 같다.

경력성장 당신의 직업이 얼마나 전망이 밝은지는 종종 그 분야에 대한 전망에 달려 있다. 당신이 현명한 경력 선택을 하도록 돕기 위해서 노동 통계국은 정기적으로 다양한 경력에 대한 고용 전망을 내놓는다. 본래 그런 평가들은 다소 부정확하기 때문에 당신은 그것들을 경력 결정에 대한 유일한 기준으로 사용하지 말아야 한다. 오히려 그것들은 당신을 흥미롭게 만드는 경력이 지닌 미래의 기회를 평가하도록 당신을 도울 수 있다.

현재 미국의 실업률은 약 8.5%에 머물러 있다. 그러나 높은 교육 수준은 낮은 실업률과 관련이 있다. 예를 들면 고등학교 졸업장이 없는(14.9%) 개인의 실업률은 학사, 석사 또는 박사학위를 가지고 있는(4.7%) 사람들의 실업률보다 세 배 이상 더 많고 준학사 학위(7.0%)를 가지고 있는 사람들보다 두 배 더 많다. 그럼에도 불구하고 각각에 해당하는 직업들이 있다. 미국 노동부에 의해 2018년을 거쳐 계획된 전체 고용은

표 10-1 2018년의 고용 전망

직업군	2008~ 2018년까지의 퍼센트 변화
전문직	16.8%
서비스	13.8%
건설과 골재 채취	13.0%
관리, 경영, 그리고 재정	10.6%
설치, 유지 및 수리	7.6%
사무직과 행정적 지원	7.6%
판매	6.2%
수송과 자재운송	4.0%
농업, 어업 및 임업	-0.9%
생산	-3.5%

출처: Richard Henderson의 "Industry Employment and Output Projections to 2020", MONTHLY LABOR REVIEW, January 2012. 135(1)에서 발췌. 미국 노동부 노동 통계청.

1,500만 개 이상의 전체 직업을 추가하면서 매년 1%를 약간 넘어서 증가할 것으로 기대된다. 전문직(의사, 변호사, 등등), 서비스(재정, 부동산, 의료 서비스, 의사소통, 데이터 처리 등등)와 건설부문은 고용성장을 지배할 것으로 예상된다. 대조적으로 농업(어업과 임업을 포함해서)과 생산 서비스업(예: 조립기술자, 제작자, 식품 가공업자, 금속 노동자 등)은 가장 쇠퇴할 것으로 예상된다(미국 노동부, 2012). 표 10-1은 변화하는 고용 부문에 대해 더 많은 세부사항을 제공한다.

피해야 할 함정 당신은 직업을 결정하는 과정에서 어떤 함정들을 예방해야 한다. 한 가지는 우연한 선택으로 그것은 주로 첫 직업의 매력 때문에 경력을 고르는 것이다. 이 덫에 걸리는 사람들은 유감스럽게도 다른 계열의 일을 선택했다면 더 행복하거나 더 성공할 수 있었다는 것을 나중에 발견할 수도 있다. 또 다른 함정은 돈, 명성, 권력이나 보안과 같은 외적인 함정에 의해 경력이나 직업을 선택하는 것이다. 결국 재정적인 보상이 충분하기만 하면 일 그 자체로 즐길 수 있는 일을 고르는 것이 더 낫다. 추가적인 중대한 실수는 당신의 경력 선택 가능성을 충분하게 탐구하지 않는 것이다. 이미 논의되었던 것처럼 당신도 주도권을 가지고 잘 맞는 경력을 찾는 **적극적인** 과정에 관여해야 한다. 결국 당신은 경력을 선택할 필요가 있으나 차후의 경험과 개인적 성장에 비추어 그 선택을 기꺼이 수정할 필요도 있다.

경력 준비하기 일단 경력 목표를 결정했다면 그것을 준비하는 방법을 알 필요가 있다. 기대하는 것처럼 이것을 하는 많은 방법이 있다. 일부 직업은 수습 과정, 직업 기술학교 또는 직무 훈련 프로그램을 통해서 시작된다. 다른 경력들은 2년제 혹은 4년제 대학의 학위를 필요로 하는데 임상심리학, 의학 및 법학 같은 전문직은 석사나 박사학위 그리고 지도 훈련을 필요로 한다. 게다가 주(州) 면허증이나 어떤 자격증이 교직, 회계업무 그리고 간호사뿐만 아니라 앞에서 언급했던 전문직과 같은 다양한 직업에서 요구된다. 당신은 이미 일종의 고등교육과정에 등록되어 있기 때문에 경력을 위한 적절한 교육을 시작한 셈이다. 반면에 다른 사람들은 확고한 경력 목표에 도달하지 않았을 수도 있다. 그러나 어느 경우이든 간에 경력계획의 통합적인 부분은 자신이 선택한 경력에 대해 적절한 교육 요구사항을 찾는 것이다.

대학교육의 매력 중 하나는 높은 지위와 보수를 위한 진입로를 제공한다는 것이다. 표 10-2에서 보여 주는 것처럼 대학 졸업은 고졸보다 평생 더 높은 수입과 더 낮은 실업률로 이어질 것이다. 예를 들면 4년제 대학 학위를 가진 사람들은 같은 나이의 고졸자들보다 상당히 많은 돈을 번다. 대졸자나 전문 학위를 가진 사람은 훨씬 더 큰 이점을 누린다. 물론 사람들의 소득은 학문의 분야, 현재 실제 지위와 지리적 위치와 같은 많은 요소에 따라 상당히 다르다. 직업 시장에서의 급격한 변화와 9명 중 1명은 매년 경력을 바꾼다는 사실을 고려해 볼 때 대학 교육의 가장 중요하지만 종종 간과되는 장점 중 일부는 비판적 사고, 평생 교육에 대한 이해와 계속적인 변화에 잘 적응하는 능력들이다.

표 10-2 교육과 소득: 교육을 더 많이 받을수록 소득이 더 많아진다.

25~64세 이상의 사람들을 대상으로 한 교육 수준에 기초한 2010년의 소득

교육 수준	평균 봉급($)
고졸 미만	27,470
고졸	34,197
대학은 다녔지만 학위는 없음	40,556
준학사 학위	44,086
학사 학위	57,026
석사 학위	69,958

박사 학위	88,867
전문 학위	103,411

출처: Tiffany Julian and Kominsky의 "교육과 종합적인 직장생활 소득 추정치"의 표 1에서 발췌. 미국 통계국 2011년 9월.

직업 구하기

당신이 첫 전문 정규직을 가지는 데 있어서 겪게 될 두 가지 추가 장애는 구직과정과 면접이다. 스스로 준비하는 것은 시작하는 것이 아무리 빨라도 빠른 것이 아니다.

직업 탐색 비록 모든 것을 다루지는 않지만 여기에 일자리를 찾기 위한 활동의 목록들이 있다.

- 이력서를 가지고 직접 신청하거나 걸어 다니면서 문을 두드려라.
- www.incruit.com과 같은 인터넷 구직 사이트를 찾아보라.
- 회사를 위해 개인을 고용하는 직업소개소나 구직담당자를 이용하라.
- 대학교나 대학 취업 서비스 센터를 통해 일자리를 찾아라.
- 취업 잡지와 소식지를 보거나 취업 회의에 참석하라.
- 직업이 소개되는 취업박람회 혹은 다른 현장을 방문하라.

알다시피 많은 직업들은 결코 알려져 있지 않다. 이런 것들 중 하나를 얻기 위해서 당신은 **네트워크 전략**—인맥을 경력 기회를 만드는 데에 사용하는 것—을 이용할 필요가 있다. 당신이 다니는 대학의 졸업생, 이웃, 자원봉사자 또는 인턴 과정 감독이나 알고 있는 다른 사람들(가족과 친구들을 포함해서)에게 자신이 직업전선에 뛰어든다고 말하라. 당신은 이것이 다른 후보들보다 불공정한 이득을 자신에게 제공한다고 생각할 수도 있다—그럴 수도 있다. 그러나 이것은 특히 모든 일자리의 절반이 알려지지 않는다는 점을 고려할 때 완전히 수용 가능하고 윤리적인 방법이다. 만약 당신이 직장을 찾고 있다는 것을 사람들이 모른다면 네트워크를 통해 직업을 구하는 것이 성발로 어렵나는 것을 기억하라. 네트워크를 확장시키기 위해서 당신이 다니는 대학, 지역사회 또는 심지어 당신이 선택한 직업과 관련된 조직에 있는 한두 개의 단체에 가입하는 것을 고려해보라. 당신에게 도움이 되게끔 과학기술을 사용할 것을 잊지 마라. 당신은 또한 공개채용계획을 알아내기 위해서 LinkedIn과 같은 온라인 직업 네트워크를 이용할 수도 있다. 그리고 사실상 페이스북 또는 트위터상의 친구들 한 사람 한 사람이 공개되지 않은 취업 기회에 대해 알고 있을 수도 있다.

탐색 10.2 네트워킹

www.linkedin.com 세계에서 가장 큰 직업 네트워크에 가입하라. 당신은 직업과 관련된 프로필을 올릴 수 있고 다른 사람들과 네트워크를 형성할 수 있고 직업을 찾을 수 있다.

취업 면접 직업을 확보하는 것은 대개 한 번 이상의 공식적인 면접을 포함한다. 이런 면접 중 일부는 대면상호작용이 일어난다. 반면에 다른 것들은 **온라인 채용(e-recruiting)**을 포함하는데 취업지원자들은 전화, 비디오 또는 컴퓨터에 의해 선발된다(Russell, 2007). 직접이든 온라인이든 당신의 중요한 목적은 고용주에게 자신이 그 일에 적임자라는 것을 확신시켜 주는 것이다. 즉, 자신이 필요한 자격과 개인적 자질을 가지고 있고 조직에 적합하다는 것을 확신시켜 주는 것이다. 이렇게 하기 위해서 당신은 좋은 인상을 줄 필요가 있다. 여기에 방법이 있다. 자신의 강점을 강조하면서 자신감과 야망을 표현하라. 만약 약점에 대해 질문을 받는다면 '때때로 나는 너무 양심적이다.'와 같은 사소한 것을 인정하라. 또한 고용주가 요청하는 것보다 더 많은 정보를 제공하지 않는 것이 일반적으로 최선이다. 끝으로 성공적인 취업 면접의 중요한 부분은 면접을 준비하는 것이다. 몇 가지 도움이 되는 정보를 위해 글상자 10-3을 보라.

직업 또는 경력 바꾸기

직업변화에 대한 통계수치 사람들은 과거보다 더 자주 직업을 바꾼다. 근로자가 직업을 유지하는 기간은 꾸준히 감소해 왔다. 일반적인 미국 근로자는 1950년대 근로자들보다 일생 동안 더 많은 직업(또는 고용주들)을 가진다. 전형적인 패턴은 개인이 졸업 후 처음 몇 년 동안 몇 개의 일시적 직업을 가지는 경향이 있다는 것이다. 그러고 난 후 직업에 정착을 한다. 5년 또는 더 이상 같은 고용주와 일하는 30대 근로자들은 오랫동안 그 직업에 남아 있을 것 같다. 남녀는 모두 나이가 들수록 직업을 덜 바꾼다. 40대까지 근로자들은 대략 두 가지 이상의 직업을 바꿀 것이다. 50대에는 단지 한 번 더 바꿀 것이다. 60대 사람들은 직업을 거의 바꾸지 않고 은퇴 때문에 아마도 두 번째 경력으로 이동할 것이다. 동시에 이런 패턴에도 예외가 있다. 소수의 근로자들은 자신들의 경력 내내 매우 안정적인 직업 패턴을 보여 주지만, 다른 사람들은 은퇴할 때까지 몇 년마다 직업을 바꾼다.

제조업 일자리는 감소하고 있는 반면에 서비스 부문 일자리는 증가하고 있다.

글상자 10-3 의사소통에 초점을 맞추어라: 면접 조언

취업 면접에서 좋은 인상을 주기 위해서 다음의 조언들을 고려하라.

준비:

- 그 조직에 대해 배워라.
- 마음속에 구체적인 직업 또는 직업들을 가져라.
- 그 일에 대한 자신의 자격을 검토해 보라.
- 자신에 대한 폭넓은 질문에 대해 대답을 준비하라.
- 자신의 이력서를 다시 보라.
- 친구나 친척과 함께 면접을 연습하라.
- 면접시간 이전에 도착하라.

개인적 외모:

- 몸치장을 단정하게 하라.
- 면접에 알맞은 옷으로 입어라.
- 껌을 씹거나 담배를 피우지 마라.

면접:

- 긴장을 풀고 각각의 질문에 간결하게 답하라.
- 지체 없이 대답하라.
- 좋은 매너를 지켜라.
- 면접관의 이름을 알아 두고 면접관과 확실한 악수로 인사를 하라.

- 적절한 언어를 사용하라—속어나 은어를 피하라.
- 협조적이고 열정적인 태도를 가져라.
- 관심을 보이는 신체언어를 사용하라.
- 업무와 조직에 대한 질문을 물어보라. 하지만 회사 웹사이트에서 쉽게 발견할 수 있는 대답의 질문은 피하라. 또한 고용 계약서를 쓸 때까지 급여와 복리후생에 대한 질문을 피하라.
- 떠날 때 면접관에게 감사를 표시하고 그 후속조치로 서면으로 감사를 전하라.

면접에 가지고 가야 할 정보:

- 이력서. 모든 고용주가 지원자에게 이력서를 가져오라고 요구하지 않을지라도 당신은 면접관에게 교육, 훈련과 이전 직장에 대한 정보를 제공할 수 있어야 한다.
- 추천서. 고용주들은 전형적으로 세 명의 추천인을 요구한다. 추천인으로 어떤 사람을 쓰기 전에 허락을 받아라. 이 사람이 자신에게 좋은 추천서를 써줄 것을 확실히 하라. 친척들을 추천인으로 쓰는 것을 피하도록 하라.
- 증명서 사본. 고용주들은 성적, 수업활동, 출석일수, 가장 높은 성적이나 취득한 학위를 확인하기 위해 성적 증명서의 공식적인 사본을 요구할 수 있다.

출처: 노동통계국 웹사이트에서 발췌. "직업 전망 안내서(Occupational Outlook Handbook)." 근거.

탐색 10.3 경력 쌓기

www.careerbuilder.com 당신에게 직업과 일에 대한 정보를 찾도록 도와주는 또 다른 사이트이다. 이력서를 올리고 나면, 직업 추천서가 당신에게 보내질 것이다.

경력 목표 직업 전망과 대안의 경력 유형을 살펴보는 것은 당신에게 경력 목표에 대해 생각하도록 만들 것이다. 아마도 당신은 이미 확고한 경력 방향을 가지고 있고 바쁘게 그것을 준비하고 있을 것이다. 또 어떤 사람들은 의문이나 의구심을 가지고 있을 수도 있다. 어느 쪽이든 당신의 경력 목표를 경험과 경력 기회에 대해 더 많이 알고서 수정하는 것은 지극히 자연스럽다. 사람들은 종종 많은 이유 때문에 자신의 경력 목표를 바꾸는 것을 꺼린다. 때때로 그들은 부모, 배우자 또는 동료들을 실망시키는 위험을 감수하기보다는 자신의 원래 목표를 유지하려고 한다. 그들은 스스로 선택하는 것임을 잊고 있다. 사람들은 또한 경력 목표를 바꾸는 것이 실패를 인정하는 것으로 여겨서 두려워하기도 한다. 그러나 당신이 불안한 방향으로 계속 가는 것은 단지 문제를 더 악화시킬 뿐이다. 게다가 개인들은 경력 목표를 바꾸는 것의 대가를 과대평가하기도 한다. 모든 사실들을 다 수집한 후에야 당신은 불이익이 예상보다 크지 않음을 발견할 것이다. 당신이 직업 목표나 직업을 바꾸는 것을 미루면 미룰수록 그것은 더 어려워진다. 대개 긍정적인 이익이 비용을 능가하기도 한다.

탐색 10.4 직업 바꾸기

www.careercast.com 이 사이트는 첫 직업을 찾는 준비부터 직업에서 일하는 중간의 직업 변화까지 경력 쌓기에 대한 많은 유용한 정보를 가지고 있다.

직무만족 한 직업에 머무르거나 새로운 직업을 찾는 주된 이유는 **직무만족(job satisfaction)**이다. 직무만족은 자신의 직업의 다양한 측면에 대한 사람들의 감정으로서 급여와 동료와 같은 요소에 비춰 주어진 일을 얼마나 좋아하는지에 대한 것이다. 경력 결정에 영향을 주는 것을 넘어 직무만족을 하는 사람들은 자신의 일에 불만이 있는 사람들보다 스트레스를 더 적게 받고 스트레스와 관련된 질병에 덜 걸리고 병원에 더 적게 가고 더 오래 산다(Warr & Clapperton, 2010). 보시다시피 직무 불만족은 신체 건강에 부정적인 영향을 줄 수 있고 개인적 성장에 장애가 될 수 있다.

일에 대해 당신이 듣는 모든 불평(그리고 아마도 당신의 선택에 대한 불평을 포함해서)에도 불구하고 거의 10명 중 9명의 미국인들은 자신의 직업에 만족한다(Petrecca, 2009). 그럼에도 불구하고 직무만족에는 차이가 있는데 이수한 교육의 정도가 중요한 예측요인이다. 특히 대학 교육을 받은 근로자들과 전문직이나 경영 간부의 위치에 있는 사람들은 일반적으로 고등학교 졸업장을 받기 전 또는 후에 교육을 그만둔 사람들보다 자신의 직업에 더 만족한다. 특별한 기술이 없는 서비스업 종사자들은 덜 만족하는 경향이 있다. 판매원은 상당히 보상을 잘 받음에도 불구하고 직무만족의 표준에 못 미치는 경향이 있다(Baum, Ma, & Payea, 2010; Mohr & Zoghi, 2006).

직업에 대한 만족은 업무 그 자체에 매우 의존한다. 사람들은 일반적으로 다른 사람들과의 접촉을 포함하고 흥미가 있고 새로운 기술을 배우는 기회를 제공하고 약간의 독립적인 일을 선호한다(Mohr & Zoghi, 2006). 근로자들은 보상을 주는 직무뿐만 아니라 일반적으로 승진, 고용 보장과 좋은 작업시간을 제공하는 일을 가지기를 선호한다. 그들은 또한 친근하고 협동적인 동료들과 사려 깊은 관리자들을 원한다. 근로자들은 또한 스스로 어느 정도 통제를 할 수 있거나 결정을 내릴 수 있을 때 일에서 스트레스를 적게 경험한다(Spector, 2002). 놀랍게도 가장 높은 임금을 주는 직업이 반드시 더 높은 직무만족을 주는 것은 아니다(Iyengar, Wells, & Schwartz, 2006). 특히

글상자 10-4 직장에 초점을 맞춰라: 과학기술과 직무 만족

미국 직장에서 과학기술의 추가는 사람들이 일을 어떻게 하고 자신의 직업에 만족하는지 만족하지 않는지에 영향을 주고 있다. 컴퓨터, 전자수첩, 스마트폰, 음성 메일과 화상 회의는 혁신 중 단지 일부에 지나지 않는다. 첨단기술 세계에서 과학기술에 흠뻑 빠진 대부분의 근로자들은 그렇지 않은 사람들보다 자신의 직업에 더 만족한다(Akkirman & Harris, 2005). 그럼에도 불구하고 과학기술을 갖춘 '직장'의 긍정적이고 부정적인 측면은 모두 있다. 예를 들면 즉석 메시지 전달(인터넷상으로 서로 즉시 메시지 교환이 가능한 시스템)은 근로자들이 마주 보면서 하는 의사소통의 풍요로움을 잃게 할 뿐만 아니라 거리상으로 확산된 직원들 간의 협업을 증가시킬 수 있다. 비록 즉석 메시지 전달이 직장에서 프라이버시에 대한 느낌을 증가시킬 수 있음에도 불구하고 직원들은 그것들이 주위를 분산시키고 직업 생산성에 방해가 된다는 것을 발견한다(Cameron & Webster, 2004). 게다가 연쇄 이메일, 농담 이메일과 다른 불쾌한 형태의 의사소통이 직장 내에서 급증하고 있는데 이는 사람들을 불편하게 만들거나 생산성을 저해시킨다(Whitty & Carr, 2006).

일부 직원들은 심지어 과학기술을 가지고 노는 데 너무 많은 시간을 사용해서 **사이버슬래킹(cyberslacking)**으로 알려진 행동—**일보다는 다른 목적으로 직장에서 인터넷을 과용하는 것**—으로 해고되기도 한다. 사이버슬래킹의 예는 온라인으로 선물을 사기 위해 쇼핑하는 것, 컴퓨터에서 카드놀이를 하는 것과 업무와 관련이 없는 **페이스북(facebook)과 트위터 계정(twitter accounts)**을 읽거나 갱신하는 것을 말한다. 사이버슬래킹이 매년 생산성 손실로 인해 수십억 달러의 사업비용을 지불시킨다는 점을 놓고 보면 많은 고용주들은 지금 직원들의 온라인 행동을 감시한다. 사실상 일부 고용주들은 심지어 가장 많이 차단되어야 하는 페이스북, **유투브(youtube)**와 트위터와 같은 일부 인터넷 사이트의 접근을 막는다(OpenDNS, 2011).

위에 언급된 과학기술의 진보뿐만 아니라 수백만 명의 직원들은 **집이나 원거리 장소에서 고용주를 위해 주기적이거나 규칙적인 일**을 수행하기 위해 과학기술을 사용하고 있는데 이것은 **텔레워크(telework,** 사무실에서 떨어진 장소나 자택에서 하는 작업)로 알려진 현상이다. 현재 미국에는 거의 2,600만 명의 정규직과 시간제 재택근무자들이 있다. 고용주와 직원 모두를 위해 직장에 직접 통근하는 것보다 재택근무를 하는 능력은 특전으로 여긴다. 그와 같이 재택근무를 하는 사람들은 직접 사무실에 출근하는 사람들보다 자신의 직업에 더 만족하는 경향이 있다(World at Work, 2011).

근로자들은 빈번히 주변 사람들에 대한 상대적인 소득에 관심을 갖는데 직무만족은 고소득과 관계가 있다(Brown, Gardner, Oswald, & Qian, 2008). 그러나 중산층과 노동자 계층의 대다수의 사람들에게 소득은 직무만족의 매우 중요한 부분이다. 직무

만족은 또한 그 직무의 작업 조건에 의해 크게 좌우된다. 작업 조건이 좋으면 좋을수록(비금전적 혜택, 회사의 탁아시설, 환경의 질 등) 직무만족은 더 커진다. 글상자 10-4는 직무만족에 있어서 과학기술의 역할(많은 사람들에게 작업 조건의 중요한 측면)에 대해 논의한다.

많은 다른 변수들도 일에 대한 만족에 영향을 준다. 직장에서 나이와 근무 기간은 중요한 고려사항이다. 최근의 대학 졸업생들은 초기에 높은 직무 만족을 누린다. 하지만 일의 새로움이 사라지고 현실이 다가오면 직무 만족은 급격하게 떨어질 수 있다. 5년 동안 그 일을 한 후 만족은 나이와 근속연수와 함께 꾸준히 오르는 경향이 있다. 주된 이유는 현실적인 기대뿐만 아니라 고용 보장과 더 나은 소득을 포함한다. 젊은 근로자들 사이에서 교육 수준의 상승은 젊고 교육받은 근로자들 사이에서 상대적인 불만을 설명해 준다. 주요 예외는 의사나 변호사 같은 전문직이고 대학원 학위를 가진 근로자들인데 그들은 행복하게 일을 한다. 그러나 상대적으로 일찍 수입이 정체된 블루칼라 근로자들과는 다르게 대학 교육을 받은 근로자들은 일반적으로 자신의 경력에서 나중에 많은 교육이 주는 보상을 누린다. 직무만족과 경력변화와 관련된 또 다른 중요한 요소는 탈진이다. 글상자 10-5는 그것과 관련된 일부 문제점들을 설명한다.

문화와 성에 관련된 직장 내 문제

직장의 문화적 다양성 이 책 도처에서 두 가지 일반적인 문화 유형들—**집합주의**와 **개인주의**— 사이의 차이를 구분했고 우리는 직업행동에 있어서 차이를 설명하기 위해 이 구분을 다시 사용할 것이다. 주류 미국처럼 개인주의 문화에서 근로시간과 개인시간 그리고 직업활동과 사회활동 사이를 구별하는 것은 더 쉽다. 그런 문화들에서는 직무의 주도성, 도전과 자유가 가치 있다고 인정되고 권장된다. 반면에 집합주의 사회에서 사람들은 작업 집단과 작업조직을 자신의 중요한 부분(가족처럼)으로 여기기 때문에 개인과 조직 사이의 유대감이 더 강하다. 일도 또한 돈을 축적하기 위한 수단이라기보다는 큰 집단(예: 가족 또는 사회)에 대한 의무 충족으로 여긴다. 집합주의 사회에서 조직은 직원복지에 대해 노의석인 책임을 시는 것으로 생각되고 그들을 평생 보살피는 것으로 기대한다(Matsumoto, 2003).

'세계경제' 성장은 많은 북미 회사들의 국제화의 결과를 가져왔다. 그와 같이 문화적 유사성과 차이점에 대한 실무이해는 사업 성공의 중요한 구성요소가 된다. 이것은 다른 사람들의 근로습관과 근로 가치를 이해하는 것이 현명하다는 것을 의미한다. 이것을 하는 최고의 방법 중 하나는 자신이 일하게 될 문화를 직접 경험하는 것이다(Schuler,

글상자 10-5 직장에 초점을 맞춰라: 직무 탈진

직무 탈진을 정의하는 세부특징

탈진(Burnout)은 개인들, 특히 '사람들을 상대하는 일(감정노동)을'하는 사람들 사이에서 일어나는 정서적 소진, 몰개인화와 줄어든 개인적 성취감 같은 심리증후군이다. 정서적 소진은 탈진의 일차적 증상 또는 특징이다. 정서적 소진의 원인은 끊임없이 몰려드는 문제 고객들, 긴 작업시간, 너무 많은 책임감과 무수한 또 다른 요소들을 포함한다. 몰개인화는 탈진한 개인이 접촉하는 의뢰인, 고객 또는 다른 사람들이 특별히 더 이상 사람으로 보이지 않는 것을 뜻한다. 그들은 단순히 숫자이거나 얼굴이 없는 영혼일 뿐이다. 탈진한 직원은 무심하고 비인격적이고 냉소적인 태도로 그들과 상호작용한다. 결국 개인이 아무리 잘 하거나 또는 아무리 많은 시간을 일할지라도 고통받는 사람의 실적은 하락하거나 자신이 더 이상 중요하지 않다고 느낄지도 모른다. 다른 직업에서 일하는 사람들도 확실히 탈진에 의해 영향을 받을지라도 휴먼 서비스 종사자들은 아마도 탈진에 의해 가장 많은 영향을 받을 것이다. 교사, 간호사, 경찰과 사회 봉사자들은 탈진하기 쉬운 사람들의 좋은 예이다(Peisah, Latif, Wilhelm, & Williams, 2009).

비록 여성의 건강이 직업 스트레스로부터 더 많이 고통받을 수 있을지라도 남성과 여성은 동등하게 탈진할 가능성이 있다. 게다가 결혼하지 않은 사람들은 그럴 가능성이 더 높다(Toker, Shirom, Shapira, Berliner, & Melamed, 2005). 낮은 수준의 어려움, 형편없는 자존감, 정서적 불안정, 외적 통제소재(예: 개인을 능가하는 힘에 의해 통제받는 것)와 회피적인 대처 방식은 전형적으로 스트레스를 받기 쉽거나 탈진한 개인의 프로필이다(Wierda-Boer, Gerris, & Vermulst, 2009). 그러나 어떤 직업 특성들은 탈진과 직업 피로, 즉 시간 압박, 역할 모호성, 긴 작업시간과 일에 대한 낮은 통제 등이 원인이 될 수 있다는 것을 잊어서는 안 된다(Sonnentag & Zijlstra, 2006).

탈진되었을 때 해야 할 것

탈진을 피하기 위한 가장 좋은 방법은 그것을 미리 막는 것이다. 당신이 직장을 구하기 전에 자신과 그 직업이 잘 맞는지를 고려해 보라. 만약 회사가 일찍 출근하도록 요구한다면 일찍 일어날 수 있는가? 그 직업이 창의성을 요구한다면 직장에서 매일 창의성을 발휘할 수 있는가? 당신이 사교성이 있다면 그 직무가 고객 및 동료들과 상호작용할 가능성을 당신에게 제공하는가? 그 일이 공개 연설을 요구한다면 많은 청중 앞에 서는 것을 두려워하는가? 당신의 특성과 선호하는 근무환경뿐만 아니라 그 직무의 모든 측면을 고려하라. 만약 그것이 잘 맞지 않다면 그 일을 택하지 마라.

비록 당신이 탈진으로 인해 희생된 것을 알게 되더라도 여전히 그것의 결과 중 일부를 피할 수 있다. 탈진의 효과를 줄이는 가장 중요한 방법 중 하나는 좋은 사회적 지지 시스템을 가지는 것이다. 아마도 동료들도 당신과 같이 느끼겠지만 더 잘 대처하고 있다면 그들에게 이야기를 해서 무엇이 그들을 도와주었는지 알아보라. 당신의 일에 대해 아는 가족 구성원도 또한 경청하고 탈진을 다루는 방법에 대한 몇 가지 좋은 충고를 해 줄 수 있다. 좋은 유머 감각과 즐길 수 있는 능력도 또한 당신이 이런 형태의 직업 스트레스를 더 잘 관리하도록 도와준다. 직업에서 벗어나 여가시간을 확실히 갖도록 하라. 직장에서 너무 지쳐서 일이 끝난 후 몇 가지 재미있는 것을 할 수 없는 상태로 퇴근하지 않도록 노력하라(Leiter & Maslach, 2005).

당신은 또한 직무를 어떻게 할지에 대해 생각할 것이다. 당신이 초점을 맞출 수 있는 긍정적인 측면이 더 있는가? 왜 당신은 처음에 그 직업을 택했는가? 아마도 당신은 일의 가치를 당신을 흥미롭게 했거나 흥분시켰던 그 직업의 초기 측면과 재정렬할 수 있을 것이다. 어쩌면 당신이나 관리자는 그 일을 더 신나고 더 보람 있게 만드는 요소들을 포함하도록 직무를 더 확장시키는 방법에 대해 생각할 수 있을 것이다. 당신이 배우거나 사용할 수 있는 새로운 기술이 있을 수 있다. 마지막으로 어떤 다른 유형의 스트레스처럼 탈진도 신체적이고 정신적인 건강문제를 야기하는데 그런 일이 일어났을 때 그것과 정면으로 맞서는 것이 가장 좋다(Eriksson, Starrin, & Janson, 2008). 탈진이 당신이 다루기에 너무 심하고 크다면 또 다른 자기평가를 하고 다른 회사에서 새로운 직무를 찾거나 또는 심지어 새로운 직종을 찾을 시기일지도 모른다. 탈진에 빠지지 않는 것이 최선이다.

2003). 또 다른 나라의 언어와 문화를 이해하지 못하는 것은 최종 결과에 영향을 줄 수 있다는 것을 기억하라. 일부 비싼 대가를 지불하는 비교 문화적 사업의 실수 목록들을 알기 위해서는 표 10-3을 보라.

성별과 일 현재 여성들은 노동 인구의 49%를 차지한다. 그럼에도 불구하고 보수 관점에서 남성과 여성 간의 불평등이 여전히 존재하는데 그것은 종종 **소득격차(earnings gap)**라고 불린다. 2010년 여성의 보수는 남성 보수의 81%였다(美 노동부, 2012). 소득격차에 대한 주된 이유는 많은 여성들이 비서직과 같은 저소득의 서비스 직업에 종사하기 때문이다. 최근까지도 대부분의 여성들은 노동부의 직업 범주 중 10% 미만의 범주에 몰려 있다. 여성들은 비서, 간호사, 도서관 사서 같은 경력들에 지나치게 많이 일하고 있다. 그들은 엔지니어, 치과 의사, 내과 의사 같은 직종들에서는 수적으로 부족하다. 성별 간 급여 차이에 대한 또 다른 이유는 여성 근로자들이 더 낮은 교육 수준과 직업 경험을 가졌다는 것인데 하지만 이 요소는 바뀌고 있다. 지금은 대학 수업에 남성보다 여성이 약간 더 많다(Mather & Adams, 2007). 비록 전통적인 남성 직종에서 일하는 여성의 비율은 낮지만, 극적으로 증가하고 있다. 과거와 비교했을 때, 지금 더 많은 여성들이 내과 의사, 생명과학과 자연과학, 엔지니어, 변호사, 교수 그리고 판사로 일하고 있다. 그럼에도 불구하고 야심 찬 여성들은 종종 자신의 경력이 보이지 않는 벽에 의해 방해를 받는다고 느낀다. 그들은 그것을 알고 있을지라도 주로 직장에서 고정 관념화된 태도와 기대 때문에, 이 보이지 않는 벽을 넘지 못한다(Ortiz & Roscigno, 2009). 예를 들면 상위 경영직의 경우 남성들보다 여성들의 비율이 낮다.

표 10-3 사업에 있어서 문화 간 실수

무슨 일이 일어났는지?	그것이 왜 비교(교차) 문화 실수인가?
귀여운 동물을 포함한 광고를 이슬람과 남동아시아 국가에서 방송하였다.	이런 문화에서 동물은 더럽고 하등동물로 여긴다. 판매에 손실을 주었다.
'OK'라는 손가락 표시가 라틴아메리카에서 카탈로그에 인쇄되었다.	라틴아메리카에서 이 표시는 외설적인 제스처로 여긴다. 그 카탈로그는 다시 인쇄되어야 한다.
홍콩행 새로운 비행서비스의 시작을 기념하기 위해 항공사는 승객들에게 흰색 카네이션을 나눠주었다.	많은 아시아인들에게 흰색 꽃은 불운과 죽음의 상징이다. 그들은 붉은 카네이션으로 바꿨다.
4개로 포장된 골프공이 일본에서 판매대에 놓였다.	'숫자 4'에 대한 일본어 발음은 죽음에 대한 단어와 유사하다. 사람들은 4개로 포장된 제품을 구매하는 것을 피한다.
펩시회사는 타이완의 펩시 광고에 '펩시와 함께 다시 생명력을'이라는 표어를 사용했다.	중국어 번역은 '펩시는 죽은 조상들을 살려낸다.'는 의미이다.

출처: "Kwintessential website, 2012.에서 발췌한 비교 문화 실수들에 근거

마찬가지로 더 나은 관리 부서로 승진한 여성들은 남성 동료들의 보수보다 낮은 보수를 받을 가능성이 높다. 글상자 10-6은 직장에서 성희롱—남성보다는 여성이 더 많이 당하는 불행하지만 만연된 상황—을 논의한다.

여가

학습목표

10.7 여가가 개인 성장에 왜 중요한지를 이해한다.

10.8 여가 선용을 설명한다.

10.9 대부분의 미국인들이 휴가를 모두 사용하지 않는 이유를 안다.

10.10 전반적인 성인기 여가시간 양의 변화를 논의한다.

자신의 직업을 아무리 좋아할지라도 살면서 자신이 즐길 다른 많은 것을 하는 시간을 충분히 가지는 것은 중요하다. 달리 말하면 **여가(leisure)—자신이 선택한 오락활동을 하면서 보낼 수 있는 일이나 의무로부터 자유로운 시간**—는 일만큼 중요하다. 여가활동은

글상자 10-6 직장에 초점을 맞춰라: 성희롱

성희롱이란 무엇인가?

성희롱(sexual Harassment)은 한 사람의 일하는 능력을 방해하는 직장 내에서 일어나는 원하지 않는 성적 관심을 말한다. 성희롱은 불쾌한 성적 접근, 신체적 접촉, 모욕적인 말과 이런 행동들의 거절로 인한 처벌의 위협을 포함하지만 이런 것들에 한정된 것은 아니다. 직장 내에서의 성희롱은 많은 형태를 취한다. 잘 알려진 성희롱의 관례는 직접적인 야유, 휘파람 불기 그리고 여성에게 '인형 같은 여자'(현대사회에서는 여성에게 모욕적인 말)와 같은 비하하는 단어들을 사용하는 것이다. 또 다른 예는 반복되는 공격적인 추파이다. 대부분의 성희롱이 말로 하거나 신체 쓰다듬기, 성적 의도로 함부로 만지기 또는 성적 암시는 특별한 것이 아니다. 성희롱의 사례는 여전히 많은 장소에서 행해지고 있고 소수민족의 여성들에게는 이중의 위험(편견과 괴롭힘)을 야기한다(Buchanan & Fitzgerald, 2008).

그런 예들을 줄이기 위해 **평등고용추진 위원회(Equal Employment Opportunity Commission, EEOC)**는 성희롱을 예방하기 위한 지침서를 발행했다. 이 지침서는 고용주들은 성희롱의 주제에 대해 직원들 의식을 일깨우고 그런 행동에 대해 강한 부정을 표시하고 모든 근로자에게 성희롱의 망령을 환기시키기 위해서 자신의 권리에 대해 알리고 불만을 제기하기 위한 적절한 절차를 설명하고 관련된 모두를 민감하게 만들어야 한다고 제안한다. 그러나 직장에서 승진을 위해 성상납을 요구하는 것은 여전히 대기업에 맞서 소송거리가 되고 있다. EEOC(평등고용추진 위원회)의 노력에도 불구하고 2011년 한 해 동안 11,000건 이상의 성희롱 고발이 직장동료들에 맞서 제기되었는데 84%가 여성 희생자들이었다(EEOC, 2012).

직장에서 성희롱에 대처하기

각각의 상황이 다를지라도, 일부 제안된 전략들이 직장 내에서 성희롱을 다루는 데 대개 도움이 되는 것을 암시했다.

1. 당신이 못마땅할 때에는 분명히 말하라. 다음과 같이 직접적으로 그러나 재치 있게 말하라. "저는 그 표현이 불쾌해요."
2. 그런 사건의 시간, 장소 그리고 종류를 적어라. 누가 최대의 범죄자인가? 어떤 상황에서 발생했나?
3. 다른 근로자들에게 그 사건에 대해 말하라. 얼마나 많은 다른 여성들(또는 몇몇 경우에는 남자들도)이 성희롱을 당했는지를 알아내라.
4. 남성 근로자를 자각시키는 긍정적인 조치를 취하라. 관리자에게 불쾌한 사건을 보고하라. 직원회의에서 성희롱 문제에 대해 논의하라. 그 문제에 대한 워크숍을 권장하라.

만약 필요하다면, 상황에 따라 구두 혹은 서면으로 당신의 고용주에게 공식적인 항의를 하라. 마지막 수단으로 평등고용추진위원회(EEOC) 같은 연방정부 기관에 연락을 하라.

일과 여가 사이의 차이는 미묘하다. 이 남성은 농장에서 일을 하는가 아니면 취미로서 말을 기르는가? 양자 모두가 많은 노력을 수반한다.

부정적인 생활사건에 우리가 더 잘 대처하도록 도와주고 전반적인 적응을 도와주며 수면과 전반적인 신체 건강을 개선시켜 준다(Spiers & Walker, 2009).

웰빙에 대한 여가의 중요성에도 불구하고 많은 사람들은 일을 더 많이 하고 더 적게 쉬어야 한다고—현실에 바탕을 둔 지각—느낀다. 현재 미국인들은 여가활동(스포츠를 포함해서)에 주중 약 4.67시간과 주말 6.4시간을 쓴다. 그러나 2004년 이래 보통사람이 이용할 수 있는 여가시간의 양은 하루에 약 30분까지 떨어졌다(BLS, 2012).

경제 요인이 이용 가능한 여가시간의 양을 줄인 것 같다. 예를 들면 기업 및 다른 조직들이 더 적은 근로자를 고용하기 때문에 현재 그 직업에 있는 사람들에게 추가적 책임이 돌아갔다. 모순되게도 사회의 가장 부유한 분야에 있는 사람들—대학 졸업생들, 전문직 종사자들 그리고 50,000달러 또는 그 이상의 수입을 받는 사람들—은 가장 긴 시간을 일하고 가장 적은 시간의 여가를 가진다. 예를 들면 대학에 가지 않은 사람들이 학사 학위(또는 그 이상의 학위)를 가진 사람들보다 하루에 여가활동을 한 시간 더 가지며 산다(BLS, 2012). 게다가 맞벌이 가정 여성들은 거의 남편과 같은 시간의 일을 할지라도 더 적은 여가시간을 보낸다(하루에 약 1시간 더 적게). 여성들이 남성들보다 더 많은 집안일을 하는 것을 고려하면 이것은 놀라운 일이 아니다—흔히 '아내의 가사노동'

으로 언급되는 현상이다(Sinno & Killen, 2011).

이런 자료는 자동화와 과학기술이 주 중의 일을 줄여 주고 우리에게 더 많은 여가시간을 줄 것이라고 가정했던 25년 전의 예측과 상반된다(Whitty & Carr, 2006). 사실 반대의 경우도 있었는데, 아마도 일이 종종 여가시간을 침범했기 때문일 것이다(Hilbrecht, Shaw, Johnson, & Andrey, 2008). 한 예가 있다. 휴가를 가는 많은 사람들은 일을 가지고 가기도 하고 사무실에 확인을 하거나 적어도 일과 관련된 이메일을 읽고 답장을 보낸다. 여가시간의 표면상의 축소에 기여하는 또 다른 요인은 점점 더 많은 사람들이 가정에서 일을 한다는 것인데, 컴퓨터나 다른 전자적인 방법으로 직장과 연결하고 따라서 일과 가정 사이의 구분이 희미해지고 있다(Kirk & Belovics, 2006).

여가란 무엇인가?

우리는 결코 여가가 아닌 직장 밖에서 많은 일을 하고 있다. 예를 들면 식사 후에 설거지를 하고 집을 청소하고 공부하고 치과에 가는 것 등이 있다. 그런 활동은 보통 **유지활동(maintenance activities)**—생활의 유지를 위해 필요한 활동에 사용되는 비여가시간 또는 비근로시간—으로 불린다. 반대로 여가는 우리의 자유시간을 쓰는 방법, 여가를 사용하는 동기, 여가가 우리에게 갖는 의미 그리고 우리 삶에 영향을 미치는 방식과 관련이 있다. 적응 관점에서 여가의 목적은 자기의 배양과 더 높은 삶의 질 추구이다. 주로 즐거움을 위해 악기를 연주하는 것이나 즐거움을 위해 자전거를 타는 것은 **무조건적 여가(unconditional leisure)**의 예이다. 이런 것들은 일과 유지활동을 배제하면서 자유롭게 선택된 활동들이다. 만족스러운 여가생활을 하는 사람들은 종종 그들의 현재 수준의 수행을 유지하기 위해 기술을 습득해야 하고 자주 여가활동을 실천해야 한다는 것을 알고 있다. 동시에 매우 경쟁적이거나 완벽주의적인 사람들은 실적에 너무 얽매여서 여가활동의 즐거움을 잃게 된다. 게다가 진정한 여가는 실적을 회피하고 즐거움을 위해 주로 하는 것으로 여겨진다(Buettner, Shattell, & Reber, 2011).

여가 선용하기

여가의 선용 사람들은 힘든 하루의 일과 후 집에 돌아와서 저녁 식사를 마칠 때는 종종 너무 피곤해서 아무것도 할 수 없다. 그들에게 저녁시간을 보내는 가장 좋아하는 방법을 물어봤을 때 대다수의 사람들은 TV를 본다고 말한다. 현재 성인들은 대부분 저녁시간에 하루 평균 4~6시간 TV를 본다. 사람들은 주로 오락을 위해 TV를 시청하고 뉴스를 더 적게 시청함에도 불구하고 TV 시청은 또한 긴장을 풀거나 원기를 회복하기 위한 시간으로 앞서 언급한 바와 같이 주로 **유지활동**에 해당된다. 마찬가지로 인터넷 검색이나 페이스북 상태를 갱신하는 것도 해당된다. 누군가 버튼을 누르면서(또는 마우스를 클릭하면서) 몇 시간 동안 계속 오락을 즐기게 되는 편의성은 굉장한 유혹으로 남는다. 동시에 대중매체를 보는 습관을 줄여 온 사람들은 대개 삶에서 해야 할 다른 흥미로운 것들이 얼마나 많은지에 대해 놀란다(Blackshaw, 2010).

여가 **선용**은 어느 정도의 선택을 요구한다. 이상적으로 당신은 단순히 그 당시에 편한 것은 무엇이든지 하거나 친구들이 하기를 원하는 것을 단순히 하기보다는 자신의 흥미와 생활 방식과 잘 맞는 활동들을 선택해야 한다. 한 가지 활동을 최대로 즐기기 위해서 당신은 대개 필요한 기술을 습득해야 한다. 당신은 또한 그 활동을 계속하기 위해 자신의 시간과 돈에 대한 계획을 세워야 한다. 예를 들면 테니스 경기에 자부심을 가지고 있는 사람들은 규칙적으로 운동하고 가끔 운동하는 사람들보다 아마 더 큰 만족감을 얻는 경향이 있다. 만약 기술을 배우는 것과 시간과 돈에 대한 예산을 짜는 것이 자신에게 너무 스트레스가 된다면 아마도 당신은 또 다른 형태의 여가활동으로 바꿔야 할 것이다. 여가활동이 스트레스를 줄 수 있고 그렇다면 여가 선용의 가능성이 줄어든다(Hébert, 2005).

휴가 여가의 가장 좋은 형태는 휴가를 갖는 것이다. 대부분의 사람들은 휴가를 위해 일로부터 벗어나서 시간을 내는 것에 죄책감을 거의 느끼지 않는다. 그들은 그럴 자격이 있다고 믿는다. 휴가를 갖는 주된 이유에 대한 대답은 다양한 동기를 반영한다. 가장 흔한 동기는 휴식을 취하는 것이다. 다른 동기는 지적 자극, 가족의 단란함, 모험, 자기 발견과 일상에서의 탈출이다. 휴가가 끝난 뒤 대부분의 사람들은 집으로 돌아오는 것을 기뻐하고 직장으로 돌아가기를 기대한다. 단지 몇 명의 사람들만 익숙한 일상을 대면하는 데 대해 우울해한다. 많은 미국인들은 일이 여가보다 더 중요하다고 느끼고 여가로 가득 찬 삶보다는 오히려 일과 여가의 더 나은 균형을 찾는다. 게다가 더 유연한 작업 일정의 발견은 사람들이 긴 주말을 보내는 것을 가능하게 하며 그것은 연중행사보다는 짧은 휴가를 규칙적인 행사로 만드는 것을 가능하게 한다(Kühnel & Sonnentag, 2011).

대략 미국인 근로자의 절반이 매년 전형적으로 일주일 또는 이주일 동안 지속하는 여러 형태의 휴가를 간다. 그러나 미국인들은 흔히 받은 휴가시간을 모두 다 쓰지 않고, 매년 절반 정도를 사용하지 않은 채 남겨 둔다. 그렇다면 사람들은 왜 부여받은 휴가시

표 10-4 세계적으로 연간 최소 휴가일

국가	휴가 일수
오스트리아	35
벨기에	20
칠레	15
크로아티아	18
독일	24
노르웨이	25
아일랜드	20
일본	18
스페인	30
영국	20

출처: NationMaster.com, 2012

간을 모두 사용하지 않는가? 추측할 수 있듯이 주된 이유는 자신의 직업을 잃는 것을 두려하는 것 때문이다. 그들은 휴가를 떠남으로써 중요한 것을 놓치거나 일자리에서 밀릴지도 모른다는 것을 걱정한다(Mayerowitz, 2010; Yancy, 2011). 비록 미국에서는 휴가의 길이에 대한 법률 요건은 없을지라도 다른 나라들은 그런 기간을 가지고 있다. 표 10-4는 휴가기간을 정하고 있는 나라의 연간 최소 휴가일 목록이다.

성인기의 여가

성인들이 이용 가능한 여가시간의 양은 시간이 지나면서 변한다. 일반적으로 여가시간은 성인 초기에서 중년기로 가면서 줄어든다. 그러고 나서 다시 한 번 증가한다(표 10-5). 게다가 여가는 사람들의 삶에서의 모든 변화로 인해 중년기부터 중요성이 증가한다. 이때쯤 사람들은 자신의 욕구와 가치, 인생에서 자신이 원하는 것을 재평가한다. 또한 이 나이의 사람들은 젊은 성인들보다 더 많은 직업 안전성, 더 많은 자유재량의 수입과 더 많은 자유시간과 더 많은 유급 휴가시간을 가지는 경향이 있다. 인생에서 이때쯤 대부분의 성인들은 어린 자식들을 돌볼 가능성이 낮다. 그런 사실 하나만으로도 하루에 여가시간이 약 1시간 정도 추가된다(BLS, 2012). 많은 사람들에게 이것은 노력의 생산성에 대한 걱정 없이 자신만의 성향을 따를 수 있는 최초의 시기가 될지도 모른다. 이제 그들은 흥미를 취하고 이전에 경력이나 가족 부양에서 사용하지 않았던 능력을 표현할 수 있다. 요약하면 나이가 들면서 여가는 개인적 성장의 수단이 되고 있다

(Chen & Fu, 2008).

또한 건설적인 여가활동은 은퇴를 준비하는 중요한 방법이다. 사회와 가족 관계의 네트워크뿐만 아니라 보람 있는 여가활동을 개발해 온 사람들은 전일제 업무에서 만족스러운 은퇴로의 중대한 전환을 더 잘할 수 있다. 일반적이고 매우 건설적인 여가활동은 봉사활동을 하는 것이다. 당신은 글상자 10-7에서 자원봉사에 대해 더 많은 것을 볼 수 있다.

탐색 10.5 자원봉사하기

www.volunteermatch.org 이 사이트에서, 당신은 우편번호와 관심영역에 의해 검색할 수 있다(응급 서비스, 동물 보호, 예술과 문화, 종교, 등등)

표 10-5 성인기 동안 일당 여가시간

나이	여가에 사용된 일당 시간
20~24	5.3
25~34	4.4
35~44	4.2
45~54	4.7
55~64	5.2
65~74	6.9
75이상	7.7

글상자 10-7 심신건강에 초점을 맞춰라: 미국에서 자원봉사하기

당신은 은퇴를 기다릴 필요가 없고 자원봉사를 시작하기 위해서 노인이 될 필요도 없다. 당신은 현재 1,730억 달러로 평가되는 시간 가치로 산정되는 총 81억 시간 자원봉사를 한 6,200만이 넘는 미국인 대열에 합류할 수 있다(VolunteeringinAmerica.gov, 2012). 중년, 결혼을 한 사람, 직장인 그리고 학사 학위 소지자(또는 더 높은 학위 소지자들)가 가장 많이 자원봉사를 할지라도 모든 종류의 사람들은 자원봉사 일을 한다. 자원봉사자들은 연간 평균 약 52시간을 교육, 종교 그리고 지역 지원 기초 단체를 포함한 다양한 조직에서 자원봉사를 한다. 자원봉사자들은 자신의 조직을 위해 모금활동, 급식, 일반 근로, 수송 그리고 교육과 같은 광범위한 영역의 일을 하고 있다. 이런 사람들은 각각 주도적으로 도움을 제공하거나 참가하는 단체에 의해 자원봉사를 하도록 요청받는다(BLS, 2012).

자원봉사를 하는 것은 공동체나 조직에게 자신을 위해 일해 왔던 모든 것을 돌려줄 뿐만 아니라 그것은 또한 현장 연수를 무료로 제공하고, 가능한 경력을 조사하도록 도와주고, 이력서를 쓰고, 인적 정보망 연결(그리고 아마 추천서도 써준다)을 만들어 준다. 그리고 최근의 자원봉사자들의 설문조사에서 또한 자신들이 자원봉사를 하는 동안에 리더십 기술, 향상된 자신감, 숙련된 대인관계 협력과 강화된 의사소통기술을 배웠기 때문에 자원봉사 일이 경력 향상에 직접적으로 연결되어 있다는 것을 알게 되었다(Women's Way, 2006). 자원봉사 기회를 찾고자 한다면 자신이 다니는 대학의 자원봉사 사무실이나 지역 상공회의소에 연락하라. 그리고 물론 당신은 항상 온라인을 검색할 수 있다. 마지막 한 가지는 자원봉사 일을 하는 것은 자신에게 좋을 것이다. 연구는 노인들 중에서 자원봉사를 하는 사람들은 사망률이 낮고 더 건강하고 더 낮은 우울증과 관련되어 있다는 것을 보였다(Ayalon, 2008).

요약

일

10.1 잘 맞는 직업을 찾는 과정을 논의하라.

경력 목표를 선택하는 데 있어서 자신의 흥미, 능력, 성격 그리고 직업 가치를 포함하여 자신을 평가하는 것으로부터 시작하는 것이 가장 좋다. 그러고 나면 당신은 경력 선택 여지를 탐색할 준비가 되었다. 노동 통계청에 의해 출판된 직업 전망 안내서(OOH)와 같은 많은 도움이 되는 자원들이 있다. 게다가 취업센터에서 이용할 수 있는 검사는 가장 적합한 경력을 발견하는 것을 도와준다.

10.2 경력 의사결정과 직업 찾기를 둘러싼 중요한 문제를 설명하라.

자신의 경력 목표를 다소 유연하게 유지하고, 특히 대학에 있는 동안 그 후의 경험을 고려하여 기꺼이 그것을 수정하려고 하는 것이 가장 좋다. 그럼에도 불구하고 적합한 직업을 얻기 전에 고려할 필요가 있는 세 가지는 잠재적인 함정, 직업준비 그리고 구직 과정이다. 당신은 미숙히게 경력 목표에 도달하는 것과 같이 의사결정을 하는 데 있어서 어떤 어려움이 있다는 것 또한 깨달아야 한다. 당신은 또한 선택한 경력에 필요한 훈련이나 교육을 알아볼(그리고 성공적으로 획득할) 필요가 있다. 직업을 찾는 다양한 방법이 있을지라도 인적 네트워크 형성은 직업을 찾는 최고의 방법 중 하나이다. 면접에서 처신하는 방법을 아는 것은 유망한 직업을 찾는 데 중요하다.

10.3 쇠퇴할 것으로 예측되는 직업뿐만 아니라 최대의 고용 성장을 보이는 직업을 찾아라.

전문직, 서비스 그리고 건축 부문은 고용성장을 지배할 것으로 예상된다. 대조적으로 농업과 생산 서비스 부문은 가장 큰 쇠퇴를 보일 것으로 예측된다.

10.4 교육, 고용 그리고 수입 사이의 관계를 알아라.

대학 교육을 받은 근로자를 위한 직업은 평균보다 더 빠르게 성장하기 때문에 대학졸업자들은 더 높은 고용률과 수입을 계속 이어 갈 것이다. 대조적으로 고등학교 이하의 교육을 받은 사람들은 좋은 보수와 승진의 기회를 가진 좋은 직업을 얻는 것이 어렵다는 것을 알게 될 것이다.

10.5 직무만족(또는 불만족)에 기여하는 요소를 논의하라.
직업에 대한 만족은 직장의 조건뿐만 아니라 직업 자체가 얼마나 흥미롭고 의미가 있는가에 달려 있다. 사람들은 사려 깊고 협력적인 동료뿐만 아니라 승진 기회를 원한다. 과학기술은 때때로 직무만족을 증가시키거나 감소시키면서 상이한 고용인들에게 상이한 영향을 준다. 급여는 점진적으로 직무만족의 중요한 부분이 되었다. 나이, 근무연수, 탈진 또한 직무만족에 영향을 준다.

10.6 직장에서 문화적 다양성과 성별과 관련된 몇 가지 중요한 문제를 확인하라.
문화적 유사성과 차이점에 대한 실질적 이해는 사업 성공의 중요한 구성요소가 되었다. 개인주의 문화에서 직업의 주도, 도전 그리고 자유는 가치가 있고 권장할 만하다. 집합주의 사회에서 사람들은 근로 집단과 근로조직을 자신들의 기본적인 부분으로 여긴다. 그래서 개인과 조직 사이의 결속력은 더 강하다. 성별을 둘러싼 많은 문제들 중에는 성별 사이의 소득격차, 승진에 대한 기회 그리고 성희롱이 있다.

여가

10.7 여가가 개인 성장에 왜 중요한지를 이해하라.
자신의 직업을 아무리 좋아하더라도 자신이 즐길 다른 것들을 위해 휴식을 취하는 것도 중요하다. 여가활동은 우리가 부정적인 생활사건에 더 잘 대처하도록 도와주고 전반적인 적응에 있어서 우리를 도와주며 우리의 수면과 전반적인 신체 웰빙을 개선시켜 준다.

10.8 여가 선용을 설명하라.
여가 선용은 우리가 삶에서 원하는 것을 재평가하는 중년기로부터 점점 더 중요해진다. 이상적으로 그 당시에 편리한 것을 무엇이든 단순히 하거나 당신의 친구들이 하도록 원하는 것을 하는 것보다 오히려 자신의 흥미와 삶의 양식을 조화시킬 수 있는 활동들을 선택해야 한다. 자원봉사는 가치 있고 일반적인 형태의 여가활동이다.

10.9 대부분의 미국인들이 자신의 휴가를 모두 사용하지 않는 이유를 알아라.
직업 안전성과 자신의 일을 미루는 것에 대한 염려는 모든 미국인의 절반이 휴가를 모두 사용하지 않는 이유를 설명한다.

10.10 전반적인 성인기 여가시간 양의 변화를 논의하라.
일반적으로 여가시간은 성인 초기로부터 중년기로 가면서 줄어드는데 잇따라 10년간의 증가를 보인다. 노년의 미국인들은 젊은 성인들과 비교해서 여가활동에 하루 거의 3시간을 더 쓴다.

스스로 해 보기

1. 인원축소의 결과로서 Shannon은 컴퓨터 소프트웨어 회사에서 자신의 고위 경영진 자리를 잃었다. 겨우 먹고 살 만큼 벌기 위해서 Shannon은 지역에 있는 컴퓨터 가게에서(그녀의 관리 능력의 사용이 필요 없는) 기술 지원팀자문위원으로 일자리를 구했다. 이 시나리오는 ______의 예이다.
a. 과잉고용 b. 평행고용

c. 불완전 고용　　d. 변형고용

2. 교육과 소득 사이의 관계에 대한 다음 설명 중 어느 것이 사실인가?
   a. 전형적으로 교육 수준이 증가할 때 소득도 또한 증가한다.
   b. 교육 수준과 소득 사이에는 관계가 없다.
   c. 평균적으로 고등학교 졸업자들도 대학교 졸업자만큼 많은 돈을 번다.
   d. 경제적으로 보면, 고등학교를 졸업하는 것은 이익이 없다.

3. 비디오 게임 공학에서 직업을 찾기 위해 George는 인적 네트워크 형성을 해 보기로 결심했다. George는 다음의 활동 중 어떤 것을 해야 하는가?
   a. Monster.com에 이력서 올리기
   b. 유사 분야에서 일하는 대학의 졸업생과 연락하기
   c. 신문에서 주제별로 분류된 광고 찾기
   d. 비디오 소프트웨어 회사에 들러서 인사부에 물어보기

4. 고등학교 상담사로 10년을 일한 후 Ruthy는 학생들의 문제에 대해 점점 적게 관심을 가지기 시작했다. 하루 일과는 이전보다 그녀를 더 정서적으로 진이 빠진 것처럼 보이게 했다. Ruthy는 무엇을 경험하고 있는가?
   a. 자기실현　　b. 학교 공포증
   c.직무만족　　d. 탈진

5. Jeff는 사업에 성공했다. 10년이 되기도 전에 부사장이 되었다. Jeff는 그 일이 보상도 되고 시간을 관리할 수 있다는 것을 알았다. 급여 면에서 그는 연간 250,000달러를 벌었는데, 그것은 회사 내 다른 부사장보다 10,000달러가 적었다. Jeff의 직업만족에 관하여 다음의 설명 중 어느 것이 사실일까?
   a. Jeff는 자신의 보수가 동료들보다 낮기 때문에 직업 불만족한 상태이다.
   b. Jeff는 높은 직업만족을 보장할 만큼 충분한 돈을 벌었다.
   c. Jeff는 보수가 직업만족에 영향을 주지 않기 때문에 높은 직업만족을 가졌다.
   d. 위에 있는 것 중 어떤 것도 답이 아니다.

6. Nancy는 직장을 왔다 갔다 하면서 매일 3시간을 보낸다. 그녀의 회사는 Nancy가 일주일에 며칠간 집에서 일하는 것을 허용할 몇 가지 신기술을 설치했다. Nancy는 ______를(을) 포괄하는 일을 하고 있는 증가하는 사람들 중 한명이다.
   a. 원격근무(텔레워크)b. 웹 통근
   c. 사이버 통근　　d. 인터넷 통근

7. Eric은 경비원으로 백화점에서 심야교대로 일을 했다. Eric에 따르면, '재미있는 일이 하나도 없었다.' 그래서 그는 대부분의 시간을 인터넷 사이트를 검색하면서 보냈다. Eric은 ______을 하고 있다.
   a. 사이버슬래킹(업무 이외 인터넷 과용)
   b. 텔레슬래킹(업무 이외 전화 과용)
   c. 웹슬래킹(업무 이외 웹 과용)
   d. pc슬래킹(업무 이외 컴퓨터 과용)

8. Sadie가 자신의 일을 즐겼을지라도 직장동료들에 대해 덜 열정적이었다. 끊임없는 성적인 농담, 그녀의 외모에 대한 평가 그리고 성적 요구는 Sadie가 다른 일자리를 구하게 했고 그녀가 한때 존중했던 회사를 고소하는 결과를 초래했다. Sadie는 ______희생자였다.
   a. 스토킹(남을 따라다니며 괴롭히기)
   b. 신체 학대
   c. 성희롱
   d. 성적 테러

9. 회사를 떠나기에 앞서 Sadie는 자신이 경험했던 성희롱에 대처하려고 시도했다. Sadie는

다음 중 어떤 것을 했는가?
a. 그녀가 못마땅했던 것을 분명히 밝히기
b. 그녀의 경험을 기록하기
c. 성희롱이 무엇인지에 대해 동료들을 일깨우기
d. 위에 말한 모든 것

10. 하루 종일 적응심리학 교재를 위한 시험문제를 작성한 후에, Steve는 단지 쉬면서 재미있는 좀비 대재앙 소설 읽기를 원했다. 그러나 Steve는 독서를 하기 전에 저녁 요리와 세탁을 해야 했으며 아이들에게 약간의 집안일을 하도록 시켜야 했다. 달리 말하면 Steve는 약간의 ______활동을 끝마칠 필요가 있었다.
a. 무조건적 여가 b. 유지
c. 보존 d. 양육

연습

1. **자신의 경력 흥미를 조사하라.**
학교과정, 과외활동, 정규직과 시간제(파트타임) 일, 취미와 스포츠를 포함하여 자신이 즐겨왔던 모든 활동의 광범위한 목록을 만들어라. 그러고 나서 가장 만족스러운 활동 12가지를 고르고 그것들을 가장 즐길 수 있는 것부터 순위를 매겨라. 자신에게 무엇이 각각의 활동을 만족스럽게 만들었는지를 물어보라. 그것이 활동 그 자체였는가? 아니면 주로 자신이 그것을 같이한 사람이거나 인정이나 돈이 관련된 것인가? 내재적으로 즐길 수 있는 활동들은 대개 자신이 즐길 수 있는 유형의 직업에 대한 가장 좋은 지표이다.

2. **적성에 맞는 경력을 찾아라.**
당신 학교의 진로개발 센터나 진로지도 센터로 가서 Holland의 자기탐색 검사와 Strong 직업 흥미검사와 같은 전문적인 감독을 필요로 하는 유형의 경력검사를 해보라. 그러고 나서 전문 상담원과 그 결과를 살펴보라.

3. **자신의 경력 목표에 대해 더 잘 알아보라.**
당신은 선택한 직업에 대해 얼마나 많이 알고 있는가? 당신은 직업 전망 안내서 같은 자료에서 그것에 대한 몇 가지 기본적인 정보를 찾는 것이 도움이 된다는 것을 알게 될 것이다. 당신이 선택한 직업이나 흥미있는 직업을 찾아보라. 그러고 나서 다음에 대한 정보를 적어라. (1) 일에 대한 설명, (2) 전형적인 고용의 장소, (3) 교육과 입사 요구사항과 (4) 고용 전망. 이 활동은 당신에게 경력 목표에 대한 더 현실적인 시각과 그것을 준비하는 방법을 제공한다.

4. **가장 좋아하는 여가활동.**
여가시간에 무엇을 하고 싶은가? 놀이와 여가를 위한 충분한 시간이 있는가? 혼자 하는 여가활동을 좋아하는가 아니면 사회적인 여가활동을 좋아하는가? 여가시간의 분석을 토대로 자신에 대해 무엇을 배울 수 있는가?

5. **일과 여가의 주기에 대해 생각하라.**
당신은 어떤 방식으로 자신의 일과 놀이의 패턴을 바꾸고 싶은가? 당신의 패턴을 어떻게 동일하게 유지할 것인가? 왜 그런가?

복습을 위한 물음

1. 당신은 특정한 경력 목표를 가지고 있는가?
2. 만약 아니라면, 당신은 직업을 선택하는 데 능동적으로 임하고 있는가—또는 당신은 '단지 일이 되는 대로 흘러가기만 기다리는가?'
3. 당신은 어려운 일이 궁극적으로 보상을 받을 것이라고 믿는가?
4. 당신이 일에서 찾는 가장 중요한 세 가지는 무엇인가?
5. 만약 주 복권(state lottery)에서 100만 달러가 당첨된다면 당신은 일을 계속할 것인가? 왜 할 것인가 또는 왜 하지 않을 것인가?
6. 당신이 선택한 직업에 대해 예상되는 전망은 무엇인가?
7. 만약 당신이 직업을 바꾸려고 한다면, 대안의 직업 선택은 무엇인가?
8. 당신이 실업자였던 적이 있는가? 어떤 느낌이었나? 어떻게 이런 감정을 극복했는가?
9. 당신이 시간제 일에서 배운 가장 중요한 것은 무엇인가?
10. 당신이 가장 좋아하는 여가활동은 무엇인가?

제 11 장 성생활

성 그리고 공유하는 동반자 관계

- 성에 관한 신념
- 성적 의사소통
- 성관계를 시도하기와 거절하기

성반응

- 성반응 주기
- 성반응에서의 성별 차이
- 사랑과 성

성적 지향

- 성적 지향의 다양성
- 커밍아웃
- 성적 편견

실제적인 문제

- 성기능 장애
- 피임
- 성전염성 질환
- 성학대

요약

스스로 해 보기

연습

복습을 위한 물음

학습목표

이 장을 모두 학습한 후 다음을 할 수 있다.

11.1 성 고정관념과 미디어가 성에 어떤 영향을 주는지 설명한다.

11.2 상호 간에 만족하는 성생활을 위한 성적 의사소통의 중요성을 인식한다.

11.3 인간의 성반응 주기를 설명한다.

11.4 성반응에 있어 성별에 따른 차이를 정의한다.

11.5 상이한 유형의 성적 지향을 논의한다.

11.6 커밍아웃의 단기적 및 장기적 결과들을 설명한다.

11.7 성적 편견과 그것과 관련된 행동이 무엇인지 설명한다.

11.8 두 성별 모두에서 다양한 성기능장애에 대해 정의한다.

11.9 왜 사람들이 서로 다른 피임법을 선택하는지 설명한다.

11.10 박테리아성과 바이러스성 성병 간의 차이점을 이해한다.

11.11 아동 성학대의 다양한 측면을 이해한다.

11.12 성범죄가 희생자에게 미치는 영향을 설명한다.

동양철학과 종교학 야간 수업에서 시험을 마친 후에, Carol과 Kim은 몇 가지 의문점을 토론하며 복도에 서 있었다. 둘은 긴장감을 느꼈고, 긴장을 풀 약간의 시간이 필요했다. 그들은 캠퍼스 근처 카페에 가기로 결정했다. 카페가 복잡했기 때문에 그들은 처음 보는 두 남학생, Jeff와 Bob과 같이 앉게 되었다. 이야기를 나누면서, 그들은 곧 몇 가지 공통된 흥미의 영역을 발견했다. Carol은 Jeff도 영문학 전공자이며 서로의 장래희망이 공통됨을 알았다. Kim은 곧 Jeff의 친구인 Bob과 자신이 같은 음악그룹을 좋아한다는 것을 발견했다. 근본적으로, 그들 네 명은 이야기하는 것과 상호작용하는 것을 즐겼다. 그러나 저녁이 지나면서 남자들은 맥주를 과음하기 시작했고 몹시 지저분한 농담을 했다. 그래서 여자들은 매우 불쾌했다. 더군다나 Carol과 Kim은 자신들의 호의를 남자들이 성적인 초대로 받아들였다는 것을 알게 되었다. 금방이라도 어색한 상황이 닥칠 듯함을 느낀 그녀들은 그들에게 양해를 구하고 자리를 떴다.

성 그리고 공유하는 동반자 관계

학습목표

11.1 성 고정관념과 미디어가 성에 어떤 영향을 주는지 설명한다.

11.2 상호 간에 만족하는 성생활을 위한 성적 의사소통의 중요성을 인식한다.

성에 관한 신념

오늘날 남자와 여자는 한쪽이 다른 쪽에게 일방적으로 요구하거나 혹은 봉사할 때는 진실한 성적 만족을 얻을 수 없음을 알고 있다. 대신에 성은 남자와 여자가 동등한 참여자로서 함께하는 행위임을 배우고 있다. 만약 한 파트너가 비판적이며, 무반응이거나 기껏해야 수동적이라면 그 커플의 성생활에 정서적 활력은 끊임없이 약화되고 결국 시들게 된다. 반대로, 두 파트너 모두가 적극적으로 몰두할 때, 그리고 각자가 자연스럽게 교감할 때, 서로의 흥분과 민감성이 고조된다. 이처럼 어떤 커플의 성생활의 질은 그들의 전반적인 관계와 더불어, 충분히 공유된 두 사람의 동반자 관계에 의해 크게 강화된다(Greene & Faulkner, 2005).

성별 고정관념과 성 Kim, Carol, Jeff와 Bob의 경험은 성적 만족에 대한 개인의 접근이 **성별 고정관념(gender stereotypes)–두 성별 간의 차이점을 과장하는 남자와 여자의 특성과 행동에 대한 광범위한 일반화**–에 의해 방해받을 수 있음을 보여 주었다. 우리는 그것 때문에 이성을 잘못 이해하게 되고 좌절감을 가지게 된다. 예를 들면, 남자가 여자보다 더 성생활을 즐긴다는 오래된 믿음이 있다. 비록 이런 고정관념은 젊은 세대가 예전과는 다르게 사회화됨으로써 약해지고는 있지만, 남자와 여자가 여전히 상이한 정도로 고정관념에 빠져 있다는 충분한 증거가 있다(Regan & Atkins, 2006). 또 다른 흔한 고정관념으로, 여자들은 친숙한 상대와 성관계를 갖는 것을 상상하고 있으나, 남성은 낯선 상대와 성관계를 갖는 것을 상상하고 있다는 것이다. 일반적으로 성관계를 할 때 남자의 태도는 여성의 태도보다 더욱 허용적이고 난잡한 것처럼 고정관념화되어 있다. 게다가 이러한 고정관념의 결과로 남자는 여자를 정복되는 성적 도전 대상으로 여긴다. 학습으로 인해 남성은 '머릿속에 섹스에 대한 생각'으로 가득 찬 호색적인 존재로 여겨지기 때문에 여성은 자신의 개인적 만족을 희생하고 성적 접촉의 속도를 조절하는 통제자의 역할을 해야만 한다고 느낄 것이다. 당신이 알 수 있는 것처럼, 성별 고정관념은 충분히 공유하는 동반자 관계를 어렵게 만든다. 왜냐하면 파트너를 동등한 존재

글상자 11-1 당신이 알고 있는 것

- 많은 노인들이 다양한 상대와 여전히 활발한 성생활을 지속하고 있지만, 40대 이상 성인들의 콘돔 이용 비율은 가장 낮다.
- 미국 성인의 성행위의 종류는 상당히 다양한데, 가장 최근의 성관계에서 거의 40가지 이상의 조합이 묘사되었다.
- 남성의 85%가량은 가장 최근의 성관계에서 그의 파트너가 오르가슴을 느꼈다고 보고한 반면에, 여성들은 그들의 최근 성관계에서 64%가 오르가슴을 느꼈다고 보고하였다.
- 남성은 성행위가 질 성교를 포함할 때 대부분 오르가슴을 느끼기 쉽다. 반면 여성은 그들이 다양한 성행위를 할 때와 구강성교나 질 성교를 포함하고 있을 때 오르가슴을 더 느끼기 쉽다.
- 성교를 위해 콘돔을 사용하는 성인들은 콘돔 없이 성교를 하는 성인과 비교해 볼 때 성적 각성, 즐거움, 오르가슴의 측면에서 서로 거의 비슷하게 긍정적으로 평가한다.

출처: Center for Sexual Health Promotion.(2012). National survey of sexual health and behavior. Retrieved July 7, 2012, from http://www.nationalsexstudy.indiana.edu/

로 보지 않고 따라서 동등하게 취급하지 않기 때문이다.

그럼에도 불구하고 성관계를 할 때 남자와 여자 사이에 실제로 몇 가지 다른 점이 있다. 예를 들면, 여자들은 남자들보다 성을 낭만적으로 보거나 사랑이 성관계에서 중요한 역할을 해야만 한다고 여기는 경향이 있다(Regan, Durvasula, Howell, Ureño, & Rea, 2004). 여자들은 또한 성행위가 책임 있는 관계에서만 이루어져야 한다고 인식하는 경향이 있다. 반면 남자들은 낯선 사람과의 성관계를 맺기가 더 쉽다(McCabe, 2005). 더구나 남자는 여자보다 더 큰 성적 욕망을 보고하고, 성적으로 더 공격적이며 강제적인 경향이 있다(Chung, 2005; Katz & Myhr, 2008). 그리고 Carol과 Kim이 경험했던 것처럼, 남자들은 여자들의 친절한 행동을 성적 제의로 오해하기 쉬운 것 같다(Lindgren, Parkhill, Georgr, & Hendershort, 2008).

미디어와 성 성별 고정관념에 더하여 성은 또한 잡지, TV/영화, 음악, 비디오게임, 그리고 다른 형태로 제작된 미디어의 성적 콘텐츠에 의해 영향을 받는다. 성적 미디어에의 노출은 청소년의 성이 꽃을 피우는 10대 동안에 특히 관련이 있다(Eggermont, 2005). 사실, 많은 청소년들은 미디어가 그들이 성을 접하기 이전에 새로운 성적 풍경을 이해하는 데 도움을 준다고 여긴다(Kim et al, 2006). 여기에 18세 이하의 청소년들이 노출되는 성적 미디어 중 몇 가지 예가 있다.

성은 미디어와 마케팅 촉진에서 빈번한 이슈인데 성역할 고정관념화를 촉진하는 역할을 한다.

- 성과 로맨스는 종종 10대 소녀들이 읽는 잡지의 주제로 쓰이는데, 거의 1/5가량의 헤드라인이 성에 초점이 맞춰져 있다(Davalos, Davalos, & Layton, 2007).
- 「Rolling Stone」 잡지의 표지에 실린 여성들은 성적인 방식으로 나타난다—83%의 경우 그들의 사진 옆에 성적 암시를 나타내는 글귀와 함께 누드로 자극적인 포즈를 취하고 있다. 잡지에서 남성들이 이런 방식으로 보이는 경우는 단지 17%뿐이다(Hatton & Trautner, 2011).
- 남성 잡지와 10대를 대상으로 하는 잡지들은 다른 형태의 비포르노그래피 잡지보다 여성을 더 성적 대상으로 표현한다(Stankiewicz & Rosselli, 2008).
- 뮤직 비디오의 44~81%가 성적 풍자가 묘사된 장면에서 노출이 심한 옷의 남녀를 보여 준다. 그리고 성적 행동이 일어났거나 일어날 것임을 암시한다(Zurbriggen

et al., 2007).

- 청소년에게 인기 있는 20위권 안의 쇼 중 70%가 한 시간에 평균 일곱 장면 가까이 성적 내용을 담은 장면을 제시한다(Eyal, Kunkel, Biely & Finnerty 2007).
- 16~17세의 38%가 온라인상의 노골적인 성적 콘텐츠를 찾는 데 성공한다고 보고하였다(Wolak, Mitchell, & Finkelhor, 2007).
- 인터넷 포르노의 노출은 성적으로 더 허용적인 태도 및 행동을 가지는 것과 관련 있다(Lo & wei, 2005).

탐구 11.1 성

www.siecus.org 미국 성정보와 교육 협의회 The Sexuality Information and Education Council of the United States(SIECUS)는 국제적이고 비영리적 단체로서 성은 자연스럽고 건강한 것이라고 단언하고 있다.

그래서 10대들은 이런 성적 정보자원으로부터 무엇을 배우고 있는가? 비록 안전한 성생활에 관해 자주 언급하고는 있지만, 미디어는 성을 일회성으로, 재미로, 본능적인 것으로 그리고 전반적으로 긍정적인 활동으로 특징짓는 경향이 있다(Epstein & Ward, 2008). 그러나 갈등을 일으키는 메시지 또한 제시되고 있다. 여성에게 성은 통제되고 자신들과는 차별되고 제한되고 책임을 지는 것으로 보이는 반면에 남성에게는 적극적인 성생활이 허용되고 심지어는 권장되는 것으로 보인다(Ward, 2003). 당신이 알 수 있듯이 미디어는 앞서 언급된 성별 고정관념과 일치되는 방법으로 성을 묘사한다.

여기에 정신을 번쩍 들게 하는 연구 결과가 있다. 청소년기에 있는 젊은이는 그들의 부모에게서보다 미디어를 통해 성에 관해 더 많이 배운다고 보고한다—일차적인 성적 정보원이 되려는 부모의 희망과는 갈등되는 발견이다(Lagus, Bernat, Resnick, & Eisenberg, 2011; Somers & Surmann, 2004). 많은 십대들에게 미디어가 제공한 성적 메시지가 영향을 미쳤을 수가 있는데 9학년의 34%, 10학년의 43%, 11학년의 51%, 12학년의 63%가 적어도 한 번 이상의 성경험을 갖고 있는 것으로 보고한다. 놀랍게도 청소년의 50% 이상이 고등학교를 졸업할 무렵 구강성교의 경험이 있다고 한다. 그리고 10%의 청소년과 젊은 성인들은 **섹스팅(sexting)–전자적 의사소통을 이용하여 성적으로 노골적인 메시지나 사진을 보내는 것**–을 받았다고 보고한다(Kaiser

Family Foundation, 2011). 게다가, 많은 양의 노골적인 성적 미디어를 접한 청소년은 더 가벼운 것을 관람하는 청소년보다 성관계를 가질 가능성과 비성교의 성적 행위(예: 성기 만지기)를 할 가능성이 높다(Collins et al., 2004). 그러므로 미디어에서 성의 묘사는 십대들이 상이한 유형의 성적 활동을 하는 것의 적절성에 관해 결정하는 데 영향을 미친다(Collins, Martino, Elliott, & Miu, 2011).

성적 의사소통

성행동에 관해 가장 믿기 어려운 것 중의 한 가지는 어떤 나이든 간에 대부분의 사람들이 자신의 애인이나 배우자와 성에 관해 이야기하기를 꺼린다는 것이다. 성관계에 관해 말하는 것은 자연스러움을 망칠 것이라는 것은 부분적으로만 진실이다. 많은 것이 당신이 성생활에 대해 어떻게 말하는지에 달려 있다. 사람들은 자주 상대방이 좋아하는 것과 좋아하지 않는 것에 대해 모호한 이해를 한다. 상대편을 위해서 좋은 의도로 시도한 애무는 전적으로 환영받지 못하는 경우가 있는데, 그 행위가 너무 거칠거나, 너무 빠르거나, 너무 벗어났기 때문이다—모든 문제는 적절한 시기에 몇 마디 대화를 나누면 쉽게 해결된다. 그러나 계산적이거나 평가적인 방식으로 성을 토론하는 것은 피해야 한다. 그와 비슷하게 성관계 직전 혹은 직후에 성관계에 관해 말하는 것을 피하는 것은 파트너가 방어하지 않도록 하는 최선의 방법일 것이다(McCarthy & McCarthy, 2009).

성에 관해 이야기하는 방법 성적 의사소통의 가장 중요한 부분은 당신과 상대방이 서로를 향해 가진 태도이다. 특히 결정적인 것은 신뢰감과 상호 공감—서로 배려하고 이러한 감정이 호혜적이라는 느낌—이다(Holmberg & Blair, 2009). 그것은 당신이 어떤 것을 말할 때의 목소리 톤과 진심 그리고 당신 파트너가 좋은 의도로 기꺼이 이야기를 나누느냐에 많이 의존한다. 예를 들어, 요청하는 입장에서 당신은 "나는 우리가 성관계를 하기 전에 산책과 같은 어떤 것을 함께 하고 싶어요."라고 말할 수도 있다. 당신은 또한 "그것이 즐거워요?"와 같은 단답형의 질문을 묻기를 원할지도 모른다. 또는 당신이 파트너에게 "우리의 성관계에서 어떤 부분을 가장 개선하고 싶으냐?"는 것과 같은 개방형의 질문을 할 수도 있다. 어떤 사람들은 둘 중 하나를 선택하게 하는 "이것에 관해 지금 이야기하고 싶나요?, 아니면 나중에 이야기하고 싶나요?" 같은 질문을 선호할 것이다. 개방형 질문은 간단한 단답형의 질문보다 당신의 파트너를 더욱 적극적으로 참여하게 한다. 물론 당신의 파트너가 당신에게 말하는 것을 진정으로 듣는 것이 중요하다. 당신이 비판을 해야만 한다고 느낄 때 정서와 동기에 대한 부분인 7장에서 토론한 것과 같이 'I'메시지를 사용하여 비판단적 방식으로 표현하는 것이 중요하다. 가능하다면 당신이 의도하는 바가 무엇인지 보여 줘라. 만약 전희 동안에 자신의 파트너가 너무 열정적이었다고 느낀다면 상대방에게 손을 얹고 더 느린 방법을 보여 주면서 "나는 이런 걸 더 좋아해요."라고 말할 수도 있다. 지적을 받을 때, 과잉 반응을 보이지 않도록 노력하라. 당신 파트너가 당신에게 말하려고 노력하는 그 말 뒤에 있는 진짜 의도를 보아라. 기억하라, 종종 성적 비판의 목적은 결과적으로 충분히 공유하는 동반자 관계를 가짐으로써 둘 모두의 성적 만족을 높이려는 데 있다.

성에 관하여 이야기하는 잘못된 방법 성적인 것에 관하여 주고받는 비판은 민감하지만 중요한 문제이다. 사실, 몇 가지 매우 파괴적인 패턴이 발견되었다(Gottman & Carrere, 2000). 한 가지 패턴은 **흠잡기(criticism)**인데 그것은 파트너의 성격에 대한 공격을 포함하는 것으로, 예를 들어 상대방을 '이기적'이라고 부르는 것이다. 또 다른 패턴은 **경멸(contempt)**인데 그런 모욕은 파트너의 성행동을 무시하기 위해서 모욕하는 것이다. 세 번째 손상을 주는 의사소통의 패턴은 **방어(defensiveness)**인데, 그것은 우리가 자신의 성적 책임을 변명하거나 거절하거나 혹은 어떤 다른 자기 방어를 사용하는 것이다. 마지막으로, 철수는 성관계에 치명적이다. **철수(withdrawal)**에서 우리는 TV를 시청하거나 그들에게 등지고 돌아서 누움으로써 파트너를 무시한다. 우리가 비난하고 싶은 충동을 느낄 때, " 내가 이 말을 하는 이유가 뭐지?"라고 스스로에게 질문해 보라. 만약 타당한 이유가 없다면 아마도 그것을 말하지 않는 것이 더 나을 것이다. 친밀한 관계에서 당신의 의사소통 수준을 평가하라. 당신은 파트너와 활동 11-1을 해 보고 나서 그 결과를 토론할 수 있을 것이다.

성관계를 시도하기와 거절하기

성적 의사소통에서 성관계의 시도와 거절보다 더 진중할 필요성이 있는 것은 없다(Bevan, 2003). 어떤 사람들은 이 영역에서 의사를 잘 전달하지 않으며 파트너가 마음을 읽어 주기만을 기대한다. 다른 사람들은 섹스에 대한 관심을 알리기 위한 정교한 의식 절차나 비언어적 단서들을 개발해 왔다. 예를 들어 Carol의 친구 중에 한 명은 그녀에게 "John이 좋은 와인을 가지고 와서 바짝 다가앉아 영화를 보자고 제안했는데, 나는 그가 속으로 무슨 생각을 하는지 알아챘어."라고 말했다. 남성은 전통적으로 성관계에서 주도권을 가진다. 그러나 오늘날 남자와 여자는 '남자는 해야 하고' 또는 '여자는 하지 말아야 한다'는 것 같은 제한적인 관념으로부터 벗어나고 있다(Wilde & Diekman, 2005). 커플들이 동등한 입장에서 섹스에 응하고 거절할 수 있게 되면 자신들의 성생활에 더 만족하게 된다. 놀라울 것도 없이, 그런 커플은 다른 커플보다 더 자주 섹스를 하게 된다(Crooks & Bauer, 2008).

결국 그것은 우리가 성적 욕구충족만이 아니라 파트너와의 의사소통을 필요로 한다는 것을 의미한다. 우리는 또한 파트너와 서로의 성적 내력을 토론하는 것을 필요로 한다. 애인과 비교적 낯선 사람에게 그들이 성병에 걸려본 적이 있는지, 피임을 사용할 것인지에 대해 묻는 것을 편안하게 생각하는 사람은 거의 없다(Ryan, Franzetta, Manlove, & Holcombe, 2007). 그러나 이것은 인간의 성생활에 매우 중요한 면이므로 우리는 파트너와 그 주제에 대해 얘기를 해야만 한다. 이 주제에 대해 성적 파트너와 얘기하는 사람은 피임을 사용하려는 경향이 있으며, 약물과 알코올을 사용할 가능성은 낮고 신뢰하는 관계라고 믿을 가능성이 높다(Moore & Davidson, 2000).

성반응

학습목표

11.3 인간의 성반응 주기를 설명한다.

11.4 성반응에 있어 성별에 따른 차이를 정의한다.

그들의 첫 만남을 가진지 한 주 후에 Carol은 학생회관에서 Jeff를 만났다. Jeff는 이전의 술주정을 사과했고 대학 생활에 관해 Carol에게 말하기 시작했다. 그들은 곧 자신들이 같은 도시의 고등학교 출신이며 둘 다 농구와 새로운 음식을 맛보는 것을 즐긴다는 것을 알아냈다. 태국 식당에서의 식사와 밤늦은 대화를 가진 후에 Jeff와 Carol은 공식적인 데이트를 하는 데 동의했다. 결국 그들의 데이트는 성적인 관계로 이어졌다.

성반응 주기

사람들이 자신의 성생활에 대해 토론하기를 꺼림에도 불구하고, 연구자들은 William Masters와 Virginia Johnson의 선구적인 연구로 인해 인간의 성에 대해 더 잘 이해할 수 있게 되었다(1966, 1979). 광범위한 면접조사와 자원자가 자위행위나 **성교(sexual intercourse**–여기에서는 **페니스를 질에 삽입하는 것**으로 정의된)를 하는 것

활동 11-1
당신과 당신 파트너는 성적 느낌에 대해 얼마나 잘 소통하는가?

이 연습은 친밀한 관계에서 당신의 의사소통 수준을 보여 주기 위해 만들어졌다.
당신의 파트너 또는 의미 있는 타인을 떠올리면서 다음의 질문들 각각에 T 또는 F로 반응하라.

1. 나는 파트너에게 나의 희망과 욕구를 쉽게 말한다. [T], [F]
2. 나에게 의미 있는 타인은 내가 좋아하는 음식, TV 쇼, 취미를 안다. [T], [F]
3. 파트너와 나는 재정적 문제에 대해 침착하게 토론한다. [T], [F]
4. 파트너와 나는 화내지 않고 서로에 대한 비판을 주고받을 수 있다. [T], [F]
5. 나와 동료는 대화 없이도 서로를 이해할 수 있다. [T], [F]
6. 우리는 상대방의 일에서의 문제를 세심히, 공감적으로 토론한다. [T], [F]
7. 내가 좋아하지 않는 무언가를 파트너가 한다면 나는 곧바로 상대에게 말할 수 있다. [T], [F]
8. 우리가 싸울 때, 싸움은 문제에만 집중되며 시간이 짧다. [T], [F]
9. 나에게 의미 있는 타인은 나의 유머감각, 심지어 자신이 표적일지라도 즐긴다. [T], [F]
10. 파트너와 나는 서로의 성적 욕망과 취향을 알고 있다. [T], [F]
11. 동료가 나에게 비밀을 얘기할 때, 나는 비밀을 잘 지켜 준다. [T], [F]
12. 파트너와 나는 어떤 것이든 서로에게 거의 거짓말을 하지 않는다. [T], [F]
13. 만약 파트너가 나를 질투하게 만든다면 나는 효과적인 방법으로 질투심을 표현한다. [T], [F]
14. 나에게 의미 있는 타인과 나는 서로가 좋아하는 사람의 유형에 정말 많이 동의한다. [T], [F]
15. 나는 파트너의 자존심을 다치지 않게 피드백을 제공한다. [T], [F]
16. 우리는 규칙적으로 그리고 차분하게 서로의 개인적 정보를 노출한다. [T], [F]
17. 나는 파트너가 기분 나쁜 날일 때도 쉽게 파트너와 의사소통을 한다. [T], [F]
18. 파트너와 나는 빈번하게 그리고 손쉽게 공동의 결정을 내린다. [T], [F]
19. 나는 동료가 리더가 되더라도 그를 추종하기 불편하지 않다. [T], [F]
20. 나에게 의미 있는 타인과 나는 평화를 유지하기 위해 억지로 서로에게 동의해 주지는 않는다. [T], [F]

채점 : '사실'또는 T의 수를 더하여라. 점수가 높을수록 당신의 파트너에 대한 의사소통 기술이 더 좋다. 만약 당신이 낮은 점수(예: 7점 이하)를 받았다고, 당신이 반드시 미숙한 의사소통 기술을 가진 것은 아니다. 그러나 당신은 당신의 파트너와 앉아서 서로에게 더 나은 의사소통 방법이 있는지 토론해 보는 것이 필요할 것이다. 이 설문지는 구체적인 자기이해를 위해 특별히 설계되었음을 기억하라. 과학적 타당화가 이루어지지는 않았다.

에 대한 통제된 관찰을 통해, Masters와 Johnson은 남성과 여성의 기본적인 성적 반응 패턴을 확인하였다. 이들 패턴들은 예측 가능한 순서로 일어나는 어떤 공통된 생리적 변화들로 이루어졌으며 총괄하여 **성반응 주기(sexual response cycle)**로 이름 붙여졌다. 아래에 제시된 것은 다른 연구자들에 의해 수정된 것으로 우리는 성반응 주기를 (1) 이행기, (2) 흥분기, (3) 고원기, (4) 오르가슴기, (5) 해소기와 같이 5단계로 기술할 것이다.

이행기 (또는 욕망) 성반응 주기에서 **이행(transition)**은 성적 각성이 아닌 상태에서 성적인 상태로 가는 점진적인 이동이며, 성적 욕망을 깨닫고 성적 각성을 할 준비가 되는 것을 의미한다. 우리는 특별한 저녁 외출을 위해 '준비하는 것'의 중요성에는 친숙하다. 섹스도 마찬가지이다. 비록 개인이 섹스 분위기를 조성하는 방법은 사람마다 상당히 다를지라도 이행을 촉진하는 공통적인 활동이 있다. 어떤 사람은 긴장을 풀 수 있도록 촛불을 밝힌 식사를 즐기며 다른 사람은 춤을 추거나 음악을 듣거나 로맨틱하거나 에로틱한 영화를 보는 것을 즐길 것이다. 만지기, 마사지하기, 뜨거운 물에서 긴장을 푸는 것 또한 섹스 분위기를 조성하기 위해 선호되는 방법이다. 그러나 남자는 여자보다 더 조급해하고 이행을 위한 준비의 필요성을 덜 느끼며 빨리 흥분는 경향이 있다. 여자들은 정서적 공유와 애정 어린 애무와 키스를 동반하는 점진적인 이행을 더 선호한다. 어떤 파트너들은 서로를 흥분시키는 에로틱한 물건을 사용하기를 좋아한다. 흥미롭게도, 미국에서 생산된 섹스 도구의 대부분은 여자가 아니라 남성의 성적 흥분을 자극하기 위해 고안되었다(Attwood, 2005). 이것은 아마도 여자들보다 남자들이 성적인 각성을 위해 시각적 이미지를 더 찾기 때문일 것이다(Canli & Gabrieli, 2004).

흥분기 성적 각성 또는 흥분은 심적 자극과 감각 자극의 결합을 수반한다. **흥분(Excitement)**은 성적 각성으로 근육 긴장의 증가, 생식기의 충혈 및 심박수의 증가를 초래하는 것을 의미한다. 섹스에 대한 파트너의 기대는 섹스 분위기로 들어가는 데 중요한 부분이다. 성적 욕망은 감각의 자극을 통해서 상승하는데 시각, 청각, 후각, 그리고 심지어는 미각이 흥분을 고조시키기 위해 결합한다. 신체의 다양한 부분, 특히 성감대에 대한 서로 간의 애무는 심지어 처음에는 성적 욕망이 낮았던 파트너에게서도 거의 항상 성적 각성을 강화시킨다. 이 단계 동안 남성의 성기는 발기되며 여성도 또한 성기의 각성(또는 충혈)을 경험한다. 이 단계의 길이는 개인이나 커플에 따라 다양하다.

성적 각성은 특정 파트너나 특정 성행위에 대한 생각이나 느낌과 같은 중추신경계의 심리적 변화에 크게 의존한다(Toates, 2009). 많은 사람들은 성적 환상을 통해 더 손쉽게 각성된다. 어떤 이에게 환상은 성적 각성을 위한 최초의 자극제를 제공하는 반면 다른 사람에게는 오르가슴이 환상 없이는 경험될 수 없다. 성적인 환상은 불안의 감소에서부터 생각과 감정에 초점을 맞추게 하는 등의 다양한 기능을 한다. 성적 환상은, 특히 결혼처럼 긴 기간의 관계에서 흔한 걸림돌이 되는 권태를 줄이는 것을 돕는다. 흔한 환상은 지나간 성적 경험을 재생하거나 심지어 유명한 인물과 섹스하는 것을 포함한다(Kahr, 2008; Meana & Nunnink, 2006).

성적 환상에는 몇 가지 성별에 따른 차이가 있다. 남자는 여자의 몸, 신체적 외모, 그리고 성적 활동에 대해 환상을 갖는 반면 여자는 남성에게 비치는 자신의 매력적인 모습에 대한 환상을 갖는다. 남자는 주도하는 것에 관해 상상하기를 좋아하고 여자는 성적 활동의 정서적 또는 낭만적 맥락에 대해 상상하기를 좋아한다. 비록 맥락은 다르지만 남자와 여자는 모두 다 상상하기를 좋아하는 것 같아 보인다(Canli & Gabrieli, 2004; Zurbriggen & Yost, 2004). 흥미롭게도 게이와 레즈비언의 환상에 관한 연구는 환상을 가진 파트너가 대개 동성이라는 것을 제외하고는 유사한 것으로 드러났다(Chivers, Rieger, Latty, & Bailey, 2004). 드러난 것처럼 남자와 여자는 종종 다른 자극에 의해 각성되므로 남녀 사이에 오해를 부르기도 한다. 동시에 개인적 차이는 성별 차이보다 높은 비중을 차지하므로 사람들 각각 자신의 선호 차이에 의해서 인식될 필요가 있다.

고원기 **고원(plateau)** 단계는 오르가슴 직전에 일어난다. **이 단계에서는 성적 각성이 더 분명해진다.** 그것은 대개 몇 초에서부터 몇 분에 이르기까지 상당히 짧은 시간이다. 이 단계의 시작을 정하는 것은 어렵다. 왜냐하면 남성의 성기 발기나 여성의 질 윤활 같은 분명한 외형상의 표시가 없기 때문이다. 실제로 성적 각성의 일반적 신호는 개인이 오르가슴에 도달해 감에 따라 더 분명하다. 심장이 더 빨리 뛰고 숨 쉬기가 더 급해지고, 근육 긴장과 혈압의 증가는 성기의 충혈을 일으키며, 상대방의 오르가슴 준비를 촉진시킨다. 남자는 이 단계에서 드물게 그들의 발기를 상실하기도 한다. 또한 여자는 심지어 자극을 더 쾌락적으로 만드는 바깥쪽 세 번째 질층의 부어오름의 증가를 더 뚜렷하게 경험한다. 이 지점에서 더 빠르게 오르가슴에 도달하는 남자는 파트너와 동시에 오르가슴에 도달할 수 있게 속도를 늦추거나 자극을 다르게 할 필요가 있다.

오르가슴기 오르가슴(Orgasm)은 성적 흥분의 절정이며 쾌감을 주고 긴장을 해소시킨다. 이런 성적 흥분의 절정에 도달함으로써, 파트너들은 아마도 오르가슴이 불가피한 것이라고 느낄 것이다. 남자의 오르가슴은 대개 근육 경련이 일어나며 통제할 수 없는 울음과 신음을 동반하는 것으로 안다. 그러나 여자는 반드시 오르가슴을 경험하는 것은 아니며 고원기의 최고 성적 긴장에만 도달할지도 모른다. 이것은 때때로 남자가 오르가슴에 먼저 도달하고 나서 여성이 오르가슴에 도달하도록 그가 손이나 구강으로 자극하는 질 성교에서 나타난다. 오르가슴기 동안, 남자 성기의 안과 주변 근육은 주기적으로 수축하여 정액을 힘차게 사정시킨다. 비슷하게 여성의 바깥쪽 세 번째 질은 자궁의 진동과 함께 주기적으로 수축한다. 남녀 모두에게 첫 번째 몇 번의 수축은 가장 강렬한 쾌감을 주며 뒤이은 수축은 더 약하고 느리다. 남녀 각각은 오르가슴의 주관적인 보고에 있어 서로 상당히 다르다.

해소기 더 심한 자극이 없을 때, 오르가슴은 즉각적으로 **해소단계(resolution phase)**, 즉 신체가 정상적인 상태로 돌아가려는 흥분이 없는 단계로 이어진다. 심박수, 혈압 그리고 호흡은 빠르게 진정된다. 근육 긴장은 대개 오르가슴 후 5분 이내에 소멸된다. 남성의 50%가량이 오르가슴 후 1분 이내에 발기가 상실되고 그 나머지는 몇 분 이내에 사라진다. 남자는 또한 **불응기(refractory period)**—추가되는 자극이 오르가슴을 일으키지 않는 시간—로 접어든다. 이 시기의 길이는 남자의 연령, 건강 그리고 파트너에 대한 성적 욕구, 그의 이전 성행위의 빈도 등의 요인에 따라 몇 분에서 며칠에 이르기까지 다양한 범위로 저마다 다르다. 여자는 불응기를 남자와 동등하게 경험하지는 않는다. 대부분의 여자들은 비록 오르가슴을 바라거나 경험하지 않을지라도 신체적으로는 또 다른 오르가슴을 경험할 능력이 있다. 높은 수준의 각성 후에 오르가슴을 경험하지 못했던 여성들은 대개 느린 해소기를 경험한다. 그러나 두 파트너 모두가 오르가슴에 이르렀을 때, 그들은 일반적으로 기쁨과 이완감을 느낀다.

성반응에서의 성별 차이

성적 각성 남성의 불응기와 더불어 남성과 여성의 성경험 사이에 몇 가지 중요한 변화가 있다. 첫 번째, 남자와 여자의 성적 각성에 뚜렷한 차이점이 있고, 몇 가지 차이점은 이미 보고되었다. 또 다른 중요한 차이점은 성적 자극물을 시청하는 동안 성적 각성에 관여하는 뇌의 편도체와 시상하부가 여성보다 남성에서 더 활성화되었다는 것이다(Canli & Gabrieli, 2004). 더군다나 성적 영상물을 보고 있을 때, 남자는 여성 등장인물의 성적 매력에 반응하며 관찰자로서 보고 있거나 참여하는 자신을 상상한다. 반면에 여성은 자신을 오로지 참여자로서만 상상한다(Meana & Nunnik, 2006).

두 성별 사이의 성적 행동에서의 많은 차이점은 문화적 요인에 기인할지도 모르며,

특히 그것은 남성보다 여성의 성욕을 더 제한한다. 가장 확실한 예 중의 하나는 성에 대한 이중적 기준이다. 그것은 같은 성적 행동을 남자가 하느냐 아니면 여자가 하느냐에 따라 다르게 평가하는 것으로 은연중에 드러난다. 동시에 남자와 여자 사이의 성적 각성 차이에 기여하는 다른 요인들은 생물학적 혹은 문화적으로 쉽게 분류되지 않는다. 예를 들어, "무엇이 당신의 성욕을 자유롭게 표현하는 것을 가로막았습니까?"라고 물었을 때, 여자들은 남자들보다 임신에 대한 두려움, 죄책감, 욕망의 결핍, 사회적 거부 등의 두려움으로 영향을 받는다고 보고한다. 여자는 임신을 하고 남자는 하지 않는다는 사실이 더 효과적인 피임법이 있는 시대에조차도 한 요인이다.

나이에 따른 차이 남성과 여성의 성생활의 차이점은 나이에 따라 변화하는 경향이 있다(SIECUS, 2002). 10대 남성의 성은 더 열정적이며 오로지 성기에만 초점이 맞춰져 있다. 그러나 나이가 들면서 불응기는 더 길어지며 한 주 동안 더 적은 횟수의 오르가슴에 만족하게 되며, 성욕의 초점이 완벽하게 성기에 맞춰져 있지는 않다. 성관계는 파트너와 연관된 더 많은 정서적 요소를 포함하며 보다 더 감각적으로 확산되는 경험이 된다. 여성은 성적 자각이 나이가 더 든 후에 일어날 가능성이 있다는 점에서 다르다. 10대와 20대에 있는 동안 여성들의 각성과 오르가슴 반응은 아마도 천천히 그리고 일관성 없이 일어난다. 그러나 30대에 이르러서는 여성의 성적 반응은, 특히 성경험이 있는 여자들에게서 더 빨리, 더 강하게 일어난다. 요컨대, 남자는 성기에 강하게 초점 맞춰진 성생활을 시작하는 것으로 보이며 성관계의 정서적이고 감각적인 면의 가치를 나중에 인식하는 것으로 보인다. 반면에 여성은 성관계의 감각적이고 정서적인 면의 가치를 더 일찍 깨닫고 강한 성기 반응 능력을 더 나중에 발전시키는 경향이 있다. 이것은 여성의 40대 이후 성생활 만족도가 증가하는 이유를 설명한다(Hyde & DeLameter, 1997; Yoquinto, 2012).

오르가슴의 편차 두 성별 사이의 또 다른 주요 차이점은 남성에 비해서 여성들이 오르가슴의 생리나 성적 절정의 주관적 자각에서 더 큰 오르가슴의 편차를 보인다는 것이다. 비록 남자에게는 한 가지 패턴뿐이지만 여성에게는 성반응 주기의 세 가지 기본 패턴이 있음이 밝혀졌다(Masters, Johnson, & Kolodny, 1988).

- 한 가지 패턴은 남성의 패턴과 유사하며 주로 추가적 오르가슴을 가진 여성의 능력과는 다르다.
- 두 번째는 오르가슴으로 향하는 작은 단계를 가진 파동을 가진 지속적으로 변동하는 고원기를 보여 주고, 이에 따라 점진적 해소기가 나타난다. 이것은 한 번의 강

렬한 절정의 경험 부족 때문에 때때로 '스치며 지나가기(skimming)'로 불리는데, 젊거나 성경험이 부족한 여성에 의해 가장 자주 보고된다.

- 또 다른 패턴은 성적 흥분의 빠른 상승에 따라 한 번의 강한 오르가슴과 신속한 해소를 보여 준다.

비록 남자들이 적은 변형을 나타낼지라도 모든 남자가 동일한 방식으로 성반응 주기를 경험한다고 가정하는 것은 잘못이다. 어떤 남자들은 오르가슴에 도달하기 전에 연장된 강한 성적 자극의 시기를 보고하였다. 다른 사람들은 몇 번의 가벼운 성적 절정을 경험하는데, 결국은 사정으로 이어진다. 다른 사람들은 사정 후에도 지속하는 골반 수축을 보인다. 두 성별 간의 뚜렷한 차이점은 **다중 오르가슴(multiple orgasm)—짧은 기간 내에 둘 혹은 그 이상의 성적 절정**—인데 여성이 다중 오르가슴을 경험할 가능성이 높다. 비록 빠르게 연쇄적으로 일어나는 몇 번의 오르가슴이 여성에게서는 흔하지만, 남자에게서는 규칙이라기보다는 예외이다. 다중 오르가슴은 모두를 위한 궁극적인 목표라기보다는 일부 누군가에 의해 탐색될 수 있는 잠재적 영역으로 보는 게 최선이다.

사랑과 성

지금까지 우리는 지나치게 성의 신체적인 면을 강조해 왔다. 파트너 간의 태도나 관계는 어떠한가? 예를 들어, 만약 Carol과 Kim이 처음 만난 날 밤에 Jeff와 Bob과 성관계를 맺었다면 그들은 죄의식과 수치심을 경험했을까? 그들은 스스로 그 남자들의 매력에 끌렸을까? 건강한, 죄의식에 자유로운 사람은 성적으로 잘 기능할 수 있으며 사랑 없는 성관계에서라도 기쁨을 얻는다. Masters와 Johnson은 만약 특별히 두 사람 모두 동의한다면 사랑 없는 성관계에서 본질적으로 '나쁠' 것은 아무것도 없다고 관찰하였다. 확실한 동의하의 어떤 사람들에게 사랑 없는 성관계는 그 자체가 즐거울 수 있을 것이다(Masters, Johnson, & Kolodny, 1995). 그러나 실제로는 많은 것이 관계를 갖는 개인들, 특히 그들의 가치체계에 달려 있다. 예를 들어, Carol은 데이트했던 초기의 며칠 밤은 그와 성관계를 갖기를 원하지 않았지만, 또 다른 여자는 상당히 다르게 반응할 수 있는데, 첫 번째 데이트에서 성관계를 가질 기회를 흥분되는 모험으로 보거나 혹은 데이트 상대를 더 가깝게 느끼려는 방법이 될 것이다.

특히 결혼과 같이 장기간의 관계에서는 사랑이 성을 풍요롭게 할 수 있다는 점을 강조할 가치가 있다. 두 사람이 자신들의 관계에서 즐기는 애정과 헌신은 수년간의 결혼생활에서 발생할 수 있는 감각적 흥분의 상실을 어느 정도 보상해 줌으로써 그들의 전반적

사랑과 헌신은 성생활을 더욱 풍요롭게 한다.

인 즐거움을 강화시킬 수 있다. 반대로 특히 한 사람 혹은 둘 다 서로에 대한 애정이 적거나 전혀 없는 상태로 기계적인 성관계를 하는 커플들은 곧 성관계 그 자체가 더 이상 만족을 주지는 않는다는 것이 밝혀졌다(Granvold, 2001).

낭만적인 사랑(romantic love)은 성적 친밀함, 유대감, 열정으로 이루어지며, 비록 낭만적인 열정이 곧 차갑게 식겠지만 적어도 한동안은 만족하는 성관계를 할 것이다. 대조적으로 장기적인 관계에 있는 부부들에게 낭만적인 사랑은 종종 **우애적 사랑**(companionate love)으로 성숙하는데, 그것은 신체적, 성적 친밀보다 정서적 유대감 또는 헌신에 기초를 두는, 사랑하지만 실용적인 관계이다. 실제로 많은 치료자들은 성생활을 실망하고 있지만 사랑하고 헌신하는 관계(우애적 사랑)에 있는 수백의 부부들을 치료하였다. 적어도 미국에서 사랑의 이상적 유형이 **완전한 사랑**(consummate love)으로 여전히 남아 있는데, 완벽한 파트너들 간의 정서적 유대, 성적 친밀 및 헌신으로 특징지어지는 완전하고 균형을 갖춘 사랑이다. 대부분의 부부에게 해당되듯이 좋은 성생활과 행복한 결혼은 공존한다. 사랑은 파트너들 사이의 친밀과 헌신을 강화시키는 것만이 아니라 더 나은 성생활을 하게 한다. 대부분의 커플들이 '사랑하기'라고 말하는 것은 우연이 아니다.

탐색 11.2 성적 지향

Thetaskforce.org 게이와 레즈비언에 대한 정보를 찾기 좋은 곳이다.

성적 지향

학습목표

11.5 상이한 유형의 성적 지향을 논의한다.

11.6 커밍아웃의 단기적 및 장기적 결과들을 설명한다.

11.7 성적 편견과 그것과 관련된 행동이 무엇인지 설명한다.

성적 지향의 다양성

성적 지향(sexual orientation)은 성의 요소이며 특정 성별에 대한 지속적이고 정서적인 낭만적 또는 성적 끌림으로 특징짓는다. 세 가지 주요한 성적 지향은 **동성애(homosexuality)**, 즉 같은 성의 누군가에게 끌리는 것을 수반하는 것, **이성애(heterosexuality)**, 즉 반대성의 누군가에게 끌리는 것, 그리고 **양성애(bisexuality)**, 즉 두 가지 성 모두에게 끌리는 것을 포함한다. 흥미롭게도 연구자들은 어떤 사람들의 성적 지향은 유동적임을 발견했는데, 즉 그들은 발달에 따라 양성애에서 동성애로, 이성애에서 동성애로 바뀐다(Rosario, Schrimshaw, Hunter, & Braun, 2006). 글상자 11-2에서는 성전환자(트랜스젠더)에 대해 논의하고 있는데 그것은 종종 다양한 성적 지향의 하나로 여기지만 실제로는 성 정체성의 한 형태이다.

커밍아웃

커밍아웃(coming out)은 한 개인이 자신의 성적 지향이 동성애(혹은 양성애)임을 받아들이고 타인에게 말할 때 일어난다. 커밍아웃은 레즈비언, 게이, 양성애자(lesbian, gay, & bisexual, LGB)들이 자신의 신념과 자기개념에 도전할 뿐 아니라 갈등의 관리, 이미 수립된 타인들과의 관계의 변화, 자신과 타인에게 물음을 던지는 것을 포함하여, 많은 과정을 포함한다(Broad, 2011; Goldman, 2008).

커밍아웃의 단기적 효과 누군가의 성적 지향이 우리 사회에서 주도적 성적 지향인 이

글상자 11-2 다양성에 초점을 맞춰라: 성전환자

2011년 '댄싱 위드 더 스타'에 출연한 Chaz Bono는 성전환자로 성정체성과 성전환수술에 대한 이슈를 제기하였다. 성정체성은 남성 또는 여성으로서의 자기동일시를 나타낸다. 대부분의 사람들에게서 성정체성과 해부학적 성은 조화를 이룬다. 그러나 어떤 사람들에게(확실한 수는 알려져 있지 않은) 성정체성과 해부학적 성은 불일치한다. 그런 이유로 **성전환자(transgendered persons)**의 **남성 또는 여성으로서의 성의식이 자신의 해부학적 성과 불일치하는 것**이다. 근본적으로 성전환자들은 자신이 잘못된 해부학적 성별을 갖고 태어났다고 느낀다. 이런 상황을 바로잡고 그들의 성정체성과 일치되기 위해, 많은 성전환자들은 호르몬 대체요법(HRT)과 성전환수술을 받는다. 여성에서 남성으로 HRT는 안드로겐(예: 테스토스테론)을 투여하는 것인데 이는 목소리가 굵직해지고, 얼굴에 털이 자라며 근육이 증가하는 신체 변화를 초래한다. 남성에서 여성으로 HRT는 에스트로겐을 투여하는 것인데, 가슴 발달, 털과 근육 발달의 감소, 피부가 얇아지는 결과를 가져온다. 성전환 수술은 수술을 통해 성전환자의 성정체성과 부합하는 성기를 가지도록 하는 외관을 변화시킬 수 있다. 그러나 이런 생물학적 변화가 이루어지기 전에 성전환자는 자신이 동일시하는 성의 **성역할(gender roles)—남성 혹은 여성에 적절한 것에 대한 사회문화적 기대—**과 외양(예: 옷, 헤어스타일 등)을 갖춤으로써 편안하게 느낄 수 있다. 성정체성과 성적 지향은 다른 것이기 때문에 성전환자는 이성애, 동성애 또는 양성애일 수 있다(Israel & Tarver, 2001; Samons, 2009).

언급된 것처럼, 성전환자들은 **여성 또는 남성으로서 딱 들어맞지 않는 염색체나 호르몬상의 결함을 가지고 태어나는 간성인 사람(intersexed person)**과는 다르게, 완벽하게 그리고 온전하게 들어맞는 성기를 가지고 태어난다. 예를 들어, XY 간성인 사람은 염색체상으로는 남성이지만 외성기는 완벽히 여성인 것에서부터 불완전한 남성인 것까지 다양한 범위에 걸쳐 있다(Allen, 2009).

성애가 아니라는 것이 밝혀지는 것은 동성애를 반대하는 사회적 낙인과 편견으로 인해 스트레스가 될 수 있다(Wilson, Zeng, & Blackburn, 2011). 사실 친구와 가족에게 동성애자임을 밝히는 것은 자신의 동성애적 끌림을 최초로 발견하면서 가지는 가장 중요한 삶의 스트레스에 이어 두 번째 중요한 삶의 스트레스이다(D'Augelli, Hershberger, & Pilkingston, 1998). 커밍아웃이 어려운 한 가지 이유는 다른 소수 집단과는 달리(예: 소수인종들) 대부분의 젊은 동성애자(그리고 양성애자)들은 유사한 다른 사람들의 지역 사회에서 양육되지 않았기 때문이다(Rosario et al., 2006).

가족과 친구들이 지지적일 때, LGB인 사람들은 커밍아웃에 의한 변화에 더 잘 대처할 수 있다(Willoughby, Malik, & Lindahl, 2006). 게이 남자는 이성애자들이나 레즈비언보다 자신의 가족들(특히 그들의 아버지)로부터 더 소외당하는 것 같다(Bobrow & Bailey, 2001). 그러나 게이 남자와 레즈비언은 파트너와의 친밀한 관계에서 그들 부모의 반감에 별로 영향을 받지 않았다고 보고한다(LaSala, 2002). 가족들이 LGB 가족원을 받아들여 주지 않거나 지지하지 않을 때, 게이나 레즈비언 공동체의 참여나 학교에서의 지지가 심리적 스트레스를 감소시키는 것을 도울 수 있다(Lasser, Tharinger, & Cloth, 2006).

커밍아웃의 장기적 효과 비록 대부분의 LGB인 사람들이 커밍아웃 이후에도 잘 적응하지만 LGB 사람들은 이성애자보다 자살 생각, 자살 시도, 자해행동, 약물 사용, 치료적 개입의 이용을 더 많이 보고한다. 동성애자에 연관된 낙인이 우울 및 다른 정신장애에 기여하기 때문에 발생할 것이다(Balsam, Beauchaine, Mickey, & Rothblum, 2005; Rosario, Schrimshaw, & Hunter, 2009). 그러나 LGB 청소년을 대상으로 한 공공기관의 선언에 일치하여 연구들은 상황이 호전되고 있다고 지적한다. 시간과 더불어 친구와 가족들의 지지는 자아존중감을 향상시킨다(Ryan, Russell, Huebner, Diaz, & Sanchez, 2010). LGB 사회에 대한 사회적 편견과 그와 연관된 스트레스는 성인기 동안 여전히 자아존중감에 위험을 초래한다(Spencer & Patrick, 2009).

탐색 11.3 LGBT 청소년 돕기

www.itgetsbetter,org 이 웹사이트는 LGBT 청소년들이 겪는 소수집단 스트레스에 대한 이해와 지지를 제공한다.

성적 편견

성적 편견(sexual prejudice)이란, 그 대상이 동성애자이든, 이성애자이든, 양성애자이든 성적 지향에 근거한 모든 부정적인 태도를 의미한다. LGB 집단에 대해 반대하는 편견을 가진 사람을 **동성애 공포자(homophobic)**라고 부르는데, 그들은 다양한 이유로 동성애를 두려워하거나 동성애자에 대해 부정적인 태도를 가지고 있다. 성적 편견은 지난 20년간 어느 정도 감소되었다. 1970년대와 1980년대 2/3의 미국인들은 동성애가 '항상 나쁘다'고 말했다. 오늘날 52%의 미국인들은 동성애를 '도덕적으로 받아들여질 수 있는 일'로 여긴다(Saad, 2010). 그리고 Glee, Gossip Girl, Modern Family, Pretty Little Liars와 Will and Grace와 같은 LGB 등장인물이 포함된 성공적인 TV 프로그램은 이성애자 이외의 성적 지향에 대한 수용이 높아졌음을 보여 주는 증거이다.

그럼에도 불구하고 특히 10대들 사이에서 성적 편견은 아주 많다. 93%의 청소년들이 성적 지향에 관해 경멸하는 단어를 듣고 있다고 보고하였고, 78%의 10대 LGB들은 자신들의 성적 지향 때문에 집단 괴롭힘을 당했고 그리고 10대 집단에서 LGB이거나 LGB로 여겨진 아이들이 집단 괴롭힘을 당하기가 가장 쉽다(Riese, 2012). 더군다나 컬럼비아 특별구를 포함한 단지 6개 주만이 동성 결혼을 허용한다. 그리고 2010년 **증오범죄(hate crime)**—인종, 종교, 성적 지향, 민족성, 장애 등에 대한 편견을 근거로 한 범죄—의 19%가량이 성적 지향 편향과 관련이 있다(FBI, 2012). 성적 편견은 동성애자를 개인적으로 모르거나 모른다고 생각하는 매우 종교적인 사람 또는 성역할에 대한 불안을 지닌 사람에게서 나타나기 쉽다(Green, 2005). Andrew Sullivan(2003)이 말하기를, "당신이 게이라면 매일 놀라운 진전과 두려운 퇴보들을 동시에 볼 것이다…. 월마트는… 차별로부터 게이 고용을 보호하라는 규칙을 세웠고…[그러나] 바티칸은 게이 배우자를 합법화시키는 것이 가정과 사회를 파괴시킬 것이라고 공식적으로 선언한다(p 35).

실제적인 문제

학습목표

11.8 두 성별 모두에서 다양한 성기능장애에 대해 정의한다.

11.9 왜 사람들이 서로 다른 피임법을 선택하는지 설명한다.

11.10 박테리아성과 바이러스성 성병 간의 차이점을 이해한다.

11.11 아동 성학대의 다양한 측면을 이해한다.

11.12 성범죄가 희생자에게 미치는 영향을 설명한다.

최근 몇 년 안에 성적 충족에 대한 강조는 몇몇 이로운 효과들을 가져다주었다. 오늘날 성에 관한 객관적인 정보, 파트너와의 증가된 성적 커뮤니케이션, 그리고 자위와 같은 무해한 성행위에 대한 불안과 죄책감의 감소가 나타나고 있다. 동시에 그런 변화는 새로운 불안을 동반하였다. 성적으로 정상인 많은 남자들은 그들의 성적 수행을 걱정한다. 오르가슴을 느끼지 못하는 여성들은 무력한 발기를 하는 남자들만큼 상당히 자존감의 상실로 고통을 겪는다. 또한 그로 인한 오늘날의 혼외의 성적 활동 증가는 피임, 원치 않는 임신, 그리고 성병과 같은 지속되는 문제를 두드러지게 한다. 그중 가장 충격적인 것은 우리사회에서 발생하고 있는 성적 학대이다.

성기능장애

성경험이 있는 부부들조차도 그들이 성관계를 할 때마다 경험이 다르다는 것을 발견한다. 때때로 성행위는 두 파트너에게 극도로 즐겁다. 가끔은 그들 중 한 명 또는 둘 모두에게 덜 만족스럽다. 그런 가끔의 문제는 심각하지 않은데 그것은 종종 피로나 스트레스 때문에 일어난다. 예를 들어, 알코올 섭취와 어떤 종류의 항우울제는 성적 활동을 방해할 수 있다(Haberfellner, 2007; Johnson, Phelps, & Cottler, 2004). 성적 좌절이 계속되거나 개인을 괴롭히고 그래서 성관계를 즐길 수 없을 때 그런 장애는 전형적으로 성기능장애로 분류된다. **성기능장애(sexual dysfunctions)는 개인이 성교를 하거나 즐기는 것을 방해하는 지속적인 문제이다.** 성기능장애는 아마도 그것이 일어나는 성반응 주기에 따라 묶일 것이다. 그것은 욕망, 각성 그리고 오르가슴의 어려움을 포함한다. 각각에 대해 소개할 차례이다.

욕구장애 **성욕감퇴(hypoactive sexual desire)**는 때때로 **억제된 성적 욕망(inhibited sexual desire)**이라고 불리는데, **성관계의 관심 부족을 말한다.** 이 질병의 발생 정도는 남성보다 여성에게 더 높다(Heiman, 2008). 어떤 경우에 욕망의 결핍은 파트너와의 정서적 애로(예: 친밀의 공포, 삶의 스트레스), 관계 애로(예: 과도한 갈등) 및 성적 애로(예: 권태 능숙)에 대한 심리적 반응일 것이다. 또한 낮은 성욕의 문제가 종종 한 파트너가 다른 파트너보다 높은 수준의 성욕을 갖고 있어서 낮은 성욕을 가진 파트너를 장애를 가진 것으로 치부하는 데서 발생한다는 것을 깨닫는 것이 중요하다. 그 장애의 근원이 생리적인 것일 수도 있기 때문에 전적으로 심리적 원인을 강조할 필요는 없다. 예를 들면 폐경기를 경험하는 여성에서 낮은 에스트로겐 수준 혹은 질윤활의 결핍이 성감을 줄이거나 성관계를 고통스럽게 만들 수 있다. 이와 유사하게 테스토스테론의 감소는 남성들의 성적 욕구를 감퇴시킬 수 있다(Advani, 2011; Dennerstein & Hayes, 2005).

성혐오(aversion to sex)는 **성관계에 대한 불안, 혐오감, 반발, 그리고 다른 부정적인 정서를 말한다.** 비록 남자와 여자 모두 성적 혐오감을 경험하지만 여자들에게 더 일반적이다. 성관계를 거절하는 사람들은 종종 근친상간처럼 어린 시절에 성학대의 역사를 가지거나 혹은 성폭행의 희생자가 된 경험이 있다. 그런 사람들은 어떤 관계에서 끊임없이 성관계에 대한 압박이나 요구를 받아 왔다. 여러 번의 시도를 반복했으나 파트너에게 기쁨을 주는 데 성공하지 못했던 것이 결국은 성관계 회피로 이어진다. 최종적으로 한 사람의 성정체성이나 성적 지향의 갈등에 대한 성관계에 대한 두려움을 초래했을지도 모른다(Masters et al., 1995).

각성 기능의 장애 또 다른 유형의 성기능장애는 **억제된 성적 각성**(inhibited sexual arousal)인데, 그것은 불충분한 성적 각성이다. 이 질병은 대체로 **발기억제**(erectile inhibition, **발기불능증**)와 **억제된 질 윤활작용**(inhibited vaginal lubrication, 여성에서 나타나는 불충분한 혈관 충혈과 질윤활)으로 나타난다. 억제된 성적 각성으로 괴로운 남성들은 대개 **이차적 발기억제**(secondary erectile inhibition)를 가지는데, 이전에 발기를 경험했으나 지속적으로 여성의 질을 뚫고 들어가기에 충분히 단단한 발기를 할 수 없다. 대부분의 남성들은 피로나 스트레스 때문에 가끔씩 발기에 어려움이 있다. 때때로 이런 경험은 만성적인 패턴으로 발전될지도 모른다는 생각과 불안을 발생시킬 수도 있다. 남자의 불안은 '구경꾼'의 역할을 떠맡게 한다. 즉, 이완하여 발기가 저절로 일어나도록 하는 대신에 자기비난적 태도와 긴장은 발기문제를 일으킨다. 발기억제와 관련된 생리적 요인은 심한 당뇨병, 마취제나 암페타민 같은 약물 효과, 음주 및 처방된 약물을 포함한다. 노화를 다룬 3장을 회상해 보면, 비아그라와 다른 약물들이 이들 성적 역기능을 완화시키는 것을 돕기 위해 고안되었다(Decaluwé, Pauwels, Verpoest, & Van de Voorde, 2011).

여성에게서 억제된 질 윤활작용은 남성의 발기부전과 유사한데, 왜냐하면 둘 모두의 경우에 불충분한 성기주위 혈관 충혈이 일어나기 때문이다. 정상적으로 성적 자극을 하는 동안 혈관의 충혈은 질 벽에 부드러운 작은 방울의 분비물을 분비하여 질 벽에 번들거리는 막을 형성한다. 때때로 질윤활의 결핍은 불충분한 자극 혹은 지속적인 성교에 의해 나타난다. 그런 경우에 여성의 클리토리스나 다른 신체 부위를 자극하는 것이 질 윤활을 증가시키는 것을 돕는데, 의사에 의해 처방된 에스트라디올을 함유한 질 젤리나 크림을 첨가할 수도 있다.

오르가슴의 기능장애 성반응 주기의 오르가슴 단계에서 가장 흔한 어려움은 **조루**(premature)(남자에게서 이른 오르가슴)나 **지루**(retarded ejaculation)(남자에게서 오르가슴의 지연 또는 결핍) 그리고 **여성 오르가슴 장애**(female orgasmic

disorder)로 알려진 **오르가슴의 지연 또는 결핍**이다. 조루증은 남자가 너무 빨리 오르가슴을 경험하는 것인데 남자의 성관계의 즐거움이 상당히 줄어들거나 파트너가 만족하지 못한다. 그것은 남성에게 흔한 문제이고 기관 요인이 발기 질환을 일으키는 원인의 절반을 차지한다. 다행히도 이 조건은 정지-시작 기입과 같은 조치로 쉽게 치료될 수 있는데, 남성은 파트너의 도움으로 임박한 오르가슴의 느낌을 인식하고 사정을 지연하는 것을 점차적으로 학습할 때까지 일시적으로 자극을 멈추는 것을 훈련한다(Wincze, 2009).

여성들에게 가장 일반적인 문제는 오르가슴 경험의 느림과 불능이다. 때로는 자신의 성반응 주기에 관한 지식부족으로 오르가슴을 경험할 수 없는 여성들이 있는데, 이것은 어떤 여성들에서 자위를 통해 종종 학습된다. 이런 여성들은 자신의 억제를 최소화하고 자위를 통한 성적 자극을 극대화함으로써 오르가슴에 도달할 수 있다. 더 일반적인 문제는 파트너와의 성교를 통해 절정에 도달하는 데 느리거나 실패하는 것이다. 오르가슴이 클리토리스 영역에 대한 감각 자극을 통해 촉발된다는 점을 고려하면 이 문제는 놀라운 것이 아닌데, 성교하는 동안에 그 영역은 간접적으로만 자극된다. 결과적으로, 단지 1/2의 여성만이 성교를 통해 규칙적으로 오르가슴을 경험한다(Master et al., 1995).

오르가슴에 도달하기 위해 성교하는 동안 남성 성기의 운동에 추가하여 남성이 손으로나 입으로 해 주는 직접적인 클리토리스 자극을 필요로 하거나 스스로 자극하는 것을 필요로 하는 많은 여성이 있다. 그런 경우에 클리토리스 자루의 한쪽을 애무하거나 전체 클리토리스 영역에 대한 간접적인 순환형의 동작 같은 좀 더 간접적이고 유희적인 접근이 도움이 된다. 건강하고 성경험이 있는 여성도 피로나 일시적인 상황 요인 때문에 항상 오르가슴에 도달할 수 없다는 것을 명심하라.

탐색 11.4 안전한 성생활

www.sexuality.org 안전한 성생활에 대한 양질의 정보를 알기 위한 곳. 여기에는 상당히 노골적이지만 현실적인 정보들이 있다.

피임

다양한 이유 때문에 신뢰로운 피임법의 유용성은 최근 몇 년 동안 증가하는 추세이다. 특히 모든 임신의 절반이 계획되지 않았고(Guttmacher Institute, 2004), 치명적인 에이즈 감염의 위험이 있기 때문이다. 미국 여성들은 자신에게 가용한 피임법의 선택을 별로 달가워하지는 않는다. 그들은 또한 피임의 부담이 남성에 비해 여성에게 가중되는 것을 좋아하지 않는다. 대부분의 여성은 자신에게 적합한 방법을 찾기 위해 여러 가지 피임법을 시도하지만 모든 방법이 안정성, 편의, 효과성의 세 박자를 갖추고 있지는 않음을 느낀다. 일반적인 유형과 간단한 설명과 함께 다양한 피임법의 효과성을 표 11-1에서 보여 준다. 전형적으로 콘돔과 경구용 피임약이 10대와 20대 사이에 가장 널리 사용되고 있다. 부부에게 가장 잘 맞는 피임법의 선택은 중요하다.

피임에 대한 공유된 책임감은 관계를 향상시킬 수 있음을 기억하라. 상대가 피임에 적극적으로 관심을 보일 때, 다른 파트너는 전적으로 책임져야 하는 데 대한 억울함을 덜 경험할 것이다. 남자와 여자는 몇 가지 방법으로 피임의 책임을 공유할 수 있다. 중

표 11-1 산아제한 방법들의 유효성 비교

피임 유형	정의	유형	실패율
피임정제(경구용 피임약)	배란이나 수정을 방지하기 위해 호르몬제를 매일 투여함.	호르몬 요법	1 ~ 9%
인공보형물	배란을 방지하기 위한 호르몬을 방출시키도록 작은 캡슐을 팔 속에 삽입함.	호르몬 요법	<1%
피임주사	배란을 방지하는 호르몬 주사	호르몬 요법	1 ~ 6%
응급피임약	원치 않는 성관계를 한 지 5일 내에 다량의 피임약을 응급으로 투여함. 실패율은 약에 따라 다르다.	호르몬 요법	5~11%
IUD(자궁 내 피임기구)	구리나 호르몬을 함유한 T자 형태의 플라스틱 조각을 자궁 안으로 넣는 것.	호르몬 요법	<1%
남성 콘돔	얇은 라텍스 또는 폴리우레탄 싸개로 페니스를 덮는 것.	장벽 만들기	2~18%
여성 콘돔	폴리우레탄 싸개나 파우치로 질벽을 감싸는 것.	장벽 만들기	5~21%
경부 캡(피임기구)	자궁 경부에 맞는 작은 고무나 플라스틱 컵	장벽 만들기	6~16%
질격막(격막법)	자궁 경관을 덮기 위해 질 안으로 둥근 고무 돔을 만드는 것.	장벽 만들기	6~16%
살정제	정액을 죽이는 크림, 거품, 젤리를 넣는 것.	장벽 만들기	18~ 28%
자연적인 가족계획	임신이 가장 쉽게 되는 월경 주기의 가임단계에 성관계를 피하는 것.	다른 방법	4 ~ 25%

출처: Data from "Contraception," from Centers for Disease Control and Prevention website, 2012.

요한 단계는 처음 성관계를 가지기 전 보호와 예방의 문제를 의논하는 것이다. 불행하게도 이 최초의 단계는 드물게 이루어지는데, 왜냐하면 대부분 자연스러운 섹스를 망치는 것을 두려워하기 때문이다.

탐색 11.5 성분리도

calculators.lloydspharmacy.com/SexDegrees/ 이 계산기는 분리도를 거슬러 올라가서 당신의 삶에 직접적이거나 간접적인 성적 파트너의 수를 확인할 수 있도록 해 준다. 당신은 아마도 그 높은 수에 놀라게 될지도 모른다.

성전염성 질환

한 성전문가는 "당신은 자신의 성관계 파트너와 관계를 가진 모든 사람과 섹스하고 있는 것과 다름없다."라는 말을 즐겨했다. 그 요지는 당신의 성관계 파트너의 대상이나 성경험을 알 필요가 있음을 말한다. **성전염성 질환(sexually transmitted infections, STIs)**은 일차적으로 **성관계를 통해 감염되는 전염성 질환**이다. 매년 1,900만 명의 미국인이 STIs에 감염된다(CDC,2011). 비록 이런 감염의 다수가 성공적으로 치료될 수 있을지라도, 성병은 증가 추세인데, 그 이유는 성적 활동의 증가와 특히 젊은 시절 동안 한 사람 이상의 성 파트너를 가지기 때문이다. STIs의 발생 정도는 20 ~ 24세 집단에서 가장 높고, 다음으로 높은 발생은 15 ~ 19세 집단이며 그다음은 25 ~ 29세 집단이다. 보고에 의하면, 많은 STIs(클라미디아, 임질, 매독, 그리고 HIV)의 발생률은 지난 십 년간 나이 든 사람(50대 이상)에게서 두 배로 증가하였다. 발기불능의 치료, 질윤활의 감소(감염 가능성을 높임), 더 긴 수명, 성적 건강에 관해 나이 든 환자들과 의사들이 대화를 나누는 데 실패하는 것, 그리고 높은 이혼율(평생 더 많은 성관계 상대를 가짐)은 STIs의 발병률 상승과 관련이 있다(Gann, 2012).

박테리아성 STIs 박테리아성 STIs는 항생제로 치료 가능한 다양한 박테리아에 의해 생기는 질병이다. 빠르게 치료한 경우 박테리아성 STIs에 감염된 사람의 장기적 건강은 대개 위험한 상황에 놓이게 되지 않는다. 그러나 치료하지 않은 STIs는 위험한 결과를 초래한다(CDC, 2011). 세 가지 일반적인 박테리아성 STIs는 임질, 클라미디아, 매독이다. 각각을 살펴보자.

임질(gonorrhea)은 성적으로 전염되는 흔한 세균 감염성 질환으로 때때로 혼탁하고 냄새나는 소변을 배출하고 배뇨 시 화끈거림을 발생시킨다. 임질은 매년 30만 건 이상 새롭게 보고되고 있다(CDC, 2011). 치료되지 않은 임질은 남성들 사이에서 불임을 일으키는 가장 흔하면서 단일의 원인이다. 치료받지 않은 임질을 가진 여성들은 난관의 염증, 불임, 기형아 출산, 또는 월경 불순을 경험할 것이다. **클라미디아(chlamydia)**—성접촉에 의해 퍼지며 남성과 여성 모두에게 영향을 미치는 박테리아—는 가장 흔한 성병 중 하나이고, 지속적으로 널리 퍼지고 있다(CDC, 2002a). 130만 명의 많은 미국인들이 매년 감염될 것이다(CDC, 2011). 전체 대학생의 10%가량이 이 질병에 걸려 있다. 감염된 남성들은 임질과 유사한 증상을 보이는데, 페니스로부터 이물질이 나오며 배뇨 시 약간의 화끈거림을 경험한다. 클라미디아에 감염된 여성은 증상이 거의 없거나 아예 없다. 그리고 그들은 종종 파트너가 감염될 때까지 질병을 자각하지 못한다. 만약 여성에서 치료되지 않은 채 남겨졌다면, 그것은 자궁경부 염증이나 골반염을 일으키며, 만약 여성이 임신하게 되면 출산 시 아기의 눈에 손상을 일으킬 것이다. 남성의 경우에는 아마 전립선으로 퍼질 것이다.

매독(syphilis)은 나선 형태의 박테리아 또는 스피로헤타에 의해 발생한다. 매년 14,000건 이하의 새로운 사례가 보고되고 있다(CDC, 2011). 매독의 초기 증상은 성적 접촉부, 보통 남성의 음경과 여성의 질 혹은 자궁 경부의 내벽에 통증 없는 상처로 나타난다. 비록 그 상처가 한두 달 내에 사라지기는 하지만, 말기에는 피부 발진과 다른 상처가 신체의 다른 부분의 상처와 함께 생길지도 모른다. 이들 증상이 결국에는 사라지지만, 만약 그 질병이 치료되지 않은 채로 방치되면 뇌손상, 심부전증, 실명, 마비 등을 일으키는 단계로 진전될 것이다.

바이러스성 STIs 박테리아성 STIs가 치료될 수 있는 데 반하여, 바이러스성 STIs는 치료되지 않는다. 그리고 대부분의 경우에, 그 사람들은 평생 전염된 채로 있게 된다. 현재 치료 약물들은 불편함을 줄여 주고 돌발상황 동안 치료를 보조하는 것으로 구성되어 있다.

성기단순포진(genital herpes)은 몇 가지 단순포진 중의 하나로 성접촉을 통해 주로 전염된다. 그것은 최근 몇 년 동안 극적으로 증가되었는데 현재 4,500만 명 이상의(또는 1/6) 미국인이 감염되었다(CDC, 2011). 증상은 대개 감염된 파트너와 성관계를 가진 후 며칠 안에 드러난다. 1개 이상의 작은 붉은 혹이 남성의 페니스나 여성의 음순과 질벽 내부에 생긴다. 이 혹은 수포로 변하고 결국 파열되어 고통스런 아물지 않은 상처가 된다. 주기적인 불편감과 더불어 성기단순포진은 자궁경부암과 같은 심각한 합병증을 유발할 수 있다.

인유두종 바이러스 (**genital human papillomavirus, HPV**)는 40가지 다양한 유형이 있는데, 남성과 여성의 성기에 감염되어 통증 없는 사마귀를 발생시킨다. 2,000만 명의 미국인이 HPV를 가지고 있으며 매년 600만 명이 새롭게 감염되며 성생활을 하는 사람의 50%가 전 생애 동안 어떤 시기에 감염될 가능성이 있다. 다른 바이러스성 STIs와 달리 90%의 감염자는 면역을 발달시키고 증상이 없다. 불행하게도 10%의 감염자들에서 생식기 주변에 사마귀가 나타난다. HPV는 또한 다양한 암의 위험과 관련이 있다. 백신 가다실(Gardasil)은 거의 대부분의 성기 사마귀로부터 성적으로 활동적인 사람들을 보호한다(CDC, 2011).

다른 STIs와 비교하여 **에이즈, 즉 후천 면역 결핍증**(**acquired immune deficiency syndrome, AIDS**)은 HIV로 알려진 바이러스에 의해 감염되고 주로 혈액을 통해 전염되는 상당히 새로운 질병이다. 또한 다른 STIs와 비교하여 에이즈는 더욱 치명적이다. 최근 통계를 살펴보면 미국에서 120만 명 이상의 사람이 에이즈 바이러스 보균자로 진단받았으며, 5명 중 1명은 자신의 감염 사실을 모른다. 매년 5만 명 이상이 새롭게 발병한다. 2008년 이후로 16,000명 이상이 에이즈로 사망했다(CDC, 2011). 에이즈에 걸린 것을 알고 나면 그야말로 목숨을 구걸해야만 한다. 당신의 지식을 테스트하기 위해 활동 11-2에 에이즈 퀴즈가 있다.

최초로 감염되었다는 사실을 알게 되었을 때, 대개는 아무 증상이 없으며 병에 대한 항체도 없다. 그래서 혈액 검사는 음성으로 나온다. 그 사람들은 이 병을 옮길 수 있으며, 긴 기간 동안, 즉 수년 동안 증상이 없을 수도 있다. 에이즈 바이러스는 신체 면역 시스템에서 헬퍼 T 세포를 파괴시키기 때문에 정상적인 면역체계를 가진 사람들에게는 덜 해로운 감염이 에이즈에 걸린 사람에게는 엄청난 피해를 주고 극도로 치명적인 결과를 낳을 수 있다. 이것은 종종 그들이 에이즈에 걸렸다는 것이 분명해질 때이다. 그쯤 되면 감염된 사람의 섹스파트너에게도 너무 때가 늦었을지 모르고, 그들은 아마도 이미 그 병에 걸렸을 것이다.

비록 에이즈나 HIV가 성전염성 질환으로 분류되지만, 그것은 혈액 또는 바이러스를 함유한 혈액제제에 의해 전염되기도 한다. 그래서 에이즈는 주사기 공유와 같이 성적인 활동 이외의 경로로도 전염된다. 다른 STIs에 대한 감염은 HIV 감염 확률을 증가시킨다. 모두 알고 있듯이 HIV는 손상되지 않은 인체표면을 쉽게 침투하지 못하므로 키스, 재채기, 악수나 변기 좌석을 통해서 감염될 위험은 거의 없다. 대신에 HIV는 바이러스에 대한 혈액의 직접적 노출에 의해 전달되는데, 혈액과 정액 같은 체액에 의해 운반된다. 수혈을 통한 에이즈 감염의 위험은 상당히 줄어들고 있는데 그것은 헌혈 기증자에 대한 더 주의 깊은 검사와 정맥주사 약물 사용자를 위한 프로그램 때문이다. HIV나 에이즈에 대한 미국 내 편견은 게이 남자의 병이라는 것이다. 그러나 HIV는 질성교를 통해 남자에게서 여자에게로, 드물게는 여자에게서 남자에게로 전염될 수 있다. 게이 남자는 에이즈를 가진 가장 큰 집단(전체 에이즈 환자의 49%), 그다음으로는 이성애자(28%) 그리고 정맥주사 사용자로 나타난다(17%)(CDC, 2011).

모든 사례의 에이즈에 해당하는 단일한 증상의 패턴은 없다. 몇 가지 흔한 증상은 점진적이고 설명되지 않는 몸무게 감소, 지속되는 열(종종 식은땀을 동반하는), 목, 겨드랑이, 사타구니의 림프부종, 피부에 불그스름한 보라색 반점, 만성 피로, 그리고 원인불명의 설사 혹은 혈변을 포함한다. 증상은 아마 몇 달 동안 변하지 않고 지속되거나 추가적인 감염에 의해 빠르게 진행되기도 한다. 에이즈에 감염된 사람은 그들의 면역체계의 기능을 정지시킬 때까지 잇따른 압도적인 감염에 시달리는 경향이 있다. 과거에 에이즈는 대개 치명적이었지만 오늘날의 새로운 혼합 약물은 환자들을 더 오래 생존하

활동 11-2
에이즈 퀴즈

다음 진술 중 진실인 것은?

1. 당신은 보기만 해도 에이즈 바이러스를 가진 사람을 알수 있다. [T], [F]
2. 헌혈에 의해 HIV 바이러스에 감염될 수는 없다. [T], [F]
3. 에이즈 바이러스는 질, 페니스, 직장 또는 입을 통해 체내로 들어갈 수 있다. [T], [F]
4. 포옹, 키스, 변기 좌석을 통해 에이즈 바이러스에 감염되는 것이 가능하다. [T], [F]
5. 콘돔은 효과적이기는 하지만 에이즈 바이러스의 전파를 예방하는 확실한 방법은 아니다. [T], [F]
6. 에이즈 바이러스는 증상이 실제적으로 드러나기 전 몇 년 동안 몸속에서 살았을 수도 있다. [T], [F]
7. 에이즈 바이러스는 아마도 재채기와 기침을 통해서도 퍼질 수도 있다. [T], [F]
8. 무방비 상태인 어떤 사람도 성교를 통해 에이즈에 감염될 수 있다. [T], [F]
9. 만약 당신이 에이즈 바이러스에 노출되었을지 모른다면 반드시 에이즈 검사를 받아야만 한다. [T], [F]
10. 현재 에이즈 치료방법은 없다. [T], [F]

정답 : 1, 4, 7번 진술은 틀렸고, 다른 것은 맞다.

출처: Based on "Understanding AIDS"(HHS Publication No. 88-8404.) U.S.Department of Health and Human Services, 1988.

게 한다. 라텍스 콘돔을 이용하거나, 항문성교를 피하고, 정액에 대한 구강 접촉을 피하며, 파트너에게 그들의 성적 내력을 묻는 것 등의 몇 가지 실용적 가이드라인을 따름으로써 사람들은 에이즈의 위험을 줄일 수 있다.

성학대

대중적인 관심을 끄는 또 다른 문제는 **성학대(sexual victimization)**인데, 그것은 **한 사람이 협박이나 힘에 의해 성행위를 강요당할 때 발생한다.** 성학대는 부모, 친척 혹은 친구에 의한 아동의 성학대에서 배우자로부터 신체적인 성행위를 하도록 강요받았다고 느끼는 것으로 성인에 이르기까지 다양한 형태를 취한다. 이번에, 우리는 성학대 중, 특히 세 가지 착취 형태에 초점을 둘 것인데, 아동 성학대, 아동 포르노그래피 그리고 성폭행이다.

아동 성학대 64,000명에 가까운 어린이들이 매년 성적 학대의 피해자가 되고 있다(U.S.Department of Health and Human Services, 2011). 많은 가해자들은 종종 가족 구성원, 가까운 친척, 또는 친구 대개는 남자이다. 여성들도 아동을 성적으로 확대할 수 있고, 그들의 학대는 더욱 가혹할 수 있다. 흔히 성학대자들은 아동기에 성학대의 피해자였던 적이 있다. 많은 경우에 성학대는 한 번의 사건에 그치지 않으며 신체적 힘을 사용하지 않을 수도 있다. 비록 어떤 치한은 성교를 할지도 모르지만, 성적 접촉은 보통 아동의 성기를 만지거나 애무하는 것으로 이루어진다. 성학대는 사춘기 이전인 9 ~ 12세 아동에게 가장 많이 일어난다(Orange & Brodwin, 2005; Prentky, Knight, & Lee, 2006).

아동 성학대의 즉각적 효과는 불안, 분노, 섭식 또는 수면장애, 죄책감, 철수 그리고 또 다른 심리적 적응문제를 포함한다. 학대받은 어린이들은 때로는 생식기, 성적 유희, 노출에 대한 유별난 흥미를 보이는 것같이 성에 사로잡히기도 한다. 그들은 또한 의학적으로는 설명할 수 없는 발진, 두통, 구토와 같은 다수의 신체적 통증을 보일 가능성이 높다. 그 아이들의 정서적 트라우마는 부모가 성학대를 발견하고 과잉 반응을 할 때 더 확대될 수 있다. 그러나 부모가 성학대를 경찰에 보고하는 것만큼이나 아이가 성학대 혐의자로 부터 홀로 남겨져 있지 않다는 것을 확신하게 만드는 것같이 부모가 충분한 관심을 보여 주는 것은 중요하다. 무엇보다 아동은 부모가 다른 성학대로부터 자신을 보호해 주고, 여전히 자신을 사랑한다는 것을 아는 것이 필요하다(Colarusso, 2010).

심각한 심리적 문제가 없을 때에도, 성학대 피해자들은 성인기에 종종 성적 각성의 어려움이나 충동적 성행위를 하는 것과 같은 다른 문제들을 가진다. 또한 성학대를 받은 여성들은 고립감을 느끼고 남자를 믿지 못할 것이다. 그들은 불안하고 우울하며 죄의식에 빠진다. 가장 충격적인 발견 중의 하나는 아동 성학대가 다음 세대로 연결된다는 것이다. 학대받은 소년들은 스스로 어린이 성추행자가 될 위험에 처하고, 성학대를 받은 소녀들은 나중에 자녀에게 성학대를 할 확률이 더 높다. 다행스럽게도 대부분의 아동기 성학대 피해자는 심리치료로 개선될 수 있다(Jung & Steil, 2012).

아동 포르노그래피 **아동 포르노그래피(child pornography)는 특별한 문학적, 예술적, 정치적, 과학적 가치가 부족한 노골적인 성행위를 하는 미성년자를 시각적으로 묘사한 것이다.** 아동 포르노그래피—사실 모든 포르노그래피—는 과거 세대부터 계속 있다. 그러나 그것에 반대하는 법률이 이미 있음에도 불구하고 인터넷은 사람들에게 포르노그래피에 접촉할 가능성을 증가시켰다. 포르노그래피에서 묘사하는 대부분의 아이들은 6~ 12세가량의 소녀이다. 아동 포르노그래피의 주요 이용자 또는 소비자는 백인이며 25세 이상의 미혼 남성이다. 비록 아동 포르노그래피에 이끌리는 사람은 모든 경제적 및 교육적 수준 그리고 모든 지역사회 출신이지만, 일부 아동 포르노그래피 소비자들은 범죄 경력이 있거나 사회적으로 고립되어 있다(National Center for Missing and Exploited Children, 2006).

이런 활동에 연루된 아이들은 영원히 변하는데, 이용 그 자체뿐 아니라 포르노그래피 제작자가 현대 기술을 이용하여 아이의 영상물을 반복하여 재생한다는 사실 때문이다. 포르노그래피 제작자는 또한 그 영상물을 아이들의 입을 다물게 하기 위한 협박용으로도 사용할 수 있다. 이들 어린이들은 타박상과 STIs와 같은 신체적 트라우마로 고통받을 뿐만 아니라 우울, 철수, 분노 그리고 정신장애를 경험하는데, 이런 영향은 치료받지 못하면 성인기까지 지속될 수 있다(National Center for Missing and Exploited Children, 2006).

성폭행 **성폭행(sexual assault)—실제적 혹은 위협적 강압하에 이루어지는 신체 부위의 접촉과 동시에 구강, 항문 및 질성교를 포함하는 원치 않는 성행위**—은 우리 사회에서 오랫동안 문제가 되어 왔다. 매년 213,000명의 사람들이 성폭행의 희생자가 되고 있다. 평균 2분에 한 명이 성폭행을 당하고 있다. 비록 남성에 대한 성폭행이 최근 몇 년 증가되기는 했지만 압도적으로 많은 성폭행은 남성 가해자와 여성 피해자를 포함한다. 가장 충격적인 발견 중 하나는 모든 성폭행 희생자 중 44%가 성폭행 시에 18세 이하의 연령이라는 것이다. 또한 전체 성폭행 중 40%만이 경찰에 신고한다는 사실도 우려된다. 낯선 사람이 숲 속에 숨어서 성폭행을 할 것이라는 전설과는 다르게 대부분의 성

글상자 11-3 성폭행에 대한 전설

전설 1 :
피해자들은 도발적인 옷차림을 하거나 문란한 태도로 행동하여 성폭행을 유발한다.

사실 : 성폭행은 다른 사람에게 힘을 행사하려는 한 사람의 결정에 기인하는 폭력과 지배의 범죄이다. 도발적인 옷차림이나 문란한 행동 모두 원하지 않는 성적 행동을 조장하지는 않는다.

전설 2 :
만약 한 사람이 누군가의 방,집 혹은 선술집에 갔다면 그녀는 성폭행의 위험을 예상하고 있다. 만약 그후에 어떤 일이 일어난다면 그녀는 강간을 당하거나 성폭행을 당한것을 불평할 수 없다. 왜냐하면 그녀는 그 장소에 가지 않아야 한다는 것을 알았어야만 했기 때문이다.

사실 : '위험의 추정'이 되는 범죄자의 책임을 희생자에게 잘못 전가시키는 것이다. 한 사람이 자발적으로 누군가의 거주지나 방에 갔고 성행위를 가지는 것에 동의했다 할지라도 그것은 모든 성행위에 대한 전반적 동의로서의 역할을 하지는 않는다. 누군가가 "안 돼" 또는 "그만해"라고 말할 때 그것은 정말로 거부를 의미한다. 동의 없이 다른 사람에게 성행위를 강요하는 것이 성폭행이다.

전설 3 :
만약 음주 후나 약물 복용 후에 일어났다면 성폭행이 아니다.

사실 : 알코올이나 약물의 영향력하에 있는 것이 동의하지 않는 성행위에 대한 요청은 아니다. 약물이나 알코올의 영향하에 있는 것이 다른 사람이 그녀를 폭행할 원인은 아니고, 다른 사람이 그 상황의 이점을 악용하여 그녀를 성폭행한 것이며 그녀는 그냥 취약한 처지에 놓인 것이다. 많은 법률은 약물이나 알코올의 영향하에 인지기능이 손상된 사람은 성행위에 동의할 수 없음을 명시하고 있다.

전설 4 :
여성이 낯선 사람이 숨어 있거나 잠복해 있을 것 같은 어두운 골목이나 다른 '위험한' 장소를 피하면 성폭행을 피할 수 있다.

사실 : 성폭행은 언제 어디서든 누구에게나 일어날 수 있다. FBI 자료에 근거한 보고에 의하면, 경찰에 보고된 성폭행의 70%가량이 피해자, 범죄자 혹은 다른 사람의 거주지에서 일어났다.

전설 5 :
정말로 성폭행을 당한 사람은 히스테리 발작을 보일 것이다.

사실 : 성폭력의 피해자들은 폭행에 대해 광범위한 반응을 나타내는데 조용함, 과잉흥분, 철수, 분노, 무관심, 부인 그리고 충격 같은 것을 보인다. 성폭력을 당한 것은 매우 정신적으로 충격적인 경험이다. 폭행에 대한 반응과 그 경험을 처리하는 데 필요한 시간의 길이는 사람에 따라 다르다.

전설 6 :
모든 성폭행 피해자들은 즉시 경찰에 신고할 것이다. 만약 그들이 신고하지 않거나 신고를

미루었다면 그 일이 일어난 후에 마음이 변했거나 보복을 원했거나 그들이 성행위를 했다는 것을 알리기를 원하지 않는 것이 틀림없다.

사실 : 성폭행 피해자가 경찰에 신고하지 않는 데는 다양한 이유가 있다. 성폭행을 당했다고 말하는 것은 쉽지않다. 성폭행 사실을 재진술하는 것은 그들의 트라우마를 재생시킬 수 있다.성폭행 사실을 초기에 보고하지 않거나 전혀 보고하지 않는 것은 범죄자에 의한 보복이 두렵거나 믿어 주지 않을까 하는 두려움, 발생한 사건이 성폭행이라고 인정하고 싶지 않은 것, 범죄자가 책임지지 않을지도 모른다는 믿음, 폭력이 일어난 사실을 잊고 싶은 마음, 성폭행을 재인식하고 싶지 않은 마음, 수치심 또는 충격 때문이기도 하다. 사실 성폭행 사건을 경찰에 고발하는 것은 이례적인 것이지 일반적인 것이 아니다. 피해자들은 기간에 상관없이 언제든지, 관할 구역에 제한을 두지 않고 사법부에 고발할 수 있다.

전설 7 :

오로지 젊고 아름다운 여성만 성폭행을 당한다.

사실 : 성폭행이 젊고 아름다운 여성에게만 일어난다는 믿음은 성폭행이 성과 신체적 매력에 근거한다는 전설로부터 온다. 성폭행은 힘과 통제의 범죄이며 범죄자는 종종 자신의 공격에 가장 취약하게 보이거나 자신이 힘으로 제압할 수 있을 것으로 보이는 사람을 선택한다. 모든 계층이 성폭행 피해자가 될 수 있다.

전설 8 :

피해자가 싸움과 저항을 하지 않는 경우에만 성폭행을 당한다.

사실 : 강간이나 성폭행 범죄자 기소에는 피해자의 저항이 요구되지 않는다. 추가적으로, 성폭행 피해자들이 자신을 공격하는 사람에게 싸움이나 저항을 하지 않는 데는 많은 이유가 있다. 그녀는 싸움이나 저항이 공격하는 사람을 더 화나게 만들어서 자신에게 더 큰 피해를 가져올 것이라고 느낄 것이다. 또한 그녀는 성폭행을 당한 트라우마를 처리하는 대처기제로서 싸움이나 저항을 하지 않을 수도 있다.

전설 9 :

무기를 소지한 누군가에게만 성폭행을 당할 수 있다.

사실 : 성폭행의 많은 사례에서 무기가 관련되지 않았다. 범죄자들은 피해자를 제압하기 위해 종종 체력, 물리적 폭력, 협박, 위협 또는 이들 모든 전략을 혼합하여 사용한다. 범죄자들은 종종 그들의 관계를 통해 발전된 피해자의 신뢰를 이용해 성폭행 범죄를 저지를 기회를 만든다.

전설 10 :

성폭행은 대개 다른 인종 간의 범죄이다.

사실 : 성폭행을 포함한 대다수의 폭력 범죄는 같은 인종 간, 즉 피해자와 가해자가 같은 인종이다. 그러나 미국 원주민 여성에게 이것은 사실이 아닌데, 성폭행의 8/10 가까이가 백인에 의해 저질러졌다. 원주민 여성들은 또한 어떤 다른 인종보다 성폭행의 피해자가 될 확률이 더 높다.

출처 : 2006년 미법무부의 여성폭력 반대 기구의 "성폭행에 대한 전설과 사실"로부터 발췌함.

폭행은 피해자와 안면이 있는 누군가에 의해 저질러진다(Rape, Abuse, and Incest National Network, 2012). 대학 캠퍼스에서 20~25%의 여성과 6%의 남성이 학위 과정을 이수하고 있는 동안 강간 미수 혹은 강간을 경험한다(Carr, 2005; Krebs, Lindquist, Warner, Fisher, & Martin, 2007). 글상자 11-3은 성폭행에 관한 여러 오해 또는 전설을 제시하고 있다.

성폭행은 대개 희생자의 정신건강에 엄청나게 심각한 영향을 준다. 성폭행 피해자의 1/3가량이 때로는 평생 성폭행과 관련된 외상 후 스트레스 장애를 보이고, 따라서 피해자의 다수가 알코올과 약물 남용문제를 극적으로 증가시킨다. 성폭행 생존자들은 두 단계로 다양한 정서적 악영향을 경험한다. 급성 단계는 폭행 후 즉시 시작되어 아마도 몇 시간, 며칠 또는 몇 주 동안 지속될 것이다. 폭행을 겪은 처음 몇 시간 동안, 그 여성은 아마 표현적인 방식으로 반응할 것이다—울거나 매우 흥분한다. 또는 어떤 경우에 그 여성은 억제된, 감정을 억압하는 방법을 유지할 수도 있는데 나중에 자신의 감정을 깨닫게 된다. 피해자들은 일반적으로 불안, 수치심, 분노, 죄책감, 자책감 그리고 무력감을 보고한다. 신체적 증상은 두통, 메스꺼움, 월경 전 장애와 통증 증후군이 포함된다.

신경과민과 공포가 두 번째 재편성 단계에서 아마 여러 해 동안 이어질 것이다. 여성들은 종종 가해자에 의한 보복을 두려워한다. 그들은 또한 성관계에 대한 부정적인 감정을 품을 것이다. 어떤 성폭행 피해자들은 성행위의 횟수를 매우 줄이거나 성적 장애를 갖고 있음을 알게 된다. 그러므로 성폭행은 생리적 반응보다는 성적 활동의 심리적 측면에 더 많은 영향을 주는 매우 정신적으로 충격적인 경험이다. 다행히도 다른 사람과 심리치료의 세심한 지지와 결합된 시간의 경과는 많은 피해자들에서 성폭행의 부정적 효과를 완화시킬 수 있다. 뿐만 아니라, 경찰과 법정체계의 개선은 성폭행 피해자 변호 프로그램의 수립과 더불어 (1) 피해자들이 범죄를 고발할 가능성을 증가시켰고, (2) 성폭행 피해자들이 효과적으로 재활하도록 도왔다(RAINN, 2012).

요약

성 그리고 공유하는 동반자 관계

11.1 성 고정관념과 미디어가 성에 어떤 영향을 주는지 설명한다.
성 고정관념 및 여성과 남성의 성적 행동과 태도에 대한 미디어의 묘사는 실제 삶에서 성행위를 하기 전, 도중 및 후의 성별 간의 상호작용에 영향을 미친다.

11.2 상호 간에 만족하는 성생활을 위한 성적 의사소통의 중요성을 인식한다.
성행위는 파트너와 함께 동등한 참가자로서 하는 활동으로 이해되고 있다. 성적 문제에 대한 개인적 의사소통은 파트너가 자신의 생각을 분명하게 표현하고 서로의 의견에 귀를 기울일 때 더 효과적으로 되는 경향이 있다. 성적 의사소통은 성관계를 시작하고 거절하는 데서 가장 잘 평가된다. 비록 정서적으로 표현을 잘하는 파트너가 대개의 경우 성관계를 시작하는 경향이 있지만 파트너와 성행위의 시도자와 거절자 역할을 동등하게 공유하는 커플은 다른 커플보다 더 만족한 성생활을 하는 경향이 있다.

성반응

11.3 인간의 성반응 주기를 설명한다.
성반응 주기에는 다섯 단계가 있다 — 이행기, 흥분기, 고원기, 오르가슴기, 해소기

11.4 성반응에 있어 성별에 따른 차이를 정의한다.
중요한 성차는 여성의 생리, 오르가슴에 대한 주관적인 자각, 특히 신속하게 연속되는 여러 번의 오르가슴을 가지는 여성의 능력에 있어서의 커다란 차이이다. 동시에 개인차는 성차보다 더 큰 경향이 있는데, 각 개인은 개인적 선호의 측면을 이해하고 제대로 인식할 필요가 있다.

성적 지향

11.5 상이한 유형의 성적 지향을 논의한다.
세 가지 주요 성적 지향이 있는데, 이성애, 동성애 및 양성애이다.

11.6 커밍아웃의 단기적 및 장기적 결과들을 설명한다.
커밍아웃은 LGB 사람들에게 인생의 가장 큰 스트레스적 경험이다. 이 스트레스는 특히 가족이나 친구 같은 지지적인 타인에 의해 감소될 수 있다. 장기적인 면에서 대부분의 LGB 사람들은 잘 적응하지만, 성적 편견으로 인해 동성애를 반대하는 낙인은 정신적 건강에 중요한 문제를 발생시킬 수 있다.

11.7 성적 편견과 그것과 관련된 행동이 무엇인지 설명한다.
성적 편견은 성적 지향이 다른 타인들에 대한 부정적인 태도를 나타내는 것이다. 동성애 공포증(또는 LGB 사람들에 대한 성적 편견)은 약자 괴롭히기나 혐오범죄를 저지를 수 있다.

실제적인 문제

11.8 두 성별 모두에서 다양한 성기능장애에 대해 정의한다.
흔한 성기능장애는 남성의 성욕감퇴, 발기억제, 조루 그리고 여성의 억제된 질 윤활작용과 여성 오르가슴 장애를 포함한다.

11.9 왜 사람들이 서로 다른 피임법을 선택하는지 설명한다.

각 피임법은 장단점을 동시에 가진다. 그 최종 선택은 종종 안정성, 편리성, 유효성 사이의 상대적 평가에 달려 있다.

11.10 박테리아성과 바이러스성 성병 간의 차이점을 이해한다.
클라미디아, 임질, 매독 같은 박테리아성 성병은 일찍 발견된다면 치료될 수 있고 치료하면 감염자에게 어떤 장기적 결과도 초래하지 않는다. 성기단순포진이나 HIV 같은 바이러스성 STIs는 치료되지 않는 질병으로 평생 감염이 계속될 수 있다.

11.11 아동 성학대의 다양한 측면을 이해한다.
대부분의 아동은 가족 구성원, 가까운 친척이나 친구—대개는 남자로부터 성학대를 당한다. 성적 접촉은 일반적으로 사춘기 이전의 아동들의 성기를 만지거나 희롱하는 것이지만, 일부 성학대자들은 성교를 한다. 심리치료를 받지 않으면 이들의 장, 단기적 정신건강 문제가 발생할 것이다. 유사한 부정적인 결과가 아동 포르노그래피의 피해 아동들에게도 일어난다.

11.12 성범죄가 희생자에게 미치는 영향을 설명한다.
성폭행은 피해자들의 정신적 건강에 영향을 미쳐 PTSD, 우울, 성기능장애뿐 아니라 약물과 알코올 중독을 일으킨다. 하지만 심리치료가 생존자의 회복을 도울 수 있다.

스스로 해 보기

1. **성적 매체를 시청하는 것의 효과에 대한 연구는 __________발견했다.**
   a. 10대들의 성적 태도와 행동이 그것의 영향을 받지 않는다는 것을
   b. 10대들은 미디어보다 그들의 부모에게서 성에 관해 더 많이 배운다는 것을
   c. 미디어는 10대들의 성적 결정에 영향을 줄 수 있다는 것을
   d. 미디어는 성적 고정관념으로 남성과 여성을 묘사하지 않는다는 것을

2. **최근에, Brittany가 남편인 Kevin을 침대에서 유혹할 때마다 그는 단순히 뒹굴거나 자는 척했다. 이 정보를 근거로 하면, Kevin은 어떤 성적 의사소통의 패턴에 속하는가?**
   a. 방어 b. 멸시
   c. 비판 d. 철수

3. **이 성반응 주기의 단계는 오르가슴에 도달하기 전 성적 각성이 증가하는 특징이 있다.**
   a. 이행기 b. 고원기
   c. 해소기 d. 흥분기

4. **June은 로맨틱한 관계를 상상할 때, 남성과 여성에게 동등하게 끌렸다. June의 성적 지향은 __________로 구분할 수 있다.**
   a. 동성애 b. 양성애
   c. 이성애 d. 전환적 성애

5. **카메룬과 에스토니아 같은 국가들은 동성애 커플이 고아원에서 아이들을 입양하는 것을 허용하지 않는다. 이것은 __________로 알려진 것의 예이다.**
   a. 성적 편견 b. 변형의 편향
   c. 성적 지향의 편향 d. 이성애적 편견

6. **Nancy와 Sid는 서로를 아무리 사랑해도 충분치 않았다. 그들은 모든 것을 함께 했고 그것을 좋아했다. 그들의 관계는 몹시 열정적이었다. Nancy와 Sid는 어떤 유형의 사랑을 하고 있**

는가?

a. 우애적　　b. 완전한
c. 낭만적　　d. 현실적

7. Lanni는 남편과의 성관계를 기대하고 즐기곤 하였다. 이제 그녀는 성생활에 흥미가 거의 없고 성적 각성이 힘들고 오르가슴에 도달하기가 거의 불가능하다. Lanni는 ________으로 고통받고 있다.

a. 성욕 감퇴　　b. 과도한 성욕
c. 성적 공포　　d. 성도착

8. 성관계를 가지고 한 주 혹은 그 후에, Jason은 자신의 성기에 작고, 붉으며 통증이 있는 혹을 발견하였다. Jason은 ________로 고통 받게 될 것이다.

a. 매독　　b. 임질
c. 성기단순포진　　d. 클라미디아

9. 다음 중 어떤 것이 성학대의 유형인가?

a. 아동 포르노그래피 b. 성폭행
c. 아동 성학대　　d. 이 모든 것

10. 다음 문장 중 어떤 것이 성폭행에 관한 진실인가?

a. 만약 음주나 약물 복용 후에 일어난다면 성폭행이 아니다.
b. 피해자가 도발적으로 옷을 입거나 문란하게 행동했을 때 그들은 성폭행을 유발한 것이 아니다.
c. 성폭행은 어둡거나 위험한 곳, 낯선 사람을 피하면 예방할 수 있다.
d. 피해자가 싸우거나 저항했을 때만 성폭행이다.

연습

1. **성적 의사소통.**
당신에게 가장 어려운 성적 의사소통은 무엇이었는가? 당신은 파트너가 성적으로 좋아하는 것과 좋아하지 않는 것을 알고 있는가? 당신은 성관계를 시도하는 것이 어려운가? 당신은 원하지 않는 성적 요청을 거절하거나 상대방의 거절을 받아들이는 것을 얼마나 잘할 수 있는가?

2. **성관계에서 사랑이 얼마나 중요한가?**
당신은 두 사람이 사랑 없이 성관계를 즐길 수 있다고 생각하는가? 또는 당신은 사랑해야만 좋은 성관계를 가질 수 있다고 생각하는가? 성관계와 사랑에 관한 당신의 견해를 짧게 기술하라.

3. **성적 환상을 공유하기.**
만약 당신이 결혼했거나 안전한 관계에서 성행위를 한다면, 파트너와 자신의 성적 환상을 공유하라. 그런 공유는 그것이 상호적일 때 더 유용하다. 공포나 난처함을 줄일 수 있는 부드러운 환상으로 시작하고, 그런 공유가 자신뿐 아니라 파트너에 미치는 영향을 판단할 수 있는 것이 현명하다. 또한 당신의 파트너를 충격에 빠뜨리고 관계를 위협하는 환상을 공유하는 것은 피하는 것이 최선이다.

4. **피임에 대한 책임의 공유.**
당신은 남자가 피임의 책임을 공유하는 것에 대해 어떻게 생각하는가? 어떤 장단점이 있는가? 이것이 여성에게 어떤 특별한 문제를 일으키는가?

5. **성학대.**
당신이 우리 사회에서 예를 들어 아동 성폭

력과 강간 같은 성학대 사건을 감소시킬 방법을 제시하라는 요청을 받았다고 생각해 보아라. 당신이 제안할 변화들을 1쪽 정도 써 보라.

복습을 위한 물음

1. 권위 있는 곳에서 인정된 성에 관한 책을 읽은 것은 최근 언제인가?
2. 당신과 파트너는 성에 관한 대화를 얼마나 잘 하는가? 어떻게 당신은 대화를 개선할 수 있는가?
3. 당신과 파트너는 성관계를 시작하는 역할을 공유하는가? 또는 당신 중 한 사람이 대개 성관계를 시도하는가?
4. 신체적 포옹과 접촉하기는 항상 성행위로 이어져야만 하는가?
5. 당신은 무엇이 파트너를 성적으로 각성시키는지 알고 있는가?
6. 당신과 파트너는 성과 사랑 사이의 관계에 대해 동의하는가?
7. 당신은 때때로 나타나는 성기능장애가 특정한 날의 정서적 스트레스와 관련이 있을 수 있다는 것을 알고 있는가?
8. 당신의 피임 방법은 얼마나 안전한가? 당신의 파트너는 피임에 관해 당신과 생각을 공유하는가?
9. 당신은 유행하는 STIs의 증상을 인식할 수 있는가?
10. 당신의 섹스 파트너와 서로의 성적 내력에 대해 이야기하는 것이 왜 중요한가?

제 12 장 사랑과 헌신

학습목표

이 장을 모두 학습한 후 다음을 할 수 있다.

12.1 사랑의 삼각형 이론을 기술한다.

12.2 사랑과 우정을 비교한다.

12.3 애착 유형이 관계에 미치는 영향을 설명한다.

12.4 사랑을 찾기 위해 인터넷을 이용하는 것의 효과에 대해 논의한다.

12.5 인간관계 초반에 이루어지는 자기노출의 장점과 단점을 설명한다.

12.6 동거의 효과를 설명한다.

12.7 결혼에 있어 최근의 동향을 기술한다.

12.8 사람들이 왜 결혼하는지에 대해 논의한다.

12.9 헌신적인 관계에서 나타나는 여러 가지 적응의 모습을 열거한다.

12.10 성공적인 결혼과 실패한 결혼의 특징을 비교한다.

12.11 관계의 질을 향상시키는 방법을 기술한다.

12.12 시간이 지나면서 관계에서 흔히 나타나는 성과 관련된 변화에 대해 논의한다.

12.13 이혼 경험이 지닌 여러 측면을 기술한다.

12.14 혼합가족이 직면한 도전에 대해 논의한다.

둘 다 20대 초반인 Jack과 Diane은 3년 넘게 사귀어 왔다. 그들이 대학에서 처음 만났을 때 Jack은 혼자 살고 있었고 Diane은 고등학교 때부터 가장 친하게 지낸 친구와 함께 셋방을 얻어 살고 있었다. Jack과 Diane은 셋방을 함께 얻으면 서로 더 많은 시간을 함께 보내고 더 많은 돈을 저축할 수 있다는 것을 곧 깨달았고 함께 지내게 되었다. 그러나 연인이면서 가장 친한 친구이기도 한 그들은 가까우면서도 만족스런 관계 모두를 원했지만 그런 관계를 이루는 데 몇 가지 어려움을 갖고 있었다. Diane은 Jack이 부품 판매 아르바이트에 지나치게 몰두하고 있으며 함께 있을 때 그가 하고 싶어 하는 것은 TV로 스포츠를 보는 것이 전부라고 느꼈다. 하지만 Jack은 수업을 듣고 공부를 한 후 혹은 일을 한 후에 너무 피곤해서 영화를 보러 가거나 저녁을 먹으러 갈 수 없다고 주장했다. Diane은 자신들이 함께 있을 때조차도 Jack은 감정을 공유하지 않는다고 말했다. 침울해하면서도 왜 그런지를 설명하지 않는 그의 성격은, 특히 자신들의 관계에서 골칫거리가 되었다. Jack의 입장에서 볼 때 Diane은 소규모의 경영주가 되려고 하는 Jack 자신의 계획에 있어 지금이 중요한 시기라는 것을 이해하지 못하고 있으며 그들의 직업과 Jack에 대해서보다는 결혼하는 것에 더 많은 관심을 가지고 있다고 여겼다. 또한 Jack은 Diane이 가끔 소유욕이 너무 강하다고 느꼈는데 예를 들면, 최근에 마케팅 수업에서 알게 되어 친하게 지내는 한 여학생에 대한 그녀의 질투가 바로 그런 것이었다. Jack은 지금 이 시점에서 결혼에 대해 이야기하는 것은 흡사 '궁지에 몰린 듯한' 기분이 들게 한다고 기꺼이 인정했다. Diane은 Jack의 이러한 감정이 최근 골치 아픈 이혼을 한 그의 부모님에 의해 적어도 어느 정도 영향을 받았을 거라고 생각했다. 그래서 Diane은 Jack이 자신들의 관계에 얼마나 헌신하고 있는가에 대해 그리고 함께 하고 있는 그들의 미래에 대해서도 걱정스러운 마음을 갖고 있다.

사랑은 정말 멋진 경험이다

학습목표

12.1 사랑의 삼각형 이론을 기술한다.

12.2 사랑과 우정을 비교한다.

12.3 애착 유형이 관계에 미치는 영향을 설명한다.

수 세기 동안 사랑은 운율, 시와 노래로 표현돼 왔다. 철학자들은 사랑의 의미를 곰곰이 생각했다. 무수한 전쟁은 사랑 때문에 일어났다. 종교는 사랑에 기반을 두고 있다. 꽃은 사랑으로 피어난다. 아기는 사랑의 결과로 태어난다. 수백만 파운드의 초콜릿과 아이스크림은 우리가 사랑을 이루는 데 실패했을 때 먹게 된다. 이른바 사랑—한 명 혹

글상자 12-1 다음의 사실을 알고 있는가?

- 과학자들은 대부분의 사람이 결혼 전에 대략 7번 정도 사랑에 빠질 것이라고 주장한다.
- 실연당하는 것은 자신을 찼던 사람을 더 사랑하게 만드는 '좌절감 끌림'을 종종 초래한다.
- 평균적으로 세상의 남성들은 자신보다 세 살 어린 여성과 결혼한다. 미국에서는 재혼하는 남성들은 대개 다섯 살 더 어린 배우자를 선택한다. 만일 그들이 세 번째 결혼을 한다면 보통 자신들보다 여덟 살 더어린 여성과 결혼할 것이다.
- 새로운 연인을 바라볼 때 보통 사회적 판단과 연합된 신경회로들은 억제된다.
- 신비 혹은 '맹렬한 추구'는 일반적으로 낭만적인 사랑에 있어 대단히 중요한 요소이다. 이것은 때때로 '로미오와 줄리엣 효과'라고 불리는 것으로 도전이나 장애가 있는 상황은 사랑하는 사람을 향한 열정을 강화시키는 것 같다.

출처: RandomHistory.com

은 그 이상의 사람에 대한 애착이나 애정과 같이 깊고 다정한 감정—은 확실히 '세상을 움직이게 만드는 것' 같다. 우리는 사랑에 둘러싸여 있다. 부모님과 아이 간의 사랑, 친구들 간의 사랑 그리고 사람과 애완동물 간의 사랑. 이 장에서 우리는 친밀한 관계에서 발견되는 서로 다른 종류의 사랑에 초점을 맞추고자 한다. 이미 밝혔듯이 세상에는 다양한 종류의 사랑이 존재한다.

사랑에 대한 다양한 정의

사랑의 삼각형 이론 **사랑의 삼각형 이론**(triangular theory of love)은 사랑을 단일 실체로 보기보다는 세 가지 구성요소, 즉 친밀감, 열정, 헌신으로 이루어졌다고 제안한다(Sternberg, 2004).

친밀감(Intimacy)은 사랑의 정서적 측면으로 친근감, 공유, 의사소통 그리고 지지를 포함한다. 사랑에 있어 '우정'과 같은 요소라고 생각하라. 친밀감은 시작단계에서는 서서히 발달하는 경향이 있으며 관계가 안정될 때까지 꾸준히 발달한다. 친밀감의 분명한 결핍이나 점점 줄어드는 친밀감은 관계가 시들해져 간다는 것을 의미한다. 때때로 친밀감은 당연히 존재하는 것으로 여기다가 가족의 위기나 별거 같은 파국으로 말미암아 자신들이 실제로 얼마나 친밀한지를 자각하게 된다.

열정(Passion)은 사랑의 정서적, 동기적 측면으로 생리적 각성과 함께 사랑하는 사람과 하나가 되고자 하는 강렬한 욕구를 수반한다. 열정은 신체적 끌림과 성적 각성은 물론, 희열감과 사랑의 열병을 초래하는 '에너지원'으로 생각될 수 있다. 친밀감과는 달

표 12-1 Sternberg의 삼각형 이론 구성요소에 기반을 둔 사랑 유형

사랑유형	요소	핵심 특성
우정 (좋아함)	친밀감	가장 사적인 생각과 감정을 서로 함께 나누는 커플이 보여 주는 친밀한 감정적 유대. 열정과 헌신은 부족하다.
짝사랑 (도취적 사랑)	열정	흔히 '첫눈에 반하는 것'으로서 사랑을 생각하며 이런 유형의 사랑은 열정만으로 정의되고 그 밖의 다른 요소는 거의 없다. 빨리 불붙었다가 빨리 사라질 수 있다.
공허한 사랑	헌신	이런 유형의 커플은 서로 좋아하든 싫어하든 좋은 때든 나쁜 때든 죽음이 그들을 갈라놓을 때까지 관계를 시작하거나 유지하기로 결심한다. 친밀감과 열정 둘 다 부족한 관계.
낭만적 사랑	친밀감 + 열정	헌신감 없이 친밀감과 열정만 있는 사랑. 단지 잠시 동안만 계속되는 사랑의 강렬한 형태.
허구적 사랑 (얼빠진 사랑)	열정 + 헌신	빨리 같이 살거나 서둘러 결혼하는 사람들이 보여 주는 극도로 열정적인 관계. 라스베이거스에서 영업 중인 결혼 전용 교회를 차를 탄 채로 이용하는 그런 사랑.
우애적 사랑	친밀감 + 헌신	강한 헌신감에 덧붙여 깊고 변치 않는 친밀감이 특징인 사랑. 이런 사랑은 일단 불타는 듯한 열정이 다 꺼진 장기적인 관계에서 나타난다.
완전한 사랑	친밀감 + 열정 + 헌신	이 사랑은 모든 요소를 갖고 있다. 친밀감, 열정, 또한 서로에 대한 강한 헌신까지. 이 유형은 이루고 유지하는 것 둘 다 어렵지만 '이상적인' 사랑을 의미한다.

리 열정은 빨리 꽃핀다. 하지만 시간이 지나면서 한때 느꼈던 각성과 희열감 등을 더 이상 가져다주지 않는 사람과의 만남이 반복되면 열정은 소멸된다. 우리는 열정을 느끼고 열정이 주는 강렬함을 경험할 때는 서로의 약점과 잘못에도 맹목적이 된다. 물론 이 사랑의 요소가 시들해지면 그러한 약점과 잘못은 믿기 어려울 정도로 눈에 거슬리게 된다(Neff & Karney, 2005).

사랑의 인지적 측면으로, 사랑하는 사람에 대한 단기적인 지지와 사랑을 유지하려고 하는 장기적인 몰입 둘 다를 포함하는 **헌신(Commitment)**은 대개 친밀감이나 열정보다는 더 분명한 방식으로 발달한다. 헌신은 '동반자적' 관계에서 볼 수 있고 부부가 되려는 결정과 함께 시작된다. 오래 지속되는 관계에서 헌신은 처음에는 서서히 그런 다음에는 보다 빠르게 증가한다. 관계가 지속되면서 헌신 수준은 안정된다. 만일 관계가 약화되기 시작하면 헌신의 정도 또한 감소될 것이다. 그리고 만일 관계가 끝나면 헌신은

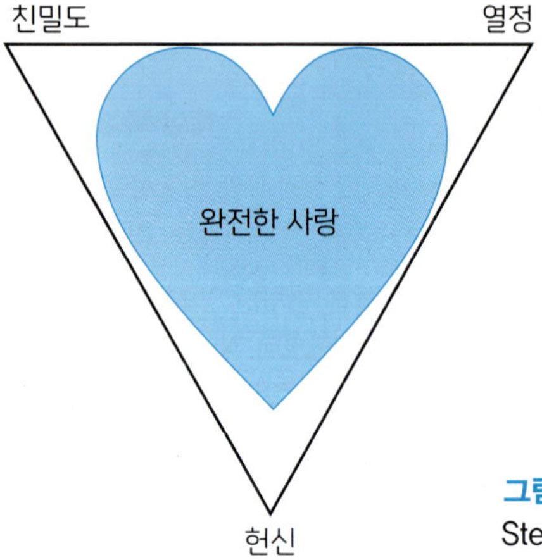

그림 12-1
Sternberg의 사랑의 삼각형 이론

부재의 수준까지 떨어진다.

사랑의 삼각형 이론에 따르면 여러 가지 유형의 사랑은 각 구성요소들의 결합에 의해 만들어질 수 있다. 예를 들어 우애적인 사랑은 열정보다는 주로 친밀감과 헌신을 바탕으로 한다. 이러한 사랑은 신뢰와 다정함 그리고 동반자의 결점에 대한 관용을 수반하는 실용적인 종류의 사랑이다. 그에 반해서 낭만적인 사랑은 장기적인 헌신 없이 친밀감과 강렬한 열정으로 특징지어진다. 중요한 것은 사랑의 세 가지 구성요소 모두의 부재는 사랑이 아니라는 점이다. 동료, 선생님, 이웃사람, 비행기에서 옆에 앉은 사람과 같은 다양한 관계들이 이런 특징을 가질 수 있다. 표 12-1은 친밀감과 열정 및 헌신의 결합에 의해 만들어질 수 있는 일곱 가지 유형의 사랑을 분명히 보여 준다. 그림 12-1도 보라.

사랑과 우정

이미 알고 있겠지만 친밀한 관계와 우정은 상당히 중복된다. 연인과 친구 둘 다 처음에는 자신들과 비슷한 사람을 찾는다(Lucas et al., 2004). 또한 연인과 친구 둘 다 가끔씩 서로에게 실망함에도 불구하고 서로 함께 있는 것을 즐긴다. 일반적으로 두 유형의 관계에 있는 사람들은 자신의 파트너를 다른 사람으로 바꾸려고 하지 않고 있는 그대로의 서로를 받아들인다. 우리는 자신의 자기개념을 분명히 입증할 수 있는 연인과 친구를 원한다(Murray, Holmes, & Griffin, 2000). 친구와 연인 둘 다 도움이 필요할 때 서로를 믿고 의지할 수 있다. 또한 그들은 배신에 대한 두려움 없이 서로에게 비밀을 털어놓을 수 있다. 친구와 연인은 서로를 이해하며 상대방이 가끔 예상치 못한 방식으로 무례하게 행동할 때도 아량을 베푼다. 마지막으로, 우리는 친구와 연인에게 유사한 개인적 특성—따뜻함, 친절함, 개방성, 승인, 존경, 신뢰, 이해—을 바라지만 친구보다는 연인에게서 더 높은 수준의 이러한 특성들을 원한다(Beste, Bergner, & Nauta, 2003).

그와 동시에 사랑하는 관계와 우정관계는 분명히 서로 다르다. 본질적으로 사랑하는 관계는 더 즐거울 뿐만 아니라 더 좌절감을 주기도 하면서 친밀한 관계가 지닌 긍정적이고 부정적인 측면 둘 다를 고조시키는 것 같다. 전형적으로 우정이 아닌 사랑하는 관계는 독점적인 성적 관계에 있는 자신들의 파트너에게 아주 강한 매력을 느끼면서 사로잡히는 것으로 특징지어진다(Lucas et al., 2004). 또한 사랑하는 관계에서 보여 주는 서로에 대한 강렬한 보살핌은 우정 관계에서보다 더 강력한데, 예를 들어 연인의 지지자가 되면서 더욱 헌신한다. 그러나 연인 간에는 더 큰 정서적 관여와 독점성이 있기 때문에 친구 간에 경험하는 것보다 더 큰 갈등과 스트레스, 상호 간의 비난도 경험하게 된다(Rogge, Bradbury, Hahlweg, Engl, & Thurmaier, 2006).

사랑과 애착

흥미롭게도 사랑에 대한 관점과 더불어 친밀한 관계에 다가가는 방식은 대개 초기 아동기 경험을 반영할 수 있다. 보다 구체적으로 부모에 대한 아동기 애착은 낭만적인 파트너에 대한 성인 애착 유형에 영향을 미치는 것 같다(Kanemasa & Daibo, 2003). **다른 사람들과 관계를 맺는 우리의 전형적인 유형**을 의미하는 **애착 유형(attachment style)**은 세 가지 중요한 유형들—안정, 회피, 불안 애착—로 나눌 수 있다(Hazan & Shaver, 1994).

안정 애착(securely attached)을 보이는 사람들은 **다른 사람들과 친해지는 것이 쉽다고 생각하며 서로 믿고 행복한 애정 관계를 보여 준다.** 이러한 유형의 성인들은 낭만적인 사랑에 대해 비교적 긍정적인 태도를 보여 주며 관계의 중요성을 가치 있게 평가한다. 안정 애착의 성인들은 다정하고 믿을 수 있으며 친밀감을 편안하게 생각한다. 그들은 다른 사람들과 자신의 감정을 쉽게 공유하고 효과적으로 의사소통하며 자기 파트너의 욕구에 민감하다. 안정 애착 유형의 사랑은 가장 길게 지속되며 아주 드물게 이혼으로 끝난다. 안정 애착 유형의 많은 사람들이 낭만적 사랑은 결코 시들해지지 않는다고 생각한다. 또한 안정적으로 애착된 사람들은 자신의 파트너를 다정하고 공감적이며 따뜻한 사람으로 본다. 성인 중 50% 조금 넘는 사람이 이 애착 유형을 나타낸다.

회피 애착(avoidant attachments)을 보이는 사람들은 관계에서의 친밀감을 정서적 질식과 독립성을 빼앗기는 것 둘 다 혹은 어느 한쪽으로 해석하기 때문에 **다른 사람들이 너무 다가오면 불안함을 느낀다.** 회피 애착 유형의 사람들은 친밀감을 두려워하기 때문에 다른 사람들을 믿고 의존하는 데 어려움을 느끼며 시샘도 잘한다. 보통 회피적인 성인들은 감정을 공유하고 표현하는 데 어려움을 느낀다. 그들은 영화와 소설에서 묘사되는 완전히 낭만적인 사랑은 현실에 존재하지 않는다고 믿고 있어서 사랑에 대해 냉소적인 입장을 갖고 있다. 대신에 그들은 사랑에 빠질 누군가를 찾는 일도 거의 하지 않으며 설령 누군가를 찾는다고 하더라도 낭만적인 사랑을 좀처럼 하지 않는다. 또한 그들은 낭만적인 관계를 하찮은 것으로 여기는 경향이 있다. 일반적으로 회피적인 성인은 자신의 어머니를 매우 호감이 가지 않는 사람으로 자신의 아버지를 무정한 사람으로 보면서 부모에 대해 상당히 혹평한다. 성인의 약 25%가 이런 방식으로 관계를 하고 있다.

불안(anxious) 애착으로 불리는 세 번째 애착 집단은 **많은 파트너가 기꺼이 주기에는 벅찬 꽤 높은 수준의 친밀감을 바라는 사람들로 구성되어 있다.** 불안 애착 유형의 성인들은 친밀감을 바라긴 하지만 관계를 깨지기 쉬운 것으로 보는 경향이 있다. 또한 그들은 사랑하는 사람이 자신을 떠나가는 것에 대해서 너무 많이 걱정하는데, 특히 사랑하는 사람이 전화를 해야 할 때 하지 않거나 해명 없이 직장에서 늦게 귀가거나 자신들의 기념일을 잊어버리면, 즉 곧 닥칠 관계의 실패 신호로 해석될 수 있는 이런 상황들에 대해서 지나치게 걱정한다. 그런 이유로 이러한 사람들은 자신들의 관계에서 질투심뿐 아니라 극단적 감정을 경험하기도 한다. 그들은 '사랑에 빠지는' 것은 쉽지만 '진실한 사랑'을 찾는 일은 어려워한다. 일반적으로 그들은 자신의 부모에 대해서 극히 긍정적인 특징뿐만 아니라 부정적인 특징도 드러내면서 다소 엇갈린 평가를 한다. 대략적으로 성인의 25%가 그들의 관계에서 불안 유형으로 나타난다(Crittenden & Landini, 2011).

사랑 찾기

학습목표

12.4 사랑을 찾기 위해 인터넷을 이용하는 것의 효과에 대해 논의한다.

12.5 인간관계 초반에 이루어지는 자기노출의 장점과 단점을 설명한다.

사랑을 찾기 위한 여러 가지 다양한 방법이 있다. 당신은 강의실, 카페, 술집 혹은 다른 사람을 만날 수 있는 곳 어디에서든 특별한 누군가를 우연히 발견할 수 있다. 심지어 누군가를 발견한 후 시간이 지나면 친구 관계는 보다 발전된 관계가 되어 있을 수도 있다. 물론 친구나 부모님이 당신을 대신하여 개입할 수도 있다. 미팅을 주선하거나 중매를 서는 것과 같이 이런 우연한 만남과 제삼자의 개입은 이미 여러 나라에서 이루어져 왔다(Coontz, 2005). 하지만 오늘날엔 인터넷이 누군가의 '애인'을 찾기 위해 점점 더 유용하게 이용되는 방안을 제공하고 있다. 현재 미국인의 약 20%가 자신의 파트너를 온라인에서 만나고 있는데, 최근에 증가하고 있는 이 수치는 앞으로 몇 년간 계속 증가 추세를 유지할 것이다(Rosenfeld & Thomas, 2010).

온라인 데이트 거의 20억 명의 사람들이 온라인 세상에 함께함에 따라 온라인에서 사교적인 만남을 가질 기회는 어마어마하며 연애 가능성을 지닌 누군가와 연결될 수 있다(Finkel, Eastwick, Karney, Reis, & Sprecher, 출간 중). 놀랄 것 없이 온라인 데이트는 호황을 누리고 있는 사업이다. 전 세계적으로 인터넷 데이트로부터의 수익은 해마다 10억 달러 이상이다(Visualeconomics.com, 2011). 더욱이 1,500만 명의 현 회원들과 2000년 이래로 1억 명 이상의 회원을 갖고 있으며 154%의 성장을 가져왔다고 주장하는 선두적인 웹사이트인 Match.com을 비롯하여 인터넷에 있는 다수의 개인광고들은 최근에 3배 이상 증가하였다(Hethcock, 2011; PR Newswire, 2009). 만일 당신이 인터넷에서 파트너를 찾아내기를 원한다면 자신을 안전하게 지키면서 좋은 관계를 이룰 가능성을 높여 주는 몇 가지 유용한 지침이 있다(Onguardonline.gov, 2012).

- 사이트에 가입하기 전에 다른 사이트가 어떻게 운영되고 있는지에 대해 고려하라. 몇몇 사이트는 규정된 커뮤니티에 소속되어 있는 사용자만이 게시된 내용에 접근하는 것을 허용할 것이고 다른 사이트는 누구든 가리지 않고 게시물을 보도록 허용하고 있다.
- 자신이 게시한 정보에 대하여 어느 정도 통제권을 가지고 있는지에 대해 고려하라. 선택된 집단의 사람들에게만 게시물에 대한 제한적인 접근을 고려하라.
- 자신에 관한 정보를 남에게 말하지 마라. 이름과 사회보장번호, 주소, 전화번호나 은행 및 신용카드 계좌번호를 게시하지 마라. 그리고 다른 사람의 정보 역시 게시하지 마라. 게시된 정보 중 자신의 오프라인 위치나 자신을 알아보는 데 이용될 수도 있는 정보를 조심하라. 이 온라인 세상에는 학교 이름, 어디에서 일하는지 혹은 어디에서 많은 시간을 보내는지가 모두 담겨 있다.
- 닉네임이 자신에 관하여 너무 많은 것을 드러내지 않도록 확실하게 하라. 이름과

나이, 혹은 고향을 이용하여 닉네임을 만들지 마라. 비록 닉네임이 특색 없는 것으로 만들어졌다고 생각되더라도 자신이 누구이고 어디에서 만날 수 있는가를 생각해 내게 하는 조합 단서들을 찾는 것은 그리 어렵지 않다.

- 다른 사람이 자신에 관해 알아도 괜찮은 정보만을 게시하라. 자신의 배우자, 선생님, 경찰, 대학 혹은 고용주를 포함한 많은 사람이 게시물을 볼 수 있다.
- 일단 온라인에 정보를 게시하고 나면 취소할 수 없다는 것을 기억하라. 비록 사이트에서 정보를 지우더라도 구버전의 문서가 몇몇 사람의 컴퓨터에 남아 있게 된다.
- 자신의 사진을 게시하지 않도록 하라. 그 사진은 당신이 불쾌해할 방식으로 고쳐지거나 널리 알려질 수 있다. 만일 사진을 게시하려고 한다면 거실에서 어머니에게도 보여 줄 수 있는 수준인지 아닌지를 자문해 보라.
- 온라인에서 낯선 사람들과 시시덕거리는 것은 심각한 결과를 가져올 수도 있다. 왜냐하면 어떤 사람들은 자신이 실제 누구인지에 대해 거짓말을 하며 당신이 상대하고 있는 사람이 실제로 누구인지를 전혀 모르기 때문이다.
- 만약 새로운 온라인 친구가 직접 당신을 만나고 싶다고 하면 조심하라. 당신은 누군가를 만나는 것을 결정하기 전에 조사해야 한다. 친구들 중 누군가가 그 사람을 알고 있는지 물어보라. 그리고 온라인 검색 엔진을 통해 캐낼 수 있는 대로 그 사람의 배경을 확인하라. 만일 만나기로 결정한다면 낮에, 공공장소에서, 믿을 만한 친구들을 가까이에 두고서 만나라. 자신이 어디를 가고 언제 돌아오는지에 대해 보호자나 책임자에게 알려 줘라.
- 만일 의혹이 생긴다면 자신의 직감을 믿어라. 만일 누군가에게 협박받고 있거나 온라인에서의 어떤 것 때문에 누군가에게 불편한 느낌이 든다면 믿을 수 있는 누군가에게 말하고 경찰과 SNS에 이러한 것을 알려라.

글상자 12-2에 제시된 것처럼 선택할 수 있는 여러 가지 온라인 데이트 서비스가 있으며 인종, 종교, 성적 성향, 심지어 음식물의 선호도에 따라 대상을 선택할 수 있다. 아주 흥미로운 것은 인터넷에 개인광고를 게시한 사람들은 장기적인 관계에는 관심이 없다는 것이다. AdultFriendFinder.com과 AshleyMadison.com과 같이 단기적 관계에 맞도록 설계된 '성인' 대상의 웹사이트의 확산은 이런 사실을 증명하고 있다.

오프라인 데이트와 비교할 때 온라인 데이트는 고객들에게 세 가지 항목을 제공한다. (1) 사랑에 관심 있는 수천 명의 사람들과의 접촉 기회, (2) 이메일, 채팅, 문자 메시지, 동영상을 통해 잠재적인 파트너들과의 24시간 의사소통 서비스, (3) 보통 컴퓨터를 이용해서 찾아내는 '서로 화합할 수 있는' 낭만적인 파트너와의 결혼중매 서비스. 이 목록에 있는 처음 2개의 항목들은 연구를 통해 입증되었다. 하지만 어떤 온라인 데이트 서비스 업체들은 자신들의 실제 회원 수를 취소한 가입자, 중복 회원과 잘못된 프로필을 포함하여 과대 추정함으로써 비난을 받은 것으로 알려졌다(Hethcock, 2011). 그렇다면 서로 다른 여러 가지 데이트 서비스를 자랑하는 온라인 결혼중매자들은 얼마나 괜찮가? 모두들 알다시피 그렇게 좋진 않다. 실제로 위에서 언급했던 것처럼 그들은 전통적인 방식으로 사람을 만나는 경우보다 성공적이고 장기적인 관계를 만들어 내는 데 결코 능하지 않다. 그 이유는 컴퓨터는 유사성과 상보성 영역에 기초를 둔 매칭 알고리즘을 사용하지만 시간이 흐르면서 나타나는 파트너들의 성장과 변화, 도전적인 생활환경, 개인의 대처 역량 그리고 역동적인 관계처럼 성공이나 장기적 관계의 실패에 있어 보다 중요한 영역들은 고려하지 않기 때문이다(Finkel et al., 2012).

자기노출의 중요성 **자기노출(self-disclosure)**은 다른 사람과 친밀한 혹은 사적인 정보를 공유하는 것을 의미한다. 오프라인이든 온라인이든 파트너와 함께 늙어 가려고 하는 사람은 지속적인 관계에는 전혀 관심이 없는 사람보다는 좀 더 솔직하게 자신을 드러

글상자 12-2 관계에 초점을 맞춰라: 인터넷으로 데이트하기

장기적인 관계를 추구하는 사람들을 위한 인터넷 연애 사이트

이름 목표	대상들
AsianDating.com	Asian Singles
BlackSingles.com	African-American Singles
ChristianMingle.com	Christian Singles
eHarmony.com	All Singles
IndianDating.com	Indian Singles
InterracialSingles.com	Singles seeking interracial relationships
JDate.com	Jewish Singles
LatinoPeopleMeet.com	Latino Singles
Match.com	All Singles
Muslima.com	Muslim Singles
PrideDating.com	Gay, Lesbian, and Transgendered Singles
VeganDatingService.com	Single vegans
VeggieDate.com	Single vegetarians

출처: "당신의 아이들과 이야기하고 있는 사람을 알고 있는가? 온라인 사회 연결망을 위한 안전 수칙들", Federal Trade Commission website, May 9, 2006.

내며 의식적이고 의도적으로 자신을 공개하려는 경향이 있다. 효과 면에서 볼 때 긍정적인 자기노출은 가장 효과적으로 보인다. 높은 수준의 자기노출이 이루어지면 관계에 대한 높은 존중감(예: 파트너에 대한 신뢰)과 양질의 관계가 발달하게 된다. 마찬가지로 시간이 흐르면서 사적인 내용을 많이 드러내는 사람들은 미래의 파트너에 대한 적절한 정보를 알게 되는 것은 물론 성공적인 관계에 이를 가능성도 좀 더 많아진다. 아마도 이것은 친절과 관련된 호혜적 행동을 설명하는 호혜성 법칙 때문에 발생하며 불문율로서 규정되고 있다. 그런데 자기노출은 특정 노출 때문에 거부당할 위험과 노출에 뒤이은 불안도 수반한다. 사람들이 관계에서 안정감을 느끼려면 그들의 파트너가 주목할 만한 가치가 있는 특성, 애정 어린 돌봄과 배려 및 보살핌을 보여 줄 거라고 믿어야 한다(Murray, 2005). 커플 중 한쪽이 위협받고 버림받았다고 느끼면 그들의 자존감은 줄어들지도 모르며 차후에는 관계의 친밀감도 약화될 수 있다.

흥미롭게도 사람들 대부분이 자신들의 자기노출에 대해서는 솔직하다고 생각하는 반면 다른 사람들의 자기노출은 자신을 다르게 표현하거나 최소한 선별적인 자기노출을 하는 경향이 있다고 생각한다(Gibbs, Ellison, & Heino, 2006). 사실 사람들은 스스로를 잘못 표현하고 있으며 거기에는 다 이유가 있다. 관계를 형성하려고 할 때 완전하고 전면적인 솔직함이 언제나 최선의 방책인 것은 아니다. 누군가를 만난 후 얼마 안 되어 표현되는 보다 큰 솔직함, 특히 너무 일찍 개인적인 결점을 과하게 드러내는 것은 실제로 관계의 형성에 악영향을 미칠 수 있다. 바꿔 말하면 누군가를 만나기 시작했을 때 곤란한 개인 문제들이 담긴 광범위한 목록을 당신의 파트너에게 제공하지 않는 것이 가장 좋다. 그럼에도 불구하고 관계를 시작할 때 감췄던 작은 개인적 결점들이 나중에 문제가 될 수도 있다. 결국 의식적이든 의식적이지 않든 자기노출은 일어날 것이다. 따라서 관계가 발전되어 감에 따라 자신의 개인적인 많은 문제들을 파트너와 의논할 준비가 되어 있어야 한다. 그렇게 하는 것은 지금 관계에 대한 존중으로 이어질 수 있고 나중에는 심적 고통도 막을 수 있다.

결혼과 그 밖의 다른 헌신적인 관계

학습목표

12.6 동거의 효과를 설명한다.

12.7 결혼에 있어 최근의 동향을 기술한다.

12.8 사람들이 왜 결혼하는지에 대해 논의한다.

일단 커플이 되면 사람들은 보통 함께 사는 것(동거)이나 약혼 후에 결혼하는 것으로 서로에 대한 헌신을 보여 준다. 두 경우 모두 그들은 오직 서로에게만 헌신할 뿐이다. 이러한 상태 각각에 대해 좀 더 자세히 살펴보자.

동거

다양한 연령대의 미혼인 사람들이 **동거(cohabitation)**나 **미혼자들이 숙식을 함께하면서 같이 살고** 있지만 가장 큰 비율은 20~40대에서 나타나고 있다. 사실 30~40대의 동거 비율은 1995년 3%에서 최근 7%로 지난 20년 동안에 두 배 이상이 되었다(Fry, 2011). 1990년대에 320만에서 현재 800만 가까이인 헌신적 관계의 커플들은 이러한 증가를 부추기는 경제적 조건(각각 떨어져서 사는 것보다 두 사람이 함께 사는 것이 돈이 더 적게 든다) 때문에 동거하고 있다(Census.gov, 2012). 하지만 어떤 커플들은 어쩌다 보니 이런 방식으로 관계를 유지하고 있으며 동거하고는 있지만 여전히 자신들만의 공간을 유지하고 있는 경우도 주목해 볼 만하다(Peterson, 2002).

경제적인 이유에 더하여 어떤 커플은 일종의 '계약' 결혼을 하기 위해 동거를 한다. 사실상 커플 중 거의 70%가 결혼 전에 동거하고 있다(Manning, 2010). 동거를 하고 있는 커플은 데이트를 하고 있는 동일 연령대의 다른 커플들보다 적어도 단기적으로는 더 큰 친밀감을 경험한다. 더욱이 오늘날의 젊은 커플들은 단지 결혼의 대안이 아니라 이혼을 막기 위한 방법으로 동거를 생각한다(Swanbrow, 2009). 유감스럽게도 그런 시도들은 결혼 전에 동거하는 커플이 그렇지 않은 커플보다 파경을 맞을 가능성이 좀 더 많기 때문에 효과적이지 못한 시도로 보인다. 이러한 현상은 우선 **동거를 시작한 커플이 그렇지 않은 커플보다 결혼에 있어 더 큰 불안정을 경험하는 것**을 의미하는 **동거 효과(cohabitation effect)**로 불린다(Guzzo, 2009). 그러나 동거 기간, 동거 이유, 예를 들어 결혼 전에 적합성에 대한 테스트 그리고 문제해결 능력과 같은 다른 요인들은 결혼의 불안정을 예측해 주는 더 강력한 변수들인 것 같다(Cohan & Kleinbaum, 2002). 동거하고 있는 많은 커플은 성공적인 결혼생활을 할 수 있고 해 나가고 있다(Phillips & Sweeney, 2005).

결혼

결혼(Marriage)은 **보통 두 사람의 합법적인 결합으로 부부가 된 상태**를 말한다. 현재 제도로서의 결혼은 동거, 1인 가구와 같은 대안적인 방식들로부터 도전을 받고 있다.

사실 미국에서는 현재 성인의 약 51%만 결혼함에 따라 50년 이래로 사상 최저치를 기록하고 있다. 그럼에도 불구하고 결혼은 유행에 뒤떨어진 완전히 구닥다리 방식은 아니다. 미국에 있는 대부분의 사람들이 여전히 결혼을 원한다. 그리고 72% 정도의 사람들이 적어도 한 번은 결혼을 하고 있다(Cohen, 2011). 합법적으로 인정받는 부부, 장기적인 관계에 있는 부부로서 받는 보장, 친밀감과 동반자 관계가 주는 정서적 이점, 규칙적인 성관계, 자녀양육에 대한 지원과 같이 결혼은 많은 이점을 갖고 있다. 당신이 생각할 수 있는 다른 이점들로는 무엇이 있는가?

오늘날 세계 거의 모든 지역의 커플들은 초혼의 평균 연령이 매년 조금씩 올라감에 따라 결혼이 조금 더 늦어지는 경향이 있다. 그 결과 많은 사람들이 20대와 30대에 결혼한다. 사실 지금보다 초혼의 평균 연령이 더 높았던 때는 없었는데 신부는 26.5세이고, 신랑은 28.7세이다. 아마도 이것은 나이 든 사람들이 결혼했을 때 결혼생활을 더 오래 지속하기 때문에 긍정적인 동향으로 보인다. 만혼을 하는 이유는 여러 가지가 있지만 교육 및 경제 근대화의 성장이 부분적으로는 이러한 동향을 설명해 주고 있다고 생각된다(Cohen, 2011). 결혼에 관한 자신의 태도를 알아보려면 활동 12-1에 제시되어 있는 결혼에 관한 근거 없는 믿음 퀴즈를 풀어 보라.

사랑과 결혼 많은 사람이 자신도 완전히 이해하지 못하는 복잡한 동기들(다양한 부정적 및 긍정적 동기들)에 의해 연인에게 헌신하거나 그들과 결혼하는 경향이 있다. 결혼이 지닌 사회적, 법적, 특히 경제적 이점과 함께 결혼이라는 전통은 흔히 알고 있는 것보다 더 큰 역할을 한다(Smock, Manning, & Porter, 2005). 비록 대부분의 미국인들이 질문을 받으면 흔히 그들은 사랑하고 있기 때문에 결혼한다고 말하는 특징이 있다. 결혼이 경제적 생존, 성적 욕구의 충족 혹은 자녀양육과 같은 그런 문제에 있어서는 더 이상 필요 없는 것이 되었기 때문에 사랑은 결혼을 하고 그 결혼생활을 유지하는 데 중요한 이유가 되고 있다. 심지어 전통적으로 사회적인 이유 때문에 결혼해 왔던 상류계급과 왕족조차 이제는 사랑에 기반을 둔 결혼을 더 선호한다.

대부분의 미국인 커플들은 **두 사람이 사랑하는 만큼 오랫동안 결혼을 유지할 것이라는 가정에 기반을 두고 있는 자발적 결혼(voluntary marriages)**이 좋다고 생각한다. 그들은 더 이상 사랑하지 않게 되면 헤어질 것을 서로 합의하게 된다. 사람들이 낭만적인 사랑—정서적 및 신체적 친밀감을 강조—에 기반을 두고 연인과 결혼하거나 연인에게 헌신했음에도 불구하고 너무도 많은 관계와 결혼이 실패로 끝나는 것은 전혀 놀라운 일이 아니다. 즉 사랑이 줄어들게 되면 결혼생활은 실패로 끝난다. 반면에 더 오래 동거한 커플은 만족스럽고 헌신적인 관계를 유지하고 신체적 매력보다는 몰입과 개인적 친밀감

활동 12-1

결혼에 관한 전설

보기: 다음에 결혼에 관한 몇 가지 뻔한 이야기들이 적혀 있다. 그것들 중 자신이 진실(T)이라고 생각하는 것과 거짓(F)이라고 생각하는 것을 표시하라. 그런 다음 이 장의 마지막에서 정답을 찾아보라.

1. 미국인 10명 중 7명 이상이 결국 결혼한다. [T], [F]
2. 결혼 전에 동거한 사람들은 그러지 않았던 사람들보다 덜 이혼하는 경향이 있다. [T], [F]
3. 결혼생활은 항상 50 : 50의 동반자 관계를 유지해야 한다. [T], [F]
4. 남편과 아내는 가장 가까운 친구가 되어야 한다. [T], [F]
5. 배우자들 간에 성격의 차이와 불일치는 결혼 불만족의 중요한 이유가 된다. [T], [F]
6. 결혼한 사람들은 독신인 사람들보다 더 행복하고 더 건강하다. [T], [F]
7. 대부분의 이혼은 여자들에 의해 시작된다. [T], [F]
8. 혼외정사는 결혼생활을 망가뜨릴 것이다. [T], [F]
9. 아이들은 이혼하지는 않았지만 행복하지 않은 가정에 계속 머무르는 것보다는 법률상 이혼에 의해 더 상처받는다. [T], [F]
10. 결혼한 사람들이 결혼하지 않은 사람들보다 더 오래 사는 경향이 있다. [T], [F]

을 더 많이 강조하면서 둘 다 우애적인 사랑을 더욱 가치 있게 생각한다.

다양성, 사랑 그리고 결혼 사람들은 보통 연령, 교육 수준, 민족적 혹은 사회적 배경, 인종, 종교에서 비슷한 파트너와 결혼하고 헌신하는 경향이 있다. 이러한 경향들 대부분은 성적으로 끌릴 가능성을 증가시키는 물리적 근접성과 함께 사람들을 만나는 기회는 물론 사람들이 교제해 왔던 방법도 반영한다. 그러나 우리 사회가 더 역동적이고 다양해지면서 오늘날에는 인구통계학적 요인보다는 유사성 요인이 보다 중요한 역할을 하고 있기 때문에 사람들은 이러한 친숙한 한계에서 벗어나 있는 사람들과 결혼하고 헌신하고 있다. 그러한 증거로서 이러한 사실을 고려해 보자. 최근 결혼의 약 15%가 서로 다른 인종이나 민족성을 지닌 파트너들 간에 이루어졌다. 1980년(6.7%)에 발생한 국제결혼 수치의 두 배가 넘는 수치이다(Wang, 2012). Matsumoto(2000)에 의하면 이러한 다양한 결혼(예: 이문화 간의 결혼)은 특히 사랑과 친밀감에 있어 서로 상충하는 경향이 있다. 하지만 그런 결혼들이 더 높은 이혼 경향을 보이지는 않는다.

비록 사랑이 전 세계적인 현상일지라도 헌신하거나 사랑하기에 적절한 누군가를 선택

비록 문화와 종교적 배경이 결혼식에 영향을 미칠지라도 사랑은 여전히 미국에 있는 사람들이 결혼을 결정하는 중요한 이유가 된다.

하는 데 있어서 유용한 사랑의 중요성은 문화마다 서로 다르다. 보통 개인주의 문화의 사람들은 집단주의 문화의 사람들보다 결혼을 하기 위한 근거로서 사랑을 더 강조한다. 예를 들면 결혼 상대를 선택하는 과정에서 미국인들은 사랑에 최상의 가치를 부여하는 반면 인도인들은 사랑을 최소한으로 강조하고 있다(Levine, Sato, Hashimoto, & Verma, 1995). 인도와 같은 문화권에서는 사랑하는 사람이나 로맨틱한 파트너와 결혼을 하기보다는 오히려 결혼한 후에 서로 사랑하는 것을 배운다(Matsumoto, 2000). 흥미롭게도 배우자 선택에서 사랑을 강조하지 않는 나라에서 더 낮은 이혼율을 보이고 있다. 이런 결과가 놀라운가?

친밀한 관계에 적응하기

학습목표

12.9 헌신적인 관계에서 나타나는 여러 가지 적응의 모습을 열거한다.

12.10 성공적인 결혼과 실패한 결혼의 특징을 비교한다.

12.11 관계의 질을 향상시키는 방법을 기술한다.

12.12 시간이 지나면서 관계에서 흔히 나타나는 성과 관련된 변화에 대해 논의한다.

부부들이 지속적이고 행복한 관계를 이룰 수 있는가는 적합성과 같은 문제에서 얼마나 잘 걸맞은가는 물론 어떤 방식으로든 서로 헌신하거나 결혼한 후에 어떤 일이 일어나는가에 더욱 의존한다. **부부 적응(couple adjustment)은 결혼생활 중에 부부 관계에서 나타나는 변화와 적응**을 의미한다. 부부 적응에서 가장 중요한 것은, 특히 급격히 변화하는 사회에서 탈바꿈하려는 각 배우자의 유연성과 의향이다. 때때로 이것은 어려울 수 있다. 결혼 첫해 동안 빈번한 말다툼을 하는 신혼부부가 많은 것은 놀라운 일이 아니다(Sullivan, Pasch, Johnson, & Bradbury, 2010). 오늘날의 부부와 과거의 부부 간에 중요한 차이는 각 배우자에 대해 명확하게 규정된 역할의 부족이다. 변화하는 성역할의 본질은 함께 살기로 한 모든 파트너에게 문제를 일으킨다. 가장 일상적인 일조차 문제가 될지도 모른다. 누가 요리하는가? 누가 쓰레기를 버리는가? 누가 돈을 지불하는가? 헌신적인 관계를 이어 가는 것은 권위와 공정성, 권력 분배 그리고 욕구 충족에 관한 보다 많은 질문과 관련이 있다.

태도 적응

사랑의 불꽃을 꺼지지 않게 하는 것은 무엇인가? 태도에서 점점 닮아 가는 것이 하나의 요인이다(Kalmijn, 2005). 관계 초기에 커플의 태도를 측정해 보면 파트너의 태도가 서로 다르다. 하지만 시간의 흐름에 따라 태도의 합치가 이루어지며 어떤 점에서 그들의 태도는 보다 비슷해지고 따라서 다툼을 초래할 가능성도 줄어들게 된다. 이러한 것의 한 예로 처음에는 피임 방법에 대해 의견이 달랐던 한 부부를 들 수 있다(예: 남편은 아내가 피임약을 먹기를 바란다. 아내는 피임약의 부작용이 두려워서 남편이 싫어하지만 콘돔을 사용하기를 바란다). 나중에 그들은 제3의 피임법을 결정함에 따라 보다 높은 태도 유사성을 갖게 되었다.

책임을 함께 나누기

파트너들은 과거보다 오늘날에 더 높은 책임감을 나누고 있다. 그 결과 파트너, 특히 결혼한 배우자 간에 각자의 역할에 대한 기대는 과거보다 더 유연해지고 보다 실용적이 되었다. 예를 들어 더 많은 여성들이 가정 밖에서 일하면서 부양자의 역할을 함께 나누고 있다. 남성들은 자녀양육을 돕는 것을 포함하여 자신들의 관계에 더 큰 정서적 지지를 제공하고 있다. 의사결정 또한 특히 맞벌이 부부들 간에서 더 민주적으로 이루어지고 있다.

비록 평등주의적인 관계들이 이상적인 것처럼 보일지라도 책임감 공유의 증가에 뒤따르는 한 가지 어려움은 공정성이라는 주제이다. 만일 여성들이 가정 밖에서 일하고 있다면 이것은 그들이 가정 내에서 더 적은 일을 하거나 배우자가 집안일을 도울 것이라는 것을 의미하는가? 여러 연구는 가정 밖에서 2교대로 일하고 있는 여성이 남성보다 여전히 집안일을 더 많이 하고 있다는 것을 보여 주고 있다(Sayer, 2005). 결과적으로 여성이 아이들이나 부모님을 돌보는 부양자 같은 복합적인 역할을 수행하면서 동시에 직장도 다니고 있다면 기진맥진함을 느끼는 것은 당연한 일이다(Streich, Casper, & Salvaggio, 2008). 연구는 남편이 집안일을 나누는 것이 증가할수록 여성의 결혼생활의 질은 개선되지만 남성의 경우엔 그렇지 않다는 것을 보여 주었다(Amato, Johnson, Booth, & Rogers, 2003). 흥미롭게도 이성애자 커플과 비교하여 동성애자 커플은 보다 공정하게 집안일을 배정하고 더 건설적으로 갈등을 해결하며 관계에 대해 보다 동등한 수준의 만족감을 경험하는 경향이 있다(Dunne, 2000; Kurdek, 2005).

의사소통과 갈등

책임감의 지속적인 변화는 심지어 헌신적인 관계에서도 의사소통 및 갈등 관리를 보다 중요하게 만든다. 비록 많은 커플들이 사실상 관계의 어느 시점에 이르면 말다툼을 하지만 특정 문제의 우선순위는 커플마다 다르다. 예를 들면 많은 부부들은 돈에 대한 갈등이 자신들의 주요 문제 중 하나라고 느낀다. 어떤 부부는 성적 불일치를 중요한 문제로 간주하지만, 다른 커플은 비현실적인 기대, 애정결핍, 세력 다툼에 대해 불평한다. 부가적인 문제는 훈육 방식이나 기본적인 보육과 같은 자녀양육과 관련된 주제를 포함한다. 더욱이 아이의 탄생과 함께 열정적인 사랑은 줄어들며 결혼생활의 불만족도는 증가하게 된다(Puterbaugh, 2005). 갈등을 만들어 내는 다른 주제로는 인척, 낭만적인 관계나 성적인 문제, 약물 복용, 문제성 음주, 돈의 지출 그리고 질투가 있다. 하지만 가장 흔한 문제(거의 모든 목록에서 첫 번째나 두 번째로 나타나고 있는 문제)는 의사소통에서의 어려움이다(Murray & Holmes, 2011). 헌신적인 관계에 있는 사람들은 되풀이해서 "정말 우리는 서로 대화할 수가 없는걸요?"라며 불평한다.

그림 12-2
의사소통과 귀인은 행복한 커플과 불행한 커플에 있어 다르다.

커플들은 왜 대화를 나눌 수 없는 걸까? 보통 그들은 자신의 친구나 형제자매들과는 대화를 아주 잘 나눈다. 물론 파트너들은 줄곧 서로에게 말을 건다. 그들은 "우리 저녁 뭐 먹을까?", "오늘밤엔 평소보다 더 늦게 집에 올 거야."와 같은 일들에 대해 말한다. 이런 표면적인 수준의 대화는 충분히 쉽다. 그에 반해서 의사소통에 있어서의 실패는 보다 깊은 수준의 감정, 기대, 의도 및 개인적 욕구를 함께 나누려고 할 때 발생하는 경향이 있다. 부부들이 서로 잘 지내기 어려움을 느끼는 것은 바로 이 영역들이다. 대개의 경우 파트너들 모두 친밀감과 다정함을 갈망한다. 하지만 숨김없이 말하는 것의 대가는 상처받기 쉬움일지도 모른다. 신중하고 조심스러운, 즉 방어적인 의사소통이 자리 잡게 되면 각 파트너는 대화를 망설이는 경향을 보일 수도 있다. 의사소통에 있어서의 어려움은 커플들이 자신들의 삶을 더 밀접하게 연결되도록 노력함에 따라 더 심각해진다.

그들이 서로 관심을 갖게 되면서 어떤 의견충돌 영역은 불가피한 것이 된다. 부부가 자신들의 의견충돌을 해결하기 위해 애쓰는 동안 불꽃이 튈 수 있다. 흥미롭게도 행복한 부부들과 불행한 부부들 모두 다툼을 하기 때문에 분노가 반드시 결혼생활에서 가장 파괴적인 감정은 아닐 수도 있다.

결혼생활을 위험에 빠뜨리는 요인 이혼이 진행 중인 부부들은 목소리 톤, 얼굴 표정, 말을 통해 적대적인 느낌을 드러내 보이는 것으로 논쟁을 시작한다. 여성이 어떤 주제를 '거슬리게' 혹평하면서 꺼낼 때, 남성이 이에 대해 대단히 부정적인 성향으로 반응을 보였을 때 가장 큰 문제가 발생한다. 여성들은 주어진 시간의 약 80%를 관계라는 주제에 관하여 언쟁을 시작하기 때문에 이런 종류의 역동은 관계에 빠르고도 부정적으로 영향을 미친다(Peterson, 1999).

게다가 결혼생활에 해로운 것으로 입증된 어떤 감정과 상호작용 방식이 있다(Gottman, 2012).

- **비난** — 배우자의 성격에서 발견된 결점에 관하여 불평을 말하는 것(예: 당신은 너무 자기중심적이야).
- **무시** — 배우자보다 자신이 더 뛰어난 것처럼 보이게 하는 것(예: 당신은 너무 멍청해!)
- **방어적임** — 흔히 자기 자신을 죄 없는 희생자처럼 표현하는 형태의 자기방어(예: 그건 내 잘못이 아니야, 바로 당신 잘못이야!)
- **의사소통의 방해** — 상황으로부터 정서적인 철수(예: 배우자에게 말하라고 해놓고 실제로는 그 말을 듣지 않는 것)

Gottman이 말하듯이 이러한 '요한 계시록의 네 마리 말'의 존재는 만일 이것들을 그대로 놔두면 보통 6년 안에 관계 해체가 이루어진다는 것을 암시한다(Gottman, 2012). 글상자 12-3은 갈등이 가득한 관계 중 더 골치 아픈 또 하나의 유형인 부부 폭력에 대해 논의한다.

성공적인 결혼생활로 이끄는 요인 최근까지 결혼생활의 '성공'은 결혼생활이 얼마나 오래 지속되는가를 나타내는 지속성을 의미했다. 그러나 최근에 나타난 가치에서의 변화들은 결혼 지속기간보다는 부부 관계의 질을 더 강조하고 있다. 오늘날 결혼생활의 성공은 **결혼만족도(marital satisfaction)**—결혼생활에서의 희열감과 만족감—특히 성숙한 사랑, 친밀감, 동료애와 같은 결혼생활의 관계적 측면에서 더 많이 해석된다.

장기적이고 만족스런 결혼생활을 특징짓는 것은 무엇인가? 첫째, 부부가 같이 문제를 풀어 가는 능력이 가장 중요한 것처럼 보인다. 이 요인은 대단히 만족스러워하는 부

글상자 12-3 관계에 초점을 맞춰라: 배우자 학대

구타(Battering)는 보통 위협이나 폭력의 사용을 포함하여 공포와 협박을 통해 다른 사람에 대한 통제 및 세력을 확립하는 데 사용되는 행동양식이다. 구타는 한 사람이 다른 사람을 통제할 권리를 부여받았다고 생각할 때 발생한다. 더 좋은 교육과 더 많은 법률에도 불구하고 미국인 여성 4명 중 1명은 평생 가정 폭력을 경험하는 것으로 추정된다. 비록 남성이 가정 폭력의 피해자가 될 수 있을지라도 여성은 전체 피해자의 85%를 차지한다(National Coalition Against Domestic Violence[NCADV], 2012). 은밀하게 이루어지는 배우자 폭력은 또한 여성들이 경험하는 비치명적 폭력 범죄의 약 20%를 차지하고 있다(Rennison, 2003). 살해된 여성의 절반 이상과 살해된 남성의 1/3이 의미 있는 타인들(배우자, 연인) 때문에 죽는다(Kessler, Molnar, Feurer, & Applebaum, 2001). 문화마다 가장 흔한 폭력 상황은 여성을 피해자로 하는 남녀 모두가 관련된다(Kim, Park, & Emery, 2009). 남성이 여성에게 폭력을 가하는 상황은 심각한 신체적 부상 및 죽음과 같은 모든 결과 중에서 가장 부정적인 결과를 초래한다(Russo, 2008).

남성들은 왜 학대자가 되는가?

어떤 남성들이 자신의 배우자에게 폭력을 행사하는지를 설명하기 위한 많은 이론들이 있다. 이러한 이론들은 가족 역기능, 부족한 의사소통 기술, 여성에 의한 도발, 스트레스, 약물의존, 영성의 부족, 경제적 고난을 포함한다. 그런 주제들은 여성에 대한 구타와 관련될 수 있음에도 불구하고 진짜 원인은 아니다. 왜 그런가? 이러한 관련 요인들을 제거하더라도 여성을 향한 남성의 폭력을 끝내지는 못할 것이다. 학대자는 폭력이 다른 사람에 대한 통제력을 얻게 하고 다른 사람을 계속 통제하는 데 효과적인 방법이기 때문에 구타행동을 시작하고 지속하게 된다. 그리고 유감스럽게도 가해자는 구타행동의 결과로 나타나는 부정적인 결과들로 고통을 받지 않는다. 파트너를 향한 폭력을 예견하는 위험요인에는 실업, 약물 사용, 어릴 때 비슷한 폭력을 목격하는 것, 낮은 소득, 낮은 교육 수준, 특히 남성 학대자의 낮은 교육 수준이 포함된다. 이러한 남성들 중 극소수는 엄밀히 말해서 반사회적이지만 대부분은 좋은 의사소통 기술이 부족하며 자신의 배우자를 통제하고 제압하려는 높은 욕구를 갖고 있다(Ehrensaft, 2009).

학대자 프로파일

폭력적인 배우자들은 흔히 그들이 했던 행동을 최소화하거나 부정하며 자주 피해자 탓으로 돌린다. 대부분의 폭력 역시 예측할 수 있는 주기나 양식으로 발생한다. 첫 번째는 단계적 확대 혹은 긴장감 고조단계로서 많은 피해자들이 폭력적인 상황을 인식하게 되며 그래서 어떤 화제를 회피하기 혹은 여러 가지 대화를 피하기 같은 기법들을 이용하여 그 상황을 회피하려고 노력한다. 폭력 주기에서 두 번째 단계는 사실상의 폭력단계로서 자주 폭력이 이루어진다. 기이하게도 세 번째 단계는 학대자가 용서를 구하는 것으로 결코 다시는 구타를 하지 않겠다고 약속하거나 사랑을 베푸는 것이다(O'Leary & Woodin, 2009).

구타당하는 것의 영향

부부 폭력의 피해자들은 그들이 학대자에게 재정적으로 의존하고 있더라도 그렇게 곤란하고 힘든 관계로부터 벗어나는 방법을 찾는다(Fleury-Steiner, Bybee, Sullivan, Belknap, & Melton, 2006). 신체적인 타박상에 대한 공포감 외에도 피해자들은 자존감의 상실, 폭력에 대한 반복적인 위협, 심신을 약화시키는 우울증, 안전한 곳으로 탈출을 시도하더라도 스토킹 당하면서 고통받는다. 이러한 것을 고려해 볼 때 많은 피해자들은 학대자를 떠나는 것이 불가능하다. 역사적으로 여성을 향한 폭력은 '실질적인' 범죄로 간주되지 않았다. 다행스럽게도 오늘날은 폭행, 구타, 가정 폭력이 대부분의 사람들에게 범죄로 고려된다. 이런 폭력 주기와 탈출할 능력이 없는 피해자들을 고려하여 어떤 주에서는 학대자의 체포를 지시하는 법이 통과되었다. 하지만 경찰은 때때로 그런 문제들에 대한 교육이 거의 되어 있지 않으며 별 볼일 없거나 상당히 위험한 가족 간 분쟁이라고 생각하는 경향이 있다(Moritsugu, Wong, & Duffy, 2010). 그렇지만 구타나 가정 폭력은 범죄피해신고, 체포, 법적 개입의 증가된 비율에서 보여 주고 있듯이 사법제도에 의해 매우 진지하게 강구되고 있다는 증거가 점점 많아지고 있다(Cho & Wilke, 2005).

당신이라면 누구에게 도움을 청할 것인가?

만일 당신이 피해자이거나 부부 폭력의 피해자를 알고 있다면 당신은 국가 피해자 센터(800-FYI-Call)에 전화하여 위탁 및 지원정보를 받을 수 있다. 또한 웹사이트를 통해 정보를 더 얻을 수도 있다. www.ncvc.org. 다른 자원들은 www.ncadv.org에 있는 가정 폭력에 반대하는 전미 연합(NCADV)과 국가 가정 폭력 핫라인(1-800-799-7233)에 포함되어 있다.

부들 2/3 이상에서는 언급되고 있지만, 불만족스러워하는 부부들은 단지 1/3만이 언급하고 있다. 둘째, 관계의 지속성에 기여한다고 생각하는 요인을 구체적으로 들어 보라고 요청받았을 때 만족스러워하는 부부들의 거의 절반은 같이 '즐겁게 지내는 것'과 그런 경험을 소중히 여기는 것이라고 말한다. 그러나 재미, 유머, 장난기는 약간 만족스러워하는 부부들에 의해서는 전혀 언급되지 않는다(이 점에 대해서는 불만족스러워하는 부부들도 마찬가지다). 물론 이것이 성공적인 결혼생활에서는 전혀 불화가 없다는 것을 의미하는 것은 아니며 행복한 부부들조차도 언쟁을 한다. 그러나 행복한 부부들은 언쟁을 할 때에도 부정적인 행동보다는 긍정적인 행동을 다섯 배 정도 더 많이 한다(Fincham, 2003). 예를 들어 아내가 화가 났을 때 남편은 자신의 반응들 중 하나에 익살스러운 표현을 집어넣을 수 있다. 그런 장난기는 갈등이 초래한 정서적 긴장을 줄이는 데 도움이 된다. 또한 행복한 부부들은 무언가 대처해야 할 상황에서 서로 간에 차이가 있을 것이라는 사실도 기꺼이 받아들인다. 예를 들면 한 배우자는 수다스럽지 않은 반면 다른 배우자는 광범위한 대화를 나누는 것을 더 선호할 수도 있다. 따라서 이런 불가피한 차이를 참고 견디는 능력은 보다 행복한 결혼생활로 이끌어 간다.

결혼생활의 성공에 있어 가장 강한 예측 변수들 중 하나는 정서적 긍정(affective affirmation)—자신의 배우자에 대한 무조건적인 인정이나 솔직한 태도, 다정한 대화—이다. 배우자의 기분을 이해하는 공감 능력, 같이 있는 시간과 개별적인 시간 간의 적절한 균형, 만족스러운 성관계, 서로에게 적응하려는 의향을 포함한 다른 요인들도 장기적이고 행복한 관계에 기여하는 것으로 나타났다(Schwartz, 2002). 게다가 무언가 나쁜 일이 일어났을 때 우리는 특질을 비난하는 것과 같이 그 사람 탓을 하거나 운명 혹은 상황과 같은 외적인 것을 탓할 수 있다. 행복한 부부들은 배우자의 행동에 대해 귀인할 때 관계를 향상시키는 쪽으로 귀인하는 경향이 있다. 불행한 부부들은 서로에게 고통을 더하는 쪽으로 귀인하는 경향이 있다(Gordon, Friedman, Miller, & Gaertner, 2005). 이처럼 비록 귀인이 고통스러운 관계를 초래하고 그런 관계를 지속시키는 데 있어 상당한 역할을 할지라도 또한 귀인은 행복한 관계에서도 한 역할을 할 수 있다. 표 12-2는 귀인 유형의 몇 가지 예를 보여 준다.

더 좋은 관계 만들기

관계를 더 좋게 만드는 가장 좋은 방법 중 하나는 우선 악화되는 것을 피하는 것이다. 사실 어떤 부부갈등 프로그램은 결혼 전인 커플들을 위해 존재한다(Halford, O'Donnell, Lizzio, & Wilson, 2006). 실제로 혼전 교육은 결혼생활에 대해 더 높은 수준의 만족감과 더 나은 헌신을, 더 낮은 수준의 갈등과 이혼 확률의 감소를 초래한다(Stanley, Amato, Johnson, & Markman, 2006). 하지만 갈등이 반드시 나쁜 것만은 아니며 언젠가는 일어날 것이란 점을 기억하라. 사실 갈등은 친밀한 관계에서는 매우 중요하고 필연적인 부분이다. 갈등은 사람들이 자기 자신과 서로에 대해서 더 이해하는 데 유용할 수 있고 그들의 관계를 깊어지게 할 수도 있다. 달리 말하면 부부간의 불화는 성장 경험이 될 수도 있다.

표 12-2 행복한 부부들과 불행한 부부들의 귀인의 예

	행복한 부부들에서 아내는 다음과 같이 말한다.	불행한 부부들에서 아내는 다음과 같이 말한다.
긍정적인 사건: 남편이 선물과 함께 아내의 생일을 잊지 않고 챙긴다.	"그는 정말 멋져요. 결코 내 생일을 잊어버리지 않을 걸요."	"Hah, 그는 뭔가를 꾸미고 있어요. 예를 들어 그는 용서받는 것처럼 내게 무언가를 바라는 경우 외에는 절대로 내게 선물을 주지 않아요."
부정적인 사건: 남편은 아내의 생일을 잊어버리고 챙기지 않는다.	"그는 거의 내 생일을 잊어버린 적이 없어요. 틀림없이 직장에서 힘든 시간을 보냈을 거예요."	"잊는 것은 그다운 짓이죠. 그는 절대 내게 있어 중요한 사건들을 기억하지 않아요."

관계 개선을 위한 조언 관계를 개선하는 한 방법은 위에서 언급했던 '요한계시록의 네 마리 말'을 저지하는 것이다. 비난을 사용하는 것 대신에 '탓하지 않고 항의하는 것'을 배워라. 방어적이 되기보다는 자신의 행동을 책임져라. 무시하는 문화에서 공감하는 문화가 되게 하라. 스스로 솔직해지는 것을 배우는 것으로 의사소통의 방해를 방지하라(Gottman, 2012). 여기에 John Gottman(2012)이 제안한 관계 개선을 위한 추가적인 조언들이 있다.

- 초기에 도움을 구하라. 바로잡을 가능성이 전혀 없을 정도로 문제가 더 나빠질 때까지 기다리지 마라.
- 문득 생각나는 특히 민감한 주제에 관하여 사사건건 비난하는 말을 하지 마라.
- 문제가 많은 화제들은 비난 없이 부드럽게 꺼내라. 비난하거나 경멸하는 말로 논의를 시작하는 것을 피하라.
- 자신의 의미 있는 타인으로부터 받은 영향을 기꺼이 받아들여라. 일반적으로 남성이 여성보다 이 기술을 훨씬 향상시킬 필요가 있다.
- 배우자가 보이는 상처 주는 행동을 받아들이지 말고 더 나아지기를 기대하라.
- 다른 사람에게 상처를 주지 않고 논쟁에서 빠져나오는 방법을 배워라.
- 긍정성이 가득한 분위기를 만들고 부정적인 것에 초점을 두는 것을 피하라.

탐색 12.1 부부치료

www.aamft.org 이 웹사이트는 미국 결혼 및 가족치료자 협회로부터 지원받고 있다. 여기에는 결혼 및 가족과 관련된 주제에 대한 일반적인 정보뿐만 아니라 결혼 및 가족치료자 소개 정보도 담겨 있다.

부부치료 혼자 힘으로는 자신들의 관계를 바꿀 수 없는 부부들에게 부부치료는 실행 가능한 해결책이 될 수도 있다(Wood, Crane, Schaalje, & Law, 2005). 문제 있는 관계를 위한 가장 효과적인 치료 중 하나가 기본적인 사고방식과 정서양식을 바꾸는 기법을 제시하는 인지치료인 **정서초점치료(emotion-focused therapy, EFT)**이다. EFT의 목표는 배우자의 감정이 안전함, 접근 용이성, 책임감을 촉진하는 감정과 단단히 연결되도록 돕는 것이다. EFT에 참여한 부부들은 더 좋은 관계를 위한 환경을 조성하기 위하여 한쪽 배우자가 상대방이 말한 것을 다른 말로 바꿔 표현할 수 있는 적극적 경청을 교육받았다. 일단 안도감과 수용감이 발달하면 부부들은 더 나은 처리를 할 수 있고 서로에게 분명한 메시지를 전달할 수 있으며 서로의 관점에서 볼 수 있게 되고 함께 문제를 풀어 갈 수 있게 된다(Johnson & Patz, 2003). 이러한 형태의 치료가 지닌 성공률은 70~75%가량으로 높은 편이다. 비록 부부치료가 모든 결혼생활을 보완할 수는 없지만 우울한 정도가 더 낮고 성역할에 대해 유연성을 가진 그리고 평등주의적 태도를 지닌 더 젊은 연령대의 부부들에게서 가장 만족스러운 치료 결과를 보이고 있다(Fincham, 2003; Underwood, 2002).

성생활

신혼부부 등 부부들은 지난 수십 년 전에 비해 오늘날 자신들의 결혼생활에 대해 더 큰 성지식과 성경험을 갖고 있지만 또한 더 높은 수준에 비춰 자신들의 성생활에 대해 판단할 가능성도 더 많다. 오늘날 20~30대 부부들의 경우 일주일에 평균 2~3회 정도로 과거의 부부들보다는 더 자주 성관계를 갖고 있다. 그들은 또한 다양한 성행위에 대해 열린 마음을 갖고 있으며 보다 다양한 성행위 체위를 활용하고 더 오랜 시간 동안 성관계를 하고 있다(Smith, 2003; Parker-Hope, 2009). 하지만 함께 산 지 더 오래된 부부들은—결혼했든 결혼하지 않았든 비슷하게— 성관계를 덜 가진다(Brewis & Meyer, 2005). 대개 시간이나 체력의 부족을 그 이유로 들고 있다. 아마도 보다 중요한 요인은 배우자들이 '서로에게 익숙한' 관계가 되었기 때문에 발생하는 성적인 열정의 감퇴이다. 체력의 감소는 특히 중년기 및 노년기 부부들 사이에 관련 요인인 노화와도 연관된다. 또한 아이가 있는 부부들은 사생활의 자유가 없다는 것에 대해 불평한다. 실제로 결혼한 지 더 오래된 부부들은 성관계의 빈도보다는 성관계의 질적인 부분에 더 많은 주의를 기울이고 있다. 대부분의 부부들은 적절한 성관계와 행복한 부부 관계가 조화를 잘 이루고 있다.

대부분의 부부는 자신들이 충실히 지키는 것과는 상관없이 성적으로 일부일처제의 이상을 품고 있다. 그러나 만일 혼외 성관계를 한 경험이 있었는지를 물었을 때는 얘기가 달라진다. 오늘날 연구자들은 미국인 여성의 20~50%와 미국인 남성의 30~60%가 혼외정사를 갖고 있다고 추정한다(Vangelisti & Gerstenberger, 2004). 또 다른 연구에는 남성 74%와 여성 68%가 들키지 않을 거라고 확신했다면 외도를 했을 거라고 말한다. 배우자에 대한 부정은 질적으로 형편없는 결혼생활의 원인일 뿐만 아니라 결과이기도 하다. 하지만 결혼생활에 있어 부정의 영향력은 부부마다 각기 다르다. 위에서 제시했던 결혼에 관한 근거 없는 전설 퀴즈에서 언급한 것과 같이 혼외정사는 결혼생활의 상당한 부분을 파괴시킬 수 있지만 때론 젊은 기분이 들게 하거나 전혀 문제가 안 될 수도 있다. 상당한 부분이 배우자 둘 다 혼외정사에 대하여 어떻게 생각하는지와 그들이 혼외정사의 발생에 기여하는 오랜 관계의 문제뿐만 아니라 그것으로부터 초래되는 새로운 문제들을 효과적으로 해결할 수 있는지에 의존한다(Previti & Amato, 2004).

탐색 12.2 배우자나 애인의 부정

www.affairrecovery.com 이 웹사이트는 혼외정사로부터 사람들이 회복되는 것을 돕기 위해 전념하고 있다. 당신은 무료로 제공되는 내용과 유료로 제공되는 내용 둘 다를 얻을 수 있다.

이혼과 그 결과

학습목표

12.13 이혼 경험이 지닌 여러 측면을 기술한다.

12.14 혼합가족이 직면한 도전에 대해 논의한다.

미국인들 간에 **이혼(Divorce)—결혼의 합법적인 파경—**은 결혼한 사람들 10쌍 중 4쌍 가까이가 이혼으로 끝나는 것으로 보면 과거 40년 동안 두 배 이상이 되었다. 해마다 백만 명 이상의 부부들이 이혼하며 이혼하는 부부들 대부분은 결혼한 지 7년 안에 이혼하고 있다(Gottman, 2012). 초혼의 20%가 5년 안에, 초혼의 33%가 10년 안에 이혼을 한다(Maher, 2003). 이러한 수치들은 18세 미성년 아이들의 40%가 부모의 이혼을 경험하게 될 것이라는 점을 보여 준다(Greene, Anderson, Doyle, & Riedelbach, 2006).

미국의 이혼율에서 급격한 증가가 왜 나타나는가? 다음의 네 가지를 포함하여 서로 다른 많은 이유들이 밝혀졌다. (1) 결혼생활에 대한 준비 부족, (2) 여성의 재정적 자립의 증가, (3) 종교적 가치의 쇠퇴, (4) 인터넷을 통하여 새로운 감정을 자극하는 파트너나 성적 파트너를 찾는 능력. 게다가 가장 중요한 요인은 '결혼은 영원하다'는 전통적인 생각으로부터 결혼생활의 주목적이 행복과 성취감이라는 생각으로 서서히 바뀌고 있다는 것이다. 이러한 가치에서의 변화는 부부들을 더 쉽게 이혼하게 만드는 법의 변화에 동반된다(Kneip & Bauer, 2009).

탐색 12.3 이혼

www.divorcecentral.com 이 웹사이트는 이혼을 생각하고 있거나 경험하고 있는 사람들을 위한 곳이다. 전화대화 서비스와 다른 지원들뿐만 아니라 주별로 이용할 수 있는 법률들도 있다.

이혼 경험

이혼의 결정은 대개 별거를 동반하는 장기간의 상호 소원함을 거친 후에 뒤따른다. 어떤 경우 별거 중인 부부는 부부상담가와 가족치료사와 같은 전문가로부터 도움을 구할 수도 있다. 마찬가지로 연애 관계에서도 이성애 관계에서 여성이 남성보다 결별을 시도할 가능성이 더 많다(Helgeson, 1994). 사실 여성들이 이혼의 구체적 계획을 세우고 실행에 옮길 가능성이 더 높다. 여성들은 의사결정 과정 중에 이혼에 대하여 더 많이 생각하고 친구들과 더 많은 대화를 나눈다(Crane, Soderquist, & Gardner, 1995).

부부에게 있어 이혼의 영향 관계가 얼마나 좋은지 나쁜지와는 상관없이 이혼을 하는 과정은 거의 언제나 고통스러운데(Hendrick, 2006), 특히 결혼생활의 합법적인 파경을 시도하지 않았던 사람들의 경우 더욱 그렇다(Baum, 2007). 헌신적인 관계의 종료뿐만 아니라 이혼은 너무 많은 일들이 한꺼번에 발생하기 때문에 매우 복잡한 경험이다. 배우자들은 서로 정서적으로 철수하거나 서로 많은 적대감을 갖게 된다(Perilloux & Buss, 2008). 이혼에 대한 법적인 측면은 큰 비용이 들 뿐만 아니라 정서적으로도 진을 뺀다. 왜냐하면 이 법적인 측면들은 재산, 돈 그리고 자녀양육권/방문권에 대한 합의도 포함하고 있기 때문이다. 매우 흥미로운 것은 여성들의 경우, 특히 가정주부로서 결혼생활의 대부분을 보냈던 여성들의 경우 재정적인 어려움이 아주 흔한 일인 반면 남성들은 그저 보통 수준의 재정적 감소를 보이면서 파경 부담에서 벗어난다(Avellar & Smock, 2005).

친구, 가족 구성원, 동료의 반대와 거부 또한 괴로움을 줄 수 있다. 전 배우자의 영향력으로부터 자기 자신을 분리하는 것과 다시 자율적인 사회적 존재가 되는 것은 어려울 수 있다. 많은 사람들은 다시 데이트를 하는 것이 어렵고 독립된 가정을 꾸리고 부양하는 것도 어렵다는 것을 알고 있다. 비록 이러한 변화가 처음에는 겁나고 힘겹더라도 사람들에게 개인적 성장을 경험할 기회 또한 제공한다(Barber, 2006). 그럼에도 불구하고 사람들 대부분은 이혼의 고통으로부터 완전히 회복하는 데 2~3년이 걸리며 많은 사람들이 완전히 회복하지 못한다(Lucas, 2005). 이혼한 사람들이 이용할 수 있는 지지 집단의 증가는 이혼에 필연적으로 수반되는 외로움과 정서적 고통의 많은 부분을 완화하는 데 도움이 된다.

한부모가 되는 것

부모의 이혼은 부모 자신에게, 특히 자녀에게 고통스러울 수 있다(Wallerstein & Lewis, 2005). 법원은 '자녀에 대한 최선의 이익' 원리를 따르는 경향이 있는데 이는 전통적으로 양육권이 일차적 양육자인 아내에게 주어졌던 것과 같은 의미이다. 오늘날에는 육아에 관하여 공동의 의사결정을 의미하는 **공동 혹은 공유 양육권(joint or shared custody)** 판정을 내리는 경향이 있으며 경우에 따라서는 아버지에게 단독으로 양육권을 부여하는 경향도 있다. 자녀에 대한 거주 양육권을 승인받지 못한 배우자, 예를 들어 자녀와 함께 거주하지 않는 부모는 대개 방문 권리를 승인받는다(Rohrbaugh, 2008). 아주 흥미로운 것은 조부모들 또한 자신의 성인자녀가 이혼했을 때 손주를 예전처럼 자주 혹은 전혀 볼 수 없을지도 모르기 때문에 고통받는다(Drew & Silverstein, 2007).

이혼이 자녀들에게 미치는 영향 자녀들이 부모의 이혼에 얼마나 충격을 받는지는 부모간 갈등의 강도, 아이들의 성격, 아이의 연령과 성별, 아이가 이혼과정에서 친한 친구들과 떨어지게 되었는지 그리고 양육권을 가진 부모-자녀와의 관계에 따라 상당히 다르다. 일반적으로 이혼은 아이들에게 스트레스를 두 배로 준다. 부모의 이혼 후 즉시 많은 아이들은 분노와 우울을 느낀다(Maher, 2003). 더 나이가 든 아이들과 청소년들은 특히 공격성의 증가를 보이는 경향이 있다. 하지만 몇 년 안에 대부분의 아이들은 새로운 생활방식에 적응한다. 그리고는 이혼 후 약 3~ 5년이 지나면 부모 각각의 재혼과 관련된 두 차례의 스트레스를 받을 수도 있다(Dunn, O'Connor, & Cheng, 2005). 이혼한 어머니와 아버지 대부분이 재혼을 하기 때문에 이혼 가정의 많은 아이들은 계부모를 얻게 된다. 이혼 가정에 계부모가 생기는 것은 처음에는 아이들과 한 부모와의 관계를 방해하는 반갑지 않은 사건이 될 수도 있다. 이 모든 혼란은 또 하나의 재적응 시기가 필요하도록 만든다. 비록 어떤 사람들은 이혼이 자녀들을 우울증과 다른 심리적 장애에 취약하게 만든다고 주장할지라도 실제로 아이들의 적응에 가장 부정적으로 영향을 미치는 것은 부모의 이혼 전, 이혼 중, 이혼 후의 높은 불화 수준이다(Bing, Nelson, &. Wesolowski, 2009). 중요한 것은 이혼으로 악영향을 받은 아이들에게 가용한 도움이다. 사실 아이들이 가족 해체와 관련된 무수한 스트레스 요인들에 더 잘 대처하도록 돕기 위해 설계된 성공적인 프로그램이 많이 있다. 그런 프로그램 중 하나가 Pedro-Carroll(2005)의 이혼 가정 아동 개입 프로그램이다.

재혼

이혼으로 인한 고통스러운 경험에도 불구하고 이혼한 지 1년 안에 이혼한 사람들의 1/4이 재혼한다. 그리고 모든 결혼의 약 20%는 배우자 중 한 사람이 적어도 두 번째 결혼임을 보여 준다(Bernstein, 2011; Maher, 2003). 대개의 경우 이혼한 사람은 아마도 비슷한 경험을 공유하거나 동시대를 살고 있기 때문에 또 다른 이혼한 사람과 결혼한다. 게다가 배우자가 없는 한부모(parent without partner)와 같이 최근에 형성된 다양한 지지적 모임에의 참여는 역시 자신과 비슷한 누군가를 만나고 결혼할 가능성을 증가시킨다.

탐색 12.4 재혼

www.idotaketwo.com 혼합가족, 두 번째 결혼식, 혼전 계약, 재무 설계에 관하여 유익한 조언과 더불어 재혼을 고려하고 있는 사람들을 위한 사이트.

재혼 후의 이혼 당신은 이렇게 물어볼지도 모른다, '재혼은 얼마나 성공적인가?' 솔직히 말해서 기록이 뒤죽박죽이기 때문에 대답하기 어렵다. 통계적으로 재혼한 사람들의 65%가 이혼을 한다(이 수치는 초혼에서 발생하는 43%보다 훨씬 더 큰 수치이다). 하지만 결혼과 이혼을 여러 번 하는 '재수생들'은 소수이며 따라서 전반적으로 재혼의 이혼율을 부풀리고 있음을 알아야 한다. 많은 재혼은 결혼 행복도와 결혼 지속성 모두에서 성공적이다. 재혼을 한 배우자들은 초혼에서의 실수로부터 유익함을 얻는다. 그들은 결혼과 같이 친밀한 관계에서 교환 혹은 주고받기(give-and-take)의 가치를 충분히 알고 있다. 연령과 성숙함 또한 도움이 된다. 무엇보다도 재혼한 사람들은 대개 헌신의 가치를 알아차리며 따라서 재혼에서는 더 열심히 노력한다. 이혼 재수생들을 고려에서 제외하면 이전에 재혼 부부 10쌍 중 최소한 6쌍만이 결혼생활을 지속할 거라고 생각했던 것보다 재혼의 전망은 더 좋아질 수도 있다.

혼합가족 한쪽 배우자나 배우자 둘 다 이전 결혼에서 낳은 아이들을 포함하고 있는 가족을 **혼합가족(blended families)**이라고 부른다. 아이들을 포함하고 있는 재혼은 아이들뿐만 아니라 어른에게도 특별한 부담을 요구한다. 많은 사람들은 새로 시작한 결혼생활과 이미 구성되어 있던 가족은 큰 부담을 가진다는 것을 알고 있는데, 특히 재혼한 배우자들이 서로에 대한 이해심과 수용감을 키우기 위한 자신들만의 시간을 거의 갖지 못하는 경향이 있기 때문이다(Pacey, 2005). 재혼한 배우자들은 의붓자식이 문제를 일으킨 것을 알았을 때 결혼생활이 더 불행하다고 느끼며 이혼에 관해서도 더 생각한다고 말한다(Knox & Zusman, 2001). 아이들이 어리다면 계부모는 아이들을 믿고 친밀한 관계를 발전시킬 기회를 더 가질 수 있지만 사춘기의 청소년과 가족이 되면 모든 것이 더 어려워진다. 만일 새 배우자가 너무 빨리 부모 권한을 맡게 되면, 특히 훈육에 관해서 그렇게 되면 아이들이 분개할 수도 있다. 부모 모두 초기에 나타나는 아이들의 불신과 저항을 고려해야 한다. 문제의 일부분은 계부모의 역할이 잘 정의되어 있지 않다는 것이다. 이런 문제는 남아 있는 친부모와 지속적인 상호작용을 하고 있는 아이로 인해 종종 더 악화된다. 가정에서 부모 모두 부모문제에 대해 협력하고 문제해결을 위해 철저히 논의하면서 적절한 협동 관계를 발전시킨다면 많은 경우에 계부모로 구성된 가족들도 최소한 더 좋아지는 건 아니더라도 온전한 가족과 마찬가지로 잘 살아갈 수 있을 것이다.

요약

사랑은 정말 멋진 경험이다

12.1 사랑의 삼각형 이론을 기술한다.

사랑의 삼각형 이론에 의하면 사랑의 핵심 요소들은 친밀감, 열정, 헌신으로 구성된다. 이러한 요소들의 서로 다른 결합은 여러 가지 사랑의 유형을 낳는다.

12.2 사랑과 우정을 비교한다.

서로 함께 있음을 즐거워하고 있는 그대로의 서로를 수용하며 필요한 경우에 서로를 믿으며 따뜻하고 다정하며 이해심이 있는 상호작용을 하는 것을 포함하여, 친구와 연인 사이에는 많은 유사점이 있다. 사랑하는 관계와 우정 사이의 차이점은 다음과 같다. 사랑하는 관계는 우정보다 더 보람을 느끼게 하면서도 더 좌절감을 주기도 한다. 일반적으로 연인들은 성적 활동을 하는 반면 친구들은 그렇지 않다. 사랑하는 관계에는 우정과 비교하여 더 큰 갈등과 괴로움, 상호 간의 비난이 존재한다.

12.3 애착 유형이 관계에 미치는 영향을 설명한다.

애착 유형은 다른 사람들과 관계를 갖게 되는 전형적인 방식을 나타낸다. 안정적으로 애착된 사람들은 다른 사람들과 가까워지는 것이 용이하다고 생각하며 그들은 행복하고 믿음이 있는 사랑 관계를 갖고 있다고 말한다. 회피 애착 유형의 사람들은 사람들이 자신들과 너무 가까워지면 불편하게 느끼며 불안-양가적 애착 유형의 사람들은 여러 파트너들이 흔쾌히 주려고 하지 않는 수준의 과도한 친밀감을 원한다.

사랑 찾기

12.4 사랑을 찾기 위해 인터넷을 이용하는 것의 효과에 대해 논의한다.

온라인 데이트는 수십억의 사람들은 아니더라도 수백만의 사람들에게 선택할 수 있는 잠재적인 배우자를 제공한다. 비록 온라인 데이트가 사랑을 찾는 전통적인 방식을 넘어서는 많은 이점을 갖고 있을지라도 웹사이트에서 제공되는 자동화된 결혼중매 서비스는 장기적인 관계를 형성하는 데에는 효과적이지 않은 것 같다.

12.5 인간관계 초반에 이루어지는 자기노출의 장점과 단점을 설명한다.

비록 자기노출이 관계의 형성을 도울 수 있고 다른 사람들과 호혜적인 공유를 자극할지라도 관계 초기에 과도한 자기노출은 사람들을 달아나게 할 수 있다.

결혼과 그 밖의 다른 헌신적인 관계

12.6 동거의 효과를 설명한다.

결혼 전에 함께 사는 커플들은 연애 중인 다른 커플들보다 더 큰 친밀감을 즐길지도 모른다. 이런 유형의 결합은 동거로 알려져 있다. 동거 효과는 동거 후 결혼이 다른 결혼들만큼 오래 갈 가능성이 없다는 사실을 나타낸다.

12.7 결혼에 있어 최근의 동향을 기술한다.

미국에서 현재 성인의 약 51%만이 결혼했다는 사실로 보면 미국의 결혼은 지금껏 50년 내에 제일 낮은 수준을 보이고 있다. 그럼에도 불구하고 미국에 사는 사람들 대부분은 여전히 결혼을 원한다. 72% 정도의 사람들이 최소한 한 번은 결혼을 했다. 사람들은 결혼을 더 늦게 하고 있다. 처음에 결혼하는 연령의 중앙값은 신부의 경우 26.5세, 신랑의 경우 28.7세이다.

12.8 사람들이 왜 결혼하는지에 대해 논의한다.

사람들은 합법화된 커플, 장기적인 관계에 있는 것과 관련된 안도감, 공유된 동반자 관계와 친밀감이 주는 정서적 이점들, 성활동에 대한 정기적인 접촉 기회, 자녀양육에의 지원과 같은 여러 가지 이유 때문에 결혼한다.

친밀한 관계에 적응하기

12.9 헌신적인 관계에서 나타나는 여러 가지 적응의 모습들을 열거한다.

부부 적응은 헌신하는 과정이나 결혼생활 중에 부부 관계에서 나타나는 변화와 적응을 의미한다. 시간이 흐르면서 부부들은 태도와 책임감의 공유, 의사소통 유형에서의 적응을 경험한다.

12.10 성공적인 결혼과 실패한 결혼의 특징을 비교한다.

실패한 결혼은 무시, 비난, 방어적임, 의사전달의 방해로 가득 찬 의사소통 유형으로 특징짓는다. 성공적인 결혼생활을 하고 있는 사람들은 문제를 어떻게 효과적으로 풀어 가야 하는지를 알고 있으며 부정적인 행동보다는 긍정적인 행동을 더 많이 하고 정서적인 긍정을 주고받으며 '요한 계시록의 네 마리 말'을 사용하는 것을 피한다.

12.11 관계의 질을 향상시키는 방법을 기술한다.

관계의 질을 향상시키려면 다음과 같이 하라. (1) 초기에 도움을 구하라. (2) 마음에 떠오르는 대로 사사건건 비난하는 말을 하지 마라. (3) 문제가 많은 화제를 탓하지 말고 부드럽게 꺼내라. (4) 중요한 사람이 주는 영향을 기꺼이 받아들여라. (5) 배우자가 보이는 잘못된 행동을 받아들이지 마라. (6) 다른 사람에게 상처를 주지 않고 논쟁에서 빠져나오는 방법을 배워라. (7) 긍정성이 가득한 분위기를 불러일으켜라.

12.12 시간이 지나면서 관계에서 흔히 나타나는 성과 관련된 변화에 대해 논의한다.
만족스러운 성생활은 관계 만족도 자체와 만족스러운 성생활 간의 강한 연관성과 함께 헌신적인 관계의 중요한 일부분이다. 보통 헌신적인 관계는 시간이 흐르면서 약화되는 경향이 있을지라도 서로에 대해 여전히 솔직하고 관계가 계속 성장하고 있는 배우자들은 행복의 증가를 보고한다.

이혼과 그 결과

12.13 이혼 경험이 지닌 여러 측면을 기술한다.
이혼율은 지금 결혼한 10쌍 중 약 4쌍이 이혼으로 끝나는 것과 함께 과거 수십 년 동안에 두 배 이상 증가하였다. 이혼을 하는 것이나 장기적이고 헌신적인 관계가 끝이 나는 것은 정서적, 법적, 경제적인 측면과 부모로서의 측면, 사회적 측면을 포함하여 중복되는 고통스러운 경험들을 수반한다. 아이들이 이혼 때문에 어떤 영향을 받는가는 아이의 연령과 성별, 양육권 합의와 같은 다양한 요인에 달려 있다.

12.14 혼합가족이 직면한 도전에 대해 논의한다.
혼합가족, 즉 이전 결혼에서 낳은 아이들을 포함한 재혼은 아이들뿐만 아니라 어른에게도 특별한 부담을 요구한다. 어려움으로는 서로에 대한 이해심과 수용감을 키우기 위해 자녀가 없는 자신들만의 시간을 갖는 것, 아이들을 믿고 친밀한 관계를 발달시키는 과정에서 발생하는 문제점들, 아이들이 계부모의 지시나 명령에 대해 분개하게 되는 것, 형편없이 정의된 계부모의 역할 등이 있다.

결혼에 대한 전설 퀴즈의 정답

1. **진실.** 20~30대의 미국인 대부분이 결국 10명 중 7명 이상은 결국 결혼한다.

2. **거짓.** 책에서 논의한 것처럼 결혼 전에 함께 사는 커플들은 다른 커플들보다 더 이혼하기 쉬울 수도 있는데 주로 그들이 결혼생활에까지 가져오는 결혼 전의 태도와 가치 때문이다. 하지만 최근 연구들은 이러한 결과들이 바뀔 수도 있다는 것을 보여 주고 있다.

3. **거짓.** 변화하는 환경들은 종종 배우자 간에 서로 다른 에너지 투입비율을 촉발시킨다. 예를 들면, 30 : 70 비율의 남편 대 아내는 남자가 새로운 사업을 시작하여 바쁜 신혼부부의 특징일 수 있고 만일 아내가 생명을 위협하는 질병에 걸린 남편 때문에 일을 하고 더 큰 책임을 맡게 되면 그 비율이 나중에 70 : 30으로 뒤바뀔 수도 있다.

4. **진실.** 이 요인은 사랑과 우정이 중첩되는 관계이므로 주로 사실이다. 성생활은 우정에서는 발견되지 않으며 사랑하는 관계와 결혼에서 특별한 차원으로 추가된다.

5. **거짓.** 결혼생활의 불만족에 있어 중요한 원인은 배우자들 자체의 차이보다는 자신들의 차이를 논의하는 과정에서 나타나는 수준 높은 의사소통의 부족이다.

6. **진실.** 연구들은 결혼한 사람들이 미혼인 사람들보다 더 건강하고 더 행복하다는 것을 보여준다.

7. **진실.** 과거와는 달리 오늘날은 이혼의 대부분

이 여성에 의해 주도된다. 한 가지 이유는 이혼하려는 여성이 남성보다 자신들의 결혼생활에 대해 더 큰 불만족을 보고하는 것과 함께 결혼생활의 질에 대한 여성의 더 큰 관심 때문일지도 모른다.

8. **거짓.** 이 요인은 서로 다르다. 혼외정사는 어떤 결혼생활에서는 젊은 기분이 들게 할지도 모르며, 다른 결혼생활에서는 전혀 문제가 안 될 수도 있지만 여전히 다른 결혼생활에서는 완전히 파괴적이라는 것이 입증되었다. 배우자 간에 서로 혼외정사를 어떻게 처리하는가에 많이 의존한다.

9. **거짓.** 비록 연구들의 결과는 서로 다를지라도 아이들은 법적인 측면의 이혼 그 자체에 의해서보다는 온전한 가정 내에서 갈등이 들끓는 분위기가 오래 지속될 때 더 많이 피해를 입는다는 증거가 점점 증가하고 있다.

10. **진실.** 결혼한 사람들은 행복한 결혼생활을 하지 않는 부부라 할지라도 결혼하지 않은 사람들보다 평균적으로 더 오래 산다. 한 가지 이유는 어떤 다른 사람을 보살펴 주려는 욕구 때문일지도 모른다. 또 다른 이유는 사람들이 자신의 배우자들로부터 받는 정서적 지지 때문일지도 모른다.

스스로 해 보기

1. Sam은 약 1년 전에 온라인 데이트를 시작하였다. 처음에 Sam은 프로파일에 적혀 있는 것보다 더 많이 자신에 대해 말하려고 하는 사람들 때문에 곤란을 느꼈다. 그 후에 Sam은 온라인 채팅에 참여하여 자신을 더 많이 드러낼수록 잠재적인 연인에 대해서 더 많이 알게 된 것을 발견했다. 이러한 예를 분명히 보여 주는 개념은 ______으로 알려져 있다.
   a. 자기노출 모순　　b. 상호관계 이득
   c. 호혜성 규범　　d. 이득 교환

2. 다음 중 사랑의 삼각형 이론의 요소가 아닌 것은 무엇인가?
   a. 헌신　　b. 우정
   c. 열정　　d. 친밀감

3. 친구의 로맨틱 코메디를 본 후에 Tamera는 말했다. "저 영화는 너무 거짓이야. 부잣집 남자가 매춘부와 사랑에 빠질 리가 없어. 게다가 실제로는 아무도 영화와 같이 사랑에 푹 빠지지 않아. 뿐만 아니라 관계들도 너무 과대평가되었어." Tamera의 사랑에 대한 관점은 어떤 애착 유형과 일치하는가?
   a. 회피　　b. 안정
   c. 불안한　　d. 혼란된

4. 연구는 학대자의 특징을 발견하였다. 다음 중 그 특징의 한 부분으로 고려될 수 없는 것은 어떤 것인가?
   a. 학대자들은 높은 자존감을 갖고 있고 이 세상에 대해 강력한 영향력이 있다고 느낀다.
   b. 학대자들은 여성을 물건 취급한다. 대체로 그들은 여성을 소유물이나 성적 대상으로 본다.
   c. 학대자들은 자기 행동의 원인을 외부에서 찾으며 자신들의 폭력을 환경의 탓으로 돌린다.
   d. 학대자들은 폭력을 행사하는 주기들 사이에는 친근하고 매력적인 사람으로 보일지도 모르며 종종 외부인들로부터 '멋진 남자들'로 간주된다.

5. Charles와 Diana는 결혼하기 이전에 1년 동안 함께 살기로 결정했다. 결혼을 하자마자 관계는 곧 불안정해지고 이혼으로 끝났다. 이런

시나리오는 ______으로 알려진 현상을 분명히 보여 준다.

a. 결혼 후 불안감　　b. 동거 효과
c. 방관자 효과　　d. 악마 효과

6. **______으로 알려진 개념에 따르면 대부분의 결혼생활은 장기적인 관계 동안 바뀔 것이고 수정을 필요로 하게 될 것이다.**
   a. 부부 적응　　b. 거리 유지하기
   c. 중재　　d. 부부 조화

7. **Lil과 Devon은 행복한 결혼생활을 하고 있다. 그래서 Devon이 자신들의 10주년 결혼기념일을 완전히 잊었던 것에 꽤 놀랐다. 연구에 따르면 Lil은 Devon의 기억 실패에 대해 어떤 표현을 했을 가능성이 높은가?**
   a. "나는 Devon이 바람을 피울지도 모른다고 생각하고 있어요."
   b. "불쌍한 사람, 그는 늦게까지 일하는 것 때문에 너무 많이 스트레스를 받고 있어요. 그는 일 외에는 그 어떤 것에도 신경을 쓸 수가 없어요."
   c. "이제 끝이야, 난 여길 떠날래."
   d. "그는 전부인과의 기념일은 잊은 적이 없었는데 그만큼 나를 사랑하지 않는 게 틀림없어요."

8. **Carrie는 자신의 결혼이 균형을 잃었다고 느꼈다. 그녀는 가정에 대한 책임감도 더 많이 떠맡는 동시에 수입의 대부분을 직접 벌었고 남편보다 더 많은 시간을 일했다. 그녀의 남편 Earnie는 Carrie의 관점에 전적으로 동의하지 않았다. 어떤 유형의 부부치료가 그들의 관계를 바로잡는 데 유용하겠는가?**
   a. 합리적 인지치료
   b. 조력자 기반치료
   c. 정서-초점치료
   d. 도구치료

9. **관계 부정(배신)에 관하여 다음의 표현 중 어떤 것이 진실인가?**
   a. 혼외정사는 좋지 못한 결혼생활의 원인이 될 수도 있다.
   b. 혼외정사는 좋지 못한 결혼생활의 결과가 될 수도 있다.
   c. 15%보다 적은 수의 남녀가 혼외정사에 관여하고 있었다.
   d. a와 b 둘 다 진실이다.

10. **Joni와 Antony는 최근에 결혼하였다. Joni는 초혼이었고 Antony는 재혼이었다. 첫 결혼에서 아버지가 되었던 Antony의 아이들에 더하여 그와 Joni는 함께 두 명의 아이를 더 낳았다. 이러한 정보들을 근거로 다음의 용어들 중 어떤 것이 Joni와 Antony 가족을 가장 잘 기술해 주는가?**
    a. 혼합가족　　b. 다문화 가족
    c. 융합가족　　d. 합병된 가족

연습

1. **의미 있는 타인에게 바라는 특성**
   자신이 중요한 사람에게 바라는 개인적인 특성을 표로 작성하라. 그런 특성을 10여 개의 리스트로 작성할 수도 있다. 그런 다음 리스트로 돌아가서 가장 중요한 세 가지 특성을 체크하라. 이러한 세 가지 특성이 왜 가장 중요한지에 대해 말하면서 짧은 단락으로 기록하라. 자신이 파트너에게 바라지 않는 개인적 특성에 대해서도 똑같이 할 수 있다. 한 번 더 그런 특성을 10여 개의 리스트로 작성하고 가장 중요한 세 가지 특성을 체크하라. 왜 이러한 특성은 원하지 않는가?

2. **당신이 미래의 의미 있는 타인에게 제공하는 특성**
자신을 헌신적인 관계로 이끌어 줄 중요한 개인적 강점과 약점을 표로 작성하라. 자신이 제공해야 하는 가장 바람직한 세 가지 특성은 무엇인가? 결혼에 부정적인 영향을 미칠지도 모르는 자신의 덜 바람직한 특성은 무엇인가? 만일 자신이 이미 누군가에게 헌신하고 있거나 결혼했다면 자신의 파트너에게 목록에 특성을 추가하도록 요청할 수도 있다. 원하지 않는 특성보다는 더 바람직한 특성을 기록하려고 노력하라.

3. **결혼 관계**
만일 자신이 누군가와 꾸준히 사귀고 있거나 약혼하였거나 동거하고 있거나 아니면 결혼하였다면 자신이 파트너와 형성하고 있는 관계의 유형을 기술하라. 친구 관계인가? 자신과 파트너는 서로 사랑을 주고받고 있는가? 당신들 중 한 사람이 다른 사람보다 관계에 더 정서적으로 관련되어 있는가? 두 사람 모두 어느 정도까지 관계중심적인가?

4. **적응**
만일 자신이 누군가와 동거하고 있거나 결혼했다면 함께 사는 것을 학습하는 데 있어 가장 중요한 적응문제는 무엇인가? 적응은 갈등을 처리하고 의사소통하는 방법의 학습도 포함하고 있는가? 아니면 돈, 집안일 혹은 성을 포함하는 구체적인 문제들과 적응은 관계가 있는가? 자신의 현재 관계에 존재하는 가장 어려운 적응문제 중 하나 혹은 2개를 선택하고 그것에 관하여 1쪽 정도를 써 보라. 자신이 더 잘 적응하도록 도울 수 있는 것은 이 장에서 배운 어떤 것인가?

5. **동거**
만일 자신이 현재 중요한 사람과 동거하고 있거나 그런 경험을 해 본 적이 있다면 이 경험으로부터 무엇을 배웠는지 1쪽 정도를 써 보라. 자신의 경험은 이 장에서 기술된 동거하는 커플들의 경험과 어느 정도로 비슷한가? 동거에는 결혼에 대한 진지한 계획이 포함되어 있었는가? 동거가 지닌 가치는 무엇이 있는가? 이런 경험을 다른 사람에게 권할 것인가?

복습을 위한 물음

1. 한 번에 한 사람 이상과 사랑에 빠질 수 있는가?
2. 파트너가 자신을 사랑하는지를 어떻게 알 수 있는가?
3. 당신과 파트너는 두 사람의 관계에 정서적으로 동등하게 관여되어 있는가?
4. 결혼하기 전에 함께 사는 것이 더 행복한 결혼생활을 보장해 준다고 생각하는가?
5. 만일 자신이 누군가와 동거하거나 결혼했다면 어느 정도로 집안일을 함께 나누는가? 두 사람 간의 합의는 공정한가? 파트너는 동의할 것인가?
6. 당신과 파트너는 서로의 관계를 약화시키지 않고 상대방의 의견에 동의하지 않을 수 있도록 '공정하게 싸우는가?'
7. 성적 만족도와 관계 만족도가 어느 정도까지 관련이 있다고 생각하는가?

8. 만일 당신이나 부모님이 이혼을 했다면 자신에게 있어 가장 힘든 부분은 무엇인가?

9. 미혼자나 한부모로서 상대방에 대해 당신이 가장 바라는 특성은 어떤 것인가?

10. 만일 자신의 현 상황이 결혼했거나 동거하거나 미혼이거나, 혹은 다른 경우라도 아이가 있는 상황이라면 또는 그 반대라면 아이들의 존재는 장차 사랑과 헌신에 있어서 얼마나 영향을 미치는가?

제 13 장 스트레스

스트레스 이해하기

스트레스 개념화하기

스트레스의 주요 원인

대학에서의 스트레스

스트레스에 대한 반응

생리적 스트레스 반응

심리적 스트레스 반응

스트레스에 어떻게 반응하는가?

스트레스 관리하기

환경을 변화시키기

생활방식을 바꾸기

개인적인 성장을 위해 스트레스 활용하기

요약

스스로 해 보기

연습

복습을 위한 물음

학습목표

이 장을 모두 학습한 후 다음을 할 수 있다.

13.1 스트레스의 개념을 설명한다.

13.2 Selye의 네 가지 스트레스 유형을 알아본다.

13.3 중요한 스트레스 원인들을 기술한다.

13.4 스트레스가 많아질 수 있는 대학생활의 독특한 측면들에 대해 논의한다.

13.5 일반적응증후군에 대해 설명한다.

13.6 스트레스와 방어기제 사이의 연관성을 설명한다.

13.7 스트레스에 대한 반응들이 어떻게 서로 다를 수 있는지를 논의한다.

13.8 심리적 강인성과 회복탄력성을 비교한다.

13.9 환경을 수정함으로써 스트레스를 감소시키는 전략들에 대해 논의한다.

13.10 생활방식을 바꿈으로써 스트레스를 줄이는 다른 방법들을 기술한다.

13.11 스트레스가 어떻게 개인적인 성장을 촉진하는지를 설명한다.

Nate는 도시 고속화 도로에서 경적을 울리고 손을 흔들며 간간이 끼어들면서 짜증스럽게도 30분을 지체한 후 평소보다 사무실에 늦게 도착했다. 도착하자마자 그는 상사가 자신을 기다리고 있다는 것을 곧바로 전해 들었다. '대체 무슨 일이지?' Nate는 2층에 있는 자신의 사무실에서 외투와 모자를 벗는 동안에 혼자 중얼거렸다. 그는 상사가 서성거리고 있는 사무실 안으로 들어갔다. 상사는 몹시 화가 나 있었다. 기대했던 중요한 기업과의 큰 거래가 성사되지 못한 것이었다. 상사는 Nate가 자신의 일을 가치 있게 생각하고 있다면 타당한 해명을 해야 한다고 분명히 밝혔다. Nate는 말을 더듬었다. "솔직히 기가 막힙니다. 지금 무슨 일이 일어났는지 종잡을 수가 없어요." 그는 "저쪽 기업 사람들에게 전화해서 이야기를 나눠 보고 어떤 상황인지 알아내겠습니다."라고 말했다. 상사는 Nate의 무능함과 더불어 회사에서 불확실한 그의 미래에 대해서도 계속 비난하였다. Nate는 이런 식으로 박대받는 것에 몹시 화가 치밀었다. 그는 상사의 등 뒤에다 대고 고함치고 싶었지만 이것이 분별 있는 행동이 아니고 생산적인 반응도 아니라는 것을 알고 있었다. 대신에 그는 화를 가라앉히기 위해 자신의 사무실로 돌아왔다. 자신의 책상에 앉은 Nate는 위가 마구 뒤틀리고 목 근육도 잔뜩 긴장되며 혈압도 올라가는 것을 느끼면서 위장약과 아스피린에 손을 뻗었다.

스트레스 이해하기

학습목표

13.1 스트레스의 개념을 설명한다.

13.2 Selye의 네 가지 스트레스 유형을 알아본다.

13.3 중요한 스트레스 원인을 기술한다.

13.4 스트레스가 많아질 수 있는 대학생활의 독특한 측면에 대해 논의한다.

Nate가 그랬던 것처럼 스트레스는 잦은 결근, 점점 줄어드는 생산성, 의료비의 증가를 초래하면서 근로자에게 피해를 주고 있고 이 모든 일들에 연간 3천 500억 달러 이상의 사업비용이 드는 것으로 추정된다(Stambor, 2006). 스트레스는 여러 가지 방식으로 나타난다. 가장 보편적인 스트레스 신호는 신경과민, 불안 그리고 긴장이 증가하는 것이다. 많은 사람들이 두통, 피로 혹은 우울을 경험하며 다른 사람들은 자신들의 스트레스가 분노와 과민성으로 나타난다고 말한다(Monroe & Reid, 2009). 스트레스의 다른 증상들로 근육통, 복통, 전반적인 낭패감, 불면증, 수면 부족, 강박적인 식사 혹은 식욕부진, 좌절감, 울기, 소리소리 지르기, 절규가 있다. 이러한 증상 중 많은 것이 신체의 생리학적 스트레스 반응—우리가 거의 통제권을 갖고 있지 않는 자동적인 신체 내 반응—들이다. 하지만 스트레스와 관련된 증상은 실제 스트레스 원인보다는 스트레스를 다루는 우리의 능력, 세상을 이해하는 방식과 같은 스트레스에 대한 심리적 반응 때문에 나타날 수 있다.

그러한 이유와는 상관없이 스트레스는 관상성 심장질환, 암, 폐질환, 교통사고 부상, 간경변증 및 자살(Monroe, 2008)과 같이 미국에서 선두를 달리고 있는 여섯 가지 사망요인의 원인이 됨으로써 우리의 건강에 직접적으로든 간접적으로든 중요한 영향을 미치고 있다. Nate처럼 우리들 대부분은 한 번쯤 '높은 스트레스'를 경험한다. 많은 사람들이 일주일에 적어도 한두 번은 '극심한 스트레스'를 느끼거나 매일 많은 스트레스와 함께 살아가고 있다고 보고한다. 분명히 스트레스는 적응과 성장에 장애가 될 수 있다. 이 장에서는 스트레스의 원인과 결과를 찾아보고 효과적으로 스트레스를 관리하는 방법을 제시할 것이다. 표 13-1은 스트레스에 관한 여러 통계들을 보여 주고 있는데 당신은 스트레스가 현대의 삶에서 얼마나 큰 문제인지를 스스로 판단해 볼 수 있다.

글상자 13-1 다음에 제시된 것을 따르면 자기관리를 통해 스트레스를 관리하는 데 도움을 받을 수 있다는 것을 알고 있는가?

- 약물과 알코올 피하기
- 사회적 지지 추구하기
- 사회적으로 연결하기
- 스스로 돌보기
- 활동적으로 지내기

출처: "스트레스 관리하기", from Center for Disease and Control website, 2012.

스트레스 개념화하기

스트레스 구성요소 우리는 항상 스트레스를 경험하고 있긴 하지만 스트레스의 개념은 정의하기가 다소 까다롭다. 부분적으로 스트레스는 사람에 따라 다른 것을 의미하기 때문이다. 그럼에도 불구하고 대부분의 사람들은 스트레스가 세 가지 구성요소로 이루어졌다는 데 동의하는데 (1) 촉발 사건, (2) 스트레스가 많은 사건에 대한 지각, (3) 사건에 대한 반응의 성질과 정도이다. 첫 번째로, 스트레스를 일으키는 것을 **스트레스 요인(stressor)**이라고 부른다. 스트레스 요인은 상당히 경쟁적인 작업 환경, 대학의 룸메이트와의 갈등이나 외모에 관한 걱정들처럼 환경, 우리의 몸 또는 마음에서 스트레스를 불러일으키는 사건들을 의미한다. 두 번째로, 대부분의 사건들은 좋은 것도 아니고 나쁜 것도 아니다. 사건들을 스트레스로 보는 우리의 지각이 중요하다. 예를 들면 한 사람은 다가오는 시험에 대처하기 힘들다고 생각하는 반면 다른 사람은 그 시험을 아무 것도 아닌 것으로 생각할 수도 있다. 세 번째로, 마음의 평정을 방해하거나 대처능력을 초과하는 사건들에 대한 반응을 **스트레스(stress)** 경험이라고 한다. 이것은 실제 주어진 사건에 대한 우리의 반응을 의미한다. 즉 사건들이 평상시의 신체 기능 수준에 부정적인 영향을 미치고 평정상태를 회복하는 데 추가적인 노력이 필요할 때 우리는 스트레스를 경험한다.

스트레스 유형 경우에 따라서는 스트레스가 유익한 효과를 보일 수도 있기 때문에 우리는 스트레스와 부정적 스트레스를 전적으로 동일시하지 않도록 주의해야 한다(Reynolds & Turner, 2008). 실제로 스트레스는 네 가지 기본적인 스트레스 유형으로 분류되는데 부정적 스트레스, 긍정적 스트레스, 과도 스트레스, 과소 스트레스(Selye, 1991)이다. 사건들이 해로운 결과를 가져오는 경우 이러한 스트레스는 **부정적**

표 13-1 스트레스에 관한 통계치

- 미국인들의 절반 이상이 직무 스트레스를 자신의 삶에서 중요한 문제로 인식하고 있다.
- 미국인 노동자들의 1/4은 자신의 스트레스가 너무 극심하여 금방이라도 닥칠 듯한 '신경쇠약'을 느낀다고 말한다.
- 의사를 찾아가는 5명 중 3명 이상은 스트레스와 관련된 문제로 방문하고 있다.
- 보고된 질병과 질환의 90% 이상이 스트레스와 관련되어 있을 수 있다.
- 여성 중역진과 여성 전문가의 23%(남성의 19%와는 대조적으로)를 포함하여 많은 여성이 남성보다 극도의 스트레스 감정을 보고한다. 대학에서 남학생의 20%와 비교하여 여학생의 38%가 더 높은 스트레스 수준을 보고한다.
- 젊은 사람들은 스트레스에 의해 더 많은 고통을 받는데 18~24세의 75%가 직무 스트레스로 고통받고 있다.

스트레스(distress)로 분류된다. 미국인의 약 70% 정도가 가장 자주 언급되는 세 가지 부정적인 스트레스 원인을 갖고 있는데 돈과 경제 및 직업이다. 게다가 미국인들의 약 절반은 관계, 개인적인 책임감, 건강관심도, 주거비로부터 부정적인 스트레스를 상당히 경험하고 있다(American Psychological Association, 2010). **긍정적 스트레스(eustress)**는 새로운 일의 시작, 결혼 혹은 스카이다이빙처럼 흥미진진한 스포츠를 하는 것과 같이 개인적인 성장을 초래하는 사건 혹은 고무적이고 동기를 부여하는 사건을 나타낸다. **과도 스트레스(hyperstress)** 혹은 지나친 스트레스는 긍정적인 면을 포함한 사건이 계속 쌓여서 적응할 수 있는 한계에 이를 때 대개 발생한다. 예를 들어 직장과 가정에서 이미 스트레스를 받고 있는 사람들은 자동차 충돌사고와 같은 외상 사건을 경험한 후에 과도 스트레스를 경험할지도 모른다. **과소 스트레스(hypostress)** 혹은 **불충분한 스트레스**는 단조로운 일을 하는 것과 같이 자극이 부족할 때 발생하는 경향이 있다. 게다가 지루해하는 사람들은 때때로 실험삼아 약물을 시도하거나 불필요한 재정적, 인적 위험요인 혹은 부적절한 여가활동의 위험요인과 같이 이 책의 다른 곳에서 언급하는 감각추구 행동들을 갈구하는 경향이 있다.

아주 흥미로운 것은 스트레스가 보통 얼마나 자주 발생하고 얼마나 오래 지속되는가의 면에서 고려된다는 점이다. 이처럼 시간과 관련된 요인들에 근거하여 서로 다른 두 가지 유형의 스트레스로 분류할 수 있는데 급성과 만성이다. **급성 스트레스(acute stress)**는 직면한 위험에 대한 순간적인 반응으로 위험이 끝나면 완화되는 것인 반면 **만성 스트레스(chronic stress)**는 장기적으로 계속 진행 중인 스트레스 요인을 경험하고 있을 때 나타난다. 좋은 예로 상사의 갑작스런 분노 표출은 Nate에게 급성 스트레스를 불러일으켰을 것이고 Nate의 길고 고된 일상의 출퇴근 운전시간은 만성 스트레스를 초래했을 것이다.

스트레스의 주요 원인

비록 우리가 각각 스트레스를 다소 다르게 경험하고 있을지라도 우리들 대부분이 스트레스를 느끼는 일련의 공통된 사건 범주들이 있는데 삶의 변화, 일상의 혼란, 비극적인 사건, 경제적 및 사회적 상황이 그것이다. 다음의 스트레스 주요 원인들 각각에 대해 읽기 전에 스스로에게 이렇게 질문해 보라. '어떤 것이 스트레스인가?'

삶의 변화 결혼, 실직, 부모님이 돌아가신 것 그리고 대학생활의 시작 모두 스트레스가 많은 사건이라는 점 외에 어떤 공통점을 갖고 있는가? 이러한 사건들 각각은 개인의 삶에 있어 의미 있는 변화를 나타낸다. 이것은 심리학자들에 의해 **삶의 변화(life change)**로 언급되었다. 그것이 긍정적이든 부정적이든 상관없이 삶의 변화는 비록 그것이 다른 연령대보다 일부 연령대에서 더 흔한 것일지라도 생존하는 동안 언제든 발생할 수 있고 긴 약혼 기간 후에 이루어지는 결혼과 같이 예상할 수 있거나 사랑하는 사람의 죽음처럼 예측 불가능할 수도 있다(Holmes & Rahe, 1967). 대개 삶의 변화는 급성 스트레스를 초래한다.

과학자들은 스트레스 원인에 관하여 어떤 이론이 정확한지 아직 알지 못한다. 자연재해와 같은 주요 생활 스트레스 요인에 관한 이론, 혹은 주차장에서 당신의 차를 찾을 수 없는 것과 같은 일상의 골칫거리에 관한 이론.

우리는 단 하나의 삶의 변화를 경험하면서 스트레스를 받기도 하지만 대부분 부작용 없이 효과적으로 대응할 수 있다. 그러나 다수의 삶의 변화들이 동시에 발생하면 이에 대처하기 위해 필요한 재적응의 양은 너무도 엄청날 수 있고 결과적으로 우리의 건강과 웰빙은 더 나빠질 수도 있다. 그래서 생활사건들과 결합된 스트레스는 우리의 감정, 생활방식, 환경에 의해 영향받는 질병인 여러 가지 스트레스 관련 질병—급성 심장사, 뇌졸중, 당뇨병과 다른 만성질환, 우울증, 임신 및 출산 합병증, 감기, 다발성 경화증 그리고 다른 많은 신체적 문제들—과 관련되어 있다(Contrada & Baum, 2011).

스트레스에 대한 생활사건 접근법은 그 유용성에도 불구하고 몇몇 제약을 갖고 있다. 첫째, 스트레스가 많은 것으로 간주되는 특정 사건이 모든 사람에게 똑같은 영향을 미치지는 않을 수 있다. 예를 들면 이혼은 10대 대부분이나 노인들이 일반적으로 맞닥뜨리는 문제가 아니다. 둘째, 생활사건 접근법은 사람들이 어떤 변화를 어떻게 인지하는가에 대해 고려하지 않으며, 더구나 그들이 그 변화에 얼마나 잘 적응하는지에 대해서도 잘 고려하지 않는다. 셋째, 생활사건 접근법은 현저한 변화가 아닌 드문 변화를 기반으로 만들어졌기 때문에 지루한 일이나 오래 지속되어 온 불만족스러운 결혼과 같이 만성적이거나 되풀이되는 상황에서 동반되는 다양한 스트레스를 포함하지도 않는다. 마지막으로, 생활사건 접근법은 자동차 열쇠를 잃어버리거나 아침에 서두르다가 신발 끈이 뚝 끊어지는 것과 같이 종종 우리를 괴롭히는 일상적인 삶의 '작고 사소한 일들'도 무시한다(Monroe, 2008).

일상의 골칫거리 많은 사람들에게 불안을 초래하는 것은 중요한 생활사건이 아니라 오히려 매일 그들을 둘러싸고 있는 사소한 골칫거리이다. 샤워를 하지 않아 냄새나는 룸메이트, 청소가 필요한 화장실 그리고 점점 쌓여 가는 더러운 세탁물이 바로 사소한 골칫거리의 예이다. **스트레스를 초래하는 일상의 그런 어려움들은 일상의 골칫거리(daily hassles)**로 불린다. 아주 흥미로운 것은 골치 아파하는 일이 사람마다 상당히 다양하다는 것이다(Almeida, 2005). 대학생들 사이에서 가장 흔하게 보고되고 있는 골칫거리는 전통적으로 시험과 학점에 대한 불안이다. 중년의 사람들은 건강과 돈에 대한 걱정들로 더 골치 아파하고 있다. 전문직 종사자들은 자신들이 너무 많은 일을 하고 있으며 그 일들을 하기에는 시간이 충분하지 않다고 생각하고 휴식을 취하기도 어렵다고 느낀다. 모든 사람들에게 공통적인 일상의 골칫거리는 물건을 제자리에 두지 않거나 잃어버리는 것, 신체적 외모에 대해 걱정하는 것 그리고 너무 벅찰 만큼 할 일이 많다는 것이다(Kieffer, Cronin, & Gawet, 2006). 이미 밝혀진 것처럼 일상의 골칫거리가 스트레스에 미치는 누적된 영향력은 심리적 및 신체적 건강 둘 다에 악영향을 미칠

만큼 강력하다. 만성적이고 극심한 골칫거리에 시달리는 사람들은 매우 좋지 않은 건강을 갖고 있는데, 예를 들면 우울증의 발병률이 높다(Lazarus, 1993; McIntosh, Gillanders, & Rodgers, 2010).

재난 삶에 지장을 주고 죽음과 파멸을 초래하는 삶의 변화가 많은 사람들에게 동시에 일어나면 **재난(catastrophic event)**의 수준이 상승한다. 자연재해, 전염병 및 테러공격을 그 예로 들 수 있다. 대부분의 비극적인 사건들은 신체적, 정서적 그리고 정신적으로 우리에게 악영향을 미칠 수 있다. 재난은 사람들을 화나고 격분하게 만들며, 혼란스럽고 슬프며, 불안해하고 피곤하거나 심지어 죄책감을 느끼게 만들 수 있다. 좋은 예로 다수의 죽음을 초래한 재난을 당한 후에 살아남은 사람들은 **생존자 죄책감(survivor guilt)**, 즉 다른 사람들은 사망했음에도 불구하고 자신은 여전히 살아 있다는 것 때문에 느끼는 가책감을 경험할지도 모른다. 재난사건을 보거나 듣고도 동요하지 않을 사람은 아무도 없다. 그리고 즉각적인 매스컴의 시대에서 사람들이 그런 충격적인 경험에 대해 어떤 방식으로 노출되는가도 중요하다. 예를 들어 2001년 9월 11일의 사건과 관련된 그림 영상을 반복적으로 보게 된 많은 젊은이들은 불안과 공포를 느꼈다(Saylor, Cowart, Lipovsky, Jackson, & Finch, 2003).

재난은 직접 경험하든 아니면 대중매체를 통해 보든 우리들 대부분에게 부정적으로 영향을 미친다. 하지만 그러한 효과는 시간이 지나면서 결국 희미해지게 되지만 어떤 경우에는 그런 감정이 시간이 지나도 사라지지 않을 수 있으며, 이러한 감정에 대처하기 위해 알코올과 약물 사용과 같은 잘못된 시도를 하기도 한다.(Keyes, Hatzenbuehler, & Hasin, 2011) 살면서 비극적인 사건을 겪은 사람들의 경우 그 사건과 관련된 스트레스가 너무 크기 때문에 심각한 우울이 뒤따라온다. 한 예로 허리케인 카트리나가 뉴올리언스를 완전히 파괴했던 사건 이후 5년 동안 그 이전에 일어났던 제방붕괴 사건 때의 자살률보다 두 배 이상 높은 자살률을 보였다는 것은 고려해 봐야 할 부분이다(Spiegel, 2010).

재해나 충격적인 사건을 회고하는 자리에서 많은 생존자들은 마음의 동요와 공포를 다시 느낀다고 보고한다. 심리학에서는 이것을 **기념일 반응(anniversary reaction)**이라고 부르며 **개인이 겪은 중요한 상실이 원인이 되어 나타나는 해결되지 않은 큰 슬픔 반응**으로 정의한다. 기념일 반응은 여러 날 혹은 몇 주에 걸쳐 불안, 분노, 악몽, 플래시백(회상 장면), 우울 또는 공포를 수반할 수 있다. 하지만 재해나 충격적인 사건의 생존자들 모두가 기념일 반응을 경험하지는 않는다. 보다 긍정적인 관점에서 볼 때 재난이나 충격적인 사건들을 회고하는 것은 정서적인 치유의 기회를 제공할 수 있다. 사람들은 기념일 반응 중 나타나는 감정과 문제를 인정함으로써 자연스럽게 비통해하는 과정을 이겨 내고 의미 있는 진전을 이룰 수 있다. 이러한 감정과 문제의 회상과 인정은 사람들에게 그 사건에 대한 관점을 발전시키고 그 사건이 자신의 마음, 정신 및 삶의 어느 곳에 자리 잡고 있는가를 이해하는 것을 돕는다(Holland & Neimeyer, 2010).

경제적 및 사회적 조건 미국의 현재 경제 상황은 가난한 미국인이 52년 이래 최대인 4,600만 명을 조금 넘길 만큼 잔혹하다(U.S. Bureau of the Census, 2012). 전 세계적으로 14억 명 이상의 가난한 사람들은 하루에 1.25달러로 생활하고 있다(Worldhunger.org, 2012). 영양실조와 같이 다수의 신체질병을 유발하는 것에 더하여 심리적 안녕감에 미치는 가난의 부정적인 효과, 특히 가족들에게 미치는 부정적인 효과는 과소평가될 수 없다. 어린이와 어른 모두 가난으로 인한 스트레스는 증가된 불안, 우울 수준과 관련이 있다. 또한 가족체계 내에서 가난은 양육에 어려움을 초래하고 부모 갈등을 증폭시킨다(Wadsworth, Raviv, Santiago, & Etter, 2011).

가난을 훨씬 능가하는 것으로 스트레스를 유발하는 다른 사회적 조건도 있는데 사람들 사이에 존재하는 차별과 편견이다(Thompson, 2002). 예를 들어 차별을 당하는 소수민족들은 그런 경험을 하지 않은 사람들보다 더 많은 스트레스를 경험하고 자살을 시도할 가능성이 더 높다(Cassidy, O'Connor, Howe, & Warden, 2004; Gomez, Miranda, & Polanco, 2011). 소수민족들은 또한 **문화 적응 스트레스(acculturative stress)**, 즉 주류 문화의 신념과 언어, 관습 그리고 가치에 적응하는 과정과 관련된 스트레스에 직면할지도 모른다. 비록 문화 적응 스트레스는 새로운 나라에 도착한 지 얼마 안 된 이민 1세대에게 흔히 영향을 미치지만 수년이 지난 후 그들의 자손에게도 영향을 미친다. 예를 들면 이민 온 아이들은 자신의 부모가 강조하는 가치와 또래 집단의 가치 사이에서 어려움을 겪고 이로 인해 가족 간 갈등과 긴장을 초래한다(Ahmed, Kia-Keating, & Tsai, 2011).

부가적인 요인 우리의 스트레스 경험에 단독으로 혹은 서로 연합하여 영향을 미치는 몇몇 부가적인 요인이 여기에 제시되어 있다(Scott, Jackson, & Bergeman, 2011).

- 시간과 주의를 너무 많이 요구하거나 할 일이 너무 많은 것과 같은 물리적인 스트레스 요인
- 개인적인 삶이나 직장생활에서의 결정과 요구에 대한 통제의 부족
- 선뜻 대처할 수 없다고 판단되는 예측 불가능한 사건
- 가족과 친구들로부터 받는 사회적 지지의 부족

- 가족 구성원, 친구 혹은 직장동료들과의 **좋지 못한 대인관계**
- 한 역할(예: 일)과 또 다른 역할(예: 순조롭게 유능한 부모가 되는 것) 간의 **역할 갈등**
- 구직, 승진, 실업 상태를 포함한 **직업적 걱정**
- 소음이 많은 작업 환경과 같이 **불편하거나 위험한 물리적 조건**

분명히 이 목록이 모두가 아니며 우리는 당신이 스트레스를 유발하는 다른 상황을 쉽게 찾아낼 수 있을 거라고 확신한다. 보다시피 스트레스를 유발할 가능성은 대학을 포함하여 어디에나 있다.

대학에서의 스트레스

당신이 이미 알고 있다시피 고등교육을 수행하는 과정에는 많은 스트레스가 따라온다. 특히 대학생활의 첫해를 보내고 있는 대학생들은 새로운 사회적 규준과 관습, 상이한 또래 집단, 과제 과부하, 생활방식의 변화뿐만 아니라 자신의 시간과 자기통제에 가해지는 더 많은 부담에 노출된다(Guo, Wang, Johnson, & Diaz, 2011; Singh & Upadhyay, 2008). 이러한 변화의 한 결과로 엄청난 스트레스를 받고 있는 다수의 1학년들에게 대학에서의 적응은 특히 힘들다. 그러나 재학기간과는 별도로 대학은 그 자체만으로도 부가적인 스트레스를 불러일으킨다. 특히 학생이 학업적 책임뿐 아니라 일과 관련된 책임도 가지고 있다면 더욱 그렇다(Pritchard & Wilson, 2006). 현재 약 37%의 학생들이 대학에 다니는 동안 전일제로 일하고 있는데 10년 전에는 25%였다(Bureau of Labor Statistics, 2011; Techniques, 2000). 따라서 스트레스 수준도 10년 동안에 동일하게 증가하였다(Huang, 2011). 여대생이 남자 대학생보다 더 많은 스트레스를 받고 있다는 보고도 또한 주목할 만한 가치가 있다(Darling, McWey, Howard, & Olmstead, 2007).

탐색 13.1 스트레스와 당신

healthfinder.gov 이 웹 사이트는 스트레스를 포함하여 정신건강 주제에 관하여 배우고자 하는 사람들을 돕는 데 주력하고 있다.

재정적, 학업적 및 사회적 압박을 초래하는 대학의 스트레스는 "에너지" 음료와 정크푸드의 섭취, 흡연, 알코올과 약물 사용에 있어서의 증가를 포함한 여러 가지 부정적인 행동들과 관련되어 있다. 건강한 식습관, 신체단련 그리고 비타민 보충과 같은 긍정적인 건강 관련 행동들의 감소 또한 이를 잘 뒷받침하고 있다. 게다가 스트레스를 느끼는 학생들은 자신의 평균 평점과 건강에 대해 훨씬 적게 만족하였다. 높은 스트레스 수준이 보다 낮은 학점과 좋지 않은 건강을 초래하는 것인지 아니면 부족한 수준의 학업 성과와 신체단련이 부가적인 스트레스를 야기하는 것인지는 분명하지 않다(Economos, Hildebrandt, & Hyatt, 2008; Pettit & DeBarr, 2011). 또한 대학과 관련된 높은 수준의 스트레스가 불안, 우울, 섭식장애 그리고 자살과 함께 정신건강에 해로운 영향을 미치고 있다는 것은 그리 놀랄 일이 아니다(Singh & Joshi, 2008; Sulkowski, Dempsey, & Dempsey, 2011).

흔히 강사, 멘토 및 지도 교수의 역할을 하는 교수들은 학생들이 얼마나 많은 스트레스를 받고 있는지를 추정하는 데 어려움을 겪고 있다(Misra, McKean, West, & Russo, 2000). 따라서 교수들은 아무리 의도가 충분하더라도 대학 관련 스트레스를 인식하고 줄이기 위한 최선의 일차적 방어책은 아닐지 모른다. 다른 한편으로 많은 대학은 스트레스 감소, 공부습관, 직업 상담을 위한 워크숍뿐 아니라 대학생들을 위한 상담 서비스도 제공한다. 다른 대학에서도 섭식장애, 우울증같이 스트레스를 동반한 흔한 장애를 위해 협력 기관들과의 연계를 제공하고 있다.

당신의 대학에서 이용할 수 있는 서비스가 무엇인지 알고 있는가? 어쩌면 당신은 자기 자신을 위해 아니면 자신과 가까운 누군가를 위해 그런 것을 탐색할 필요가 있다.

스트레스에 대한 반응

학습목표

13.5 일반 적응 증후군에 대해 설명한다.

13.6 스트레스와 방어기제 사이의 연관성을 설명한다.

13.7 스트레스에 대한 반응들이 어떻게 서로 다를 수 있는지를 논의한다.

13.8 심리적 강인성과 회복탄력성을 비교한다.

높은 스트레스를 유발하는 사건들에 대한 우리의 반응은 네 가지 기본적인 형태, 즉 정서적, 행동적, 인지적 및 생리적 반응으로 나타난다. 스트레스에 대한 정서적 반응은 스트레스 요인이 불러일으키는 감정을 말한다. 그런 감정은 긍정적(예: 신이 난, 활력 있는)이거나 부정적(예: 불안한, 끔찍한)일 수 있다. 우리가 높은 스트레스를 유발하는 사건을 겪은 후에 하는 것이 행동 반응이다. 이러한 행동들은 더 열심히 공부하기, 치료받기처럼 우리에게 이로울 수도 있고 아니면 음주를 하거나 약물을 복용하거나 희망 버리기처럼 우리의 안녕에 해로울 수도 있다. 스트레스의 인지적 측면은 스트레스 요인에 관하여 얼마나 심각하게 생각하는가, 그 스트레스가 얼마나 오래 지속될 것이라고 여기는가? 지각된 스트레스 대처 용이성 그리고 스트레스가 재발할 가능성에 대한 관심이다. 통틀어서 스트레스에 대한 정서적, 행동적 및 인지적 반응은 심리적 반응으로 불린다. 마지막으로 스트레스에 대한 생리적 반응은 아드레날린과 같은 호르몬과 뇌 활동성에서의 변화 그리고 심장박동, 호흡, 혈압과 같이 생명과 관련된 기본적인 기능의 변화를 포함한다(Monroe, 2008).

생리적 스트레스 반응

일반 적응 증후군 스트레스가 신체에 어떻게 영향을 미치는가에 대한 연구에 있어 선구자인 Hans Selye(1991)는 특정 스트레스 요인에 대한 신체의 특정 반응들(예: 열에 대한 반응으로 땀을 흘리는 것)에 더하여 거의 모든 스트레스 요인에 대응하여 활성화되는 특징적인 패턴의 일반적인 생리적 기제들 또한 있다고 주장한다. Selye는 이러한 패턴을 **일반 적응 증후군(general adaptation syndrome, GAS)**이라고 불렀다. 이것은 세 가지 진행단계로 구성되는데 경고 반응, 저항단계 그리고 탈진단계이다.

(1) 경고 반응 스트레스를 유발하는 요인에 대한 초기의 위기 반응은 **경고 반응(alarm reaction)**으로 알려져 있다. 경고 반응은 그것이 신체적인 것(예: 무거운 상자를 들어 올리는 것, 공격받는 것)이든 심리적인 것(예: 시험을 보는 것, 연설을 하는 것)이든 스트레스 요인의 종류에 상관없이 유사한 증상을 초래하는 신체 자원의 초기 동원으로 구성된다. 이런 이유로 경고 반응을 경험하고 있는 사람들은 두통, 근육통과 관절통, 식욕 상실 그리고 전반적으로 피곤한 느낌과 같은 공통 증상을 자주 호소한다.

경고단계에서 스트레스 요인의 제시는 **싸움 혹은 도망 반응(fight-or-flight response)**을 불러일으킬 수 있다. 물론 **싸움(fight)**은 스트레스 요인에 맞서는 것을 의미하고 **도망(flight)**은 스트레스 요인으로부터 도망치는 것을 의미한다. 스트레스 요인이 극복될 수 없는 것일 때 우리는 도망가지만, 스트레스 요인이 극복될 수 있는 것일 때 우리는 보통 스트레스 요인과 싸운다. 이런 스트레스 반응은 뇌가 스트레스 요인을 지각했을 때 시작되고 그다음에 뇌는 신체에 대해 싸우거나 도망갈 준비를 시키는 신호를 보낸다. 예를 들면 근육으로 흐르는 혈액의 양이 증가하고, 땀을 흘리며, 심장박동도 호흡과 함께 빨라지기 시작한다. 스트레스 요인이 사라질 때 스트레스와 관련된 여러 가지 생리적 반응들 역시 진정되는데 신체는 이완되고 싸움 혹은 도망 반응도 더 이상 나타나지 않는다.

(2) 저항 스트레스가 심한 상황에 계속 노출되면 경고 반응에 이어 신체가 스트레스 요인에 대해 저항을 증가시키는 **저항단계(stage of resistance)**가 뒤따른다. 경고단계의 증상이 사라지고 신체의 방어체제는 지속되는 스트레스에 대처하기 위해 정상 수준 이상으로 올라간다. 이 단계의 목표는 신체를 정상적인 기능으로 되돌리는 것이다. 만일 스트레스 요인이 효과적으로 처리되면 그다음에 이 저항단계는 신체의 전반적인 방어체제가 잠시 동안 제대로 발휘되지 못하더라도 회복과 재생의 단계로 들어간다. 반면에 만일 스트레스 반응이 너무 자주 활성화되거나 너무 오랫동안 스트레스에 매달려 있으면 자원은 대폭 고갈되고 스트레스에 대한 신체 반응은 실제로 스스로에게 해로울 수 있다. 이때 탈진단계가 나타난다.

(3) 탈진 **탈진단계(stage of exhaustion)** 동안 신체의 방어체제는 고장 나고 적응 에너지는 고갈되며 신체는 질병에 취약하게 된다. 실제로 스트레스와 건강에 관한 연구에서는 만성 스트레스가 바이러스—감기뿐만 아니라 AIDS의 원인이 되는 HIV—에 대해 더욱 취약하게 만들고 면역력을 낮추고 상처 치료를 약화시키는 것을 보여 주었다(Glaser, 2005). 게다가 신체가 탈진되면 위궤양, 고혈압과 같은 '적응 관련 질병', 즉 '스트레스에 적응할 수 없음으로 초래되는 질병'에 걸릴 가능성도 증가하게 된다(Segerstrom & Miller, 2004).

알로스타시스 부담 어떤 과학자들은 스트레스에 대한 싸움 혹은 도망의 설명이 너무 단순하고 GAS 모델은 호르본 생산과 같이 스트레스 반응에 관련된 다른 과정에 대해서는 충분히 포괄적이지 못하다고 생각한다(Monroe, 2008). 그래서 그들은 스트레스에 대한 생리적 반응은 알로스타시스와 알로스타시스 부담이란 두 개념으로 설명하는 것이 더 좋다고 생각한다(McEwen, 2005). **알로스타시스(allostasis)**는 호르몬, 면역체계와 같이 생명에 필수적인 생리학적 요인들 간에 균형을 유지하는 과정을 거치는 변화를 통해 안정을 이루는 것을 의미한다. **알로스타시스 부담(allostatic load)**은 신체에 가해지는 요구, 즉 스트레스에 되풀이하여 적응하는 신체의 고통을 반영하는 누적된 변화들을 나타낸다. 이러한 관점은 시간적인 틀을 고려한다. 단기적으로 신체 기능은 스트레스에 맞서서 보호적인 효과를 제공하는 알로스타시스와 관련 있지만 장기적으로 스트레스 요인은 손상을 초래할 수 있고 건강을 악화시킴으로써 삶에 불리하게 작용한다(Almeida, 2005).

예를 들어 시상하부-뇌하수체-부신(HPA) 축은 시상하부, 뇌하수체, 부신선이 중심 요소인 조직과 내분비선의 망이다. 스트레스가 많은 상황에 대응하여 HPA 축은 코르티솔과 같은 호르몬을 혈류로 방출한다(McCrory, De Brito, & Viding, 2010). 하지만 코르티솔은 엄밀히 말해 독소이며 코르티솔에 대한 지속적인 노출은 신경세포와 근육 및 조직에 손상을 입힐 수 있다. 어쩌면 신체가 이런 유독성 호르몬을 생산하는 것은 우리에게 스트레스를 줄이도록 동기화시키는 것으로 볼 수 있다. 실제로 코르티솔 수준은 스트레스 요인이 효과적으로 처리된 후에 감소한다(Golubchik, Mozes, Maayan, & Weizman, 2009). 그러나 만일 스트레스 요인이 없어지지 않으면 그때 체내에 존재하는 코르티솔은 많은 문제를 유발하게 된다. 바꿔 말하면 알로스타시스는 생리학적으로 스트레스를 관리하도록 우리를 돕지만 만성적인 알로스타시스 과부담은 우리가 결국에는 너무 큰 고통을 받게 된다는 것을 의미한다. '스트레스를 받는' 것과 '스트레스가 쌓이는' 것 사이에는 중요한 차이가 있다.

심리적 스트레스 반응

신체의 스트레스 반응과는 달리 우리의 심리적 반응은 일반적으로 학습에 의해 형성되고 세상을 지각하는 방식에 주로 의존한다. 심리적 스트레스 반응은 매우 다양한 인지적, 정서적 및 행동적 스트레스 반응으로 구성되어 있다.

방어기제 대부분의 스트레스 요인은 **불안(anxiety)**—무언가 안 좋은 일이 일어날 것이라는 애매하고 기분 나쁜 느낌—을 불러일으키기 때문에 스트레스에 대한 공통된 심리적 반응은 지각된 위협과 관련된 심리적 고통으로부터 우리를 방어하도록 도와준다. 그런 반응을 **방어기제(defense mechanisms)**—불안으로부터 우리를 보호하고 그렇게 함으로써 위협에도 불구하고 자기가치감을 유지하도록 돕는 자동적이고 무의식적인 기제—라고 부른다. 여기에 방어기제의 한 예로 자신의 용납할 수 없는 행동을 '그럴듯한 좋은' 이유를 들어 정당화시키는 **합리화(rationalization)**가 있다. 공부를 하지 않았기 때문에 심리학 시험에서 떨어진 후 Nate는 마음속으로 '그래, 나는 어쨌든 심리학을 전공하고 싶지 않았어. 경영학 학위를 받으면 더 많은 돈을 벌 수 있을 거야.'라고 생각한다. 표 13-2는 스트레스와 관련된 불안을 막는 데 사용되는 다른 방어기제들에 대하여 설명하고 있다. 방어기제는 다른 사람이 아닌 자기(the self)를 기만한다는 것을 기억하라.

지각된 스트레스 수준 사람들이 스트레스를 받으면 어떤 반응을 보이는가는 부분적으로 스트레스의 경험 수준에 의해 결정된다. 가벼운 스트레스는 우리를 더 기민하고 활동적이며 수단이 좋도록 만들 수 있다. 중간 정도의 스트레스는 우리의 삶에, 특히 학기 말 보고서를 쓰는 것과 같은 복잡한 행동에 지장을 주는 경향이 있다. 매우 높은 수준의 스트레스는 대단히 심각한 골칫거리가 될 수 있다. 그런 스트레스를 받는 사람들은 자신을 둘러싼 환경에 둔감하게 되며 쉽게 짜증을 내고 지나치게 과음을 하거나 밤새 TV를 보는 것과 같이 건강하지 못한 대처방법에 의존하는 경향이 있다. 또한 스트레스는 가볍고 도전적인 스트레스 요인들에 직면하여 느끼는 유쾌한 기분부터 불안, 분노, 공포, 질투심 및 좌절과 같이 보다 익숙한 부정적인 감정까지 다양한 정서를 불러일으킨다. 더욱이 극심한 스트레스는 행동을 억제하는 경향이 있고 엄청난 좌절이나 박탈에 직면하여 무력함을 느끼는 임상적으로 우울한 사람들의 경우와 같이 냉담과 부동으로 이어질 수도 있다(Monroe & Reid, 2009). 게다가 강간피해자, 테러 인질, 전투 참전용사와 같이 정신적 외상 사건의 생존자들은 외상을 경험한 직후엔 잘 대처했을지 모르지만 몇 달이 지난 후에는 외상 후 스트레스 장애로 알려진 지연된 정서적 반응을 경험할

표 13-2 방어기제

방어기제	정의	예
억압	받아들일 수 없는 생각 혹은 감정을 의식으로부터 차단하는 것.	당신은 이혼으로 끝났던 결혼생활 때문에 결혼식의 세부 사항을 기억할 수 없다.
부정	고통스럽거나 곤란한 상황의 현실을 수용히지않는것.	당신은 약물검사에 통과하지 못해 실직했던 사실에도 불구하고 자신이 약물문제를 갖고 있다는 것을 믿으려 하지 않는다.
퇴행	이전 발달단계에서 보다 적절했던 행동으로 되돌아가는 것.	동생이 태어나자 10세 아이는 마루 위를 기어 다니고 아기 소리를 낸다.
투사	받아들일 수 없는 생각이나 감정을 다른 사람의 탓으로 돌리는 것.	당신은 룸메이트가 외모에 대해 자랑하는 것을 불평하지만 실제로 표정과 용모에 관심을 가지고 있는 사람은 당신이다.
전이	위협적인 생각이나 충동을 덜 위협적인 대상에게 돌려 표출하는 것.	직장에서 갈망하고 있던 승진에서 탈락했기 때문에 상사에게 몹시 화가 난 당신은 집에 가서 아이들에게 소리를 질렀다.
승화	사회적으로 용납할 수 없는 충동을 용납할 수 있는 행동으로 돌리는 것.	다른 사람에게 고통을 안겨 주고 아픔을 주는 욕구는 좀비 파멸에 관하여 글을 쓰는 것을 통해 표현된다.
반동형성	무의식적으로 불안을 자극하는 것에 상반되는 의식적인 감정과 행동을 발전시키는 것.	자신의 두 아이들 중 하나를 더 좋아하는 부모는 덜 좋아하는 아이에게 긍정적인 관심을 더 많이 준다.

글상자 13-2 건강관리에 초점을 맞춰라: 외상 후 스트레스 장애

PTSD는 심각한 신체적 피해가 발생했거나 협박을 당했던 끔찍한 사건이나 경험에 노출된 후 발생할 수 있는 불안장애이다. PTSD를 촉발시키는 사건들은 대개 일상적인 인적 손실이나 슬픔 영역 밖에 있는 것이다. 예로는 비행기 사고, 지진, 홍수, 폭행, 강간, 인질극, 고문, 살인, 전쟁을 들 수 있다.

발생

미국인들에게 있어 PTSD를 유발하는 가장 흔한 원인은 자동차 사고이다(Blanchard & Hickling, 2003). 하지만 PTSD 발생은 일반 대중보다는 참전용사에게서 더 높다. 좋은 예로, 이라크 참전용사의 거의 14%가 PTSD로 고통받는다(Tanielian & Jaycox, 2008). 그리고 미국 성인의 거의 절반 가까이가 평생 적어도 하나의 외상적 사건에 노출되고 있긴 하지만 단지 7%만이 이 장애로 발전한다(National Institute of Mental Health, 2012; Ozer & Weiss, 2004). 사실 지금 우리는 많은 성인들이 처참한 사건들을 잘 처리한다고 알고 있다(Bonanno, Galea, Bucciarelli, & Vlahov, 2007). 이러한 사람들이 이 장의 뒤에서 논의되는 회복탄력성에 관한 연구의 성장을 초래하였다.

증상

PTSD의 증상은 외상적 사건 직후 또는 3~6개월 뒤에 시작될 수 있다. 하지만 보다 오랜 기간이 지난 후에 증상이 나타나는 것은 흔치 않으며 PTSD는 만성적인 장애나 지연된 형태의 장애로 특징지어진다(Horowitz, 2011). 피해자들은 본의 아니게 꿈속에서 과거의 외상적 사건을 다시 경험하는데 공포감과 충격, 경악감과 같은 본래의 감정을 동반한 사건의 '플래시백' 현상을 경험하기도 한다. 그들은 또한 자신의 일상생활에 대하여 정서적 둔감을 경험한다. 낮에는 일에 집중하는 데에 곤란함을 자주 느끼고 밤에는 수면을 취하기 어렵다. 그들은 다른 사람들과 소외됨을 느끼면서 사람들에 대한 관심 또한 잃어버릴 수 있다. 분노 폭발과 과민성 또한 PTSD의 신호이다. PTSD가 될 가능성은 현재의 외상에 더하여 과거의 외상들로 고통받고 있는 사람들에게서 가장 높다(Ai, Evans-Campbell, Santangelo, & Cascio, 2006). 흥미롭게도 뇌 영상법과 다른 정교한 기법을 이용하는 과학자들은 PTSD 피해자들에게서 신경계의 변화를 발견했는데 이런 생리적 변화는 플래시백, 무딘 감정과 같이 위에서 언급한 보다 만성적인 증상들 중 일부를 설명해 줄 수 있을 것이다(Rougemont-Bücking et al., 2011).

수도 있다. **외상 후 스트레스 장애(Posttraumatic stress disorder, PTSD)**는 대단히 고통스러운 사건이 원인이 되어 발생하는 불안 증상과 회피 행동을 특징으로 하는 극심한 불안장애이다. 글상자 13-2에서는 PTSD에 대해 좀 더 상세히 논의한다.

탐색 13.2 트라우마와 스트레스

www.apa.org 미국 심리학회의 온라인 공적 정보 사이트. 트라우마와 스트레스 그리고 강인성에 대한 자료들을 갖고 있다.

스트레스에 어떻게 반응하는가?

지금 막 시험에 떨어졌거나 아니면 지금 막 중요한 사람과 헤어졌다고 상상해 보라. 어떻게 하겠는가? 편안하고 지지적인 친구를 찾아가는가? 아니면 그저 화를 내는가? 당신의 답은 성별에 따라 분명하게 결정될지도 모른다(Taylor, Manganello, Lee, & Rice, 2000). 여기에 그 이유가 있다. 여성은 남성보다 사회적 지지를 통해 스트레스에 대처할 가능성이 좀 더 많은데 이것은 보통 '보살피고 한편이 되기'로 불리며, 즉 스트레스 경험과 자신의 감정을 친구들과 공유하는 것이다. 그에 반해서 스트레스 상황은 많은 남성으로 하여금 화나게 하고 적대적이 되거나 회피적이 되도록 만든다(Darling et al., 2007). 아주 흥미롭게도 여성들도 광범위한 스트레스 요인에 반응하며 남성들보다 더 자주 스트레스를 받는다고 말한다(Eaton & Graham, 2008).

성격 유형에 기초한 반응 아름다움은 '보는 사람의 눈에 보이는 것이' 전부 다가 아니듯이 스트레스 역시 그렇다. 실제로 어떤 스트레스 요인을 지각하는 방식이 그 스트레스 요인을 더 힘들거나 덜 힘들게 할 수 있다(Monroe, 2008). 일에 대한 비판을 인신공격으로 받아들이는 사람들은 상당히 고통스러워하면서 스스로를 방어하기 위해 많은 에너지를 낭비한다. 다른 사람들은 유사한 비난을 자신의 일을 개선하기 위한 도전으로 받아들이면서 스트레스를 덜 경험한다. 걱정이 많은 기질과 정서적 불안정 같은 다른 요인은 높은 스트레스 반응성과 관련된 두 특질의 높은 수준과 더불어 우리의 스트레스 경험에도 영향을 미칠 수 있다(Zautra, Affleck, Tennen, Reich, & Davis, 2005). 물론 스트레스에 대한 지각에 있어서 가장 널리 알려진 차이 중에 하나는 Type A와 Type B 행동 패턴을 가진 사람들 사이에서 나타난다.

Type B 행동 패턴(Type B behavior pattern)을 갖고 있는 사람들은 참을성 있고 여유 있으며 느긋하다. 대조적으로 **Type A 행동 패턴(Type A behavior pattern)**을 가진 사람들은 경쟁적이고 따지기 좋아하며 시간적으로 급박하고 야심차며 안달하고, 게다가 적대적인 경향이 있다. 또한 그들은 엄격한 기준에 따라 자신과 다른 사람들을 판단하는 경향도 있다(Jamal, 2005). 다른 사람들이 Type A인 사람이 설정한 높은 기

활동 13-1
자신의 행동 유형은 무엇인가: A 또는 B?

지시문: 다음의 상황 각각에 대하여 자신이 동의하는 정도를 나타내라. 1~7까지의 척도에서 적절한 숫자에 동그라미를 하라.

1. 학과에서 다른 학생이 나보다 더 잘 하면 나는 그 학생을 반드시 따라잡아서 더 높은 학점을 받는다.
   전혀 동의하지 않는다. 1 2 3 4 5 6 7 **매우 동의한다**
2. 나는 어딘가에 가야 할 때 계속해서 '긴장을 풀기 위한' 시간을 가진다.
   전혀 동의하지 않는다. 1 2 3 4 5 6 7 **매우 동의한다**
3. 달리고 있는 차 안에서 내가 좋은 지름길을 알고 있을 때 운전자가 내 의견을 듣지 않으면 나는 매우 짜증을 부린다.
   전혀 동의하지 않는다. 1 2 3 4 5 6 7 **매우 동의한다**
4. 나는 직장이나 학교에서 내가 해야 할 것이 늘 있기 때문에 긴장을 풀기가 어렵다고 생각한다.
   전혀 동의하지 않는다. 1 2 3 4 5 6 7 **매우 동의한다**
5. 나는 탁월하게 해낼 수 있다고 확신하는 과제들만 떠맡는다.
   전혀 동의하지 않는다. 1 2 3 4 5 6 7 **매우 동의한다**
6. 나는 결코 휴가 때는 일하지 않는다. 만일 일을 했다면 결국 그건 정말로 휴가가 아닌 것이다.
   전혀 동의하지 않는다. 1 2 3 4 5 6 7 **매우 동의한다**
7. 나는 사소한 일에 목숨 걸지 않는다. 대부분의 일들은 사소한 일이다.
   전혀 동의하지 않는다. 1 2 3 4 5 6 7 **매우 동의한다**
8. 나는 학교에서 공부를 더 잘하도록 도울 수 있거나 직장에서 성공하도록 도울 수 있는 사람들과 친구가 되는 것을 좋아한다.
   전혀 동의하지 않는다. 1 2 3 4 5 6 7 **매우 동의한다**
9. 나는 흥미가 없는 말을 하는 사람들에게 더 이상 관심을 쏟지 않는다.
   전혀 동의하지 않는다. 1 2 3 4 5 6 7 **매우 동의한다**
10. 나는 평소 마음이 편안하다.
   전혀 동의하지 않는다. 1 2 3 4 5 6 7 **매우 동의한다**

채점: 먼저, 2, 6, 7 및 10번은 역문항이므로 값을 변환하라(1=7, 2=6, 3=5⋯). 다음으로 모든 문항들의 값을 합산하라. 총점이 높을수록 당신은 Type A 행동 패턴과 관련 있을 가능성이 좀 더 많다. 이 자기 평가지는 이 책을 위해 특별히 고안되었으니 결과를 해석할 때는 유의하기를 바란다.

준을 지키는 데 실패하면 Type A인 사람은 더욱 고약해질 수 있다. 결과적으로 Type A인 사람들은 **Type B**인 사람들보다 더 빈번하고 끊임없는 스트레스 속에 자신과 다른 사람을 계속 머물게 만든다(Mohan, 2006). Type A 행동 패턴이 심장병 및 다른 스트레스 관련 질병들과 관련되어 있다는 것은 그리 놀랄 일이 아니다. 그런데 Type A 행동 패턴의 적개심 측면은 성취와 관련된 구성요소가 아니며 건강상의 문제를 가장 많이 예측한다는 점에서 주목할 만한 가치가 있다(Kent & Shapiro, 2009). 어떤 유형의 행동 패턴이 자신을 가장 잘 기술하고 있는가? 활동 13-1을 풀어 보라.

보다 최근에 심리학자들은 또 하나의 성격 특성으로 역경에도 불구하고 목표를 달성하려고 지속적인 시도를 하는 특성인 **인내심(persistence)**과 스트레스 사이의 관계를 조사하기 시작했다. 인내심의 한 예로는 지난 몇 시간 동안 공들여 왔던 수학문제를 다 풀고 이해할 때까지 잠자리에 들지 않으려는 것을 들 수 있다. 인내심은 행복과 성공에 있어 조금 필수적인 요인이긴 하지만 도달 불가능한 목표에서 벗어날 수 없게 할 때에는 해로운 요인이 될지도 모른다. 우리는 승산 없는 싸움을 포기하는 법도 알아야 한다. 그렇지 않으면 지속적인 실패에 대한 스트레스가 증가할 수 있다. 결국 과도한 인내심은 스트레스와 관련된 질병의 발병으로 이어질 수 있다(Miller & Wrosch, 2007).

스트레스를 잘 견딜 수 있는가? 어떤 사람들은 스트레스를 차분히 더 잘 처리할 수 있는 것처럼 보인다. 즉, 그들은 **심리적 강건성(psychological hardiness)**—상황을 최대한으로 활용하는 것을 가능하게 하는 태도—을 갖고 있다. 강건한 사람들의 세 가지 주된 특징은 위협 대신에 **도전감**, 소외보다는 **몰입감**, 무력감보다는 **통제감**이다. 스트레스에도 불구하고 성공하는 사람들은 변화와 스트레스에 의해 더 자극을 받는 것 같고(도전감) 또한 자신이 하고 있는 일에 매우 열중하고(몰입), 매우 어려운 상황에서도 무력감에 압도당하지 않는다(통제감). 세 번째 주제인 통제를 특히 주목할 필요가 있다. 스트레스, 신체 질병 및 심리적 장애들 간의 관계를 면밀히 살피는 과정에서 개인적 통제의 중요성은 되풀이해서 제기된다. 자신과 가능하다면 현재 상황에 대한 합리적인 통제감을 유지하면서 스트레스의 영향력뿐 아니라 고조된 스트레스를 인정할 수 있는 것이 스트레스를 성공적으로 관리하는 데 매우 중요하다(Maddi, 2005).

강건성과 유사한 개념인 **회복탄력성(resilience)**은 극심한 역경에 뒤따르는 긍정적 성장 혹은 적응으로 정의된다. 회복탄력성은 한때 드문 특성으로 생각되었다. 하지만 지금은 부정적인 스트레스와 정신적 외상 후에 관측되는 가장 흔한 궤도로 알려져 있다(Almedom, 2005; Bonanno et al., 2007). 유의할 점은 회복탄력성이 정신적 외상 후의 회복(recovery)과는 상당히 다르다는 것이다. 회복탄력성은 성장기와 건강한 기능이 뒤따르는 비교적 **가볍고 짧은 혼란**을 특징으로 한다. 대조적으로 정신적 외상 후의 회복은 단지 서서히 쇠퇴하는 정상적인 기능의 심각한 장애를 특징으로 한다 (Bonanno, Papa, Lalande, Zhang, & Noll, 2005). 다시 말해서 탄력적인 사람들은 다른 사람들보다 괴로운 경험으로부터 신속히 그리고 효과적으로 다시 일어선다 (Tugade & Fredrickson, 2004). 탄력적인 사람들은 역경에 대처하기 위하여 유머와 긍정적인 감정, 부정적인 생각을 긍정적인 생각으로 대체하는 것, 사회적 지지 그리고 낙관성을 이용한다(Southwick, Vythilingam, & Charney, 2005). 여기에서 중요한 메시지는 사람들이 역경의 시간을 보내는 동안 개인적인 성장을 경험할 수 있으며 또한 개인적인 성장을 한다는 것이다.

활동 13-2에 제시된 자기평가를 해 봄으로써 자신의 스트레스 대처 유형을 확인해 볼 수 있다.

스트레스 관리하기

학습목표

13.9 환경을 수정함으로써 스트레스를 감소시키는 전략에 대해 논의한다.

13.10 생활방식을 바꿈으로써 스트레스를 줄이는 다른 방법을 기술한다.

13.11 스트레스가 어떻게 개인적인 성장을 촉진하는지를 설명한다.

스트레스는 매일 발생하고 평생 그럴 것이다. 가끔씩 스트레스는 강렬해질 수 있는 반면에 다른 사람에게는 비교적 사소할 수도 있다. 그러나 틀림없는 한 가지는 스트레스가 불가피하다는 것이다. 하지만 부정적인 스트레스는 피할 수 있다. 스트레스를 관리한다는 것은 스트레스 요인에 대한 자신의 반응을 조절하는 책임을 지는 것을 의미하며 그렇게 함으로써 전반적인 스트레스 경험들을 수정하는 것을 의미한다. 스트레스에 대처하는 많은 방법이 있긴 하지만 대부분의 방법이 두 가지 중요한 주제에 속하는데, 즉 자신의 환경을 수정하는 것과 자기 자신이나 자신의 반응을 바꾸는 것이다.

환경을 변화시키기

상사가 Nate를 질책한 후 곧이어 그가 특별 주문했던 카메라가 마침내 도착했다. 그는 자신이 원했던 카메라가 전혀 아니라는 것을 곧바로 알게 되었다. 그는 무엇을 해야 할까? 당신이라면 무엇을 할 것인가? 당신은 가게로 가서 점원에게 실수가 있었다는 것을

활동 13-2
스트레스 유형은 무엇인가?

지시문: 다음의 상황 각각에 대하여 자신이 동의하는 정도를 나타내라. 1~7까지의 척도에서 적절한 숫자에 동그라미를 하라.

1. 나는 스트레스를 받고 있으면 평소보다 더 빨리 화를 낸다.
   전혀 동의하지 않는다. 1 2 3 4 5 6 7 매우 동의한다
2. 스트레스 받을 때는 좋은 식습관을 유지하는 것과 같이 건강과 관련된 습관들이 줄어든다.
   전혀 동의하지 않는다. 1 2 3 4 5 6 7 매우 동의한다
3. 나는 스트레스를 받고 있으면 집중하는 데 곤란을 느낀다.
   전혀 동의하지 않는다. 1 2 3 4 5 6 7 매우 동의한다
4. 불쾌한 상황에 놓여 있더라도 나는 그 상황에서 헤쳐 나오기 위해 긍정적인 생각이나 유머를 활용할 수 있다고 생각한다.
   전혀 동의하지 않는다. 1 2 3 4 5 6 7 매우 동의한다
5. 나는 스트레스를 받고 있으면 다른 사람보다 더 불안하게 반응한다.
   전혀 동의하지 않는다. 1 2 3 4 5 6 7 매우 동의한다
6. 스트레스 상황에서는 손톱을 물어뜯거나 머리를 꼬는 것 같은 나의 불안한 습관들이 더 자주 나타나게 된다.
   전혀 동의하지 않는다. 1 2 3 4 5 6 7 매우 동의한다
7. 스트레스는 내 기억력을 악화시킨다.
   전혀 동의하지 않는다. 1 2 3 4 5 6 7 매우 동의한다
8. 나는 스트레스를 받고 있으면 쉽게 좌절하고 긴장하게 된다.
   전혀 동의하지 않는다. 1 2 3 4 5 6 7 매우 동의한다
9. 스트레스는 평소보다 더 쉽게 나를 울게 만든다.
   전혀 동의하지 않는다. 1 2 3 4 5 6 7 매우 동의한다
10. 나는 스트레스를 받고 있으면 시험공부뿐 아니라 학습하는 데 더 힘든 시간을 보낸다.
    전혀 동의하지 않는다. 1 2 3 4 5 6 7 매우 동의한다
11. 나는 가끔씩 그리고 때때로 스트레스를 도전적이고 기분을 북돋우는 것이라고 생각한다.
    전혀 동의하지 않는다. 1 2 3 4 5 6 7 매우 동의한다
12. 고통스러운 사건 후에 나는 자신과 내 반응에 대해 알기 위해 몇 분 정도 조용한 시간을 가진다.
    전혀 동의하지 않는다. 1 2 3 4 5 6 7 매우동의한다

채점: 스트레스에 대한 정서적 반응은 1, 5, 8번으로 측정된다. 스트레스에 대한 행동적 반응은 2, 6, 9번으로 측정된다. 스트레스에 대한 인지적 반응은 3, 7, 10번으로 측정된다. 스트레스에 대한 탄력적 반응은 4, 11, 12번으로 측정된다. 각 반응군집별로 응답 한 값을 더하고 다음의 빈 공간에 합산한 값을 적어라.

정서적 반응 ________________ 행동적 반응 ________________
인지적 반응 ________________ 탄력적 반응 ________________
모든 반응점수 합계 ________________

이제 이 척도가 당신의 전형적인 반응을 정확하게 잘 찾아냈는지를 결정하라. 예를 들면 당신의 가족이나 가까운 친구가 그 결과에 대해 동의할 것 같은가? 만일 당신이 정서적 반응에서 가장 높은 점수를 받았다면 그들은 당신이 스트레스가 많은 상황에서 정서적인 반응을 주로 한다는 것에 동의할 것 같은가? 또한 당신의 전체 점수를 고려해 보라. 어떤 경우 이 전체 점수는 스트레스에 대한 당신의 반응이 너무 강한 것은 아닌지 혹은 어쩌면 당신이 매우 높은 수준의 스트레스를 받고 있는 것은 아닌지를 나타내 준다. 이제 당신이 스트레스에 잘 대처하거나 더 잘 반응할 수 있는 방법과 당신이 겪고 있는 스트레스의 총량을 어떻게 줄일 수 있는지에 대해 생각해 보라. 기억하라, 이 측정도구는 이 책을 위해 특별히 설계된 것을 기억하라. 이 결과는 자신이 어떻게 스트레스에 대처하는지에 대한 결정적인 생각을 불러일으키는 도구로만 사용되어야 한다.

말한 다음 정확한 모델의 카메라를 재주문할 수도 있다. 아니면 당신은 수중에 있는 카메라를 그냥 받아들이고 다시는 그 가게에서 결코 어떤 것도 사지 않을 것을 확실히 하면서 그대로 있을 수도 있다. 또 다른 선택도 있는데 당신은 주문품 받는 것을 거부하는 대신에 재고 제품 가운데에서 한층 더 호감이 가는 또 다른 카메라를 선택할 수 있다. 이러한 반응은 환경을 변화시키는 몇몇 기본적인 방법을 명료하게 보여 주는 것으로 주장성, 철수 혹은 타협이다. 이 방법은 자신의 환경을 바꾸든지 자신에게 스트레스를 야기하는 사람들의 반응을 바꾸든지 하기 때문에 스트레스에 대한 개인적 반응보다는 환경적 반응으로 간주된다. 이러한 전략을 각각 살펴보자.

탐색 13.3 스트레스 관리

www.stressrelease.com 이 웹사이트는 스트레스 관리에 대한 조언과 스트레스 이유와 같은 스트레스에 관한 많은 정보를 제공한다. 온라인 자원부문을 반드시 체크하라.

주장성 **주장성**(assertiveness)은 합리적인 성공 가능성이 있을 때마다 스트레스를 관리하기 위해 선호하는 방법이다. 주장성은 다른 사람의 권리를 침해하지 않고 직접적인 방식으로 자신의 권리와 감정을 표현하는 것이다. 이 접근은 스트레스 상황 자체를 바꾸려고 하는 직접적인 시도로 이루어진다. 흔한 예로 가게로 불량품을 되돌려 보내거나 잘못된 주문에 대응하여 당당하게 말하는 것을 들 수 있다. 주장성은 합리적이고 건설적으로 스트레스를 다루는 방법이라서 관련된 스트레스를 완화시키는 경향이 있다.

철수 **철수(withdrawal)는 활동, 조직 혹은 사람으로부터 신체적으로나 정서적으로 물러나는 것**을 의미한다. 철수는, 특히 스트레스 상황이 주장성이나 타협을 통해 성공적으로 바뀔 수 없을 때 더 적절한 스트레스 반응일지도 모른다. 철수의 한 예는 처음 가게의 고객서비스 센터로부터 만족을 얻지 못한 후 다른 가게에서 적극적으로 물건을 사는 소비자를 들 수 있다. 철수는 그 자체로는 좋은 것도 나쁜 것도 아니며, 어떻게 사용하는가에 달려 있다. 다른 한편으로는 일시적인 전략으로 철수를 사용하면 너무도 강력하여 건강에 해로운 스트레스에 대처하는 데 유용한 수단이 될 수 있다. 일시적인 철수의 몇 가지 예는 다음과 같은데, 궁핍한 학생들이 더 많은 돈을 벌 수 있을 때까지 학교를 중퇴하고, 갈등이 있는 결혼한 배우자들이 상담을 구하는 동안에 별거에 동의하는 것을 들 수 있다. 관련된 사람들이 보이는 최선의 노력에도 불구하고 적합한 해결법이 마련되지 않을 때는 영구적인 철수가 더 적절할지도 모른다.

타협 **타협(compromise)**은 스트레스에 대한 또 다른 적응적인 반응으로 서로 대립되는 생각이나 행동을 완화시켜 적응이 이루어질 때 발생한다. 철수와는 대조적으로 타협은 스트레스 상황에 여전히 남아 있게 되지만 주장적 접근보다는 덜 적극적인 방식으로 남아 있게 된다. 타협은 누군가가 다른 사람보다 더 높은 지위에 있거나 더 높은 권위를 가졌을 때 혹은 참가자 양쪽이 교착상태에 있을 때 가장 많이 사용되는 것 같다. 가장 흔한 세 가지 타협 유형들은 동조, 협상 그리고 대치이다.

1. 스트레스 상황에 대한 반응으로서 **동조(conformity)는 다른 사람의 직접적인 영향에 의해 유발되는 우리 행동의 변화**를 포함한다. Nate가 승인을 위한 많은 서류 및 서명 작업을 포함하여 더 정교한 구매 절차를 구축하고 있는 대기업의 바이어로 일한다고 가정하자. 처음에 그는 그 변화를 몹시 싫어했지만 새로운 절차를 받아들임으로써 겉으로는 따를 수 있다. 아니면 그는 부가된 스트레스를 감당할 만큼 자신의 상사와 동료들을 좋아하기 때문에 새로운 요구에 순응할 수도 있다. 일을 얻거나 유지하는 것이 쉽지 않다는 점을 고려하면 Nate는 새로운 절차를 당연하게 받아들이고, 끝없는 갈등과 혐오는 조절이나 분명한 주장보다 더 많은 스트레스를 유발할 수도 있기 때문에 자신의 태도를 바꾸는 것이 가장 현실적인 접근이라고 결정할 수도 있다. 하지만 어떤 형태의 동

조 반응이든 타협의 대가가 가치 있는가의 여부에 따라 근본적인 문제가 발생한다.

2. **협상**(negotiation)은 다양한 스트레스 상황에서 타협을 이루는 데 더 적극적이고 유망한 방법이다. 협상은 우리가 다른 사람들과 서로 양보하는 것을 의미한다. 공기업의 노무관리와 정치적 분쟁에서 종종 사용되는 협상은 이제 동료, 배우자, 친구 간의 대인관계에서도 보다 광범위하게 사용되고 있다. 협상은 참가자들 사이에서 상호 순응을 포함하기 때문에 가능하다면 동조보다 선호된다.

3. **대치**(substitution)는 우리가 다른 사람들과 함께 대안적인 방법을 구하는 것을 의미한다. 대치는 협상이나 동조가 적절하지 않을 때 다른 사람과 타협을 이루는 한 방법이다. 예를 들어 한 여성이 대학교육을 다시 받고 싶지만 어린아이들이 있어서 전일제로 대학에 등록할 수 없다면 시간제로 다니는 것을 최선의 대안으로 결정할지도 모른다. 이런 경우 대치는 같은 목표를 달성하는 것으로 결정된다. 물론 다른 경우에는 전적으로 다른 대치 목표를 선택해야 한다.

타협은 그 자체로는 좋지도 나쁘지도 않다. 이것은 스트레스 감소에 치른 대가와 스트레스 감소로 충족된 만족감 사이의 관계에 더 달려 있다. 습관적인 타협은 주장적인 접근보다 더 큰 좌절과 갈등을 가져올지도 모른다. 타협은 도망치기 쉬운 방법이기 때문에 너무 많은 사람들이 타협으로 인해 생산성이 떨어지거나 과도한 갈등을 겪고 있다. 부당한 스트레스에 대해 수동적으로 순응하는 삶은 주장적이거나 회피적(철수적)인 접근보다 스트레스를 더 많이 받을지도 모른다.

생활방식을 바꾸기

우리는 궁극적으로 환경보다는 자신을 더 통제해 왔다. 결과적으로 우리는 더 좋은 스트레스 관리방법으로 자신의 행동이나 자신의 무언가를 바꾸는 것을 원할지도 모른다. 스트레스에 대한 더 큰 내성을 발달시키는 것, 일상의 습관을 바꾸는 것, 고통스러운 생각을 통제하는 것을 배우는 것, 문제해결 기술을 습득하는 것, 사회적 지지를 추구하는 것을 포함하여 많은 변화 가능성이 있다. 생활방식을 바꿈으로써 스트레스를 줄이는 방법에 대해서는 표 13-3을 보라.

스트레스에 대한 내성을 키워라 스트레스에 대항하기 위해서는 스트레스에 대한 높은 내성을 육성할 필요가 있다. **스트레스 내성**(stress tolerance)은 비논리적이거나 체계적이지 못한 방식으로 행동하지 않고 힘든 과제를 얼마나 오래 참을 수 있는가의 정도, 혹은 자신이 다룰 수 있는 스트레스의 정도로 정의될 수 있다. 우리가 존경하는 유능하고 성공한 사람들 중 대다수는 어쩌면 우리가 알고 있는 것보다 훨씬 더 많은 스트레스를 받고 있지만 그들은 스트레스에 대한 높은 내성을 습득했을 것이다. 압박—마감시간, 경쟁, 다른 사람들의 비난—에 대한 보다 높은 내성은 보통 더 많은 경험과 기술을 동반한다. 사업가, 경찰, 외과의사, 소방관과 같이 큰 압박을 느끼는 일을 하는 사람들은 몇 달, 몇 년의 직업 경험을 통해서 스트레스에 직면하여 침착함을 어떻게 유지하는지를 학습해 왔다(Brandstätter, 2011). 또한 좌절에 대한 내성은 합리적인 목표들을 선택함으로써 그리고 당면한 현실 상황에 맞추기 위해 기대를 조절함으로써 향상될 수 있다. 이처럼 자신에게 너무 많이 기대하는 것은 빈번한 좌절의 근원이 된다. 우리들 각각은 때때로 자신에게 실망한다. 자기연민에 빠져 있는 것보다는 상황을 개선하기 위해 무엇을 할 수 있는가를 자신에게 질문하고 그런 다음 훗날을 위해 자신의 경험에서 배우는 것이 더 많은 도움을 준다.

생활 속도를 늦춰라 당신은 너무 적은 시간에 너무 많이 해 내려고 우왕좌왕하고 애씀으로써 자신에게 많은 스트레스를 야기해 왔는지도 모른다. 빠른 삶의 속도는 걷는 것, 말하는 것, 업무를 처리하는 것 그리고 거의 모든 일을 더 빨리 하도록 만들고, 일이 계획대로 진행되지 않을 때 자주 스트레스를 초래하므로 결국 건강이 나빠질 수 있다. 예를 들어 시간에 쫓기는 사람들은 그렇지 않은 다른 사람들보다 매우 높은 혈압을 갖고 있다(Gupta, 2002). 어떤 사람들은 과학기술이 전 세계의 삶의 속도를 높이는 원인이 되었다고 생각한다(Wajcman, 2008). 어쨌든 이메일, 문자 메시지, 컴퓨터와 태블릿 혹은 폰에서의 인터넷 접속 같은 것들은 대부분의 욕구를 즉각적으로 만족시켜 주면서

표 13-3 스트레스를 줄이기 위해 생활방식을 바꾸는 방법

- 스트레스 내성을 증가시켜라.
- 삶의 속도를 늦춰라.
- 고통스러운 생각을 조절하는 것을 배워라.
- 유머를 더 많이 경험하라.
- 문제해결 기술을 향상시켜라.
- 스트레스에 효과적으로 대처하는 방법을 배워라.
- 이완하라, 그러나 충분히 운동하라.
- 사회적 지지를 구하라.

당신은 삶에 존재하는 스트레스를 줄이기 위해서 이러한 기법을 얼마든지 사용할 수 있다는 것을 기억하라.

정신없이 돌아가는 삶 속으로 우리를 이끈다. 더욱이 과학기술이 우리의 기대에 못 미쳐서 참을성이 요구되면 우리는 좌절감을 느끼는 경향이 있다. 그럴 때 느긋해지는 것을 배우는 것은 우리에게 제대로 도움이 될 수 있다. 보통 우리는 더 좋은 시간 관리에 의하여 스트레스를 완화시킬 수 있다.

고통스러운 생각을 통제하는 방법을 배워라 아마도 당신은 시험지의 첫 문제를 대충 훑어보고서 "만일 남은 문제들도 이 문제처럼 까다롭다면 나는 시험에 떨어질 거야."라며 혼자서 투덜거린 경험을 갖고 있을 것이다. 얄궂게도 그런 부정적인 자기관찰은 당신의 수행을 방해하여 시험을 잘 치지 못하게 할 것이다. 당신은 다음의 전략을 사용하여 고통스러운 생각을 통제할 수 있다. 첫째로, 자신의 부정적이고 비극적인 사고방식을 알아차려라. 당신은 아마도 그런 부정적인 생각이 어떻게 '나는 결코 그것을 달성할 수 없을 거야.', '어쩌다 이렇게 엉망진창인 상태가 되었지?' 혹은 '젠장, 이제 어떻게 해야 하지?'와 같은 최악의 가정을 하게 했는지 알아차리게 될 것이다. 둘째로, 당신의 고통스러운 생각과는 대조되는 긍정적인 생각을 하도록 하라. 일련의 예로, '나는 그것을 할 수 있으므로 한 발 한 발 내디뎌 보자.', '나는 최선을 다할 것이고 그 일의 결말도 지켜볼 것이다.'를 들 수 있다. 그것은 당신이 고통스러운 생각들을 잘 관리했을 때 스스로에게 격려의 말을 해 주고 더 이완하도록 돕는다. '나는 그것을 해냈고 잘 처리되었다. 내가 하고 있는 일이 진척을 보여서 매우 기쁘다.'라고 자신을 인정해 주는 시간을 몇 분간이라도 가져라.

유머를 더 많이 경험하라 유머는 스트레스를 줄이는 데 효과적이다. 고통스러운 생각을 관리하는 또 하나의 방법은 고통스러운 생각을 재미있는 것으로 대체하는 것이다(Cann & Etzel, 2008). 고통스러운 사건을 비웃는 것으로 자신의 스트레스를 줄이려고 하지 말고 오히려 유머를 즐기는 시간을 가져라. 재미있는 만화를 보라, 친구와 점심을 먹으면서 농담을 주고받아라, 자신의 삶에서 재미있었던 사건을 회상하라. 유머는 고통스러워하는 사람들에게 신체적 이득뿐 아니라 심리적 이득까지 가져다줄 수 있는 가치 있는 대처방식이다. 사람들이 웃을 때 스트레스와 관련된 화학물질의 감소가 나타나며 면역체계의 활동성도 점진적으로 강화된다. 또한 유머는 정신적 외상과 불안에 대한 반응도 줄일 수 있다(Martin, 2001; Szabo, Ainsworth, & Danks, 2005).

문제해결 기술을 향상시켜라 대부분의 대학들과 많은 지역단체들은 주장성 훈련, 구직 기술 그리고 스트레스 관리와 같은 주제에 대한 다양한 워크숍을 제공하고 있다. 어떤 사람들은 자신들의 사회적 기술을 향상시키는 방법으로 그런 훈련에 참여할 정도로 현명하다. 다른 사람들은 그저 문제에 봉착한 후에야 방법을 찾는다. 일단 당신이 효과적인 문제해결 기술을 개발했다면 스트레스가 높은 상황을 처리하기 위해 **문제중심 대처(problem-focused coping)—사람들이 문제에 대한 해결책을 찾거나 환경을 변화시키려고 노력하는 대처방법**—를 손쉽게 사용할 수 있다. 당신은 학기 말에 제출해야 하는 학기 말 보고서가 있지만 어디서부터 시작해야 할지 몰라서 전혀 쓰지 못하고 있다고 상상해 보라. 대학 내 글쓰기 센터에 가는 것은 당신이 학기 말 보고서를 어떻게 써야 하는지 모르고 있는 문제의 해답을 구할 수 있게 해 주기 때문에 문제중심 대처의 한 예가 될 수 있다.

효과적으로 스트레스에 대처하는 방법을 배워라 위에서 언급했듯이 삶에 주어진 스트레스 사건과 맞붙을 수 있는 한 방법은 정서중심 대처를 사용하는 것이다. 그런데 가끔

스포츠와 취미활동은
좋은 스트레스 관리방법이다.

은 자신이 직면하고 있는 문제의 해결책이 전혀 없을 때도 있다. 다시 말하면 이런 문제의 해결책은 사랑하는 사람을 잃은 경험이나 끔찍한 사고를 당한 것과 같이 자신의 통제권 밖에 있을 수 있다. 이러한 상황의 경우 당신은 **정서중심 대처(emotion-focused coping), 즉 사람들이 스트레스에 대한 정서적 반응을 바꾸려고 노력하는 방법**을 시도할 수 있다. 다음에 각각 제시된 것은 이러한 대처 유형의 예인데 문제를 무시하거나 심지어 문제 자체를 부정하는 것, 다른 사람들에게 분통을 터뜨리는 것, 부정적인 감정을 줄이도록 도와줄 수 있는 긍정적 사고를 통하여 '화를 복으로 바꾸는 것'을 시도하는 것이다. 과거에 심리학자들은 문제중심 대처보다 정서중심 대처를 덜 적응적인 방법으로 생각했다. 하지만 최근 연구들은 정서중심 대처도 적응적인 방법이라고 증명하고 있다(Austenfeld & Stanton, 2004). 사실 감사하기나 사랑과 같은 긍정적인 감정은 비행기 충돌, 테러 공격과 같은 위기 동안에 스트레스를 완화시킬 수 있다(Fredrickson, Tugade, Waugh, & Larkin, 2003).

휴식을 취하라. 그러나 충분히 운동도 하라 스트레스를 통제하는 데 도움이 되는 또 다른 방법은 휴식을 취할 기회를 확실히 가지는 동시에 충분한 운동을 하는 것이다. 물론 둘 다 동시에 하려고 시도하지 않는 것이 가장 좋다. 사실상 수영을 포함하여 조깅, 역도, 엘립티컬을 사용하는 것과 같은 모든 방식의 운동들이 스트레스를 방지한다. 운동은 하루의 스트레스를 태워 없애는 것뿐만 아니라 자연적으로 신체 내에서 만들어지는 화학물질로서 기분을 좋게 만들어 주는 엔도르핀을 방출시킨다. 게다가 운동에 의한 신체적 이점은 스트레스와 관련된 부정적인 정신건강 효과를 물리치게 하는 힘을 제공할 것이다(Barbour, Edenfield, & Blumenthal, 2007). 만일 당신이 운동을 한 지 꽤 되었다면 처음에는 부상을 피하기 위해 천천히 조심해서 운동을 시작해야 한다. 물론 이완도 마음을 달래 주는 음악 듣기, 마사지 받기, 명상 수행하기, 깊은 호흡하기 혹은 책 읽기와 같이 어떤 형태인가를 막론하고 스트레스를 줄여 줄 수 있다. 그런 기법들은 10대와 성인 모두에게 똑같이 효과적인 기법들이다(Burns, Lee, & Brown, 2011). 그러므로 당신은 스트레스를 줄이기 위해 빨리 움직이거나 가만히 있을 수 있음을 기억하라. 선택은 자신의 몫이다.

사회적 지지를 추구하라 도움을 구할 수 있는 또 하나의 방법은 그저 친구들에게 의지하는 것이다. 많은 연구가 우리가 배우자, 가까운 친구나 지지적인 집단의 지지를 받았을 때 스트레스와 정신적 외상을 보다 성공적으로 관리한다는 것을 보여 주었다(Scarpa, Haden, & Hurley, 2006). 친구, 지지적인 집단과 어울리는 것은 여러 점에서 스트레스를 완화시키는 데 도움을 줄 수 있다. 첫째, 친밀한 관계는 혼자 감당한다면 더 힘들 고통스러운 감정을 함께 나눌 수 있는 기회를 제공한다. 둘째, 친구는 배려와 애정 표현을 통해 정서적 지지를 제공한다. 셋째, 친구의 이해와 안심시키는 말은 우리 삶에서 힘든 시기를 보내는 동안 자존감을 북돋아 줄 수 있다. 넷째, 우리를 염려하는 친구와 지지적인 집단은 우리 문제에 대해 보다 효과적인 해결책을 찾는 데 도움이 되는 정보와 조언을 제공한다. 다섯째, 친구는 우리 삶에서 긍정적인 경험을 강화시켜 준다(Moritsugu, Wong, & Duffy, 2010). 비단 곤란한 순간에만 친구에게 의지할 필요는 없는데 친구는 즐거운 경험 역시 강화시켜 줄 수 있다는 것을 기억하라.

탐색 13.4 스트레스와 웰빙

www.stress.org 이 사이트는 질병 예방과 건강 증진을 위하여 우리들 각자가 지닌 방대한 양의 선천적인 잠재력을 어떻게 활용할 것인가에 대한 좋은 이해를 발전시키는 데 전념하고 있는 미국 스트레스 협회의 사이트이다.

개인적인 성장을 위해 스트레스 활용하기

생활방식을 바꾸거나 환경을 변화시키는 것은 자신에게 달려 있다. 스트레스 관리는 개인적인 문제이다. 우리들 각각은 직장과 가정에서 스트레스 사건의 상이한 조합에 직면한다. 기억해야 할 중요한 것은 우리가 좀 더 효과적으로 스트레스를 관리하기 위해서 무언가를 할 수 있다는 것이다. 우리는 일어난 일에 대해 수동적인 피해자가 되어서는 안 된다. 대신에 우리는 자신의 삶을 책임지는 활동 주체자로서 스스로를 바라볼 수 있다. 얼마나 스트레스가 많은 상황인가는 중요한 문제가 아니다. 우리가 스트레스를 감소시키기 위해 할 수 있는 무언가가 항상 있다는 것이 중요하다. 스트레스가 자기이해의 귀중한 수단이 될 수 있다는 것을 명심하라. 우리는 어떤 일을 해야 할 때까지 자신이 무엇을 할 수 있는지를 충분히 알지 못한다. 학교의 까다로운 교육과정이나 애정생활에서의 괴로운 문제와 같은 스트레스 상황을 성공적으로 마무리할 때마다 우리는 자신감을 얻게 된다. 실망과 좌절 경험들은 때때로 뜻밖의 좋은 결과를 가져다준다. 어쩌면 우리는 당면한 과제에 대한 준비가 되어 있지 않았거나 잘못된 목표를 추구해 왔는지도 모른다. 때때로 지금의 가벼운 실패는 나중에 더 큰 슬럼프로부터 우리를 구할 수 있다. 마지막으로, 우리는 스트레스가 우리를 위해 기능하도록 만들 수 있다. 스트레스는 부정적인 스트레스나 스트레스로 지친 것과 같은 의미만 있는 게 아니라는 것을 기억하

라. 스트레스가 너무 적으면 우리는 지루함을 느끼고 게을러지게 된다. 스트레스가 너무 많으면 우리는 긴장하게 되고 실수하며 더 자주 아프게 된다. 삶을 최대한으로 활용하기 위해서 우리들 각자는 최적의 스트레스 수준과 가장 잘 다룰 수 있는 스트레스 유형들을 알고 있어야 한다. 적절히 관리된 스트레스는 우리 삶에 열정을 더해 준다. 스트레스 상황은 최고의 순간을 상기시키고 개인적인 성장을 가져오면서 더욱 분발하도록 우리의 도전 의식을 북돋을 수 있다.

요약

스트레스 이해하기

13.1 스트레스 개념을 설명한다.

스트레스는 유기체가 평형상태를 흩뜨리고 대처 능력에 많은 부담을 주는 자극 사건에 대해 나타내는 구체적 혹은 일반적 반응들로 정의된다. 하지만 스트레스는 사람과 상황에 따라 해로운 영향뿐 아니라 유익한 효과도 나타낼 수 있다.

13.2 Selye의 스트레스의 네 가지 유형을 알아본다.

부정적인 스트레스가 해로운 효과를 초래하는 사건을 나타내는 반면에 긍정적인 스트레스는 개인적인 성장을 초래하는 사건 혹은 고무적이고 동기를 부여하는 사건을 나타낸다. 과잉 스트레스 혹은 지나친 스트레스는 적응성의 한계를 넘어선다. 대조적으로 과소 스트레스 혹은 불충분한 스트레스는 자극의 결핍으로 인해 발생한다.

13.3 주요한 스트레스 원인을 기술한다.

주요한 스트레스 요인은 삶의 변화, 일상의 골칫거리, 재난사건 그리고 경제적 및 사회적 조건이 있다.

13.4 스트레스를 유발하는 대학의 독특한 측면에 대해 논의한다.

새로운 사회적 규준과 관습, 상이한 또래 집단, 과제 과부하, 생활방식의 변화뿐만 아니라 자신의 시간과 자기통제에 있어서 보다 더 많은 부담은 대학과 관련된 스트레스이다.

스트레스에 대한 반응

13.5 일반 적응 증후군에 대해 설명한다.

일반 적응 증후군에 따르면 존재하는 스트레스 요인은 신체의 방어가 가동되는 경고 반응을 초래한다. 만일 스트레스가 지속되면 신체는 스트레스에 익숙해지려고 시도하지만(예: 저항단계), 스트레스가 너무 오래 지속되면 결국 스트레스의 부정적인 영향력에 무릎을 꿇게 될 것이다(예: 탈진단계).

13.6 스트레스와 방어기제 사이의 연관성을 설명한다.

우리는 스트레스가 많은 사건과 관련된 불안을 물리치려는 노력으로 스스로를 기만하고 현실을 왜곡하는 방어기제를 사용한다.

13.7 스트레스에 대한 반응이 어떻게 서로 다를 수 있는지를 논의한다.

우리들 각각은 독특한 성격과 스트레스 대처 전략에 따라 동일한 스트레스 상황에 대해 다소 다르게 경험한다. 스트레스에 대한 반응에 있어서 여성들은 남성들보다 '배려하고 친구가 되어 주는' 대처 유형을 보일 가능성이 높다. Type A 행동 패턴을 가진 사람들은 Type B 행동 패턴을 가진 사람들보다 스트레스를 더 경험한다. 인내심은 도달 불가능한 목표에서 벗어날 수 없을 때는 해로운 요인이 될 수 있다는 점을 기억하라.

13.8 심리적 강인성과 회복탄력성을 비교한다.
심리적으로 강건한 사람들은 상황을 최대한으로 활용하는 것을 가능하게 하는 태도를 보여 준다. 대조적으로 회복탄력성은 극심한 역경에 뒤따르는 긍정적 성장 혹은 적응을 나타낸다.

스트레스 관리하기

13.9 환경을 수정함으로써 스트레스를 감소시키는 전략에 대해 논의한다.
스트레스에 대한 상황적 요인을 바꾸는 세 가지 주요 방법 중 보다 우선적인 방법으로 주장성이 있으며 다음으로 적절한 상황에서 하는 철수가 있다. 그리고 참가자들 간에 상호 조절을 포함하기 때문에, 특히 협상이 포함되는 타협이 있다.

13.10 생활방식을 바꿈으로써 스트레스를 줄이는 방법을 기술한다.
우리의 생활방식을 바꾸는 것에 의해서 스트레스를 완화하는 것은 높은 스트레스 내성을 육성하는 것, 삶의 속도를 변화시키는 것, 괴로운 생각을 조절하는 것, 유머를 경험하는 것, 이완하고 운동하는 것, 문제해결과 대처기술을 습득하는 것, 정서적인 지지를 추구하는 것을 포함한다.

13.11 스트레스가 어떻게 개인적인 성장을 촉진하는지를 설명한다.
스트레스가 부정적 스트레스만을 의미하지 않는다는 것을 기억하라. 대신에 삶을 최대한으로 활용하기 위해서 우리들 각각은 최적 수준의 스트레스를 찾을 필요가 있으며 그것을 자신의 이점으로 활용할 필요가 있다. 스트레스 상황은 보다 더 열심히 노력하도록 우리를 자극할 수 있으므로 최고의 순간을 출현시키고 개인적 성장을 가져올 수 있게 한다.

스스로 해 보기

1. Lucy는 초콜릿 공장의 조립라인에서 일했다. 그녀의 일은 불량 초콜릿을 발견하여 컨베이어 벨트로부터 제거하는 것이었다. 처음에 그녀는 이 일을 좋아했지만 좀 지난 후엔 극도로 지루함을 느끼게 되었다. Lucy의 일은 다음의 스트레스 유형 중 어떤 것을 초래할 가능성이 높은가?
   a. 과소 스트레스　b. 긍정적인 스트레스
   c. 과도 스트레스　d. 부정적인 스트레스

2. 밤에 시골길을 달려 집으로 운전해서 오는 길에 사슴이 Thomas의 차 앞쪽으로 뛰어들었다. Thomas는 사슴을 피하기 위해 방향을 휙 틀었다. 운 좋게도 자동차의 훌륭한 제동장치에 더하여 그의 신속한 반응으로 아슬아슬하게 사슴을 피했다. 처음에 Thomas는 그 경험에 의해 자제력을 잃고 소스라쳤지만 몇 시간이 지난 후에는 안정을 되찾았다. Thomas가 경험한 것은 어떤 스트레스였는가?
   a. 만성 스트레스　b. 과소 스트레스
   c. 부정적인 스트레스　d. 급성 스트레스

3. 약 1년 전쯤 Del은 일하던 회사가 파산하면서 연봉 10만 달러의 일을 잃고 실직하였다.

그는 딸의 대학 등록금과 양로원에 계신 부모님을 돌보는 비용을 지불하기 위해 자신의 저축을 곧바로 살펴보았다. Del은 집의 가치보다 더 많은 돈을 은행에 빚지고 있기 때문에 자신의 집을 매각할 수 없다. Del은 6개월이라는 시간을 보낸 후 직장을 구했다. 위에 제시된 정보에 근거하면 직장을 얻기 전까지 Del은 ________ 상태가 나타난다.
a. 만성 스트레스 b. 과소 스트레스
c. 부정적인 스트레스 d. 급성 스트레스

4. Jeff는 상사로서 미흡한 점이 많았다. 그는 자신의 종업원들에게 거듭 고함을 쳤고 그들이 도움을 필요로 한다는 것을 참을 수 없어 했으며 그들은 늘 일을 미룬다고 생각했다. Jeff는 자신의 종업원들에게 회사의 성장과 이윤 면에서 경쟁자들을 '물리쳐야' 할 필요가 있다고 거듭 상기시켰다. 어떤 성격 유형이 Jeff를 가장 잘 나타내고 있는가?
a. Type F b. Type B
c. Type A d. Type Z

5. 지난 5년 동안 매년 4월 16일이 되면 Aisha는 어머니의 임종 순간이 되살아나면서 매우 비통해한다. Aisha는 ______을 경험하고 있다.
a. 기념일 반응 b. 반응성 애착
c. 일반 적응 증후군 d. 경고 반응

6. 다음 중 일반 적응 증후군의 단계가 아닌 것은?
a. 경고 반응 b. 저항
c. 인내심 d. 탈진

7. Srikar는 매우 어려운 유기화학 시험을 앞두고 있었다. 스트레스를 받았지만 Srikar는 시험을 위해 열심히 공부할 수 있었다. Selye에 의하면 Srikar의 행동은 _____의 한 예가 된다.
a. '싸움' 반응 b. '도망' 반응
c. 인내심 d. 알로스타시스 부담

8. Arlene은 스트레스를 받았다. 그녀의 룸메이트는 기숙사 방 곳곳에 옷을 방치했고 밤새 잠을 자지 않았고 그녀가 숨겨 둔 오레오 쿠키를 먹었다. 룸메이트의 문제를 처리하는 데 도움을 받기 위해 Arlene은 룸메이트의 행동에서 느꼈던 감정에 대하여 자신의 가장 친한 친구와 이야기했다. Arlene은______을(를) 사용하였다.
a. 문제중심 대처 b. 승화
c. 반동 형성 d. 정서중심 대처

9. 모든 참가자들 간에 상호 간 순응을 수반하면서 스트레스를 다루기에 가치 있는 방법은 __이다.
a. 부정 b. 협상
c. 동조 d. 철수

10. 매일 스트레스 상황에 직면하는 사람들에게 필수적인 것은 높은 수준의 ________을 가지는 것이다.
a. 스트레스 내성 b. 방어기제
c. 알로스타시스 부담 d. 경고 반응

연습

1. 스트레스 목록을 작성하라.
당신이 스트레스를 관리하는 가장 흔한 방법들을 기록하라. 지난 6개월을 회상해 보았을 때 당신은 스트레스를 잘 다루었는가? 만일 그렇지 않다면 왜 그러지 못했는가? 만일 당신이 스트레스에 대한 반응을 변화시키면 스트레스를 더 잘 관리할 수 있을 거라고 생각하는가?

2. **일상의 골칫거리.**
   자신을 괴롭히거나 짜증나게 하는 일상의 작은 일들을 적어라. 예를 들어, 끊임없이 늦는 친구나 교통 체증에 걸려 꼼짝 못하는 것. 자신을 가장 괴롭히는 귀찮은 상황은 어떤 것인가? 그것 중에 2개 혹은 3개를 선택하고 그것들을 덜 골칫거리로 만들 수 있는 구체적인 방법을 제시하라.

3. **방어기제.**
   자신이 방어적으로 반응하는 특정 상황을 생각하라. 자신이 의존했던 방어기제는 어떤 것인가? 얼마나 잘 이런 상황에 대처했는가? 만일 자신이 미래에 유사한 상황에 직면한다면 다른 방법으로 그것을 다룰 수 있을 것인가? 그렇다면 어떻게 다룰 것인가?

4. **자신의 대부분의 스트레스 경험을 기술하라.**
   매우 불쾌한 사건이나 경험을 1쪽 정도로 적고 어떻게 대처할 것인지에 대해서도 적어라. 이런 상황에서 당신은 대처기제를 얼마나 잘 사용했는가?

5. **주장적으로 스트레스를 관리하는 것.**
   당신이 더 주장적인 방식으로 다루기를 바랐던 괴로운 상황을 기억해 내라. 당신은 이 상황에서 어떻게 반응했는가? 그 결과 어떤 일이 일어났는가? 만일 미래에 유사한 상황에 직면한다면 당신은 어떻게 더 주장적으로 그 상황을 다룰 수 있겠는가?

복습을 위한 물음

1. 당신은 스트레스가 유익한 영향을 미쳤던 몇몇 사례들을 기억해 낼 수 있는가?
2. 당신은 어떤 상황에서 가장 스트레스를 많이 받는지 찾을 수 있는가?
3. 당신을 우울하게 만드는 '작은 일들'은 무엇인가?
4. 자신의 작업활동을 통제하면 스트레스를 덜 받게 될 것이라는 점에 동의할 수 있는가?
5. 당신은 스트레스를 많이 받고 있을 때라는 것을 어떻게 알 수 있는가?
6. 당신이 방어적이 되면 어떻게 행동하겠는가?
7. 당신은 스트레스를 받으면 알코올 남용이나 약물남용으로 흐를 경향이 있는가?
8. 스트레스를 줄이기 위해 자신의 환경을 변화시키는 방법에는 어떤 것이 있는가?
9. 스트레스를 완화시키는 방법으로 자신의 생활방식을 바꾸려는 시도를 해 보았는가?
10. 당신은 강인성과 회복탄력성 특질을 갖고 있다고 생각하는가?

제 14 장 심리장애의 이해

학습목표

이 장을 모두 학습한 후 다음을 할 수 있다.

14.1 어떤 심리장애의 두드러진 특징을 설명한다.

14.2 DSM이 무엇인지, 그리고 장애들이 어떻게 진단되는지 설명한다.

14.3 미국에서 발병하는 정신병의 유병률과 발생률을 안다.

14.4 불안장애의 정의를 안다.

14.5 다섯 가지의 흔한 불안장애를 구분한다.

14.6 우울장애와 양극성 장애 간의 차이를 설명한다.

14.7 세 가지 유형의 우울장애를 구분한다.

14.8 자살에 대한 경고 신호를 열거한다.

14.9 신경성 식욕부진, 신경성 과식증 그리고 폭식을 비교한다.

14.10 성격장애를 설명한다.

14.11 자기애적, 반사회적, 경계선 성격장애를 구분한다.

14.12 정신분열증을 정의한다.

14.13 취약성-스트레스 가설을 설명한다.

14.14 자신의 삶을 위해 이 장을 통해 배운 개념을 적용한다.

23세인 Lisa는 삶에 대한 열정을 가진 행복한 젊은이였다. 그녀는 은행 대출부서에서 좋은 업무를 갖고 있었으며, 고속승진을 하였다. 그러나 그 후에 Lisa의 아버지가 사망하였고 그녀는 몸이 좋지 않은 어머니와 함께 살기 위해 이사를 해야만 했다. 비록 Lisa는 이러한 계획에 대해 썩 즐겁지 않았지만, 그럼에도 불구하고 좋은 딸로서 미망인이 된 어머니를 돌봐 주는 것이 자신의 의무라고 느꼈다. Lisa가 어머니가 건강이 좋아지고 있다고 생각했을 때쯤 어머니가 돌아가셨다. 이 일에 대한 충격은 Lisa에게 깊은 분노를 갖게 하였다. Lisa는 어머니의 죽음에 대한 후유증, 즉 재산세, 장례식 문제, 그리고 어머니의 재산과 관련된 다른 문제 등을 처리하느라고 더 우울해졌다. 설상가상, 그녀의 부서가 축소된다는 소문이 일었다. 그녀는 이러한 모든 나쁜 소식과 동시에, 매일 아침 일어나는 게 힘들다는 것을 알게 되었고 그러고 나서 병가를 내기 위해 전화를 하였다. 어느 날 Lisa는 출근하지를 못했고 병가전화도 하지 못했다. 이러한 일이 일어난 후, 그녀의 친한 동료, Archina가 Lisa

의 집에 갔을 때 그녀는 정신을 놓고 있었으며, 집은 엉망진창이었다. 쓰레기통에 쓰레기가 넘쳐 나고, 문 앞에 신문이 산더미처럼 쌓여 있었으며 옷은 여기저기 널려 있었다. Archina는 그녀가 침대에 누워 눈물을 머금고, 침울하고, 대화에도 흥미 없어 한다는 것을 알게 되었는데, 한때 열정에 넘쳤던 그녀에게 이제 어두운 그늘만 드리워져 있다.

심리장애

학습목표

14.1 어떤 심리장애의 두드러진 특징을 설명한다.

14.2 DSM이 무엇인지 그리고 장애가 어떻게 진단되는지 설명한다.

14.3 미국에서 발병하는 정신병의 유병률과 발생률을 안다.

많은 사람들에게 심리장애와 이상행동이라는 용어가 같은 의미로 여겨지고 있는데, 다양한 유형의 정신병리들이 '정상'으로 여겨질 수 없는 사고, 감정, 혹은 행동을 포함한다고 논리적 가정을 설정한다. 그러나 심리학에서는 이 용어들이 같은 것으로 사용되지 않는다. 예를 들어, 어떤 유형의 우울은 비정상적이거나 통계적으로 '정상범위에서 벗어난'것으로 분류될 수 없을 만큼 너무 흔하지만 그럼에도 불구하고 심리장애로 분류된다. 축구경기 중에 관중이 발가벗고 축구장을 가로질러 뛰어다니는 것과 같은 행동은 정신병리로 간주하지 않고, 사회적으로 일탈된 혹은 기이한 행동으로 간주한다. 따라서 심리장애를 정의하는 데 사용된 공통 표준에 대해 고찰하는 것으로 시작할 것이다. 그러나 먼저, 글상자 14-2는 정신이상(insanity)이란 용어가 법적인 용어이지 심리학적 용어가 아니라는 정보를 제시하고 있다.

글상자 14-1 다음의 사실을 알고 있는가?

- 정신질환은 암, 심장병, 혹은 당뇨병보다 흔하다.
- 전 인구의 50%는 평생 몇몇 정신질환의 발병을 겪을 것이다.
- 세계적으로 거의 1억 5,400만 명이 우울증으로 고통받고 1억 600만 명은 약물남용 기준에 포함된다.
- 미국, 캐나다 그리고 서유럽 사람들 중의 가장 흔한 장애의 원인이 정신질환이다.
- 미국에서, 정신질환에 들어가는 경제적 비용(예: 장애비용, 생산력 저하, 사회적 서비스 등)은 연간 약 3,000억이 든다.

출처: 2012년 ASHA국제 웹사이트, 2012 '정신질환에 대한 놀라운 통계자료'에 근거.

글상자 14-2 심리학에 초점을 맞춰라: 정신이상

Anders Behring Breivik은 살 사람과 죽을 사람을 결정하는 것을 자신이 결정하도록 선택되었다는 믿음을 가진 사람으로, 2011년 여름 노르웨이에서 폭탄과 총으로 난동을 부려 77명을 죽였다. 그는 정신이상으로 판단되었고 노르웨이 법에 따라 징역형을 선고받지 않았다 (Fouche & Klesty, 2011). 20년 전 수천 마일 떨어진 곳에서 Jeffrey Dahmer는 13년 동안 17명의 소년을 포함한 사람들을 살해했다. 그의 잔혹한 범죄는 차분하게 목을 졸라 살해하거나 희생자의 신체 일부를 먹을 뿐만 아니라 시신과 성관계를 하는 것을 포함하였다. Dahmer는 심지어 많은 희생자에게 강한 산을 붓거나 머리에 구멍을 내어 끓는 물을 부어 '좀비'로 만들려고 시도했다. Dahmer는 15명을 살해한 혐의로 기소되었고 15년형을 선고받았는데, 배심원은 Dahmer가 미쳤다는 주장을 듣지 않았다(Davis, 1995). Breivik은 정신이상이 선언된 반면에 Dahmer는 그렇지 않았다는 사실이 놀랍지 않은가?

대중들의 신념과 반대로, **정신이상**이라는 단어는 심리학적 용어가 아니고, 사실 법적 용어이다. 정신이상의 정의가 주와 나라에 따라 다소 다양함에도 불구하고, 다음과 같은 요점을 갖고 있다. 즉, **정신이상은 피고가 범죄를 저지르고 있는 동안 옳고 그른 것을 구별할 수 없거나, 혹은 그들이 반사회적 방식으로 행동하기 위한 충동성을 참을 수 없다는 것을 의미**한다. 어떤 사람이 심리장애로 진단되어도 동시에 법적으로 정상으로 판단될 수 있다는 것을 아는 것은 중요하다. 법적으로 피고가 정신이상 판결을 받으려는 시도(즉, 정신이상 변호)는 드물게 일어나는데, 모든 소송사건의 1%에서만 일어난다. 그것이 덜 사용되는 이유는 단순한데, 정신이상 선고를 받기 위해서 피고는 유죄를 인정해야 한다. 더군다나 범죄변론에서 이용될 때, 정신이상 변호는 성공적이지 못하고 그 사례들 중 25%만이 무죄선고를 받는다(Caplan, 2011).

그러한 절차를 거의 이용하지 않음에도 불구하고, 또 법정에서 성공률이 희박함에도 불구하고, 정신이상 변호는 일반 대중에게는 거부되고 있다. 결국 정신이상자라는 이유로 인해 무죄로 판명될 때, 피고는 정신건강 전문가에게 관리받을 것을 권고받는데, 그것은 사법체계는 아니다. 반감을 덧붙이는 것은 가석방위원회가 아니라 정신건강 전문가가 피고인(이제는 환자)이 더 이상 대중에게 위험하지 않다고 생각되어 일반인들 속으로 풀려날 때를 결정짓는다는 사실이다. 피고가 정신이상이라는 이유로 무죄로 판단될 때 그들이 한 범죄로부터 '도망'가려고 하는 것에 대한 우려로 인해 많은 주에서는 **죄가 있지만 정신적으로 이상한 사람**에게 유죄평결을 추가하고 있다. 유죄이지만 정신이상이라는 것이 발견되었을 때, 피고인은 그대로 정신건강시설로 가게 되지만 시설에 머무는 기간이 판사 선고로 결정되는 것이지 정신건강 전문가의 의견은 아니다(Melville & Narmark, 2002).

심리장애란 무엇인가?

이상행동과 정상행동간의 구별, 혹은 어떤 심리장애를 확인하는 것에 대해 명료하고, 보편적으로 인정되는 기준이 없다는 것을 알면 놀랄 것이다. 그런 모호함에도 불구하고, 행동, 사고, 정서 패턴이 무리를 이루어서 의학적으로 인정된 심리장애를 확인하게 해 준다. 아마도 이러한 문제에 대해 가장 널리 인정되고 있는 안내서는 APA에서 출간된 **정신장애의 진단 및 통계편람**(Diagnostic and Statistical Manual of Mental Disorder, DSM)이 있다. 새로운 연구 결과, 더 좋은 진단 기법 그리고 사회적 변화 때문에, DSM의 내용은 정기적으로 수정되고 있다. 그 결과로, DSM은 1952년에 처음 출간된 이래, 가장 최신판 개정이 내년 중에 이루어지고, DSM-5가 출간 될 것이다(APA, 2012). 이제, **심리장애(psychological disorder)**는 (1)개인적 고통, (2)다소 중요한 기능 영역에서 무능력하거나 장애를 갖고 있는 것, 즉 부적응 행동, (3)고통스러운 장애, 통증, 혹은 죽음에 대한 위험의 유의미한 증가성, (4)사회 규범의 위반 등과 관련이 있는 임상적으로 유의미한 행동이나 심리적 패턴으로 정의하고자 한다.

개인적 고통 정의에서 지적하고 있는 바와 같이, 장애를 진단하는 주요소는 **개인적 고통(personal distress)**의 수준이다. 이것은 개인적 안녕감이나 기능을 방해하도록 하는, 강하고 만성적인 부정적 자기자각을 말한다. 예를 들면, 누군가 만성적으로 고소 공포나 급격한 기분 변화를 가지고 있다면 심리장애를 가지고 있다고 진단될 것이다. 반면, 비정상적으로 혹은 기괴하게 행동하지만(고양이 먹이의 빈 캔을 가지고 예술작품으로 바꾸는 것과 같은) 그 외에는 행복하고 잘 기능하는 사람은 아마도 그렇게 진단되지 않을 것이다. 개인적 고통의 기준이 유용한 만큼, 정신장애를 정의하거나 진단하는 데 충분한 도움을 주지는 못한다.

부적응 행동 장애를 정의하는 다른 중요한 특징은 **부적응 행동(maladaptive behavior)**이다. 즉 부적응 행동은 심리적 기능 영역, 특히 일을 수행하거나 타인과 함께 지내는 것에서 다소 중요한 장애를 말한다. 여기서 초점은 일상생활에 적절한 행동에 있다. 심리장애를 가진 사람들은 보통 일을 하거나, 스스로를 보호하거나, 혹은 가족이나 친구들과 함께 잘 지내기 위한 능력 면에서 중요한 장애로 고통을 받고 있다. 예를 들어, Lisa 스스로 자신을 돌볼 수 없는 것과 침실 밖으로 나와서 일을 할 수 없는 그녀가 정서적 문제를 갖고 있다는 것을 타인이 믿도록 하였다.

장애 혹은 결함 관련된 세 번째 문제는 고통스러운 장애, 고통 혹은 죽음에 대한 위험성의 증가이다. 일상생활에서 부적응 행동과 결함을 보이는 사람은 스스로 피해를 받을 위험에 처하게 만든다. 대표적인 예로, 마약에 중독된 사람은 자신의 신체건강을 돌보지를 못한다(Fass, Calhoun, Glaser, & Yanosky, 2009). Lisa 또한 자신을 돌보지 못했는데, 목욕을 하지 않고, 머리를 빗지 않고, 양치질을 하지 않고, 다이어트를 하여 건강함을 유지하지도 못했다. Lisa는 우울증이 점점 더 깊어지는 만큼 자신의 집을 깨끗하게 하지 않아서 쓰레기가 쌓이도록 방치했다.

사회규범 정신장애의 다른 차원으로 **사회규범에 대한 위반**을 들 수 있다. **사회규범(social norms)**이라는 것은 **어떤 상황이나 사회에서의 적절한 행동에 관한 일반화된 기대**이다. 모든 사회에서 사람들은 수용 가능한 것 혹은 수용 가능하지 않은 것에 대한 규칙에 따라 살아가고 있다. 예를 들어 쇼핑센터를 걸어가는 동안 의미 있는 사람과 손을 잡는 것은 적절하다고 간주되는 반면에, 사회는 푸드코트 중간에서 그 커플이 성관계하는 것에 대해서는 눈살을 찌푸린다. 개인이 허용된 사회적 규칙을 반복적으로 위반할 때, 그것이 다른 조건에서도 흔히 나타나면, 심리장애를 가지고 있다고 간주될 것이다. 그런 규칙 위반은 개인이 자신 혹은 주변 사람들에게 상처를 입힐 것을 두려워하며, 그에게 자유와 통제를 상실하도록 만들 수 있다. 사실 이런 공포요소는 정신장애를 가진 사람에 대해 낙인을 찍게 할 수 있다. 정신장애에 대한 정보의 가용성이 높아짐에도 불구하고 환자에게 불리한 낙인이 증가하고 있다(Hinshaw & Stier, 2008). 다음의 글상자 14-3에서 그 낙인을 좀 더 상세히 보여 주고 있다.

글상자 14-3 안녕감에 초점을 맞춰라: 낙인

낙인은 잘못된 단어를 사용하는 문제가 아니다. 낙인은 멸시에 대한 것이다. **낙인(stigma)**이라는 것은 **정신장애를 가지고 살아가는 사람 혹은 다른 구별되는 특징을 갖고 살아가는 사람 그리고 자신과 다르다고 믿는 사람 등을 확인하기 위해서 부정적 명명을 하는 것**이다. 낙인은 장벽인데, 그 이유는 결점을 가지고 있는 사람에 대한 배척, 거절 그리고 평가절하를 하는 원인이 되기 때문이다(Weiss & Ramakrishna, 2006). 낙인에 대한 두려움과 차별은 도움이 필요한 당사자와 가족들을 실망시키게 한다(Gary, 2005). 예를 들어 어떤 해에는 미국인의 26%가 정신장애를 경험한다고 추정되지만 이들의 거의 반 정도가 치료를 받지 않는다.

다음은 정신질환과 관련된 낙인의 위력을 설명하고 있는데, (1) 사람들은 정신병원에 입원하기보다 오히려 교도소에 경범죄로 수감되게 해 달라고 고용주에게 말하고, (2) 낙인은 정신장애를 가지고 살고 있는 사람들(그리고 가족들)을 두려움, 불신 및 폭력을 초래할 수 있고, (3) 낙인은 정신질환을 가진 사람들에 대해 가족과 친구들이 등을 돌리게 만드는 원인이 될 수 있다(Abdullah & Brown, 2011).

다음에 있는 정보는 정신질환을 앓고 있는 사람들을 언급하는 데 있어 긍정적 이미지를 가지도록 격려하고 정신장애가 성공적으로 치료될 수 있다는 현실을 강조하고 있다.

해야 하는 것

- 존중하는 말을 사용하라.
- 한계가 아니라 능력을 강조하라.
- 어떤 이가 낙인찍는 태도를 표현한다면 그렇다고 말을 해 줘라.

하지 말아야 할 것

- 장애를 지녔지만 성공한 사람을 슈퍼맨으로 묘사하지 마라.
- 지체나 정신질환과 같은 일반적인 명명을 하지 마라.
- 미친, 정신병적, 조울증 혹은 기능저하와 같은 용어를 사용하지 마라.

탐색 14.1 낙인

stopstigma.samhsa.gov 정신건강과 연관된 수용, 존엄 및 사회적인 수용을 촉진하기 위해 설계된 사이트이다.

시간과 문화를 넘어서는 정신질환의 다양성 심리학의 역사가 보여 주듯이 정신질환의 정의는 시간과 문화에 따라 변할 수 있다. 예를 들어 1974년까지 동성애는 진단 가능한 심리장애로 간주되었지만 이제 더 이상 그렇지 않다(Bayer, 1987). '환청'이 현대 서구문화에서는 정신질환의 증상으로 간주될지라도, 전통적인 북아메리카의 인디언 사이에서는 사망한 친척의 목소리를 듣는 것은 정신질환이 아니다(Kleinman & Good, 1985). 이와 유사하게, 어떤 중동 문화에서는 환청과 환시가 정상으로 간주되고 있다(Al-Issa, 1995). **문화 기반 증후군(culture-bound syndormes)**의 존재—즉, 다른 사회에서보다 어떤 사회에서 더 흔하게 보이는 증상군—는 또한 정신병리학을 정의하는 어려움을 보여 준다. 좋은 예로 두통, 불안, 분노, 광적이고, 목적 없는 질주의 증상을 특징으로 하는 그리시 시크니스(grisi siknis)는 중앙아메리카에서 주로 발견되는 심리장애이다(Dennis, 1985).

장애는 어떻게 분류되는가?

DSM은 실용적 기준을 분류의 기초로 사용하여 200개 이상의 심리장애를 분류하고, 정의하고, 기술한다. **진단(diagnosis)—문제가 인정된 이상행동의 범주 내에서 분류됨**—을 내리기 위해 임상가는 '환자'의 행동을 매뉴얼의 설명과 비교하며 그다음에 문제를 가장 적절하게 기술해 놓은 진단명을 선택한다. 장애과정을 예언하고 치료에 도움을 주기 위해서 개인의 전반적 문제와 기능을 정확하게 기술하는 것이 목적이다. 또한 진단은 전문가가 서로 의사소통을 하고 이해하는 데 도움을 준다.

DSM의 전반에서, 강조하는 점은 흔히 생각하듯 사람이 아니라 행동 패턴을 분류하는 데 있다. 그래서 매뉴얼은 '정신분열증 환자'에 대해 언급하기보다 오히려 '정신분열증 증상을 나타내고 있는 사람'에 대해 설명해 놓고 있다. 또한 전문용어는 '정신치료자'라는 말 대신 '정신건강 전문가' 그리고 '임상가'를 언급하고 있으며, 그렇기 때문에 심리장애를 가지고 있는 사람들을 다루는 넓은 범위의 전문가를 인정하고 있다. 마지막으로, 강조할 점은 심리장애를 해석하기보다 기술하는 점에 대한 것인데, 특히 원인이 모호할 때 그렇다. 이처럼, DSM은 임상가에게 심리장애의 증상을 보이는 사람들을 다루기 위한 실질적 및 행동적 접근을 제공한다.

심리장애는 얼마나 흔한가?

발병률과 유병률 심리장애의 **발병률(incidence)**(즉, 올해 새로운 사례)과 **유병률(prevalence)**(예: 실제 사례의 전체 숫자)은 먼저 정신병원과 지역 정신건강 클리닉과 같은 다양한 정신건강 기관에 접수된 사람을 기초로 전체 인구에 대한 심도 있는 조사로부터 산출된 것이다. 이 자료는 최근 진단 가능한 심리장애를 가진 미국의 성인 26%에 해당되며 그들 중 50% 가까이는 죽기 전에 발병한다는 것을 말해 주고 있다. 그러나 미국인의 단 5%만이 실제로 주요한 일상생활 활동에 방해나 제한을 하는 심각한 정신장애의 발병률 보고이다. 표 14-1은 미국에서 몇몇 흔한 심리장애의 발병률과 유병률에 대한 정보를 제시하고 있다. 전 세계에 걸쳐 심리장애로 고통받은 사람이 4억 5,000만 명 이상에 해당되고 매년 자살하는 사람도 약 100만 명에 이른다. 더욱이 정신질환은 전 세계에 걸쳐서 장애로 인해 상실되는 삶의 연수에 대한 측정치인 **전 세계 질병 부담(global burden of diseases)**에서 심혈관장애 다음으로 두 번째 순위에 올라 있다(World Health Organiztion, WHO, 2012).

표 14-1 미국의 성인(18세 이상)에게서 심리장애의 추정된 발병률과 평생 발병률

장애	최근 12개월	평생 유병률
불안장애	4,250만	6,760만
기분장애	2,230만	4,880만
성격장애	2,130만	유효하지 않음
정신분열증	260만	유효하지 않음

출처: 국제 정신건강 기구 사이트 "Statistics"의 자료, 2012

탐색 14.2 정신장애의 유병률

www.nimh.nih.gov/statistics/index.shtml 이 사이트에서 미국에서 심리장애와 치료의 범위를 확인할 수 있다.

연령, 성 그리고 문화의 문제 심리장애를 앓고 있는 사람들은 보통 초기 성인기에 처음 증상이 나타난다, 이들의 3/4 정도가 24세 무렵에 처음 증상을 보고하고 있다. 그러나 강박행동, 양극성 장애 및 정신분열증과 같은 어떤 장애의 증상은 더 조기에 나타나는 데 발병 나이의 중앙값이 20세 무렵이다(Keller, 2008). 그러나 성과 문화적 차이가 정신질환의 유병률에 영향을 주고 있다는 것을 주목할 만하다. 비록 남성과 여성 모두가 똑같이 심리장애로 고통을 받는다고 해도, 장애 유형은 성별 간 다소 차이가 있다. 여성들은 공포증과 우울증으로 고통을 받고 있는 반면에 남성들은 알코올과 약물을 남용하고 장기적인 반사회적 행동을 나타낸다(WHO, 2012). 동시에 여성은 남성보다 도움을 요청하는 것이 두 배 정도 더 많고 그래서 과거에는 여성이 남성보다 정신장애를 더 겪는다는 잘못된 인상이 심어졌던 것 같다. 부가적으로, 정신장애의 빈도는 문화에 따라 다르다(NIMH, 2007b). 예를 들어 우울증의 유병률은 중국과 아프리카에서는 낮은데 미국에서는 그 반대로 나타난다. 서구(혹은 개인주의)사회에서 나타나는 결과에 대한 한 가지 설명은, 개인이 자신의 실패와 불행을 개인적으로 책임지려는 경향이 있으며 따라서 자신의 지각된 결함에 대해 내적으로 초점을 돌리기 때문에 우울증에 더 취약하게 된다.

정신건강 조망하기

매년 정신질환을 치료하고 서비스를 제공하는 데 드는 총비용이 장애 지원과 소득상실을 포함해서 미국에서만 총 3,000억 원 이상이 된다(Kessler, Berglund, Demler, Jin, & Walters, 2005; NIMH, 2012). 보는 바와 같이, 정신건강은 정신적, 신체적 안녕감을 위한 기초가 될 뿐만 아니라 무엇보다도 생산성의 기초가 되기도 한다. 가족, 지역사회 및 사회에 대한 성공적인 공헌을 위한 바탕이 된다. 전 생애에 걸쳐, 정신건강은 사고와 의사소통 기술, 학습, 탄력성 그리고 자존감의 원천이 된다.

이 장의 마지막에, 두 가지 상이한 유형의 장애들을 기술하는데, (1) 불안장애, 기분장애, 성격장애와 같은 더 흔한 장애, (2) 정신분열증과 같은 더 심각하지만 덜 흔한 장애이다. 이 장에서 심리적 문제에 대한 당신의 인식을 증가시킬 수 있지만 자신이나 타인에게서 정신병리학을 진단하는 데 사용하지 말아야 한다는 것을 주목하는 것이 중요하다. 문제가 발생하면, 적당한 정신건강 전문가를 찾도록 하라.

불안장애

학습목표

14.4 불안장애의 정의를 안다.

14.5 다섯 가지의 흔한 불안장애들을 구분한다.

일, 인간관계, 경제 상황 등등 때문에 대부분의 사람들은 일생에 걸쳐 불안(혹은 공포)을 반복적으로 경험한다. 그런 반응은 스트레스에 대한 자연스러운 정서적 반응이며 삶에서 정상적 부분이다(Monroe & Reid, 2009). 약간의 불안은 에너지를 넘치게 할 수 있다 해도, 극단적으로 높은 수준의 불안은 움직임을 멈추게 할 수 있다. 높은 불안은 사람들을 외출할 수도 없게 만든다. 높은 불안은 또한 매일 새로운 일을 못하게 하고, 타인과 상호작용하기를 피하게 하고, 전화받기를 거부하고, 일반적으로 일상생활을 즐겁게 하지 못하게 할 수 있다. **불안장애(anxiety disorders)**를 가진 사람은 과도하거나 부적절한 불안 증상 혹은 그러한 불안으로부터 피하려고 하는 시도를 특징으로 한다. 불안은 스트레스 상황에 대한 균형이 무너진다. 사실 불안은 어떤 특별한 위험 상황이 없어도 발생한다. 다섯 가지 주요 불안장애의 유형이 있는데, 범불안장애, 공황장애, 공포증, 강박장애, 그리고 외상 후 스트레스 장애이다. 이들 각각에 대하여 상세하게 살펴보자.

탐색 14.3 심리장애 I

www.mentalhelp.net 다양한 장애에 대한 훌륭한 일반적 정보가 있다. 여기에는 채팅방, 책 목록, 연구 프로젝트에 참여할 가능성 등을 알 수 있다.

범불안장애

범불안장애(generalized anxiety disorder)의 주요 특징은 개인이 어디를 가도 따라온다는 것을 의미하는 '표류하는(free-floating)' 지속적인 불안감이다. 만성적으로 불안을 경험하는 사람은 자신이 두려워하는 것이 무엇인지 말로 표현하지 못하고, 자신이 알고 있는 모든 것은 하루 종일 벼랑 끝에 내몰린 느낌이다. 그들은 항상 걱정을 많이 하고 어떤 나쁜 일이 일어날 것이라고 예상하며, 주의 집중하기 어려워하고 의사결정을 잘 못한다. 이 장애를 가진 사람은 또한 두통, 근육 긴장, 소화불량, 긴장된 얼굴, 그리고 안절부절하기 등의 증상을 나타내기도 한다. 흔히 그들 자신의 불안과 공포에 대해 염려하게 되고, 그들의 상황은 궤양이나 심장마비를 초래하거나 '광분하게' 만들 수 있다.

공황장애

불안한 사람은 또한 **공황장애(panic disorder)**로 고통스러워할 수 있다. 공황장애는 심각한 공포(흔히 공황발작으로 언급되는)가 반복적으로 일어나는 특징을 갖고 있다. 이런 무서운 발작은 두려운 상황이 없는 데도 일어나고, 보통 15분에서 30분 동안 지속되지만 한 시간 동안 길게 지속될 수도 있다(Taylor, 2010). 어떤 경우에는 공황발작이 시내를 운전하거나 대중 앞에서 말하는 것과 같은 구체적 상황에 대한 반응으로 나타난다. 다른 경우에는 공포가 특정한 자극에 의해 나타나는 것 같지 않고, 그저 발생한다. 공황발작이 일어나는 중에 불안은 거의 참을 수 없는 수준까지 올라간다. 그런 사람은 식은땀을 흘리고 현기증을 느끼며 심장박동의 증가를 보이고, 숨쉬기를 힘들어한다. 환자는 마치 자신이 안전하지 못할 것 같거나 죽을 것처럼, 늘 피할 수 없는 절망감을 느낀다. 공황발작은 예측할 수 없기 때문에, 또 다른 부가적인 불안을 초래하는데, 환자는 통제하지 못할 것 같은 두려워하는, 무기력해지는, 혹은 공황발작을 경험하는 상황을 회피한다. 자신의 일반적 불안 수준을 확인하기 위해 활동 14-1에 있는 척도를 실시해 보라.

활동 14-1
당신의 불안 수준은 어떠한가?

지시문: 다음의 척도는 이 책을 위해 만들어진 것이며, 과학적으로 설계된 것이 아니다. 이것은 자신의 특징적인 불안 수준에 대해 생각해 보도록 만들어졌다. 자신의 특징에 해당하는 문항 앞에 있는 줄 위에 체크하라.

________ 나는 종종 무섭거나 곧 죽을 것 같은 느낌을 경험하지만 항상 이것이 무엇인지 확인할 수가 없다.

________ 나는 다른 사람이 두려워하지 않는 것을 두려워하고 있다는 것을 알고 있다.

________ 내 친구들은 내가 시험, 마감에 임박한 회의 등에 대해 자신들보다 더 많이 걱정한다고 생각한다.

________ 나는 다른 사람보다 복통, 두통 및 다른 불안 신호를 더 많이 경험하는 것 같다.

________ 나는 초조함과 긴장을 자주 느끼며 게다가 잠을 제대로 잘 자지 못한다.

________ 많은 경우 나는 대중들 앞에서 말하거나 낯선 사람을 만나는 것과 같은 불안하게 만드는 상황을 피하려고 한다.

________ 나는 부적절한 상황에 처했을 때(예: 운동을 하지 않았을 때) 땀을 흘리거나 심장박동이 빨라진다.

________ 결정 특히 중요한 결정을 하는 것은 보통 나를 힘들게 한다.

________ 다른 사람과 비교해 볼 때, 나는 아주 간단한 일에서도 집중하기가 어렵다는 것을 느낀다.

________ 내 친구들은 도시의 새로운 지역에서 길을 잃는 것과 같은 일상적 상황에 대해 나만큼 두려워하지 않는다.

채점: 체크한 문항 수를 모두 더하라. 가장 높은 점수는 10점이다. 7점 혹은 그 이상으로 나오면, 불안 수준이 높은지 그리고 높은 불안이 자신의 생활에 방해가 되는지를 고려해 보고 싶을 것이다. 당신이 "예"라고 반응했다면, 자신의 불안을 감소시킬 방법을 찾아야 한다. 심리치료에 대한 다음의 장에 전문가의 도움이나 몇 가지 기법이 유용할 수 있다.

공포증

대부분의 사람들은 선택적 대상, 즉 거미나 뱀 같은 것에 대해 비합리적으로 회피하는 것을 경험한다. 그러나 그것은 보통 우리의 삶에 크게 영향을 미치지 않는다. 대조적으로 회피가 개인에게 중요한 고통의 원천이 되거나 일상 행동을 방해할 때, 공포증의 진단이 내려진다. **공포증(phobic disorder)**은 특정한 대상이나 행동에 대해 지속적이고 비합리적 두려움, 그것을 피하고 싶은 강한 욕구를 수반하는 특징을 가지고 있다. 몇 가지 주요 공포장애 유형이 있는데, 단순공포증, 사회공포증, 그리고 광장공포증이다.

단순공포증 **단순공포증(specific phobias)**—특정한 대상이나 상황에 대한 과도한 두려움—은 대부분의 사람에게서 보이는 가장 흔한 공포증 유형이다. 흔히 동물, 애완견, 뱀, 곤충이다. 또 다른 단순공포증은 **고소공포증(acrophobia)**과 밀폐된 공간을 두려워하는 **폐쇄공포증(claustrophobia)**이 있다. 대부분 특정 공포증은 그 기원이 아동기에 있으며 치료하지 않아도 없어진다. 그러나 성인기에도 지속되는 보다 더 강한 공포는 치료를 받지 않고서는 없어지지 않는다(Reuther, Davis, Grills-Taquechel, & Zlomke, 2011).

사회공포증 **사회공포증(social phobia)**은 일상생활에 방해가 되는 극단적인 형태의 수줍음이며, 만성적이고 비합리적인 두려움과 검사를 받는 상황을 피하려는 강한 욕구를 가지고 있다. 그 사람은 사회적 상황에 직면하게 되면, 심한 불안을 경험하고 그 상황을 피하려고 시도한다. 그 예를 살펴보면, 타인 앞에서 말을 하거나 뭔가를 수행할 때, 사람들과 밥 먹을 때, 공중화장실을 이용할 때 그리고 타인 앞에서 글을 쓰는 상황에서 강한 두려움을 경험하는 것들이다. 비록 이런 장애 그 자체는 드물게 무력하게 만들지만 공중화장실 사용을 해야만 하는 여행을 하지 않으려는 것과 같이, 상당한 불편을 초래한다. 또한 불안을 줄이려는 노력의 일환으로, '자가-치료'를 한다(Robinson, Sareen, Cox, & Bolton, 2011).

글상자 14-4 안녕감에 초점을 맞춰라: 공포증

고소공포증 – 높은 것에 대한 두려움
광대공포증 – 광대가 되는 두려움
일공포증 – 일에 대한 공포
책임공포증 – 책임에 대한 두려움
불결공포증 – 더러움에 대한 두려움
뱀공포증 – 뱀에 대한 두려움
13공포증 – 13이라는 숫자에 대한 두려움
자기공포증 – 자신에 대한 두려움
결단공포증 – 의사결정에 대한 두려움
결혼공포증 – 결혼에 대한 두려움
고독공포증 – 혼자가 되는 것에 대한 두려움
어둠공포증 – 어두움에 대한 두려움
무대공포증 – 공연하는 것에 대한 두려움
동물공포증 – 동물에 대한 두려움

광장공포증 **광장공포증(agoraphobia)**은 상이한 공포로 이루어지는데, 상점, 엘리베이터, 터널, 대중교통 같은 개방된 장소나 군중들에 대해 강한 불안이 발생하는 것이다. 광장공포증은 전형적으로 심각한 공포 반응을 유발하며 그들 중 일부는 사람들에게 매우 자주 치료를 받게 만든다. 이 유형의 공포증은 비록 나이가 들어 발병할 수 있지만, 10대 후반 혹은 20대 초기에도 발병하는 경향이 있다. 광장공포증이 발병하면 환자는 밖으로 나가기를 거부하고, 흔히 집에만 틀어박혀 있곤 한다. 밖으로 나가게 되면, 공포 유발 상황을 피하기 위해 매우 신경을 쓴다(Wittchen, Gloster, Beesdo-Baum, Fava, & Craske, 2010). 글상자 14-4는 다른 유형의 공포증에 대한 이름과 그에 대한 설명을 하였다.

강박장애

짧은 시간 동안 어떤 노래가 머릿속을 맴돌고 사라지지 않은 적이 있는가? 그것이 짜증스럽지 않았는가? 이러한 일이 일어났을 때, '당신이 하는 어떤 단순한 행동'(손가락을 가볍게 두드리는 것과 같은)이 들리는 노래를 멈추게 했다면, 그 행동을 다시 할 확률이 높아진다. 이제 하루에도 수백 번 머리를 꼼짝하지 못하게 하는 노래를 부르는 것을 좋아할 것이라고 생각하고 그것을 멈추려고 매번 손가락을 튕기게 된다. 당신은 이제 막 강박장애로부터 고통받고 있는 사람들의 세계에 들어온 것이다. **강박장애(Obsessive-compulsive disorder, OCD)**의 중요한 특징은 **강박관념**(달갑지 않은 생각을 무의식적으로 곱씹거나)과 **강박행동**(필요 없는 행동의 무의식적인 반복)을 포함한다.

강박증은 종종 오염되는 것과 질병에 걸리는 것(예: 병균에 감염되는 것)에 대한 두려움, 피해를 초래하는 두려움(예: 난로를 끄지 않거나 문을 제대로 잠그지 않은 것), 미신(예: 모든 것을 정해진 횟수만큼 반복해야만 하기), 그리고 질서나 완벽함을 위한 요구(예: 모든 양탄자의 가장자리가 가지런하게 정돈되기)등을 포함하고 있다. 불안은 침입적이고 원하지 않는 사고에 의해 생기며, 불안을 사라지게 만드는 반복적이거나 관례적 행동을 하도록 만든다. 이들 강박적 행동을 하는 것은 또한 강박적 사고가 재발되는 것을 없애 줄 수 있다.

그러한 강박증은 여러 가지 범주로 분류되는 경향이 있다. 뭐든지 모으고 버리지 못하는 비축자(hoarder), 어떤 행동을 정해진 수만큼 반복해야 한다고 느끼는 반복자(repeater), 혹은 자신의 소유물을 어떤 장소에 어떤 방식으로 정리하기를 원하는 정리자(orderer) 등이다. OCD의 주기는 매일 수 시간에 걸쳐 나타날 수 있으며 그래서 정상적 활동을 하는 능력을 방해한다(Daitch, 2011).

경찰, 소방관, 다른 긴급구조원은 충격적 사건을 경험하지 않은 사람보다 외상 후 스트레스 장애에 더 걸리기 쉽다.

외상 후 스트레스 장애

앞 장에서 **외상 후 스트레스 장애**(posttraumatic stress disorder, PTSD)에 대해 간략하게 검토하였다. 요컨대 PTSD는 불안과 회피행동의 증상을 특징으로 하는 심각한 불안장애이고 보통 신체적 혹은 성적으로 폭행당하는 것과 같은 스트레스 사건에서 기인한다. PTSD는 또한 다른 사건들에서도 나타날 수 있는데, 전쟁 참화, 자연재해, 비행기 추락, 테러, 끔찍한 교통사고 그리고 살인을 목격하는 것에 의해 발생할 수 있다. 이러한 목록이 제시하는 것처럼 PTSD는 외상적 경험을 직접 하는 것뿐 아니라 어떤 사건의 사후 결과를 목격하는 것에 의해서도 초래된다. 그래서 특정 전문직에 종사하는 사람들, 즉 군인, 소방관, 경찰관 그리고 응급구조와 의료 종사자들이 다른 사람보다 더 PTSD에 취약한 것 같다(Robinaugh et al., 2011). 더군다나 학교 총기 사건과 같은 강력한 충격적인 상황을 TV에서 보는 것은 PTSD를 유발할 수 있다(Marshall et al., 2007).

PTSD는 흔히 강한 공포, 플래시백(몇 번이고 되풀이하여 사건을 재생하는 것) 그리고 악몽으로 대표되고 있다. PTSD로 고통받는 사람들의 또 다른 징후로는 감정기복, 과민함, 우울, 자주 우는 것, 제한된 주의폭, 집중의 어려움, 혼동, 업무 미숙 혹은 학업 수행의 저하, 약물이나 알코올의 자가투여, 수면장애 그리고 소화기 장애 등을 포함한다(Corales, 2005).

기분장애

학습목표

14.6 우울장애와 양극성 장애 간의 차이를 설명한다.

14.7 세 가지 유형의 우울장애를 구분한다.

14.8 자살에 대한 경고 신호를 열거한다.

대부분의 사람들은 아무것도 제대로 되지 않는 때를 헤쳐 나간다. 우리는 '우울했다'라고 말할 수는 있지만 보통 진단 가능한 심리장애로 고통받지는 않는다. 그런 기분은 일상사로 흔히 지나치는 경미한 정도의 실의나 불쾌감이다. 반대로 정서적 혼란상태가 더욱 심각해지고 지속될 때, **기분장애(mood disorder)**가 된다, 거기에는 두 가지 주요 유형이 있는데 우울장애와 양극성 장애이다. 우울장애는 만연된 부정적 정서상태의 특징이 있는 반면에, 양극성 장애는 과장된 감정 기복, 즉 심각한 우울과 극도의 고양된 기분이 번갈아 가며 나타나는 특징이 있다. 각각에 대해 살펴보자.

우울장애

주요 우울증 **주요 우울증(major depression)**은 무가치감과 더불어 강하고 비합리적인 슬픔의 특징을 갖고 있다. 우울(depression)은 타인들보다 더 심각하고 만성화되며, 다양한 유형을 추측할 수 있는, 강하고 비합리적인 슬픔의 특징을 갖는 정서적 상태이다. 주요 우울증을 가진 사람은 이 증상들에 더하여, 활력 감소, 일상생활 활동에 대한 흥미 상실, 식욕 감퇴, 부적절감, 자주 울기와 비관적 태도 등도 경험한다. 많은 경우 사람들은 보통 수준의 우울증 증상을 나타내기 때문에 일상생활을 계속해 나갈 수 있다. 다른 경우 주요 우울증은 직장과 가정에서의 역할을 수행하는 능력을 심각하게 방해하고 마침내 입원을 한다(Hanson et al., 2005). 그런 경우에 심지어 단순히 침대 밖으로 나오는 것도 아주 어려운 일이 될 수 있다. 주목할 만한 것은 주요 우울증의 에피소드를 한 번 경험하는 사람들의 절반 이상이 2년 내에 또 다른 에피소드를 갖게 된다는 사실이다(Schrof & Schultz, 1999).

주요 우울증은 유전자와 생화학적 과정과 같은 생물학적 요소에서부터 사회적 및 문화적 영향까지 다양한 원인에서 비롯될 수 있다. 예를 들어 주요 우울증은 가계로 유전되는 경향이 있는데, 이것은 생물학적 취약성이 유전될 수 있음을 시사한다. 그러나 주요 우울증은 우울에 대한 가족력이 없는 사람에게서도 나타날 수 있다. 유전이 되든 되지 않든 간에, 주요 우울증은 종종 뇌 구조나 뇌 기능의 변화와 관련이 있다. 인지치료자는 사람들이 부정적 생각이나 비관적 인지 양식에 의해 스스로 우울해질 수 있다는 점을 지적한다(Ingram, Atchley, & Segal, 2011).

흥미롭게도 여성은 평생 남성보다 70% 정도 더 많은 우울증의 발병을 보인다는 것이다(NIMH, 2012). 다시 한 번 생물학적 영향(호르몬 수준과 같은)이 이런 면에서 역할을 하는 것으로 드러난다. 예를 들어, 뇌 영상 연구는 우울에 영향을 받는 뇌 부위가 남성보다 여성에서 8배 더 크다는 것을 보여 주었다(Foote & Seibert, 1999). 주요 우울증에 대한 중요성과 마찬가지로, 남녀 간의 사회적 역할과 책임감뿐만 아니라 스트레스 관리의 차이도 중요하다. 적합한 사례로 기혼 직장 여성은 남성보다 여러 과제와 씨름하고 과중한 일의 부담으로 고통을 받는다(Mayo Clinic, 2002). 사실 가정-직장일을 수행함에 따른 가사 부담과 우울증상 간의 관계를 증명한 연구가 있다. 여성은 남성보다 아이를 더 많이 돌보고 있다. 사회적 역할과 책임감의 성차로 인해, 여성은 남성보다 더 큰 스트레스 부담을 안게 된다. 더욱이 여성과 남성은 스트레스 관리와 정서관리를 다른 방식으로 학습한다. 예를 들어 남자와 반대로, 여성은 문제를 행동으로 덜 옮기고 그것들을 곱씹는(반추하는) 경향이 있다(Nolen-Hoeksema, 2008). 이러한 요인들이 남자보다 여자에게서 주요 우울증 비율을 유의미하게 높게 만드는 데 기여하는 것 같다.

계절성 정서장애 어떤 사람들은 1년 중 특정한 시기, 특히 겨울에 더 강한 우울증을 경험하기도 한다. 그런 사람들은 **계절성 정서장애(seasonal affective disorder, SAD)**라고 불리는 독특한 기분장애로 고통스러워한다. 원인은 명확하지 않다. 이런 증후군을 가지고 있는 사람의 2/3 이상이 정서장애에 가깝기 때문에 유전적 요인이 의심되고 있다. 다른 이론에서는 흐린 겨울 날씨가 신체 리듬을 깨고 세로토닌과 멜라토닌의 생성에 영향을 준다는 것이다. 어둠 속에서는 뇌에 있는 송과선이 많은 양의 멜라토닌을 분비하는데, 이것은 졸리움 무기력함과 관련되어 있다. 빛은 이런 화학물질의 분비를 억제한다. 비록 대부분 사람들에게 있어서 겨울에 멜라토닌의 많은 분비가 신체의 화학적 균형을 깨지는 않는다 해도 SAD를 가진 사람은 이 호르몬의 과다로 고통을 겪는다. 흥미롭게도 겨울의 어둠에서 생활하는 모든 사람들이 SAD로 고통스러워하지 않는다. 예를 들면 아이슬란드 사람은 이런 형태의 우울증이 낮게 나타난다(Raymond, 2000). 오늘날 SAD를 갖고 있는 사람들은 빛 치료로 증상의 경감을 보인다. 겨울 동안 그들은 전 범위의 자연광을 방출하는 강력한 형광등이 부착된 앞에서 매일 일정 시간을 보낸다(Mallikarjun, 2005).

기분부전 장애 기분부전은 별 문제가 되지 않는 장기적인 가벼운 우울증으로 구성되어 있다. 오히려 좋은 기분을 느끼거나 최선의 상태로 기능하는 것을 방해한다. 곰돌이 푸에서 이요르를 생각해 보라. 예상할 수 있듯이, 기분부전의 증상은 단지 덜 심각한 주요 우울증(예: 슬픔, 활력 저하, 비관적 태도, 낮은 자존감)과 유사하다. 기분부전증으로 진단을 받기 위해서는 앞서 언급한 증상들이 적어도 2년 동안 지속되어야 한다(Gureje, 2011).

양극성 장애

대부분 사람들은 고양된 기분과 우울한 기분을 번갈아 가면서 경험하는 것에 대해 조울증으로 알고 있지만, 현재는 **양극성 장애(bipolar disorder)**라는 용어로 부르고 있다. 보통 이 장애는 처음에는 **조증(mania)**으로 나타나는데, 도취감과 흥분, 사회적 활동

자살을 하거나 시도하는 사람들은 매우 자주 우울해하고 삶의 문제에 대한 유일한 답으로 자살로 보고 있다.

의 증가, 수다, 잠이 없는 것 그리고 무모한 행동 등과 같은 증상을 나타낸다. 조증상태에 있을 동안 사람들은 관계(공격적이 되거나 과잉 성욕적이 되는), 재정(돈이 없는 데 소비하는), 그리고 자존감(조증이 지나갔을 때 했던 행동에 대해 당황하거나 후회하는 감정을 느끼는)에 손상이 될 수 있는 행동을 한다. 조증 에피소드 다음에는 심각한 우울기가 뒤따라오는데, 이때 무기력감과 절망의 특징이 나타난다.

조증의 에피소드에 더하여 주요 우울증과 양극성 장애를 구분하는 다른 특징들이 있다. 첫째, 양극성 장애는 주요 우울증만큼 흔하지 않는데, 주요 우울증에 비해 세 배나 덜 자주 일어난다. 둘째, 양극성 장애는 남성과 여성에게 동등하게 발병한다. 셋째, 기혼자들이 주요 우울증에 덜 걸리지만, 양극성 장애에 관해서는 그런 이점이 없다. 넷째, 주요 우울증이 연령 상관없이 발병될 수 있지만, 양극성 장애는 30세 이전에 보통 발병한다. 그리고 양극성의 증상은 주요 우울증 주기보다 더 짧고 빈번하게 나타나는 경향이 있다. 마지막으로, 양극성 장애는 주요 우울증보다 가계로 유전될 가능성이 높은데, 이것은 후자보다 전자에서 유전자가 더 관련되어 있음을 시사한다(Perry, 2005).

자살

발생 자살은 미국 사회에서 살인보다 더 흔하다. 사실 자살은 살인보다 거의 두 배나 많다. 게다가 자살은 AIDS/HIV로 사망하는 것보다 3 대 1 비율을 능가한다(NIMH, 2012). 15~24세의 젊은 사람들 사이에 자살이 죽음의 원인이고, 매년 사망률의 12%를 넘고 있다. 특히 놀라운 것은 이 연령대 젊은 사람들의 자살률이 최근 30년 동안 세 배가 되었다는 사실이다. 그러나 가장 높은 자살률은 65세 이상의 고령자(100,000명당 14.3명의 사망률), 85세 혹은 그 이상의 고령의 백인 남자(100,000명당 47명의 사망)들에서 나타난다. 비록 여성이 남성보다 두 배나 더 자살을 시도하지만, 남성은 여성보다 네 배 더 많이 자살로 사망하는데, 모든 자살의 거의 80%에 이른다. 남성이 여성보다 자살에 더 '성공'하는 이유는 총과 같은 더 신속하고 격한 수단을 사용하는 경향이 있기 때문이다. 이와 반대로 여성은 약을 먹거나 가스를 틀어 놓고 자살을 시도한다. 그것은 종종 소생시킬 여지를 남긴다. 인종과 관련하여 보면, 자살률은 미국 인디언(100,000명당 14.3명의 사망)과 백인(100,000명당 13.5명의 사망)에게서 가장 높으며, 다른 인종들의 두 배에 이른다(National Center for Health Statistics, 2012).

탐색 14.4 자살

www.suicide.org 자살, 자살의 경고 신호, 자살에 대한 오해 그리고 생존자들이 어떻게 자신의 상실에 대해 더 잘 대처할 수 있는 방법에 대한 유용한 사이트이다. 이 사이트는 또한 위기센터 연락 정보를 제공해 준다.

글상자 14-5 안녕감에 초점을 맞춰라: 음악과 자살

음악에서 자살적 주제

자살에 대한 노래들은 랩, 컨트리, 오페라 등을 포함해서 음악의 모든 장르에서 발견되고 있다(Stack, 2002; Stack & Gundlach, 1992). 그러나 청소년 자살의 잠재적 원인으로 끊임없이 선택되는 것은 헤비메탈이다. 많은 경우 헤비메탈(예: Ozzy Osbourne의 "Suicide Solution")을 들은 후에 자살하는 10대들의 신문기사는 자살을 주제로 한 음악을 듣는 것과 관련된 위험을 밝혀 주고 있다(Baker & Bor, 2008). 결국, 소외, 죽음 그리고 절망과 같은 주제들은 헤비메탈의 모든 노래에 자주 나타나고 청소년들의 정신건강을 위험하게 하는 것 같다(Recours, Aussaguel, & Trujillo, 2009). 예를 들어, Alice In Chains의 앨범인 'Dirt'는 자살 생각을 격찬하고 있다. "나는 내 입에, 혀에 쑤시고 있는 권총처럼 더러운 맛을 원해, 나를 벽으로부터 긁어 내어서, 네가 나에게 그랬던 것처럼 나를 미치게 만들기를 원해." 그런 노래가사는 충격적이고 혼란스럽지만 자살 행동에 영향을 미치는가?

음악과 자살 간의 연관성이 있는가?

1990년대 동안, 미국의 아동 및 청소년 정신의학회는 죽음이나 자살과 같은 파괴적인 주제를 다룬 헤비메탈에 몰두하고 있는 젊은이들이 정신의학적 평가를 받을 것을 충고하였다(Alessi, Huang, James, Ying, & Chowhan, 1992). 그 당시에 자살하려는 청소년들을 입원시키는 의학적 결정의 근거로 청소년들의 음악적 선호에 대한 평가를 종종 포함시켰다(Rosenbaum & Prinsky, 1991). 20년 후에 헤비메탈 음악에 대한 선호는 더 이상 자살의 의미 있는 위험요소로 기록되지 않게 되었다(Scheel & Westefeld, 1999).

그럼에도 불구하고, 위에서 언급되었던, 죽음과 자살의 음악 주제에 대한 취향을 보면, 죽음과 자기파괴에 대한 주제를 선호하는 것은 **자살 관념(suicidal ideation)**의 존재를 나타내기 때문에 자살행동과 관련되어 있다고 간주하고 있다. **자살 관념은 죽음에 대한 비구체적인 생각과 행동계획이 수반된 죽음의 의도를 포함하고 있는 구체적인 생각을 모두 언급하고 있다.** 그래서 청소년이 헤비메탈 음악에서 죽음이나 자살 관련 가사 내용에 초점을 두는 것은 비구체적인 죽음의 생각을 포함한 자살 관념으로 생각될 수 있다. 그러나 비록 자살 관념 자살행동을 예언한다 해도, 그 존재는 자살 시도가 임박함을 의미하지 않는다는 것을 기억하는 것이 중요하다(Rustad, Small, Jobes, Safer, & Peterson, 2003).

자살에 대한 정확한 수치는 우울증에 대한 통계수치를 얻는 것보다 더 어렵다. 한 가지 이유는 자살을 하는 많은 사람들이 자신의 죽음을 사고처럼 보이도록 만드는 것을 선호하고 있기 때문이다. 사실이 밝혀진다면 한 차량의 교통사고의 1/6 정도가 실제로는 자살일 수가 있다. 명확하지 않은 통계치에도 불구하고, 공식적인 수치는 미국에서 매년 34,000명이 자살한다고 제시하고 있다. 5분마다 누군가 자신의 삶을 끝낸다. 자살 시도까지 포함된다면, 어디서 누군가는 매분 자신을 파괴할 생각을 하고 있다. 결국, 25회의 시도에서 실제로 한 명이 자살했다(National Center for Health Statistics, 2012).

왜 사람들은 자살을 하는가 아마도 자살을 하는 사람들이나 그렇게 하려고 시도하는 사람들이 자주 우울하다는 것을 알게 되는 것은 놀라운 일이 아니다(Williams, Crane, Barnhofer, van der Does, & Segal, 2006). 따라서 자살에 대한 논의는 기분장애의 주제 안에 포함된다. 그러나 자살을 시도하는 사람의 90% 이상이 주요 우울증이나 다음의 진단 중 하나를 가지고 있는데, 양극성 장애, 알코올 및 약물 중독, PTSD, 섭식장애, 성격장애 그리고 정신분열증이다(AFSP.org, 2012). 주목할 것은 자살이 부유한 사회에서 더 만연되어 있어서 문명화의 질병으로 설명되고 있다. 개인의 행동 수준에서 여러 가지 동기가 있음이 제안되어 왔는데, 즉 고통이나 스트레스로부터 도피하려는 것, 받아들이기 힘든 감정을 없애려고 하는 것, 공격성을 내향화하려는 것, 죄책감을 유발하여 다른 사람을 처벌하려는 것 그리고 일시적인 절망감으로 인해 충동적으로 행동하려는 것 등이다. 자살을 하는 사람들은 '터널 시야(tunnel vision)'—삶에서 발생하는 해결 불가능해 보이는 문제에 대해 자살만이 대안이라고 잘못 지각하는 것—로 고통스러워한다. 비극적인 것은 그러한 문제가 흔히 일시적으로 일어나는 것이지만, 자살 해결책은 영구적이라는 것이다(Simon, 2011). 이상하게도, 심한 우울증을 앓고 있는 사람들은 **상황이 개선되어 갈 때**, 자살할 가능성이 더 높다. 가장 우울해하고 있을 때는, 자살을 할 힘이 충분치 못하다. 게다가 자살한 사람의 부검에서 **세로토닌—우울과 연관된 신경전달물질—** 수준이 비정상적으로 낮게 나왔다. 즉, 생화학적 결핍이 자살에서 어떤 역할을 할 것이라는 점을 시사하고 있다. 글상자 14-6는 임박한 자살에 대한 다른 경고 신호를 알려 주고 있다.

자살 예방 수십 년 동안 Ernest Hemingway(1961), Freddie Prinz(1977), Kurt Cobain(1994) 그리고 Richard Jeni(2007)와 같은 세간의 논란이 되는 유명 인사들의 자살뿐 아니라, 최근 집단 따돌림을 당한 10대들의 많은 자살은 자살 예방의

글상자 14-6 건강관리에 초점을 맞춰라: 자살 경고 신호

- 자살할 생각의 표현이나 죽음에 대한 생각에 사로잡혀 있는 것
- 이전에 자살 시도한 경험
- 가까운 친구나 가족의 죽음
- 소중한 물건을 거저 주는 것
- 우울
- 만성질환으로 체념하는 것
- 사회적 고립
- 수면과 식사습관 변화
- 두드러진 성격 변화
- 알코올이나 약물남용
- 절망감
- 개인적 복지 무시
- 스스로 자초한 상해 혹은 다른 무모한 행동
- 이혼이나 가족 간의 스트레스
- 실직이나 낮은 자존감 혹은 안전감 상실

중요성을 대중에 상기시키고 있다. 환경적인 접근으로는 진정제 처방전에 대한 엄격한 통제, 법으로 총기구입의 제제 그리고 보호책을 높이는 것(예: 뉴욕의 엠파이어스테이트 빌딩 전망대 주위에 울타리를 치는 것 등) 등이 있다. 다른 접근은 자살을 다루기 위한 지역사회의 자각과 자원을 증가시키는 것이다. 많은 지역공동체에서는 이제 24시간 자살과 위기 개입의 핫라인을 가동하고 있다. 위기센터의 자원봉사자들은 보통 구체적인 목적을 가지고 있는데, 자살위협의 심각성 여부를 결정하는 것, 공감하기, 자살하려는 사람의 호출 문제를 이해하기, 가능한 자원을 설명하기, 전화를 건 사람이 도움 요청에 대한 일종의 동의를 구하기 등이다. 위기센터 중의 하나인 국가 자살 예방 생명의 전화(National Suicide Prevention Lifeline)와 같은 위기센터로, 연락처가 1577-0199이다.

탐색 14.5 자살 예방

www.suicidepreventionlifeline.org 최근 위기에 처하거나 자살을 생각하는 사람을 위한 연락 정보뿐 아니라 자살에 대한 일반적인 정보도 찾을 수 있다. 위기 상담사들과 온라인 채팅도 가능하다.

알고 있는 사람이 자살하려고 할 때 해야 하는 것 자살하겠다고 위협하는 사람이 실제로 자살을 하지 않는다는 대중의 믿음과는 반대로, 대부분 자살하는 사람은 자살 의도를 직접적 혹은 간접적으로 죽기 전에 여러 달 동안 표현한다. 글상자 14-6 제시해 놓은 경고 신호를 인지하고 도와주어야 한다. 가족이나 친구의 자살 경고 신호를 알게 되면, 전문가의 도움을 받을 수 있도록 최선을 다하라. 여기에 자신이 알고 있는 사람이 자살하려는 것을 처음 알게 되었을 때 할 수 있는 조치에 대해 미국 자살 예방 재단(American Foundation for Suicide Prevention, AFSP)에서 제공해 주는 몇 가지 팁이 있다.

- 당신이 염려하고 있다는 것 심지어 그들이 싫어하는 것일지라도, 말하고 그들이 겪고 있는 문제에 대해 관심을 갖고 이해하고 있다는 것을 알려 줘라.
- 그들이 말하고자 하는 것을 들어라. 그런 다음 자살 감정이 일시적이고, 우울이 치료될 수 있고, 문제가 해결될 수 있다는 것을 말하라. 그들의 감정이 '그냥 지나가지' 않을 것이라는 점에 유의하고 이런 것을 통해 도움을 필요로 할 것이라는 점을 유의하라. "당신은 살아야 할 이유가 너무 많아요." 혹은 "자살은 가족에게 상처가 될 겁니다."라고 말하는 것을 삼가하라.
- 자살하기 위한 구체적인 계획을 가지고 있는지 그리고 이미 어떤 준비를 해놓고 있는지에 대해 물어보라. 그렇게 하는 것이 안전하다면, 총기, 약물 혹은 자살에 사용될 수 있는 날카로운 물건들을 없애라.
- 곧바로 전문가의 도움을 받아라. 위기센터나 응급실에 있는 사람들을 만나 보라. 적어도 자살 예방 전화나 온라인 채팅을 통해 자살 예방 핫라인과 연락하라. 가장 중요한 것은 그 사람들은 혼자 놔두지 말라. 그들이 누군가와 이야기하기를 거부하거나 병원에 가기를 거부한다면, 경찰에 신고할 필요가 있다.
- 그들이 상담을 받고 있는지 처방받은 약을 먹고 있는지를 확인하라(AFSP.org, 2012).

다른 장애

학습목표

14.9 신경성 식욕부진, 신경성 과식증 그리고 폭식을 비교한다.

14.10 성격장애를 설명한다.

14.11 자기애적, 반사회적, 경계선 성격장애를 구분한다.

14.12 정신분열증을 정의한다.

14.13 취약성-스트레스 가설을 설명한다.

DSM은 강박적인 도박에서부터 비현실감까지 모든 생각할 만한 증상을 포함하는 수백의 심리장애를 설명한다. 그래서 우리는 모든 심리장애들을 살펴볼 수는 없다. 그러므로 이 장의 나머지 부분에서 흔히 오해하고 있거나 대학생들 중에 빈번하게 발병하여 특별한 관심거리가 되는 세 가지 유형의 장애들, 즉 섭식장애, 성격장애, 정신분열증을 기술할 것이다.

탐색 14.6 심리장애 II

www.helpguide.org 모든 유형의 정신장애 정보를 포함하고 있다. 증상, 처치 및 적절한 연구 등에 대한 정보들이다.

섭식장애

Pam은 17세였을 때 나이에 비해 과체중이었다. 사회적으로 매력적이 되고자 하는 바람과 더 뚱뚱해질 거라는 공포는 심한 다이어트를 시도하도록 만들었다. Pam은 또 깡마른 모델과 TV 스타처럼 '깡마르고' 싶어 했다. 그 결과 Pam의 몸무게는 최근 1년 내 69kg에서 46kg까지 빠졌다. Pam과 달리 Cheryl는 173cm의 키에 건강한 몸무게를 유지하고 있다. 그러나 지난 여러 해 동안, 그녀는 마음대로 폭식을 하고 먹은 음식을 토하기 시작했다. 예를 들어, Cheryl은 아이스크림 1/4, 그리고 브라우니 한판을 거의 씹지 않고 꽤 빨리 게걸스럽게 먹어 치웠다. 그녀는 일단 먹기 시작하면 통제를 하지 못했는데, 마치 먹는 것을 멈출 수 없는 것처럼 느꼈다. 나중에 비밀리에 목구멍 안으로 손가락을 집어넣어 강제로 구토를 하기도 했다. 구토를 하는 것은 과식으로 인한 신체적인 고통을 줄여 주며 그렇게 함으로써 계속해서 먹을 수 있었다. 이런 반복은 자기비난으로 이어져(나는 왜 그렇게 많이 먹나?) 우울해지게 되었다(결코 내 스스로 멈출 수 없어, 나는 실패자야). 둘은 아주 다르지만, Pam과 Cheryl의 섭식 패턴은 **섭식장애(eating disorder)**—체중이나 체형에 대한 심각한 스트레스 혹은 관심과 더불어 지나치게 절식하기 혹은 과식하기와 같은 일상적인 섭식의 심각한 장애—의 특징을 갖고 있다. 다음에 세 가지 섭식장애, 즉 신경성 식욕부진, 신경성 폭식증 그리고 폭식이 논의된다.

신경성 식욕부진 Pam의 상황은 **신경성 식욕부진(anorexia nervosa)**으로 식욕이 급격이 떨어지고 몸무게가 감소되는 특징이 있다. 이 섭식장애의 중요한 특징은 신체 이미지의 혼란에 따른 살찌는 것에 대한 두려움과 정상적인 몸무게 유지하기를 거부하는 것이다. 다른 말로 하면, 개인은 무자비하게 야위어지려고 노력한다. 섭식장애는 의지나 행동의 실패에 기인하는 게 아니라 실제적이고, 생활에서 부적응적 섭식패턴이므로 치료가 가능한 질환이다. 정상 체중의 85%가 되고 생리가 없어지는 등의 신체적 신호는 이러한 진단에 충분하다. 체중감소는 보통 전체 먹은 음식의 감소를 동반하는데, 특히 탄수화물이나 지방 등의 고열량 음식을 먹고 나서 설사제 혹은 이뇨제를 먹으며 가끔 과도한 운동을 하기도 한다. 이러한 장애를 앓고 있는 사람(그들 중 대부분이 소녀들)의 1%는 비만해지거나 비만해지고 있다는 느낌을 두려워하고 있다. 그리고 자신이 심각하게 마르고 있다는 것을 인식하지 못하고 있으며 심지어 자기 모습을 거울로 봤을 때도 인식하지 못한다(Allen & Dalton, 2011). '심각하게 마른' 것은 잘못된 진술이 아니다, 왜냐하면 섭식장애를 앓고 있는 사람의 20% 이상이 그로 인해 사망하기 때문이다. 사실 모든 정신질환 중에서 섭식장애는 가장 높은 사망률을 차지하고 있다(Anred.com, 2012).

신경성 폭식증 Cheryl의 상황은 **신경성 폭식증(bulimia nervosa)**으로 과도한 과식이나 통제하지 못할 정도로 게걸스럽게 먹은 다음에 자가 유발 구토를 하는 것이 특징이다. 이런 장애는 식욕부진과 밀접하게 관련되어 있지만 차이가 있는데 그것은 더 흔하다는 것이다. 신경성 식욕부진의 목적은 몸무게를 줄이는 반면에, 신경성 폭식증은 살이 안 찌면서 먹으려고 하는 것이다. 이 장애의 중요한 특징은 자신의 식사패넌이 비정상적, 즉 자발적으로 식사 조절을 할 수 없다는 두려움과 우울한 기분, 그리고 자기비난적 사고 같은 것을 갖고서 주기적인 폭식을 하는 것이다. '너는 자기조절을 못하고 있어, 자신을 부끄러워 해!' 같은 과식증 환자의 머릿속의 작은 소리가 자신을 비난한다. 과식증 환자는 거식증 환자처럼 자신의 신체 이미지에 대해 불행감을 가지고 있다(Joiner, Wonderlich, Metalsky, & Schmidt, 1995). 그러나 체중 미달상태인 식욕부진증과 달리, 폭식증은 전형적으로 적정한 몸무게 또는 조금 과체중이다. 폭식증인 사람은 때때로 폭식을 하는 중에 과도하게 다이어트를 하기도 한다.

거식증과 같이, 폭식증은 소녀들에게 흔한데, 특히 중류층이나 상류층 집단에서 많다. 추정된 폭식증의 빈도가 여성의 3% 정도임에도 불구하고(그리고 남성에서는 1%로 낮은) 여대생 4명 중의 1명이 폭식행동을 수반하고 있지만, 장애 수준이거나 그렇지 않을 수 있다(Anred.com, 2012). 그러나 이러한 결과는 인종에 따라 다르다. 백인과 비교하여 아프리카계 미국 여성(자신의 신체 이미지에 덜 비판적인 경향의 사람)들이 섭식장애에 덜 걸리는 것 같다(Powell & Kahn, 1995).

폭식 섭식장애의 세 번째 유형인 **폭식(binge eating)은 어떤 특별한 기간 내 과도하게 많은 양의 음식을 먹기와 그 과식기간 동안 섭식에 대한 통제 상실감의 특징**이 있다. 반면 대부분 과체중의 사람들은 일반적으로 매일 사용하는 것보다 더 많은 칼로리를 섭취하며, 충동적인 과식자나 폭식자는 바로 이어서 설사제를 사용하거나 운동을 하지 않고 아주 짧은 기간 동안 많은 양의 음식을 먹는다. 종종 폭식자는 먹는 것을 통제하지 못한 것에 대한 부끄러움 때문에 혼자서 먹기도 한다. 체중조절 프로그램에 참여하고 있는 사람들의 1/3 혹은 그 이상의 사람들은 충동적으로 과식을 자주 해 본 경험이 있다고 보고하였다. 충동적으로 과식을 하는 사람은 평균 이상 심리적 문제의 출현, 특히 우울의 발병을 보인다. 먹는 것은 긍정적 혹은 부정적 정서상태에 대한 반응으로 잘 나타낸다. 또 충동적으로 과식을 하는 사람은 하루에도 기분 변화를 더 크게 경험하기도 한다. 폭식은 흔히 긴장, 배고픔, 어떤 음식만을 먹는 것, 지루함, 특별한 음식에 대한 갈망, 그리고 고독이나 외로움에 의해 흔히 자극된다(Mitchell, Devlin, de Zwaan, Crow, & Peterson, 2008).

성격장애

성격특질(personality traits)은 우리가 넓은 범위의 상황에서 나타내고 있는 생각, 감정, 행동 및 타인과 관계 패턴이다. 그러나 어떤 사람이 너무 경직되거나 부적응적이어서 사회 및 직장생활에 현저한 장애를 초래하는 성격특질을 나타낼 때, 성격장애(personality disorder)를 가질 수 있다. 이 장애는 일반적으로 지속적이고 그리고 이미 허용된 사회적 규칙에서 일탈을 초래한다. 더욱이 그들은 변화에 대해 강하게 저항을 한다. 대부분의 정신병리 유형과 달리, 성격장애는 함께 살고 있거나 일하고 있는 다른 사람에 비해 자신에게 고통을 덜 초래한다는 점에서 독특하다. 그 결과로 그들은 전문적인 도움을 받기를 거부한다. 과학자들은 여기에 기술된 많은 성격장애가 아동기 학대와 방치에 의해 발생한다고 믿고 있다(Battle et al., 2004).

자기애적 성격장애 **자기애적 성격(narcissistic personality)은 종종 열등감이 동반하는 과도한 자존감을 특징으로 하는 장애**이다. 자신에 대한 관심 정도가 비판이나 실패의 영향에 대한 보호막이 되어 주기도 하지만 과도한 자기 관심은 부적응적이 될 수 있는데, 특히 애정과 재확신에 대한 갈망이 충족되지 못할 때 그렇다. 이런 장애를 가진 사람은 보통 행동이나 환상에서 거창한 자만심을 나타내 보이며 종종 열등감을 동반한다. 자신의 재능과 성취를 과장하고 성취하지 못했는데도 특별하게 대우받기를 기대한다. 더군다나 자기애적인 사람은 개인생활, 직장, 학교에서 죄책감이나 양심의 가책도 없이 거짓말과 부정행위를 하는 것 같다(Brunell, Staats, Barden, & Hupp, 2011). 그러나 그들은 타인의 평가에 대해 과민해 하며 거만하고 멸시적 태도로 비판에 반응한다. 그들은 자신이 독특하다고 믿고 있으며 특별한 사람에 의해서만이 이해받을 수 있다고 생각한다.

반사회적 성격장애 가장 불안정한 성격장애 중의 하나는 **반사회적 성격장애(antisocial personality)**이다. 이것은 사회 규칙을 침해하는 부적응적 사고와 행동의 습관을 장기적으로 지속하는 특징으로 하고, 공식적으로는 정신병질적 혹은 사회병질적 성격이라고 부른다. 이러한 장애를 가지고 있는 사람은 타인의 행복에 관심이 적거나, 타인을 쉽게 이용하거나 냉담하게 대하는 점에서 만성적인 반사회적 행동의 전력을 가지고 있다. 반사회적 성격인 사람은 또한 충동적인 경향이 있는데, 예를 들어 어떤 순간이든 당장에 쉽게 보이는 것 같은 담배나 소다수를 훔치는 행동을 한다. 그럼에도 불구하고 반사회적 성격장애를 가진 대부분의 사람들은 법을 어기지는 않는다. 그러나 그들은 남을 조종하고 무책임하고 그리고 자신의 악행에 대해 죄책감이나 후회감이 없이, 양심에 부담을 느끼지 않는 방식으로 행동한다(Chen, Fu, Peng, Cai, & Zhou, 2011). "어떻게 사람이 그런 포악한 행동을 잘 할 수 있지?"라고 물을 것이다. 한 가지 설명은 그들의 피상적 매력, 침착함, 지성인데, 이것들은 희생자를 무장해제시킨다. 게다가 서구사회는 화려한 유명세와 성공이라는 것으로 반사회적 경향을 부추기는 점이 있는데, 피상적 매력과 타인에 대한 관심 부족이 반사회적 사람이 출세하도록 돕는다. 많은 경우, 그들은 사회화가 덜 이루어지는 가정에서 성장하는데, 부모가 심한 처벌, 학대 혹은 빈번한 정서적 배척과 같은 다소 반사회적 행동을 보인다(Kantor,2006).

경계선 성격장애 **경계선 성격장애(borderline personality disorder)**를 가진 사람들은 불안정한 자기상뿐만 아니라 충동적인 행동과 불안정한 대인관계를 보인다. 약물 남용, 안전하지 못한 성적 활동 그리고 난폭 운전 같은 충동적 행동은 종종 자기 상해를 입히기도 한다. 또 이런 장애를 가진 사람은 자신을 버린 사람의 관심을 끌려는 절박한 노력으로 자살 협박을 하거나 자해를 일삼기도 한다. 더군다나, 경계선 성격장애를 가진 사람들의 기분은 불안정한데, 강하거나 부적절한, 불안, 호전성 심지어 극도의 희열감의 에피소드를 보이기도 한다. 이들의 증상은 직장이나 집에서와 같이 다양한 장면에서 나타난다. 이 장애는 타인에 대한 태도의 심한 기복(높은 칭찬에서 극단적인 혐오까지)과 감정 조절의 어려움 때문에 경계선 성격장애를 가진 개인의 가까이에 있는 사람에 대해 매우 파괴적이다. 흔히 대인관계를 한계상황으로 몰아간다(Manning, 2011). 심리치료사들은 경계선 성격장애를 가진 사람들이 속임수를 많이 쓰고 항상 도움을 원하기 때문에 함께 일하는 것이 힘들다는 것을 안다(Perry, 1997). 글상자 14-7는 유행하는 다른 성격장애들을 세분한다.

정신분열증

정신분열증(schizophrenia)은 사고, 지각 그리고 정서의 심각한 혼란, 기이한 행동, 사회적 철수를 특징으로 하는 정신병적 장애군이다. 정신분열증 환자는 실재하지 않는 소리를 듣거나 사물을 보고, 분명히 믿기 어려운 것을 믿고, 몇 시간 동안 꼼짝 않고 있기도 하고, 혹은 그들 주변 상황과 일관성 없는 정서를 표현한다. 우리 대다수는 공황상태에 빠지거나 우울해지는 것이 무엇인지 이해할 수 있지만 정신분열증 환자의 기이한 행

글상자 14-7 기타 성격장애

편집성 성격장애(paranoid personality disorder)
타인에 대한 기본적 불신이 특징인 장애이다. 그러나 보통 그런 불신과 의심은 근거가 없는 것이다.

정신분열적 성격장애(schizoid personality disorder)
사회 고립과 피상적 정서를 두드러지게 보인다. 친한 친구나 마음을 터놓는 사람이 없는 경향이 있다.

연극성 성격장애(histrionic personality disorder)
관심, 끌기와 과도한 정서성의 특징이 있다. 이러한 유형의 성격장애를 가진 사람은 자신에게 관심을 집중시키기 위해 극적 행동과 신체적 외모를 사용한다.

회피성 성격장애(avoidant personality disorder)
사회적 위축, 낮은 자존감, 부정적 자기평가에 대한 극단적 회피를 나타낸다.

강박성 성격장애(obsessive-compulsive personality disorder)
강박장애와 혼동되지 말아야 한다. 이 장애는 통제와 질서를 유지하려는 욕구를 특징으로 한다. 완벽성, 세세함 및 규칙 등에 대한 집착은 업무완수를 방해한다.

동은 이해하기 어렵다. 사실 사람들이 '미친' 혹은 '미쳐 가는' 것에 대해 생각할 때, 종종 정신분열증 환자를 떠올리게 된다.

정신분열증적 증상 정신분열증은 관련된 장애군에 대해 붙여진 명칭이기 때문에, 정신분열증을 가진 '전형적인' 사람을 설명하기 어렵다. **정신병적 증상**이 포함된 이들 증상의 중요한 특징은 소리가 들리는 환청, 자기 보호와 인간관계에서의 뚜렷한 장애 그리고 심각한 혼란상태를 포함하는 증상이다. 다음은 정신분열증 환자가 경험할 수 있는 일반적인 증상들이다.

1. **언어장애.** 정신분열증으로 고통받는 사람의 가장 두드러진 특징 중의 하나는 —생각과 말의 형태와 내용 면에서—기이한 언어의 사용이다. 연관성이 별로 없는 생각과 일관성이 없고 분리된 언어 표현이다. Clang과 fang과 같이 소리가 비슷한 거 말고는 연관성이 없는 말을 서로 병행하여 사용한다.
2. **왜곡된 신념.** 사고 내용에서 주요한 혼란은 **망상**(delusions)—현실에서 근거가 전혀 없는 신념—을 포함하고 있다. 예를 들어, 이들은 가족이 첩자이거나 음모를 꾸민다고 생각한다.
3. **왜곡된 지각.** 정신분열증 환자는 타인과 다르게 세계를 지각하는 것 같다. 그들은 다른 정보를 검색하는 동안 자신의 환경의 어떤 측면에 대해 초점을 두기 어려워한다. 대신에 내적 세계는 구분되지 않는 감각자료 덩어리로 넘쳐나서 기이한 연상, 내적 혼란 및 기이한 말을 초래한다. 게다가, 많은 정신분열증적 경험, 즉 **환각**(hallucination)—적절한 외적 자극 없이도 일어나는 감각지각—을 경험하기도 한다. 가장 흔한 환각은 이들에게 어떤 금지된 행동을 명령하거나 끔찍한 실수를 한 것에 대해 비난하는 목소리를 듣는 것이다.
4. **둔감하거나 부적절한 정서.** 정신분열증은 둔감한 효과(정서), 더 심각한 경우 정서 결핍의 특징이 있다. 정신분열증 환자는 텅빈 시선으로 보거나 단조로운 목소리로 말을 한다. 혹은 그들은 고통스러운 경험에 대해 말할 때 키득거리는 것 같은 부적절한 정서를 나타내기도 한다.
5. **사회적 철수.** 정신분열증적 에피소드를 가진 사람은 혼자 지내는 경향이 있으며 다른 사람들보다 동물, 자연 혹은 무생물을 더 좋아하는 경향이 있다. 아마도 그들은 자신의 내적 세계에 몰두해 있거나, 종종 오해받고 있다고 생각하고 자신에게만 머물러 있는 것을 좋아한다. 다른 사람 앞에 있을 때, 그들은 타인보다 더 눈맞춤을 피하고 사람들과 멀리 떨어져 서 있거나 앉으려 한다. 그들은 또 정서적 거리를 두고 있으며 그들과 친밀한 관계형성을 통해 만족감을 갖기 어렵다.

정신분열증의 최초 발병 시기는 보통 청소년기나 초기 성인기이다. 정신분열증은 며칠이나 몇 주간에 걸쳐 행동상의 두드러진 변화를 보이며 급격히 나타나거나 혹은 여러 해에 걸쳐 기능의 점차적인 퇴화가 있다. 초기단계에서 정신분열증 환자는 사회적으로 철수를 한다. 그들은 둔감하거나 피상적인 정서를 보이고 타인과 의사소통에서 어려움을 보이기도 한다. 그들은 위생에 관심이 없거나 학업이나 혹은 일하는 것을 무시하기도 한다. 이 시기에 그들은 활동기의 시작을 알려 주는 기이한 행동과 정신병적 증상을 나타내기 시작한다. **활동기**는 종종 실직, 실연, 혹은 부모의 죽음과 같은 강한 심리적 스트레스에 의해 촉발된다. 이 기간 동안 정신병적 증상이 뚜렷하게 드러난다. 정신분열증에 걸린 사람은 환각, 망상, 그리고 두서없고 비논리적인 사고와 기이한 행동을 나타낸다. 그러나 이런 모든 증상이 분명하게 나타나지 않은 사람도 있는데, 다소 다른 패턴을 나타낸다.

잔류기에서는 정신분열증을 보이는 개인들은 몇 주 혹은 몇 달에 걸쳐 심각한 증상에서 회복되기도 한다. 환각이나 망상 같은 정신병적 증상들은 강한 정서를 동반하지 않더라도 지속될 수 있다. 이런 사람들은 기이한 행동과 특이한 사고를 지속적으로 보이기도 하는데, 예를 들어 마술적 생각을 통해서 사건을 통제할 수 있다고 믿는다. 그 결과 그들 중 많은 사람들은 직장에 다니거나 가사를 처리하는 등 일상에서 해야 하는 일들을 충분히 다시 할 준비가 되어 있지 않다.

정신분열증에 대한 사실 위의 증상들을 근거로 하여, 왜 정신분열증이 그런 무력화시키는 장애인가 이해하기가 쉽다. 여기 정신분열증에 대한 몇 가지 부가적인 사실들이 있다(Mueser & Jeste, 2008).

- 정신분열증의 비율은 인구의 약 1%로 나라마다 매우 비슷하다.
- 정신분열증은 개발도상국에서 장애의 상위 10위의 원인으로 자리 잡고 있다.
- 정신분열증 환자에게서 자살 위험이 심각하다.
- 과거에는 정신분열증을 앓는 사람이 악마나 영혼에 홀렸다고 생각했다.
- 정신분열증 환자의 1/3은 정신건강 시설에 장기 입원을 필요로 한다.

정신분열증의 원인과 결과 방대한 연구에도 불구하고, 정신분열증의 원인은 충분히 이해되지 못하고 있다. 오랫동안, 역기능적 가정 환경이 이런 장애의 주요한 원인으로 간주되었다, 그러나 최근 유전적, 신경학적, 그리고 생물화학적 요인이 더 큰 역할을 한다는 증거가 많아지고 있다. 그럼에도 불구하고, 정신분열증에 걸린 형제를 가진 일란성 쌍둥이의 약 절반(같은 유전자를 가진 쌍둥이)은 이런 장애를 발달시키지 않는다

(Mueser & Jaste, 2008). 그래서 선천적 소인이 정신분열증 발달에 충분한 것처럼 보이지 않는다. **취약성-스트레스 가설(diathesis-stress hypothesis)**은 유전적 취약성(취약성이거나 유전적 소인)과 환경적 스트레스 인자와 상호작용으로 인해 정신분열증이 발병한다고 보고 있다. 즉, 정신분열증인 사람은 어떤 스트레스 유형에 대한 낮은 역치를 물려받는 경향이 있고, 만약에 역치를 넘어선다면 급성 장애를 촉발시키게 될 것이다. 유전적 소인에도 불구하고, 만약에 환경적 스트레스 수준을 특정 역치 이하로 잘 유지하기 위해 스스로 관리를 한다면, 그 사람은 정신분열증의 증상을 보이지 않을 것이다.

급성 정신분열증을 앓고 있는 사람들에 대해 상당한 견해차가 있다. 전통적으로 임상가들은 다음의 1/3의 원칙을 따르는데, 정신분열증 환자의 1/3은 잘 회복이 되고, 1/3은 가끔 재발하는 부분적으로 회복을 보이고, 그리고 나머지 1/3은 여전히 만성적인 장애를 지속한다는 것이다. 그러나 향상된 치료방법, 강력한 항정신성 약물치료, 이 장애를 앓는 사람들에 대한 우호적인 태도와 더욱 세련된 연구 전략을 통해, 정신분열증 환자의 대부분이 적어도 부분적으로 회복되고 있다. 급성 정신분열증적 증상에서 얼

글상자 14-8 회복을 위한 전망

개인이 정신분열증의 활동기로부터 잘 회복되는 것은 다음과 같은 다양한 요인들에 달려 있다.

1. 병 이전의 적응: 장애가 있기 전에 적응을 잘한 사람일수록, 회복이 더 잘 된다.
2. 촉발 자극: 장애가 사랑하는 사람의 죽음과 같은 구체적인 자극에 의해 촉발이 되었다면, 회복 가능성은 더 좋다.
3. 갑작스런 발병: 장애가 더 빨리 발전할수록 회복이 더 잘 된다.
4. 발병 연령: 정신분열증의 첫 증상이 성숙 후에 나타날수록 회복이 더 잘 된다. 남자는 25세 이전에 증상이 더 많이 나타나고, 여자는 25세 이후 더 많이 나타난다.
5. 감정적 행동: 불안과 우울을 포함한 다른 정서의 증상들이 우호적인 신호이다. 우울증을 동반하지 않는 희망 상태는 좋지 않은 신호이다.
6. 망상과 환각의 내용: 망상이 죄책감과 책임감을 수반할수록 회복이 더 잘된다. 반대로, 망상과 환각이 타인을 비난하고 자신을 면책할수록, 장애가 더 심각해진다.
7. 정신분열증의 유형: 편집성 정신분열증은 가장 흔한 장애로서 예후가 더 좋다. 왜냐하면 인지 기능이 다른 정신분열증 유형과 비교하여 비교적 손상되지 않은 채로 유지되고 있기 때문이다.
8. 장애와 치료에 대한 반응: 개인이 자신이 앓고 있는 장애에 대해 통찰을 더 가질수록, 약물치료에 더 잘 반응하고, 치료자와 더욱 협조적이 될수록 회복기회가 더 많아진다.
9. 가족 지지: 가족들이 이해와 지지를 더 많이 할수록, 좋게 회복될 기회가 많아진다.

마나 잘 회복되느냐는 여러 가지 요인에 달려 있다. 글상자 14-8은 정신분열증으로부터 회복될 수 있는 가능성을 예견하는 다른 요소들을 상세히 보여 주고 있다.

자신에게 응용하기

학습목표

14.14 자신의 삶을 위해 이 장을 통해 배운 개념을 적용한다.

이 모든 것은 당신에게 어떤 의미를 가지는가? 첫째, 정신질환을 앓고 있는 사람의 숫자는 적지만 그들의 고통을 간과해서도 안 되고 낙인찍어서도 안 된다는 것을 기억하는 것이 중요하다. 둘째, 정서적 문제를 가지고 있다고 생각되면 도움을 요청하라. 대학생의 3/4 정도가 대학생활 중에, 1/4 정도는 특정 시기에 주요 우울증의 어떤 증상으로 고통을 받고 있는 것으로 추정된다. 거의 반 정도의 학생들에게서, 우울증이 전문가의 도움을 필요로 할 만큼 심각하다. 주요 우울증은 대학생활 스트레스, 공부 압박, 그리고 진로결정에 대한 필요성으로 인해 유발되고 있다. 주요 우울증은 종종 좋은 성적을 받는 것에 대한 중요성이나 실연을 과장하는 것과 같은 인지왜곡을 유발한다. 우울증에 더하여, 대학생활과 연관된 스트레스는 급성 및 만성 불안의 원인이 될 수 있다(Haas et al., 2008). 가장 최선의 방법은 그 문제를 무시하거나 혹은 술이나 약물 복용으로 자가치료를 시도하는 것보다 전문가의 도움을 받는 것이 더 낫다.

다음 장을 읽어 보면, 필요한 사람에게 가능한 많은 도움들이 있다. 자신에게 생소한 단체에서 실시하는 교육 프로그램에 참여하면, 학생상담센터, 학과장, 기숙사 사감 혹은 심리학과 교수가 적절한 도움을 찾는 것을 도와줄 수 있다. 당신이 그 지역 주민이라면 근처에 있는 지역 정신건강 센터를 찾아가도 된다. 마지막으로, 심리학자는 모든 시기에 우리의 대부분이 정신건강 문제를 가지고 있다는 것을 알고 있다. 심리학자는 현재 우리들의 행복을 증진시키기 위해 노력하고 있고 단순히 장애의 발병과 확산을 줄이거나(Huppert, 2009) 혹은 고통받는 사람들의 고통을 완화시키는 노력만을 하고 있지는 않다. 우리 모두가 좀 더 정신적으로 건강하지 못할 이유는 거의 없다.

요약

심리 장애

14.1 심리장애를 구별해 주는 특징을 기술하라.

어떤 사람들이 심리장애인지 아닌지를 결정할 수 있는 간단한 방법은 없다는 것을 지적함으로써 이 장을 시작하였다. 실제로, 전문가들은 복합적인 기준에 의존하고 있는데 거기에는 개인적인 고통의 존재 여부, 심각한 행동장애, 그 행동의 사회적 수용 가능성, 그리고 중요한 개인적 통제 상실 정도 등이 있다.

14.2 DSM은 무엇이며 어떻게 심리장애가 진단되는지 설명하라.

DSM은 의학적으로 인정되는 모든 심리장애를 위한 전문적 지침이다. DSM에서 강조하는 것은 잘 알지 못하는 가능한 원인을 해석하는 것보다 다양한 장애의 특징적인 행동 패턴을 기술하는 데 있다.

14.3 미국에서 발병하는 정신질환의 유병률과 발병률을 알도록 하라.

수백만 명의 미국인들이 심리장애로 고통스러워 하는데, 대략 현재 미국 성인의 26% 정도가 진단 가능한 심리장애를 앓고 있으며 50% 가까이는 사망하기 전에 한 번 발병한다.

불안장애

14.4 불안장애의 정의를 알아 두라.

불안장애에서 불안 경험의 수준이 스트레스 상황에 비해 너무 높거나 혹은 실제적인 위험이 없는 데도 발생할 수 있다. 불안은 다양한 장애에서 다른 방식으로 경험된다.

14.5 다섯 가지 흔한 불안장애 유형들을 구분하라.

범불안장애의 경우에는 만성화된 혼란이나 걷잡을 수 없는 불안이 뚜렷한 방해이고, 환자는 늘 불안하다. 공황장애는 순전한 공포의 급작스런 시작을 보인다. 반대로 공포장애는 특별한 대상이나 행동에 대해 만성적이고 비합리적인 공포를 가지며 그것을 피하고자 하는 강력한 욕구를 동반한다. 강박장애의 중요한 특징은 반복해서 확인하고 청결습관 절차에 몰두하는 사람들에서 보이는 반복적인 강박적 사고나 행동 혹은 그 둘 다이다. 불안 증상과 회피행동의 특징이 있는 PTSD는 비정상적인 스트레스 사건으로 인해 나타난다.

기분장애

14.6 우울장애와 양극성 장애의 차이를 설명하라.

우울증이 만연된 부정적 정서상태를 갖고 있는 반면에, 양극성 장애는(조울증으로 잘 알려진) 극단적인 고양감이 교대하는 우울감을 포함하고 있다.

14.7 세 가지 유형의 우울장애를 구분하라.

주요 우울증은 강한 비현실적 슬픔과 무가치감의 특징을 갖고 있다. 계절성 정서장애는 짧고 어두운 겨울 날씨가 원인이 되어 나타나는 우울증이다. 기분부전 장애는 무력화시키지 않는 가벼운 우울증이 장기적으로 나타나는 증상으로 구성되어 있다.

14.8 자살에 대한 경고 신호를 열거하라.

자살에 대한 경고 신호는 자살 생각의 표현 혹은 죽음에 사로잡혀 있는 것, 이전의 자살 시도, 가까운 친구나 가족의 죽음, 소중한 소유물을 주는 것, 우울이나 무력감, 만성질환에 따른 절망, 사회적 고립, 수면과 식습관의 변화, 현저한 성격 변화, 알코올이나 약물 남용, 개인적 복지의 무시, 자해적 상해 혹은 다른 무모한 행동, 이혼이나 가족에 대한 스트레스 그리고 실직이나 존중감 상실 혹은 안전감 상실 등을 포함하고 있다.

다른 장애

14.9 신경성 식욕부진, 신경성 폭식증 그리고 폭식을 서로 비교하라.
신경성 식욕부진은 신체 이미지와 섭식의 장애를 보이고 결과적으로 정상 체중이 감소한다. 신경성 폭식증은 자발적으로 먹는 것을 멈출 수 없을 거라는 두려움을 동반하는 주기적 폭식을 포함하고, 결국 우울한 기분이 뒤따르게 되는 장애이다. 폭식하는 사람들은 설사약을 먹거나 운동을 하지 않으면서 아주 짧은 시간 내에 엄청난 양의 음식을 먹는다.

14.10 성격장애가 무엇인지 설명하라.
성격장애자들은 사회적, 직업적 생활을 악화시키는 부적응적 행동 패턴을 특징으로 한다. 당사자보다 오히려 그들의 주변 사람이 그 장애를 더 잘 알아챈다.

14.11 자기애적, 반사회적 그리고 경계선 성격장애를 구분하라.
자기애적 성격장애자들은 과장된 자존감을 가지고 있으며 과장된 자존감을 유지하기 위해 지속적인 재확인을 하려고 한다. 이와는 반대로 반사회적 성격장애자는 타인의 권리를 무시하고 타인에 대한 약탈적 태도 때문에 갈등을 일으킨다. 경계선 성격장애는 충동적이며 대인관계를 파괴하고 타인을 조종하며, 자신을 손상시킬 수 있다.

14.12 정신분열증을 정의하라.
정신분열증은 사고, 지각, 정서의 심각한 혼란, 기괴한 행동 그리고 사회적 철수 등을 특징으로 하는 관련된 정신병적 장애군이다.

14.13 취약성-스트레스 가설을 설명하라.
취약성-스트레스 가설에 따르면, 정신분열증은 유전적 취약성과 환경적 스트레스 요인의 상호작용 때문에 발병된다는 것이다.

14.14 자신의 삶에 이 장에서 배웠던 개념을 적용하라.
첫째, 우리가 정신질환을 앓고 있는 사람들의 경험을 간과하거나 비난해서도 안 된다는 것을 기억하는 것이 중요하다. 둘째, 자신이나 그 밖에 누구라도 필요하다고 생각되면 도움을 요청할 수 있어야 한다. 자가치료를 하거나 문제를 무시하지 않도록 하라. 심리학자는 현재 정신장애를 가진 사람들에게만 초점을 두는 것이 아니라 우리의 안녕감을 증진시키는 일을 하고 있다.

스스로 해 보기

1. 다음 중 심리장애의 한 측면으로 고려되지 않는 것은 어느 것인가?
   a. 부적응적 행동
   b. 사회적 규범을 따른다.
   c. 개인적 고통
   d. 중요한 개인적 통제의 상실

2. 두통, 불안, 분노, 목적 없는 달리기라는 특징이 있는 그리시 시크니스는 니카라과 밖에서 드물게 발견되는 심리장애이다. 이것은 ______의 예이다.
   a. 문화 기반 증후군
   b. 중앙아메리카 정신병

c. 문화중심적 둔주증
d. 초문화적 장애

3. While Michelle는 차고에서 강아지를 손질하고 있는데, 그녀 앞에 거미가 거미줄을 매달고 떨어졌다. Michelle은 아주 큰소리로 비명을 지르고 침대로 뛰어가서 울기 시작했다. 그녀의 혈압과 맥박이 급상승했다. 그 후 몇 달 동안 Michelle은 차고에 가지 않으려고 했으며 심지어 거미에 대해 말하는 것에도 불안감을 느꼈다. Michelle은 아마도 ______로 고통스러워하고 있다.
a. 강박장애
b. 공포장애
c. 외상 후 스트레스 장애
d. 범불안장애

4. Pittacus는 4에 맞추어 모든 행동을 해야만 했다. 그는 소다수를 네 번에 걸쳐 벌컥 벌컥 마셔서 비웠으며, 욕실에서 네 장의 화장지를 사용하여 네 번 닦았고 머릿속에 네 번을 반복적으로 헤아렸다. Pittacus는 그러한 것을 하지 않으면 어떤 무서운 일이 일어날 것이라고 느꼈기 때문에 이러한 행동을 했다. Pittacus가 보이는 장애는 __________이다.
a. 범불안장애
b. 외상 후 스트레스 장애
c. 강박장애
d. 공포장애

5. 매년 겨울마다 Janet은 슬픔에 압도되어 있다. 매번 봄이 되면 무희망감과 절망감이 사라진다. Janet은 _________를 갖고 있다.
a. 양극성 장애
b. 주요 우울증
c. 기분부전 장애
d. 계절성 정서장애

6. 다음의 진술 중 자살과 관련된 진술이 아닌 것은 어느 것인가?________
a. 자살을 하겠다고 위협하는 사람은 드물게 자살한다.
b. 자살은 10대와 노인들 사이에서 가장 흔하다.
c. 매년 살인보다 자살이 더 많이 발생한다.
d. 전형적으로 남자와 여자는 서로 다른 방법으로 자살을 시도한다.

7. Karen은 170cm에 40kg 체중이 나간다. 그러나 그녀는 거울을 보면서 뚱뚱하다고 느낀다. 체중이 더 나가는 것을 싫어하고 뚱뚱해지는 것을 두려워하여 아주 적게 먹는다. Karen은 _________를(을) 나타내고 있다.
a. 정신분열증
b. 신경성 식욕부진
c. 신경성 폭식증
d. 범불안장애

8. Harvey는 자신의 이익을 위해 자주 사람들을 조종하는 매력적인 남자이다. 직장에서 일이 잘 안 되면 타인을 비난하고 일이 잘 될 때는 자신만의 공로로 여긴다. 심지어 그의 행동이 타인을 해쳐도 결코 죄책감이나 양심의 가책을 느끼지 않는다. Harvey는 아마도 _________장애를 가지고 있는 것 같다.
a. 자기애성 성격장애
b. 분열성 정신분열증
c. 반사회적 성격장애
d. 주요 우울증

9. EVE는 FBI가 자신의 전화를 도청하고 있다고 믿고 있으며 룸메이트인 Fergie가 '그녀를 잡기 위해' 정교한 음모에 가담하고 있다고 믿고 있다. 또한 그녀는 '자신의 뒤를 살펴보라.'고 말하는 목소리를 자주 듣는다. 이것들 중 어느 것도 사실이 아니라는 가정을 하면, Eve는 _________로 고통스러워하고 있다.
a. 거식증
b. 정신분열증
c. 해리장애
d. 연극성 장애

10. Susna과 Anna 둘 다 최근 실연을 당했다. Susan의 가족은 정신분열증의 유전력이 있으나, Anna의 가족은 그렇지 않다. 결국 Susan만이 정신분열증을 보였다. 비록 두 여성 모두 환경적 스트레스 요인을 경험했지만, 그들 중 한 명만 생물학적으로 심리장애에 걸리기 쉬운 경향이 있었으며, 두 여성은 스트레스 요소를 다르게 경험하였다. 이런 심리장애의 원인에 대한 설명은__________라 부른다.
    a. 스트레스-취약성 가설
    b. Cannon-Bard 가설
    c. Atkinson-Shiffrin 모형
    d. 문화 기반 모형

연습

1. **공황발작을 경험한 적이 있는가?**
   강한 불안을 경험한 적이 있다면, 1쪽 정도의 종이에 적고서 그것이 어떤가를 설명하라. 무엇이 불안을 발생시키는지와 그것이 당신에게 어떤 영향을 주는지 등을 꼭 포함시켜라. 또 오늘 비슷한 상황에서 어떻게 잘 대처했는지도 적어라.

2. **강한 두려움이나 공포에 의해 괴로워한 적이 있는가?**
   자신의 최악의 공포들을 열거한다면, 어떤 것이 있는가? 뱀이나 거미에 대한 공포와 같은 좀 더 흔한 공포를 갖고 있는가? 아니면 다른 공포로 힘들어하는가? 자신의 공포를 극복하기 위해 무엇을 할 수 있는가?

3. **'우울함'을 관리하기.**
   대부분의 사람들은 기분이 가라앉는 경험을 한 적이 있다. 중요한 것은 그러한 기분이 가라앉는 순간을 극복하기 위해 스스로 조절하기 위한 방법을 알고 있는 것이다. 가라앉거나 우울함에 대해 어떻게 대처하고 있는지 기술하거나 적어 보라. 자신의 방법이 얼마나 효과적인가?

4. **친구가 자살하는 것을 의심하기.**
   이런 점에서, 당신은 자살에 대한 높은 위험성을 가진 사람을 잘 알아볼 수 있다고 생각하는가? 만약 자살이 의심스러운 사람이 있다면 무엇을 할 것인가?

5. **기분을 더 좋게 하기.**
   기분이 가라앉으면 행복한 순간을 생각하려고 노력하는가? 무엇이 당신을 행복하게 하는가? 무엇이 당신을 슬프게 하는가? 행복과 슬픔의 '유발인자'가 공통점이 있는가 아니면 매 순간 다른가?

복습을 위한 물음

1. 사회는 과거보다 일탈한 것에 대한 더 관용이 있다고 믿는가? 높은 관용의 장·단점은 무엇인가?

2. 어떤 일로 불안해한다면, 그것은 당신에게 어떤 영향을 미치는가? 불안을 에너지로 활용할 것인가? 이완되어 있을 때 어떻게 느끼는가? 이들 두 상황에서 당신의 행동은 어떤 차이가 있는가?

3. 의기소침이나 우울증에 어떻게 대처하는가? 계절성 정서장애를 유발하는 기후에서 살고 있

는가? 당신은 그러한 것으로부터 고통스러워 한 적이 있는가? 이런 장애에 대해 당신은 무엇을 할 수 있는가?

4. 여성이 남성보다 자신의 정신장애에 대해 전문적인 도움을 받으려는 시도를 더 한다고 생각하는가? 그렇다면 그 이유는?

5. 남성이 겪는 우울증은 술이나 약물로 은폐한다는 것에 동의하는가?

6. 자살을 시도를 한 적이 있거나 자살한 사람을 알고 있는가? 그러한 자살은 당신에게 어떤 영향을 주었는가?

7. 백인 성인 남자들의 높은 자살률을 어떻게 설명할 수 있나? 청소년과 장년층의 자살동기가 다르다고 생각하는가?

8. 사람이 하는 만성적인 자기 파괴적 행동은 무엇인가? 왜 사람들이 이러한 행동을 한다고 생각하는가? 그런 사람들은 스스로 변화할 수 있는가 아니면 대부분의 사람들이 전문가의 도움을 필요로 하는가?

9. 급성 정신분열증을 앓고 있는 사람들이 정상적 생활을 회복할 수 있다는 것을 당신은 알고 있는가? 무엇이 정신분열증을 치료할 수 있다고 생각하는가? 정신분열증을 앓고 있는 사람의 삶이 어떠한지 상상할 수 있는가?

10. 정신질환과 연관된 낙인을 줄이는 데 도움을 줄 수 있는 방법에는 어떤 것이 있는가?

제 15 장 심리치료

심리치료: 그것은 무엇인가? 누가 이용하는가?

통찰치료 – 대화치료

정신분석

인간중심 접근

인지행동치료

행동치료

인지치료

인지행동치료

치료에 대한 다른 접근

가족치료, 부부치료 그리고 관계치료

지역사회 기반 서비스

생물의학적 치료

치료는 얼마나 효과적인가?

도움 구하기

언제 전문가의 도움을 받으려고 하는가?

어디서 도움을 찾는가?

치료자를 통해 찾고자 하는 것은 무엇인가?

치료를 통해 기대할 수 있는 것은 무엇인가?

얼마나 오랫동안 치료를 받아야 하나?

요약

스스로 해 보기

연습

복습을 위한 물음

학습목표

이 장을 모두 학습한 후 다음을 할 수 있다.

15.1 심리치료를 정의한다.
15.2 치료장면에서 문화의 역할에 대해서 설명한다.
15.3 통찰치료의 주요한 특징을 요약한다.
15.4 현대 정신역동치료와 정신분석을 비교한다.
15.5 인간중심치료를 기술한다.
15.6 인지치료, 행동치료 및 인지행동치료를 비교한다.
15.7 토큰 경제의 효과적인 사용방법을 설명한다.
15.8 가족치료와 같은 다양한 유형의 여러 사람을 치료하는 방법을 안다.
15.9 종합적인 정신건강 관리를 위한 지역 서비스의 중요성을 논의한다.
15.10 생물학적 치료의 주요 범주를 기술한다.
15.11 심리치료의 효과에 대해서 설명한다.
15.12 전문가의 도움이 필요하다고 생각될 때, 물어볼 필요가 있는 중요한 질문을 열거한다.

Sergei는 3개월 전 고향으로 이사 온 이후, 5세 때 러시아에서 같이 이민 온 부모와 종종 불화를 겪고 있다. Sergei는 인생에서 힘든 시기를 보내고 있다고 인정하고 있다. 그는 최근 또다시 실직했고 자동차 할부금 문제로 곤란을 겪고 있다. 설상가상으로 자신의 현재 재정위기를 극복하기 위해 아버지에게 소액을 좀 더 빌려 줄 것을 부탁해 놓았다. 그의 부모는 이러한 일들을 달리 이해하고 있다. 부모는 Sergei가 인생에서 수렁에 빠져 있고 방향감이 없다고 느낀다. 친구들은 그가 지속적이지만 막연한 불평불만을 하는 것을 보면서 우울증이 있다고 생각한다. 최근 여자 친구와 결별한 이후, Sergei는 매주 여러 날 저녁 늦게까지 폭음을 하며, 아침에 일어나기를 거부했다. Sergei의 친구들은 걱정하며 치료를 받아야 한다고 말한다. Sergei는 친구들의 압력을 받고 마지못해 치료받는 것에 동의한다. 그는 "하지만 나는 정신과 의사를 한 번만 만날 거야.", "내가 미치지 않았다는 것을 사람들에게 보여 줄 거야."라고 말한다. Sergei의 친구들은 치료자에게 기회를 줘야 한다고 주장한다. 그는 "좋아 좋아, 치료 받으러 갈 거야. 그러나 어떤 약속도 하지 않을 거야."라고 말했다.

심리치료: 그것은 무엇인가? 누가 이용하는가?

학습목표

15.1 심리치료를 정의한다.

15.2. 치료장면에서 문화의 역할에 대해서 설명한다.

Sergei와 같은 사람이 전문가의 도움을 받는 것을 왜 꺼리는 걸까? 사람들마다 대답이 다 다른데, 환자로 등록되거나 약물을 복용해야만 하는 두려움이 선두 목록에 있다. 특히 어떤 사람들은 정신장애와 연관된 낙인 때문에 도움을 거절하기도 한다. 대부분 사람들은 마음속으로 심리치료가 '미친' 사람들을 위한 것이라고 생각한다. **심리치료(psychotherapy)**는 숙련된 치료자가 내담자의 태도와 행동의 변화를 촉진할 수 있게 특정 활동을 수행하도록 돕는 과정이다. 다른 사람들은 도움을 받을 곳을 잘 모르기 때문에 혹은 치료비용 때문에 치료를 받지 않는다. 그 이유에 대한 좀 더 완전한 이유의 목록을 알려면 표 15-1을 보라.

글상자 15-1 다음의 사실을 아는가?

- 정신건강과 관련한 문제를 가진 어린이들의 단지 절반 정도만이 치료를 받고 있다.
- 어린이에 비해서 청소년들이 정신건강 서비스를 받을 가능성은 90%이다.
- 정신적인 장애를 가진 성인의 약 8%만이 치료를 받기 위해 단기 또는 장기 24시간 돌봄을 위해 병원에 입원한다.
- 정신건강 문제의 가장 일반적인 치료는 약물치료이다.
- 감옥에 있는 동안 심리장애로 진단을 받은 수감자의 1/3이 치료를 받는다.

출처: "통계", 정신건강 국립 연구소 website 2012에 근거

실제로, 심리치료는 경미한 증상을 가진 사람들의 개인적 성장의 수단일 뿐만 아니라 다루기 힘든 증상의 경감을 위해서도 사용된다.

최근, 미국에서 3,020만 명이 조금 넘는 성인(18세 이상 사람들의 13.3%)이 정신건강 문제로 치료를 받는다. 어떤 경우 심각한 심리적 문제를 갖고 있는 성인 5명 중에서 1명 정도가 심리치료사나 심리학자 같은 정신건강 전문가에게 도움을 요청한다. 가정의학과 의사, 성직자 그리고 사회사업가 같은 다른 유형의 상담자들이 많은 사람에게 도움을 주기도 한다.

성인기의 성차 성인 남성들에 비해 거의 두 배에 가까운 성인 여성들이 도움을 필요로 한다는 사실을 알면 놀랄 것이다(NIMH, 2012). 미국과 다른 개인주의 사회(자기만족에 높은 가치를 두는)에서는 심리치료를 받는 것이 자신의 약점을 인정하는 것으로 여겨질 수 있다. 그리고 사회적으로 남자와 여자에게 기대하는 것이 다르기 때문에, 남자보다는 여자에서 자신의 정서를 표현하고 잘못을 인정하며 도움받기를 요청하는 것이 좀 더 허용적이다. 반대로 사회는 종종 남자들에게 강하고 독립적이며, 자신의 문제는 스스로 처리하도록 지시한다. 이는 정신건강 서비스를 받기를 회피하는 태도를 갖게

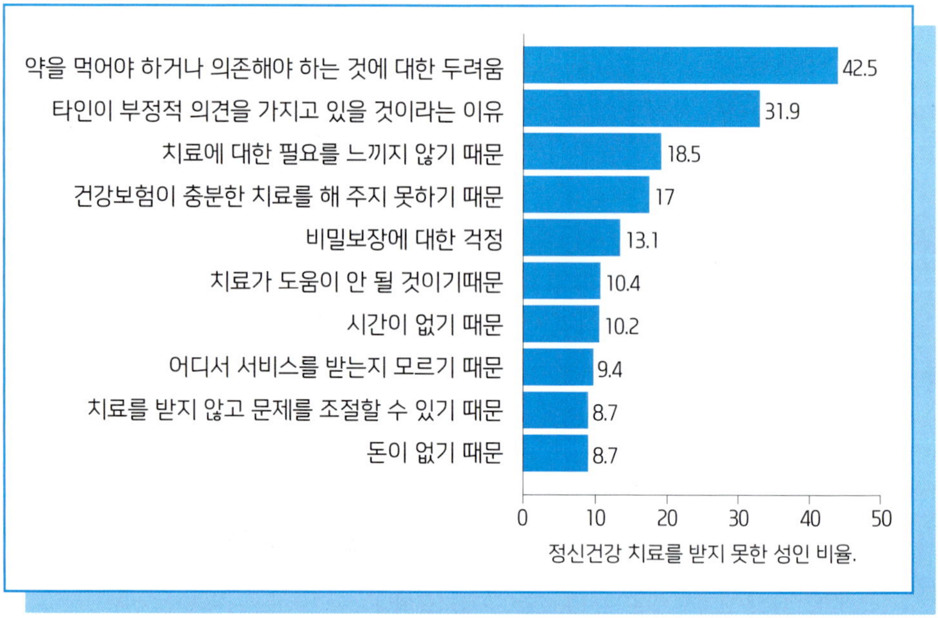

그림15-1 과거에 정신건강 서비스를 받지 않은 이유(2009)
출처: Adapted from Figure 2.12 of Results from the 2009 National Survey on Drug Use and Health: Mental Health Findings(HHS Publication No. SMA 10-4609). Substance Abuse and Mental Health Services Administration, U.S. Department of Health and Human Services, 2010.

할 뿐만 아니라, 심리적 문제가 자신에게 있다는 것을 인정하지 못하는 결과를 낳는다(Mackenzie, Gekoski, & Knox, 2006).

탐색 15.1 정신질환에 대한 옹호

http://www.nami.org 정신질환자를 위한 국가 연합 웹사이트, 정신질환자와 그 가족에 대한 옹호 단체

아동치료 아동기 때는 비록 나타나는 패턴이 성인기에서 보이는 것과 정반대이지만 심리치료를 받을 가능성에서는 성별의 차이가 존재한다. 특히 남아가 치료받을 확률은 여아보다 50%가 더 높다. 왜 이런 차이가 발달과정에서 발생하는가? 간단하게 말해서, 아동기 동안 남아의 정신건강 문제는 여아들이 경험하는 문제에 비해 상대적으로 주변 사람들(예: 가족이나 반 친구들)에게 혼란을 초래할 가능성이 더 높다. 결과적으로, 부모는 집에서 남자아이를 다루는 데 더 많은 문제를 겪고 있으며, 교사는 학교에서 남학생을 지도하는 더 많은 어려움을 겪고 있다. 그리고 '불평을 해야 관심을 얻기' 때문에, 남아들은 여아들에 비해서 치료에 더 많이 의뢰될 것이다. 이것은 소녀들이 정신건강 문제를 가지고 있지 않다는 뜻이 아니라, 단지 그들의 문제가 교사나 부모에 의해 덜 인식되고 있다는 것이고 문제가 있는 아이라도 드러나지 않으면 필요한 도움을 받지 못한다(Coles, Slavec, Bernstein, & Baroni, 2012).

문화적 이슈 문화 또한 정신건강 서비스에서 중요한 역할을 한다. 문화는 무수해 보이는 하위 문화 집단과 개인적 다양성으로 인해 모든 사람이 임상 장면에 갖고 오는 문제 때문에 중요하다. 문화는 내담자가 치료를 받는 동안 어떻게 자신의 증상을 말할지에 어떤 증상을 보고하는가에 있어서의 차이를, 심지어 치료자의 해석에 있어서의 차이를 설명해 줄 수 있다. 예를 들어, 소극적인 행동과 생각이나 감정에 관해 이야기하기 어려워하는 모습은 서양 문화권의 사람들에게는 비협조적으로 보일 수 있으나, 전통적인 아시아 문화권의 사람에게는 적절하다(Kim, Liang, & Li, 2003).

더욱이, 문화는 사람들이 우선 도움을 요청할지 요청하지 않을지, 즉 요청하는 도움의 유형이 무엇인지, 대처 양식과 사회적 지지를 갖고 있는지, 그리고 정신장애에 얼마나 낙인을 찍는지와 관련되어 있다. 문화적 이슈는 단지 정신장애를 가진 사람과 가족의 문제에 국한되지 않는다. 그것은 또한 치료를 하는 전문가에게 영향을 미칠 수 있다. 건강관리 서비스를 하는 사람은 특히 내담자와 문화적 배경이 서로 다를 때, 내담자와

과거의 보호시설은 보통 효과적인 치료방법을 제공해 주지 못하는 어둡고 불쾌한 시설이었다.

다른 관점으로 증상, 진단 그리고 치료를 바라볼 수 있다. 관점의 차이는 치료를 효과적으로 하는 데 장애가 될 수 있다. 이처럼 정신건강 전문가는 내담자의 다양한 문화에 관해 이해하고 민감하고 존중하는 태도를 지녀야 한다(Mollersen, Sexton, & Holte, 2009).

그런 염려는 인종과 민족에 일치하여 내담자와 치료자를 짝짓도록 한다. 그리고 두말할 여지없이, 내담자는 인종과 민족 정체성이 일치하는 치료자를 선호한다. 뿐만 아니라 내담자는 인종과 민족이 자신과 비슷한 치료자를 다른 인종과 민족인 치료자보다 더 긍정적으로 본다. 그러나 여기에는 다른 점도 있는데, 대부분 내담자의 치료의 성공(혹은 실패)은 일반적으로 인종과 민족성에서 일치된 치료자를 갖는 것과 관련이 없다. 그러나 인종과 민족에 대한 강한 선호를 가진 내담자와 다른 인종과 민족에 관해 깊은 불신을 가진 내담자의 경우에, 자신의 인종과 민족을 가진 심리치료자와 같이 짝지어졌을 때 심리치료의 결과가 향상될 수 있다. 이처럼 인종과 민족 간의 차별과 편견이 존재하는 한, 내담자와 치료자 간의 인종과 민족을 일치시키는 것이 필요하다(Cabral & Smith, 2011). 글상자 15-2는 다양성과 정신장애 문제를 좀 더 자세하게 설명하고 있다.

자신에게 적응하기 언제 도움을 받아야 하는지 알고 있는가? 상담을 받아 본 적이 있다면, 정신건강을 향상시키는 데 활용할 수 있는지에 관해 스스로 재평가를 해 보았는가?

글상자 15-2 건강관리에 초점을 맞춰라: 치료의 불균형

미국에서 소수 민족과 인종에 있어서 정신장애 유병률은 백인과 유사하다. 그럼에도 불구하고 백인에 비해 소수 인종과 민족이 받는 정신건강 관리에는 중요한 몇 가지 격차가 있다.

- **소수 민족은 정신건강 서비스를 덜 찾고, 그 기회도 적다.**
- **소수 민족은 필요한 정신건강 서비스를 받을 가능성이 적다.**
- **소수 민족은 치료를 받을 때 종종 더 낮은 질적 서비스를 받는다.**
- **소수 민족은 정신건강 연구의 대상이 적게 된다.**

더구나 많은 장벽이 소수 민족 사람들이 치료를 받는 것을 단념하게 한다. 이러한 장벽의 대부분은 모든 미국인에게 영향을 주는데, 비용, 질 낮은 서비스, 부족한 서비스 가용성, 그리고 정신장애로 인한 사회적 낙인 등이다. 치료를 받는 데 있어서 소수 인종과 민족을 단념케 하는 추가적인 장벽은 치료에 대한 불신과 두려움, 인종 차별 그리고 언어와 의사소통의 차이이다(Nelson, 2006). 소수 민족 및 인종은 총체적으로 정신장애를 지닌 백인보다 불리한 조건을 더 많이 경험한다(예: 근무일의 손실, 일상 활동의 제한). 이런 많은 부담은 소수 민족이 도움을 덜 받고 질 낮은 관리를 받고 있는 데서 비롯되는데, 오히려 그들의 장애는 원래부터 지역사회에서 더 심각하거나 만연되어 있다는 것에서 비롯된다(Moritsugu, Wong, & Duffy, 2010).

우울증이나 술을 너무 많이 마신다는 생각이 들면 도움을 받도록 권장해 줄 친구가 있는가? 아니면 수백만 명의 미국인들처럼, 낙인과 비용 혹은 불편함 때문에 치료를 회피해 본 적이 있는가? 정서문제를 위해 치료자를 찾는 것에 대해 자신의 태도를 체크해 보라. 활동 15-1을 완성해 보라.

활동 15-1
치료에 대한 태도

지시문: 다음은 정신건강 문제에 관해 전문적인 도움을 요청하는 데 대한 당신의 태도를 측정할 수 있는 문항들이다. 당신이 각 문항에 동의하는 정도를 체크하라.

1. 만약 내가 심각한 정신건강 문제를 가지고 있다고 생각된다면, 먼저 심리치료자를 찾아가야 겠다고 생각할 것이다.
   동의　　부분적으로 동의　　부분적으로 동의 안 함　　동의 안 함
2. 문제에 관해 심리치료자와 대화하는 것은 정서적인 문제를 해결하는 좋은 방법이 아니다.
   동의　　부분적으로 동의　　부분적으로 동의 안 함　　동의 안 함

3. 만약 내게 상당한 정서적 어려움이 있다면, 심리치료가 도움이 될 것이라고 믿는다.
   동의　　부분적으로 동의　　부분적으로 동의 안 함　　동의 안 함
4. 정서적 갈등은 심리치료자의 도움 없이도 해결할 수 있다는 태도를 갖는 것이 바람직하다.
   동의　　부분적으로 동의　　부분적으로 동의 안 함　　동의 안 함
5. 만약 어떤 일이 정말로 오랜 기간 동안 나를 괴롭힌다면, 심리치료자를 찾아 갈 것이다.
   동의　　부분적으로 동의　　부분적으로 동의 안 함　　동의 안 함
6. 앞으로 심리치료자를 만나고 싶다.
   동의　　부분적으로 동의　　부분적으로 동의 안 함　　동의 안 함
7. 정서적인 문제를 가진 사람들은 자신의 문제를 스스로 이해하려고 노력하기보다는 심리치료를 받음으로써 해결할 가능성이 높다.
   동의　　부분적으로 동의　　부분적으로 동의 안 함　　동의 안 함
8. 나에게 있어서 심리치료를 받는 데 들어가는 시간, 노력 및 비용은 가치가 없다.
   동의　　부분적으로 동의　　부분적으로 동의 안 함　　동의 안 함
9. 심리치료는 마지막 수단이다. 먼저 사람들은 자신의 정서적 어려움을 스스로 해결하려고 노력해야 한다.
   동의　　부분적으로 동의　　부분적으로 동의 안함　　동의 안함
10. 다른 많은 일들처럼, 정서적 어려움은 전문적인 도움을 받지 않고 스스로 해결하는 경향이 있다.
   동의　　부분적으로 동의　　부분적으로 동의 안 함　　동의 안 함

채점: 1,3,5,6,7문항은 다음처럼 채점하라. 동의=1, 부분적으로 동의=2, 부분적으로 동의 안 함=3, 동의 안 함=4. 그리고 2,7,8,9,10 문항은 다음과 같이 채점하라. 동의=4, 부분적으로 동의=3, 부분적으로 동의 안 함=3, 동의 안 함=4

A. 1,3,5,6,7의 총점:________
B. 2,4,8,9,10의 총점:________
총점: A+B:________________

낮은 점수는 정서적인 문제에 대해 것이 발생한다면, 전문가의 도움을 받기 위한 많은 의지를 표시해 주고 있다.

출처: Fischer, E. H., & Farina, A(1995). Attitudes towards seeking professional psychological help: A shortened form and considerations for research. *Journal of College Student Development*. 36, 386-373.

정신치료와 향정신성 약물이 나오기 전에, 정신장애를 가진 사람은 빛 치료를 받기 위해 골동품 기구 같은 다른 수단으로 치료를 받았다.

통찰치료- 대화치료

학습목표

15.3. 통찰치료의 주요한 특징을 요약한다.

15.4. 현대 정신역동치료와 정신분석을 비교한다.

15.5. 인간중심치료를 기술한다.

치료자(therapist)—심리적 문제를 가진 사람을 돕기 위해 훈련된 사람—를 선택하는 데 있어 주요한 문제는 치료를 위한 다양한 접근을 살펴보는 것이다. 최근에는 내담자에게 유용한 수백 가지의 다른 치료 유형이 있다. 어떤 치료는 적응을 강조하는 반면에, 다른 치료는 성장에 초점을 두거나 정서적 문제를 다룬다. 이들 간의 차이가 있음에도 불구하고 대부분의 치료는 어떤 공통적인 목표를 가지고 있는데, 참을 수 없는 불안이나 우울 같은 증상의 완화이다. 게다가 많은 치료는 내담자에게 생각, 감정, 동기, 인간관계에 대한 이해를 더 잘 할 수 있도록 해 준다. 그렇게 함으로써, 내담자가 과도한 두려움(공포증)이나 상습적 도박과 같은 문제행동을 수정하거나 가정과 직장에서 대인관

시키는 자기 발견의 여정이다. 생애의 후기에 Rogers(1980)는 동일한 원칙이 심리치료에서뿐 아니라 다양한 인간의 상호작용의 분야에 적용되고 있다는 것을 나타내는 한 방법으로, 자신의 접근방법을 **내담자 중심치료**에서 **인간중심치료(person-centered therapy)**로 이름을 변경하였다. 이런 관점에 따르면, **도움을 주는 사람의 일치성, 수용 그리고 내담자에 대한 공감적 이해가 치료적 변화를 이룩하기 위한 필요충분 조건이다.**

Rogers는 치료자로서 자신의 경험으로부터 치료에 대한 견해를 발전시켰다. 초기에 그는 아들 문제로 찾아온 어머니를 상담했다. 그가 어떤 치료전략을 사용하였든지 간에 성공하지 못했다. 마침내 그는 자신의 실패를 인정했다. 어머니가 치료실을 나가면서 Rogers에게 성인 내담자를 치료해 본 적이 있냐고 물었다. 그러고 나서 그 여성은 자리로 돌아와 자기 문제를 쏟아 내기 시작했다. 그녀는 자신의 혼동과 실패감 그리고 결혼생활에 대한 절망에 대해 말했는데, 이전에 했던 효과 없는 사례사적 접근방법보다 이런 모든 것들이 아들 문제를 위해 더 적절했다. 여러 번의 상담을 한 후에, 그녀는 결혼생활에 대해 좋게 생각하게 되었으며 아들의 문제행동도 곧 없어졌다. Rogers는 자신이 그녀가 말하는 대로 따라갔기 때문에 이러한 효과가 있었다고 느꼈다. 왜냐하면 자신이 그녀를 진단적으로 이해하기보다 오히려 경청과 이해를 했기 때문이다. 이것이 Rogers로 하여금 치료과정이 내담자 자신의 참조 틀과 선천적 성장 잠재성을 존중하고 반응하는 데서 나온다는 견해로 이끌 많은 경험 중의 첫 번째이다.

로저스식 치료 로저스식 접근법을 활용하는 치료자는 자신 안에 자기이해와 행동을 변화시키기 위한 엄청난 자원이 내재되어 있다고 믿고 있고, 이 자원은 변화에 적절한 환경이 제공될 수 있으면 개발된다. Rogers(1980)에 따르면, 모든 것은 내담자-치료자의 관계와 관련이 있다고 하였다(Overholser, 2007).

- **첫째, 치료자는 진실성 혹은 '일치성'이 있어야 한다.** 즉, 가슴속에서 치료자가 경험하는 것과 내담자에게 표현하는 것 간의 일치성이 있어야 한다.
- **둘째, 필수적인 것은 수용적이고 허용적인 태도를 가지는 것이다.** 치료자가 내담자에게 수용적이고 허용적일 때, 치료적 변화가 더 잘 일어난다. 치료자는 무조건적으로 내담자를 수용함으로써 내담자는 혼란, 혐오, 두려움, 사랑일지라도 그 순간 진행되는 것을 자유롭게 느끼게 된다. 이런 내담자에 대한 **긍정적, 무조건적 수용**(그리고 배려)을 **무조건적 긍정적 관심(unconditional positive regard)**이라고 부른다.

- **마지막으로, 어떤 치료적 관계라도 공감적 이해를 하여야 한다.** 치료자가 이 과업을 성취하기 위해서는 내담자가 경험하고 있는 개인적 의미와 감정을 감지할 수 있어야 한다. 게다가, 치료자는 이런 이해를 그들에게 전달할 수 있어야 한다.

연구는 로저스식 치료가 내담자와 치료자가 생각과 경험을 공유하는 것을 증진시켜 준다는 것을 확인해 주었다. 다른 연구는 내담자의 안녕감에 대한 치료적 관계의 중요성을 지지하고, 공감과 무조건적 긍정적 관심이 효과적인 치료의 결정적 요소임을 증명하였다. 마지막으로, 정신역동적 치료와 유사하게 인간중심적 접근은 자기 반성적이고 자기성찰적인 내담자에게 가장 효과적이다(Bohart & Byock, 2005; Kirschenbaum & Jourdan, 2005).

통찰치료가 아니더라도 치료에 대한 새로운 접근이 10년마다 발전해 오고 있다. 글상자 15-3은 정신질환을 치료하기 위한 비전통적인 접근을 강조하고 있다.

인지행동치료

학습목표

15.6. 인지치료, 행동치료 및 인지행동치료를 비교한다.

15.7. 토큰 경제의 효과적인 사용방법을 설명한다.

오늘날 다수의 다양한 치료자들은 자신의 입장을 행동적이나 인지적으로 특징짓고 있는데, 각자가 부적응적 행동이나 잘못된 사고를 수정하려고 시도하고 있다. 이들 심리학자들은 인지치료, 행동치료 혹은 인지행동치료를 한다. 따라서 이것들 각각에 대해 논할 것이다.

행동치료

행동치료자는 통찰치료와 같이 내담자의 어려움에 대한 근원적인 원인을 조사하기보다 문제행동에 직접적으로 초점을 맞추고 있다. 예를 들어 행동치료자는 Sergei가 러시아인으로서 경험했던 아동기와, 그리고 이방인이라는 사적 정보를 드러내는 것에 대한 그의 과묵함에 초점을 맞추는 대신에, 현재 문제인 술을 너무 많이 마시는 것, 실직, 그리고 선의의 부모에 대해 반항을 하는 것 등에 초점을 맞출 것이다. 행동치료의 목적은 부적응 행동을 더 적절하고 만족스러운 행동으로 바꾸도록 Sergei를 돕는 것이다. 전형적으로 **행동치료(behavioral therapy)**는 문제행동을 자극하고 강화시키는 요인, 문제행동과 바꾸어 놓을 목표행동을 구체화하기, 그다음에 이 요인을 조작함으로써 바람직한 행동을 육성하는 것을 포함한다. 그러한 과정에서 행동치료자들은 필요한 기술을 발달시키도록 내담자를 돕거나 삶의 상황에서 좀 더 효과적으로 대처하기 위한 필요한 기술 혹은 행동을 개발하도록 돕는다. 행동치료자는 효과성이 증명된 행동적 방법에 의지하는데, 예를 들어 토큰 경제와 둔감화이다.

토큰 경제 **토큰 경제(token economy)**에서 바람직한 행동은 나중에 큰 보상과 교환할 수 있는 작은 토큰으로 보상을 받는다. 토큰 경제에서 부모와 교사에 의해 자주 사용되는 방법 중의 하나는 스티커 도표이다. 여기에 효과적인 사용을 위한 핵심이 있다.

1. 아이들에게 중요한 '화폐'(돈이 아닌)를 선택한다: 예를 들어, 사탕, 장난감 차, 인형, 특별한 장소에 가는 것 등을 포함한다.
2. 규칙은 간단해야 한다(3단계 참조): 규칙은 아이들이 충분히 이해할 수 있도록 쉬워야 한다.
3. '특별상'(1단계 화폐) 수상을 위해 어느 만큼의 스티커가 필요할지 결정해야 한다.
   예를 들어, 놀이시간 동안 행동을 함께 하도록 촉진하고자 한다면, 매시간 아이들이 다른 아이들과 함께 놀면 스티커를 받는다고 말하고, 2(혹은 3개나 4개)개를 받은 후에 아이들이 탐냈던 상과 교환할 수 있다.
   참고: 특히 곤란한 문제의 경우(화가 났을 때 구타하는 경우처럼), 스티커 도표에 옮기기 전에 즉각적인 만족을 주는 것으로 시작해야만 한다(아이가 화가 났을 경우에 자기조절을 보일 때마다 특별상을 얻는 것).
4. 일관성이 있어야 한다. 스티커를 받을 자격이 되었을 때 제공하고, 중간에 규칙을 바꾸지 말아야 한다. 한 번 얻은 스티커는 뺏어 가면 안 되는데, 스티커를 얻지 못하는 것도 아이들에게 충분한 벌이 된다.
5. 집에서는 아이가 볼 수 있는 곳에 스티커 도표를 두는 것이 좋다. 학교에서는 스티커 도표가 비밀유지가 되어야 한다. 모두 볼 수 있는 교실에 있으면, 경쟁, 괴롭힘 그리고 집단 따돌림이 발생할 수도 있다.
6. 일주일 정도 어떤 행동이 확립된 후에, 천천히 도표를 다른 것으로 바꾼다. 이러한 것을 하기 위해서는, 상을 받기 위해 단순히 더 많은 스티커를 얻도록 요구한다. 바꾼 지 수 주가 지나면, 아이들은 바람직한 행동을 계속적으로 나타내는데

심지어 아이들은 바람직한 행동을 함으로써 스티커를 받는다는 것을 잊기조차도 한다.

7. 아이들로 하여금 상을 얻는 것으로부터 관심을 돌리는 것보다 스티커 도표로부터 시선을 돌리게 하는 데 더 많은 시간이 필요하다는 것을 기억하라. 너무 급하게 중단했을 때, 바람직하지 못한 행동은 빠르게 원래대로 회복된다.

토큰 경제는 좋은 행동(예: 양치질, 잠자리 준비, 악기연습 등)을 시작하게 하는 것뿐만 아니라 나쁜 행동(예: 괴롭히기, 같은 말을 반복하기, 징징대는 것 등)을 그만하게 하는 것에도 매우 유용하다. 또한 이런 유형의 행동치료는 모든 연령에서 사용할 수 있다. 하지만 4세 미만의 어린이는 규칙을 이해하는 데 어려울 수도 있다. 그리고 청소년들이 처음에는 토큰 경제를 주저할 수 있지만, 가치 있는 화폐는 10대들에게 동기부여하는 데 유용할 수 있다(Antony & Roemer, 2011).

둔감화 토큰 경제의 보상 기반 시스템과는 대조적으로 **둔감화(desensitization)**(때로는 노출 기반 치료로 알려짐)는 **불안을 유발하는 자극과 이완과 같이 양립할 수 없는 반응을 연관시키는 것을 배움으로써 불안을 통제하는 방법**이다. 공포대상이나 공포상황을 이완과 같은 어떤 즐거움과 연계(예: 노출)시킴으로써 내담자는 두려운 상황에 대해 '둔감화'된다(Wolpe, 1973). 둔감화는 특히 두려움과 공포증에 효과적이다. 이 작업을 수행하려면, 치료자는 가장 적은 두려움부터 시작해서 가장 큰 불안을 유발하는 상황까지 두려운 상황에 대한 위계를 작성한다. 내담자는 각 위계단계에서 활용되는 이완 기법을 배운다. 마침내 내담자는 상상되는 가장 두려운 상황에서도 안정을 유지하게 된다. 한 예를 보면, Liz는 반복되는 실패를 가져오는 시험 불안 때문에 둔감화 치료를 시

글상자 15-3 건강관리에 초점을 맞춰라: 대안적 형태의 치료는 무엇인가?

정신건강 관리를 위한 대안적 접근은 마음, 신체 그리고 영성 간의 상호 관계성을 강조하고 있다. 몇 가지 대안적 접근이 긴 역사를 가지고 있더라도, 많은 접근들은 논란의 여지가 있다. 1992년에 만들어진 미국 보건 기구에 있는 국립 대체보완 의학 센터는 치료에 대한 대안적 방법을 평가하고 효과적인 것들을 주류 건강관리에 통합하는 것을 돕기 위해 만들어졌다. 그러나 정신적 건강을 성취하기 위해 활용되고 있는 혹은 활용될 것 같은 접근법에 대해 주치의의 자문을 구하는 것은 중요하다. 또 대안적 서비스를 받기 전에 제공자가 적합한 자격인정 기관에 의해 적절하게 보증된 사람인지 확실히 점검하라. 표 15-1은 인기 있는 대안치료법을 보여 준다.

표 15-1 대안적 치료법

일반치료

치료명	일반적 설명	예
다이어트와 영양치료	음식 섭취의 양과 종류를 변경한다.	주의력을 높이고 과식을 줄이기 위해 인공 향료와 색소가 든 식품을 먹지 않는다.
동물보조치료	다음 중 하나 또는 둘 다 포함: (1)동물을 돌보는 것, (2)동물과 교류하는 것.	자존감, 의사소통, 문제해결 능력을 향상시키기 위해 말을 돌본다.

이완과 스트레스 감소치료

치료명	일반적 설명	예
바이오피드백	생리적 모니터링 시스템은 신체 기능에 대한 피드백을 제공한다(예: 뇌파, 심장박동, 혈압). 환자는 자신의 생각과 감정에 의해 신체 기능이 어떻게 변하는지 관찰할 수 있다.	사고과정(예: 유도심상을 통해)의 변경이 PTSD와 관련된 증상을 어떻게 줄이는지를 보기 위해 심장박동과 혈압을 모니터링한다.
마사지요법	마사지는 몸 전체의 연조직 구조를 대상으로 한다.	스트레스를 줄이고 기분을 상승시키기 위해 매주 마사지를 받는다.
요가/명상	몸 자세(즉, 포즈), 호흡법, 명상을 통해 통찰을 달성한다.	신체상의 향상, 스트레스의 완화와 우울증의 증상을 경감하기 위해 요가훈련에 참가한다.

표현치료

치료명	일반적 설명	예
예술치료	치료 장면에서 시각 예술 매체(예: 페인트, 흙, 크레용 등)를 통해 생각과 느낌을 표현한다.	과거의 숨겨진 고독과 슬픔의 감정이 그림에서 일단 표현되면 해결될 수 있다.
춤/동작치료	동작과 춤은 감정을 표현하는 데 사용된다.	스트레스와 일반적 불안감을 완화하는 시도에서 댄스 수업에 참가한다.
음악/소리치료	안녕감을 높이기 위해 치료 상황에서 음악적 표현, 노래가사 쓰기, 음악 감상 등을 활용한다.	자존심을 강화하고 기분을 상승시키기 위해 즉흥적 드럼 연주를 사용한다.

작하게 되었다. 상상된 상황의 위계는 달력에 적힌 시험날짜를 보는 것에서 시작해서 시험을 보는 날로 끝이 난다. 이후에 그녀는 신체근육을 이완시키는 방법과 각각의 두려운 상황을 이완된 상태와 점진적으로 연결시키는 것을 배웠다. 10회기 후에, Liz는 가장 높은 위계의 불안으로부터 자유로워졌다.

가상현실치료 과학기술의 발전은 21세기에 들어 둔감화 기법의 발전을 가져왔다. **가상현실치료(virtual reality therapy)**는 단지 단순하게 두려운 대상과 상황을 상상시키기보다는 내담자들이 두려운 대상과 상황을 직접 접하게 한다. 가상현실치료를 받는 동안 개인은 움직일 수 있고 대상과 상호작용할 수 있는 3차원 상황을 보기 위해 안경을 쓴다. 예를 들어, 난간에 서 있을 때 많은 사람은 조금 긴장하지만, 높은 곳에 대한 두려움(고소공포증)으로 고통받는 사람은 가슴 통증과 호흡 곤란으로 심장 마비와 유사한 증상을 경험할 수 있다. 두려움을 극복하도록 돕기 위해, 고소공포증 환자는 돌아다니면서 다른 높이의 세계를 경험할 수 있는 3차원 상황으로 들어가기 위해 가상현실을 이용한다. 표준화된 둔감화 기법과 비슷하게 내담자들은 지상으로부터 점점 더 멀어질 때 이완하는 것을 배운다(Da Costa, Sardinha, & Nardi, 2008). 공포증 치료뿐만 아니라, 가상현실은 전투와 관련된 PTSD로 고통받고 있는 사람들을 돕기 위해 성공적으로 사용되었다. 예를 들어 '가상 이라크'라는 치료 시뮬레이션에서 내담자는 그 당시 광경, 소리, 심지어는 전쟁 상황의 냄새까지 경험할 수 있고, 그러는 중에 전쟁에 따른 공포와 불안, 스트레스를 극복하는 방법을 배울 수 있다(Rizzo et al., 2011).

인지치료

인지치료(cognitive therapy)는 부적응 행동을 하는 결정적 요소로서 잘못된 인지적 과정에 초점을 두고 있다. 이러한 치료 유형의 주요한 주장은 인지적 과정—주의, 지각, 사고 및 신념—이 행동주의자가 전통적으로 강조한 자극과 상관없이 행동에 영향을 주고 있다는 신념이다. 실제로 인지치료자들은 사람의 행동은 사건 자체보다는 외적 사건에 대한 개인적 해석과 반응에 의해 종종 형성된다고 주장하고 있다(Beck, 1979). 다르게 말하면, 인지치료는 개인의 신념이 다양한 생활환경에 대한 해석과 반응에 영향을 주며 그렇게 함으로써 정서적 적응이나 부적응에 기여한다고 제안한다. 그래서 인지치료자는 내담자 문제의 뿌리 깊은 원인에 대해 조사하지 않는다는 점에서 통찰치료자와 다르다.

인지치료의 목적은 사람들의 생각하는 방식을 변화시키도록 돕는데, 부적응적 사고를 성장을 촉진시킬 수 있는 적응적 사고로 바꾼다. 예를 들어 Mel은 첫 심리학 시험에서 낮은 점수를 받았다는 것을 알았다. 그는 낙담하여 곧 '얼마나 어리석은가! 이 수업에서 결코 좋은 점수를 받을 수 없을 거야, 확실히 낙제할 거야.' 같은 자기패배주의 사고에 빠지게 되었다. 인지치료자는 Mel이 낮은 점수에 대해 과잉 반응하는 것을 지적하였다. 치료자는 그의 상황에 대한 좀 더 현실적인 평가를 지적했는데, 예를 들면 '이것은 단지 첫 시험이고 최종 시험이 아니고, 게다가 그 수업에서 너의 성적은 매우 좋다.'이다. 치료자는 자기패배적 사고를 점검하여 생각을 수정하는 방법을 Mel에게 가르쳤다. 살아가는 동안 어떤 시점에서 대부분의 사람들은 파국을 맞을 수 있다, 즉 실제보다 훨씬 문제가 나빠지게 되는 것이다. 활동 15-2의 질문 중의 어떤 것이라도 당신의 머리에 자주 떠오르는가?

활동 15-2
당신은 재앙의 여신인가?

지시문: 당신의 걱정스러운 사고과정을 설명해 주는 문항에 체크 표시를 하라.

_______ 1. 낯선 장소에서 운전할 때, 나는 길을 잃어버릴 것이라고 확신한다.

_______ 2. 독서 과제를 하지 않은 바로 그날, 교수는 나를 지명할 것이다.

_______ 3. 새로운 누군가를 만날 때 그 사람이 나를 좋아하지 않는다는 것을 바로 안다.

_______ 4. 내가 이른 아침에 약속이 있을 때 알람시계가 울릴 가능성은 거의 없다.

_______ 5. 나는 아플 때, 낫기 전에 더 아파질 것을 안다.

_______ 6. 나는 만약 무엇인가를 사면, 곧바로 다른 곳에서 더 싼 가격의 물건을 찾을 수 있을 거라고 확신한다.

_______ 7. 나는 대체로 가장 잘 수행해야만 할 때, 최악으로 수행한다.

_______ 8. 직장에서 어떤 기계의 부품이 제 기능을 못하면, 그것은 내게 액운으로 다가온다.

_______ 9. 다른 사람과 달리, 많은 시간 뜬구름 같은 생각들이 나의 머릿속에서 떠나지 않는다.

_______ 10. 자동차가 이상한 소리를 낼 때, 곧바로 뭔가 비싼 비용을 지불할 것임을 안다.

당신은 얼마나 많은 체크 표시를 했는가? 심지어 체크 표시가 1개만 있어도 당신을 자기파멸적 행위로 이끌 수 있는 재앙적 사고를 하는 경향이 있음을 가리킨다. 예를 들어, 당신이 자동차 사고를 내는 것에 대해 극단적으로 염려하게 되면, 그렇게 될지도 모른다. 체크 표시가 된 각 진술문에 대해 좀 더 이성적이고, 합리적이고, 긍정적인 인생관을 나타내는 방식으로 그 진술문을 고쳐 써라. 그렇게 하는 것보다 당신은 더 유능하고 만족스러운 행동을 할 수 있고 그리고 보다 덜 불안하게 만들 수 있다.

인지행동치료

인지행동치료(cognitive-behavioral therapy)는 행동치료와 인지치료의 요소를 결합한다. 이 같은 접근방식은 부적응적 사고의 대체뿐만 아니라 행동수정에 초점을 맞추고 있다. 첫 심리학 시험을 망친 Mel로 돌아가 보자. 인지치료에서 이루어지는 것과 유사하게 인지행동치료는 그의 인지를 바꾸는데, 실패 인지를 성장촉진 인지로 대체하도록 돕는다. 그러나 그것을 넘어서 인지행동치료자는 Mel이 시험을 잘못 친 특별한 이유를 발견하기 위해서 교수와 대화를 하여서 다음 시험에서 성적을 향상시키기 위한 제안을 구하고 마침내 그 과목에서 좋은 성적을 얻을 기회를 높이는 것을 알아내는 것과 같이 성적을 향상시키기 위한 긍정적인 행동적 단계를 취하도록 지원할 것이다. 인지행동치료는 다양한 장애, 특히 우울증과 불안에 관련된 장애를 가진 내담자의 기능을 장·단기적으로 향상시킨다는 것을 보여 주었다(Northey, 2009).

치료에 대한 다른 접근

학습목표

15.8 가족치료와 같은 다양한 유형의 여러 사람을 치료하는 방법을 안다.

15.9 종합적인 정신건강 관리를 위한 지역 서비스의 중요성을 논의한다.

15.10 생물학적 치료의 주요 범주를 기술한다.

지금까지 논의된 개인치료에 더하여 다양한 다른 유형의 치료들이 있다. 예를 들면, **집단치료**(group therapy)—집단 내에서 치료가 이루어지는 치료 형식—는 과거 수십 년 이래로 그 수와 유형에서 급성장했다. 집단은 유사한 문제를 가진 사람들과 상호작용하는 기회를 제공하는 것만이 아니라 오늘날 주요 고려사항인 시간과 돈을 절약함으로써 비용 효율적이다. 결혼과 가정의 파괴가 사회에서 주요한 스트레스 원천이 되기 때문에 가족치료를 검토해 볼 것이다. 또한 의학과 과학기술의 발달은 더 강력한 약물과 정교한 생물의학 치료를 가져왔다. 그것은 많은 치료 프로그램의 통합적 부분이 되었으므로 검토해 볼 것이다. 마지막으로 정신장애자를 치료하는 가장 극적인 변화 중의 하나가 대형 기관에서의 장기체류로부터 지역사회에 기반한 서비스의 이용으로 변경된 것이다. 전문적으로 지도하는 집단에 관해 더 많이 읽어 보기 전에, 비전문가들이 서로 지지하는 상호협조 집단 혹은 자조집단에 대해 설명해 놓은 글상자 15-4를 읽어 보라. 종종 전문가의 도움보다 좋은 친구가 치유하는 데 적절할 수 있다.

글상자 15-4 건강관리에 초점을 맞춰라: 상호협조 집단

오늘날 1,200만 명 이상 되는 사람이 어림잡아 50만 개의 **자조집단(self-help)**이나 **상호협조 집단(mutual-help group)—공통의 문제를 구성원들과 공유하고 전문가의 지도를 받지 않고 자신들의 관심을 논의하기 위해 정기적으로 만나는 집단**—에 참여하고 있다. 이들 집단이 자기 도움을 발전시키고, 개선하기 위해 활동하는 등의 다중 기능을 가지고 있다 해도, 대부분 근본적인 같은 목적—모든 구성원에게 공통된 문제를 다루는 데 있어 실제적인 도움뿐 아니라 사회적 지지를 제공하기 위한—을 가지고 있다. 주요 가정은 비만, 우울증 혹은 알코올 중독이든지 간에 동일한 문제를 가진 사람들보다 당신을 더 잘 이해하고 도울 수 있는 사람은 없다는 것이다. 새로운 구성원이 걱정을 하면서 첫 모임에 오면, 집단이 자신을 위해 할 수 있는 것이 무엇인지 혹은 무엇을 물을 것인지에 대해 궁금해한다. 이러한 복잡한 감정을 잘 알고 있는 유경험자들은 새로운 구성원이 편안해지도록 격려와 환영을 한다. 우호적이고 열정적인 분위기 속에서 새로운 구성원은 아무 조건이 없다는 것을 깨닫게 되어서 곧 자발적 참가자가 된다. 구성원들이 자유롭게 이야기하기 위해서 보통 집단 내에서는 비밀에 대한 불문율이 있다. 다양한 '익명'의 집단에서처럼 심지어 회복을 위한 일련의 단계가 있지만, 구성원들은 자신의 페이스를 유지할 수 있다. 몇몇 집단, 특히 중독행동이나 정서장애를 다루는 집단은 새로운 구성원들이 격려와 지지를 위해 친근한 사람을 믿을 수 있게 하기 위해 '친구'나 '후원자'를 이용한다. 대체로, 상호협조 집단은 구성원들이 더 개방적으로 의사소통하고, 자신의 문제를 더 객관적으로 보도록 하고, 더 효과적인 대처 전략을 찾도록 격려하기 위해 수용과 지지적 분위기를 제공해 준다. 대부분 상호협조 집단이 구성원을 변화시키는 데 효과적이라는 연구가 있다(Moritsugu et al., 2010).

탐색 15.3 자조집단

selfhelpgroups.org 미국의 자조 정보 센터가 후원하는 이 웹사이트는 자조집단의 다양한 디렉토리를 제공한다.

가족치료, 부부치료 그리고 관계치료

관계치료 기혼 혹은 미혼 커플은 몇 가지 위기—상대 파트너의 부정과 같은—혹은 대화 단절 때문에 관계치료를 받으러 온다. 각자는 현재의 고충에 대해 파트너를 비난하는 경향이 있지만, 치료자는 파트너들의 상호작용과 관계에 더 초점을 맞추는 경향이 있다. 예를 들면, 한 사람이 불륜을 저질렀다면, 그에 대해 비난하는 대신에 치료자는 그 상황이 생긴 원인이 무엇인지 각자에게 묻는다. 문제를 일으킨 파트너가 성격적인 문제를 가지고 있거나 상대 파트너에 대해 '앙갚음'하고 싶어 할 수도 있다. 어쨌든 치료자는 서로 어떻게 대우하는지, 서로 자기도 모르는 상처를 얼마나 주고 있는지, 그리고 가장 중요한 것은 서로 얼마나 지원을 하고 있는지 등을 자각하도록 둘 다에게 도움을 주게 된다. 치료자는 부부가 결혼생활을 지속하기를 진정으로 원한다면 진행해 나가는 방법을 명료화하는 것을 도와주어야만 한다. 개인적 개입을 넘어서 진행되는 이런 치료는 다양한 관계와 동맹이 포함되기 때문에 더 복잡해진다. 복잡성에도 불구하고, 연구자는 그 효과성에 대해 강력한 증거를 내놓고 있다(Becvar, 2008).

가족치료 **가족치료(Family Therapy)**는 이름에 나타나듯 **한 명의 가족 구성원의 장애가 전체 가족문제 유형을 반영한다는 가정하에 아동과 성인을 포함하는 더 큰 가족단위를 포함한다.** 10여 개 정도의 상이한 가족치료 유형들이 있는데, 이론적 접근, 기법의 종류, 그리고 절차 등에서 다양하다. 일부 치료자들은 초기에서 종결까지 전 가족을 만나 치료하고 싶어 한다. 다른 치료자들은 2~3회기 동안 부모를 치료하고 그다음 2~3회기 동안 아동을 치료하고 그리고 마지막으로 모두 함께 치료를 하려고 한다. 또한 세대간 접근을 고수하는 맥락 치료자와 같은 다른 치료자를 포함하려고 한다. 모든 가족치료가 내포하고 있는 것은 가족이 체계로서 기능한다는 가정하에서이므로 개인의 문제는 가족 환경의 통합적 부분으로 가장 잘 이해되고 다루어진다(Sexton, 2011).

여기 또 다른 사례가 있다. 학교에서 문제를 일으키고, 문제행동을 하는 10대 청소년을 가정해 보자. 보통의 사건과정은 10대 청소년을 내담자로 만들고, 가정에서 더 큰 문제의 배경은 손대지 않고 방치한다. 그러나 가족치료 전문가는 추가의 조사를 바탕으로 10대가 문제 가족에서 희생양이 되어 온 민감하고 취약한 존재라는 것을 알게 될 것이다. 이러한 경우에 가족역동을 잘 이해하기 위해 다른 가족 구성원들을 만나 볼 필요가 있다.

지역사회 기반 서비스

정신장애를 가지고 있는 사람에 대한 고정관념은 길에서 자고 훔친 식료품 카트를 끌고 돌아다니는 노숙자와 같은 관념인가? 당신의 고정관념은 노상방뇨를 하고 추운 날 아파트 계단에서 웅크리고 있는 걸인들을 포함하는가? 이것은 정신질환을 갖고 있는 사람에 대해 우리들이 종종 갖고 있는 이미지이다. 이런 설명은 반드시 그런 사례는 아니지만 종종 실제 있는 것이다(Moritsugu et al., 2010).

탐색 15.4 지역사회 정신건강

www.thenationalcouncil.org/cs/_overview 국가에 의한 지역사회 정신건강 프로그램의 검색 데이터베이스를 제공하는 것과 더불어, 이 사이트는 또한 지역사회 정신건강 관리와 관련된 광범위한 주제에 대해 정보를 제공한다.

지역사회 기반 서비스가 필요한 이유 대형 정신병원에 입원하는 보호치료가 해롭다는 확실한 증거와 함께 항정신성 약물의 소개는 과거 40년 동안 많은 퇴원환자를 지역사회로 방면하게 만들었다. 정신장애를 가진 사람들을 시설에 수용하는 것에 대한 최근 연구들에서는 병원에서 많은 시간을 보내는 것은 타인과 상호작용도 하지 못하고 치료를 제대로 받지도 못하고 외롭게 보내게 만드는 것을 밝히고 있다(Yawar, 2008). 입원을 원하지 않는 지역사회의 다른 사람들과 마찬가지로 대부분의 개인은 어떤 치료를 필요로 하기 때문에 정신건강 전문가들은 **지역사회 기반 서비스(community-based services)**를 더 많이 제공하려고 한다(Rosenberg & Rosenberg, 2006). 이는 정신건강 서비스가 자신이 사는 지역사회 혹은 인근에 위치하고 있다는 일반적 용어 의미가

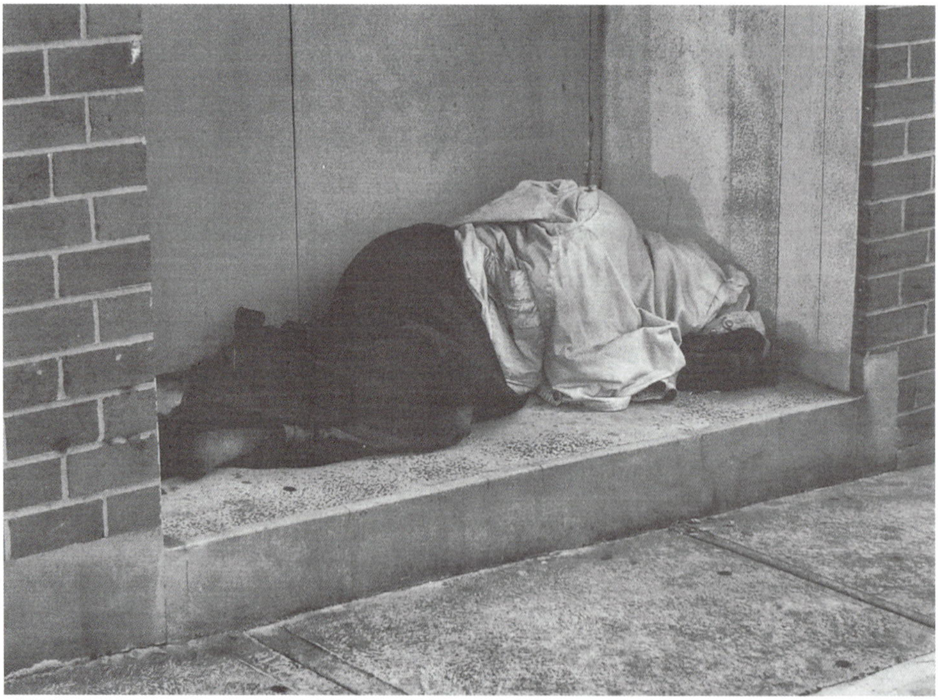

지역사회에 기반한 서비스는 종종 부족한 자금과 잘 조화된 프로그램의 부족으로 인해 진정으로 필요한 수준에 미치지 못한다.

있다. 1963년에 지역 정신건강센터법의 통과는 미국에서 50,000명당 1개의 **지역 정신건강센터(community mental health center)**를 만드는 데 목적이 있었다. 이것은 환자가 살고 있는 지역에 다양한 정신건강 서비스 기관을 포함하고 있다. 센터의 통원범위(지리적인 범위) 내에 있는 모든 사람은 저렴한 비용으로 그리고 그 지역을 떠나지 않고도 센터에서 필요한 심리적 서비스를 이용할 것이다. 이들 센터가 입원으로부터 지역사회 기반 관리로의 전국적인 변화에 있어서의 주요한 요인이 되는 것은 놀라운 일이 아니다(Auxier, Farley, & Seifert, 2011).

지역사회 기반 서비스의 유형 예상하고 있는 것처럼, 외래환자 서비스가 지역 정신건강센터의 가장 많이 이용되는 서비스이다. **외래환자 서비스(outpatient service)**의 목적은 정상적인 일상을 깨지 않고 환자에게 도움을 주는 것이다. 대부분 정신건강센터는 그 지역사회에서 다양한 문제를—가정불화에서부터 심각한 정서적 혼란을 경험하는 문제에 이르는—가진 사람에게 단기 치료를 해 주고 있다. 대형 종합센터는 즉 주간병동, 사회복귀 시설, 응급이나 위기 서비스와 같은 병원치료에 대한 대안을 제공해 준다.

정신장애를 가진 환자를 위해 병원에서 시간제 치료를 제공해 주는 **주간병동(day hospital)**은 전 미국에 걸쳐 설립되어 있다. 이들 치료센터는 아침부터 늦은 오후까지 환자에게 필요한 치료적 보호를 제공해 주며, 그런 후에는 저녁에 가족에게 돌아가도록 해 준다. 최근 확산되고 있는 또 다른 유형의 기관은 **사회복귀시설(halfway house)**—막 퇴원한 환자와 중독에서 벗어난 환자들이 근접 감독과 제약이 있는 장면에서 독립과 자유가 높은 장면으로 자신의 삶에서 결정적인 변화를 도모하는 동안 짧은 시간 감독하에서 살 수 있는 주거공간이 있다. 사회복귀시설은 또 그룹홈(group home) 그리고 기숙치료 가정(board-and-care homes)이라고 부르기도 한다. 최고의 사회복귀시설은 지역사회로 되돌아가기 위한 적절한 기술을 습득하고 함께 사는 방법을 배우도록 도와주는 준전문가 직원들이 있는 작은 주거공간이다(Browne & courtney, 2007). **위기개입(crisis intervention)**은 심각한 위기상태에 있지만 여러 회기의 치료가 필요하지 않은 사람들의 즉시적인 치료를 위해 광범위한 요구에 응하기 위해 출현한 것이다. 단기 위기 상담을 받으러 오는 대부분의 사람들은 단지 몇 차례의 상담만 받을 뿐이다. 게다가 이제 다양한 긴급 상담전화가 지역사회에 있다. 그리고 고통을 겪는 사람들이 가장 먼저 접하게 되는 경우가 많은 경찰은, 종종 위기개입훈련을 흔히 받는다(Rath, 2008).

지역사회 기반 서비스의 효과성 좋은 의도에도 불구하고, 지역사회 기반 서비스는 종종 필요로 하는 것에 미치지 못한다. 일반적으로 부족한 재정지원과 이로 인한 불충분한 시설, 직원 그리고 지역사회의 요구를 다루기 위한 용의주도한 협동 프로그램의 부족 때문에 결함이 발생한다(Moritsugu et al., 2010). 이러한 불충분한 점 때문에, 환자의 지역사회 복귀가 늦다. 심지어 개인이 지역사회로 복귀를 할 때, 그곳에 머무르는 데 필요한 감독과 지원이 부족하다(NAMI, 2006). 대도시에서 그들 중 많은 사람들은 병원으로 복귀하기 전에 '노숙자'가 된다—이것이 우리가 갖고 있는 고정관념이다. 그 결과 많은 지역에서 정신병원에 입원하는 숫자는 감소하기보다 오히려 더 증가하고 있으며, '회전문'(입원을 반복하는) 증후군 혹은 **이전시설화(transinstitutionalization)**를 야기한다(Moritsugu, Duffy, & Wong). 회전문 증후군 그리고 감옥, 거리, 요양원 등에 있는 많은 정신질환 병력자의 존재는 비록 종합적인 지역사회 기반 보호가 좋은 아이디어라 해도, 원래 목적을 달성하지 못하고 있다는 점을 상기시켜 준다 (Swartz, 2010).

생물의학적 치료

다양한 형태의 대화치료와 반대로, **생물의학적 치료(biomedical therapies)**는 심리장애 증상을 다루는 데 있어 직접적인 생리적 개입에 의존하는 전략이다. 최근 많은 장애는 생화학적 이상과 관련이 있으며, 특히 높거나 낮은 수준의 **신경전달물질(neurotransmitter)**—뉴런 간 신경충동 전달을 하는 데 관여하는 화학적 물질(혹은 메신저)—과 관련이 있다. 결과적으로 정신약물은, 특히 치료의 필수적인 부분이 되고 있다. 정신분열증과 같은 심각한 장애를 가진 많은 사람들은 일차적으로 약물치료를 받게 된다. 경미한 장애를 가진 사람들도 약물치료를 받지만 종종 지금까지 논의되었던 다른 치료방법이 병행된다. 사실 생물의학적 치료와 병행하는 심리치료는 심리치료나 생물의학적 치료를 단독으로 치료하는 것보다 더 좋은 결과를 보여 주었다. 병행치료는 현재 정신과 치료의 가장 일반적인 형태이며 현재 광범위한 정신질환의 치료를 위한 표준으로 간주된다(Cuijpers, van Straten, Warmerdam, & Andersson, 2009). 생물의학적 치료의 세 가지 주요 종류는 정신약물치료, 전기충격치료 및 정신외과술이다. 각각을 살펴보자.

탐색 15.5 약물 부작용과 위험성

www.drugs.com 처방 약물과 비처방 약물의 부작용과 위험성에 관한 정보를 찾을 때,

이 사이트에 모든 것이 있다. 이것 역시 검색 가능하다.

정신약물치료 **정신약물치료(psychotropic medication)**—심리장애에 사용되는 약물치료—의 처방은 생물의학적 치료의 가장 널리 쓰이는 형태로 계속 사용되고 있다. 현재 미국 성인 중 20%가 적어도 한 가지 정신약물치료를 복용한다(Cassels, 2011). 세 가지의 주요 정신 약물 범주가 있는데, 항불안제, 항우울제, 항정신병 약물이다(NIMH, 2012). 각각은 다음에서 논의될 것이다. 하지만 먼저 글상자 15-5는 **공부 잘하는 약('study' drugs)**—공부하는 동안 집중력 향상을 위해 처방전 없이 시용되는 흥분제—이라 불리는 약물의 사용으로 인해 대학 캠퍼스 내에서 부각되는 문제에 관한 정보를 제시하고 있다.

항불안제(antianxiety drug)는 불안을 경감시키며 미국에서 가장 흔하게 처방되는 향정신성 약물이다. Xanax(alprazolam), Klonopin(clonazepam), 그리고 Ativan(lorazepam)은 다양한 불안장애를 치료하는 데 사용되는 일반적인 정신자극 약물이다. 이 약물이 아무리 유용하더라도 불안을 치료하지 못하며 졸음, 위통, 사고력 장애 그리고 우울 같은 부작용도 있다. 또 알코올이나 다른 중추신경 억제제와 섞어 복용했을 때, 위험하거나 심지어 치명적이 될 수 있다(Phillips et al., 2012). 마지막으로 항불안제 치료에 대한 가장 흔한 비판은 사람들이 행동적 혹은 사회적 방법에서 문제를 해결하는 것을 회피하도록 하는 신속한 증상 완화를 제공한다는 점이다.

항우울제(Antidepressant)는 어떤 신경전달물질—특히 노르에피네프린과 세로토닌의—수준을 증가시킴으로써 우울을 치료하고 기분을 고양시키는 데 사용되고 있다. Cymbalta(duloxetine), Paxil(paroxetine)과 Wellbutrin(bupropion) 등을 포함하는 시판되는 많은 항우울제가 있다. 이들 약물은 우울증의 여러 가지 전형적인 증상들, 즉 불면증이나 과도한 수면, 만성피로, 식욕저하, 슬픔, 무가치감 등을 완화하는 데 도움이 되지만 치료하지는 못한다. 모든 약물치료와 마찬가지로, 체중 증가, 불안, 불면증, 성욕 저하 등 우려되는 부작용이 있다. 이 약물의 중요한 결점은 복용하고 약 2~4주 동안에는 효과를 보지 못한다는 것이다. 이것은 심각한 우울증 환자가 증상 완화를 위해 기다리는 데는 긴 시간이 될 수 있다. 새롭고 더 빠르게 작용하는 항우울제가 나왔지만 효과적일지는 좀 더 두고 봐야 한다. 항우울제는 복용하는 사람들이 최근에 매우 극적으로 증가하고 있는 약물이다(Olfson, Marcus, Druss, & Pincus, 2002). 당신은 약을 복용하지 않거나 치료를 받지 않고 우울증을 개선할 수 있는지를 궁금해할 수 있다. 일부의 경우 당신이 글상자 15-6에서 보는 것처럼 대답은 "네."이다.

글상자 15-5 안녕감에 초점을 맞춰라: '공부 잘하는' 약

Andrea는 내일 중요한 시험이 있지만, 공부를 지속할 방법을 찾기가 어렵다. 그녀의 생각은 '전 애인', 시험 이후에 파티에 가는 것, 좋아하는 음악 모임, 또 다른 백만 가지의 작은 일들로 가득 차 있다. 그녀는 **주의력결핍 과잉행동장애(attention deficit hyperactivity disorder, ADHD)—과잉행동, 충동, 부주의의 패턴을 오랫동안 지속적으로 나타내는 특징을 가진 장애**—를 앓고 있고 증상을 완화를 위해 Adderall을 복용하고 있는 친구가 있다. 그녀는 스스로 '만약 adderall이 ADHD들에게 무언가를 할 수 있다면, 나에게도 무언가를 해 줄 거야!'라고 생각했다. Andrea처럼 대학생 6.4% 정도는 처방전 없이 Adderall을 복용한다는 것을 인정하고 있다(SAMHSA, 2009). 문제는 Adderall과 ADHD 증상을 다루는 다른 많은 약들(예: Ritalin, Concerta, Vyvance)이 암페타민에 기반을 두고 있다는 것이다. 그래서 그것들은 습관성이 되고, 심지어 한 알을 복용하더라도, 초조/불안, 적대감, 공격성뿐만 아니라 부정적이고 정신병적인 생각을 초래할 수 있다. Andrea의 경우에는 Adderall 복용이 공황장애를 야기하여 공부를 방해하였다. 그 결과 다음 날 그녀는 시험을 망쳐 버렸다. Adderall 사용의 또 다른 부작용은 불규칙한 심장박동, 간질발작 그리고 빠른 호흡을 유발한다. 기억하라. 당신은 절대로 Adderall을 복용하지 말고 어떤 다른 정신약물도 처방전 없이는 복용하지 말아야 한다는 것을 기억하라. 부수적으로, Adderall과 같은 약물은 규제약물로 간주된다. 이러한 약물을 판매하는 것(심지어 처방전이 있더라도)은 주 및 연방 법률에 따라 중범죄로 간주된다(Concha, 2011).

항정신병 약물(antipsychotic drug)은 이름에서 시사하는 바와 같이 정신분열증 같은 심각한 장애의 증상을 치료하는 데 사용되고 있다. 이들 약물은 일차적으로 극단적인 흥분, 과잉행동, 환각 그리고 망상과 같은 정신증 증상을 완화하는 것이다. 초창기에

글상자 15-6 안녕감에 초점을 맞춰라: 운동을 통한 우울증 경감시키기

10여 개의 연구들은 낮은 우울이 규칙적인 신체 운동과 연결되어 있음을 밝혔다. 운동이 우울에 어떻게 혹은 왜 효과가 있는지는 분명하지는 않다. 몇 가지 설명에서 신체와 뇌 화학적 변화에 초점을 두고 있는데, 운동하는동안 혈류 속에 엔도르핀 수준이 올라간다는 것이다. 또 다른 설명은 운동을 통해 얻게 되는 신체에 대한 숙달감이 자신의 삶의 또 다른 측면에 대한 높은 개인적 통제감에 기여하고, 따라서 우울증인 사람에서 종종 발견되는 수동성과 무기력을 경감시켜 준다고 제안한다. 더 심각한 유형의 우울이 유전적, 생리학적, 심리적 요인 등의 복합적인 상호작용에 기인하기 때문에, 운동이 우울에 대한 전반적인 치료의 한 특면으로 보는 것이 최선이다—간과되어서는 안 될 것이다(Sutherland, Sutherland, & Hoehns, 2003).

언급된 것처럼 항정신성 약물의 사용은 정신분열증 환자, 특히 만성적인 장애를 가진 사람들을 위한 일차적인 처치이다. 이 약물들은 도파민의 활성과 다른 신경전달물질의 활성을 차단하는 작용을 하는 것으로 생각하고 있으며, 그렇게 함으로써 환각, 망각 그리고 기이한 행동을 감소시키게 된다. 그러나 그 약물들은 정신분열증 환자에게서 나타나는 무감동, 사회적 철회 혹은 대인 간 어려움을 치료하지는 못한다. 그렇기 때문에 심리치료가 유용하다.

항정신병 약물은 또한 여러 가지 부작용을 가지고 있다. 평온해지도록 하는 데 있어서 그러한 것은 환자를 무감동상태로 만들 뿐만 아니라, 좀비 같은 상태가 되도록 한다. 또한, 소수의 환자들은 **지발성 안면마비(tardive dyskinesia)**로 발전되는데, 이것은 목과 얼굴 주변이 움직여지는 경련과 불수의적인 혀 내밀기의 특징이 있다. 오늘날 부작용이 적은 새로운 약물이 유용해지고 있다. 이것들은 **비정형 항정신성(atypical antipsychotics)**이라고 부르며 오래된 약보다 더 효과인 것으로 나타났다. 약물 사용을 둘러싼 단점과 비판점에도 불구하고, 오늘날 항정신성 약물은 미국에서 1950년대 50만 명 중에서 그 수의 1/3이 되는 사람을 보호시설로 보내 환자 수를 줄이는 데 가장 큰 단일 요인이 되고 있다. 정기적으로 약물처방을 받는 정신분열증 환자의 2/3 이상이 외래환자 상태로 유지될 수 있었다. 결과적으로, 그들과 함께 작업하는 대부분 전문가는 잠재적인 부작용을 극복하는 약물의 가치를 믿고 있다.

전기충격요법 **전기충격요법(Electroconvulsive therapy, ECT)**은 환자의 뇌에 경련을 일으키기 위해서 전류를 흘리는 것이다. 완전히 이해되지 않은 이유로 해서 ECT는 몇몇 환자에게서 심각한 우울증을 완화시키는 데 도움이 된다. 사람들은 종종 이것에 대해 부정적인 반응을 보여도, ECT는 과거보다 개선되었고 더욱 인도적인 방식으로 실시되고 있다(Rosedale, 2011). 약물치료 효과가 없는 아주 심한 우울한 사람에 대해 ECT는 여러 주에 걸쳐 간격을 두고 실시되는 보통 6~10회 정도의 치료를 포함한다. 대략 70~130V의 전류가 몇분의 1초 동안 관자놀이에 가해진다. 환자는 30분 이내 깨어나며 치료받은 것을 전혀 기억하지 못한다. 가장 흔한 부작용은 기억 감퇴인데, 특히 치료 선에 있었넌 사건들을 회상하지 못한다. ECT에 대한 논쟁에도 불구하고, 심각한 질환을 치료하는 데 있어 효과성은 APA와 다른 나라에 있는 유사 기관에 의해 유용한 것으로 인정되고 있다(NIHM, 2009a).

정신외과술 **정신외과술(psychosurgery)**은 이상행동을 조절하려는 시도로서, 뇌 조직을 파괴하거나 절단하려고 고안된 과감한 수술이다. 정신외과술은 이상행동을 줄이는 것이 목적이다. 초창기 전두엽 절단술에서는 외과의사가 정서조절중추를 담당하는 뇌와 전두엽 간에 연결된 신경을 절단하였다. 심각하게 장애를 갖고 있는 많은 환자들이 안정된다 해도, 다른 환자들은 수술 후 식물인간 상태로 된다. 그 결과 전문가는 항정신성 약물의 출현을 반겼고, 그것은 보다 안전하고 원래 상태로 되돌릴 수 있는 방식으로 유사한 결과를 만들어 내고 있다. 그 이후 새로운 수술 절차들이 확인되었다. 예를 들어, **심부 뇌자극(deep brain stimulation)**에서 **외과의는 활성될 때 주변 조직에 전기충동을 보이는 뇌의 심부에 전극을 삽입한다.** 지금까지 이 새로운 기술은 심한 강박장애와 어떤 다른 치료에도 반응하지 않는 우울증을 보이는, 자살 환자들을 치료하는데 성공적으로 사용되었다. 비록 새로운 기술이 유망한 결과를 보여 주고 있지만, 정신외과술은 여전히 최후의 치료이고, 드물게 사용되고 있다(Sachdev & Chen, 2009; Schlaepfer, Bewernick, Kayser, & Lenz, 2011).

치료는 얼마나 효과적인가?

학습목표

15.11 심리치료의 효과에 대해서 설명한다.

치료가 당신에게 도움이 되는지 궁금해한 적이 있는가? 아니, 심리치료가 전적으로 효과적인지 아닌지 의문을 가져 본 적이 있는가? 여러 해 동안 거의 어떤 누구도 그런 질문을 굳이 하려고 하지 않았다. 치료자와 내담자는 치료 효과에 대해 일종의 맹신을 갖고 있었다. 이런 주제에 대한 다양한 연구를 개관한 후에, Hans Eysenck(1966)는 치료를 받지 않는 내담자가 치료를 받는 내담자만큼 개선되었다는 결론을 내어 치료의 세계에 충격을 주었다. Eysenck의 주장은 뜨거운 논쟁이 되었고 다른 연구에 도전하는 것이 되었다. 시간이 지난 후 과학자들은 치료의 효과성에 대한 세 가지 중요한 질문을 하였다.

1. 치료를 받지 않는 것보다 치료를 받는 것이 더 나은가?
2. 다른 치료보다 더 효과적인 특별한 치료 유형이 있는가?
3. 특정 장애에 더 잘 맞는 특정 치료가 있는가?

제시된 순서에 따라 이들 질문들을 다루어 보겠다.

심리치료가 효과적인가? 폭넓게 시행되었던 초기 연구들은 치료가 긍정적 효과를 준다고 입증했다. 예를 들어, 심리치료 위원회로 발족한 APA는 연구를 기초로 치료 종결 때, 평균적 치료를 받은 환자는 치료받지 않은 환자 80% 보다 더 좋아진다는 연구가 있다고 주장하였다(Gabbard & Lazar, 2004). 또 다른 연구는 환자의 50%가 8회기 치료 후에 현저하게 개선된 반면에 심리치료를 받는 사람의 75%가 6개월 후에 개선되었다고 보여 주었다(American Psychological Association, 1998).

연구는 또 이론적인 근거가 무엇이든 간에, 효과적인 치료가 되도록 하는 요소가 무엇인가에 대한 어떤 아이디어를 제공하려고 시도하였다(Kolden et al., 2006). 여러 번에 걸쳐 발견된 한 가지 중요한 측면은 **치료 동맹(theraputic alliance)**으로 알려진, 즉 **내담자와 치료자 간, 적합성 정도나 질이다**(Meissner, 2008). 좋은 짝을 이루기 위한 한 가지 방법은 **내담자가 적극적인 정보의 소비자가 되는 것**으로, 즉 진단이나 기타 등등에 대한 설명을 듣기 위해서 내담자가 치료자의 자격에 대해 궁금한 것을 묻는 것이다. 치료를 하는 것은 치료자의 기술, 장애 그리고 치료 유형에 전적으로 달려 있는 것만은 아니다. 또한 내담자의 특질과 동기도 중요하다. 심리치료에서 가장 이익을 얻을 가능성이 있는 유형의 사람은 정확하게 표현하고, 동기화되고, 변화를 갈망하고, 치료에 개인적으로 몰입할 수 있고 그리고 행동에 대한 설명으로 심리학적 과정에 대한 믿음이 있는 사람이다(Nietzel, Bernstein, & Milich, 1991; Vogel, Wester, Wei, & Boysen, 2005). 다른 중요한 요소는 치료 횟수인데, 긴 치료가 양호한 결과를 가져온다(Seligman, 1995). 치료를 위해 요구되는 회기의 수에 대한 연구에서, 현재 20회기 혹은 그 이하의 회기가 효과적인 치료를 위한 규준으로 규정되고 있는데, 몇 연구자들은 심지어 단일 회기도 성장을 촉진할 수 있다고 주장한다(Miller, 2008). '숙제'를 내줌으로써 기술 구축과 문제해결에 초점을 두는 것과 반복된 평가가 또 효과적인 개입에 도움이 되는 것 같다(O'Donohuc, Buchanan & Fisher, 2000).

다른 치료보다 더 효과적인 심리치료 유형이 있는가? 다소 놀랍게도, 전반적인 효과 측면에서 대인 심리치료 유형 간에는 거의 차이가 없다(Wampold, Minami, Tierney, Baskin, & Bhati, 2005). 그러나 점점 더 많은 치료자들은 자신이 **절충적 접근법(eclectic approach)—다양한 형태의 치료에서 가져온 기법과 원리의 조합을 기반으로 하는 치료**—을 사용한다고 하는데, 그것은 단독으로 사용되는 단일 형태치료보다 더 효과적인 듯하다(Kensit, 2000).

특정한 장애를 치료하기 위한 더 좋거나 나쁜 치료 유형이 있는가? 비록 더 많은 연구가 이들 모든 문제에 대해 필요하다고 해도, 이 시점에서 세 번째 질문에 대한 답은 '그렇다'가 되는 것 같다. 다음은 **증거기반치료(evidence-based therapies)** 즉, **엄격한 연구방법을 통해 효과가 입증된 치료**이다. 인지치료는 우울과 불안을 성공적으로 치료할 수 있다. 행동치료는 공포증, OCD, 우울, 야뇨증, 그리고 발달장애를 가진 사람들의 행동을 수정하는 데 역할을 한다. 인지행동치료는 불안장애, 우울증, 신경성 식욕부진 그리고 약물남용장애에 상당히 효과적이다(Galanter & Kleber, 2008; Rachamn, 2008). 정신자극 약물은 정신분열장애를 치료하는 데 가장 효과적이다(Hollon, Thase, & Markowitz, 2002), 반면에 약물과 심리치료의 병행은 우울증 치료에 가장 효과적이다(Cuijpers et al., 2009). 연구를 통해 더 많은 대답이 가능함에 따라, 심리치료자는 특정한 문제에 대해 특수 치료법을 더 많이 제공하거나 단일 접근보다 더 효과적인 것 같은 상이한 접근들을 통합할 것이다(Antony & Barlow, 2010).

도움 구하기

학습목표

15.12 전문가의 도움이 필요하다고 생각될 때 물어볼 필요가 있는 중요한 질문을 열거한다.

심리치료에 대해 알고 있다는 것과 자신과 타인들을 위해 전문적 도움을 얻는 방법을 아는 것은 별개의 문제이다. 당신이나 당신이 아는 누군가가 전문가의 도움을 구해야 할 경우가 생기면, 다음과 같은 질문을 고려해 보아야 한다.

- 언제 전문가의 도움을 받으려고 하는가?
- 어디서 도움을 찾는가?
- 치료자를 통해 당신이 찾고자 하는 것은 무엇인가?
- 치료를 통해 기대할 수 있는 것은 무엇인가?
- 얼마나 오랫동안 치료를 받아야 하나?

언제 전문가의 도움을 받으려고 하는가?

당신이 예상하듯, 특정한 사람과 상황에 많은 영향을 받고 있기 때문에 이 문제에 대해 간단하게 답을 할 수가 없다. 그러나 단순한 규칙은 이것인데, 문제가 일과 개인 생활에 방해가 되기 시작할 때가 전문가의 도움을 구할 시기이다. 또 문제를 대처하는 현재의 방법이 더 이상 작용하지 못할 때—특히, 가족이나 친구들이 치료자로 도움을 주려 할 때 그리고 당신에게 마음을 열고 걱정을 할 때—그것은 도움이 필요하다는 또 다른 징후이다. 가장 중요한 것은 당신이 감정에 압도되고 절망적이며 무엇을 해야 할지 모를 때가 도움을 구해야 하는 최선의 시기이다.

어디서 도움을 찾는가?

도움은 폭넓은 다양한 장면에서 가용하지만, 대부분의 치료자는 종합 정신건강센터에서 치료를 하고 있다. 정신과 의사, 심리학자, 사회사업가, 그리고 상담자들에 의해 업무가 처리되는 이들 센터는 수입과 지불 능력에 좌우되는 적은 비용으로 응급치료를 포함한 다양한 모든 서비스를 제공해 준다.

이용할 수 있는 다양한 형태의 정신건강 전문가를 기술해 놓은 글상자 15-7을 참조하라.

사설상담소에서 치료를 해 주는 많은 치료자들은 집단이나 개인치료를 한다. 보통 그들 각자의 전문성에 따라 예를 들면, 정신과 의사, 심리학자, 사회복지사 혹은 가족치료자로 전화번호부에 등록되어 있다. 비록 몇몇은 비용이 비싸다 해도, 당신이 들고 있는 보험에 따라 상담료의 일부분을 돌려받을 수 있다. 주목할 것은 2008년의 MHPA(Mental Health Parity Act)는 대부분의 고용주가 제공하는 집단 건강보험은 다른 의료조건처럼 정신질환과 약물중독치료도 동일한 수준으로 보장해 주기를 요구한다는 것이다. 보험에 들지 않고 있다면, 일부 임상센터는 낮은 비용 혹은 무료 서비스를 제공해 준다.

여러 사설 사회적 서비스나 개인 서비스 기관은 단기상담을 해 주며 가족문제, 중독문제와 같은 곤란과 진로상담을 지원해 준다. 또 여러 사립 및 국립 병원은 심리적 문제를 위한 응급처치를 해 준다. 또 대부분 고등학교와 대학교 내에 상담센터가 있으며, 그런 센터에서는 학업 지도와 취업상담뿐 아니라 심리적 도움을 제공해 준다. 이 모든 것이 안 된다면, American Psychological Association Practice Directorate(800-374-2723)가 지역 내에서 찾아갈 수 있는 적절한 단체를 찾도록 도와줄 것이다.

글상자 15-7 건강관리에 초점을 맞춰라: 치료자는 어떤 사람인가?

전문가적 훈련을 위한 단일 경로가 있는 법이나 의료와는 달리, 심리치료자가 되기 위한 많은 경로가 있다. 심리치료 수련을 그런 식으로 규정하는 정부는 거의 없기 때문에, 누가 합법적으로 심리치료를 수행하는가에 대한 물음은 각 전문분야에서 주가 정한 법이나 전문가 위원회에 의해 통제를 받고 있다.

- **정신과 의사(psychiatrists)**는 정신질환의 치료를 전공한 의사이다. 보통 그들은 의학학위에 따라 임상장면에서 3~4년의 수련을 하며 약물이나 입원이 필요한 심리장애를 다룰 수 있다.
- **정신분석가(psychoanalysts)**는 정신과 의사나 성격이론과 분석에 근거를 둔 치료적 방

법으로 여러 해 동안 부수적인 수련을 받을 다른 정신건강 전문가로서 Freud, Jung, Adler, Sullivan 등이 있다.

- **심리학자(psychologist)는** 임상, 상담 혹은 학교심리학에서 하는 프로그램의 일부로서 심리평가와 치료법에 대해 임상훈련을 받는다. 철학박사, 교육학 박사 혹은 심리학 박사 학위를 가지고 있다.
- **정신과 혹은 임상 사회복지사(psychiatric or clinical social worker)는** 석사학위를 가지고 사회사업 현장에서 프로그램의 한 부분으로 감독하의 임상적 훈련을 받았고 몇몇은 박사학위를 갖고 있다. 그들은 지역사회 지향이 되고 비록 많은 사람이 개인적 개업을 하지만 임상 팀의 일부로 일을 하는 경향이 있다.
- **상담가(counselor)는** 성격이론과 상담기술을 수련받았으며 보통 석사학위를 가지고 있다. 그들의 상담 주안점은 결혼상담, 직업상담, 목회상담 혹은 일부 다른 유형을 상담을 하는지에 따라 각자의 전문협회를 반영하는 경향이 있다.
- **준전문가(paraprofessional)는** 2~4년제 학위를 가지고(혹은 종종 전혀 학위가 없는) 정신건강 현장에서 일을 한다. 가끔 준전문가 수준을 갖고 다양한 방법으로 도움의 과정을 보조하는 사람들이 지역 정신건강센터의 구성원의 반을 차지하기도 한다.

글상자 15-8 **건강관리에 초점을 맞춰라:** 컴퓨터와 치료

점점 수적으로 증가하고 있는 많은 심리치료자들이 온라인 상담을 제공하고 있는데, 사실 이 기술이 앞으로 10년 내 심리치료 제도의 중요한 부분이 될지 모른다. 지금 이러한 새로운 형태의 치료는, 즉 e-therapy, e-counseling, 사이버 상담, 전화상담, 원격치료 혹은 인터넷 기반 치료 등과 같이 어떻게 이름을 붙여야 할지 모를 정도로 많은 온라인 치료법이 있다. 많은 치료자들은 신용카드와 컴퓨터를 사용하는 수만 명의 미국인들에게 쉽게 접근할 수 있는 웹사이트를 개설해 놓고 있다.

사이버 치료자들은 인터넷을 사용하는 내담자들이 낙인을 회피할 수 있고, 시간이나 장소에 상관없이 치료를 받을 수 있으며, 자신의 속도에 맞게 진행할 수 있다고 주장한다. 그러나 다른 치료자들은 사이버 치료가 대면상담만큼 구체적인 탐색을 해 주지 못하고 있고, 윤리적 문제가 출현하고 있는데, 예를 들면 잘못된 사람이 치료자와 내담자 간의 전자메시지를 받으면 비밀이 누설될 수 있다고 경고를 한다. 비판자들은 또한 (1) 내담자와 치료자 간 지리적인 거리 때문에 내담자가 온라인상 치료자의 자격에 대해 모른다고 비평하기도 한다. 그리고, (2) 컴퓨터에 대한 지식이 없는 내담자가 사이버 치료에 대해 불편감을 느낀다고 주장한다(Fitzgerald, Hunter, Hadjistavropoulos, & Koocher, 2010). 하지만 많은 비관과 달리, 과학기술이 반드시 내담자와 치료자 간의 모든 중요한 치료적 동맹에 해를 끼칠 필요는 없다(Newman, 2004).

치료자를 통해 찾고자 하는 것은 무엇인가?

치료자를 선택하기 위해 고려해야 할 주요 사항에는 (1) 치료자가 전문적으로 수련을 받고 공인된 사람인지, (2) 당신이 그 사람에 대해 얼마나 편안하게 느끼는가 등이 있다. 보통 사람들은 자신을 전화번호부에서 정신과 의사, 심리학자, 혹은 사회복지사로 적절히 구성해야만 한다. 또 전문가들은 자신의 사무실의 눈에 잘 띄는 곳에 자격증과 다른 공인 자격증을 전시하도록 권장된다. 그러나 당신은 치료자와 말하는 것을 편안하게 느끼고 싶어 할 것이다. 치료자가 정말 당신의 말을 경청하는가? 자신을 낮춤이 없이 온정적이고 공감적인 사람인가? 당신의 독특한 관점을 이해하고 인정하고 있는가? 글상자 15-8은 살고 있는 지역이 아무리 멀더라도, 모든 사람들이 이용 가능할 수 있을 것 같은 급속히 성장하는 추세에 대해 기술하고 있다. 이런 추세는 컴퓨터와 인터넷을 매개로 하는 치료를 포함한다.

치료를 통해 기대할 수 있는 것은 무엇인가?

대부분 치료는 공통적인 이점, 즉 공감하고, 배려하고, 신뢰하는 관계, 사기가 저하된 사람을 위한 희망, 자신과 세상을 이해하는 새로운 방식 같은 것을 제공해 준다. 이것 외에도, 상당히 많은 것이 특별한 치료를 하는 데서 만들어지는 목표와 치료과정에 달려 있다. 비교적 단기치료를 받고자 하는 사람들은 개인이나 가족 위기에 대처하기 위한 필요한 기술뿐 아니라 자신의 문제에 대한 양호한 이해를 얻고자 한다. 비교적 장기치료—정신분석 치료와 같은 것—를 받는 사람들은 자신의 성격에서 더욱 근본적인 변화를 염원하며 더 장기적인 치료를 받을 것이다.

얼마나 오랫동안 치료를 받아야 하나?

과거에, 객관적인 지침이 부족하여 치료자와 내담자가 얼마나 오랫동안 치료를 지속해야 하는지를 아는 것이 힘들었다. 그러나 최근 단기 치료경향과 의료비용에 대한 관심의 증가 때문에 치료 횟수가 주요 문제가 되었다, 동시에 향상의 정도는 다른 유형의 내담자에서 상당히 다양하게 변동한다. 결과적으로, 적당한 치료 횟수는 보험회사로부터 어떤 간섭과 함께 내담자와 치료자에 의해 결정되는 경험적 문제가 되고 있다.

치료를 종결할 때를 결정하기 위한 실제적인 지침은 두 가지 핵심질문을 고려한다. 첫째, 당신을 치료받게 만든 위기 혹은 문제가 통제되고 있는가? 모든 어려움이 해결될 필요는 없지만, 그러나 당신은 자신의 삶을 잘 이해하고 통제할 수 있어서 자신의 어려움이 일이나 개인적 활동을 방해하지 말아야 한다. 둘째, 치료를 통해 얻어지는 이점을 계속 유지할 수 있는가? 치료를 종결하기를 결정하기 전에 치료자와 함께 이들 두 문제를 논의하는 것이 최선이다. 동시에, 모든 친밀한 관계에서처럼 치료에서 명심해야 할 것은 치료 중에는 만족스러운 경우뿐 아니라 불안정한 경우도 있을 것이라는 점이다.

요약

심리치료: 그것은 무엇인가? 누가 이용하는가?

15.1 심리치료를 정의한다.
심리치료는 숙련된 치료자가 내담자의 태도와 행동변화를 촉진할 수 있게 특정 활동을 수행하도록 돕는 과정이다.

15.2. 치료장면에서 문화의 역할을 설명한다.
치료자는 특히 문화적 배경이 다를 때, 내담자의 관점과 다른 방식으로 증상, 진단, 치료법을 판단하게 된다. 치료자는 다양한 문화의 내담자에 대해 민감하고 존중하면서 이해할 필요가 있다.

통찰치료- 대화치료

15.3. 통찰치료의 주요한 특징을 요약한다.
통찰지향 치료는 자기이해의 증가로 변화를 가져오는 것이다.

15.4. 현대 정신역동치료와 정신분석을 비교한다.
정신분석은 내담자의 무의식적인 성적, 공격적 욕구/갈등을 의식화시킴으로써 통찰을 얻게 한다. 정신역동치료는 내담자가 자신의 삶 속에서 무의식적인 힘을 통찰하고 자기숙달을 성취하는 것을 돕기 위해서 대인 관계에 더 초점을 맞춘다.

15.5. 인간중심 치료를 기술한다.
로저스의 인간중심 접근은 개인들이 자신 안에 자기이해와 성장을 위한 광대한 자원을 가지고 있다고 가정하며, 그것은 변화에 도움이 되는 배려와 공감의 관계 속에서 실현된다고 한다.

인지행동치료

15.6. 인지치료, 행동치료 그리고 인지행동치료를 비교한다.
인지치료는 문제행동에 기여하는 비합리적 사고와 믿음에 집중하는 경향이 있다. 행동치료자는 부적응적인 행동을 더 적합한 행동으로 대체하는 것을 목표로, 내담자의 문제행동에 직접적으로 초점을 맞춘다. 인지행동 기법은 잘못된 가정의 사고 패턴을 수정하는 목표를 갖고 그리고 문제행동의 수정을 돕기 위한 이완훈련 같은 확립된 행동절차에 의존한다.

15.7. 토큰 경제를 효과적으로 사용하는 방법을 설명한다.
토큰 경제에서 좋은 행동은 작은 토큰을 보상받고 나중에 더 큰 보상으로 바꿀 수 있게 한다. 그것의 효과적인 사용에 대한 핵심은 다음을 포함한다. (1) 화폐의 가치 정하기, (2) 규칙은 간단하게 유지하기, (3) 큰 상을 획득하는 데 필요한 토큰의 수 결정하기, (4) 사용에 일관성이 있기, (5) 가정에서는 어린이가 볼 수 있는 곳에 스티커판을 두고, 학교에서는 사적 관리하기, (6) 행동을 배운 후, 천천히 아이를 토큰 경제로부터 멀어지게 전환하기, (7) 토큰 경제가 부정확하게 중단되었을 때, 바람직하지 않은 행동으로 돌아간다는 것을 기억하기 등이다.

치료에 대한 다른 접근

15.8. 가족치료와 같은 다양한 유형의 여러 사람을 치료하는 방법을 안다.

가족과 부부치료 등을 포함하는 다양한 집단치료는 집단역동 또는 가족 구조의 함수로 다루고 구성원이 서로 만족스러운 해결책을 달성하도록 돕기 위해 집단과정을 이용한다.

15.9 종합적인 정신건강 관리를 위한 지역 서비스의 중요성을 논의한다.

정신건강 치료의 가장 극적인 변화 중 하나는 큰 기관에서 장기 체류로부터 지역 사회 기반 서비스를 이용하는 쪽으로 현저하게 이동되었다는 것이다. 하지만 후자가 주간 병동, 사회복귀시설 같은 다양한 서비스를 널리 포함하고 있다 해도, 외래환자를 위한 서비스는 가장 널리 이용되고 있다. 지역사회에 기반한 프로그램은 모두를 위해 정신건강 서비스의 가용성을 높이고 있다.

15.10 생물의학적 치료의 주요 범주에 대해서 기술한다.

생물의학적 치료는 약물치료, 전기충격치료와 정신외과술 등의 직접적인 신체 개입을 통해 심리적 문제의 증상을 치료한다.

치료는 얼마나 효과적인가?

15.11 심리치료의 효과에 대해서 설명한다.

연구 결과는 일반적으로 심리치료가 어떠한 치료를 받지 않은 것보다 효과적이며, 치료를 받은 내담자가 어떠한 치료를 받지 않은 내담자보다 더 낫다는 것을 보여 준다. 또 어떤 접근은 불안이나 경미한 우울증으로 고통받는 사람들에게 인지행동적 치료를 하는 것과 같이 특정 문제에 아주 적합한 것으로 여겨진다.

도움 구하기

15.12 전문가의 도움을 얻을 생각이 있을 때 물어볼 필요가 있는 중요한 질문을 열거한다.

전문가의 도움을 받으려는 사람은 다음과 같은 질문을 해 보는 것이 도움이 될 것인데, (1) 언제 전문가의 도움을 받아야 하는가? (2) 어디서 그러한 것을 찾을 수 있는가? (3) 치료자에게서 찾고자 하는 것은 무엇인가? (4) 치료를 통해 무엇을 기대할 수 있는가? 그리고 (5) 치료를 얼마나 오랫동안 받아야 하는가? 등이다.

스스로 해 보기

1. Jenny는 치료자로서 정신병리를 가진 사람을 정말로 치료하는 유일한 방법은 내담자의 자기이해를 증진시키는 것이라는 걸 느꼈다. Jenny의 믿음은 ______와(과) 일치한다.
   a. 정신분석　b. 체계적 둔감화
   c. 통찰치료　d. 정신외과술

2. 치료과정 동안 Bob은 치료자가 자신을 좋아하지 않는다고 느끼기 시작했으며, 자신이 생각하기에 치료자는 바보 같고, 많은 인생을 살지 않았다고 믿었다. 실제로 이 느낌은 Bob이 자신의 아버지에 대해 어떻게 느끼는지를 반영하고 있다. 그는 ______를(을) 경험했다
   a. 전이　b. 통찰　c. 역전이　d. 자유연상

3. Carl Rogers에 따르면 다음 중 성장을 위한 치료적 분위기를 설정하는 데 필요하지 않은 것은 무엇인가?
   a. 치료자는 반드시 '진실성'이 있어야 한다.
   b. 치료자는 반드시 수용과 배려의 분위기를 제공해야 한다.
   c. 치료자는 반드시 공감적인 이해를 북돋워야 한다.
   d. 치료자는 반드시 내담자의 비합리적인 사고와 감정에 도전해야 한다.

4. 둔감화 치료로 공포증을 치료하는 것은_____ 를(을) 포함한다.
   a. 내담자의 중독성 약물에 대한 모든 접근을 박탈한다.
   b. 불안을 일으키는 자극과 이완을 연결시킨다.
   c. 유해한 자극에 대한 긍정적 반응을 부정적 반응으로 교체한다.
   d. 원하지 않는 행동과 불쾌한 경험을 연결시킨다.

5. 우울증을 인지치료법으로 치료하는 치료자는 가장 __________을 할 것이다.
   a. 내담자의 비합리적인 사고를 변화시키도록 시도한다.
   b. 내담자가 자신의 독특한 매 순간의 느낌을 가치 있게 하는 것이 좋다.
   c. 치료자를 향한 내담자의 독특한 긍정적, 부정적 감정에 초점을 둔다.
   d. 휴식은 우울증에 대한 건강한 해독제임을 강조한다.

6. Alfred는 최근 학교에서 행동상의 문제가 있었다. 학교 상담사는 Alfred의 문제가 부모, 누이들과의 어려움에 그 원인이 있다고 믿었다. 치료자는 Alfred가 학교에서 개선되기 위해서는 부모와 누이들의 변화가 필요하다고 믿었다. 이런 정보를 기초로 해서, 학교 상담사는 Alfred에게 어떤 종류의 치료를 제안할 것인가?
   a. 인지치료 b. 생물의학적 치료
   c. 가족치료 d. 인간중심치료

7. Sara는 만발성 운동장애를 개선하기 위해서 여러 해 동안 항정신성 약물을 복용해 왔다. 우리는 Sara가______보게 된다.
   a. 혀를 내미는 것과 목을 흔드는 것
   b. 약물 내성이 생기는 것
   c. 사지 통제가 느슨해진 것
   d. 한곳에 머물러 있거나 잠들기 힘들어하는 것

8. Melissa는 예전 고등학교 교사가 자신을 죽이려고 한다는 환청과 잘못된 믿음을 가지고 있었다. Melissa의 증상을 경감시키기 위해서는_______ 약물이 가장 가능성이 있다.
   a. 항정신병 b. 항불안
   c. 항조증 d. 항정신분열

9. Tyrell는 심각한 우울에 시달리고 있었다. 몇 달간의 치료와 항우울제가 기분을 올리는 데 조금도 도움이 되지 않았다. 심지어 자살 생각을 하기 시작했다. 그래서 Tyrell은 전류를 뇌에 흘리는 치료를 받으려고 한다. 이 절차는________로 불린다.
   a. 정신외과술 b. 전전두엽 절제술
   c. 전기충격요법 d. SAT

10. 치료 유형을 찾을 수 있다는 희망에 인터넷을 검색할 때, 속임수와 검증되지 않은 치료법을 피하는 것이 중요하다. 대신 연구를 통해 입증된 치료법을 찾아야 한다. 그것은 __________ 로 알려져 있다
   a. 증거 기반 치료 b. 치료적 동맹치료
   c. 이전시설화 d. 일화적 치료

연습

1. **도움을 받는 것에 대해 어떻게 느끼는가?**
심리적 문제로 인해 도움을 받으려는 자신의 태도를 문장으로 기술해 보라. 심리적 도움이 개인적 약점의 증후라고 느끼는 정도는? 도움을 찾기 전에 문제는 얼마나 심각해야 하는가? 정직하게 답하라.

2. **도움받을 사람은 누구인가?**
심리적 도움이 바로 필요하다고 가정해 보라. 누구에게 받으러 갈 것인가? 그 사람 혹은 기관의 이름, 주소 그리고 전화번호를 써 보라. 당신이 그렇게 할 수 없다면, 심리 관련 단체나 지역 고용지원 프로그램으로부터 적절한 추천을 구할 수 있다. 당신은 이러한 사람이나 기관을 선택하는 이유에 대해 생각할 것이다.

3. **정신과 의사와 심리학자를 구분하기.**
사람들은 종종 이들 두 전문가를 혼동한다. 글상자 15-4를 다시 읽어 보라. 그리고 이 두 전문가 간의 차이를 문장으로 써 보거나 기술해 보라. 보통 정신과 의사에게는 어떤 서비스를 예약하는가? 무슨 문제나 어떤 심리장애가 심리학자에게 가장 잘 맞는가?

4. **치료에 대한 일인칭 설명.**
상담이나 치료를 받고 있다면, 당신의 경험을 1~2쪽으로 기술해 보라. 어떤 면에서 그것이 도움이 되는가? 그것에 대해 어떤 걱정을 해 본 적이 있는가? 당신의 경험을 근거로 하여, 치료를 고려하는 사람에게 어떤 제안을 할 수 있는가? 치료를 받아 본 적이 없다면, 상담을 받아 본 적이 있다고 상상해 보고 왜 치료가 이익이 되거나, 되지 않는다고 생각하는지를 써 보라.

5. **상호협조 집단.**
아마도 여러분은 Parents Without Partners(PWP) 혹은 Alcoholics Anonymous(AA)에 참여해 본 적이 있을지 모른다. 그런 적이 있다면, 그 경험을 1쪽 정도로 기술해 보라. 참여해 본 적이 없다면, 어떤 상호협조 집단에 참여하는 것이 흥미가 있는지 그렇다면 그 이유는 무엇인가? 그러한 집단의 목록을 얻기 위해 American Self-Helping Clearing House에 대한 웹사이트를 방문해 볼 수 있다(http://selfhelpgroups.org).

복습을 위한 물음

1. 친구가 좋은 약이 될 수 있다고 믿는가?
2. 당신이 자신이나 다른 사람을 위해 치료자를 찾고 있다면, 누구에게 충고를 구할 것인가?
3. 치료자에게서 찾고자 하는 개인적 자질과 전문적 자질은 무엇인가?
4. 자신의 불안이나 두려움을 줄이기 위해 둔감화를 사용하는 것을 고려해 본 적이 있는가?
5. 당신의 한계나 문제가 현재 혹은 과거의 가족 패턴과 관련될 것이라고 생각하는가?
6. 상호협조 집단 혹은 자조집단에 참가해 본 적이 있는가?
7. 사람들이 치료를 통해 충분히 이득을 얻기 위해서는 변화를 원해야만 한다는 것에 동의하는가?

8. 당신은 도움이 필요할 때 도움을 구하는 것이 성숙의 표시라고 생각하는가? 혹은 나약함의 표시라고 생각하는가?

9. 심리치료에서 많은 사람들이 증상 완화뿐 아니라 개인적 성장을 경험한다는 것을 알고 있는가? 치료는 어떻게 사람들을 성장하도록 도와주는가?

10. 도움을 받으러 갔다면, 어떤 종류의 치료(예: 인간중심치료)를 받을 것인가? 그렇다면 그 이유는?

제 16 장 죽음, 임종 그리고 비애

죽음과 임종

사망 위험

죽음에 대한 자각

죽음의 체험

삶과 죽음의 조망

죽을 권리

호스피스 간호

사별과 비애

애도 관습

비애작업

미해결된 비애

적절한 비애

요약

스스로 해 보기

연습

복습을 위한 물음

학습목표

이 장을 모두 학습한 후 다음을 할 수 있다.

16.1 죽음을 초래하는 원인들을 열거한다.

16.2 죽음 현저성과 죽음불안 간의 연결성을 설명한다.

16.3 사람들이 자신의 죽을 운명을 받아들이는 것을 어떻게 배우는지를 기술한다.

16.4 삶의 끝에서 나타나는 신체적 및 정신적 변화를 알아본다.

16.5 죽을 권리를 설명한다.

16.6 사전의료의향서의 가치를 논의한다.

16.7 안락사에 대한 찬반 이유를 비교한다.

16.8 호스피스 관리를 요약한다.

16.9 비애작업을 설명한다.

16.10 미해결된 비애 경험을 기술한다.

16.11 적절한 비애를 요약한다.

16.12 비애가 자신의 삶에 어떻게 새로운 의미를 주게 되는지 기술한다.

Joanna와 62년간 결혼생활을 한 Nathaniel은 재미를 추구하고, 열심히 일하고, 야외활동을 하는 사람이었다. 그러나 Nathaniel은 피부암이라는 진단을 받고, 무기력해져 있다가 결국 혼수상태에 빠지게 되었다. Nathaniel의 건강상태는 Joanna에게 마지막 유언을 남길 수 없을 정도로 급속도로 나빠졌다. 생의 마지막 날에, Nathaniel은 정맥주사로 진통제를 맞고 음식공급관으로 생명을 유지하였다. 그때 Joanna는 성인이 된 자녀들과 함께 음식공급관을 제거하기로 결정했다. 그들은 모두 Nathaniel이 이런 방법으로 생명을 유지하는 것을 원하지 않을 것을 알고 있었다. 그러고 나서 바로 Nathaniel은 사망했고, 그의 옆에는 가족들이 있었다. Joanna는 남편의 죽음에 슬퍼했기 때문에, 얼마나 많이 그를 그리워하는지를 친구들과 허심탄해하게 이야기를 했다. 그녀는 정기적으로 가족묘에 나무를 돌보아 주었다. 남편은 결코 혼자 있는 것을 좋아하지 않는다는 것을 알고, 종종 무덤에 가서 그와 계속 말하기도 한다. 그녀는 "걱정하지 말아요.", "나는 언젠가 당신과 함께 할 거예요."라고 말했다. 때때로 그녀는 남편의 무덤 옆에 세워진 자신의 이름이 이미 새겨진 비석을 보고 미소 지었다.

죽음과 임종

학습목표

16.1 죽음을 초래하는 원인들을 열거한다.

16.2 죽음 현저성과 죽음불안 간의 연결성을 설명한다.

16.3 사람들이 자신의 죽을 운명을 받아들이는 것을 어떻게 배우는지를 기술한다.

16.4 삶의 끝에서 나타나는 신체적 및 정신적 변화를 알아본다.

어떤 사람들은 Joanna처럼, 죽음과 임종에 대해 열린 마음과 사실적 태도를 가진다. 다른 사람들은 불가피한 것에 대해 생각하기를 회피하기 위해 부인에 의존한다. 실제로, 죽음에 대한 부인은 아마도 효율적으로 기능하는 데 필요하고 정상적인 것이다. 죽음이라는 것, 특히 우리 자신이 죽을 수 있다는 것은 직접적으로 직면하기에는 가혹한 현실이다. 죽음에 대한 부인은 자신의 죽음의 위협에 대한 불안과 낙담을 관리할 수 있는 낮은 수준으로 유지하는 데 도움이 된다. 부인은 또 더 이상 즐거움과 슬픔을 그들과 나눌 수 없고 그들이 없는 미래를 인정해야 한다는 점에서 사랑했던 사람과 이별하는 것과 연관된 고통을 피하는 데 도움을 줄 수 있다. 사후세계를 믿는 사람에게는 죽음은 단지 다음 단계로 계속되는 여행이다. 그러나 그런 것을 확신하지 않는 사람에게서는 죽음이 가장 불쾌한 사고가 될 수 있고, 적어도 짧은 기간 동안만이라도 회피할 가치가 있는 생각이다.

그럼에도 불구하고 죽음에 대해 과도하거나 부적절한 부인은 역효과를 일으키는 경향이 있다. 일례로 '나에게 일어날 수 없는 일이야.'라고 지속적으로 스스로를 안심시키는 혹은 '나는 죽음에 대해 생각하고 싶지 않아.'라고 주장하는 사람들은 담배를 계속 피고, 술을 마시고, 인스턴트 음식을 먹고, 불필요한 위험을 감수하기를 계속하는데, 이러한 모든 것들이 일찍 죽을 가능성을 높인다. 일부 사람에게는 죽음에 대한 부인은 너무 강해서, 나이 든 사람, 환자 그리고 자신의 죽음을 상기시키는 어떤 사람 혹은 상황을 피하게 만든다(Routledge & Juhl, 2010; Sherman, Norman, & McSherry, 2010). 미치 당신이 영원히 살 수 있는 것처럼 행동하는 것은 실제로 중요한 것을 하는 척 연기하도록 만들고, 종국에는 개인적 성장을 방해할 수 있으며 결국 더 피상적인 삶을 살게 된다는 것을 기억하라.

우리는 일상적인 죽음의 위협, 죽음불안, 그리고 임종 경험과 같은 죽음의 현실들을 고려함으로써 이 장을 시작할 것이다. 중간 부분에서 사전의료의향서와 호스피스 관리와 같은 죽음과 연관된 윤리적 및 실질적인 문제를 검토해 볼 것이다. 그런 다음 마지막

글상자 16-1 다음과 같은 것을 알고 있는가?

- 미국의 연간 사망률이 약 8%이다.
- 장례식의 평균 비용은 7,000달러이다.
- 미국에서 화장하는 비율은 37%이며, 캐나다에서는 거의 68%에 이른다.
- 장례식장은 매년 120억 달러를 벌어들인다.
- 장례지도과 학생의 거의 60%가 여자이다.

출처: "Trends and Statistics", from the National Funeral Director Association website, 2012에 근거

부분에서 애도과정과 개인적 상실과 연관된 정서를 극복하는 것의 중요성을 기술할 것이다.

사망 위험

당신이 짐작하듯이, 사망 위험이 다양한 요인에 의해 사람마다 매우 다르다. 이 책의 다른 부분에서 언급되는 것처럼, 건강습관과 생활양식이 특히 중요하다. 예를 들어 하루에 담배를 한 갑이나 그 이상 피우는 사람은 담배를 피우지 않는 사람보다 6~9년 빨리 사망할 것으로 예상된다(Prescott et al., 1998). 성격과 스트레스 관리 또한 중요한데, 왜냐하면 긴장을 하거나 적개심이 있거나 쉽게 화를 내는 사람들은 이완되고 태평스럽게 사는 사람보다 더 빨리 죽는 경향이 있기 때문이다(Cohen & Pressman, 2006; White, 2008). 유전 또한 기대수명에 영향을 준다. 장수하는 부모와 조부모를 둔 사람들은 비교적 젊어서 사망한 가까운 친척을 둔 사람들보다 더 오래 사는 경향이 있다(Matteini et al., 2010). 그러나 당신의 친척이 장수하지 않더라도, 숙명론자가 될 필요는 없다. 대신에 더욱 건강한 식습관과 운동습관을 갖도록 더 많은 노력을 하면 된다. 표 16-1은 미국에서 주요한 사망 원인에 대한 목록들이다. 처음 몇 가지 원인들은 흡연과 같은 건강하지 못한 생활양식과 관련된 것임을 주목하라.

죽음에 대한 자각

"당신은 얼마나 자주 자신의 죽음에 대해 생각하는가?"라는 질문을 받았다고 가정해 보자, "가끔"이라고 대답한다면, 당신은 많은 동료를 갖고 있는 것이다. 약 75%의 사람

표 16-1 미국에서의 주요 사망 원인

원인	사망자 수
심장질환	616,067
암	562,875
뇌졸중	135,952
만성 호흡기 질환	127,924
사고	123,706
알츠하이머 질환	74,632
당뇨병	71,382
폐렴/유행성 감기	52,717
신장병	46,448

출처: "Mortality Data," from Centers for Disease Control website, 2012에 근거

들은 이런 문제를 매순간 생각하고, 25%는 자주 그렇게 생각한다고 보고한다. 이처럼 부인하려는 시도에도 불구하고, 우리들 각자는 **자신의 죽음의 불가피성에 대한 자각**, 즉 **죽음의 현저성(mortality salience)**을 갖고 있다(Vicary, 2011). 기대대로 우리 주변에 일어나는 사건 때문에, 죽음에 대한 개인적 자각에 매일 변동하고 있다. 가족이나 친구의 죽음뿐 아니라, 국가적 및 국제적 참사, 사건 및 살인 등이 우리 자신의 죽음의 현저성을 증가시킬 수 있다(Boulahanis & Heltsley, 2004). 죽음의 불가피성을 알고 있는 것과 죽음이 의미하고 있는 것을 이해하는 것은 별개의 문제다. 아이들은 몇 살에 죽음의 개념을 정말 이해하는가? 글상자 16-2는 이러한 문제를 소개하고 있다.

죽음불안 사람들은 죽음에 대해 단순히 생각하지만 때때로 죽음을 두려워하기도 하는데 이것은 **죽음불안(death anxiety)**이라고 불리는 현상이다. 죽음불안이 어떤 나이에도 일어날 수 있지만 일반적으로 20대의 사람들이 가장 두려워한다(Harrawood, White, & Benshoff, 2009). 아마도 이것은 청년들이 그들 앞에 전 인생이 놓여 있고 그리고 이 연령대 집단에게서 죽음의 원인—사고, 살인 및 자살—이 죽음의 잔혹성과 비참함을 강조하고 있기 때문에 나타난다. 죽음의 현저성과 유사하게, 엄청난 재난, 테러 공격 그리고 주변 사람들의 죽음은 모든 사람에게 죽음불안을 증가시킬 수 있다(Bartalos, 2009; Halpern-Felshner & Millstein, 2002). 성인기 후기에 있는

글상자 16-2 **심리학에 초점을 맞춰라:** 아동의 죽음에 대한 이해

사랑하는 사람의 죽음은 특히 그러한 사람이 부모라면, 아이들이 겪는 가장 큰 고통스러운 경험이고, 그들의 삶은 파괴적이고 회복 불가능한 변화를 겪을 뿐만 아니라 깊은 고통과 혼란이 초래된다. 그러나 아동기 때 어떤 상실의 영향이 죽음의 개념에 대한 이해 정도에 따라 부분적으로 영향을 받는다는 것을 깨닫는 것이 중요하다. 어른들에게 있어, **죽음**에 대한 상식적인 정의는 **호흡, 심장박동, 그리고 뇌 전기적 활동의 정지로 측정되는 생명 중지**이다. 아이들에게 있어 죽음은 연령에 따라 다른 사실을 의미한다. 여기에 발달과정에 따라 다양한 연령에서 기대하는 것이 무엇인지 설명해 놓았다.

- **3세 이하 아동** 3세 이하 아동은 죽음의 개념을 이해하기 위한 인지적 성숙을 갖고 있지 않다. 그러나 아주 어린아이들은 사랑했던 사람의 부재를 알아채고 그들을 몹시 그리워할 수 있다.
- **3~5세 사이 아동** 유치원 다니는 동안, 아동은 죽음의 생물학적 토대를 이해하지 못한다. 그래서 그들은 죽음이 일시적이고, 되돌릴 수 있고 그리고 변경된 상태의 삶으로 나타난다고 믿는데, 즉 죽은 사람도 꿈을 꾸고, 듣고 볼 수 있을 뿐만 아니라 여전히 음식, 물, 산소를 필요로 한다고 믿는다. 어린아이들은 천국을 다시 돌아올 수 있는 곳으로 생각하고 있으며, 사랑하는 사람이 그렇게 하지 못하면 혼란스러워진다. 또한 죽음의 개념을 아동에게 말할 때 주의를 하라. '영원한 휴식'과 '평화로운 휴식'과 같은 용어는 잠자는 것에 대한 두려움을 초래할 수 있다. 더우기, 사랑하는 사람이 '떠났다'는 말을 하는 것은 사랑하는 사람에게 버려졌다고 느끼게 하거나 그들이 되돌아올 희망을 가지게 한다.
- **6~10세 사이의 아동** 5~10세 사이에는 죽음에 대한 아동의 지식이 복합적으로 증가한다. 다음에 아동이 나이가 들면 이해하게 되는 다섯 가지 죽음의 요소가 있다. 초등학교 시기 동안, 이런 개념이 다음의 순서대로 학습된다고 여겨진다.

  1. **죽음은 피할 수 없다** – 생명 있는 모든 창조물은 어떤 시기가 되면 죽는다.
  2. **죽음은 모든 사람에게 일어난다** – 예외가 없으며, 모든 생명 있는 것은 결국 죽을 것이다.
  3. **죽음은 되돌릴 수 없다** – 죽은 사람은 죽은 채로 있다: 그들은 다시 살아날 수 없다.
  4. **죽음은 신체적인 과정이 멈추는 것이다.** – 사후에, 신체적인 과정이 더 이상 기능하지 않는다.
  5. **죽음은 생물학적이다** – 죽음은 신체의 생리학적 기능의 파괴에 의해 초래된다.

청소년기

10대들은 죽음을 쉽게 이해할 수 있으므로, 삶의 의미에 대한 관심을 불러일으키기 위해 죽음을 이용한다.

출처: "Death Understanding and Fear of Death in Young Children" by Virginia Slaughter and Maya Griffiths, from *Clinical Child Psychology and Psychiatry*, October 2007, Volume 12(4)의 근거

사람들은 일반적으로 죽음에 대해 더 자주 생각하고 더 터놓고 이야기하기도 한다. 그럼에도 불구하고, 성인기 후기에 있는 사람들은 보통 다른 연령대 집단보다 죽음에 대해 덜 두려워한다. 사실 나이 든 많은 사람들은 죽는 과정, 즉 죽음 자체보다 그것이 가져다주는 존엄성의 결여를 더 두려워한다(Chochinov et al., 2002).

특히 삶이 의미 있는 것으로 가득하다고 믿거나 혹은 감사하는 태도를 가지고 삶의 사건을 음미하는 사람들은 죽음불안을 덜 보인다(Lau & Cheng, 2011; Routledge & Juhl, 2010). 그리고 어떤 사후세계에 대한 믿음을 포함하는 깊은 종교적인 신념을 가진 사람들도 일반적으로 죽음에 대한 두려움이 적다(Krause, 2005). 자신의 죽음불안에 대한 수준을 자각하기 위해, 활동 16-1에 있는 죽음불안 척도를 완성해 볼 수 있다. 점수를 알고 난 후에, 적어도 자신의 죽음불안 수준이 어떻게 삶에 영향을 주는지를 심사숙고해 보라.

활동 16-1

죽음불안 수준은 어느 정도인가?

지시문: 아래의 각각의 문항에 대해 자신이 동의하는 정도에 해당되는 숫자에 O표 하라.

1. 나는 이 장에서 죽음과 애도 부분을 읽었을 때, 불편하다.
   전혀 동의하지 않는다 1 2 3 4 5 6 7 매우 동의한다
2. 나는 자신의 장례식을 계획하는 생각에 의해 고통을 받지 않는다.
   전혀 동의하지 않는다 1 2 3 4 5 6 7 매우 동의한다
3. 나는 누군가 시한부 병에 걸린 것을 알았을 때, 병문안하는 것이 어렵다.
   전혀 동의하지 않는다 1 2 3 4 5 6 7 매우 동의한다
4. 나는 돈을 모은다면, 미리 나를 위한 장지를 사둘 것이다.
   전혀 동의하지 않는다 1 2 3 4 5 6 7 매우 동의한다
5. 나는 장례식 혹은 다른 죽음과 관련된 예식에 참여하는 것을 좋아하지 않는다.
   전혀 동의하지 않는다 1 2 3 4 5 6 7 매우 동의한다
6. 내 자신의 죽음에 대한 생각이 나를 괴롭히지는 않는다.
   전혀 동의하지 않는다 1 2 3 4 5 6 7 매우 동의한다
7. 나는 다른 모험적인 사람들이 하는 것처럼 신체적 위협이 되는 것을 하지 않으려고 조심한다.
   전혀 동의하지 않는다 1 2 3 4 5 6 7 매우 동의한다

8. 묘지와 장례식 광경이 나를 성가시게 하지 않는다.
   전혀 동의하지 않는다 1 2 3 4 5 6 7 매우 동의한다
9. 나는 사후세계가 없을까봐 매우 걱정한다.
   전혀 동의하지 않는다 1 2 3 4 5 6 7 매우 동의한다
10. 나는 최근 사망한 친구나 가족을 위한 추모모임에 참여하려고 노력한다.
   전혀 동의하지 않는다 1 2 3 4 5 6 7 매우 동의한다

채점: 짝수 문항은 동의하지 않는 것이 더 높은 죽음불안을 나타내므로 역산 채점이 필요하다. 짝수 문항은 1은 7로, 2는 6 등등으로 계산된다.

홀수 문항의 총점:________
짝수 문항의(역산점수) 총점:________
전체 총점: __________

해석: 높은 점수가 당신이 잘못되었거나 엄청난 죽음불안으로 고통받고 있다는 것을 반드시 의미하지는 않는다. 낮은 점수가 당신이 죽음에 대한 생각을 잘 관리하고 있다는 것을 의미하지도 않는다. 대신에 이 척도는 죽음과 관련된 불안에 대해 생각해 보도록 설계되었다. 이 척도는 이 책을 위해 개발되었으며 과학적 타당성 갖고 있지 않다는 것을 기억하라.

70~55 = 당신은 높은 죽음불안을 가지고 있다.
54~40 = 당신은 보통 수준의 죽음불안을 가지고 있다.
39~25 = 당신은 죽음의 주제에 대해 편해하지도 불편해하지도 않는다
4~10 = 당신은 죽음의 주제에 대해 단지 조금의 고통을 받을 것이다.
9점 이하 = 당신은 죽음을 생각하는 데 평온하며, 혹은 다른 한편으로 관심이 없다.

죽음의 체험

죽음은 인생에서 마지막 여행이며 사람들은 독특한 방법으로 죽음에 접근하고 있다. 그래서 **죽음의 체험(experience of dying)**—죽음이 다가올 때 개인이 경험하는 신체적 및 심리적 변화—을 하는 중에는 아무것도 고정된 것은 없다. 그럼에도 불구하고 많은 사람들이 공유하는 몇 가지 공통적인 경험이 있는데, 즉 (1) 죽음의 불가피성의 수용, (2) 삶의 끝에서 나타나는 신체적 및 인지적 변화이다. 죽음의 체험은 글상자 16-3에서 논의되는 근사체험(near-death experience, NDE)과 매우 다르다는 것을 주목하라.

탐색 16.1 근사체험

www. near-death.com 근사체험과 사후세계에 대한 많은 정보가 있는 사이트

죽음을 받아들이는 것을 배우기 죽음은 피할 수 없다 해도, 우리가 가까운 미래에 죽을 것이라는 것을 배우는 것은 중요한 적응을 요구하면서 우리의 체계에 충격을 줄 수 있다. 자신의 죽음을 받아들이는 과정에서 Elisabeth Kübler-Ross(1993)는 사람이 여러 단계를 거친다고 지적하였다.

1. 첫 번째 단계는 **죽음에 대한 부인단계(denial of death)**로, 사람들이 '아니야, 나는 아니야, 이것은 나에게 일어날 수 없는 일이야.'라고 느끼는 단계이다. 부인은 죽음과 관련된 심도 있는 정서로부터 그들을 보호해 주고 충격적인 사실에 대처할 시간을 주기도 한다(Zimmerman, 2004). 그 후에 사람들은 죽음에 대해 이제 기꺼이 말할 수 있다는 조그만 신호를 보여 주는 경향이 있다.
2. 두 번째 단계에서 부인은 결국 분노와 **원망(resentment)**—특히 건강한 사람에 대한—의 정서로 대체된다. 사람들은 "왜 나야?"라고 묻는다. 건강함으로 즐기고 있는 다른 사람들의 광경에 시기, 질투 및 분노의 감정을 일으킨다. 죽어 가는 사람은 종종 가까운 사람들에 대해 감정을 끄집어내는데, 왜냐하면 이러한 사람들이 생명과 건강을 상징하기 때문이다. 결과적으로, 가까이 있는 사람들은 이들의 말을 사적으로 듣지 말고 감정을 표현하도록 돕는 것이 중요하다.
3. 세 번째 단계는 생명을 더 오래 연장하도록 돕는 다른 것(예: 신)과 협상하려는 시도를 하게 되는, **시간흥정(bargin for time)**을 시도하는 특징을 보인다. 이 단계에 있는 사람들은 종종 "내가 죽어 가고 있는 것은 알지만…."이라고 말한다. 그러고 나서 기적적인 생각이나 협상에 몰두하는데, '내가 의사나 가족에게 협조하면, 아마도 하느님은 딸이 대학갈 때까지 아니면 아들이 결혼할 때까지는 더 살게 해 줄 거야.'라고 생각한다.
4. 사람들이 '그러나' 하면서 '그래 나는 죽어.'라고 인정할 때 네 번째 단계인 **우울(depression)**—강렬하고 종종 비현실적인 슬픔의 특징을 보이는—에 들어가게 된다. 어떤 점에서 이것은 자신의 생명을 잃어가는 위협에 대한 자연적인 반응이며 죽어 가는 사람들이 고통스러워하고 슬픔을 표현하도록 하는 것은 매우 중요하다. 가장 나쁜 것 중의 하나는 친구가 이러한 감정을 부인하고 '힘내'라고 말하는 것이다. 그래서 누구라도 죽음에 대한 자신의 감정을 수용하는 것을 배움으로써

글상자 16-3 심리학에 초점을 맞춰라: 근사체험

『Heaven if for real』(Burpo & Vincent, 2010)이란 책에 4세 된 Colton Burpo라는 아이의 이야기가 나오는데 그 아이는 마취상태에 있는 동안(응급수술 동안) 천국에 가서 하느님을 만났고 자신이 태어나기 전 30세에 사망한 할아버지와 같이 몇몇 고인이 된 친척을 만났다고 주장했다. 그 책은 미국인들의 심금을 울렸으며, 수백만 부가 판매되어 「뉴욕타임스」의 베스트셀러 목록에 올랐다. 10~18%에 달하는 심장마비 생존자들처럼(van Lommel, van Wees, Meyers, & Elfferich, 2001), Colton은 **근사체험(near-death experience, NDE)—죽음의 언저리에서 살아 돌아오는 것과 관련된 사건에 대한 기억**—을 거쳤다.

성별, 나이 그리고 문화와 상관없이, 많은 NDE는 놀라운 유사성을 보여 주고 있다. 처음에는 자신의 신체가 분리되는 경험을 하고 어두운 터널을 통해 빨려 들어가는 경험을 한다. 그다음에 자신이 다른 '영적인 몸'이 되는 것을 발견하게 되는데, 신체적 장벽이 없어지고 한 장소에서 다른 장소로 거의 순간적으로 이동한다. 이런 상태에 있는 동안에, 아주 오래전 사별한 친구나 사랑한 사람과 재회를 한다. 가장 믿기 어려운 것 중의 하나는 따뜻하고 사랑스러운 '빛의 존재'로 지각되는 불빛의 출현인데, 그것은 비판단적 방법으로 삶의 전반을 검토하게 한다. 마지막으로 사람들은 어두운 터널을 통과하여 되돌아오고 자신의 몸으로 빠르게 재진입하는 것을 겪은 것을 보고하였다. 그러나 몇몇 사람들은 NDE가 악몽과 유사거나 악마적인 창조물로 채워진 것으로 경험하기 때문에 모든 사람들에게 NDE가 기분 좋은 것은 아니라는 것은 주목할 만하다. 다른 부정적인 NDE는 빈 공간에 완전히 혼자 남겨지는 경험을 하고 유체이탈 체험을 하는 동안 통제불능감을 느낀다(Greyson & Bush, 1996).

NDE를 경험한 많은 사람들이 영적인 만남으로 여기는 것을 좋아한다 해도, 연구자들은 생리적 사건, 환상, 지각의 변화가 신경계나 마취상태에서 만들어진 것이라 주장함으로써 신비체험을 반박하고 있다. 비판자들은 NDE에 대한 연구가 연구할 문제로 가득하다고 지적한다(예: 죽어 가는 사람이 NDE에 대해 알게 될 때, 그것들을 더 잘 보고한다; Agrillo, 2011). Elisabeth Kübler-Ross(1993)는 근사현상이 죽음 경험을 포함하여, 신체적 수준(의식 상실), 정신적 수준(유체이탈에 대한 자각), 그리고 영적 수준(비판단적 빛의 번쩍임 혹은 신의 영역)을 포함하는 통합적인 부분이라고 믿고 있다. 원인과 관계없이, 대부분 사람들에게서 NDE는 태도 면에서 심오한 변화를 가져다준다. 죽음에 대해 덜 두려워할 뿐만 아니라 자신의 삶을 사랑하고 가치 있게 하는 데 더 관심을 갖는다. 또한 타인에게 더 관심을 가지고 물질적인 소유에 관심을 덜 가지는 것뿐만 아니라 영성도 증가된다. 나이, 인종, 성 그리고 교육 수준과 상관없이, NDE는 개인적으로 변화를 일으키는 것으로 보인다(Agrillo, 2011).

죽어 가는 사람이 죽음에 너무 집착하지 않고 죽음을 받아들이도록 돕는 것이 중요하다.

5. 마지막 단계는 죽음에 대한 **수용(acceptance)** 단계로, 죽어 가는 모든 사람이 이 단계에 도달하는 것은 아니다. 이때쯤이 되면, **죽음을 맞이하는 대부분 사람들은 죽음을 꽤 많이 수용하게 되고 타인으로부터 자유로워진다.** 그들은 점점 더 적은 문병객을 원하고, 때때로 그들과 상호작용하기를 어려워하다. 그럼에도 불구하고, 삶의 끝에서는 대부분 사람들이 혼자 죽고 싶어 하지 않는다. 비록 대부분의 사람들이 집에서 죽고 싶어 하지만(Administration on Aging, 2012), 병원에서 더 많이 죽는 것 같다. 사실 임종하는 데 있어서의 많은 고통이 심적 고뇌로부터 나오는데, 특히 사랑한 사람과의 이별에 대한 두려움이다.

Elisabeth Kübler-Ross(1975)는 죽음의 체험이 고정되거나 필연적인 과정은 아니라고 지적하였으며, 많은 사람이 이 단계를 따르지는 않는다고 처음 지적하였다(Wright, 2002). 몇몇의 경우에서 분노가 전체적으로 지배적인 기분이 되는 반면에 어떤 사람은 죽을 때까지 우울해하기도 한다. 그리고 그러한 과정 동안 언제라도 죽어 가는 사람은 옛날 기억을 다시 회상하고, 삶을 어떻게 살았는지 평가하며, 후회가 되는 것들을 정리한다. 결국 사람들은 문화적 배경과 궁극적으로 자신의 생명을 뺏어 가는 질환의 과정뿐만 아니라, 인생 경험, 나이, 성격 개인차와 같은 다양한 요소로 인해 독특한 방식으로 죽어 가는 과정을 경험한다(Quigley & Schatz, 1999).

삶의 끝에서의 신체적 및 정신적 변화 다음의 내용은 시한부 환자의 삶의 마지막 3개월 동안 전형적으로 일어나는 신체적 및 정신적 변화를 기술해 놓은 것이다.

죽기 한 달에서 석 달 전 사이에 신체는 서서히 느려지기 시작하고 음식섭취를 통한 에너지를 덜 요구하게 된다. 결과적으로 식욕과 갈증이 감소되고, 몸무게도 그에 상응하게 감소한다. 어떤 경우에 신체화학적 변화는 희열감을 유발한다. 죽어 가는 사람들은 또한 잠을 많이 자는 경향이 있으며, 깨어 있을 때 드물게 한때 즐겨했던 활동을 하기도 한다.

죽기 1~2주 전에, 죽어 가는 사람은 거의 잠자는 것으로 시간을 보낸다. 그리고 혼수상태에서 깨어날 때, 망상(예: 편집증), 환상(예: 있지도 않은 사람을 보거나 목소리를 듣는 것) 그리고 흥분상태가 자주 발생한다. 말을 적게 하고 종국에는 전혀 하지 않는다. 또한 손을 휘젓는 것과 같은 목적 없는 신체 움직임과 활동이 나타난다. 뿐만 아니라 생리적으로 상당히 많은 변화가 일어나는데, 즉 (1) 체온 저하, (2) 혈압 저하, (3) 불규칙한 심장박동 상태, (4) 발한의 증가, (5) 혈액순환이 잘 안 된 결과로 인한 피부의 변화, (6) 충혈이 발생하여, 꼬르륵거리는 기침, (7) 더 빠르고 힘든 호흡상태 등이다.

생의 마지막 며칠 몇 시간 동안, 위에 언급된 신체적 변화가 더 심하게 나타난다. 호흡은 더 불규칙하게 되고 동시에 임종하는 사람은 빠른 호흡 뒤에 전혀 호흡하지 않는 (45초 이상) 주기가 따르는 특징을 보이는 '체인-스토크스(Cheyn-Stokes)'호흡을 한다. 충혈은 계속 증가된다. 손과 발을 만져 보면 차갑고 얼룩이 지고 자줏빛을 띤다. 입술과 손가락 밑의 피부색도 바뀐다. 변을 적게 보고 방광 기능이 멈추게 된다. 보통 환경에 대한 반응이 없어진다(심지어 그들의 눈이 부분적으로만 뜨고 있는 상태라도). 그러나 청각은 보통 마지막까지 존재하는 감각이므로 간병인이 사랑하는 사람에게 말을 하도록 격려한다. 결국 호흡은 멈추고 심장도 멈추고, 뇌는 더 이상 기능하지 않게 되고, 죽음이 발생한 것이다(HospiceFoundation.org, 2012).

삶과 죽음의 조망

학습목표

16.5 죽을 권리를 설명한다.

16.6 사전의료의향서의 가치를 논의한다.

16.7 안락사에 대한 찬반 이유를 비교한다.

16.8 호스피스 관리를 요약한다.

1955년에 미국의 평균 기대수명은 48세였고, 1995년에는 65세였으며 지금은 78세이다(Kleespies, 2004; The wold Bank, 2012). 평균 기대수명의 증가로 인해, 많은 사람들이 암, 심장질환과 뇌졸중 같은 만성질환의 고통을 받을 가능성이 높아졌다. 사실 미국인 사망의 10명 중 7명은 만성적 질환으로 인한 것이다(Kung, Hoyert, Xu, & Murphy, 2008). 만성질환으로 고통받는 사람에게는 죽음이 서서히 다가오고, 종종 급성질환의 치료와 생명연장에 좀 더 관심을 갖는 병원에서 죽음을 맞이한다. 의료와 과학기술의 진보가 죽음을 지연시킬 수 있음에도 불구하고, 삶의 질을 반드시 보증해 주지는 못한다. 마찬가지로, 생명연장 기계의 적절한 사용과 존엄하게 죽음을 맞이할 권리와 관련된 윤리적 문제가 부각되고 있다(Haddad, 2003). 그러한 문제를 연구하는 것은 더 좋은 관점에서 삶과 죽음을 보는 것을 돕는다.

죽을 권리

가끔 시한부 환자의 삶의 질 문제는 의사결정을 하는 가족과 치료를 주관하는 의사 모두에게 치료 선택과 관련된 윤리적 딜레마를 초래할 수 있다. 예를 들어, 회복될 수 없는 혼수상태에 있는 환자의 가족들이 종종 사랑하는 사람에 대해 충실하려는 마음, 종교적 신념, 영원히 식물인간 상태에 있는 환자를 지원하는 것에 대한 정서적 및 경제적 현실 간에 갈팡질팡하고 있다(Doka, 2005). 의사들은 또 생명 유지의 의무, 고통을 해소하는 의무 그리고 다르게 행동했을 때의 법적 결과 간의 갈등에 직면하게 된다(Jauhar, 2003). 미국의사협회의 윤리 및 법 문제위원회(2010)는 그런 상황에 처한 의사를 위한 몇몇 지침을 제공해 주고 있다. 구체적으로, 치료 중단을 결정한 환자에게 의사가 연명 기계를 유지할 것인지 철회할 것인지에 대한 적합성과 윤리성을 고려해 놓고 있다. 환자가 무능력(혼수상태에 있는 경우)하여 삶을 그만두고 싶다는 것을 표현할 수 없을 때, 의사는 의사결정 대리인, 즉 가족 중에 지명된 사람의 결정을 존중하라는 말을 듣는다. 바꿔 말하면, 의사는 환자의 죽을 권리를 존중하라는 말을 듣는다. 죽을 권리(right to die)는 치료 선택과 그 결과를 이해할 수 있는 유능한 사람이 죽음을 연장하는 치료를 거부하는 것과 같이 자신의 운명을 결정할 수 있는 권리를 가진다는 법적 및 윤리적 관점이다.

사전의료의향서 죽을 권리에 대한 폭넓은 사회적인 지지는 사전의료의향서의 사용 증가를 가져왔다. **사전의료의향서(advanced directive)는 의사결정을 더 이상 할 수 없는 상황보다 먼저 환자에게 건강관리 선호를 표현하도록 하는 것이다. 사전의료의향서의 가장 포괄적인 유형은 유언(living will)인데, 의사에게 말기 상황에서 생명 유지 절차를 멈추거나 막는 것에 대해 알리는 것이다.** 유언(또한 건강관리 대리인)은 음식과 물의 공급뿐 아니라 뇌, 간, 신장, 심장, 그리고 폐기능을 포함하는 광범위한 건강관리를 포괄한다. 또 다른 사전의료의향서는 훨씬 제한된 입장을 표현하는 것으로 **연명치료중지(do not resuscitate, DNR)** 지시로서, **환자가 심장정지나 호흡정지를 나타낼 때 의사가 인공호흡기나 심폐소생술을 사용하는 것을 금지한다.** 그러나 DNR 절차는 생명연장을 위해 할 수 있는 다른 의학적 처치 사용을 금지하지는 않는다.

건강관리 전문가는 임종과정에서 마음의 평화를 얻도록 촉진하고, 간병인은 환자의 소원을 존중하고, 모든 걱정하고 있는 것에 대해 잘 소통하도록 자극하기 때문에 사전의료의향서의 사용을 지지하고 있다(Thompson, Barbour, & Schwartz, 2003). 최근, 미국 성인의 15% 정도가 사전의료의향서를 갖고 있다(Sabatino, 2007). 더 많은 사람들이 그렇게 하도록 장려하기 위해, 모든 국립병원(연방정부자금에 의한 병원), 요양원 그리고 호스피스들은 유언장을 만들 권리를 입원하는 환자에게 말한다. 결국 이러한 요건은 노쇠한 고령자들에게 사전의료의향서를 만드는 결과를 낳았다. 최근의 조사에 따르면, 요양원에 입원해 있는 환자 65% 정도, 호스피스의 관리를 받고 있는 88% 사람들이 사전의료의향서를 갖고 있다. 그리고 사람들이 나이가 더 많이 들수록, 사전의료의향서를 가질 가능성이 높아지고 있다(Jones, Moss, & Harris-Kojetin, 2011). 분명히 사전의료의향서를 갖기로 한 결정에 가장 강력하게 영향을 미치는 것은 가까운 미래의 임종 가능성이다. 그러나 스스로에게 질문해 보라. 그것을 해야만 하는가?

탐색 16.2 유언

www.mayoclinic.com/health/living-will/HA00014 유언과 관련된 문제에 대한 많은 정보가 있는 사이트

안락사 위에서 언급된 사망 판단은 (예: 몇 주 혹은 며칠 내에 일어나는) 식물인간 상태에 있는 환자와 곧 사망하려고 하는 시한부 질병을 앓고 있는 사람에게 적용될 수 있다. 이런 유형의 생의 마감 결정은 고통을 경감시키기 위해 그리고 환자의 편안을 증가시키기 위해 고안되었다. 그러나 무엇보다도 논란이 되는 것은 만성질환자, 매우 고통스러운 통증을 호소하는 사람, 혹은 죽음이 임박하지 않은 시한부 환자의 삶을 마감하게 하는 전향적 조치이다. 이런 조치를 **안락사(physician-assisted suicide)**라 부르는데, **의사가 삶을 마감하는 데 필요한 물리적인 방법 혹은 정보를 제공함으로써 환자의 죽음을 도와주는 것으로 정의**되고 있다. 예를 들어 의사들은 환자가 자살을 하고 싶어 한다는 것을 알고, 진통제 처방전과 치사량에 대한 정보를 제공해 준다.

이런 정서적 및 논쟁적인 문제 양 측면에 대한 많은 논쟁들이 있다. 안락사에 대해 찬성하는 사람들은 환자들이 품위 있게 죽음을 맞이하도록 허용하고, 견디기 어려운 아픔과 고통을 없애 줌으로써 죽음의 경험을 개선하고, 가족들에게 마지막 인사를 하도록 허락하고, 그리고 환자들이 자신의 운명을 결정하도록 허용할 것을 주장하고 있다(Smith, Goy, Harvath, & Ganzini, 2011). 안락사를 반대하는 사람들은 자신의 입장을 정당화하기 위해 다양한 이유를 제시하고 있는데, 즉 안락사는 비도덕적이라는 점, 종교적인 교리에 어긋난다는 점(예: 그것은 죄악이다), 종종 시한부 환자가 회복되기도 한다는 점, 의학적 치료의 발전으로 아픔과 고통을 줄일 수 있어서, 자살 욕구를 부정하게 하는 점, 그리고 마지막으로 자살하는 사람들이 정신적 기능이 낮아져, 삶과 죽음을 결정할 수 없다는 점들을 제시하고 있다(Chadwick, Have, & Meslin,

2011). 더구나 미국의학협회는 안락사를 비윤리적인 것으로 보고 있는데, 그 이유는 치유자로서 의사의 역할과 맞지 않기 때문이라는 것이다(American Medical Association, 2010).

1994년 이래로 120번 이상이나 안락사를 합법화하기 위해 25개 주의 입법부에서 노력했음에도 불구하고, 최근에 오레곤, 워싱턴, 그리고 몬타나 3개 주에서만 합법화되었다(PatientRightCouncil.org, 2012). 알다시피, 안락사에 대한 대중적인 논쟁은 요원하다. 결국, 모든 사람들(그들의 입장과 상관없이)은 자신들이 받는 관리의 질뿐만 아니라 임종을 위한 삶의 마지막 경험을 개선하고 싶어 한다. 시한부 질환을 위한 호스피스 운동은 품위 있는 죽음을 위해 필요한 인도적이고 지지적인 지역사회에 대한 거대한 발걸음으로 대표되고 있다.

탐색 16.3 호스피스 관리

www.hospice-america.org 호스피스 관리를 위해 소비자에게 안내해 주는 사이트

호스피스 간호

'호스피스'라는 용어는 생명이 마지막에 다다른 사람들을 간호하기 위한 장소나 방법을 말한다. 특히 **호스피스(hospice)는 환자가 품위 있는 죽음을 맞이할 수 있도록 가족과 가정에서 시한부 생명 환자를 위한 물리적인 설비를 통합해 주는 간호체계**이다. 초기에 언급되었을 때는, 말기로 고통받는 대부분의 사람들이 병원에서 경험하는 치료 비인간적 분위기 그리고 고립감이다. 이와 반대로, 호스피스는 죽는 동안 단순히 존재하는 것이 아니라 살아가도록 도와주는 공동체이다. 통증 통제와 음식 제공 같은 실제적인 문제들을 돕는 것에 더하여, 호스피스를 하는 사람은 가족들에게 정서적인 지지와 안내를 제공한다. 전반적인 목적은 죽음에 임박한 환자에게 존엄한 죽음을 맞이하도록 인도적이고 지지적인 공동체를 제공해 주는 것이다(Hospice Foundation of America, 2003).

환자와 가족들에게 유익하기는 해도, 호스피스 기간이 너무 짧다. 환자와 가족에게 적절한 신체적 및 심리적 지지를 제공하기에 필요한 기간은 3개월이다(Shockett, Teno, Miller, & Stuart, 2005). 그러나 표 16-2를 읽어 보면, 전형적인 기간이 너무 짧다. 그 한 가지 이유는 정확한 사망시간이 말기 질병에서 분명히 예측할 수 없기

표 16-2 미국의 호스피스 간호

• 호스피스 프로그램 수	5,000개
• 호스피스 받는 환자 수	1,600,000명
• 재가 호스피스를 받는 환자	비율 68%
• 호스피스 관리를 위한 주된 필요성	말기 암
• 호스피스 관리를 받는 평균 기간	69일

출처: Data from *NHPO Fact and Figure: Care in American*, 2011 Edition. National Hospice and Palliative Care organizaton, 2012

때문이다. 또 환자와 가족이 그 병이 말기라는 것을 충분히 수용하지 못하기 때문에 의사가 조기에 호스피스에게 위탁하는 것을 싫어한다. 표 16-2는 미국에서 호스피스 간호에 대한 흥미로운 통계치를 제시하고 있다.

영국에서 시작된 호스피스 운동은 미국과 캐나다를 포함하여 다른 나라까지 확산되고 있다. 노령인구의 증가와 입원비용의 증가가 엄청나서 호스피스 운동이 앞으로 몇 년 내 확산될 것 같다. 건강관리 전문가, 가족, 친구 그리고 지역사회의 자원봉사자들이 죽어 가는 사람에게 많은 간호를 해 준다. 글상자 16-4는 이들을 간호해 주는 사람들이 경험하는 많은 스트레스 그리고 간병인들 스스로 자신을 돌보아야 할 필요성을 논의해 놓고 있다.

간병인의 수 6,500만 이상의 미국 가구가 누군가 스스로를 돌볼 수 없는 사람들을 갖고 있다고 보고하고 있다. 자원봉사자가 없다면 병약한 사람을 위한 건강관리를 하는 데 연간 비용이 3,750억 달러 정도 들어간다. 간병인들은 흔히 가족 구성원—전형적으

글상자 16-4 건강관리에 초점을 맞춰라: 간병인

나이 든 미국인, 말기질환으로 죽어 가는 사람, 장애인 그리고 다른 사람들은 종종 전문가와 비전문 간병인의 도움을 필요로 한다. 어떤 수혜자는 영구적인 간호를 필요로 하고 다른 수혜자들은 회복기 동안 도움을 필요로 한다. 친구와 가족, 보통 일차적 간병인이다. 그들은 가정 건강 조력자처럼 전문적 간병인이 아니지만, 종종 동일한 임무를 수행하도록 기대된다. 의존적인 개인들은 쇼핑하기, 목욕하기 혹은 요리하기 등과 같은 것을 할 수 없고, 간병인에 의존한다. 간병인은 자가용 운전자 역할을 하고, 보험양식을 작성하고, 약물을 투여하고, 재정관리를 돌보고, 신체적 혹은 정서적 치료자로서의 역할을 한다.

로 여자나 성인이 된 딸—이 하게 된다. 또 이웃, 친구 혹은 지역의 다른 구성원들이 간병인이 되기도 한다. 전반적으로 미국에서는 유료 혹은 전문 간병인보다 무료 간병인이 더 많다. 주당 평균 20시간 간병하는 데 더하여, 간병인의 60%가 고용되어 있다. 그러나 흔히 보수를 받는 직업은 사랑하는 사람을 간병하는 데 드는 재정적 비용을 감당하기에 충분한 수입이 되지 못하고 있다. 사실 간병인의 거의 47%가 가족 구성원을 돌보는 데 자신의 노후대비 저축을 거의 사용하고 있다. 장기적인 간병에 따른 경제적, 정서적 그리고 심리적 스트레스가 엄청나기 때문에, 오랜 기간 동안 간병을 한 사람들은 높은 수준의 스트레스, 우울, 나쁜 식습관, 적개심들을 보고하고 있다. 어떤 연구에서는 비간병인보다 간병인에게서 심장질환이 더 만연되어 있다는 것을 발견하였다(*Health & Medicine Week*, 2003; National Family Caregivers Association, 2012).

간병인을 돌보기 가슴 아프지만 위의 통계에서 볼 수 있듯이, 간병인은 적어도 많은 책임감에서 벗어나, 자주 스스로를 돌볼 필요가 있다. 더구나 대부분의 간병인은 다양한 의료적 절차를 훈련받는 것뿐만 아니라, 정서적 및 사회적 지지로부터 이익을 얻을 수 있다. 간병인을 지원하기 위한 지역지지 모임이 전국에서 생겨나고 있다. 이 집단은 조언, 지지 그리고 임시간호를 해 주는데, 그런 점에서 다른 구성원들이 일주일에 몇 시간 동안 그들의 의무를 떠맡는다(Savard, Leduc, Lebel, Beland, & Bergman, 2006). 간병인이라면 혹은 간병인이 되고 싶다면, 국가 가족간병인 협회(www.thefamilycaregiver.org)에 가입할 수 있다. 또 AIDS 환자, 알츠하이머 환자, 신체장애자, 노인, 그리고 다른 특별한 지원이 요구되는 사람들을 돌봐 주기 위해 전문적 국가적 집단도 있다. 이 기관들의 대부분은 쉽게 접근할 수 있도록 웹사이트를 운영하고 있다. 어쨌든, 당신이 간병인이 된다면 자신을 돌보는 것을 잊지 않도록 하라.

탐색 16.4 간병인을 지원하기

www.familycaregiving101.org/index.cfm 가족 간병인을 지원하기 위한 전용 사이트

사별과 비애

학습목표

16.9 비애작업을 설명한다.

16.10 미해결된 비애 경험을 기술한다.

16.11 적절한 비애를 요약한다.

16.12 비애가 자신의 삶에 어떻게 새로운 의미를 주게 되는지 기술한다.

죽음으로 인해 사랑하는 사람이나 친구를 상실하는 것은 자신의 일부를 상실하게 되는 것이다. 그것은 사별, 비애, 애도라는 세 가지 관련 개념으로 구성된 정서적으로 고통스러운 경험이다. **사별(bereavement)**은 친구나 사랑하는 사람의 죽음에 따른 상실의 경험에 적응하는 과정이다. **비애(grief)**는 상실 경험을 동반한 강한 정서적 고통을 말하고, **애도(mourning)**는 사별과 비애의 외현적인 표현을 말한다.

애도 관습

죽음이 보편적인 통과의례 중의 하나이기 때문에, 대부분의 사회는 비통함에 대한 표현을 촉진하기 위한 애도 관습이 있다. 과거에 미국에서는 사별한 아내는 검은색 드레스를 입고 사별한 남편은 검은색 완장을 착용한다. 그런 의상은 사별한 사람의 측면에서 애통함을 보여 주고, 자신의 상실에 대해 말할 그리고 필요한 위로를 받을 기회를 준다. 오늘날 이러한 많은 관습은 바뀌거나(검은 리본을 다는 것) 혹은 새로운 관습으로 대체되고 있다(예: 고인의 초상화를 전시하는 것). 대부분의 사회에서 죽은 사람과 이별하는 절차는 인종, 문화적 규범, 종교적 계율에 따라 다른 유형의 **장례식(funeral)—죽은 사람의 매장이나 화장과 관련된 의식과 절차**—을 인정하고 있다. 예를 들어, 화장은 중국과 인도에서 시체 처리방법으로 선호된 방법이다. 멕시코와 미국인의 장례식에는 친척들이 무덤을 덮기 전에 관 위에 한 줌의 흙을 던진다. 그리고 현대 장례식은, 가족과 친구들이 즐겁게 모여서 죽은 사람을 기념한다. 문화, 종교 혹은 인종과 상관없이, 그런 의식은 살아 있는 사람이 질서를 유지하고 어떤 형태의 종결을 경험하도록 할 수 있다(Funeralwise.com, 2012). 표 16-3은 종교에 따른 장례식 관습에 대한 개요를 나타내고 있다.

비애작업

비애작업(grief work)은 상실과 연관된 감정을 다루는 건강한 작업과정이며, 고인으로부터 정서적으로 자유로워지는, 고인없이 삶에 재적응하고, 일상적인 활동을 회복하고, 그리고 새로운 관계를 형성하는 것이다. 비애과정은 죽음의 경험과 유사하며 죽

표 16-3 장례식 관습

종교	방부 처리	허용 화장	허용 전통적인 기도문	관 개방	직장으로 복귀	애도 주기
침례교회	허용	허용	제임스 왕 성경	흔함	7일	60일
불교	허용	허용	경전	항상	구체적 시간 없음	90일
가톨릭	허용	허용	신판 미국 표준 성경	상황에 따라 다름	7일	7일
성공회	허용	허용	보통 기도문	드물게	7일	상황에 따라 다름
힌두교	허용	허용	산스크리트 축복기도문	예	10~30일	10~30일
이슬람교	불허용	불허용	코란	아니요	3일	40일
유대교	불허용	불허용	일용기도서	아니요	7일	365일
감리교	허용	허용	수정판 성경	흔함	상황에 따라 다름	상황에 따라 다름

출처: "Funeral Customs", from Funeralwise website에 근거, 2012

음과 여러 가지 동일한 단계를 포함하고 있다(Maciejewski, Zhang, Block, & Prigerson, 2007). 비애작업은 시간이 필요하며(그것을 '작업'이라고 부르는 것처럼), 일부의 경우에 완전히 완료되지 않는다(Boerner, Wortman, & Bonanno, 2005). 어떻게 슬픔을 겪는지에는 커다란 개인차가 있음에도 불구하고, 여기에는 전형적인 경험을 기술할 것이다.

탐색 16.5 애도

journeyofhearts.org/index.html 애도와 극복하는 법에 대한 정보를 제공하는 사이트

사람들은 처음에 특히 뜻밖의 죽음을 맞이할 때 충격과 불신감으로 어떤 사람의 죽음에 반응한다(Houck, 2007). 말기질환의 사례에서처럼 죽음이 예견될 때, 첫 반응은 차분해지고 안도감을 동반하며, 그다음에 사랑한 사람을 보내는 것에 대한 '안도감'을 느낀 결과로 인해 죄책감으로 바뀔 수 있다. 다른 경우에, 사람들은 죽었는데 자신은 여전히 살아가고 있다는 것 때문에 생존자 죄책감을 느낀다. 스트레스에 관한 장에서 언급했듯이(13장), 생존자 죄책감은 전형적으로 다수의 죽음(예: 전쟁, 자동차 사고 등)을 유발하는 외상 후 사건 뒤에 경험한다. 그러나 그것은 다른 사람들은 뇌종양과 같이 죽을 병으로부터 자신이 회복된 후에 나타날 수도 있다. 살아난 사람은 살아 있을 가치가 없다고 느끼며, 다른 사람들은 죽었는데 자신은 생존한 이유를 의문시하고 심지어

학교에서 치명적인 슈팅을 당하고 자신의 깊은 슬픔에도 불구하고, Amish는 장례식에 참석하여 슈터를 용서함으로써 세계를 깜짝 놀라게 했다.

죽은 사람을 이상화하기도 한다. 생존자 죄책감이 비애과정의 한 부분이며 이러한 사실을 인정하는 것이 치유를 증진할 수 있다는 것을 기억하는 것이 중요하다(Matsakis, 1999).

초기단계에서 비애의 정서적 강도는 우는 것, 우울한 감정, 식욕저하, 그리고 직장이나 가정에서 집중의 어려움처럼 위장된 신체 증상으로 나타난다. 또 다른 비애의 흔한 증상은 타인과의 상호작용 감소이다(Monk, Houck, & Shear, 2006). 비애와 관련된 부정적 정서와 신체 증상을 피하기 위해, 몇몇 사람들은 사별한 후 수면제, 신경안정제 그리고 술에 의지하는데, 너무 많이 혹은 자주 의지하면 건강에 위험을 초래할 수 있다. 비애가 질병이 아니라 해도, 건강문제의 증가와 비애자의 사망 가능성 증가를 초래할 수 있다(Stroebe, Schut, & Storebe, 2007). 그러나 성별 차이가 있는데, 남자가 여자보다 더 빨리 사망한다. 더구나 55~65세 사이에 아내를 사별한 남자들은 같은 나이의 기혼남자들보다 60%나 더 높은 비율로 사망한다. 가장 그럴듯한 설명은 삶의 질이 여자보다 남자에게서 더 심하게 변화한다는 것이다. 아마도 그들은 정서적 및 일상의 욕구를 위해 아내에게 더 높게 의존하기 때문인 것 같다. 여성들은 또한 자신의 비애에 대처하기 위해 더 좋은 지지체계(가족과 친구)를 가지고 있는 경향이 있다.

비애의 마지막 단계에서, 우리는 보통 상실을 인정하고(수용) 일상활동을 회복한다. 이 단계는 초기 상실이 발생한 후 몇 개월 후 혹은 1년 이상 어느 때든 나타날 수 있으며, 그것은 그들의 죽음을 둘러싼 사람과 환경에 대해 우리가 얼마나 가까웠는가에 달려 있기도 하다. 1년 정도는 비애작업을 위해 요구되는 정상적인 시간의 길이이며, 가장 강렬하고 부정적 정서는 6개월이 되면 절정에 이른다(Lindstrom, 1995). 많은 경우, 정상적인 비애는 긴 시간 동안 나타날 수 있으며, 사랑했던 사람의 생일, 결혼기념일, 기일과 같이 중요한 날에 더 강해진다(Davis, 2001). 우울증과 다른 정서적 반응은 일반적으로 첫해를 지나면 감소된다(Grad & Zavasnik, 1999). 그 후로 우리는 줄곧 즐거운 기억과 함께 고인을 회상하는 경향이 있다. 어떤 면에서 우리는 부모, 아이 혹은 배우자와 같은 사랑하는 사람의 죽음을 결코 완전히 극복할 수는 없다. 그러나 비애작업을 충분히 할수록 정상적인 생활로 복귀할 가능성이 높아질 것이다.

미해결된 비애

미해결된 비애(unresolved grief)는 상실에 대한 정서적 반응이 억압된 채로 남아 있는 심리적 상태이며, 종종 설명할 수 없는 신체적 혹은 심리적 증상을 나타낸다. 그것을 **복합적 비애(complicated grief)**라고도 부르듯이, 이 장기적이고 장애가 되는 비애는 설명하기 어려운 신체적 불편함에서부터 불안과 우울과 같은 심리적 증상까지 다양한 형태를 취하고 있다(Boelen & van den Bout, 2007). 어떤 경우에, 심리적 반응은 명백히 상실과 관련되어 있다. 예를 들면, 어떤 사람은 자신의 비애를 회피하고 미해결된 비애 때문에 고인의 집, 고인이 입원했던 병원이나 방에 혼자 들어갈 수가 없다. 또 다른 경우 미해결된 비애는 설명할 수 없는 분노 폭발같이 더욱 위장된다(Bonanno, Papa, Lalande, Zhang, & Noll, 2005).

반면에 어떤 사람은 반대 행동을 한다. 그들은 사랑한 사람이나 그의 죽음을 거의 생각하지 않는 대신에, 자신이 경험한 비애와 상실에 대해서는 너무 많이 생각한다. 사랑하는 사람의 죽음에 대한 반추나 집착은 안녕감에 도움이 되지 않을 수 있다(Michael & Snyder, 2005). 비록 그러한 경우가 드물게 일어나더라도, 죽음에 대한 반추나 세세한 것을 계속 재언급하는 사람은(특히, 그들이 적은 사회적 지지와 많은 다른 스트레스원을 가지고 있을 때) 반추하지 않는 사람보다 우울과 비관을 더 많이 경험한다(Nolen-Hoeksema, Parker, & Larson, 1994). 사별과 관련된 전문가들은 이런 유형의 장기적이고 복잡한 비애는 안녕감에 문제가 되며 따라서 전문가의 특별한 관심을 필요로 한다고 제안하고 있다(Boelen, de Keijser, van den Hout, & van den Bout, 2007; Bonanno & Kaltman,2001).

적절한 비애

비애와 개인적 성장 이제까지 우리는 아무리 고통스럽더라도, 너무 빨리 극복하거나 너무 많이 반추하는 것보다는 사별의 경험을 충분히 처리하는 것이 더 낫다는 것을 살펴보았다. 그러나 비애의 몇 가지 긍정적인 측면이 있다. 비애는 사랑하는 사람과 친구의 결점에도 불구하고 그들에 대해 더욱 감사함을 가지도록 도와준다. 비애는 생존해 있는 사람들과의 관계를 더 가치 있게 여기도록 도와준다. 요컨대 **적절한 비애(good grief)**는 사별 경험을 통해 배우고 성장한다는 것을 의미한다. 그다음에 사별은 개인적 성장에 잠재적으로 기여한다. 사별에 대한 성장-지향적 이론은 비애가 자신의 오직 한 부분, 즉 정서적 자기를 대표한다는 것을 주장하고 있다(Rothaupt & Becker, 2007). 따라서 비애는 애도만을 포함하는 것이 아니라, 유족을 위한 예상된 변화와 죽은 사람에 대해 반영하는 것을 포함하고 있다. 이 모형에서 유족들은 고인이 가고 없다는 현실을 받아들이며, 상실의 정서적 고통을 표현하며, 사랑하는 사람이 없는 세상을 대처하기

고인의 묘지를 방문하고 무덤을 돌보는 것은 비애에 대처하는 방법이다.

위한 새로운 전략을 세우며, 삶, 죽음, 사랑 및 자애에 관한 새로운 신념과 태도를 계발한다.

비애에 대한 긍정적 표현 사별의 경험이 좀 더 효과적이 되도록 하기 위한 몇 가지 방법이 있는데, 즉 겉으로 말하고, 느끼고 그리고 행동하는 것들이다. 처음 몇 주 동안은 사랑한 사람의 죽음에 대해 말하기 어렵다 해도, 말로 표현하게 되면 분명히 많은 도움이 된다. 친구는 사별한 사람이 문상객을 거절하기보다 오히려 감정을 표현하게 하여 그의 얘기를 들어주거나 도와주어 해야 한다. 비록 당신은 죽음에 대해 이야기하는 것이 불편할지라도, 사별한 사람이 누군가에게 말을 하도록 할 필요가 있다. 사회적 지지를 적절하게 받으면서 비애를 경험한 사람은 덜 우울하고, 비애로부터 아주 빨리 회복하게 된다(Nolen-Hoeksema, et al., 1994; Stroebe, Zech, Stroebe, & Abakoumkin, 2005).

비애로부터 회복하는 다른 방법은 적절한 방법으로 표현하는 것이다. 가끔 가볍게 걷기와 같은 단순한 신체적 운동은 적어도 일시적으로, 긴장과 슬픔을 줄이는 데 도움이 된다. 장례식은 또 비애를 위한 분출구를 제공해 준다. 부담이 됨에도 불구하고, 고인의 일을 돌봐 주는 것은 도움이 될 뿐 아니라 치료적이다. 결국 사랑하는 사람과의 일을 완료하는 것은 고인을 위해서 할 수 있는 소수의 유형적인 일 중의 하나이다. 마지막으로, **비애치료(grief therapy)**는 사랑하는 사람의 죽음에 대처하기 위해 사별을 당한 사람을 지원하는 치료인데, 살아남은 사람이 비애와 관련된 강한 감정에 대해 대처하도록 도움을 줄 수 있다(Boelen et al., 2007).

비애와 당신 비애과정을 통해 우리는 자신의 죽음에 대해 종종 생각하게 된다. 자신의 죽음에 대해 생각하는 것은 병적으로 삶에 대한 새로운 관점과 성장을 위한 기회를 준다. 예를 들면 시한부 삶을 살고 있다는 말을 들었다면, 그 시간을 어떻게 보낼 것인가? 미완결한 가장 걱정되는 일은 무엇인가? 가장 함께하고 싶었던 사람은 어떤 사람인가? 이 질문에 신중하게 대답하는 것은 정말로 자신에게 중요한 것이 무엇인지를 명확하게 하도록 도와준다. 너무 늦기 전에 이러한 일을 하기 위한 계획을 세워야 한다. Elisabeth Kubler-Ross(1975)는 죽음이라는 사실을 통해 배우는 가장 큰 교훈은 단지 "삶을 즐겨라, 후에 돌아보면서 '신이시여 나는 삶을 얼마나 낭비했는지요?'라고 말하지 않아야 한다."라고 언급했다.

요약

죽음과 임종

16.1 죽음을 초래하는 원인을 열거한다.

심장질환, 암, 뇌졸중 그리고 하기도호흡계질환과 같은 질병뿐만 아니라 사고 등이 다른 생물학적 혹은 환경적 원인보다 죽음을 더 설명해 주고 있다.

16.2 죽음 현저성과 죽음불안 간의 연결성을 설명한다.

죽음 현저성의 증가로(우리가 죽을 수 있다는 것을 예리하게 자각하는 동안), 죽음에 대한 공포(예: 죽음불안)도 높아졌다.

16.3 사람들은 자신의 죽을 운명을 받아들이는 것을 어떻게 배우는지를 기술한다.

시한부 질병을 앓고 있는 사람은 죽음에 대한 여러 단계—부인, 분노, 협상, 우울 그리고 수용—를 거치는 경향이 있는데, 단계들은 중복되는 부분이 있으며, 순서가 바뀌기도 한다. 개인은 성격과 질병 유형 같은 요인에 따라 어느 정도 서로 다른 죽음의 과정을 경험한다.

16.4 삶의 끝에서 나타나는 신체적 및 정신적 변화를 알아본다.

시한부 생명이 거의 끝나가는 상황에, 죽어가는 사람은 중요한 신체적 및 인지적 변화를 겪는다. 변화는 죽기 한 달에서 석 달 사이에 시작되고 죽음 직전에 더 강렬해진다. 신체적 변화는 배고픔, 목마름, 체온 그리고 말하는 것의 감소를 포함한다. 빠르고 불규칙한 호흡, 그리고 충혈, 흥분 그리고 수면 욕구 등이 모두 증가한다. 인지적 변화는 방향 상실, 환각 그리고 망상을 포함하고 있다. 결국 그 사람이 환경에 반응하지 않게 된다.

삶과 죽음의 조망

16.5 죽음에 대한 권리를 설명한다.

생명구조 기술의 사용 증가는 생명을 연장하거나 심하게 고통받는 것보다 죽음을 허용하는 것에 대한 비판적 질문을 제기한다. 죽을 권리는 죽음 직전에 있는 사람이 품위 있게 죽을 수 있다는 것을 보장하는 데 도움을 준다. 또 죽을 권리는 가족 구성원과 의사 모두에게 법적 및 윤리적 지침을 제공해 준다.

16.6 사전의료의향서의 가치를 논의한다.

오늘날 사람들이 오래 살게 되면서, 만성적이고 생명을 위협하는 질병으로 인해 더 고통을 겪는 경향이 있다. 결과적으로 환자는 유언과 DNR 지시와 같은 사전의료의향서를 통해 자신의 의사를 표현하도록 권장된다. 죽음을 맞이하도록 도와줄 수 있는 사전의료의향서를 만드는 것은 임종환자로 하여금 마지막 소망을 알리고 사랑하는 사람을 위해 삶과 죽음의 결정을 해야 하는 가족 구성원의 스트레스를 감소시켜 줄 수 있음을 확실히 하도록 도와준다. 사전의료의향서를 만드는 것은 가족 구성원들 간에 가장 이야기하고 싶지 않은 문제에 대한 의사소통을 증진시켜 준다.

16.7 안락사에 대한 찬반 이유를 비교한다.

안락사는 정서적이고 분열적인 문제이다. 안락사를 찬성하는 사람은 환자가 품위 있게 죽음을 맞이하도록 허용하고, 마지막 경험을 향상시키고 가족들에게 마지막 인사를 하도록 허용하고 자신의 운명을 스스로가 결정하도록 허용해야 한다고 주장하고 있다. 반대하는 사람들은 안락사가 비도덕적이며, 종교적인 교리에 어긋나는 것이고, 가끔 시한부 질병이 회복되는 경우도 있으며, 의학적 발전이 고통을 줄일 수 있고, 자살하는 사람은 정신적 기능이 감퇴되어 있으며 미국 의학협회가 안락사 이용을 인정하지 않는다고 주장하고 있다.

16.8 호스피스 간호를 요약한다

시한부 환자에게 자비롭고 지지적인 모임을 제공하는 중요성이 호스피스 운동을 가져왔다. 호스피스 간호는 환자가 일상생활 문제에서 지원과 정서적, 심리적 및 의학적 쟁점을 제공하고 있다. 호스피스 간호의 첫 번째 목적은 환자가 품위 있게 죽음을 맞이하도록 도와준다.

사별과 비애

16.9 비애작업을 설명한다.

비애작업은 상실과 관련된 감정을 처리하는, 고인으로부터 정서적으로 자유로워지는, 그 사람 없는 삶에 재적응하고 정상적인 활동을 회복하고 그리고 새로운 관계를 형성하는 건강한 작업과정이다. 몇몇 전문가들은 유족이 비애작업, 즉 임종 경험과 유사하고 많은 동일한 정서를 수반하는 과정에 적극적으로 관여하는 것이 중요하다고 믿고 있다.

16.10 미해결된 비애 경험을 기술한다.

미해결된 비애는 상실감이 억압된 채로 남아 있는 심리적 상태이다. 비애를 해결할 수 없는 사람은 신체적 불편함으로부터 좀 더 지속적인 심리적 증상까지 다양한 증상을 보일 것이다. 혼자 사는 사람은, 특히 비애작업이 더 어려운 것 같다.

16.11 적절한 비애를 요약한다.

적절한 비애는 자신의 비애를 말하고, 감정을 공유하고, 끝내는 비애를 줄여 주는 관계나 활동에 참여하는 것으로 구성된다.

16.12 비애가 자신의 삶에 어떻게 새로운 의미를 주게 되는지 논의한다.

비애는 병적이 되기는커녕, 죽음을 피할 수 없는 삶의 동반자라는 좀 더 현실적인 자각을 초래함으로써 양호한 조망을 갖고 자신의 삶을 기술하고 더욱 충실하게 사는 것을 돕는다.

스스로 해 보기

1. 젊은 사람과 비교하여, 나이 든 사람은 ______ 하는 경향이 있다

a. 죽음에 대해 더 많이 두려워한다.
b. 죽음을 더 자주 생각한다.
c. 덜 종교적으로 된다.
d. 다른 사람의 죽음은 생각하면서 자신의 죽음은 생각하지 않는다.

2. Ellen은 작년에 수영을 하다가 거의 죽을 뻔했다. 구조대원의 인공호흡을 받지 않았다면 죽었을 것이다. 이 사건 중에 Ellen은 자신이 신체 밖에서 떠다니고 있는 것처럼 느꼈고, 밝은 빛을 접하고, 이미 고인이 된 친척들이 빛이 있는 길을 따라 늘어서 있었다. Ellen은 ______의 경험을 하였다.

a. 임종체험
b. 근사체험
c. 초월적인 임종 경험
d. 초월적인 삶의 경험

3. Elisabeth Kübler-Ross에 의한 죽음의 경험과 관련된 단계가 아닌 것은 어느 것인가?

a. 죽음에 대한 부인　　b. 협상
c. 삶의 새로운 관점　　d. 원망

4. Elton은 수술 불가능한 뇌종양에 걸렸다는 것을 알게 된 후 몇 달 동안 강한 슬픔을 경험하였다. Elisabeth Kübler-Ross에 따르면, Elton의 죽음 경험과 관련된 단계는 무엇인가?
   a. 죽음에 대한 부인 b. 우울
   c. 원망 d. 협상

5. Sandra의 남편은 6개월 전에 죽었다. 현재 Sandra는 상실과 관련된 감정을 겪고 있으며, 스스로 남편에게서 정서적으로 자유로워지는 작업을 하고 있으며 남편 없이 살기 위한 재적응 작업을 하고 있다. Sandra는 __________을(를) 경험하고 있다.
   a. 삶을 새로 바라보기 b. 부인단계
   c. 사별치료의 이득 d. 비애작업

6. David는 2년 전에 심장병을 앓던 아내를 잃었다. 그는 그 이후로 힘든 시간을 보내고 있다. 그녀의 옷을 없애지 않거나(심지어 옷장을 정리하는 것을 거절하고) 욕실에 놓여진 화장품을 버리지 않고 있다. 그녀의 옷은 여전히 옷장문 뒤에 걸려 있다. 앞으로 그의 삶을 변화시키기 위해, David는 ______에 참여하는 것을 고려하고 싶어 한다.
   a. 초월치료 b. 둔감화 치료
   c. 비애치료 d. 행동치료

7. Paulina는 시한부 뼈암 진단을 받았다. 그녀는 5년 동안 죽음과 싸운 후, 6개월 시한부 선고를 받았다. 설상가상 암은 그녀에게 참을 수 없는 고통을 주었다. 심지어 치료를 하고 있는데도, 아프지 않은 시간은 그녀가 무의식상태에 있을 때뿐이었다. Paulina는 가족과 함께 모르핀 과복용으로 생명을 끝내는 것에 대해 의사와 논의하기로 결정했다. 이러한 힘든 결정과 관련된 문제는 __________라 부른다.
   a. 준자살 b. 살 권리
   c. 죽을 권리 d. 유언

8. Paulina가 의사와 문제를 논의하기 전에, 회복할 수 없는 혼수상태에 빠졌다. 그러나 ________를(을) 작성해 놓았기 때문에, 의사와 가족들이 Paulina가 원했던 마지막 치료를 정확하게 알게 되었다.
   a. 유언서 b. 삶의 의지
   c. 생존권에 대한 문서 d. 생의 마감 신뢰

9. 많은 경우, 병원에서 삶의 마지막 몇 달을 보내려는 생각은 상상도 할 수 없는 것이다. 그들은 집에서 죽거나 혹은 집과 같은 느낌을 주는 편안한 장소에서 죽고 싶어 한다. 그러한 사람들은 ________간호로부터 이득을 볼 것이다.
   a. 호스피스 b. 조력된 삶
   c. 말기 요양원 d. 촉진된

10. 사랑하는 사람의 상실은 결코 쉬운 것이 아니다. 그러나 사별의 과정을 통해 많은 사람들은 개인적 성장을 경험할 것이다. 그러한 사람은 __________의 경험을 했다고 말했다.
   a. 준애도 b. 준사별
   c. 적절한 애도 d. 유익한 사별

연습

1. 주관적 기대수명.
   단순히 어떤 사람의 나이를 아는 것은 그 사람이 자신의 미래에 대해 어떻게 느끼는지 말해 주지 않는다. 이러한 정보를 찾기 위해, 다음에 있는 주관적 기대수명에 대한 연습을 해 보라. 친구나 다른 사람도 그것을 시도해 보기를 원하는 것이 당연하다.
   (1) 나는 몇 살까지 살기를 기대한다(해당되는 곳에 동그라미를 하라).
   30 35 40 45 50 55 60 65

70 75 80 85 90 95 100

(2) 나는 몇 살까지 살고 싶다(해당되는 곳에 동그라미를 하라).

25 30 35 40 45 50 55 60
65 70 75 80 85 90 95 100

당신이 표현한 희망과 기대 간의 불일치가 있는가? 그렇다면, 그 이유는 무엇인가? 보통 과거 중년기 사람들은 젊은 사람들보다 더 오래도록 살기를 원하고 기대한다는 결과가 있다. 이것이 진실이라고 알고 있는가? 사람들이 자신의 연령층의 평균 기대수명보다 적게 살고 싶어 할 때, 그들은 적절한 이유를 갖고 있는가? 당신이 어떤 사람이 죽음이 그래도 발생할지 모른다는 두려움으로 인해 그 나이를 구체적으로 표현하지 못한다는 것을 발견하였는가?

2. **죽음에 대한 태도.**
   죽음에 대한 태도를 분석해 보라. 첫째, 친구의 죽음이나 사랑한 사람의 상실, 그때 나이와 환경 등과 같은 당신의 실제적인 경험을 기술해 보라. 그런 다음 죽음에 대한 자신의 감정과 태도를 기술해 보라. 주관적인 기대수명 연습에 대한 자신의 반응을 포함하라.

3. **사별 경험에 대한 반성.**
   사랑한 사람의 상실이나 친구의 상실이든 지간에 사별에 대해 개인적인 경험을 회상해 보라. 그리고 자신의 경험을 1쪽 정도에 기술해 보라. 당신의 경험은 이 장에 포함된 비애작업 과정은 얼마나 포함하는가? 어떤 방식의 독특한 경험이 있는가? 마지막으로 당신의 비애 경험은 삶에 어떤 영향을 주었는가? 비애의 경험이 당신에게 삶에 대해 좀 더 조심하고 씁쓸함을 느끼도록 했는가? 아니면 그것이 결국 '적절한 비애'가 되어서 더욱 의미 있는 방법으로 타인에게 다가가고 최고의 삶을 이끌어 가도록 만들었는가?

4. **장기 기증.**
   죽기 전에 장기 기증에 대해 생각해 본 적이 있는가? 죽은 후에는? 있다면, 어떤 장기인가? 의학을 위해 자신의 신체를 기증하는 데 관심이 있는가? 관심 있다면 그 이유는 혹은 관심이 없다면 그 이유는?

5. **자신의 부고를 써 보라.**
   이것은 보기만큼 이상한 것이 아니다. 주요 신문들은 유명인사와 전국적으로 유명한 인물이 생존해 있을 때 이미 써 놓은 부고를 갖고 있는데 그 후 사망 시에 이 부고를 새로 쓴다. 두세 단락으로 자신의 부고를 써 보도록 하라. 이름, 나이, 직위와 같은 기본적인 정보에 더하여, 자신의 주요한 업적을 기술한다. 당신은 어떤 지역사회 활동을 언급할 것인가? 유족은 누구인가? 게다가 장례식과 매장 계획을 열거하라. 묻히고 싶은 날짜와 시간은 언제인가? 장례 서비스가 이루어지는 곳은 어디인가? 화환 대신에 자선단체에 금전적 기부하는 것을 선호하는가? 묻히고 싶은 장소 혹은 유골을 보관하고 싶은 곳은 어디인가?

복습을 위한 물음

1. **가끔 자신의 죽음의 가능성에 관해 생각해 본 적이 있는가?**
2. **이전에 죽음과 맞닥뜨려 본 적이 있는가?**
3. **죽음이 두려운가? 이유는? 그 생각에 대해 어**

떻게 대처하는가?

4. 죽은 사람에 대해 얼마나 자주 생각하는가?

5. 죽기 전에 특별히 하고 싶은 것이 있는가? 왜 그런 일을 해 보지 못했나?

6. 비애에 대한 자신의 첫 경험을 회상할 수 있는가? 누구의 죽음이었나?

7. 적절한 비애를 경험해 본 적이 있는가?

8. 유서를 써 본 적이 있는가? 건강관리 대리인을 갖고 있는가?
   장기기증자 카드에 사인해 본 적이 있는가? 그렇게 한 이유는 혹은 하지 않은 이유는?

9. 만약 있다면, 어떤 종류의 사후 서비스를 좋아하는가?

10. 죽은 후 우리에게 어떤 일이 일어난다고 믿는가?

스스로 해 보기 정답

장	질문									
	1	2	3	4	5	6	7	8	9	10
1	b	d	c	a	a	a	b	a	a	c
2	a	b	a	b	b	c	c	a	c	b
3	d	d	a	b	d	a	a	c	d	c
4	b	c	a	a	d	b	b	c	b	d
5	d	a	b	d	a	d	a	c	c	d
6	a	b	d	c	c	c	a	d	c	b
7	d	a	a	d	a	c	b	d	a	d
8	c	a	b	d	a	a	b	a	b	a
9	a	a	b	d	c	c	a	c	a	b
10	c	a	b	d	a	a	a	c	d	b
11	c	d	b	b	a	c	a	c	d	b
12	c	b	a	a	b	a	b	c	d	a
13	a	d	a	c	a	c	a	d	c	a
14	b	a	b	c	d	a	b	c	b	a
15	c	a	d	b	a	c	a	a	c	a
16	b	a	c	b	d	c	c	b	a	c

찾아보기

[ㄱ]

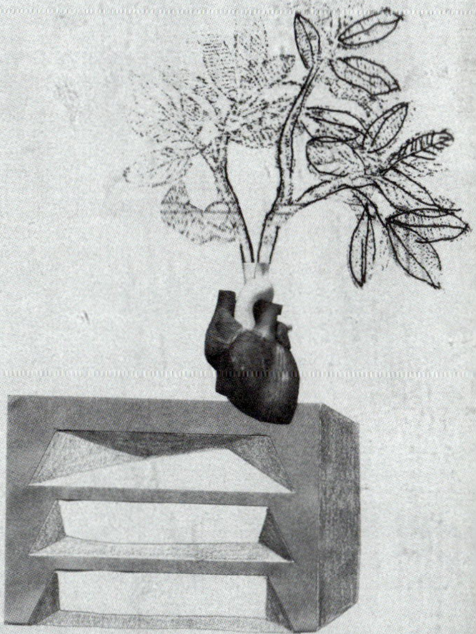

[ㅇ]

[ㅈ]

[기타]

역자 소개

정봉교

서울대학교 심리학과 학사·석사
서울대학교 심리학과 박사
현, 영남대학교 심리학과 교수

<저·역서>
긍정심리학(2013, 박학사)
동기와 정서의 이해(2011, 박학사)
애트킨슨과 힐가드의 심리학 원론(2011, 박학사)

추선희

경북대학교 영어교육과 학사
영남대학교 심리학과 석사 및 박사과정 수료
현, 영남대학교 심리학과 외래교수

<저·역서>
긍정심리학(2013, 박학사)
쉬는 마음(2013, 박학사)
처음 만나는 명상 레슨(불광출판사, 2011)

이용주

영남대학교 영어영문학과 석사 수료
영남대학교 심리학과 석사 및 박사과정 수료
현, 영남대학교 심리학과 외래교수

장정주

영남대학교 심리학과 학사
경북대학교 교육대학원 상담심리전공(석사)
영남대학교 심리학과 상담심리학 박사
현, 사람과마음 심리상담연구소 소장,
대구사이버대학교 상담심리학과 겸임교수,
영남대학교 심리학과 외래교수

김지연

영남대학교 심리학과 학사
영남대학교 심리학과 산업 및 상담심리학 석사
영남대학교 심리학과 심리학 박사
현, 영남대학교, 대구대학교 외래교수

박지영

영남대학교 가정관리학과 학사
영남대학교 심리학과 석사 및 박사과정수료
현, 파랑머리앤 심리상담연구소 대표

현대인의 생활심리학, 제11판
Psychology for Living : Adjustment, Growth and Behavior Today, 11/e

발 행 일 | 2014년 5월 8일 초판 1쇄 발행
저 자 | Steven J. Kirsh · Karen Grover Duffy · Eastwood Atwater
역 자 | 정봉교 · 추선희 · 이용주 · 장정주 · 김지연 · 박지영
발 행 인 | 구본하
발 행 처 | 도서출판 박학사
주 소 | 서울시 마포구 월드컵북로5길 33 동아빌딩 2층
전 화 | (02)3142-3764~5
팩 스 | (02)3142-3766
웹사이트 | www.pakhaksa.co.kr
등록번호 | 제10-2230호

정가 22,000원 ISBN 978-89-98521-20-2